~修订版~

西域考古图记

[英]奥雷尔·斯坦因 / 著

中国社会科学院考古研究所 / 主持翻译

XIYU KAOGU TUJI

·第三卷·

GUANGXI NORMAL UNIVERSITY PRESS

广西师范大学出版社

·桂林·

总 策 划：张艺兵
出版统筹：罗财勇
责任编辑：罗财勇
　　　　　余慧敏
助理编辑：薛　梅
责任技编：李春林
整体设计：智悦文化

图书在版编目（CIP）数据

西域考古图记：修订版：全5卷 /（英）奥雷尔·斯坦因著；
中国社会科学院考古研究所主持翻译. —2版. —桂林： 广西
师范大学出版社，2019.3（2020.6 重印）
　ISBN 978-7-5598-1510-1

　Ⅰ．①西… Ⅱ．①奥… ②中… Ⅲ．①西域－考古－图集
Ⅳ．①K872.4-64

　中国版本图书馆 CIP 数据核字（2018）第 289523 号

广西师范大学出版社出版发行

（广西桂林市五里店路 9 号　邮政编码：541004）

网址：http://www.bbtpress.com

出版人：黄轩庄

全国新华书店经销

广西民族印刷包装集团有限公司印刷

（南宁市高新区高新三路 1 号　邮政编码：530007）

开本：720 mm × 1 020 mm　1/16

印张：228　　插页：4　　字数：3850 千字

2019 年 3 月第 2 版　　2020 年 6 月第 2 次印刷

定价：1980. 00 元（全五卷）

如发现印装质量问题，影响阅读，请与出版社发行部门联系调换。

目　录

插图目录

第二十一章　千佛洞

第一节　遗址概述

　　1907 年 5 月 15 日,我结束了对汉代长城和烽燧遗址的考察,重返敦煌绿洲。对汉代长城烽燧的调查取得了累累硕果,令人感到振奋。自此以后,我便可以全身心地投身到对敦煌石窟寺(千佛洞)的考察中,这同样是一件令人心情愉快的事。千佛洞位于敦煌东南部光秃秃的一处山脚下,是我考察伊始就已确定的目标之一。如前所述,这年的 3 月我曾造访于此。① 尽管来去匆匆,但敦煌石窟的佛教造像和洞窟壁画仍给我留下了深刻印象,它们的艺术价值和考古学价值使我大为折服。五年前,洛齐(L.de Lóczy)先生对它们的赞誉之辞可以说是毫不为过。对我而言,最有吸引力的还是那个出土大量古代写卷的密室。几年前一个偶然的机会,人们在这里发现了大量的古代写卷。我抵达千佛洞以后,先是被一些事务性的琐事耽搁了一阵,后来又由于这里一年一度的朝圣活动拖延了更长的一段时间,成千上万的信徒从四面八方向这里涌来,使得我的考察活动不得不大大推迟。这样,直到 5 月 21 日,我才在这里支起了帐篷,开始我的考察工作。

◁千佛洞的考古学价值

----

　　①　参见本书第十五章第二节。

遗址地理概况▷　　　　我在千佛洞的考察紧张忙碌地进行了三个星期。在介绍考察经过和收获之前，这里有必要先将这一重要遗址的特征和概况作一介绍。千佛洞谷（ch'ien-fo-tung valley）位于敦煌东南约 10 英里的地方，它是疏勒河盆地的一处沙漠山谷。山谷口宽约 1.5 英里，往里缩成了一条窄窄的峡谷。一条不知名的小河穿过低矮的山峦向北流去。这条小河在很早以前的地质时代就已形成，由较高一些的南山余脉上的山泉汇集而成。① 山谷西部的山坡上满是流动的沙丘，向西一直延伸到党河，这便是敦煌绿洲的南缘。后来历史上的"沙州"就是得名于此。站在西部新近形成的高大沙丘上，可以俯视千佛洞山谷，从图 191、193 的背景中可以看见这些高大的沙丘。山谷的东部也是低矮荒凉的山丘，已经风化的山坡岩面全是光秃秃的。由于冰川的作用，山脚下形成了平整的沙砾地面（图 194）。我在我的探险游记中对敦煌到千佛洞山谷口的路途情况以及土地肥沃的冲积扇上的大道的情况，均作了描写。②

下层洞窟▷　　　　顺着从敦煌过来的马车道进入这宁静的山谷，走了大约不到 1 英里，敦煌石窟最北端的一组洞窟（北区洞窟）就呈现在眼前（附图 42）。这里地势仍很开阔，洞窟就开凿在河床西面的悬崖上。山脚的那条小河，因为水分蒸发过多，到达这里时已完全干涸，宽广的河床上只能见到满目的沙砾。只有在偶尔发生的洪水到来时，河床里才有水流。这组凿在阴暗崖面上的黑森森的洞窟，远远望去，鳞次栉比，如同蜂巢一般。

---

　　① 据罗博罗夫斯基上尉的地图和拉尔·辛格 1914 年考察的结果，这条河流似乎发源于西部山脉。我曾到达这条山脉石包城（Shih-pao-ch'êng）以南的地点；参见我们中亚考察所测绘的地图。
　　② 参见斯坦因《沙漠契丹》，第二卷，21 页等。《敦煌录》的作者对通往遗址的路途情况也作了详尽准确的描写，译者怀利，见《皇家亚洲学会会刊》，707 页以下，1914。

洞窟的规模都不是太大,排列有序,向上一直到达高出河床
50~60英尺的岩面上。崖面上原本有通向这些洞窟的通道,
由于岩面崩塌,现多已荡然无存。山体之所以崩塌,一方面是
由于北面吹来的风的风蚀作用,一方面是由于崖脚洪水的不
断冲刷所致。在距这组石窟近500码的地方,崖面上还孤零
零地保留着一截廊道和台阶,显然是当时攀登石窟的设施。
第二组石窟的情况与第一组大体相似,它比第一组石窟高出
约150码,从图193中可以看见第二组石窟的全景。这两组
石窟,一方面由于时间上来不及,另一方面也由于无法攀登,
我没能够爬上去作仔细的观察。但有证据表明,它们的开凿
年代似乎偏晚。[①] 这些洞窟绝大部分都很小,而且大多没有壁
画,看来属于僧人居住的洞窟的可能性比较大。这些阴暗的
洞窟不禁使人联想到西方舍贝斯(Thebais)隐士们穴居的洞
穴来。

　　敦煌石窟的主体部分在南区,其情形与北区的洞窟有很 ◁南区洞窟
大的不同。前者沿着逐渐抬升的陡峭山壁绵延了约1 000码。
图191所拍摄的是其全景,它差不多摄下了敦煌主体石窟的
南北宽度。这张照片拍摄地点是河滩对面(东南面)的戈壁
上。如附图42所示,山脚耕地上的榆木丛挡住了位置较低一
些的石窟。不过,就是站到山脚近处,也很难看出这组石窟的
总体特点和布局情况。这组石窟为数众多,布局上也显得无
章可循。[②] 它们的分布事先似乎并没有一个通盘的考虑,所以
对它们进行明确的分组很难。我想,如果简要介绍一下我初

---

　　① 《敦煌录》的作者推测敦煌石窟所占岩面宽度为2里。如果按文中所称沙州至千佛洞的距离为
25里来计算每"里"的长度,"2里"与南区洞窟的所占岩面的宽度较为接近。据此可知,北区洞窟在此文
撰成的唐代末年尚未开凿。
　　② 拉尔·辛格在对该遗址进行考察时,初步统计南区洞窟的数目在350窟左右。北部的两处洞窟
规模大多比较小,其数目在165窟上下。

次造访这里时所获得的印象,对问题的讨论也许不无裨益。

呈梯级分布的 ▷
洞窟

从附图 42 箭头所示,敦煌石窟北区的 Ch.ii 窟到南区的 Ch.xvi 窟之间陡峭的悬崖上,不间断地排满了洞窟,高高低低,密密麻麻,有时甚至是一个叠着一个。洞窟的数量与其位置的高低并无必然的联系。从图 191 和图 193 可以看出,在敦煌石窟群的最南端和最北端,今天所能见到的洞窟都只有一排。而其他地点的洞窟,如图 197 所示,则上下往往多至 4~5 排。只有在 Ch.IX 窟附近的崖面上(图 197),以及两个大型洞窟之间的崖面上(图 199),才可以看出洞窟是按层来分布。这两个洞窟里面都有高大的坐佛像,它们自成一体,看不出它们属于哪一排,因为洞窟的规模太大。坐佛像用黏土做成,空腔,高近 90 英尺。大窟周围开凿了许多明窗,以便采光。

洞窟的前厅和 ▷
甬道

洞窟像座(坛基)前面往往凿出长方形的前厅(或通道),厅的左、右、后三面墙和顶板都绘有壁画,壁画多已褪色。由于洞窟的前墙往往已经塌落,这些壁画从洞窟外面看去一目了然(图 195、199)。洞窟的前墙,特别是大型洞窟的前墙,往往是在岩面上直接凿成的。但也有一些洞窟的情况有所不同,它们的前墙往往用木制门户或廊道代替,可能是当时或后期作过改动和修复。这些木构设施在位置较高的洞窟前面还有保存(图 197),只是残破得很。登上这些位置较高的洞窟往往得靠栈廊,现在只能看见支撑廊子的横木,或插横木的小洞(图 195、197),后一种情况则更为多见一些。用于攀登的石台阶和木台阶几乎全已崩塌,如果有的洞窟前还有这种阶梯,那也是最近修复时增补上去的。

崖脚的洞窟 ▷

由于坛基前面的主室、甬道甚至后室前墙都已崩塌无存(图 195、196),今天看来,许多佛坛都悬在岩壁上高不可攀。这些位置较高的洞窟的规模都不算太大,其内部结构和装饰图案与岩脚的洞窟大同小异。岩脚的洞窟由于几个世纪以来的风沙沉淀和河床淤积,原生地面上已经覆盖了一层厚约 10 英尺的土层(图 195~197)。虽然岩脚洞窟的地势不高,但其墙面(前墙)也多已崩塌,正好弥补了光线不足的缺憾,阳光可以一直照射到像座前的甬道里。

　　洞窟内的布局非常一致。坛座前面往往有一个长方形的前室,前室大多残损。在最近的修复工程中,已经崩塌的前墙,往往以仿古样式的木构门窗代之。前室之后,有甬道通往后室,甬道一般高而宽,以便后室的采光和通风。后室往往凿成方形的佛龛,四壁的长度一般不超过 54 英尺。圆形顶。佛龛的进深往往稍大于面宽,坛座则多为长方形平台,雕饰精美,其位置正对着洞窟的入口(图 200、213,附图 43~45)。 ◁洞窟的建筑布局

　　坛座之上塑形体巨大的主尊佛像,主尊两侧对称地塑其他神像,形体相对较小。造像多有残缺,或者已被现代的复制品所取代。主尊佛像的背后往往树有背屏,头顶有华盖。坛座两侧和后部凿有供信徒绕行行礼的隧道。较小一些的洞窟,多在壁上凿龛,龛内置塑像,往往以一尊坐佛居中(图 207、208、211、212、228、229,附图 44、45)。这两种洞窟结构只是在极少数洞窟中有相互兼容吸收的现象:这些洞窟的后室中央未行雕凿,留下一块平整的石面作为主尊的背屏(图 196,附图 43)。 ◁塑像

　　洞窟中的塑像用松软的黏土塑成,它们在几个世纪中经受了自然风化的作用,而更大的破坏则来自灭佛者(iconoclasts)和信徒们的双手,前者对塑像肆意进行摧残,后者则以无比的虔诚对它们进行修复,二者都使这些艺术品的价值受到破坏。在所有大型洞窟和许多稍小一些洞窟的四壁都绘有佛教题材的壁画,它们丰富的艺术价值正是我所关注 ◁壁画的保存状况

的。这些壁画很多都保存完好,其原因除了这里气候干旱、岩壁干燥,还在于这里原来的壁画实在太丰富,壁画与岩面又粘得很紧,不易剥落。破坏这里的壁画,要比破坏塔里木盆地和吐鲁番地区的壁画费时费力得多。① 同时,另外一个因素也不容忽视,那就是当地人们对他们心目中的这一圣地一直加以保护。历史尽管经历了沧海桑田的变化,敦煌地区仍然有着强烈的信佛传统,一直延续至今。

装饰主题▷　　　除了一处小型洞窟内的情况有所不同(参见下文)②,敦煌石窟壁画的绘制多使用了色胶。为使行文简洁,以下篇章采用了"壁画"这一术语(原著基于西方美术传统对"墙上的绘描作品"与"壁画"作了区分,但在中国一般似乎没有这种按绘制材料进行区分的做法——译者),尽管这一术语用在这里不是太准确。如图200、214所示,敦煌石窟甬道和前室的壁面上往往绘有成排的菩萨形象,有的还上下分栏。许多洞窟的后室四壁多布满了小小的方格,里面绘有小型的佛像或菩萨像(图211、212、228),这与丹丹乌里克、喀达里克的情形有点类似。佛像、菩萨像以及花纹繁缛的装饰图案,还常常被绘制在后室的顶部(图218、219)。当然最有表现力的还得数绘在四壁上的图案。这种带有精美花边的大方格,有的是单独绘制的(图209、210、231、232),也有成排绘制的,视壁面大小而定。图219~224、233~236所示的正是两个洞窟中成排绘制的大方格图案。大方格和像座之下,则往往绘有供养人形象,或者僧人、尼姑的形象(图216、217、230)。

　　这些方格中总是精心绘有各种图像。其中有两种题材最

---

　　① 由于壁画紧紧粘在凹凸不平的岩面上,人们在通常的技术条件下,无法将这些壁画揭取挪入博物馆,从而避免了许多人为的破坏。见本书第二十五章第一节。

　　② Ch.ii.a 可以称得上是真正的壁画。见本书第二十五章第一节。

主要。一种是由菩萨、弟子（saints）和众神对称拱卫的佛陀形
象，端坐于精美的坛座、基座或莲花座之上（图 206、209、210、
220、224、231、235）。即使外行也能看出，它们所描绘的是佛
界净土（Buddhist heavens）的景象。另一种壁画题材画面纷繁
芜杂，看上去应该属于世俗生活场景，但队列中也往往夹有神
像（图 217、218、221、222、233、236）。类似的场景还见于大方
格的边框上（图 202、210）。这类图像的旁侧或上方往往有汉
文榜题，指明这些图像所描绘的是哪一类的佛经故事。我的
向导蒋师爷对佛教神话与图像一无所知，所以也没法对此多
加解释。后来我将这些资料带回欧洲，经有关专家研究，才获
知这类壁画题材都属于佛本生故事。

　　这些方格图案中线条流畅的场景和典型的中国式建筑，
以及边框、墙脚等处花纹繁缛的装饰图案，使人感到一股扑面
而来的汉文化气息。画面线条用笔大胆流畅，人物形象真实
自然，卷云纹饰、装饰花样等装饰题材也莫不精美而富于创
意。同样，主尊佛像的雕凿也打上了从中亚传来的印度模
式的烙印。主尊佛像两侧绘制的弟子形象（图 201、207、208、
213），以及经变（schematic）题材壁画中的佛陀、菩萨形象也都
是如此。后一类的题材往往被信徒们模印在各洞窟的壁面
上。可以看出，尽管在线条勾勒和画面上色方面存在着一定
的差异，敦煌石窟造像或画像的脸形、姿势以及衣纹褶皱还是
继承了希腊化佛教（Graeco-Buddhist）艺术的传统。

　　除了传承性，这些壁画可以分为几个不同的发展阶段。
遗憾的是我的汉学知识很欠缺，对中国世俗艺术的历史知之
甚少，所以无法对这些洞窟和壁画进行详细的断代与分期。
有考古学证据显示，大型洞窟里保存较好的壁画，应该属于唐
代。唐代及其稍后一段时期，正是敦煌绿洲和千佛洞圣地最

◁ 绘有佛界场景
和本生故事的
方格

◁ 汉式风格的神
话场景

◁ 神像的印度风
格

◁ 壁画的年代

为繁荣兴盛的历史时期。至于壁画的风格就要偏晚一些,但仍可以称得上是技法娴熟,充满活力。绘于前室和甬道里的壁画,受到破坏的程度要甚于后室壁画,它们应该是宋元时期修复增绘上去的。可以看出,宋元时期的壁画仍保持了古老的艺术传统。

塑像的情况 ▷　　塑像的年代更难判定,它们质地酥松,由于是被膜拜的对象,它们比壁画受到的破坏和修补更多,可谓是饱经风霜。但是不管塑像怎样进行修补,它们与原先的像座、背屏、头光(haloes)的风格特征仍基本保持一致。这可以从图 207、208、211、212 中看得出来。塑像的组合通常是中央塑主尊坐佛像,两侧对称地立有弟子、菩萨和众神。天王总是全副铠装,很容易被识别出来。即使天王塑像被毁,也可以从基座上的小鬼形象作出判断。我对中世纪和现代的中国佛教塑像不太熟悉,其他的佛教塑像(多被毁坏或经修补)的身份当时只能听向导作一些介绍。

塑像和艺术遗 ▷　　这里很有必要解释一下敦煌石窟为何不见密宗的神像。
迹 大乘佛教当时在西藏和印度北部边境山区曾盛极一时,并影响到远东地区。仔细审视后发现,尽管东干人占领期间曾对塑像进行了大肆破坏,敦煌石窟仍保留了深受希腊化佛教艺术影响的大量迹象。希腊化佛教艺术经过中亚传入远东地区。千佛洞塑像的头、臂甚至上半身往往是现代修复的,其缺憾与粗俗一望即知。图 200、227、228 的塑像下半身的造型及其流畅的衣纹、精美的色调则往往保持了原来的模样。图207、208、212 中的塑像都部分地保留了原来的样式,将其与后来修补的部分作一下比较就不难看出这一点。雕刻在坐佛身后的头光和舟形背光(vesicas)多幸免于被毁和修补,头光和背光外缘多饰有火焰纹(图 207、211、212)。图 201 便是一个很好的例证,在一尊比真人稍大的佛像的背后,雕刻着花纹繁缛的背光和头光,从其和谐统一的色调,不难想象出原来塑像身上的颜色该是多么的绚丽多彩。

在许多残损的塑像和雕刻图案上,都发现有镀金的现象,这是犍陀罗艺术向于阗及其以东地区进行传播的实物证据。在两尊高达 90 英尺的大佛身上也有镀金的现象,两尊大佛一为坐佛,一为立佛。这不禁使我想起了帕米尔的石刻佛像,帕米尔正处在从犍陀罗经喀布尔到大夏都城巴克特里克的交通干线上,千佛洞的石刻、塑像不知是否受了帕米尔石刻的影响。处于帕米尔和敦煌之间的库车和吐鲁番石窟,尽管规模要小一些,但风格类似,它们可以看作是帕米尔与敦煌之间的过渡环节。虔诚的佛教信徒们为了佛像的修缮总是不惜一切代价,这种情况一直沿袭到了近代。他们在洞窟前面修起几层楼高的佛殿,殿堂规模很大,佛事设施一应现代化,佛殿门檐上的木构件色调鲜艳,雕饰精美繁缛。

此类的修复迹象充分表明,尽管这一西陲边地曾多次受到灭佛者的破坏,但佛教信仰仍一直深深地扎根于当地民众之中,即使现在也没有完全绝迹。当地的佛教信仰和对这一佛教圣地的保护至关重要。考古证据表明,千佛洞及其附近的石窟寺的开凿自唐代以来,一直繁盛不衰。唐朝曾为敦煌免受北部突厥和南部吐蕃的侵扰提供了保护,也正是在唐代佛教开始在中国广为流传。此后的四个世纪直至元代的建立,除了较短的几个时期,这一边陲地区一直受到蛮族入侵的威胁。

上述政治打击肯定对敦煌地区的佛教产生了影响。但我想,马可·波罗关于敦煌石窟的记载仍旧可信,他在其游记"沙州"(Sachiu)一章中对为数众多、挤得密密麻麻的敦煌石

◁南北大像

◁敦煌的佛教传统

◁马可·波罗对敦煌信佛传统的记载

图 193　千佛洞主群组北端及中间群组,自东北望

图 194　自石窟寺主群组南端望向千佛洞东面光秃秃的山冈

图 195　千佛洞 Ch.III 上面的洞窟

图 196　千佛洞 Ch.VIII 附近的洞窟

窟作了生动的描写,对这一地区令人奇怪的偶像崇拜习俗也作了详尽的描写。这里有必要将这段记载引述如下:

> 在此沙漠中行三十日毕,抵一城,名曰沙州。此城隶属大汗。全州名唐古忒。居民多是偶像教徒,然亦稍有聂斯托里派之基督教徒若干,并有回教徒。其偶像教徒自有其语言。城在东方及东北方间。居民持土产之麦为食。境内有庙宇不少,其中满布种种偶像,居民虔诚大礼供奉。

接着,他对当地的祭祀和丧葬风俗作了长篇描写。亨利·尤尔爵士认为上述丧葬风俗都是有关汉人的描述。①"唐古忒"(Tangut)一称源于西夏语,在蒙古征服这一地区以前,在当地广为流传。我在对甘肃(即马可·波罗所称的"Tangut")西部的考察过程中,发现这一称呼直到今天还在当地被继续使用(唐古忒,又作唐古惕、唐古特、唐兀等,即指党项族。此族于公元982年建西夏国,处黄河之西,故亦名河西,后为成吉思汗所灭——译者)。

僧人团体的消 ▷ **失**　　但也有迹象表明这里的佛教传统曾一度中断。这里全然不见定居在这里的僧人,甚至僧人居住的建筑遗址也不曾见到。很难想象千佛洞在唐代及其以后竟然没有这一类的设施。出土文书等许多证据表明一度有很多僧人生活、居住在这里。为什么这种现象一度中断,个中缘由我不想在这里详细讨论。很有可能是因为佛教连同其经文、教派组织都被中国流行的宗教(道教?)完全给融合、吸收了。在我初次造访千佛洞时,一排排的洞窟寺庙居然连一个常年看守的人都没有,

---

① 参见尤尔《马可·波罗》,第一卷,203页以下。

就连遗址南头掩映在树荫中间的供信徒们寄宿的房子也仅仅只有一个年轻的和尚在看守,而他本人也不过是一个从青藏(Tsaidam)高原过来的游僧。

第二节　千佛洞的碑刻

接下来我们简要介绍一下千佛洞出土的有关其历史的汉文经卷。这里我们得感谢沙畹先生对该遗址保存至今的五份最重要的汉文碑刻所作的释读和精辟分析,这五份碑刻资料由伯宁带回。① 沙畹先生据此对唐元两代这一中国西北地区的政治形势、人种构成作了明确的分析。所以,有关边境的情况可以参考沙畹先生的有关研究,这里我只对有关千佛洞遗址本身及其历史作一探讨。 ◁沙畹先生对千佛洞碑刻的分析

正如沙畹先生所言,这批碑刻中,时代最早又最为重要的一份碑刻的年代属于公元 698 年(即《李克让修莫高窟佛龛碑》——译者)。这份碑刻应即 Ch.III 洞窟中的那块碑刻②,当时可能立于"莫高窟"之前。沙畹先生注意到它的内容曾被 19 世纪出版的一部重要著作《西域水道记》(Hsi yü shui tao chi)所摘抄。碑刻内容是李某修佛龛的功德记。极有价值的是碑刻记载千佛洞的始凿年代为公元 366 年。 ◁公元 698 年碑

这一年,沙门乐僔(Lo-tsun)"尝杖锡林野,行止此山,忽见金光,状有千佛,遂架凿□,造窟一龛。次有法良(Fa-liang)禅师,从东届此,又于僔师龛侧,更即营建。伽蓝之起,滥觞于二僧。复有刺史建平公、东阳王等各修一大窟。而后合州黎庶,造作相仍"。碑刻下文接着说:"乐僔法良发其宗,建平、东 ◁早期洞窟的开凿

① 参见沙畹《十题铭》,10~16 页,58~103 页,1902。
② 参见沙畹《十题铭》,58 页以下。

阳弘其迹,推甲子四百他岁,计窟室一千余龛。"

公元 366 年始▷
凿佛龛于此

　　上述记载清楚地表明,敦煌地区初唐佛教的繁盛可上溯至前秦苻坚时期(公元 357—384 年)。前秦是一个短命的王朝,定都于今西安府。正如沙畹先生所言,这个日期表明当时倡佛者曾投其所好,为前秦统治者服务,没有理由不这么认为。我们今天已无从知晓哪两个洞窟是由乐僔和法良首先开凿。我们只知道现存洞窟中,内有大型坐佛的南 Ch.XI 窟(附图 42)是最高的洞窟。是不是这个洞窟就是碑刻中所指的"莫高窟"尚不得而知。

公元 755 年▷
"李太宾修功
德碑"

　　时代稍晚的两通碑刻刻于一块精致的黑色大理石碑的正反两面,石碑立于 Ch.XIV 窟佛殿内,该窟佛坛规模很大,现已整修一新。如附图 42 所示,它位于有名的 Ch.XVI 窟的旁边,其通道可以从图 191 的最左端看得见。这两座碑刻的时代上下相差 100 年。李太宾碑正面的碑刻刻写年代为公元 776 年,为《大唐陇西李府君修功德碑记》。[1] 碑刻追叙了李太宾祖先的功绩,他们当中有的曾为敦煌的高级官员,据碑文,李太宾"依山巡礼",发现了一处可供凿窟的地点。接着碑刻对千佛洞的 100 座窣堵波(碑文有"遂千金贸工,百堵兴役"之句,斯坦因误将"百堵"当作"一百座窣堵波"——译者)以及众神形象和地理风景作了详细的描写。这是导致李太宾决意在这里捐资修造功德的缘由。这段文字,除了使我们得知盛行于中国的唐代密宗是公元 8 世纪时由两个僧人传入中国的[2],还在阐释千佛洞壁画图像题材和我在这里偶然发现的佛教画像艺术方面具有重要的学术价值。遗憾的是碑座后面的

---

① 参见沙畹《十题铭》,60 页以下。
② 参见沙畹《十题铭》,10 页。

洞窟已经彻底翻修,我们已无从确认李太宾碑刻所描述的具体内容。

　　李太宾碑反面的碑刻刻写于公元 894 年,题为"唐宗子陇西李氏再修功德记"。① 这是一篇骈文,追述了李唐帝系的远祖与近世。它也为我们了解河西节度使张议潮的生平提供了资料。张议潮为刻碑者的岳父[张议潮女婿为索勋,译者怀疑斯坦因误将《唐宗子陇西李氏再修功德记》与《大唐河西道归义军节度索公纪德之碑》相混淆,后者有"(索勋)为张太保(张议潮)之子婿"的记载,也刻于一碑(《大唐都督杨公纪德碑》)的反面——译者],他在吐蕃占领敦煌地区近一个世纪(公元 757—850 年)之后,收复河西诸州,归义于唐,从而使大唐帝国重又恢复了对这一通往西域的走廊的统治。② 这块碑刻使我们对当地历史有一个简单的认识,并获悉在吐蕃统治期间佛教僧侣集团仍停留在敦煌③,除此以外,对千佛洞遗址的考古学研究而言,意义并不太大。

　　正如沙畹所言,以下所要讨论的两块碑刻的内容虽有区别,但二者之间也有紧密的联系。必须指出的是,这两块碑刻都保存在 Ch.xi 窟的佛殿里。佛殿是一座新近建成的木构建筑(附图 42),紧临"大坐佛龛"(即北大像)。这两块碑由守郎分别立于公元 1348 年(当为《莫高窟六字真言碣》——译者)和 1351 年(当为《重修皇庆寺记》——译者)。守郎当时是从山西(Shan-hsi)的一处寺院来到这里向西宁王速来蛮(Su-lai-man,king of Hsi-ning)施舍捐赠。速来蛮之名见于《元史》(元朝建立于公元 1329 年),系成吉思汗(Chingis Khān)

▷公元 894 年碑碑文

▷记载速来蛮修寺宇的碑刻

----

① 参见沙畹《十题铭》,77 页以下。
② 参见沙畹《十题铭》,12 页等,80 页,注①。
③ 参见沙畹《十题铭》,85 页及注④。

的后裔。① 这一蒙古王子使用了穆罕默德的名字,却又与佛教有瓜葛,颇有意味。

公元 1348 年碑▷　　　公元 1348 年碑部分残缺,其中心位置有一尊菩萨(Dhyūni-bodhisattva)像,沙畹先生认为是观音。② 上方与左右两侧用六种文字刻有Oṃ maṇi padme hūṃ经文:梵文天城体、吐蕃文、回鹘—突厥文、蒙古文、西夏文、汉文。下面的碑文是立碑的经过和速来蛮以下捐赠者的名单。除了西宁王速
莫高窟▷　来蛮贵为蒙古皇室成员,其他多为敦煌本地人。此碑可能有一定的考古价值,因为碑额提到了莫高窟。沙畹先生据此碑认为莫高窟即是碑现在所在的 Ch.XI 洞窟。③ 考虑到该窟与大坐佛窟相毗邻,后者又是敦煌石窟中现存最高者,所以我们认为莫高窟应指的是"大坐佛窟",此碑原应立于大坐佛窟。此碑现在立得并不牢靠,而且有残损,这也可以看作是它被移动过的证据。现存于 Ch.III 窟的公元 698 年碑所指的"莫高窟"则应是最早开凿的乐僔洞窟。

公元 1351 年重▷　　　公元 1351 年碑可以补充公元 1348 年碑的内容,对我们
修寺碑　了解敦煌石窟的历史也很有帮助。④ 碑额题"重修皇庆寺(Huang-ch'ing temple)记"。据志序,志文由沙州路儒学教授刘奇(Liu Ch'i)书写。志文称:

　　沙州皇庆寺历唐宋迄今,岁月既久,兵火劫灰,沙石埋没矣,速来蛮西宁王崇尚释教,施金帛、采色、米粮、木植,命工匠

----

① 参见沙畹《十题铭》,102 页等。
② 参见沙畹《十题铭》,96 页以下及图版。
③ 但伯希和认为莫高窟系指整个敦煌石窟,见伯希和《甘肃新发现的中世纪图书馆》(*Une bibliothèque médiévale retrouvée au Kansou*),载《法国远东学院通讯》,521 页,1908;吉尔斯博士的看法与伯希和同,见吉尔斯《敦煌录》,载《皇家亚洲学会会刊》,707 页,1914。
④ 参见沙畹《十题铭》,99 页以下。

重修之。俾僧守郎董其事，而守郎又能持疏抄题，以助其成。佛像、壁画、栋宇焕然一新。

速来蛮在重修皇庆寺期间即已病死，在其名字之后有继立的西宁王牙罕沙（Ya-han-sha；"莫高窟六字真言碣"作"太子养阿沙"——译者）及其亲属的名字，还有许多官员和敦煌士绅的名字。

上述碑文记载了皇庆寺在元代以前的几个世纪如何经受了破坏，于是进行了大力修缮，修缮费用如何筹集，这为我们了解绝大部分（如果不能说是所有的话）敦煌石窟寺庙是如何进行维修的提供了资料。我自己就曾目睹过最近的一次修缮活动，这将在下文提及。佛殿和其他附属建筑中随处可见的大量废弃的像坛表明，这里的修缮活动从来就不曾停止过。发现上述两块石碑的 Ch.XI 窟佛殿，殿堂建筑全为木构，保存完好，雕饰华丽，不久前曾进行过修缮。这里洞窟墙壁上的壁画看上去都很旧，与皇庆寺殿堂建筑很不相称。如前所述，公元 1351 年碑记载皇庆寺曾经历过重修。再者，公元 1348 年碑也保存在这座建筑内，这说明此碑很有可能是从相邻的大坐佛窟移来。[1] 令人遗憾的是，窟前建筑使得殿内和后面的洞窟光线不足，在没有专门灯光的情况下，无法对其中的壁画进行拍照，甚至于凑到跟前也难以看清。

◁ 不停地修缮庙宇的证据

---

[1]　沙畹《十题铭》，99 页曾转引《西域水道记》作者徐松的记载，徐松称公元 1351 年皇庆寺碑发现于"文殊窟之外"。遗憾的是，我们已无从考证这一洞窟是否就是 Ch.xi 窟。

第三节　王道士和他的藏经洞

　　3月,我曾匆匆造访千佛洞,这里有关佛教艺术的丰富资料给我留下了深刻印象。但是,我更大的目的不全在于此。

发现密室藏经▷
的传闻

　　扎希德伯克是一个精明能干的土耳其商人,他当时被从新疆驱逐到敦煌,成为当地一小群穆斯林商人的头目。我正是从扎希德伯克那里获悉藏经洞里偶然发现了大批古代写卷的消息。这批无价之宝据称当时已由官府下令封存,由一个道士负责看管。扎希德伯克宣称这批写卷中还有不是用汉文书写的材料,这更激起了我想探个究竟的欲望。经过蒋师爷一连串急切的追问,证实这个传言并非空穴来风。于是我俩作了周密审慎的计划,准备用最为妥善的办法去获取这批写卷。

王道士发现密▷
室的故事

　　我刚到时,王道士正好同他的两个助手外出化缘去了。如果这时候将我们的计划付诸实施显然不明智。幸好留下来看守的那个年轻的唐古忒和尚知道一些情况,蒋师爷没费多大劲就从他嘴里套出了一些有用的内情。据他讲,藏经发现于一个大型的洞窟里(编号 Ch.I,附图 42)。这个洞窟靠近北组(主组)洞窟的最北端,外部建筑粉刷一新,显然是王道士新近主持对它进行了一次彻底的修缮。他来这里已差不多有七年了。通向洞窟的入口已被崩落的岩体和流沙所挡住,这与靠南一些的山脚崖面上的洞窟的情形一样。当年在对洞窟和窟前地面(现在已为殿堂所占)进行整修时,工匠在连接两个洞室的走廊壁面上发现了一条裂痕,(挑开裂缝)便从这堵土墙之后发现了一个凿在岩石里的密室(附图 43,图 200)。

藏经被就地封▷
存

　　据称打开密室时,里面塞满了用汉文书写的但是读不通的大量经卷,其数量之多,据说可以装满几辆马车。石室发现经卷的消息传到了距敦煌很远的兰州,当地长官曾命令送些样本去。最终,甘肃省府下了一道命令,命令所有写卷就地封存。所以,这批不曾被读懂的藏经重又被封存在发现它们的石室里,由王道士负责妥善保管。

由于王道士不在,我们无从得到更多的关于藏经洞的情况。但我还是抽出时间对藏经洞所在的地点作了观察。年轻和尚的师傅是一个西藏来的和尚,当时也出去化缘了。后者的临时住处是一间破旧的小屋,本是供前来敦煌朝圣者们居住的地方。他曾借得一个卷子,放在他的陋室里,以添得些风光。蒋师爷说服这个年轻和尚将他师傅处的那个卷子拿来看看。这是一个保存很好的卷本,直径约 10 英寸,展开来的长度足有 15 码。卷纸呈淡黄色,看上去很新,也很坚韧。由于这里气候干燥,经卷又是被精心封存在密室里,所以很难从纸的外观来判断它的年代,不过,从那细密的纸纹和磨得溜光的纸面还是可以看出它的年代相当久远。 ◁藏经标本

这个卷子字迹清晰,书法秀美,这是我和蒋师爷共同的印象。卷子上的文字确确实实是汉文,尽管蒋师爷很有学识,他也不得不坦承,乍一看,连他也断不清句子。但不久我就弄明白了是怎么回事,从蒋师爷不断地读到"菩萨"和"波罗蜜"这一类的固定术语,我判断出它就是中国佛界所熟知的、由梵文转译过来的《菩萨经》(?)和《波罗蜜经》。由于佛教经文的字面意思晦涩难懂,因此包括蒋师爷在内,此前从没有人认出展现在面前的卷子就是一部佛经。对这个卷子作了初步鉴定以后,可以认定密室所藏写卷主要的应该是佛经。宋代(公元 ◁佛经卷子

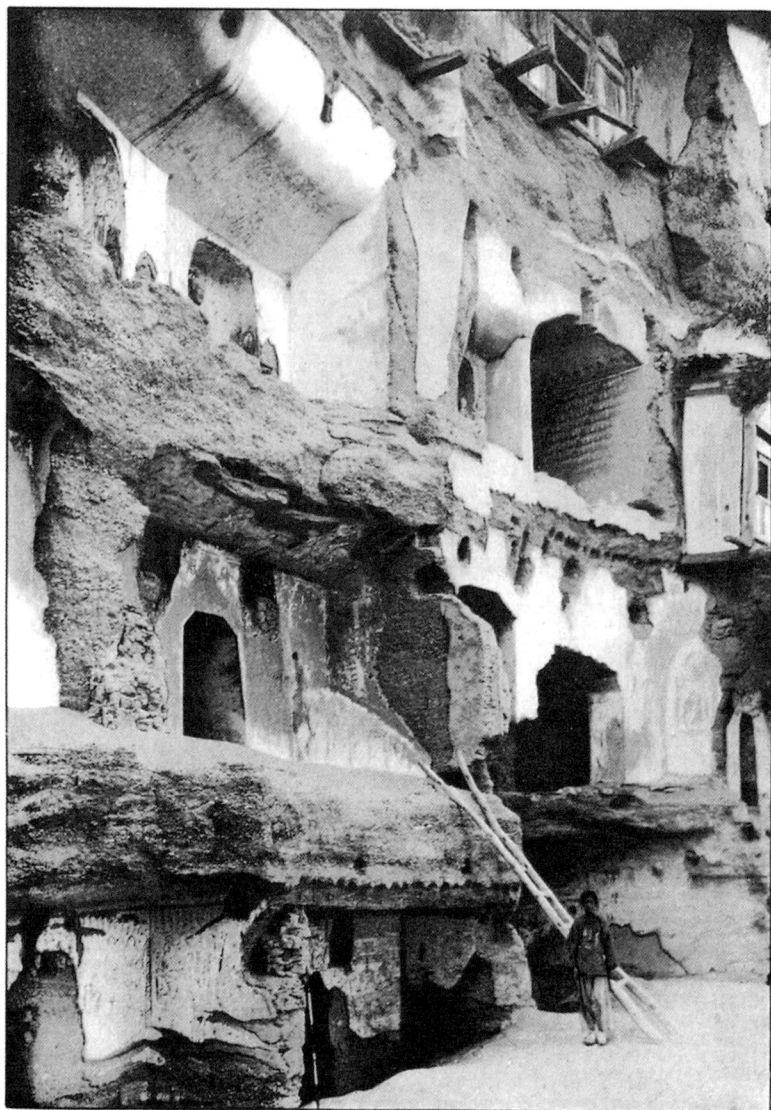

图 197　千佛洞 Ch.IX 附近成排的洞窟,有一些洞窟的门廊已倾塌

图 198　千佛洞的王道士

图 199　千佛洞 Ch.XII 窟北面相邻成排的小洞窟

图 200　千佛洞 Ch.I 洞窟的主室与侧室,部分已重修

960 年立国) 活字印刷术出现以后, 中国的书多装订成册①, 就像今天所见的书一样。这份经书是写在一个长长的卷子上, 而不是被装订成册(原著用了"concertina"一词, 直译为"像手风琴一样能折叠的"——译者), 这就说明它的时代应该很久远。

有一大批古代写卷等待着去被发现的念头, 像一块巨大的磁石一样吸引着我重返千佛洞。但等到真的回到这里时, 我不得不开始为我的计划担心起来, 因为我从当地得到可靠的消息, 保护着这批珍宝的王道士是一个恪尽职守、非常用心的人。藏经洞所在的那个寺宇看上去有些破旧, 但它仍是当地人朝拜的一个圣地, 容不得有任何的粗鲁举动, 这也使我的考古工作受到影响。精明能干的蒋师爷收集到了有关看守藏经洞的和尚的性格和举止的情况, 这更使我感到有必要在开始时应采取审慎、缓慢的行动。蒋师爷设法说服王道士等待我的到来, 而不是在一年一度的朝圣活动一结束就开始去募集修庙的资财。值得称幸的是, 由于敦煌副县长汪大老爷对我所进行的考古工作感兴趣, 我逐渐博得了敦煌当地人的好感, 我可以利用我学者的身份, 使当地人对我的研究目的和方法不会提出什么异议。

◁进入密室的努力

5 月 21 日, 我重返敦煌石窟, 准备将我早已拟好的计划付诸实施。让我感到满意的是, 除了王道士和他的两个助手以及一个身份卑贱的西藏喇嘛(他不懂汉文, 所以对我的计划也不会有什么危险), 整个遗址别无他人, 一片荒凉, 仿佛是一个被人们忘却了的地方。王道士等候在那里欢迎我的到来, 在这一年的绝大部分时间里, 他都可以称得上是一个孤傲的、忠

◁重返千佛洞

---

① 承蒙怀利博士告知, 大英博物馆所藏宋代最早的印刷品的装订方法是"折叠式"的。

于职守的人。他看上去有些古怪,见到生人感到非常害羞和紧张,但脸上却不时流露出一丝狡猾机警的表情,令人难以捉摸(图198)。从一开始我就感到他是一个不好对付的人。为了避免与他待在一起的时间过长,第二天一早我就开始对几个主要的洞窟进行考察,并对一些较为重要的壁画进行拍照,以此来掩饰我此行的主要目的。当我来到最北端的洞窟时,我瞟了一眼藏经洞的入口,那里就是发现大批藏经的地方,经卷至今还封存在里面(图200)。藏经洞正好位于王道士改造的那个洞窟的旁边。藏经洞密室的入口比走廊的地面要高出5英尺,让我感到一丝不安的是,我发现窄小的密室入口已被砖墙堵住,仿佛就是为了故意与我为难似的。这不禁使我想起了Jesalmīr 的和尚们将古代的贝叶经书藏在庙宇里,不让学者们进行专门研究的事情来。

第一次向王道 ▷
士提出请求

我的第一步主要目标是想看一下全部经卷的原始堆积、存放的情况。王道士住在另一个稍加整修过的洞窟里,为了设法让他同意我们的请求,我特地派蒋师爷到他的住处同他进行交涉。尽管蒋师爷费尽心机,但谈判的进展还是非常缓慢。在我们答应给王道士修缮庙宇进行捐助以后,他终于说出封堵密室入口的目的本是为了防范香客们的好奇心。最近几年,每到朝拜的时候,前来朝拜的香客往往数以千计,把整个遗址挤得水泄不通。但是,由于对我们心存疑忌,他始终不答应我们看一下全部经卷保存状况的请求。他唯一应允的是让我们看一看他手头的几份卷子,而且还加上许多限制条件。蒋师爷急于想替我要到其中的一两份卷子,结果使得王道士很是心烦,我们的全盘计划一下子面临告吹的危险。

正式提出进入 ▷
密室的要求

但谈判还是有一些收获。我们在敦煌听说的一些情况,从谈判过程中得到了肯定。当密室发现经卷的消息由肃州道台呈报甘肃省府时,省府衙门曾命令送一部分卷子去省府,后来又下令妥善保管所有卷子。蒋师爷怕王道士终止谈判的忧虑,被王道士流露出来的对官府上述做法不满的口气打消了。据王道士讲,他确曾向兰州省府衙门送去一批佛经,但官府对此不感兴趣。官府甚至没有对这批卷子如何处置作出任何安排,也没有对他辛辛苦苦修缮庙宇而发现这批经卷的功劳进行褒奖,这使王道士感到有点愤愤不平,他对我们毫不掩饰自己当时的感受。当时官府甚至下了一纸粗暴的命令,要将这批经卷装满七辆马车运走,后来由于运费不够,又嫌保管麻烦而作罢,于是又将这批经卷原封不动地交付给王道士,令他就地保管。

蒋师爷的报告使我感觉到,王道士的古怪性格将是我实现计划的最大障碍。用金钱来收买显然是不可能的,这会伤害他的宗教感情,或使他担心众怒难犯,或二者兼备。我觉得最好是先了解一下王道士的为人。于是在蒋师爷的陪同下,我郑重地登门拜访王道士,请求他让我们参观一下他所修复的庙宇。自从他八年前来到敦煌,这便成了他的主要任务和精神支柱。所以,我的请求被王道士欣然接受。

◁初访王道士

他领着我们走过洞窟的前廊和高大的砖木结构殿堂,这里的建筑雕梁画栋、溢彩流光,我用预先想好的词语对它们进行恭维。当我们穿过藏经洞前的过道时,我实在忍不住藏经洞的诱惑,它就位于右侧最外面的位置,入口被一堵粗陋的砖墙挡住(图200,附图43)。我没有直接去问我们虔诚的向导藏经洞里有些什么,而是投其所好去询问他是如何整修这个洞窟,他曾虔诚地干着这项工作,我想这样做更能博得他的好感。从图200可以看出洞窟中雕刻的修复情形。这个洞窟中,有一个长约56英尺、宽约46英尺的马蹄形坛座,坛座很

◁王道士在修缮庙宇方面的功业

旧,但已经重新粉饰,上面排列着一群新做成的泥像,都跟真人差不多大小,依我看它们比起这些洞窟中其他的塑像要笨拙逊色许多。

这个洞窟里的壁画相对而言则要优美得多,而且大多保存较好。墙壁上所绘的主要是大方格里的坐佛形象,窟顶则是模印花样。虽然这里的壁画比不上其他大型洞窟的精美,但也足以使里面的塑像和其他后期修复增补的东西显得粗俗而逊色许多。不过王道士为此所付出的辛勤努力还是给我留下了很深的印象。他对这个洞窟的修复工作和他的虔诚的宗教信仰仍可称得上是尽心尽力。

王道士的虔诚▷　　　大约八年前,他从陕西只身来到这里,举目无亲。他将全部的心智都投入到这个已经倾颓的庙宇的修复工程中,力图使它恢复他心目中这个大殿的辉煌。当时,坍塌的物什堆满了地面,几乎堵住了通往洞窟的通道。其余的地面上覆盖着厚厚的流沙,洞窟也被流沙覆盖了很大一部分。清除这些流沙、修复大殿需要付出热心、恒心和苦心,而这一切,全都由我身边的这位待人和气、身体孱弱的道士四处化缘、募得钱财来解决,其间的艰辛可想而知,一想起这些,我心中不禁有一丝感动。在这座大殿的旁边,还有几层砖木结构的殿堂建筑,向上一直攀升到崖顶的位置。后来他还曾非常自豪地向蒋师爷展示过这些年来他四处募捐的账本,每一笔都记得非常仔细。他将全部募捐所得都用在了修缮庙宇之上。从他与他的两个忠实助手的生活情形可以看出,他个人从未花费过这里面的一分一毫。这些与蒋师爷在敦煌打听到的情况完全相符。

王道士的性格▷　　　王道士在中国传统文化方面的无知很快就被蒋师爷摸清了。我与一些有学识的中国官员交往时,往往能博得他们的支持和好感,但对王道士而言,我觉得没有必要去给他谈论考古学的价值、去给他谈论利用第一手的材料进行史学和考古学研究的意义等。但有一点却是值得与他进行探讨的,那就是玄奘。在中国,只要一谈起玄奘,对方无论是学者还是白丁,我总是能与他谈得很是投机。这位古怪的王道士是一个很复杂的人:虔诚、无知而又很执着。他使人不得不联想到中国古代的那位克服千难万苦赴印度取经的朝圣者,王道士头脑简单,信仰却很执着甚而至于有点迷信。唐玄奘一直被我当作我的中国保护神,王道士也喜欢听我谈论他。

　　于是,在周围满是佛教神像的氛围里,我开始向王道士谈起我对玄奘的崇拜:我是如何沿着玄奘的足迹穿越人迹罕至的山岭和沙漠,又是如何去追寻玄奘曾经到达和描述过的圣迹,等等。尽管我的汉语很差,但这是一个我所熟悉的演讲题材,而且一旁往往还有蒋师爷适时的补充,所以我总是能把我所知的有关玄奘的可靠记载和他漫长旅途的风土人情描述得细致入微。尽管王道士的眼光中还有一丝不自在,但我已他从发亮的眼神中捕捉到我所想要的东西,最终他露出了一种近乎入迷的表情。 ◁求诸玄奘的影响

　　王道士尽管对佛教知之甚少,但和我一样,对玄奘顶礼膜拜。有了这么一个共同点,我对自己的计划就更有信心了。他带着我们走到大殿前面的凉廊上,向我们炫耀那些描绘玄奘西行景色的壁画,这些画像都是他请一个当地的画工画到墙上的。① 壁画上描绘的奇异的传说,正好是那些把唐僧神化了的内容。尽管这些故事都不曾见于《大唐西域记》,但我还是饶有兴趣地听着我的"导游"口若悬河地谈论墙上方格里所 ◁王道士对唐僧的崇拜

----

① 《沙漠契丹》第二卷图189、190所示的是两幅这样的壁画中的大方格,每个方格中包含有四种不同的场景。

绘的神话故事。①

描绘玄奘故事▷
的壁画

其中有一幅画面的寓意很是深刻,我费了很大工夫才看明白。画面所描述的情形与我当时的处境正相类似。画面上,玄奘站在一处急流前,旁边是他的忠实的坐骑,满载着经卷。一只巨大的乌龟正向他游过来,准备驮他渡过这一"劫"。这里所描绘的正是这位朝圣者满载着 20 捆佛经准备从印度返回中国时的情形。摆在他前面的困难将是需要跨越千山万水。这些都在他的游记中作过描绘。② 不知道我身边的王道士是否能够理解这画中的情节,让我把这些古代经卷重又取回印度,这批经卷正由命运之神交付给他保管着。

---

① 《西游记》所虚构的神话故事在中国西部流传甚广,相信在中国其他地区的情况很有可能也是如此。《西游记》神话故事的创作来源很有研究价值,这一点值得欧洲学者在研究中国佛教史和民俗学时予以重视。它们应该是源于玄奘的《大唐西域记》,而《大唐西域记》中的记载又源于他在印度的见闻。如果这一推测不误,那么可以认为《大唐西域记》中许多的传说故事都是玄奘对印度僧人口述的忠实记录。我自己亲身听到过的一些故事为此提供了证据。

H.B.M.中国领事馆的史密斯(J.L.Smith)先生曾提请我注意虚构的西游记故事。见科林(S.Couling)《中国百科》(*Encyclopaedia Sinica*),241 页等。《西游记》节译本见已故的梯莫斯 • 里查德(Timothy Richard)博士的《出使西天》(*A Mission to Heaven*)。

② 参见儒连《生平》,263 页、275 页、296 页;比尔《生涯》,192 页、200 页、214 页。上述故事可以看作与玄奘在穿越印度乌图查汗差(Wu-to-chia-han-chza,乌达邦达,今乌达;见斯坦因《拉加特》,第二卷,338 页;第五卷,152~155 页)时的经历相类似,在这里,"五十卷经书"从船上被"护法神"拿走。另一类似的遭遇是在唐吉它峡谷,他的坐象被淹死,见本书第三章第三节。

第二十二章 藏经洞的发现

第一节 密室的开启

上文我曾强调,如果当时立即要求进入藏经洞显然不太妥当。所以我留下蒋师爷向王道士催要他曾许诺给我们的卷子。但他这时候又开始胆怯和犹豫起来,对蒋师爷的催讨只是虚与委蛇。我开始担心了。到了深夜,蒋师爷悄悄地却又不无得意地抱着一小束经卷来见我。这是王道士许诺给我们的第一批卷子,他刚刚将这批卷子送给蒋师爷,是偷偷地藏在他黑色外袍里带过去的。这些写卷同我们3月份在那个年轻和尚那里见到的卷子一样,看上去都是古色古香,上面的内容很可能是佛经。蒋师爷是个肯钻研学问的人,他请求给他点时间琢磨一下上面的文字内容。 ◁秘密运送汉文经卷

第二天一早,蒋师爷面带一股兴奋和胜利的神情过来告诉我,这些经卷是玄奘从印度带回并翻译出来的汉文佛经。在经卷边页上竟还有玄奘的名字,令他惊叹不已。这些经卷是玄奘早年翻译出来的。当我在蒋师爷的陪同下同王道士进行交涉的时候,我觉得好运似乎正在垂临我。蒋师爷一反遇事迟疑不决的常态,以一种半近乎迷信的口吻说,正是唐僧的在天之灵将这些密室藏经托付给对佛经一无所知的王道士,以等候我——从印度来的唐僧的崇拜者和忠实信徒——的 ◁由玄奘翻译的经卷

来临。

王道士的惊奇▷ 这些经卷居然与玄奘有关,王道士对此似乎一无所知。而蒋师爷则立刻意识到可以充分利用这一点,利用我的保护神玄奘来影响心中尚存猜忌的王道士。于是,他立即过去将这一消息告诉了王道士,声称这是唐僧的在天之灵在催促他向我们展示密室里的藏经。不久蒋师爷就回来了,称这一招发挥了作用。几个小时以后,当他再回到密室门口时,发现王道士已经拆除堵在密室入口的砖墙,蒋师爷还站在入口处瞟了一眼密室里一直堆到洞顶的经卷。

初见藏经▷ 整个一上午,我都有意地避开王道士的住处和藏经洞,但当我获悉密室门已打开时,我便再也按捺不住了。记得那是很热的一天,外面空无一人,我在蒋师爷的陪同下来到藏经洞前。在那里我见到了王道士,他还有点紧张和不安。在神灵的启示下,他才鼓起勇气打开了位于通道北面墙上的密室门(图200)。借着道士摇曳不定的灯光,我睁大了眼睛向阴暗的密室中看去,只见一束束经卷一层一层地堆在那里,密密麻麻,散乱无章。经卷堆积的高度约有 10 英尺,后来测算的结果,总计约近 500 立方英尺。藏经洞的面积大约有 9 平方英尺(附图43),剩下的空间仅能勉强容得下两个人。

谨慎行事▷ 在这阴暗的密室显然无法对这些写卷进行检阅,而要弄清其全部内容也是一件劳神费力的事。我没有立即建议将所有经卷从密室里搬到殿堂里以便阅读翻检,我担心这样做会于事无益,甚至于有点鲁莽,因为王道士仍在担心他从施主们那里辛辛苦苦换来的好名声会受到玷污,他害怕对他不利的流言蜚语在敦煌地区流传开来。尽管当时那里是朝圣活动的淡季,但谁也保不准什么时候会有一名香客突如其来地造访千佛洞,如果让香客在这个圣地吃上闭门羹,对王道士而言将非常不利。当时我们所奢望的是王道士能不时地捎出一两份卷子,让我们在狭窄阴暗的殿堂里匆匆浏览一下。好在大殿的两侧居然还各有一间耳房,开有门户,窗户用纸糊着。房子的状况出人意料的好,所以我们暂时就把一间耳房当成了一间古色古香的书房,这里可以避开不速香客好奇的眼光,他们总是很虔诚地来到那高大而笨拙的塑像跟前来磕头、击钟和烧香。

　　我匆匆浏览了一下藏经的内容,不过,在介绍藏经的内容之前,这里有必要先介绍一下藏经洞本身的情况,以及有关密室封存年代的蛛丝马迹。据王道士讲,八年前他来到千佛洞时,藏经洞前的通道已被流沙所覆盖。从其地势及附近洞窟的情况来判断,当时洞窟前崩塌下来的山石和吹落的流沙堆积足有 9~10 英尺厚。由于人手有限,清理工作进展很慢,前后花了两年多的时间才把长度超过 24 英尺的通道里的沙石清理干净。完成了这一步工作以后,王道士便着手在洞窟里树立新的塑像。就在立塑像的过程中,工匠们在通道入口右侧的壁画上发现了一处裂痕,壁画下面不是岩体,而是一堵砖墙。打开这堵砖墙,便发现了藏经洞及堆积在里面的藏经。 ◁ 藏经洞的发现

　　当他们怀着挖宝的心情在洞窟里四处寻觅时,曾发现一块精致的黑色大理石碑,嵌在密室西墙上,约有 3 英尺见方,上面刻着一篇很长而且字迹工整的汉文碑铭。后来王道士嫌它碍事,将它挪到了通道的南墙边(左边)。这块碑文,沙畹先生曾作释读并有详论①,我这里再补充一点。当时据蒋师爷对碑文的诵读,刻碑年代当在公元 851 年。这表明,藏经洞的封闭时间当在公元 9 世纪中叶以后。 ◁ 洞里的公元 851 年碑

---

　　① 参见本书附录 A.3。

通道上的壁画▷　　　除了经卷所载纪年,最有断代价值的材料是通道里的壁画。王道士清楚地记得,密室入口墙面上的壁画(已被破坏掉)与入口周围的壁画相同,其内容为菩萨捧物出行图,菩萨形象优美,大小跟真人差不多(图200),所幸王道士满腔的修缮热情还没有伤及这些壁画。这种风格的壁画在其他洞窟屡屡见到,Ch.VII 和 Ch.IX 窟通道壁面上的壁画就是如此,而且保存完好(图214、225)。这些壁画的时代竟然能晚到宋代以后,真是令人难以置信。不过有一点很清楚,保留在这里的古代壁画是后来的画匠们创作的蓝本和灵感的源泉。从唐代到元朝之间的几个世纪里,这里的修缮活动一直没有停止过,所以仅仅从壁画的风格来进行断代是靠不住的。

挑拣经卷之不▷
易　　　有一丝迹象让我们感到鼓舞,这批写卷中,除了汉译的佛经故事,还有其他一些有重要价值的写本。唐元时期及其以前,甘肃西部边远地区曾是很多民族和各种政治势力角逐的舞台,佛教则在他们之中广为流传。这批材料的历史背景是如此复杂,要想对如此浩繁的写卷进行深入系统的科学研究将是一件耗时久远的大工程。我在语言学方面的不足,使我不可能在匆忙之中从卷帙浩繁的汉文写卷中将那些最有价值的卷子全部挑选出来,甚至不可能将混在其中的非汉文卷子一一分拣出来。但最令我担心的还是王道士胆小怕事、犹豫不决的性格,保不准什么时候他会警觉和猜忌起来,在我还没来得及卷走所有珍藏之前,突然关闭这个密室。我一面竭尽所能地赶工作进度,一面还得摆出漫不经心的模样来,以免让王道士意识到他手中的这批东西是无价之宝。

初次检视过的▷
汉文经卷　　　尽管是经过了王道士的手将这些写卷"发掘"出来,但这仍然是一件极有意思而又令人着迷的事。我将在以下的章节中对清理出来的一份份写卷和其他文物作分门别类的介绍。

王道士抱给我们的第一捆写卷中包括几个厚重的佛经卷子，厚度（直径？）从 9.5 英寸到 10.5 英寸不等，它们在藏经洞安然保存至今。虽然它们经历了漫长的岁月，但绝大部分卷子都保存较好。从图版 CLXVI ~ CLXVIII 可以看出，这些卷子纸面光滑平整而发黄，纸纹密致，纸张结实耐用。这些卷子像欧洲的草纸文书一样一卷一卷地卷起来，中间有细小的卷轴。卷轴两端有时还雕刻、镶嵌有把手。卷轴的长度在 15 ~ 20 英寸之间①，展开的幅宽很大。可以看得出它们是久经翻阅、摩挲过的。卷子的外面可能还有袋子和捆扎的绸带，但大多都已经烂掉了。②

　　只要袋子还保存着，蒋师爷就能很容易地读出该卷佛经的篇名、册数和卷号。佛经的内容我无从知晓。我曾担心这些经书的内容都是重复的——现代的佛经往往如此，最初搬来的几卷佛经篇名都互不相同，这使我悬着的心放了下来。开始时我曾让蒋师爷对这些经卷列一个粗略的目录，但王道士的勇气与日俱增，他开始一捆一捆地往这里送卷子了，这使我们打算做一份哪怕是最简略的目录的计划都不得不放弃了，因为经卷实在是太多了。 ◁放弃编目录的打算

　　蒋师爷对这些卷子匆匆浏览了一遍，没有发现任何有关纪年的材料。佛经中还有一些藏文经卷，但对探讨藏经洞的时代也没有什么帮助。这些藏文经书为了阅读的方便，各个段落章节都是横向安排，而书写则是自上而下（Ch.05、011，图版CLXXIII；Ch.06、07，图版 CLXXIV）。我们无法从其字迹和 ◁藏文卷子

---

　　① 按卷轴的长度可以推算出中国古代卷子的上下长度，有关情况见本书第十八章第四节。
　　② 标本 Ch.cv.001（图版 CLXVII）上可以看见绸带的痕迹，绸带被卷在里面，因为图版的目的是要展示卷子末尾正面的题款和印章，所以卷子是按相反的方向卷起来的。卷子通常是从右端开始展开，卷轴在卷子的最左端。

文字内容来判断它们的年代。但有一点,藏文经书的纸张粗陋而发灰,看上去肯定要比汉文卷子的年代晚。也许它们的时代属于约公元759—850年吐蕃占领敦煌的时期,而纸张质地较好、看上去年代更为久远的汉文经卷的时代应该属于唐朝统治该地区的时期。

"笈多草体"文▷
书的发现

随后我们就发现了时代最早的卷子的年代证据,在一份残长3英尺多、纸张发黄的汉文卷子的背面(现编号为Ch.i.0019,见附录F),我发现了用婆罗门草书字体书写的文书,这是我所熟悉的和田文。接着,又发现了另外的三份和田文书残卷(Ch.i.0021.a、b、c,附录F),都是在卷子的一面或双面书写和田文。这就清楚地表明,密室藏经的时代与印度文字(可能为梵文)在这一崇佛地区的流行同时。和田文书在汉文卷子背面的出现说明敦煌地区的佛教与塔里木盆地广为流行的佛教存在着一定的联系。不久,我又在另一捆卷子里发现了一大堆菩提文书,用"笈多草体"书写,据霍恩雷博士的研究,它们分属两本和田文著作。其中编号为Ch.ii.003(图版CL)者为一份医学文书,保存下来的至少有71页之多。

错综复杂、各▷
式各样的写卷

在这些胡乱堆积的藏经中,有汉文和藏文的卷子,也有不少吐蕃菩提文书。另外还发现了大量凌乱纷杂的汉文散页文书。这些汉文散页毫无顺序,装订得也是简单粗糙,也没有用布袋装起来。这些都表明,自从它们被捆缚起来以后,就不曾受到过什么翻动破坏。王道士随意地在这些藏经中翻检"珍宝",结果又有不少新的发现。尽管这些散页已找不出什么顺序,其内容却是丝毫无损。它们既没有一丝受潮的痕迹,也一点也不觉得脆。道理很简单,藏经洞是一个再好不过的藏经地点,它开凿在干燥的岩体里,沙漠山谷里即使有一丁点儿的潮湿空气,也与藏经完全隔离了。藏经洞三面是厚实的岩体,只有一面是封堵的砖墙,而且又被流沙埋藏了好几个世纪,藏经洞里的温度基本上是恒温。在如此干旱的地方如此妥善地保存藏经简直是再合适不过。

上述情况可以找到一个很好的例子来加以说明。当我打开一个素色帆布的大包裹时,发现里面满是各式各样的纸片、画有图像的薄如蝉翼的丝绸或布片,以及大量的写有文字的丝绸残片。有图像的丝绸或布片大多是 2~3 英尺长的窄条,顶部是三角形的,形状有点类似旗幡,应该是寺庙所用的旗帜一类的东西。从图版 LXXVII、LXXX~LXXXIX 可以看出它们是如何保存的,我还将在以后的章节中对此详加介绍。这些丝绸旗帜往往被紧紧地绕在木质旗杆上,杆子上往往涂有亮漆或有彩绘。展开时,可以从旗帜上看见佛教神像,色调鲜艳和谐。① 用来做旗帜的总是薄如蝉翼的上等丝绸。有的看上去有点破旧,这并不是由于几个世纪以来保存过程中的腐蚀作用,而是由于当时在庙宇中悬挂使用的时间过长所致,在有的旗帜上还能看见修补的痕迹。

◁彩旗的首次发现

当我试图打开一些更大的旗帜时,我发现它们质地很脆,弄得不好会损坏它们。当时保存时,肯定是卷得很紧,而且动作也很随意,一件一件堆压在一起。这样经过几个世纪的挤压之后,再想去打开就很容易损坏这些薄薄的丝织品。我把这些卷在一起的丝织品举过头顶来观察,发现上面的图像与大型洞窟中的壁画内容一样。图版 LVI~LXIV 所示的是经大英博物馆的专家之手小心仔细地展开后的画像。图版 LXXVI (Ch.00350) 所示的是未打开时的情形,上面有被烟熏的痕迹。对比一下展开前和展开后的情形,一方面可以让我们了解到,

◁大幅丝画的发现

---

① 最初所见的几份标本见图版 LXXVIII、LXXX。

展开这些面积很大、又是如此保存的丝织品是多么的不易,何况这些丝织品往往还经过长期的使用;另一方面又可以使我们了解到,藏经洞里的条件对保存这些佛教图像艺术品又是多么有帮助。

挑选藏品留待▷
深入研究

我们没有充足的时间来仔细研讨这些文书的年代。我所关注的是我能从这里拿走多少藏经。令人奇怪的是,王道士竟然对这些无价之宝毫不吝惜,这也使我内心颇感一丝轻松。当我从手头那些纷杂的藏品中挑出一些丝画(帛画)、布画和文书以备日后深入研究时,他居然没有提出任何反对意见。我甚至产生了要将所有的藏品带走的想法。不过,这一要求有点过分了。于是,我极力克制住自己的欲望,将挑剩的那部分还给他,以便腾出地方让他拿出更多的藏品来供我选择。

王道士对艺术▷
遗物的不屑一
顾

这一招果然奏效,使王道士确信了这些艺术遗产没有什么价值。为了把我的注意力从他所认为的最有价值的汉文经卷上引开,他开始不惜余力地将他归入垃圾的那些藏品一捆一捆地抱了出来。这真使我感到欢欣鼓舞,因为这些新抱出来的文书残片中,尽管汉文文书残片还是占多数,但也可以发现很多有价值的绘画作品、印制的文书、帛画、笈多草体的梵文文书以及一些非宗教内容的文书等。所以,第一天我和蒋师爷忙碌了整整一天,中间甚至没有休息过,一直干到夜幕笼罩了整个洞窟才停止工作。

这些意想不到的发现使我极为兴奋,但我也很担心,这也是我一直所担心的一件事。那就是必须不断地诱导王道士,不让他感到心神不宁,不让他担心会有施主们的流言蜚语。蒋师爷的不烂之舌和我的再三表白自己对佛教和玄奘的崇拜发挥了作用。看得出来,尽管在经卷堆上来回爬动和运送经卷使王道士显得有些累了,但他脸上猜疑的表情,还是被一丝平静甚至是自豪的表情所掩盖,因为我们对他所认为的毫无价值的东西竟然表示了欣赏。事前,我曾许诺要捐献一大笔钱给他作修缮庙宇之用,以补偿翻检藏经给他所带来的不便和可能对他带来的风险。

到了晚上,终于有一大堆写卷和绘画被挑出来包好放在"书房"的一边,留待运走供我们外交辞令上所谓的"深入研究"之用。但是对王道士是否敢冒着风险让我们将这批藏品运走,或者会不会被他识破我们的真实意图,我们心里还是感到没底。直接跟他谈一笔私下交易将这批藏品买走或偷偷运走在当时看来也是可行的。当我们忙碌了一整天离开王道士的那个洞窟时,我有机会与他就我们共同崇拜的偶像作了一次长谈。我声称是玄奘的在天之灵让我很荣幸地来取得这批数目巨大的藏经和其他圣物,这些藏品有些可能与他到印度朝圣的活动有关,而这些藏品又是由他的另一个崇拜者(指王道士)保存着。当我们站在绘有唐僧西行取经图的甬道里时,我特意将他的注意力引向那幅唐僧牵着满载经书的坐骑从印度返回的场景,这是一个最好不过的规劝,让他同意我的请求,将这些由他发现、现仍藏在密室中的经卷带走供西方学者进行研究。

我留下蒋师爷与王道士进行周旋。蒋师爷鼓动如簧之舌,力图说服王道士,称玄奘让他发现了这批佛教经典和圣物,其目的并不是要将它们继续深藏在密室里。由于王道士本人不能胜任对这批经卷进行研究的重任,所以应该将它们交由印度或西方研究佛教的学者来进行研究,这也是一件积德积善的事。作为交换,他还将获得一笔捐赠,用于资助洞窟庙宇的修缮,从一开始我就非常谨慎地提出这项捐赠,它自始至终吸引着王道士。同时我还无条件地捐赠了一件银器。我

◁与王道士交谈

们很难判断这些交谈对王道士产生了什么样的作用。他既担心他的圣洁的名声因此而受到玷污,同时又不愿放弃一个为他修缮庙宇洞窟提供捐赠的好机会,这对他衷心珍爱的功德事业很有利,但必须以付出他所认为的无用的那些古董为代价。看得出来,王道士一直都在上述两种选择之间犹犹豫豫,举棋不定。

秘密搬运挑选▷
出来的藏品

想出一个万全之策将这批挑选出来的写卷和绘画弄到手,这是我交给蒋师爷的一项任务。事实证明,他从来就没有辜负过我的期望。将近子夜了,我正准备上床休息,蒋师爷轻手轻脚地走了过来,在确信我的帐篷周围没有他人以后,他返身抱回了一大捆卷子。我看了看,正是我所挑选的那些经卷,心中不由大喜。王道士终于答应了我的请求,但有一个明确的协定:此事只能我们三人知道;在我离开中国国土以前,对这批东西的出土地点必须守口如瓶。当时,他害怕自己被人发现不在他自己的住处,所以运送这批经卷的任务便只能由蒋师爷一个人独自承担了。他运送了七个(多)晚上,一捆一捆,越来越重,直至要用马车来装。对我的这位身材瘦削的学术知己而言,这是一件很苦的差事。他为此付出的艰辛,同他对我所有的热心帮助一样,长久以来一直深深地留在我的脑海之中。

第二节　藏经洞里的多种语言文书

继续搜宝▷

第一天的成功使我信心百倍,而随后的工作也收获颇丰。我们清理藏经的工作依然艰难。以后几天重复性的工作这里无须赘述,我也不想将后来"发掘"过程中的每一项有意义的发现跟记流水账似的一一记录于此。藏经洞里的藏品已不再是原来堆放时的原始状态,初次发现它时,人们曾翻来覆去地在里面寻找珍宝,一捆捆的经卷已被翻动而改变了原来的位置。后来,又曾将那块大石碑从西墙上挪走,再一次扰乱了藏经的摆放秩序。就是捆成一束的经卷,也很有可能被打乱了顺序。再说,经卷取出的顺序也全凭王道士的意愿。

当时所有的经卷在我手上只是匆匆一过,根本来不及一一细看。即使是那些我认为特别重要而挑选出来的卷子,也只能留待以后耗时多年的系统、专门的研究。我将在下面的章节中对有关研究工作做一个回顾。这里仅对当时有关藏经洞及其藏经的历史做一个介绍。这些结论为以后在欧洲进行的专门研究所证实,也为伯希和博士的实地考察所证实。在我离开王道士藏经洞之后的第二年,伯希和博士又造访了那里,收集了一些实地考察资料,收效很大。 ◁藏经的历史

我最初的印象是,这一藏有大量汉文和藏文佛经①的密室很可能是一处僧侣的藏经洞(图书馆)。本来,若要从中挑选出(非汉文)文书,须得具备语言学知识的学者细细地找寻。幸好这些卷束从外形可以很容易地分辨出来,它们规格不一,装订方法各异。我在第一天就发现它们有很高的研究价值。它们当中主要是一些绘画织物、供奉的丝绸布匹、各式各样的文书以及汉文和藏文残卷等,当时由于不再需要而被存放于此。而这些非汉文的文书因为外形无甚规格,王道士在修砌那堵砖墙时,顺手就把它们都堆到了经卷的最上头,取出经卷时,很容易够到它们,所以王道士在给我抱出卷子的时候,也就源源不断地将这些材料抱了出来。 ◁非汉文写卷的价值

大部分婆罗谜文的菩提文书都是从这些参差不齐的卷束

①《沙漠契丹》第二卷图194所示的是一堆用布包裹的汉文佛经拿出来时的情形。

婆罗谜文写卷▷ 中发现的,它们正面书写汉文,反面则全部或部分书写婆罗谜
文。① 我将在第二十四章介绍霍恩雷博士和瓦莱·普桑教授
对这些卷子的研究成果,霍恩雷博士著作的附录 F 中列出了
所有材料。印度文文书主要是用婆罗谜文和和田文
(Khotanese)书写,后者是一种已失传的伊朗文字,霍恩雷博
士和瓦莱·普桑教授认为,将这种在该地区广为流传的文字
定名为"和田文"最为合适。② 在新疆地区流行的另外一种印
欧语系的文字是"龟兹文"(Kuchean),其流行范围主要在塔
里木盆地北部。它也是一种已经失传了的文字,由西尔文·
烈维教授定名,现已被广泛接受。藏经洞所见的"龟兹文"材
料不多,仅仅是很少的几页。在这些菩提样式的婆罗谜文文
书中,最令我感兴趣的是书写在贝叶(palm leaves)上保存完
好的《般若波罗蜜多心经》(*Prajñā-pāramitā*),总计有 69 页,
编号为 Ch.0079.a(图版 CXLII)。从其字体来看,它应该是在
印度地区书写,因为其书法是霍恩雷博士所称的尼泊尔"笈多
正体"(upright Gupta,意为笔画横直的字体——译者)。它很
有可能是从南部地区传入,也就是说,是经由西藏地区传入。
公元 8—9 世纪的历史地理形势合乎这一假设,因为当时敦煌
正处于吐蕃的控制之下。

写在汉文卷子▷ 另外一种婆罗谜文字体——"笈多斜体"文书(参见
背面的婆罗谜 Ch.vii.001.a,图版 CXLIII)肯定是从中亚地区流入,很可能是
文书 经新疆东部流传到敦煌当地。检视一下霍恩雷博士的附录 F

---

① 在霍恩雷博士所作的婆罗谜文文书目录附录 F 中,菩提文书和婆罗谜文卷子很容易从普通汉文
卷子中分出来,它们的出土序号(如 003、0019 等)前都有小写的罗马数字(如 i、ii、xl 等)表示出于第几捆。
普通汉文卷子的前面都只有序号(如 Ch.0041、00271 等)。菩提文书和婆罗谜文卷子中,只有少数卷子的
情况有些例外,前面不带第几捆的编号,如 Ch.0079.a、b、00275 等。这里有必要指出的是,在大英博物馆编
录目次时,并未按物品的种类(如写卷、绘画、织锦等)进行分类。

② 凯泽特(J.Kirste)教授首次使用这一术语,见霍恩雷《新疆出土古代写卷》,第一卷,X 页以下。

中所列的目录就会发现,所有写在汉文经书背面的婆罗谜文
全都是"笈多草体",所以"笈多斜体"在当地很可能并没有成
为通用的书写字体。一看这些经书的纸张和外形,包括书页
正面的一丝不苟的字体,即知它们出自藏经洞,是后来的人们
将这些背面空白的汉文经书随手拿来抄写婆罗谜文经书。[①]　◁婆罗谜文字母
当时我发现了大量的婆罗谜文字母表和习字作品,此容后详　表
述。这些发现很有意思,它表明在较晚的一段历史时期,这里
的僧人既熟悉和田文,也懂"笈多草体"的婆罗谜文。

　　无论是正体还是草体的中亚印度文都曾见于菩提样式的　◁菩提文书和佉
龟兹文书之中。卷页完整、长达 44 页的《金刚经》　卢文书
(*Vajracchedikā*,Ch.00275+Ch.xlvi.0012.a,图版 CXLIX)和篇幅
巨大、长达 71 页的药典书稿(Ch.ii.003,图版 CL)可以作为两
个例证。这两种印度文字体的文书都曾见于出土和田文的遗
址之中。这些菩提文书究竟是带入敦煌地区的还是在敦煌当
地书写,现在尚难断定。非汉文写卷中,长达 70 多页、宽近
1 英尺的巨幅卷子 Ch.c.001(图版 CXLVI),以其篇幅和完好
的保存状况(现存 1108 行文字)最为令人注目。[②] 这份卷子
是在当地书写的还是从他处传入的同样不是太清楚。其内容
是用不标准的婆罗谜文书写的佛经,中间夹杂着和田文,前者
用的是正体,后者则用的是斜体。其文稿的样式和纸张是以
后的汉文文书和密室中文书所习见的,所以这份令人注目的
卷子也有可能是某位信徒在当地书写的。装这份卷子的丝袋
上的图案纹样也为此提供了佐证,丝袋图案的主题风格同密

---

　　① 图版 CXLV 所示的 Ch.lviii.007 就是一个例子。这份卷子的末尾,正面为汉文佛经,反面则是用
"婆罗门草书"书写的"音节表"的一部分。参见已故霍恩雷博士的著作,载《皇家亚洲学会会刊》,452 页以
下,1911。
　　② 图版 CXLVI 所示的是这份卷子未展开时的一部分。当时由于我本人不在印度,照相时样品的摆
放是颠倒的,未及改正。

室所出其他织物上的绘画、装饰题材是一致的。

敦煌与和田两 ▷
地佛教的联系 当时，我可以尽情欣赏那些印度文经卷的语言学价值，而它们在考古学上的价值也令我关注。它们为敦煌地区佛教与塔里木盆地特别是和田地区佛教的交往提供了实物证据，当时敦煌地区的居民主要为汉人，他们与塔里木盆地一直保持着密切的联系，这种状况一直延续到以后的一段历史时期。唐代以后，中国与西方的交通路线主要是取道哈密沿沙漠绿洲通往天山地区，而不是自敦煌直通罗布泊和和田地区，密室出土的印度文写卷中和田文卷子的发现，证实敦煌和和田地区的佛教一直有着某种联系。下文中我们还可以从其他千佛洞遗迹中看到这类的证据。

藏文经卷 ▷ 尽管与塔里木盆地之间存在着联系，藏文经书的大量发现表明，在一段历史时期，敦煌地区佛教更多的是受了南部西藏地区佛教的影响。我们可以从考古遗迹中看出这一点。最初抱出的几束各式各样的经卷就表明密室中保留有好几百页吐蕃菩提文书。抱出来时这些文书被胡乱堆在一块，规格不一（图版CLXXIII~CLXXIV），我们很容易将它们理出头绪来。这些文书上面都有洞，但已不见捆扎的绳子。偶尔也能见到横向书写的藏文经书（Ch.06、07，图版CLXXIV）。除了这两种文书，其他的藏文经书可归为六类（Ch.05，图版CLXXIII）。

我本人不是藏学专家，所以无法断定这一类的夹页式藏文写经（?）与其他藏文佛经故事卷子有什么差别，今天的佛教信徒依然热衷于印刷这一类的佛经。但有一点是清楚的，那就是这类写经所用的纸张粗糙而呈灰白色，与普通的经卷和菩提佛经有明显差别。它们大多纸张较薄、纸面发灰、纸张很次，就像晚期的汉文卷子一样。另外的一些藏文佛经则书写

图 201　千佛洞 Ch.II 洞窟主室内的泥塑佛像,带彩绘的头光及浮雕状的光轮等

图 202 千佛洞 Ch.Ⅱ 洞窟南墙壁画

图 203　千佛洞 Ch.II.a 洞窟主室南墙及西南角壁画

图 204　千佛洞 Ch.II.a 主室南墙壁画局部

在汉文卷子的背面,纸面发黄,纸张厚实,质地上乘。这一类
的汉文卷子的时代多为唐代。这两类藏文经书应该都是在敦
煌的西藏僧人书写。菩提佛经的纸张同其他纸张明显不同,
往往很坚韧,它们不禁使我回忆起在安迪尔和米兰遗址的发
现来。① 敦煌的菩提佛经显然是从外地输入的。

　　撇开它们的来源不看,为什么密室中保存有如此多的藏
文佛经的原因却是很清楚,它们的年代学价值也不容忽视。
沙畹先生在讨论千佛洞出土写卷时曾对有关的历史文献作过
分析。② 文献记载公元8—9世纪很长的一段时期里,敦煌为
吐蕃所占领。大约在公元759年吐蕃夺取了敦煌地区,到公
元766年吐蕃进一步占领了甘肃全境。占领敦煌对吐蕃方面
而言意义重大,它是公元8世纪末吐蕃进入塔里木盆地并最
终占领整个塔里木盆地的大门。③ 吐蕃占领敦煌地区以后,行
政权力仍掌握在当地世袭士绅和豪强的手中,公元894年碑
铭中的张议潮即是其中之一。公元850年,张议潮摆脱吐蕃
的控制,归义于唐王朝。

◁吐蕃对敦煌的
占领

　　密室中发现的那块大型汉文石碑记载了敦煌历史上的这
一重大事件,沙畹先生在其著作的附录F中对此作了详细说
明。此碑抄录了唐大中五年(公元851年)的两份诏书,碑铭
内容与吐蕃统治期间的敦煌佛教密切相关,这里我们不妨对
此作一简明扼要的讨论。第一篇诏书的落款为"大中五年五
月廿一日",内容是褒奖"摄沙州僧政"洪𫗦与沙州释门法师悟
真在归顺唐朝方面的功绩。第二篇诏书是皇帝(指唐宣
宗——译者)经悟真之手赐给洪𫗦的,诏书鼓励他们继续为唐

◁公元850年敦
煌重新归顺唐
朝

---

① 参见本书第七章第三节;斯坦因《古代和田》,第一卷,425页以下。
② 参见沙畹《十题铭》,12页以下。
③ 参见沙畹有关中国古代文献的讨论,见斯坦因《古代和田》,第一卷,534页以下。

王朝和释门效力,并记录了皇帝赏赐给他们的物品。赐给张议潮的诏令褒奖的是张议潮率世俗权力归顺唐朝的功绩,这篇敕文褒奖的则是洪䛒与悟真率僧侣归顺唐朝的功绩,两件事密切相关,沙畹先生对此已有论述。[1]

敦煌汉族僧人▷
对吐蕃僧人的
影响

沙畹先生注意到,上述碑刻反映了汉族僧侣在敦煌地区的重要地位和他们对西藏僧人的深远影响。唐宣宗特地褒奖了遣弟子入表朝廷的僧侣头目,这表明僧侣们在这方面发挥了积极的作用,同时也表明帝国政府与偏处西北、长期被吐蕃割占的西陲重镇的汉人之间有着某种联系。更值得注意的是,诏书特别提到汉人的佛教经义对当地胡族的精神意识产生了影响:"尔等诞质戒坛,栖心释氏,能以空王之法,革其异类之心,犷悍皆除,忠贞是激。"赐给洪䛒的诏书褒奖了敦煌的僧侣保持了好的品行。从诏令中可以看出唐帝国的政治意图,同时也可以看出敦煌地区汉族僧侣与吐蕃僧侣之间的紧密联系。

敦煌再次被分▷
割出去

唐帝国借张议潮归顺之机在西陲重新建立了家族式的封建统治。[2] 千佛洞公元 894 年碑铭表明这种统治一直延续到了公元 894 年前后。公元 10 世纪初唐帝国崩溃,中国重又失去了对敦煌及其以东邻近地区的控制。沙畹先生注意到高居诲(Kao chü-hui)曾提到了这一点,高居诲曾于公元 938—942 年作为中原帝国的使臣出使于阗,并顺利返回。[3] 他发现当时的凉州附近已为党项族所占领,这也就是一个世纪以后西夏政权的前身。循着古道再往西到达甘州,即是回鹘的地盘了。

---

[1] 这里需要指出的是,有人曾对哪块碑刻在前面作过推测。沙畹的看法模棱两可,值得推敲。

[2] 参见沙畹《十题铭》,12 页。

[3] 关于高居诲的重要报告的摘引,参见雷米萨《和田城》,75 页以下;另见斯坦因《古代和田》,第一卷,178 页以及本书第九章第一节。

出肃州,经过玉门关,穿过吐蕃边界,便到达了瓜州(沙州、敦煌,今安西地区)。他发现瓜州人口主要为汉族,政权由曹氏家族把持。从高居诲游记中可以看出,这块被吐蕃、回鹘和党项所隔离的中原王朝的飞地,实际上为吐蕃所控制。

公元 8—9 世纪,吐蕃在亚洲强盛一时,其势力向东、西、北三个方向扩张,控制了远大于其本土的广大区域。敦煌的地理位置正好处在东西、南北交通的十字路口上,对吐蕃而言意义十分重要。公元 766 年前后,吐蕃从南部控制了敦煌,切断了中国内地和新疆东部的联系。公元 790 年,吐蕃最终夺取了这一中国西陲重镇。① 公元 9 世纪中叶,吐蕃势力衰弱,回鹘从它手中夺取了新疆东部地区。这样,敦煌便不得不转向中国方面寻求支持。但唐朝当时也已国力衰弱,无力西顾,只能给敦煌以外交上的鼓励,正如公元 851 年碑铭所记。因此,吐蕃势力在敦煌地区又得以延续了相当长一段时间。② 吐蕃实际控制敦煌的时间约有两个世纪,考虑到这一点,无怪乎千佛洞的密室藏经和其他遗迹会有如此之深的藏传佛教的印记了。

⊲吐蕃对敦煌的
控制

新疆东部地区与敦煌地区在地理上毗邻,中国方面又曾在一段时期里成功地统治过这两个地区,所以二者之间一直存在着往来与交流。吐蕃对这两个地区的政治、军事占领并没有对它们之间的联系产生实质性的影响。公元 860 年以后,突厥部落建立了横跨天山南北的强大的王国——回鹘。公元 10 世纪,回鹘势力向东南扩张,进入甘肃西北边区。③ 所

⊲回鹘文写卷

---

① 参见沙畹《古代和田》,第一卷,534 页,注②;535 页等。
② 这可以从 894 年碑铭中看得出来,碑文记载敦煌的一位西藏僧人地位很高,在当地很有影响。见沙畹《十题铭》,85 页及注④;另见本书第二十一章第三节。
③ 参见格瑞纳德《亚洲学刊》,1900 年 1—2 月号,28 页等。

以回鹘文写卷在敦煌文书中也有发现。除了写在汉文卷子背面的回鹘文，还发现有散页的回鹘文书和少数如小册子一样的回鹘文写本(图版 CLXIII～CLXV)，其中往往有汉文的注释和眉批，说明它们应该是从汉文佛经翻译过去的。汉文注释还见于两份保存完好的小四开本回鹘文写经(图版 CLXIII、CLXIV)，它们由薄薄的纸张折叠、装订成汉文书籍的样式。我将在以后对它们的时代和源出地点加以讨论。①

粟特文书▷　　我从一开始就注意到，在突厥—回鹘文卷子中有一种不同字体的写经，笔画没有那么草，较为硬直，估计有可能为叙利亚语源(叙利亚变体)。回到欧洲以后，我弄明白它们实际上就是粟特文，一种在阿姆河流域北部地区流行的古伊朗语文字。F.W.K.穆勒教授在研究吐鲁番出土文书时首次破译出粟特文，那是一批早期的佛经译著。自此以后，尽管 R.戈蒂奥关于粟特文的研究取得了较大的进展，但始终没有将这种文字在新疆东部佛教界使用时代的上下限弄清楚，也没有弄清这种文字到底有多大的使用范围。千佛洞的发现很重要，这里的粟特文书写在唐代的汉文佛经背面，是一种在当地抄写的写经。伯希和教授对我从千佛洞带回的部分汉文写经进行的研究表明，大约在公元 7 世纪中叶，从撒马尔汗来的粟特人曾在罗布地区建立过一个定居点。②

摩尼经的发现▷　　第三天，我从经卷(mixed bundles, Ch.xxxix)中翻检出一份很特别的写卷，用传入中亚的第三种叙利亚文写成。这种文字在吐鲁番被首次发现用于书写摩尼经。这份卷子保存好，纸张的宽幅比较窄，展开来的长度接近 15 英尺(图

① 参见本书第二十二章第四节，第二十四章第五节。
② 参见伯希和《亚洲学刊》，1916 年 1—2 月号，120 页以下；另见本书第十七章第四节。

版 CLXII），字迹也很秀丽，卷页基本完整。据勒柯克教授的研究，这份卷子应该是突厥语版本的《摩尼教徒忏悔词》。[1] 在汉文佛经中发现摩尼教遗物是一件有意思但是毫不足怪的事。我们在吐鲁番的发掘就已经证实，虽然摩尼教、佛教、基督教在几个世纪里互相之间存在激烈竞争，但亚洲腹地的摩尼教寺院往往与佛教、基督教的圣地共存。

下面讨论的密室中的一项发现也说明敦煌曾有说突厥语的摩尼教徒。此即图版 CLX 所示的突厥语"秘经"小册子。[2] 它是在清理运至伦敦的密室所藏汉文经书的过程中被发现的。在敦煌石窟我仅仅见到了一些突厥语秘经残片（Ch.0014，图版 CLXI）[3]，并据此认为在密室封闭以前，这种时代最早的突厥文字也为这一圣地的人们所熟悉。

◁突厥语"秘经"写本

第三节　密室藏经和艺术品的获取

尽管在此发现的多种语言文书很有学术价值，但它们对探讨密室的封闭时间还是没有太大的帮助。我以为，探讨这个问题，更多的是应该从考古学的角度去进行研究。我首先发现，这些纷繁芜杂的汉文写卷中，有不少寺院文书、信件、记事录、账本等，它们对探讨密室的时代会很有帮助。在蒋师爷的帮助下，我们按照文书内容、装订样式和纸张质地（如 Ch.365、1283，见图版 CLXVIII）将这一类的文书从成堆的汉文佛经中迅速分拣出来。这些材料不仅对研究密室封闭前几个

◁各式寺院文书等

---

① 有关注释参见冯·勒柯克《斯坦因从敦煌所获突厥语摩尼教徒忏悔词》，载《皇家亚洲学会会刊》，277～314 页，1911。

② 参见汤姆森（V.Thomsen）教授的著作，载《皇家亚洲学会会刊》，190 页以下，1912；另见本书第二十四章第五节。

③ 参见汤姆森教授对这些文书残片的分析，载《皇家亚洲学会会刊》，215 页以下，1912。

世纪这一地区的僧侣组织和宗教活动有帮助,而且对了解诸如社会状况和世俗生活一类的情况也有好处。

我当时最为关注的是年代学方面的信息。在我们的快速翻检过程中,发现了一大批有准确纪年的材料。不久我们就收集到了足够的证据(多为半官方性质的文书)来对密室藏经的封存时限作一个明确的推测。这些年代数据大多数都属于公元 10 世纪,且多集中在公元 925—975 年之间(原著为公元 10 世纪的第二、第三个二十五年间,译成公元 925—975 年——译者),而南宋时期的年号则全然不见。其中时代最晚的一个年号属于公元 990—994 年(当为北宋太宗"淳化"年号——译者)。所以我推测密室的封闭时间当在公元 11 世纪初。绘画和雕版印刷品(woodcuts)上的最晚的纪年分别为公元 980 和 983 年,与上述推测正相符合。

我们还可以举出一个反面的证据。公元 1034—1037 年间①,西夏政权夺取了敦煌地区,此后西夏统治该地近两个世纪之久。在密室出土文书中,我们没有发现一份西夏文书。而在敦煌石窟壁画上除了有数百处汉文题记以及藏文、蒙古文和回鹘文题记,还发现有西夏文的题记。

密室的被封闭及终于被人们所遗忘,很可能是缘于某次破坏性的入侵行为,或许就是西夏党项族的入侵造成。但也有一些证据表明,密室有可能是早期用来封存祭祀用过的圣物,而这种做法后来没有沿袭下来。我在密室中发现了许多包装仔细、缝制精美的小袋子,里面所盛的仅仅是一些汉文经书的残纸断片。今天的汉人仍有将祭祀焚烧后的字纸清点收集的做法,密室所见的小袋子的用途应该就是这样。在其他

---

① 参见沙畹《十题铭》,14 页。公元 1227 年,西夏为蒙古所灭。

图 205 千佛洞 Ch.II.a 主室北墙壁画

图 206 千佛洞 Ch.II 洞窟南墙壁画

图 207　千佛洞 Ch.III. a 洞窟内带有泥塑佛的龛(局部修过)

图 208　千佛洞 Ch.IV 洞窟内泥塑佛像(局部修过)

更大一些的包裹中，如 Ch.xxxv、xxxvii 里面所放的主要是带有木轴的佛经残卷、卷轴、绸带及装经卷的布袋等文房用具。此外在其他包裹中还发现有印制的众神画像、丝绸旗幡以及供奉所用的织物残片、丝画残片、彩绘木质旗杆等。

毋庸置疑，这些物什是出于宗教方面的原因而被封存起来。这些重要遗物很有可能是由于突然而来的一场大变故而被收集、保存起来。根据我在丹丹乌里克、安迪尔、喀达里克和米兰的庙宇遗址的发掘经验，如果能知道菩提文书和其他文书是不是从其他洞窟中挪入，就可以弄明白这个问题。这些东西是被供奉在塑像基座前的圣物。藏经洞本是一处被流沙覆盖于荒郊野外的古遗址，遗憾的是，由于它是被无知而粗心的王道士首先发现的，一些有考古学价值的遗迹已遭破坏，有关探讨上述问题的考古学证据已不复存在。 ◁供奉物品的入藏

有关密室的考古资料并不太多，现在作一简单介绍。在密室全部清理干净以后，我曾对密室做过测量，东西长 9 英尺，南北宽 8 英尺 8 英寸（附图 43）。正对入口的北墙前面有一个像座，长 5 英尺，宽 2 英尺，高 1 英尺 8 英寸。像座的形状及其所在位置表明这里曾经是一个佛龛（龛）。窟中的塑像和背光已荡然无存。北墙上部能看到已经褪色的装饰纹样，其余墙面则都是空白的。密室入口宽仅 3 英尺，所以里面的光线很暗。因此，刻有敕文的《洪䛒碑》最初不可能立在这里。《洪䛒碑》被精心竖置在这个密室中，密室又是开凿在大窟西墙的岩体上，所以它不可能是在紧急状态下匆忙之中挪入。我以为，它很有可能是在释门日趋衰落的时代，如西夏统治敦煌的数十年间（原著作 decdnnia，英文中无此单词，疑为 decennial 之误——译者），信徒们挑选了这个洞窟来保存这块记录了前任"沙州僧政"曾荣受帝恩的碑刻。《洪䛒碑》究竟 ◁密室封闭的考古学证据

是在收集藏经和其他物件之时被挪入,还是在此之前挪入,现已无从知晓。

最早的写卷▷
(公元416元)

我从一开始就认为,这批藏品在被封存时就已经是很有年头的古董了。一年以后,蒋师爷着手给部分从千佛洞弄走的汉文写卷做目录,那时他可以从容地展开这些卷子细细钻研它们的版本。我们惊喜地发现,有相当一部分卷子的年代可以早到公元5世纪初(见图版 CLXVI,CLXVIII)。一份记录了敦煌人口统计数据的卷子的年代可以断定在公元416年(Ch.922,图版 CLXVI),怀利博士已发表这方面的研究成果。① 如果想从这批卷子中找出时代最早的卷子,恐怕还需要在欧洲进行多年的专门研究。②时间又过去了九年,我们仍然不能肯定何时才能完成这项工作。

匆匆挑拣经卷▷

因为不知道王道士能让我们工作多久,所以我们第一天的工作是对所有藏经快速进行清点。藏经源源不断地被清点出来,就连那些艺术品和非汉、藏文字的写卷我也来不及一一仔细审视。我是后来才逐渐认识到那些非汉、藏文字写卷的价值。我当时所能做的就是确保这些珍品能被挑选出来"留待深入研究",其实这只不过是我们的一个托词罢了(我们的真实目的是要将它们运走)。当时我真是为自己汉学知识的贫乏而痛悔。尽管蒋师爷的工作热情很高,但由于藏经浩如烟海,仍然不能避免遗漏一些颇有史学和文学价值的汉文卷子。这些卷子甚至就是在我们的眼皮底下溜走的。

在这些浩如烟海的写卷中,有一些令人惊喜的发现。首

---

① 参见怀利《敦煌的人口统计》,载《通报》,468页以下,1915。由于我当时不在印度,拍图版时有一个疏忽,图版 CLXVI 所示的是这份极有价值的卷子的正面,但露出了反面的一小部分,而卷子反面所写的卷子是时代较晚的佛经。

② 吉尔斯博士现已发现一份公元406年版本的《律藏》文书。

先是在一份有公元925年纪年的汉文卷子上发现了有关千佛
洞早期建筑的记载，这就是"三界寺"。在其他整卷的经书中
（如Ch.cv.001，图版CLXVII），全然不见"三界寺"一称。这个
名称现在已不为当地人所知，但我认为它与千佛洞的"上寺"
"中寺""下寺"之间应该有一定的联系（详细情况见附录）。

◁三界寺

　　在汉文藏卷中还发现了众神及净土场景的神画和版画
（图版XCI~CI），甚至还有一些已经散佚的卷子，图版XC所
示的即是一本这样的小册子，制作很精美。它们都有纪年，且
大多在公元10世纪后半叶，尽管我没有这方面的专门知识，
我也能知道它们很有价值。图版CI、CII所示的是几份颇有价
值的雕版印刷的文书。其中最有价值的是一份有公元868年
纪年的卷子，通篇雕版印刷（Ch.ciii,0014，图版C），卷首还有
精美的雕版印刷画。以前所能见到的最早的雕版印刷作品属
于宋代，这份文书的发现，不但有力地证明雕版印刷工艺的出
现要远远早于宋代，还说明了在公元9世纪，雕版印刷的工艺
已经达到相当高的水平。

◁雕版印刷文书
和早期印刷的
文书

　　从纷杂的卷子中间迅速挑选别具价值的非汉、藏文写卷、
绘画等遗物耗费了整整五天的紧张劳动。这些都是我最想得
到的东西。它们不像汉文和藏文卷子那样卷得很紧，王道士
在将这些藏卷重新挪入密室时，顺手把它们放在了最上面或
其他比较容易够得着的地方。但仍有一些堆放在紧靠墙的地
方不易拿到。我很想把它们全部清理出来作一番挑选，但这
一想法遇到了意想不到的困难。到目前为止，我们通过外交
周旋和物质上的捐赠成功地避免了王道士由于劳累而产生的
不满。但现在面临将所有藏品从密室中清理出来的任务，这
有一定的风险，王道士明显有些抵触情绪了。

◁挑选非汉文卷
子

　　经过漫长的交涉，我们又追加了捐赠，王道士终于答应了

彻底清理藏经 ▷
洞

我们的请求。我们将殿门紧紧地关闭起来，开始工作。王道士自己体力有些不济，于是请了一个助手来帮忙。他们一边干，一边不停地抱怨，到 5 月 28 日日暮时分，全部藏卷终于被运了出来，放在干净整洁的屋子里，其中大部分都放在宽敞的内殿里。这些卷子总计约有 1050 卷，大致每 12 份卷子中有一份是历谱。此外还有 80 余份藏文卷子、11 份菩提文书。菩提文书长 2 英尺 5 英寸，宽 8 英寸，厚近 1.5 英尺。它们装订很好，内容很可能是《甘珠尔》的一部分。

有帆布封面的 ▷
卷束

这种写卷几乎全都有粗糙的帆布封面，装订也很紧。《沙漠契丹》第二卷图 194 反映的是一份未展开的写卷的情形。这些封面是当时就有还是密室开启以后新加上去的，现在很难断定。据王道士的介绍，封面都是原来就有的。王道士一捆一捆地将这些卷子往外搬，卷子的封面往往都是敞开的，我在蒋师爷的帮助下，匆匆忙忙地对它们进行检视，看看在普通的汉文写卷里是否夹杂有菩提文书或其他非汉文的卷子，以及折叠起来的小画等有价值的物什。我们尽可能快地将它们分拣出来，但根本就没有时间对这些卷子一一进行审视，也来不及看卷子的背面是否有印度文或中亚文字。

混在经书中的 ▷
艺术品

王道士的不满情绪越来越明显，清理工作如再拖延则很不利。到了清理工作快结束的时候，我们突然有了一个令人惊喜的发现。在堆积的卷子的底部（Ch.xlvi～Ch.lvii），靠近北墙根的地方，泥塑像坛的两侧，发现了一大堆珍贵的帛画和一些精美的织物，其中有几件帛画的尺寸还很大。在这些现身说法的图像中（Ch.lv.0028，图版 CVII、CVIII），最值得一提的是图版 CIV① 所示的一件刺绣画像，画像中央为佛陀，周围为

---

① 关于这件刺绣的图案，参见本书第二十四章第一节。

真人大小的菩萨形象。由于这些画像被压在靠近地板的最底下，修复它们很费工夫，第二天我为此忙碌了大半天。

与此同时，我们与王道士进行了漫长的谈判。不知是由于担心还是后悔（后悔让我们接触了他认为很有价值的汉文经书），他力图尽早结束我们的搜寻工作。他一方面提出了更大的捐赠要求，另一方面又声称决不让我们拿走那些"经书"（他将所有的汉文卷子都称之为"经"），不管它们的内容如何。尽管王道士的态度令人不快，但总算是转到了"交易"方面来了。将这些写卷全力抢救出来，以免在那样的保存条件下继续散失，我以为这是我义不容辞的责任。我当然知道其间必然是困难重重。我无法估量这些在藏卷中占绝大多数的汉文佛经的语言学价值。它们的内容可以从韩国和日本印刷的汉文"三藏"中找到。那些具有考古价值和文学价值的卷子我也无法得到。将这些卷子整车地运走，肯定会使我们的行动暴露于光天化日之下，如果这样，我将无法在中国其他地方继续进行工作。再说，这里是敦煌，决不能在这里引起宗教方面的抵触情绪，否则后果将不堪设想。此前我从我的一位清朝官员朋友那里获悉，这里由于财政措施方面的原因，正酝酿着动荡的气氛。在我离开敦煌不到一个月的时间，这一动荡终于发生了。当时我应该尽量避免这一动荡，以免它影响到我的计划。

我决心放手一博，宁愿冒点风险，也要争取获得全部藏卷。蒋师爷身处其中却并不知道我心中的担忧，他一如既往地劝说王道士让我们将这些写卷运到印度的一家"神学院"（temple of learning）去进行研究，并称将这些佛经运到佛教古老的故乡去将是一件功德无量的事。我应允蒋师爷可以给王道士一笔款子（40锭马蹄银，约合 5 000 卢比，如果需要，可以

▷与王道士的交涉

▷不可能将藏经全部运走

▷获取全部藏品的努力

翻倍)作为交换条件。这笔钱成了蒋师爷手中很有分量的筹码。如果敦煌不宜停留,王道士可以拿这笔钱告老还乡,享受安逸的晚年。或者,他可以用这笔钱来修缮庙宇,来换取更多的功德和荣耀。

与王道士交涉▷
时遇到的困难

然而一切都是徒劳。先前我挑出那些我认为有艺术和考古价值的卷子时,王道士一直都是睁一只眼闭一只眼。但现在他担心他要失去全部珍贵的"经书"了。他第一次显出了恼怒的表情,我们的关系也顿时紧张起来。我们经过小心周旋才避免了关系的破裂。王道士一再表示,这些藏卷的丢失迟早要被施主们发现,而这些施主又都曾为他的清理、修缮活动捐赠过资财,这是有目共睹的事实。一旦被施主们察觉,他花了八年时间辛辛苦苦挣来的好名声将化为乌有,他一生的功业也将毁于一旦。有了这些担忧,他开始为放弃那些藏卷而自责,他觉得他的施主们更有资格得到它们。他一再声称在作出任何决定之前,需要征询施主们的意见。

与王道士达成▷
的协议

谈判时断时续,为清点新搬出来的藏卷争取了时间,到第二天晚上,这项工作即已完成。次日早晨,我准备从那些普通汉文卷子中再作搜寻,寻找颇具价值的中亚文字文书。到了那里,却遗憾地发现满怀疑忌的王道士干了一个通宵,将所有藏卷全部运回密室中去了。其间的劳累更增加了他心中的气恼。幸好那些很有价值的绘画、非汉文写卷等已被我们挑选出来。有了这些,加之已经猜透王道士想得到一笔钱来修缮庙宇的心理,我确信我们在这场艰难的谈判中会大有收获。最后我们达成了一项协议,除了已经挑选出来的经卷,我还得到 50 捆汉文写卷和五捆藏文写卷。为此我所付出的代价是四锭马蹄银,约合 500 卢比。当我今天回过头来检视我用四锭马蹄银换来的无价之宝时,这笔交易简直有点不可思议。

王道士胆怯的性格使我决计将这批汉文和藏文卷子尽快运走。此前一直由我忠心耿耿的中国秘书蒋师爷一晚接一晚地将白天挑选出来的卷子运到我的帐篷里。这项新的任务完全由他来承担已不可能，于是我让另外两位忠实的随从伊布拉音伯克和提拉拜（Tila Bai）也过来帮忙。他们三人干了两个半夜，借着陡直堤岸阴影的掩护，将所有物什安全运抵我的储藏室，整个过程没有被任何人发现，甚至我自己的随从们也毫无知觉。敦煌已经很长时间没有香客来了，王道士的担忧也与日俱增。我们的行动刚一结束，他便迫不及待地踏上行程，开始了他周期性的化缘活动。

◁秘密搬运挑选出来的藏品

为了尽可能地消减王道士的担忧，同时也为了留下我进行布舍的实物证据，我安排王道士在一个已遭废弃的小窟里树立了一尊玄奘的塑像。敦煌工匠按期完工，但做出来的这尊塑像丑陋不堪。尽管如此，也足可以帮助王道士挡住周围怀疑的目光，以掩饰我在敦煌待的时间为什么如此长久的真实原因。一个星期以后他回来了，确信这一秘密行动没有被人察觉，他的名声也没有受到影响。这样，他又敢开始一项新的交易，我为他的修缮活动再捐上一笔，他则再让我挑选20多捆汉文卷子。我后来捆扎时，这些卷子足足有七箱，还有五个箱子装满了绘画、织物等。一箱子的重量相当于一匹马的负荷。包装帛画是一件很细致的工作，我正好利用因沙暴天气而不能对洞窟进行照相的几天工夫。我事先就故意带来了几个"空"箱子，装箱子也是悄悄进行的，这样在我带着这些大箱子离开敦煌时就不会有人怀疑了。

◁额外所得和物品的装运

前期所做的精心准备并非徒劳。拘谨而老实的王道士终于放下心来，我也为之感到快慰。他仿佛感觉到将这些古代佛教遗物送到西方进行学术研究是做了一件积德的好事，这

◁离开千佛洞

些遗物原本不为人知,或许将永远封存在尘埃里。当我最后终于要离开千佛洞时,他那古怪而棱角分明的脸上流露出习惯性的拘谨来,夹杂着一丝心满意足的神情。我们的告别完全是悄悄进行的。他的友善给我留下的最深刻的回忆是,当我四个月后重返安西时,他又送给我一大堆汉文和藏文写卷,总计超过 230 捆。蒋师爷是如何成功地劝说王道士这样做,整个过程又是如何守口如瓶,我都在我的游记中作了详细介绍。① 当 24 箱沉甸甸的写卷和另外五箱绘画等艺术品安然运抵大英博物馆时,我才如释重负地出了一口气。

第四节　后来对藏经洞的调查

详细报道观察▷
结果

　　前面详细介绍我从王道士那里获取藏经的曲折经历有两方面的考虑:一是因为藏经洞里早期写卷和艺术品的发现意义特别重大,它也许是迄今为止中亚和远东地区出土古代文献最多的一次重大发现;二是由于我是第一个亲赴现场进行考察的西方学者,我觉得有义务将所有有关遗物保存状况的细节披露出来,这些细节也许对探讨我带走的写卷的特征和内容有所裨益。出于同样的考虑,我觉得也有必要把在我之后学者们对藏经洞的考察情况作一番介绍。

伯希和造访千▷
佛洞

　　令人高兴的是,特别是令研究中国古代史的学者们感到兴奋的是,在我首次访问千佛洞遗址后不到一年,一位更有资格研究密室藏经,特别是研究汉文写卷的学者——伯希和教授来到了千佛洞。我离开敦煌时,曾不得不将一部分写卷留在了藏经洞里。伯希和教授对这些留下来的写卷进行了检

---

① 参见斯坦因《沙漠契丹》,第二卷,339 页。

阅。这位才华出众、学识渊博的法国人,曾受委派到中国新疆地区进行考古调查。1907 年秋,伯希和教授在乌鲁木齐停留期间从一些有学问的清朝高级官员那里获悉有关千佛洞发现藏经的消息。① 伯希和教授从一开始就抱定了要对这个遗址进行详细考察的目的,他于 1908 年初春抵达敦煌。在对洞窟进行了初步考察以后,他开始与王道士接触。同年 3 月 3 日,他得到王道士的允许进入藏经洞,部分藏经仍被保存在那里。

伯希和教授学识广博、功底扎实,他一眼就看出剩余藏经很有学术价值,密室藏经中,汉文经卷占大多数,而混杂其中的其他文字的卷子则更有价值。藏经中有不少残纸断卷,清点起来很费劲,伯希和教授蜷缩在小小的密室里完成了清点工作,据他的估算,密室中藏经的总数约有 15 000 卷。他推测将全部卷子打开检阅一遍至少需要六个月左右的时间。最初十天,他的工作效率达到了每天翻检 1 000 卷左右的速度,成功地将所有散落的非汉文卷页和那些他认为别具年代学、考古学等方面价值的汉文卷子一一挑拣出来。

◁伯希和所获得的写卷

王道士对伯希和教授的态度多少与对我的态度有点相同。毫无疑问,由于有了同我交涉的经历,他在与伯希和教授打交道时会显得更为自信。他乐于接受捐赠,以进行他那虔诚的事业。同时,由于我们的挑选很严格,表面上并没有减少

◁王道士的心安理得

① 参见《法兰西亚洲学会通报》(Bulletin du Comité de l̩Asie francaise),21 页,1910。同刊同期 11~24 页刊载了《伯希和讲演文稿》(Conférence de M.Paul Pelliot)一文,落款为"1909 年 12 月 10 日,索波恩(Sorbonne)"。此文对伯希和探险经历作了一个大概的介绍,是迄今所见有关伯希和教授探险经历的最为丰富的资料,文中插图出自优秀的摄影师路易特(M.Nouette)之手。

有关伯希和教授在千佛洞的经历的初步报告,初稿完成于 1908 年 3 月 28 日,是在千佛洞遗址完成的。文章发表后的题目为《甘肃新发现的中世纪图书馆》(Une bibliothèque médiévale retrouvée au Kansou),《法国远东学院通讯》,1908 年第 8 期,501~529 页。有关伯希和教授探险经历的材料多出于此。

他手头上的藏经数目,他的名声也从未受到过影响。① 不管他有什么样的动机和打算,他仍然不肯全部放弃手头的经卷。在得到一笔相当的补偿以后,他应允伯希和教授可以将所有他挑选出来的东西带走。②

▷关于藏经洞的时代,我与伯希和不谋而合

这里无须赘述这批由伯希和教授挑选出来并安全运抵巴黎的写卷的重要价值,也无须一一介绍法国东方学学者们在有关研究上所取得的多方面的突出成果。我这里只想对伯希和教授的研究成果作一介绍,伯氏为探讨藏经洞的封闭时间提供了两点颇有考古学价值的证据。他在千佛洞现场时就曾对这一问题作了深入的思考,其观点与我的结论③可谓殊途同归,这真是令人感到由衷的高兴。在我拜读伯希和教授的大作以前,早已在 1909 年 3 月皇家地理学会上宣读了我最初的

---

① 按我所了解的王道士的古怪脾气以及他对自己的功德事业的虔诚,他不让伯希和知道我在藏经洞的工作时限和我所挑选的写卷的内容和特点是理所当然的,见《甘肃新发现的中世纪图书馆》(《法国远东学院通讯》,505 页,1908)。1910 年 7 月的两个星期里,经同意,伯希和对我所带回的汉文写卷进行了专门的检视。他的工作进展得很快,通过检视这批材料,他修正了自己的一些认识,得出了以下结论(见本书第二十四章第四节):密室藏经中,保存完整或比较完整的卷子约有 3 000 卷,散页(即零散文书与卷页)有 5 000~6 000 份。

我们不能责怪王道士在有关我的付款内容方面有故意误导伯希和的嫌疑,他谋求捐赠的做法也无可厚非。关于他人格上真诚的一面,我这里有必要提及一件事。1914 年,我第二次到敦煌,他特地将募捐的账目交给我看,表明我所赠的所有款子已全部用于功德事业,没有一分一银被中饱私囊。尽管他的要求让人感到奇怪,他对功德事业的虔诚我还是深信不疑的。有足够的证据表明,他将我捐赠的马蹄银全部用在了修缮活动上,1914 年,我在他的洞窟前面,就目睹了一排新修的庙宇和禅房。

② 参见《伯希和讲演稿》,载《法兰西亚洲学会通报》,21 页,1910。伯希和估计他所挑选的卷子要占当时他所见到的所有藏卷的三分之一。我当年清点的全部经卷约有 1 130 "捆",到伯希和造访时,藏经洞所剩的经卷估计还有 860 "捆"左右。

伯希和所挑选的汉文卷子种类纷杂,在汉学研究等领域极有价值。这批卷子的简要情况参见伯希和《甘肃新发现的中世纪图书》,载《法国远东学院通讯》,508 页以下,1908。这批卷子现已从伯希和的集子中单独抽印发表(部分与沙畹合作)。

婆罗谜文和回鹘文(或粟特文)写卷的概略情况见《法国远东学院通讯》,507 页,1908。戈蒂奥、缪勒(Meillet)、伯希和以及西尔文·烈维等都依据这批资料发表了重要论文,如《亚洲学刊》,《语言学学会纪念文集》(Mémoires de la Société de Linguistique),等等。

③ 参见本书第二十二章第三节。

研究成果。① 正如我从经卷中发现的纪年材料"推断密室的封闭时间肯定在公元 1000 年以后不久"一样,伯希和教授也强调汉文经卷中所见到的最晚的年号为北宋"太平兴国"(公元 976—983 年)和北宋"至道"(公元 995—997 年)两个年号。② 他还说,此外,在藏经洞所有的文献里没有一个单独的词"西夏"(Si-hia),现有事实表明密室是在公元 11 世纪上半叶被封闭的,而且很可能是接近公元 1035 年,也就是被西夏征服的时候。

伯希和教授精通汉学,他从公元 10 世纪时期文书书写潦草的情况判断,认为其时敦煌文化已经开始衰落。我后来也发现这类文书的纸张质量低劣,与公元 7—8 世纪文书结实耐用的纸张差异明显。伯希和教授正确地指出,敦煌文化的衰落早在西夏征服敦煌以前就已经开始,这一观点也为我搜集的有晚期纪年的绘画材料所证明。我俩都注意到了密室藏经中不见西夏文写卷这一现象。但以此从反面论证密室封闭的年代却是伯希和教授的功劳,这是我在这里需要声明的。 ◁晚期劣质写卷

伯希和教授在清理千佛洞最北端的两处吐蕃风格的洞窟时,发现了一些公元 13—14 世纪的汉、蒙、藏以及少量婆罗谜文的残卷和文字材料,其间还有西夏文材料。③ 这与藏经洞里不见西夏文书的现象形成鲜明的对比。它们的发现,还可以澄清一些错误认识。如前所述,在我搜集的写卷中,有少量回鹘文写本,它们装订成册,有点类似于西方书籍的样式,而且它们全都保存完好(图版 CLXIII ～ CLXV)。④ 其中有两份写在 ◁在其他洞窟所发现的公元 13—14 世纪的写本

---

① 参见斯坦因《第三次探险》,载《地理学刊》,1909 年 7—9 月号,42 页。
② 参见伯希和《甘肃新发现的中世纪图书》,载《法国远东学院通讯》,506 页,1908。
③ 参见伯希和《甘肃新发现的中世纪图书》,载《法国远东学院通讯》,529 页注,1908。
④ 参见本章第二节及本书第二十四章第五节。

推测藏经洞年▷
代在公元 1350
年之说
很薄的纸面上,这种纸张为晚期的中国印刷品所常用,但在密室中则仅此两例。其中编号为 Ch.xix.003(图版 CLXV)的一份,与其他回鹘文佛经一样,从汉文转译成回鹘文。E.丹尼森·罗斯(E.Denison Ross)博士(现已为爵士)对所有回鹘文卷子作了仔细的检视,认为其中一幅佛教画像上有公元 1350 年的纪年。于是他便在《西方摩尼教和吐鲁番的发现》一文中提出,这份有纪年的画像表明藏经洞的封闭时间应当比伯希和和我所推断的时间至少晚 300 年。1912 年,罗斯博士的论文在皇家地理学会上由雷杰先生(Mr.Legge)进行了宣读。

回鹘文小册子▷
可能的出处
我当时正在印度,并不知晓罗斯博士这项很有意思的发现。经过仔细推敲,我认为他关于密室封闭时间的结论①站不住脚。据伯希和教授告诉他的情况,千佛洞最北端的洞窟属于元朝时期,1900 年王道士在发现藏经洞以后,又在这里发现了藏有少量文书的洞窟。其中有两个洞窟并未受到王道士"搜宝"工作的破坏,后来伯希和教授在对这两个洞窟进行清理时,发现了公元 13—14 世纪的文书,其中就有回鹘文的材料。有公元 1350 年纪年的回鹘文卷子和另外那份回鹘文卷子,很有可能是王道士在这里发现,因为它们保存特别完好,王道士便自作主张地将它们拿到了藏经洞中。

晚期从他处挪▷
入的回鹘文册
子
我认为上述解释合乎情理,伯希和教授的实地考察结果也与此相符。密室中堆有大量未被损坏的晚期文书,这都是有力的证据。据伯希和教授的介绍②,密室里还发现了一份光绪年间(公元 1875—1908 年)王道士所写的一篇文章,这说明王道士确实把这里当作一个库房。这也可以用来解释为什么

① 参见罗斯《千佛洞》,载《皇家亚洲学会会刊》,434 页以下,1913。
② 参见伯希和《甘肃新发现的中世纪图书》,载《法国远东学院通讯》,506 页,1908。

密室中会有回鹘文的写本。按我当时所做的记录,这两份卷子是从卷堆的最上面拿下来的,有彩绘的大封面。编号为Ch.xix的是有纪年画像的回鹘文本子,我清楚地记得,当时它送到我手头上时是打开的,放在最上面。当时一起拿来的除了紧紧裹着的各式织物残片,还有用婆罗谜文书写的菩提文书,样式混杂不一。

总而言之,有纪年的回鹘文本子很可能是在 1900—1907 年间混入藏经洞,王道士的文章也是后来放到藏经洞里。当然,被混入藏经洞的物件有可能不止这些,偶尔造访的游客和其他人员随时都可以进入这个洞窟。[①] 但据伯希和教授的考察,以及后来在大英博物馆对我带回的写卷的仔细清点,数千卷文书中并未发现其他晚期的东西,这说明 1900 年藏经洞被发现后,晚期串入密室中的东西并不会太多。依通常的情况来看,密室封闭的时间也绝不可能晚到公元 11 世纪前半叶以后,在它被封闭以后至 1900 年之间也不可能被重新开启又关闭过。但我们也必须承认,推断密室封闭的时限不可能像法律宣判一样来个一刀切。看一看 1900 年藏经洞被发现后的情形及其以后藏经洞所遭遇的情况就会知道,要想完全准确地推断密室的封闭时间几乎不可能。[②]

◁密室被封闭的时间

这里再介绍一下伯希和教授造访以后仍留在王道士手头的藏经的遭遇,这批藏经的数目仍很可观。藏经洞发现重要汉文写卷并被王道士送走的消息很快就被一些中国学者知道。1909 年上半年,当伯希和教授还在北京时,京城里的一些

◁留在王道士手头上的经卷的命运

---

①　参见伯希和《甘肃新发现的中世纪图书》,载《法国远东学院通讯》,506 页,1908。
②　已故的 H.阿曼爵兹先生的观点与罗斯比较接近,这里不再赘述,阿曼爵兹先生的文章见《皇家亚洲学会会刊》,694 页以下,1913。罗斯和阿曼爵兹的认识都建立在二手材料上,故很难触及问题的实质。我这里想澄清一点(695 页,第二段),在我的游记《沙漠契丹》中,我并未说过公元 1350 年纪年写卷"出自藏经洞的经卷中"的话。

学者就曾对他手头的一些珍贵的写卷进行了研究和拍照,其中还包括一名很有学问的总督大人。① 不久,朝廷就下达一道命令,将所有密室藏经全部运抵北京,并为修缮庙宇拨给了一大笔款子作为补偿。

一路抛撒:经 ▷
卷被运往北京

1914 年 3 月我重返敦煌,获悉 1909 年底或稍后确实有过这么一道命令,但这只不过是一个良好的愿望而已。王道士把我当作一个老施主和好香客热情地欢迎我的到来,他告诉我,我所捐赠的款子已全部用于庙宇的修缮,而朝廷拨下来的银两,则被各级衙门层层克扣。全部的藏经经过包装以后,被用马车运走。在敦煌停留了一些时日后,便开始了送往北京的漫漫征途。在敦煌停留期间,不少经卷被盗走,我自己就曾见到过送上门来的精美的唐代佛经卷子,价格很低廉。随后的保护工作肯定也好不到哪里去,因为我在肃州和甘州又收购了一批藏经 。还有一些卷子肯定已流入新疆地区,因为我在新疆的许多衙门里都见到了此类的经卷,我甚至还从一些低级官吏那里弄到一批卷子。至于有多少文书被运到了北京,又是如何保管,那就只有天知道了。

1914 年再获一 ▷
批经卷

经历了官府对他所珍爱的"经书"的一番折腾,王道士深为 1907 年自己的做法后悔不迭,当时我曾经蒋师爷之口提出过获得所有的藏经的请求,但王道士却没有长远的考虑,也没有足够的勇气,他回绝了我们的请求。王道士在敦煌辛辛苦苦募集的钱财中,捐资数目最多的是我,其次便是伯希和教授。他用这些钱修建了一处华丽的庙宇和一幢宽敞舒适的客栈,这使他感到很称心。将钱用在这里,也是王道士对官府巧取豪夺最好的嘲讽。当官府下令运走藏经时,王道士曾设法

① 参见《法兰西亚洲学会通报》,23 页等,1910。

将一部分他认为特别有价值的汉文写卷另藏了起来。这批卷子的数量想必也不会太少，1911年桔瑞超就曾取走一部分卷子，后来我再度造访这一遗址时，还有丰厚的收获，满满地装走了五箱子的汉文经卷，大部分保存完好。为了获得这些经卷，捐赠自然也得增加。我怀疑直到现在王道士的小库房还没有被取光。到这里，"王道士的故事"也就讲完了。

第二十三章 在千佛洞石室发现的绘画

第一节 绘画的发现和研究过程

搜集绘画▷

　　上一章谈到,在封闭的石室中匆匆翻检之后我发现了许多东西,其中我一眼就看出那为数众多的绘画的价值和意义(它们都裹在各种包裹里或写卷里)。幸运的是,王道士对这类珍品漠不关心,它们的艺术价值和宗教特性都没有引起他的注意,这极大地方便了我的挑选工作。所以尽管在仓促翻捡中遇到了一些困难,我还是成功地搬走了石室中所藏的绘画、素描以及类似艺术品的大部分。它们数量很多,意义很大,所以我首先来说这些绘画。

在发现时绘画▷
的状况

　　在王道士的石室中我挑选得十分仓促,根本没有时间细看这些精美的佛教艺术珍品。但我发现它们时,这些绘画的保存状况,以及后来把它们安然无恙地捆扎好所费的工夫,都使我觉得十分幸运,自己能有机会把它们从王道士漠不关心的照管之下拯救了出来。大多数画画在很细密的丝绸上(有的丝绸纹理像纱),其余的画所用材料是麻布或纸。多数画使用的是更珍贵的丝绸,这一点本身就很有价值,因为我很快就发现,丝绸上的画作一般画得更细致,工艺更高超。但因为材料很细致,它们也更容易受损,这极大地增加了安全转移和研究的难度。

在各种包裹里发现的一些窄幢幡是整齐地卷起来的,丝绸依然柔软、有弹性,所以幢幡可以轻松地打开。幢幡因埋在还愿用的织物、废纸中间,所以丝绸没有受压,也没有变硬。

但其他包裹中的画境遇要糟得多。有些画夹在包裹中间,包裹中是厚重的汉文卷子。我们一眼就能看出,它们几个世纪以来承受了多大的重压。如今它们已经变成了十分紧实的小包裹,又脆又硬。任何想当场打开它们的举动,都可能会使脆硬的织物破裂或剥落。那些大绢画(我们后来发现,其中有些高达 7 英尺)由于折叠起来,受了近 900 年的重压,加之在封入石室之前可能也没有得到精心的料理,所以遭受了更多的损坏。有些大画似乎在当初存放起来时是用某种固定的方式折叠,但我还是不敢将其完全打开,生怕加剧它们所受的损伤。① 绝大多数画或大画的残片,看起来完全是一小堆乱七八糟、皱巴巴的硬脆的丝绸,根本无法判断其中有什么内容。② 当时我还看到,很多大画上沾了灰,或用粗陋的针脚缝过,或用粗纸裱过,还有其他类似的修补之处。这些都充分说明,早在被封存之前,它们就饱受漠不关心、烟熏火燎及尘封之害。

▷绢画受到的损伤

把这一卷卷脆硬细致的丝绸打成包裹来运输,真是一件艰巨的任务。而在运抵大英博物馆之后把它们打开,则更为艰难。好在大英博物馆绘画部的全体工作人员都被调动起来,花了六年多的工夫,终于克服了这些困难。大多数绘画,不论大小,都要先经过一种特别的化学处理,然后才能由专家来将其安全地打开,之后才能进行研究。③ 这些工作给人带来

▷对卷成团的绢画的处理

---

① 例如,从图版 LVII、LX、LXIII、LXVIII、LXX 等中的大画就可以明显看出当初折叠造成的损伤。

② 图版 LXXVI 就是这样一堆丝绸,即绢画 Ch.00350。另见《印度艺术杂志》(*Journal of Indian Art*) 1912 年 10 月刊中的 Ch.lviii.006。

③ 已故的 S.W.李德约翰先生在这方面给了我极有益的协助,见《伯灵顿杂志》(*Burlington Magazine*),19 页,1918。

不少惊喜，因为有些绸卷乍看起来很不起眼，但当皱缩、易碎的丝绸重新恢复了原来的柔软性之后，我们发现，它们竟是精美的绘画。尽管有些画已残破不全，但仍有很高的艺术价值。用这种方法，某些大画缺失的部分时常可以从另外一团脏污的绸卷中得到。

对绢画的处理▷ 表面经过精心处理之后，每幅绢画都要加固，以确保人们能安全地拿取它们。小型丝绸幢幡画被临时裱在有大网眼的细纱上，以便人们也能看到其背面（因为小幢幡背面也画了画），然后再装在玻璃框中。大绢画先得裱在薄薄的日本纸上，这样就能用远东国家的传统方式把它们卷起来加以保存。图版中的大多数绢画是在 1911—1912 年间拍的照，当时绢画正在这一处理过程中。① 我们最终要将这几百幅画永久性地裱在精心选择的日本丝绸上，用轻巧的木框装起来。这项工作费时费力，加上第一次世界大战的影响，至今（1917 年）任务尚未完成。有些图版拍摄的日期较晚，拍下了这些画最终裱在丝绸上的样子，这种待遇对它们来讲才算公平。②

把绢画裱糊起▷
来 这些漫长的工作主要是在劳伦斯·宾勇先生精心的长期监督下进行。由于他渊博的知识和不懈的努力，加上开始时锡德尼·考温爵士的帮助，学者们才能方便地研究这些精美的佛教艺术。对此，人们不能不心怀感激之情。工作人员尽量不做任何修复。但是，大绢画本来用素绸或其他织物做了镶边以便于把画悬挂起来，这类镶边有的没法保留下来。因为，绢画裱贴之后，由于镶边的材料与绢画主体不同，会发生

① 比如，图版 LVII、LX、LXII、LXIII、LXIV、LXVIII～LXX、LXXIV 等。图版 LVI、LVIII、LIX 中的画均已裱在了丝绸上。

② 比如，可以把图版 LXIII 与《千佛洞》图版 XVII 中同一幅画的照片对比一下。

收缩,不利于绢画的保存。① 于是,有几件大画原来的镶边被换成了一条条适当的日本织锦,用传统的挂画方式裱贴起来,这样人们一眼就能看出裱贴物是现代的织物。上述保存和处理方法在做了适当调整后,也应用于麻布画和纸画。虽然麻布和纸便宜,不太细致,麻布画和纸画的艺术价值一般也没有丝绸画高,但由于麻布和纸比较结实,所以减少了保存所需的工作量。

　　在石室中一眼见到这些画时,我就意识到它们高超的艺术水平和它们在中亚、远东佛教发展史和佛教造像史上的地位。但是,只有当大英博物馆在保存它们的过程中越来越多地揭示出它们的丰富性和多样性之后,我才完全认识到它们的多种意义,以及对它们进行细致研究所需的工作量和难度。最初发现这些画的位置和它们的保存状态,以及某些画上标注的日期,都清楚地表明这些画作绝大多数属于唐朝和唐朝之后的一个世纪。同样可以确信的是,它们的内容几乎都是大乘佛教的神祇及故事场景——当时,大乘佛教正流行于中国的西部边陲。从它们的题材和风格中,我们可以清楚地看出直接取自希腊化佛教艺术的因素、这种艺术在途经中亚或西藏时所发生的变形及其对中国本土艺术的强烈影响,尽管各种影响在不同画作中的比重有所不同。

　　这些新发现的画作表现出了一种混合风格,这不仅增添了人们对它们的兴趣,同时也增加了对它们进行准确分析的难度。从艺术的角度看,人们一眼就会发现,中国风格和情趣占主导地位,这更增添了它们的艺术价值,因为据我所知,唐

◁绢画的艺术特点

◁各种艺术影响的融合

---

① 比如,图版 LVII、LVIII、LX～LXVIII、LXXIII 中的画就保留着或部分保留着原来的镶边。图版 LX 中的一幅画要想安全地将其暂时裱糊起来,都不得不将原来镶边的某些地方割开。

代画作的真品保存下来的极少。从造像的角度来看我们也很快发现,这些基于印度观念和形式的画作,清晰地显示出佛教在向中国传播并被中国接受的过程中,所发生的不小的变化和发展。我们可以把它们同后来远东(尤其是日本)的佛教艺术相比较来进行研究。此外,要想解读这个佛教"万神殿",还应依靠许多绢画上的题识,不管它们是题榜还是献辞。这些题识不仅能提供关于供养人、日期的信息,而且能提供关于神及场景等的情况。这些题识显然要处理,我急需一个工作伙伴,他应当对佛教造像艺术有专门研究,并且熟悉汉学和远东艺术。

对绢画题材的▷
解读

不仅我自己急于找到这样一位工作伙伴,而且富歇先生也提出了这样的建议。1919 年夏天,富歇先生研究了当时可以研究的画作。凭着他对佛教造像无与伦比的学识,他给我提供了虽然简短却很有价值的笔记,阐述了绘画题材的大体分类和相关的造像艺术问题。关于这些绘画在艺术上的不同特征,我有幸得到了劳伦斯·宾勇先生的极有益的帮助——他是专门从事远东绘画的,并一开始就对这些画产生了浓厚兴趣。

与彼得鲁奇先▷
生合作

通过宾勇先生的友好介绍,我找到了一位极合适的工作伙伴拉斐尔·彼得鲁奇先生,来共同研究这些画作。彼得鲁奇先生已在不止一个研究领域有杰出表现,他不仅是一位热忱的远东艺术家、鉴赏家、收藏家,而且在沙畹先生的指导下正在学习汉学。这位极有天赋的学者已经连续出版了好几本

关于中国和日本艺术的重要著作①;这足以证明他完全有能力
承担我上文所说的艰巨任务。1911 年秋,在彼得鲁奇先生多
次参观了这些艺术品之后,他表示愿意承担千佛洞绘画作品
的系统研究工作(他的研究成果主要集中在本书详尽的附录
之中),我非常欣慰、满意地接受了他的提议。1911 年 11 月
16 日他给我写了份备忘录,其中详细说明了他给自己设定的
任务以及完成这一任务的详尽工作计划。这本备忘录也收在
本书中。②

　　在此后两年中,彼得鲁奇先生为完成这一任务倾注了大 ◁彼得鲁奇先生
量心血。他仔细研究了绘画和画中的题识(有的是通过原件, 的劳动
有的是通过专门为他准备的照片),还收集了有可能对绘画造
像提供解释的汉文佛经。作为这些研究的第一期成果,他于
1913 年给了我一份介绍性章节的草稿,其内容是画中的题识
及从题识中可以发现的信息。③ 约在同时或 1914 年初,他在
另一篇文章里讨论了复杂的大画,或称"曼荼罗",这是藏品中
尺寸最大、艺术价值最高的一些画作。④ 彼得鲁奇先生从汉文
佛经中还成功地收集了大量章节,用以识别画面主体及两侧
条幅上的佛本生故事场景、个别神祇等。当此之时,由于德国

① 其中包括:《日本绘画的特点》(*Les caractéristiques de la peinture japonaise*)[《布鲁塞尔大学学报》
(*Revue do l'Université de Bruxelles*)1907];《沙畹之行所得的文书》(*Les documents de la Mission Chavannes*)
[《布鲁塞尔大学学报》(*Revue do l'Université de Bruxelles*)1910];《远东艺术中的自然观》(*La philosophie de la
nature dans l'art d' Extrême-Orient*),1910;《最近发现的远东佛教艺术品》(*L'art bouddhique en Extrême-Orient
d'après les découvertes récentes*)[《美学杂志》(*Gazette des Beaux-Arts*),1911];《中国画家》(*Les peintres
chinois*),1913;《塞诺希博物馆的中国绘画》(*La peinture chinoise au musée Cernouschi*)(与沙畹先生合作),
1914;《敦煌佛教壁画》(*Les peintures bouddhiques de Touen-houang, Mission Stein*)[《吉美博物馆年鉴第四十一
卷:1914 年在吉美博物馆召开的会议》(*Annales du Musée Guimet, xli: Conférences faites au Musée Guimet en
1914*),1916]。

② 参见附录 E,I。

③ 彼得鲁奇先生逝世后,沙畹先生校对了这一章(即本书附录 E 的第二部分)。

④ 此文本意似乎首先是用来单独发表的,但由于它也可有助于对彼得鲁奇先生附录中相关章节的
理解,因此也被收入了本书,见附录 E,III。

入侵比利时,他无法回到比利时的家,所以也无法利用那里的写卷等资料。

彼得鲁奇先生▷收集的资料

在第一次世界大战中,彼得鲁奇先生约有两年无法继续对这些画进行研究。他参加了比利时红十字会,大部分时间忙于从事志愿的医疗护理工作。因为,除其他方面的科学成就外,他还精通医术。即便如此,他还是抽出时间来再次看了藏品,并对藏品如何在印度政府和大英博物馆之间分配提出建议。同时,幸运的是,他还把写卷安全地转移到了他的荷兰朋友那里存放。① 我于 1916 年回到欧洲,在我的要求下,他安排别人将他手写的与附录有关的所有笔记、摘抄资料等誊抄了一遍(威德希教授监督了誊抄工作)。年末,在英国外交部的帮助下,大量的写卷安全地送到了当时在巴黎的彼得鲁奇先生手中。

彼得鲁奇先生▷提供的最后帮助

他的材料被挽救了出来,又可以用于完成那项艰巨的工作,这是命运赐予这位热情的学者的最后一件乐事。1916 年 5 月我途经巴黎时,发现他正精神抖擞地全身心投入在工作中。但几个月之后,一种内科病开始折磨他。尽管秋天他还能支撑着对《千佛洞图集》(The Thousand Buddhas)的准备工作提供热心帮助(我想在这本书中选登有代表性的画作,以供研究远东艺术的学者们参考),但到了 1917 年 2 月,他的病情已很严重,必须做大手术。虽然手术成功,但一周后残酷的命运击中了他,在医院里感染的白喉夺走了他的生命。

努力弥补彼得▷鲁奇先生逝世造成的损失

彼得鲁奇先生前途远大却英年早逝,给远东艺术和文明的各项研究造成了巨大损失,其他比我更擅长表达的人已说

① 在此要解释的是,虽然彼得鲁奇先生是在法国长大并在那里受的教育,但他从其父亲那里继承了意大利的公民身份,这对于他战争初期作出上述安排特别有帮助。

图 209　千佛洞 Ch.III. a 洞窟北墙西方极乐世界壁画

图 210　千佛洞 IV 洞窟北墙中央阿弥陀佛天国壁画(两侧小画面是
　　　阿阇世王传说和韦提希王妃十六观)

图 211　千佛洞 Ch.V 洞窟西侧壁龛,龛内有泥塑残件

图 212　千佛洞 Ch.VI 洞窟西墙上有泥塑佛像和蛋彩的壁龛

明了这一点。① 我只想说一下，在朋友们的真诚合作下，我们尽可能地把彼得鲁奇先生的研究成果保留下来，使本书中留下的空白不那么醒目。沙畹先生在富歇和西尔文·烈维先生的帮助下，将彼得鲁奇先生所写的两章（上文说过，这两章是关于题识和大"曼荼罗"的）加以整理，以待出版。大英博物馆的 A.D.怀利先生也给予了有益的帮助，校对了原件中的题识。彼得鲁奇先生为辨识十多张大画中的传说故事及其他佛教题材，收集了丰富的资料。沙畹先生将利用这些资料，为"题识研究院"的《东亚备忘录》（*Mémoires concernant L'Asie orientale*）另写一卷，他提议把这一卷以彼得鲁奇先生及他本人的名义出版（此卷写完后，沙畹先生本人也去世了。他本想写一篇文章来纪念他忠诚的学生和朋友彼得鲁奇先生，但我现在不知道这篇文章能保留多少以供出版）。此外，本书还得益于宾勇先生的特别帮助，他重新撰写了一章（论述的是我们的藏品在东亚佛教艺术发展史上的地位，以及藏品中反映出的来自印度、中亚、西藏的影响），来代替彼得鲁奇先生原计划写的最后一章。②

我原本一心希望彼得鲁奇先生的计划能够实现，但他却英年早逝。正是由于上述学者的帮助和他们提供的资料，我才得以应对变化了的情况，对此我满怀感激。为方便将来其他学者做更细致的研究，1911 年我在图版中收入了尽可能多的有代表性的不同种类绘画、素描以及版画的照片。出于同样考虑，我在书中尽可能收入了所有绘画的描述资料，以便学

◁绘画的目录

---

① 参见学术刊物中纪念彼得鲁奇先生的文章，比如《通报》391 页（1917）。

② 参见本书附录 E.IV。这些问题对整个中国绘画艺术史来讲都是很重要的。宾勇先生在 1914 年为我的藏品在大英博物馆临时展出撰写了一本手册，其第一部分的介绍性文字中就简述了这些问题，虽然篇幅不长却十分精辟。见《斯坦因搜集品展》，5 页以下，1914（另见他为《千佛洞》所写的导言）。

者们对那些没有图版的画也有可参考的资料。这个文物目录收在本书第二十五章第二节中,主要是洛里默小姐写的。她为完成这项任务精心地做了大量工作,对此,无论我给予多高的评价也不过分。在文物目录中还收入了 F.H.安德鲁斯先生、L.吉尔斯博士和 A.D.怀利先生关于题识的不少见解。日本专家学者(如塔吉教授和矢吹先生)在观看了藏品之后提出了关于造像含义的有见地的见解,这些也收在文物目录中。

对绘画作品的▷
系统分类

为方便起见,文物目录中依照的是"地点"号码顺序,因为在石室中有些画打成包裹,后来也打成包裹运到大英博物馆去研究。① 这种编号顺序全凭偶然,无法凭此将绘画做系统分类。为此,必须先将画作归为几类,然后再将各类画加以比较,才能知道其造像和艺术处理上的基本特征。彼得鲁奇先生研究工作的第二大部分中就含有这一内容。② 由于他的早逝,不得不由我来做这个分类,尽管能力有限,我却只能勉力而为了。

我的局限性▷

我的局限性是很明显的。虽然我在一定程度上熟悉希腊化佛教造像艺术和塔里木盆地的佛教艺术遗物(我有幸亲自将它们公之于众),却一直没有时间来系统研究一下远东或西藏的宗教艺术,也没有系统地研究过中国新疆北部绿洲中的壁画等中亚佛教艺术遗物。此外,我还缺乏汉学知识。再加上本章是在远离藏品的情况下写就的,只能依靠洛里默小姐对藏品的描述文字、图版、手头现有的照片和回忆。别的任务也分散着我的时间。希望上述情况能使读者原谅本章中的不

---

① 在千佛洞就打开的包裹上用小写罗马数字做了"地点标记"(如 xxi、xxxviii、lv 等)。而后来在大英博物馆写卷中发现的东西,用 Ch.作为整体的"地点标记",用"00"加上数字来代表其顺序,如 Ch.0017、Ch.00452等。

② 参见附录 E,I。

足之处。

关于画作的分类,我有幸可以参照彼得鲁奇先生的备忘录,以及富歇先生 1910 年参观藏品后交给我的那些虽不长却很有益的笔记。[①] 无论是画作所用的不同材料(丝绸、麻布或纸),还是不同风格,或是凭现有知识能确定的它们所属的不同时期,都不足以作为分类标准,于是只能将画按题材分类。考虑到造像的题材,我觉得下述分类法最方便不过。

排在第一位的是关于乔答摩生平的丝绸幢幡画,其显著 ◁ 按题材给绘画分类

特点是纯粹的中国风格处理方式。再往下就是那些"造像"画。根据它们所表现的是个别神还是一群神,可以将其再分成两大类。表现个别神的画又可以分成三种。第一种似乎应当是少数佛像。第二种是数量要多得多的各类菩萨像——有的菩萨无从者,有的有从者和供养人。菩萨像中,首先应当说的是数量极多的幢幡。幢幡中神祇的身份大多难以确定,但可以依照风格分类,看它是更多地遵循印度佛教艺术原有的模式,还是表现出中国艺术对佛教原型的改造。类似的大菩萨绢画也可以通过造像特征分类。第三种是天王像和护法金刚像(天王和金刚是佛教神话的所有侍从中最受中国信徒欢迎的),这类画的造像特征和风格都比较明确。

第二大类包括表现成群的人物且一般较大的画作。我们将先讨论画一组神或一队神的画。然后再讨论那些绚丽的、在佛教艺术上有重要价值的净土画,尤其是阿弥陀佛的西方净土(或称极乐世界)。这类画中有大量天堂人物,充分展示了半俗世的欢乐场面。

第三类是一组风格题材不一的画。它们大多数是素描

———————————

① 参见本章本节。

（其中有几个是非佛教题材），还包括大画和壁画的草图、人体图或符咒图等。最后我们将简略地讨论一下版画——大多数版画上印着文章或发愿文，表明版画艺术很早以前在中国就达到了相当高的水平。

第二节　绘画的时间和环境

佛教造像的一▷
般问题

　　上一节我已充分说明，一方面是由于不必要，另一方面是由于不可能，在此我将下述及千佛洞绘画藏品所展示的关于佛教造像艺术的一般问题。关于这类问题，请大家参考彼得鲁奇先生详尽的备忘录中的相关部分（在沙畹先生的帮助下，这个备忘录已出版）①，博学的宾勇先生所写的文章②以及彼得鲁奇先生 1914 年所作的简洁却极具启发性的论述（在这一论述中，他总结了自己对这些画作的研究成果）。③ 但在按上一节所述的分类法大致描述一下这些藏品之前，我们似乎首先应熟悉一下画作创作的时间、环境、用途以及它们所用的材料和工艺。

有题识画作的▷
年代

　　关于绘画的日期和来源，某些画上的题识可以给我们提供精确而充分的指导。由于彼得鲁奇先生已经在关于供养人那一章里详尽地讨论了题识④，所以我在此只提一下基本情况。题识全是汉文，都是发愿性质的，其日期为公元 864 年到 983 年之间。公元 983 年已接近 11 世纪，据我们判断，石室就

---

　　① 参见附录 E。关于沙畹和彼得鲁奇先生计划撰写的《东亚备忘录》，见本章第一节。
　　② 参见附录 E，IV。
　　③ 参见《吉美博物馆年鉴》第四十一卷（《1914 年于吉美博物馆召开的会议》）中彼得鲁奇先生的文章《斯坦因所获敦煌佛画》，115~140 页，图 1~11。
　　④ 参见附录 E，II。

是在公元 11 世纪初被封起来的。① 但画作中极有可能有比公元 864 年还古老的。藏经洞中许多汉文写卷的年代就比公元 864 年早几个世纪。② 而且,我们不应忘记,在较大的绢画中,有的从其非凡的风格和处理方法来看,似乎属于较早的时期。正是这些画受损较严重,所以其底部连同底部可能有的题识都缺失了。③

总的来说,似乎可以下这样的结论:大多数绢画等都出自石室封存前的两个世纪。④ 上文曾说过,约在公元 850 年,敦煌从长达一个世纪的吐蕃统治下解脱出来,重归唐朝⑤,这很可能使这一中国最西部的重镇更加稳定,至少在一个半世纪后唐朝灭亡之前应当是如此。这样一个相对和平的时期也可能使千佛洞受益,人们又在其中添加了艺术上的装饰品。 ◁敦煌重归唐朝

我们知道,唐以后不久,邻近敦煌的瓜州再次与中国隔绝。由于东边和东南的回鹘、西夏的势力日增,这一隔绝状态保持了好几个世纪。⑥ 但纵使在此前我们提到的那段和平时 ◁敦煌与中原帝国的隔绝状态

---

① 参见本书第二十二章第三、四节。

② 参见本书第二十二章第三节,第二十四章第四节。

③ 可参见图版 LVI、LVII、LIX、LXIII、LXXI。

④ 从宋云的有趣记载中,我们大概可以找出另一个类似例子。他说道,他旅行中来到了和田以东扜瘝(Han-mo)的寺院(时间约为公元 519 年,关于扜瘝的位置,参见沙畹《宋云行纪》14 页及《古代和田》第一卷 456 页等),寺院中挂着数以千计的幢幡画(原文为"悬彩幡盖,亦有万计"——译者)。他注意到,幢幡中半数以上是北魏时期的(北魏始于公元 386 年)。大量幢幡上汉文题识中的日期为公元 495—513 年,而只有一件为后秦时期(公元 384—417 年)的(按扜瘝在本书中多次出现,此名即《史记》之扜罕,《汉书》之扜弥,《后汉书》之拘弥,《新唐书》之汗弥或达德力城,《五代史》之绀州,《大唐西域记》之媲摩城。又关于寺中幡盖的年代,原文为"魏国之幡过半矣。幅上隶书云太和十九年,景明二年,延昌二年。唯有一幅,观其年号是姚兴时幡"——译者)。

⑤ 参见本书第二十一章第二节,第二十二章第二节。

⑥ 参见沙畹《十题铭》12 页。其中说道,公元 938—942 年出使和田的中国使者发现,这一边远地区总是受到南部吐蕃的威胁,但他说,敦煌当地居民主要仍是汉人。参见雷米萨《和田城》,77 页。

彼得鲁奇先生指出(见附录 E,II),公元 910 年的一件题识所用的年号实际上已经被终止使用六年了。另一件公元 947 年的题识中表明,供养人并不知道本朝已经在一年前灭亡了。这些都清楚说明了敦煌与中原帝国的隔绝状态。

期,敦煌与帝国有效统治区的政治、贸易联系也不可能太紧密。因为,自从西域被突厥人和吐蕃人控制后,敦煌便只是边陲的一个绿洲而已,对中原帝国已不太重要。这一点足以解释为什么在公元 9 世纪和 10 世纪,作为布施品出现在敦煌千佛洞的绘画大多来自当地。幸运的是,关于这一点,绘画上有发愿性质的题识也提供了直接的证据——题识中记录着那些为死去亲属的灵魂祈祷,或为获得健康、和平、发达等福祉而献画的人的名字。

绘画作品均出▷
自当地

　　在彼得鲁奇先生研究的题识中,有十几个供养人及其家人都是官员,有几个官员的头衔表明,他们都是地方官。① 在六七件画作中,我们也可以得出同样结论,因为供养人的名字表明他们属于张、曹两族——从历史记载中我们知道,在好几个世纪中,敦煌及其邻近地区形成的"半独立王国"的首领都是张、曹两家。② 别的题识还表明供养人地位不太高,有的是僧尼,这说明他们献的画一定出自当地。③

　　① 　参见附录 E,II《供养人》(Les donateurs),其中载着版画 Ch.00205、00185(图版 CIII)和绢画 00102(图版 LX)中的题识。前两个题识中,供养人前面都冠以"关尹"的头衔(似指"观察处置管内管田押番落等使"——译者),这似乎是敦煌于公元 850 年重归中国后敦煌最高长官的名称。参见沙畹《十题铭》,86页,注①。

　　② 　参见附录 E,II 中彼得鲁奇先生摘自 Ch.00101、00167(图版 LXI)、00185(图版 CIII)、liv.006(图版 LXIX)、lvii.004(图版 LXVI)、lvii.001(图版 LXVIII)的题识。关于张氏和曹氏家族在敦煌的地位,参见沙畹《十题铭》,12 页、80 页,并见下文附录 A,V.c 及本书第二十二章第二节。早在公元 4 世纪中叶,张氏家族中就已有一人担任了凉州(几乎相当于一个独立王国)及以西地区的长官。参见沙畹《古代和田》,第一卷,543 页,注④。

　　版画 Ch.00185.a(公元 947 年)中提到了曹元忠,并在其名字前冠以一大串头衔,他可能就是公元 938 年会见中原派往和田的使者的敦煌高官之一。见雷米萨《和田城》,77 页。Ch.lvii.004 则揭示了直到公元 983 年间这两大家族之间的关系。彼得鲁奇先生似乎没有注意到张、曹两家在敦煌的地位。

　　在此我要顺便提一下,精美的绢画 lv.0023(864 年,照片见《沙漠契丹》第二卷图版 VIII)的供养人中有一位唐朝李氏皇族的人,这并不证明此画产于其他地区。公元 894 年千佛洞的题识表明,有一位皇族成员成了张议潮的女婿,并在敦煌定居了下来——张议潮直到公元 867 年都是敦煌实际上的统治者。见本书第二十一章第二节及沙畹《十题铭》77 页以下。

　　③ 　Ch.xx.004 和 005、liv.0011、lxi.008、lxvi.002,见附录 E,II。

唐朝在西疆的势力衰弱后,敦煌在政治上多灾多难,并且在地理上与中国内地相距遥远。但是在上述时期内,当地居民完整地保留着中国的文明和语言。历史记录(尽管数量不多)、石室中的大量写卷、石窟壁上或画上的题识都可以证明这一点。我们应当注意到,绘画和版画中的供养人不论僧俗,一律着汉服,五官也是汉人。我们之所以认为供养人像有价值,是因为在我们看来,供养人像都是现实主义风格的。比如,Ch.lvii.001(图版 LXVIII)中父亲的左眼被如实地画成是瞎的。同样,从 Ch.liii.001(《千佛洞》图版 X 及封面)秀丽的妇女像中也可以发现现实主义特征。

⊲敦煌保留着中国文化传统

同时,敦煌的位置可以说是亚洲腹地的十字路口,所以它一定易于受到来自西边的新疆尤其是吐蕃的影响。显然,千佛洞的绘画和壁画中的佛教造像形式在很大程度上受到来自新疆的影响,从某些方面讲这种影响有时甚至占主导地位。但是,凭我们目前的知识,很难(甚至不可能)确定,敦煌在何种程度上感受到来自中亚佛教艺术的影响,这种影响又有哪些是在汉传佛教之前就已传入并被汉传佛教吸收。无论如何,有足够证据表明,塔里木盆地、敦煌北部和西北地区等中亚地区的佛教人士来过敦煌,因为在石室中藏有大量梵语、和田语、龟兹语、粟特文和回鹘文卷子。

⊲新疆和西藏对敦煌的影响

考虑到敦煌有整整一个世纪处在吐蕃的控制之下,此后也与吐蕃部落相邻①,某些画中或者显示出吐蕃风格的影响,或者写有藏文,也就不足为奇②。有一组彩绘幢幡数量不多却很有趣,所画的菩萨像在处理方式上显然是印度风格,显示出

⊲吐蕃艺术的影响有限

① 参见本书第二十二章第二节及沙畹《十题铭》12 页等。
② 参见本章第五、九节;彼得鲁奇《吉美博物馆年鉴》,第四十一卷,136 页等。

来自更遥远的南方艺术的影响。这种影响可能来自尼泊尔，经西藏传到这里。① 但同长期的政治纽带联系相比，同石室中发现的大量藏文写卷和版画相比，吐蕃或半吐蕃风格的画看起来数量就很有限了。对此，大概可以作如下解释：尽管住在佛寺中的吐蕃僧人可能为数不少，还有一些吐蕃僧人常来此地（如今也是这样），但那些以献画方式装饰寺院的虔诚的供养人几乎都是当地汉人，或者偏爱汉族艺术。过了很长时间之后，藏族风格和喇嘛教才对中国的没落佛教艺术产生重大影响。②

没有密教中那▷
类夸张场面

还有一点可以证明敦煌艺术品受到的吐蕃影响很有限。我指的是，千佛洞绘画和壁画完全没有密教的那种夸张或不堪入目的猥亵场景（这一点很让人高兴），这类场景在后来的一些西藏及受其影响的北部地区喇嘛教艺术中十分常见。敦煌的一些西藏风格画中确实已经出现了扭曲的动作、夸张的肢体、狰狞的面目等迹象，这些都是后来藏画风格的显著特征③，但是庄重的中国审美观却从未误入这种歧途。正如富歇先生在上文提到的笔记里所说的："敦煌的各种神像都是为了满足供养人的需要而画，供养人的趣味都是很严肃的，而僧侣们则更注意体面。"

献画的动机▷

彼得鲁奇先生在关于供养人那一章中讨论了一些画的题识，这些题识告诉了我们人们献画的目的。④ 相当多的题识是为死去的父母和亲人祈祷安宁，还有大量题识是祈祷供养人及其家人的健康和发达。除了这些常见的内容，有一些题识

---

① 这组尼泊尔风格的菩萨像见本章第五节及彼得鲁奇的文章，参见《吉美博物馆年鉴》，第四十一卷，137 页等。

② 从元朝初期起，西藏艺术对中国的影响就越来越大，参见《科卡》，第 311 号，235 页。

③ 参见彼得鲁奇的文章，见《吉美博物馆年鉴》，第四十一卷，137 页。

④ 参见本书附录 E，II，《供养人》。

是为当地祈祷和平与安全。在此值得注意的是,这类供养人
都是高官,几乎都出自张、曹两姓——上文已经说过,在几个
世纪的时间内,敦煌的地方官都出自这两个家族。① 彼得鲁奇
先生还提请大家注意,除了完全符合或基本上符合正统佛教
教义的思想和愿望,题识中流露出的想法和希望常常同中国
传统思想或道家思想有关。② 它们反映出,各种思想已经开始
融合,结果是产生了一种奇怪的混合物,这就是如今在中国占
统治地位的宗教和迷信。

　　毋庸置疑,向朝圣地献上画有佛教神祇和佛教神话场景　◁可携带的佛教
的画,这种做法可以上溯到大乘佛教最开始在印度传播的时　　　绘画
期,甚至可能更早。但在印度,由于气候等不利因素的影响,
除了阿旃陀(Ajaṇṭā)山洞和其他几个不太重要的地点,这类
绘画都没有保存下来。在印度佛教经典或中国朝圣者留下的
关于印度的记录中,很可能曾提到过这类可以携带的绘画,但
是我没有时间寻找这种记载,甚至没时间确证一下,这类记载
究竟是否存在,或是在哪里出现过。但从和田到吐鲁番的中
亚地区,有大量考古实物可以证实在朝拜地献画的做法,无须
求助于详细的文字记载。其中,只需提一下 1900 年我在丹丹
乌里克佛寺的雕像底部发现的彩绘木板(这可能是其起源和
性质均可证实的第一件此类中亚遗物),还有格伦威德尔和勒
柯克教授在吐鲁番遗址挖掘出的绢画,其类型和题材很像千
佛洞发现的大量绢画。③

　　不论其所用材料和题材如何,这些画都是用来挂在庙中。

---

　　①　参见彼得鲁奇先生摘自 Ch.00101、00185.a、lvii.004 号的题识,见上引彼得鲁奇的文章。
　　②　参见本书附录 E,II(结论)。
　　③　参见斯坦因《古代和田》,第一卷,250 页以下;关于格伦威德尔教授在 1902—1903 年间首次在吐
鲁番发现的丝绸画和麻布画,参见格伦威德尔教授的《亦都护古城》(Idikutschari)一书 67 页以下。

宋云关于庙中▷
幢幡的记载

我们在上文提到的宋云所做的一个有趣的记载就证明了这一点。① 他提到,公元 519 年他来到和田以东的一座著名佛寺(我认为,这座佛寺就是达玛沟西北的朝圣地乌鲁克—齐亚拉特②),在那里,"悬挂着数以万计的幢幡和刺绣华盖(或称吊帘),半数以上的幢幡都是北魏时期的"。此处我们不必考虑,宋云所指的幢幡是否一定来自中国。有一点值得注意,他进

捐献品被保存▷
了下来

一步提到,在有汉文题识的幢幡中,许多题识上的日期相当于公元 495、501 和 513 年,"我发现,只有一幅幢幡的日期是后秦时期(公元 384—417 年)的"(宋云原文见前页注⑧——译者)。由于这位中国旅行家有很高的文物鉴赏力,我们可以相信上述记载的可靠性。由此可知,佛寺常把献来的画、刺绣等保存很长时间。敦煌石室中出土的大量绘画等物,说明这种习俗在这里也很盛行。西方的寺院从古至今也有类似做法,这总是有助于装点教堂。③ 熟悉东方或西方朝圣地的人都会明白,除了审美和宗教原因,这种做法大多有其现实原因。寺院的住持愿意对从前的施主表示敬意,因为他不仅得益于施主的布施,还希望借此来吸引新的布施者。

正是因为寺院从自身利益出发保存布施物,我们才会在石室中发现两种奇特的艺术品。一类是数量极多、残破不全

---

① 参见沙畹《宋云行纪》,14 页;斯坦因《古代和田》,第一卷,456 页;本章本节上文注。

② 参见斯坦因《古代和田》,第一卷,457 页、462 页等。

③ 当代的研究充分表明,从古代起,尤其是拜占庭时代,彩绘、手织、刺绣的作品(大都很精美)对装饰基督教堂都起了重要作用。最近人们在埃及古墓中发掘出了许多这种精美的纺织品,最古老的是公元 4 世纪的。参见史特拉兹高斯基《东方或罗马》(Orient oder Rom) 90 页、113 页以下;迪尔《拜占庭艺术手册》78 页、247 页以下。这两本书中都述及其他例子。

下文在讨论千佛洞古代纺织品时,我们还将提到东西方之间的相似性——由于早期拜占庭时代和唐代都可以见到大量受萨珊风格的影响,这种相似性就更引人注目了。见本书第二十四章第三节。

史特拉兹高斯基教授强调说,由于这类纺织品轻便、易于运输,它们在东方艺术影响西方基督教世界的过程中必定起了不小的作用。在中亚晚期的佛教艺术中可以越来越清楚地看到中国式佛教艺术的反作用,是不是可以假定,在这个过程中,彩绘纺织品也起了相当的作用呢?这个题目太大了,在此无法详述。

的绢画、幢幡顶饰等——早在封入石室之前，它们就早已残破；另一类是数量同样很多的各种窄条纺织品，它们无疑曾一度作为特别的捐献物挂在石窟寺中，这种做法至今在东方仍极为常见。[①] 下一章我将讨论到这类还愿布，在此只需说明一下，这些已成碎片的复杂的拼贴布和装饰性吊帘充分表明，当地寺院把即便是最普通的捐献物都精心保存了起来。

　　既然这些绘画是被朝拜者当作布施之物捐献给佛寺的，这无疑会影响到绘画的性质和制作过程。只有在供养人家道颇丰并特别虔诚的情况下，绘画才有可能是按供养人的要求，由专门艺人绘制的。这种情况很少见。某些藏品中的大画需要艺术家的大量劳动，所需费用肯定也比较高，还有些较小的画的精美做工和画艺表明其出自大艺术家之手，这两类画大概属于上述情况。[②] 但是，可以说，大多数绘画都是为市场而作，储存在敦煌以便卖给有意捐画的朝圣者，或者在特别的节日期间运到千佛洞来当场出售。你只需在朝圣者很多的时节进一逛巴黎圣稣尔比斯（Saint-Sulpice）教堂附近的画店、雕塑店就会发现，那里也有大量艺术品出售，东西方之间的这种相似性很能给我们以启发。

　　这些画的用途很大地影响了它们的工艺及其相对单调、有限的题材。这个问题虽然很有讨论价值，却太大了，此处篇幅有限，无法述及。但我们一眼就可以看出，许多画有一个奇怪的特征，这一特征是其用途造成的。我指的是，大量的画上面或两侧的题榜是空白的，而本来题榜上无疑是该写上名字

◁残缺不全的画及还愿用的"破布"

◁还愿用的画的制作过程

◁画上的空白题榜

----

① 拼贴的还愿布图片，见本书第二十四章第一节图版 CVII～CX。
② 例如，毗沙门天王渡海像（Ch.0018，图版 LXXII），引路观音（Ch.lvii.002，图版 LXXI），以及 Ch. xviii.003 精美的观音像（《千佛洞》图版 XX）等。

或题识的。① 这并不难解释。题识跟汉字的书法艺术有关,写题识也就不是画匠的事了。在多数情况下,由于画匠作画不是为了某个雇主而是为了到市场上出售,并不知道画将卖给谁,所以他自然将题识空着,由未来的买主花钱、费工夫将其填好。而买主也常常不可能为题识去费工夫,尤其是因为他很可能只是在将朝圣之前或当时才想起要捐点什么——这也是人类的普遍弱点。富歇先生提到,写卷中不少本来应该是小画像的地方也是空白的②,这也可以佐证为什么千佛洞画作中有如此多的空白题榜。更奇怪的是,有些情况下,本该写上供养人名字和发愿文的地方也是空白的。③ 可能捐画者确信,即使不写发愿文,神也知道他们是谁,他们的愿望是什么。

第三节　画的结构、材料和工艺

挂在墙上的画▷　　　如果不考虑画的题材、材料,并且将为数不多的非捐献品(比如速写、印花粉印图、示意图等)也排除在外,根据画的悬挂方式(这必定会影响到画的安排和形状),我们可以将所有画作分成三大类。第一类是挂在石窟寺的墙上,这类画几乎全画在丝绸或麻布上,而且尺寸常常很大。我们要注意,在石

---

① 例如,图版 LVII、LXII、LXIV、LXVII~LXX、LXXIV~LXXVI、LXXIX~LXXXII 等中的作品题榜就是空白。麻布画(见图版 LXXXVIII 及以后的图版)的价格无疑要便宜些,那上面有大量空白题榜似乎不足为奇。奇怪的是,精美的毗沙门天王渡海像(图版 LXXII)各方面都表明出自一个真正的艺术家之手,那上面也有一个空白题榜。

② 参见富歇《佛教造像》21 页:"实际上,在中世纪写于棕榈叶、羊皮纸上的写卷中,我们不止一次地发现许多地方都是空白。"

③ 参见图版 LXVII(Ch.0021),另见《千佛洞》图版 XXV。大画 Ch.liii.001(《千佛洞》图版 X)的题识也是空白,这很引人注目,因为供养人专门请人把自己的像画在了大画的底部。《千佛洞》封面画底部那个秀美的女子看起来是以真人为模特画的,画家的技艺无疑不同且高于其他画匠,那幅画也未写供养人的名字。

窟寺中,内厅、过道及大部分前厅墙上都画了复杂的壁画,已形成布局很完整的装饰,无论再用什么方式挂上画,都会破坏壁画的装饰效果。于是我们想到,这些画,或其中更大的那些,大概是用来装点宽大的木制游廊的——如今一些大石窟寺就有这种木质游廊,其修建年代都不太久远,但很可能在较远的古代,也曾有过类似的建筑。① 还有一个事实大概可以证明,它们要么是挂在游廊上,要么是挂在僧侣居住区的大厅和前厅中(石窟和河床之间有一个狭窄的地方②,在古代那里应当是僧侣居住区)。这个事实就是,石窟内透进来的光线很微弱,人们几乎无法看清这些画上复杂的细节部分,更无法体会其高超的艺术价值。

　　这类画只有极少数裱在纸上或布上,似乎平时它们是卷 ◁大画的镶边
起来存放的③,其余的只是用丝绸或其他纺织品做了边。边通常为紫色,无花纹,但有几幅的边上绘着或印着植物图案。④有几幅画仍保留着可将其悬挂的吊环。⑤ 不管最初为什么没有把大部分画裱糊起来,总之,由于主体和镶边在长期悬挂过程中被拉长的程度不同,它们在封入石室之前就受了损。由于同样的原因,大英博物馆的工作人员不得不把许多画的镶边取下来,然后才能把画裱糊在丝绸上并装框。当然,无论这类挂在墙上的画用的是什么材料,它们的背面都没有绘画。这类画的总数为 168 幅(包括虽然不完整却仍可辨识的几

① 参见本书第二十一章第一节,别处的类似游廊参见图 198;斯坦因《沙漠契丹》,第二卷,图 185、227。
② 参见附图 42 及本书第二十一章第一节。
③ 参见 Ch.0018(图版 LXXII)、i.009(图版 LXXIX)、xviii.003(图版 LXX)、lvii.002(图版 LXXI)、003。
④ 例如,图版 LVII、LX、LXI、LXIII、LXV 中的画边上就没有装框,图版 LXIV 及 Ch.xx.005 则装点着很富丽的绸边。
⑤ 比如,图版 LXII(Ch.i.0012)、LXVI、LXVII、LXXXVIII(Ch.xx.009)中的画就完整地保留着吊环。

件），其中 131 幅画在丝绸上，26 幅画在麻布上，11 幅画在纸上。这类画尺寸差别较大，最大的是 Ch.xxxvii.003 和 005（也是藏品中最大的）①，它们不加边高 7 英尺 3 英寸，本来的宽度可能超过 7 英尺。

幢幡的材料与 ▷
结构

　　第二类画是幢幡，其数量在藏品中最多。幢幡的样式表明，它们可以随意地挂在石窟寺内厅、过道或前厅、游廊的顶上。幢幡主体为窄矩形，上面几乎一律画着单个神祇②，神祇头上一般有华盖，底下一般有一条长菱形组成的带子。大多数神祇画在丝绸上，也有的画在麻布或纸上。但不论幢幡是何种材料制成，完整幢幡的顶上一律都有三角形顶饰以便悬挂。③ 幢幡从顶饰的顶点挂起来，可以在风中飘动、卷起，观者便会看到幢幡的两面，因此，幢幡反面也一律画有与正面一样的画。正面神像的姿势从造像上来看一般是正确的，染色等也比较精细。④ 丝绸幢幡几乎都用的是透明的纱，在反面绘画也相当容易，因为从反面可以看到正面的画，只需将线条描下来，加工一下就行了。显然，人们有意用纱来做幢幡。纱制幢幡还有一个好处：当它们像上文所述那样挂起来时，不至于太多地影响石窟内的采光，因为我们已说过，石窟寺只能通过窟前的过道、前厅来采光。⑤

三角形的幢幡 ▷
顶饰

　　幢幡三角形顶饰的材料一般与幢幡主体相同，不少顶饰画着与其空间相适应的装饰性图案，也有的顶饰是空白的。⑥

---

① 右边一部分见《千佛洞》图版 IV。
② 有两件画的不是神：Ch.0024 画的是飞鸟，Ch.0089 画的是莲花座。两个幢幡用的都是彩色丝绸。
③ 完整地保留有全套三角形顶饰、饰带等的丝绸幢幡，参见图版 LXXVII、LXXX、LXXXII、LXXVI。
④ 有几幅完成的一面是反面（是艺术家犯了错误？），例如 Ch.0010 和 xxvi.a.002，并参见本章第四节。
⑤ 参见本书第二十一章第一节。
⑥ 例如，图版 LXXVII、LXXX、LXXXVIII、LXXXIX 中的幢幡都有彩绘顶饰，图版 LXXVII、LXXXVI、LXXXII 中的幢幡顶饰上无图案，图版 LXXXI 中的幢幡顶饰表明后来用较差的颜料修补过。

但有几幅幢幡顶饰上不是彩绘图案,而是缝了一块刺绣①或其他手织的华丽纺织品②。我们还发现,有些三角形顶饰的镶边是精美的织锦条,用来承受整个幢幡的重量。③ 顶饰镶边的顶点有一个吊环。

　　沿矩形彩绘幢幡主体的顶部和底部有窄窄的竹片或木 ◁饰带、重垂板
条,以便使幢幡舒展开来。④ 顶部竹片或木条连着三角形顶饰。底部竹片或木条下挂着一长条丝绸、麻布或纸(与幢幡主体材料相同),与幢幡等宽,但纵向分成四条、三条或两条。⑤有些画底部的长条上绘着或印着单色的简单植物图案。⑥ 长条的底端绕在一窄条竹篾上,然后用胶粘在一块扁平的彩绘木板上。木板可以将幢幡拉直,防止它被风卷起,上面通常画有植物图案。⑦ 利用这块木板还可以很方便地将幢幡卷起来,便于运输或存放。我本人就曾这样做过。这说明,幢幡这样卷起来后保存得极好。矩形顶部的竹(木)条(或说是三角形顶饰的底部)挂着两条无花纹的长饰带,与幢幡主体材料相同,但颜色不同。⑧ 安德鲁斯先生告诉我,这两条饰带可以自由地飘来飘去,使幢幡显得有动感,同时又不会损坏画面,或损害画面的效果。

　　藏品中的幢幡共有约 230 幅(含残件)。幢幡中丝绸和麻

---

　　① 　参见 Ch.liv.002,图版 LXXXVI;另参见 xxvi.002,图版 CXI。

　　② 　有些织物从幢幡中脱落了下来,如图版 CVI(Ch.00227)、CX(i.0011 和 0020)、CXI(009、00118、00172、00181)、CXII(00165.a、00232)、CXIII(00304.a)。

　　③ 　参见 Ch.lv.0034(图版 LXXX 及 CVI)、i.0020(图版 CX)、liv.005(图版 CVI)。

　　④ 　这种结构参见图版 LXXX、LXXXII、LXXXVI、LXXXVIII、LXXXIX。

　　⑤ 　四条或三条带子比较常见,见图版 LXV、LXXVII、LXXX、LXXXII、LXXXV、LXXXVI、LXXXVIII、LXXXIX,图版 LXXXIX 中有一幅幢幡是两条带子。纸幢幡见 Ch.xx.0013(图版 XCIX)。

　　⑥ 　参见 Ch.0025(图版 LXXVII)、xvii.001(图版 LXXX)、xx.0013(图版 XCIX)。

　　⑦ 　保留有重垂板的幢幡,见图版 LXXX、LXXXII、LXXXV、LXXXVI、LXXXIX。Ch.0070.a~q 是已与主体脱离的重垂板。

　　⑧ 　参见图版 LXXVII、LXXX、LXXXI、LXXXII、LXXXVI、LXXXIX、XCIX。

布的比率不及第一类那些大画高,约有 179 幅丝绸幢幡、42 幅麻布幢幡,另外 9 幅是纸幢幡。

其他画和素描▷　剩下的第三类画十分繁杂,包括各种绘画、素描等,其共同之处在于,它们都无法归入上面说的那两类,而且全部是纸画。其中有一些是表现佛教神祇的小画或素描,可能是比较寒薄的捐献品,用来放在神像底部或粘在庙门上,现在也有类似做法。① 某些形如日本长卷轴书画作品的画肯定也是捐献物,其中一幅画的是佛教地狱场景(部分见图版 XCIII、CIII 中)。图版 XCVII ~ XCIX 中的大部分素描也有宗教含义②,虽然它们不一定都是捐献物。还有很多符咒、神秘图形或曼荼罗。③ 最后,在一些汉文或藏文写卷中,还有小插图和素描——这类写卷几乎都与宗教有关。④ 还有一小类是印花粉印图或速写,它们数量虽少却很有趣,因为从中可以看到大画最初是如何制作的。⑤ 归入第三类的纸画共有 100 多幅。

版画▷　此外是一组版画,同以上三类的工艺均不同。它们是世界上已知的最早的版画,其中最古的一幅是一个雕版印刷的汉文卷子的开头部分,其年代为公元 868 年。⑥ 我们发现,在 50 多幅版画中表现了上述除幢幡外各种画作的题材。⑦ 较大的版画数量不多,其中大部分是单个神像,并常印有汉文或藏文祈祷文,显然是还愿用的。⑧

---

①　参见图版 XCII(Ch.00160、00161、xi.001 ~ 002、lvi.0027 ~ 0031),XCVIII(00156),XCIX(00154、00155)。

②　这一类中最好的几个显然是道教风格,见《千佛洞》图版 XXXII、XXXIII。

③　参见图版 CII、CIII。

④　参见 Ch.xviii.002 卷子中精美的天王像插图(图版 XC),其他例子见图版 XCII、XCIV、XCVIII。

⑤　参见图版 XCIV ~ XCVI,参考本章第九节。

⑥　参见图版 C(Ch.ciii.0014),参考本章第九节。

⑦　参见图版 XCIX ~ CIII。

⑧　参见图版 C(Ch.00158、ciii.004)及 xliii.004 号曼荼罗(图版 CII)。

下面再简略地说一下敦煌绘画的材料和工艺。我们已经 ◁画中用的丝绸
知道的材料有丝绸、麻布和纸,其中丝绸用得最多,丝绸画、麻
布画、纸画各占约 62%、14%、24%。所用的丝绸可以明显地
分成两类。上述第一类挂在墙上的画中所用的几乎全是编织
细密的素绸,而幢幡中用的丝绸虽也同样结实、细密,但纹理
却更像纱。上文说过,之所以如此,是因为幢幡要挂在空中,
所以用透明的材料比较好。麻布则更像质地不尽相同的帆
布,织得很紧密,安德鲁斯先生说它们像"当代画家用的未涂 ◁画中用的麻布
底色的帆布"。专家们用显微镜观察了几件这种帆布似的材
料,发现它是用亚麻纤维制成的,但这并不排除有的布是棉
布——大约从汉代起敦煌地区就已使用棉布了。纸画所用的 ◁绘画工艺
纸张,单凭肉眼和触觉就可以发现其纹理、颜色等不尽相同,
但至今未对它们用显微镜分析过。冯·威斯纳教授曾用显微
镜成功地研究了麻布,如果也用这种方法来研究纸画及千佛
洞有纪年的汉文卷子所用的纸,大概可以对纸画年代的确定
有所帮助。

由于多种原因(首先是由于我那德高望重的工作伙伴阿
瑟·丘奇爵士的逝世),迄今为止尚无人对丝绸、帆布和颜料
做过化学分析。但可以看出,绘画工艺是中国式的,宾勇先生
已指出过这一点。① 除一个特例外,所有的画都是水彩画。这
幅特例(即 Ch.lii.001)是在帆布上先涂层蜡,再用蛋彩画成,
画的是精美的多罗女神像。② 此画的风格和题材都是吐蕃式
的,更证明了上面所说的那个规律。我的同事和我都与原件
相隔万里,无法对原画进行系统研究,也无法得出详细的结

---

① 参见《斯坦因搜集品展》,8 页。关于中国绘国工艺的概况,参考彼得鲁奇《中国绘画》,7 页以下。
② 这幅有趣的画在《千佛洞》图版 XXXI 中,参考本章第五节。

论。既然如此,我在此很乐意把安德鲁斯先生给我的关于这些画的工艺的一张便条抄录下来:

安德鲁斯先生▷
论绘画的工艺

所有的画用的都是蛋彩水胶颜料,颜料中加入了水和一种黏合剂。主体颜料(如紫色或猩红色)上薄薄地涂了层透明颜料。织物似乎先要在浆或矾中浸一下,以便颜料能涂得均匀,并防止较薄的颜料流散得过开。①

上过浆后,把图样转移到材料上去,其方法或者是用针刺的印花粉印图样②,或者当所用材料为彩色薄纱时,只需把图样放在纱下,将其描下来即可。③ 然后用小号毛笔蘸灰色颜料将轮廓线固定下来。当所用材料为彩色且颜料较淡时,轮廓线有点像细细的墨线;当所用材料颜色较深时,轮廓线颜色则较浅。然后在轮廓线内薄薄地涂上颜料。

颜料碾成极细的粉末,很有覆盖力。几乎所有颜料的主体都是一种十分有效的白颜料,在单独使用这种白颜料的地方,比如 Ch.liii.002(图版 LVI),可以清楚地看到它的精细质地。由于至今尚未对它进行分析研究,所以它的成分尚不得而知。但它纯度很高,经过这么长时间也没有变色,说明其中大概不含铅。可能用的是一种质地很细的白色石头,类似于至今在东方仍用于绘画的石灰岩。④

颜料主体均匀地涂上去之后,再极为精细地进行晕染,描绘颜色的细微变化。人物的脸颊、指尖、足尖、肌肉,莲花上的

① 彼得鲁奇先生也认为,从公元 8 世纪以来,画中国绢画都要经过这样的准备程序,参见彼得鲁奇《中国画家》7 页。

② Ch.00159(图版 XCIV)就是一张印花粉印图。

③ 这种描图样的方法可以解释为什么有些画完全一样,比如 Ch.i.002、xxiv.001 和 002、xlvi.002,还有 Ch.iii.002 和 xl.007,参见本章第五节注。

④ 根据彼得鲁奇先生《中国画家》8 页的说法,中国唐代画家所用的白颜料取自蚌壳中的钙。

粉色极为精致,在精美的绢画中尤其如此。最后用果断、流畅的毛笔线条画上轮廓线,许多轮廓线都画得极好,表明画家对素描十分熟悉。

　　很可能最后的线条是由技术更高的画家画的,因为经常发生这种情况:最后的轮廓线并未完全遵循开始的灰色线条,而是将其进行了改进。灰色线条常常是犹豫不决、软弱无力的,似乎是新手画的,而最后的轮廓线则几乎总是显得果断而有力。所用颜料种类很多,其中包括金色,但几乎每幅画都颜色和谐,赏心悦目,许多画色彩均衡,十分精美。

　　最后我要简单说一下,许多画本身表明,它们在封入千佛洞石室之前经过了处理。有些画粗略地修补过,说明它们尚被用于装饰洞窟的时候就已遭到了损坏。① 还有几幅画没画完,可能香客太急于献画了。② 有几幅画底部缝了另一幅画,上面的确画着供养人,但根本不是原来那幅画的供养人,大概是因为信徒比较粗心大意,或者是住持只为了面子上好看,在一幅破画上打了补丁。还有一些颜料已褪色或已损坏的绢画,被刮去原画后重新作画,或者在旧画残片上再画新画。③ ◁画受过处理

第四节　佛传故事幢幡

　　按上文的分类法,第一类画画的全部是佛的传奇生平或与此相关的内容。这类画不仅在造像和艺术上相当有价值,而且其题材、风格和外部特征也很有特色。它们共有 26 幅, ◁幢幡上场景的
　排列方式

①　比如,Ch.0022、xxvi.a.003、xxvi.a.005、lv.0020、lxi.001。
②　比如,Ch.lv.009 和 lv.0010。
③　参见 Ch.xx.003 和 lxi.0010。

有的完整，有的不完整。我们一眼就看得出，它们全是窄窄的丝绸幢幡。① 其中最大的一幅（图版 LXXVII）长度为 25 英寸多一点②，其余的不算附件的话，可能都不超过这个长度。它们的宽度也很类似，其变化范围为 6.375～7.75 英寸。由于幢幡较窄，所以各场景总是从上到下排列。③ 大概由于幢幡的长和宽之间一般有个比例，每幅场景又都需要一定的空间，因而每幅幢幡上画的场景一般都是四个（长度完整或基本完整的幢幡总是有四个场景，其他大部分幢幡似乎也是这个数目④），但也有例外⑤。

场景间如何隔▷
开以及题榜

各场景之间或是用横边隔开（有的有花纹，有的无花纹），或是用风景等来表示场景之间的转换。⑥ 场景上常常伴有黄色、土黄色或类似颜色的题榜，多数沿垂直的边放置。⑦ 但不幸的是，只在少数情况下，供养人才舍得花工夫和钱让人

① 它们是 Ch.0030、0039、0071、00114、00471、xx.008、xxii.008、xxii.0035、xxv.001、xxvi.a.003、xxvi.a.004、xxvii.001、xlvi.004、xlvi.005、xlvi.007、xlix.005、xlix.006、lv.009～012、lv.0016、lv.0021、lv.0022、lvi.0032、lxi.002，还有残件 0019、00518。

② 不算三角形顶饰（这幅幢幡的顶饰与幢幡主体裁自同一块丝绸），其他"完整"的幢幡 Ch.0030、xx.008、xv.009、xv.0010、xv.0012 的长度为 22～24 英寸。

③ 表现乔答摩生平的印度雕像也常把场景纵向排列。犍陀罗艺术的例子参见富歇《犍陀罗艺术》图 74、181、225、237、238 等，后期艺术品参见该书图 209。

④ 参见 Ch.0030（图版 LXXVI）、Ch.00114（图版 LXXIV）、xx.008（《千佛洞》图版 XIII）、xv.009、0010（图版 LXXIV）、xv.0021。在 Ch.lv.0012 中有四个题榜，但与其中一个题榜相对的只是幅风景。与其配套的 Ch.xxvii.001 中（图版 LXXVII），如果我们把第二幅场景最下跪着的一对鹿看作是象征着鹿野苑初转法轮，那么它也有四幅场景（见本节下文）。残件 Ch.0071 也是四幅场景（《千佛洞》图版 XII）。有一对幢幡 Ch.xlvi.004、005 和 xlvi.007 虽然不是很完整（图版 LXXV），但也是四幅场景。

⑤ Ch.xlix.005 只有两幅场景，而幢幡的长度只容许再放下一幅。在 Ch.xxvi.a.004 中（图版 LXXV），"七政宝"画在五个连续的场景中，但有七个题识。

⑥ 关于绘有植物图案的彩绘边，见 Ch.xlix.006、lv.0016（《千佛洞》图版 XII），还有 xxv.001、xliv.004、xliv.005、lv.0021、lv.0022。Ch.lv.009 和 lv.0010 是无花纹的彩色边。Ch.0039、xx.008（《千佛洞》图版 XIII）、xxii.008（图版 LXXVI）、xxvi.a.003、xxvi.a.004（图版 LXXV）、xxvii.001（图版 LXXVII）用低矮而起伏的小山把各场景隔开，Ch.lv.0012（图版 LXXV）用的也是风景。Ch.0030（图版 LXXVI）、xlvi.007（图版 LXXV）和 xlix.005 则是用建筑物将场景隔开。

⑦ 参见本书图版 LXXIV～LXXVII，《千佛洞》图版 XII、XIII。

在题榜中写上说明文字。① 当然,大部分场景对当时的信徒们来说不言自明,对我们而言也是这样。但为了解释某些场景,我们却需要题识的帮助。所有佛传幢幡的两侧都是手绘的边,边上常常有复杂的植物图案,也有的没有图案。②

这类幢幡不仅题材和外部特征类似,而且风格也类似。用富歇先生的话说是:"最值得注意的一点是,这些传统题材都是用纯粹的中国风格处理的。在当地艺术家手中,它们经过了变形,正如基督教传说在意大利和荷兰画家手中经过了变形一样。"这一规律也适用于画在阿弥陀佛净土画等大画边上的佛传故事或佛本生故事③,我们在下文将详细讨论这一点。用宾勇先生的形象说法来讲,世俗人物的身材、服装、运动及画面的背景(无论其是建筑还是风景),"都被画成了汉族风格"。④ 与此形成鲜明对照的是,在所有幢幡和大画中,佛和菩萨的身材、服装都多少遵循着起源于印度并经中亚传来的佛教艺术传统。⑤

◁场景为中国风格

从多个角度来看这个问题都很有趣,所以它一开始就引起了我们的注意。但大家对此所作的解释不尽相同。彼得鲁奇先生认为:"在非世俗题材上,外国传统很容易保留下来。但在表现释迦牟尼的实际生平时,中国环境要求画上的形象

◁对中国风格的解释

---

① 参见 Ch.xliv.004、xliv.005、xlix.006(《千佛洞》图版 XII)、lv.0010(图版 LXXIV)、lv.0016(《千佛洞》图版 XII)。

② 关于幢幡两侧彩绘的边,见 Ch.xlix.006、lv.0016(《千佛洞》图版 XII)、lv.0012(图版 LXXV),无装饰的边,参见图版 LXXIV~LXXVII。Ch.lv.0021 和 lv.0022 中的边比较奇怪,似乎是想有意模仿喀达里克、楼兰、米兰寺庙中所见的那种木栏杆柱,见本书第五章第二节,第十一章第六、第七节,第十二章第九节。这是否暗示出了这类幢幡最初常挂的位置呢?

③ 参见本章第八节。

④ 参见《斯坦因搜集品展》,9 页。

⑤ 大家应当注意一个有趣的现象:克孜尔的一幅精美壁画上画了一系列释迦牟尼生平场景(见格伦威德尔《古代佛教寺庙》,187 页图 384),其风格显得比那个洞中的其他壁画都古老,也更接近于印度原型。

对中国人来讲具有真实感。于是在来自西方的传说中,中国人加入了自己的观念。"① 而宾勇先生却认为,这一现象的原因大概在于:"这些画的原型在中国出现时,中国还只有口头传播的佛教传统,那时大乘佛教还不流行,人们对印度造像还不熟悉。佛教在中国最初传播时,释迦牟尼本人的形象肯定比后期重要。所以这些幢幡中很可能保留着很古老的绘画传统。"②

云冈石窟浮雕▷
中的佛传

我们对中国佛教的早期造像尚缺乏足够知识,我本人的知识更是有限,所以我似乎没有资格对这个重要问题作出判断。但我觉得,有一些考古学上的事实与这个问题直接有关。首先,我们应当注意到,山西北部云冈石窟中也有一些引人注目的浅浮雕,雕的是佛祖生平故事(沙畹先生在一本书中收入了云冈石窟的大量佛像照片③),这些佛像的年代约为公元5世纪中叶,是中国已知的最早佛像。沙畹先生和彼得鲁奇先生已充分指出,佛像的大量特征无疑受了犍陀罗艺术的影响④,刚刚提到的出自云冈第二窟的那11块佛传浮雕中就可

---

① 参见彼得鲁奇的文章,见《吉美博物馆年鉴》,第四十一卷,124 页;《美学杂志》,1911 年 9 月号,207 页以下。

② 参见《斯坦因搜集品展》,9 页等。

③ 参见沙畹《考古纪行》,第一册,图版 CVII~CXII。

④ 参见沙畹《考古纪行》,第一卷,294 页以下,以及《通报》,642 页,1908,转引自彼得鲁奇的文章(见《布鲁塞尔大学学报》,497 页等,1910)。

以明显看出希腊化佛教艺术的影子。① 但同时我们也可以清
楚地发现，人物的身材和服装已经发生了变形，变得更中国化
了。② 为说明这一点，我将特别提到"出游四门"场景中所画
的悉达多王子和其他地位不及他高的神祇。③

我们的佛传幢幡与云冈石窟浮雕之间有一个很重要的相
似之处，那就是"出游四门"。这个事件发生在佛决心弃绝尘
世之前，是佛教传统的重要内容。但在迄今为止发现的上百
件犍陀罗浮雕中，没有一件是表现这个故事的。④ 而在云冈石
窟中，我们发现这个故事体现在连续的浮雕之中。我们的幢
幡无疑也表现了其中的三个场景，并很有可能把四幅场景都

◁云冈石窟中的
"出游四门"

① 参见沙畹《考古纪行》，第一册，图版 204~214 号及第一卷 300 页以下。总的来说，云冈雕像的造
像特征无疑起源于犍陀罗浮雕，关于这一点，参见彼得鲁奇的文章，载《布鲁塞尔大学学报》，499 页以下，
1910。此外，还应该提到建筑上的细节，比如王宫的顶（第 205、207、208~210 号），就使人想起犍陀罗浮雕
中常见的三角形山墙，山墙上面是三瓣状的拱（参见富歇《犍陀罗艺术》，第一卷，138 页），但云冈雕像中的
拱顶较小，边上的漩涡饰则较大。云冈雕像中屋顶底下还有莨苕叶，这在犍陀罗艺术中也十分常见（见富
歇《犍陀罗艺术》，第一卷，240 页，图 96、99、115、211 等）。还有建筑内部天花板的形状，天花板左右是半身
人物像（第 206、211 号，参见富歇《犍陀罗艺术》图 76、77），以及用来填补空白的很典型的花朵（见沙畹书
中的图版 207、214 号），这种花朵与米兰壁画中的完全一样（见第十三章第七节）。
此外，云冈浮雕顶部的中楣上装饰着葡萄叶，这似乎也是西方的装饰图案（见沙畹书中第 204、205、
208~212 号，参见富歇《犍陀罗艺术》，第一卷，222 页，图 127、174）。
② 彼得鲁奇先生曾大略地提到过这种变形的证据，见《美学杂志》，第六卷，207 页等，1911。
③ 沙畹书中第 207~210 号浮雕中，王子和一些随从都戴着高高的锥形头饰，而我们的一些幢幡中，
他和其他一些人物戴着黑帽（比如 Ch.0030，见图版 LXXVI），这些头饰都是典型的中国风格。同时应该注
意到，在我们的幢幡中，高官、大臣、车匿似乎也戴这种锥形头饰，见 lv.0011（《沙漠契丹》，图版 VI）、Ch.
xlix.006、lv.0016（《千佛洞》图版 XII）、Ch.xlvi.007（图版 LXXV）。
这种头饰很像公元 7 世纪龙门石窟的供养人像所戴的头饰（见沙畹书中第 292~296 号），也像大英
博物馆所藏的公元 4 世纪顾恺之的画，这无疑说明这是种中国服饰。
云冈石窟王子马上的鞍布也是中国风格（见沙畹书中图版第 207~210 号及 212 号），在我们的幢幡
中，每次出现马，马背上也必定是这种鞍布，比如图版 LXXV 中的 Ch.xlvi.007、lv.0012、图版 LXXVI 中的 lxi.
002、《千佛洞》图版 XII 中的 lv.0016。只需把它们与富歇书中的插图 182 或上文插图 134 的米兰壁画比较
一下，就可明白地看出中国风格与犍陀罗风格的差别。
④ 参见富歇《犍陀罗艺术》，第一卷，348 页等。

表现了出来。① 而在古代印度,包括犍陀罗艺术在内的所有佛教艺术都把这个故事完全忽略了。② 这种差别必定说明了什么问题,并且有可能揭示各种艺术源泉对千佛洞绘画的不同影响,但这个题目只能留给后来人解决了。

神像遵循的造▷
像传统

第二点要提请人们注意的是,佛传幢幡"变形"成了中国风格,这并不适用于另一些人物,他们并未介入乔答摩王子成佛之前的真实生平中。他们的形体和服装由犍陀罗造像艺术确定下来,在佛传幢幡中以及其他画作中都得到了完整保留。③ 能清楚说明这一点的有:Ch.lv.009 中的燃灯佛及其随从(图版 LXXIV),Ch.xlix.006 中的佛[《图集》(Portf)中的图版 XII],以及 Ch.lv.002 号内容尚未确定的那个场景中接受人们朝拜的佛。Ch.lv.009 号中摩耶夫人梦见的尚未降生的佛及其随从(图版 LXXIV),以及 Ch.xxvii.001 中在修行的佛(图版 LXXVII)也应当划归这一类。画家在同一幅幢幡中划分了两种风格,这似乎表明,半世俗的人物在中国发生了变形,是由中国人的真实观造成的。

世俗人物穿的▷
古代服装

第三点注意事项与考古学有直接关系,这就是佛传场景中所有世俗人物(包括成正觉之前的乔答摩)的服装。他们的服装并非是当时的服装式样,因为不论是头饰还是袍子都明

———————————

① 参见沙畹同一本书中第 207~210 号及第一卷 307 页。在 Ch.lv.009 号(图版 LXXIV)中,王子出游四门所遇见的前三个人物(老人、病人、死尸)画在了一幅场景中,Ch.lv.0016(《千佛洞》图版 XII)中第一、二幅场景也是画的这三次所遇。后者是不完整的,从它现存部分的大小及其配套作品 Ch.xlix.006 的尺寸来看,它很可能画全了四次所遇。

② 参见富歇《犍陀罗艺术》。但我们应当注意到,波罗—波都尔的雕像和晚期尼泊尔绘画中曾表现过某些出游四门场面。

③ 在 Ch.0071 和 xlix.006 两幅幢幡中(均见于《千佛洞》图版 XII),佛的左手是抬起来的,左肩上盖着僧祇支,这与固定的造像姿势是不符合的,但这并不能说明画家没有严格遵循造像传统。由于幢幡是纱做的,两面都要画上画(见本章第三节),画家可能没有弄清楚哪一面是正面,该把哪一面画好。

图 213　千佛洞 Ch.Ⅶ 洞窟主室平台上的泥塑和西墙及窟顶壁画

图 214　千佛洞 Ch.Ⅶ 洞窟甬道北墙一组比真人还大的蛋彩菩萨像

图 215　千佛洞 Ch.Ⅷ 洞窟甬道南壁壁画

图 216　千佛洞 Ch.Ⅷ 洞窟主要东壁壁画 ii 下部画面及绘有系列女
供养人及女侍的墙裙

显不同于其他画中男女供养人的服装。① 由此我们可以得出
这样的结论：佛传幢幡中所画的服装是属于晚唐之前的古代
服装，而我们的画作中有纪年的最早的画就出自晚唐。

还有一个事实可以证实上面的这个结论：佛传幢幡中的
服装与早期绘画或雕像中的服装很接近。我们已经说过，佛
传幢幡中大臣和其他显要人物头上戴的高高的锥形头饰（指
幞头——译者），与龙门石窟中北魏的大臣很接近（这些浮雕
的年代为公元 7 世纪中叶）②，袍子也是如此。有趣的是，大
绣像 Ch.00260（图版 CIV）中，供养人的头饰与佛传幢幡中画
的大多数男子的头饰是一样的，女供养人的头饰也与幢幡中
的女子很接近。有很多事实表明，这幅绣像比千佛洞其他藏
品的年代都要早。③ 同样，精美的绢画 Ch.xlvii.001 和 Ch.liii.
001 中男女供养人头上也是这种年代较早的头饰。④

⊲人物的古代头饰

最后我要说一下，将幢幡背景中的事物与实际保存下来
的文物比较之后，人们得出的考古学结论。彼得鲁奇先生已

⊲从"物品"中得到的启示

① 此处我们只需对比一下图版 LXXIV～LXXVI、《千佛洞》图版 XII、XIII 中的大臣和其他男子的服
装，和图版 LX、LXI、LXII、LXVI、LXVII、LXVIII 中的供养人服装，就可以看出这种差别来。妇女的差别主要
表现在发型上，女供养人的发型要精致得多。经过对比还很容易发现妇女的袍和上衣细节上的差别，如图
版 LXXIV 中女子的服装的图版 LXI、LXII、LXVI 中的女供养人服装。关于细节，请参见本书的文物目录。
下面是所有标有日期并画有供养人的画的目录（按年代先后排列）：Ch.lv.0023（864 年）、xx.005（891
年）、liv.007（897 年）、liv.006（910 年）、00167（922 年）、00224（939 年）、xlvi.008（952 年）、00184（955 年）、
xlvi.0013（957 年）、xxi.001（963 年）、lviii.003（963 年）、lvii.004（983 年）。它们的照片在图版 LXI、LXVI、
LXVII、LXIX、LXXI 中。人物的服装也表现了年代的先后，参见本章第八节。
② 参见本章第九节注；沙畹《考古纪行》，第一册图版第 292～295 号，第一卷，329 页、561 页；彼得鲁
奇《美学杂志》，第六卷，212 页，1911。彼得鲁奇先生正确地指出，龙门石窟人物的服装、神态、姿势与顾恺
之的早期绘画很相似。
龙门石窟浮雕中宫廷女官的头饰（见沙畹书中第 296 号图），似乎处在一个过渡时期，但更接近于我们
的大多数绘画中女供养人的复杂发型，而不太接近于佛传幢幡中女子们虽然比较简单却更优雅的发型。
③ 参见本书第二十四章第一节及文物目录中 Ch.00260 下的文字。我要指出，服装是极为相似的，
参见 Ch.xxvii.001（图版 LXXVII）最上面那幅场景中男子的服装。《千佛洞》图版 XXXV 中有女供养人像。
④ Ch.liii.001 及其秀美的女供养人的彩照，见《千佛洞》图版 X。这幅画以及与其有密切关系的阿弥
陀佛净土画 Ch.xlvii.001（《千佛洞》图版 XI）在某些处理方式上与其他画很不相同，比如，二者都使用了高
光。关于这些画的年代，参考下文本章第八节。

经指出,大量佛传幢幡以建筑物为背景,这些建筑的风格与日本奈良风格极为相似,奈良风格与元明天皇迁都奈良有关(这位天皇的在位时间为公元 742—748 年)。① 彼得鲁奇先生还指出,"悉达多王子在迦毗罗卫的生活"及"睡眠的妇女"场景中所画的乐器,正是虔诚信佛的元明天皇捐赠给奈良正仓院的大量珍宝中的乐器——这些珍宝被保存至今,成了"世界上独一无二的私人博物馆"。② 我还要请大家注意Ch.xliv.007(图版 LXXV)中宫墙和门柱上的装饰图案,这种图案起源于犍陀罗艺术。宫门上还有一个兽头形状的门把手,它一方面使人想起一件汉代浮雕中门上的装饰,另一方面又使人想起在约特干的陶瓦罐上十分常见的怪异的雕镂作品。③

幢幡里的中国▷
风景

许多佛传幢幡的背景是风景,其式样和布局完全是中国式的,这也是这些幢幡艺术最吸引人的特征。在很有限的画幅内,风景给人以空间广大辽阔、山形变化多姿的印象,并精致、真实地刻画出了由于大气的影响而产生的色彩变化。这些高超的技艺都显示出,风景画在中国有很多大家,并且有源远流长的传统。要想充分欣赏到这些风景画(比如Ch.lv.0011、0012,lxi.002),本书图版中的照片就显得太小了,

---

① 参见彼得鲁奇《美学杂志》,第六卷,208 页,1911。建筑风格见本书图版 LXXIV ~ LXXVI,《千佛洞》图版 XII、XIII。

② 参见彼得鲁奇先生的上文,以及本书 Ch.xlix.005 和 lv.0010(见斯坦因《沙漠契丹》,第二卷,图版 VI)。下文在讨论千佛洞织物时,我们还将反复提到日本奈良正仓院[参考费诺罗沙《中国和日本艺术的分期》(*Epochs of Chinese and Japanese Art*),第一卷,110 页以下]。这个著名的宝库中肯定有很多物品与千佛洞绘画中所画的类似。

③ 参见沙畹《考古纪行》,第一册,图版第 170 号;本书第四章第二节及图版 III、IV;斯坦因《古代和田》,第一卷,207 页、218 页(图版 XLIV、XLV)。图版 LXXV 中的门把手太小了,无法看出其装饰性细节,这个把手显然是由青铜或其他金属制成的。吐鲁番壁画中有一个类似的兽头,见格伦威德尔《古代佛教寺庙》,310 页。

要看比例更大的照片才行。①

　　虽然所有的佛传幢幡都纯粹是中国风格,它们的布局和 ◁布局和处理上
处理方法却很多样。我们自然想到,由于佛传场景(不论其最 　的多样性
初起源如何)在中国发生了变形,艺术家不必太拘泥于造像仪
轨,这就造成了(或至少促进了)布局和处理方式的多样性。
进一步观察后我们会发现,佛传幢幡可以分成几类,这更加有
利于我们考察它们的多样性。之所以能将幢幡分类,这是因
为,即使只是表现释迦牟尼俗世生活中那些最为人所熟知、最
重要的场景,也需要不止一幅幢幡。既然一幅幢幡中只能表
现小部分佛传,人们自然会使用一组或至少一对幢幡。

　　在我们的藏品中,最大的一组佛传幢幡包括五件作品: ◁成组的幢幡
Ch.0039、00471、xx.008、xxii.008、xxii.0035。它们不仅大体风
格一致,而且大小、组装方式也相同,这证明它们属于同一系
列。② 本书图版中收了其中的两个。从中可以看出,它们笔法
比较粗犷、有活力,在描绘活动的人物时显得很有魅力。③ 另
外一组幢幡与上一组一样,题材和色彩也很有限,但笔法不如
上一组真实、有活力,其中包括 Ch. xxvi. a. 003、004(图
版 LXXV)、xxvii.001(图版 LXXVII)。④ 第三组有三幅幢幡,即
Ch.xxv.001、lv.0021、lv.0022,其笔法都粗疏而草率,但它们也
有特别的价值,因为其中所画场景的内容迄今为止尚无法确
定。第四组包括 Ch.00114 、xlvi.007、lxi.002,它们的共同特点

---

　　① 参见图版 LXXV、LXXVI。从《千佛洞》图版 XII 中的 Ch.0071 中可以更好地看出风景精致的线条
和色彩。
　　② 关于这些共同特征的概述,参考文物目录中 Ch.0039 下的文字。
　　③ 参见本书 LXXVI 中的 Ch.xxii.008,及《千佛洞》图版 XIII 中的 Ch.xx.008。
　　④ 这一组有一个共同特点:各场景之间用起伏的低矮小山隔开,并用一样的花枝或花朵来填补空
白。在此我要顺便提一下,同一类幢幡其"地点记号"是相近的,这说明,我当初不惜工夫,在包裹上依次留
下"地点记号"是很有用的。这也表明,包裹中的东西没有被王道士弄乱过。

是笔法虽然不是很精细,却很有表现力,色彩丰富、和谐,运动场面画得真实而生动。①

成对的幢幡▷ 在成对的幢幡中,由 Ch.lv.009 和 0010 组成的一对在艺术上最完美,保存得也最好(见彩色图版 LXXIV)。其笔法既精细又有活力,色彩强烈而清晰。背景中的风景画得很有技巧,给人一种辽远、开阔的感觉。另一对幢幡 Ch.xlix.006 和 lv.0016 工艺也很精湛,色彩同样悦目,但它们受到了较大损伤。② 第三对 Ch.lv.0011 和 0012 虽然色彩没有这么精致,但人物画得生动而有表现力,风景也画得很有魅力。③ 另外两幅幢幡 Ch.xlvi.004 和 005 布局比较糟糕,画得也草率,但题榜中却有题识,解释了画面的内容。

只有几幅幢幡是没有配套作品的,其中应该特别提一下 Ch.0017。这幅幢幡中,人物的着色十分精细,风景中的色彩沉静而和谐。④

幢幡中的题材▷ 说过了幢幡的风格和分组之后,我们来看一下它们的题材。我无力系统地论述这些题材同印度、中亚、远东绘画或雕像上的同样题材有何关系,也无力对照一下不同时期、不同流派的佛教经典中所记录的释迦牟尼的生平。下面我只是把场景归一下类,并概述一下它们内容上的特征。

场景的顺序▷ 首先我们应该注意到这样一个事实:不论其所选的场景是什么,佛传幢幡总是把各场景按照时间先后排列,这与犍陀

① 见图版 LXXIV 中的 Ch.00114,它的色彩很和谐,云和龙都画得很好,并参见 xliv.007(图版 LXXV)、lxi.002(图版 LXXVI)。把最后一幅画同 Ch.0071(《千佛洞》图版 XII)比较一下就可看出,二者在布局上很相近。三幅幢幡都同样用花朵来填补空白。

② 参见《千佛洞》的彩色图版 XII。

③ Ch.lv.0012 见图版 LXXV,Ch.lv.0011 见《沙漠契丹》第二卷,图版 VI。

④ Ch.0071 见《千佛洞》图版 XII,Ch.0030 见本书图版 LXXVI。Ch.xlix.005 工艺不太好,它可能也属于 Ch.xxvi.003 和 004、xxvii.001 那一组(都画有穿铠甲的士兵,王宫场景中都有花朵),但这并非定论。

罗浮雕中的做法一样。① 根据幢幡的形状和悬挂方式,一般越
到幢幡底部,场景的时间越靠后,但也有例外。② 当用一组幢
幡来表现一系列场景时,很可能也遵循着时间先后顺序。③ 但
我们无法得知每组幢幡是从左向右还是从右向左排列。④

　　在分析佛传幢幡的题材时,我们首先会注意到一个有趣
的现象。佛的俗世生活是从乘象入胎开始,到树下成正觉结
束。全部佛传幢幡共有约 73 个场景(有的完整,有的不完整,
其中 10 个内容尚未确定),只有四幅在佛的俗世生活之外。
这些例外情况包括:Ch.lv.009(图版 LXXIV)中的燃灯佛本生
故事;Ch.xxvii.001(图版 LXXVII)中的宣布佛成正觉和初转法
轮,假设那里的两只鹿的确是象征着初转法轮的话;Ch.xlix 中
的坐佛像。⑤ 就是说,绝大部分场景画的是从佛出生到其成佛
之间的事。只需看一下犍陀罗雕像中这类场景与佛后来宣扬
佛法的场景之间的比例,就会看出,佛传幢幡与犍陀罗浮雕之
间存在着明显差别。⑥ 我们似乎可以得出这样的结论:对当地
的中国信徒们来讲,描绘释迦牟尼个人生活的故事,比他后来
成佛和宣扬佛法的故事更真实。

◁乔答摩的世俗
　生活场景占多
　数

---

①　参见富歇《犍陀罗艺术》,第二卷,267 页等。

②　Ch.lv.009(图版 LXXIV)肯定是例外,因为出游四门场景被夹在燃灯佛本生故事和摩耶的梦之间;
还有 Ch.xxvii.001(图版 LXXVII),其中宣布佛成正觉被画在了苦行、尼连禅之前。它们的顺序是由艺术上
的考虑决定的。Ch.xlvi.004 和 xlix.006 可能也是例外,见《千佛洞》图版 XII。《犍陀罗艺术》第一卷 268 页
图 74 中纵向排列的犍陀罗浮雕也是一个类似例子。

③　下面各组都严格遵循了这一规律,其顺序如下:Ch.0039 > xxvi.008 > xxvi.0035 > xx.008,xxvi.a.004 >
xxvi.a.003 > xxvii.001,lv.009 > lv.0010,lv.0011 > lv.0012。其他各组中都有不大的偏离之处。

④　在我们的写卷和文书中,汉字是排成纵行从左向右读的。但无疑,绘画被放置的位置对其排列顺
序有决定性影响,比如犍陀罗寺院和云冈石窟中的浮雕就是横向排列的,参见富歇《犍陀罗艺术》,第一卷,
268 页;沙畹《考古纪行》,第一册图版,第 204~214 号,第一卷,305 页。

⑤　此外还可能应该加上 Ch.lv.0022 中的两个和 xlvi.005 中的一个内容不明的场景,其中都出现了一
个坐在莲花上的佛。

⑥　富歇先生指出,乔答摩成佛之前和之后的场景数量大致是相等的,参见《犍陀罗艺术》,第一卷,
291~408 页、408~594 页。实际保存下来的场景中第二类可能要多些。

有的场景在犍▷
陀罗浮雕中未
出现过

　　还有一个有趣的现象:佛传幢幡中有很多场景在犍陀罗浮雕中也很常见,另有一些场景虽然见于佛教经典中,却没有在犍陀罗浮雕中得到表现。下文对各场景的详细描述表明,16 种场景也见于犍陀罗雕像艺术中,但有 17 种场景迄今为止在希腊化佛教雕像艺术中还没有出现过。① 两种场景的数目也比较接近,分别是 30 个和 33 个,这在一定程度上可以说明中国人对两类场景的喜欢程度。②

　　要想解释为什么有些场景在犍陀罗浮雕中没有出现,却出现在幢幡中,我们必须研究一下中国佛典,以及印度、爪哇、印度支那等远东地区(包括犍陀罗艺术在内)的早期佛教造像。在此我想指出两点:第一点,至少到目前为止,犍陀罗绘画艺术没有留下任何遗物,而把它们与幢幡相对照,本来会给我们更多的启示;第二点,各场景不论造像起源如何,都是纯粹的中国风格,这也可以解释为什么艺术家不拘泥于犍陀罗模式而自由地选取广泛的题材。下面我们来看一下各个场景,从中可以很容易地看出,它们在什么地方与犍陀罗艺术相符,在什么地方有明显差别。富歇先生在其经典著作中把各场景按时间先后排了序,这种排序法对本书来讲也是再合适不过的。

燃灯佛本生和▷
摩耶之梦

　　犍陀罗浮雕中,佛本生故事(即佛的前生)场景数量不多,在我们的幢幡中也只有一个场景,即 Ch.lv.009(图版 LXXIV)最上面的场景。它画的是未来的佛祖向燃灯佛致意,燃灯佛预

────────────

　　① 下列场景在犍陀罗艺术和我们的幢幡中都出现过,括号中的数字代表其在幢幡中出现的次数:燃灯佛本生(1)、摩耶之梦(4)、乔答摩出生(2)、九龙灌顶(2)、七步生莲(3)、与佛同时出生的人和动物(1)、写字较技(1)、摔跤较技(1)、掷象成坑(1)、射箭比赛(2)、宫中生活(1)、逾城出家(4)、告别犍陟迦和车匿(4)、落发为僧(1)、苦行生活(2)、初转法轮(1?)。
　　② 犍陀罗浮雕中没有,而在我们的幢幡中却频繁出现的有:初游四门(3)、使者寻找乔答摩(5)。10个内容不明的场景在犍陀罗浮雕中都没有出现过。

言他将来的伟大成就。这是犍陀罗雕塑家们最喜欢的题材，但他们将其处理得更加复杂。① 再往下就是乔答摩乘象入胎，共有三幅。② 这个场景在印度早期雕像及希腊化佛教雕像中都很常见。在希腊化佛教雕像中，摩耶总是向左卧，这个姿势与佛传是符合的，佛传中讲，未来的佛从她右臀进入身体，在那里还可以看见光线。③ 但在我们的两幅幢幡中，摩耶是向右卧④，这一差异很有趣，因为巴尔护、山奇和波罗—波多尔最早的乘象入胎场景中，摩耶也是这种姿势。⑤ 不知道这表示幢幡是在模仿犍陀罗艺术之前的印度佛教雕像，还是该把这种非正统的方式归于艺术家的粗心大意。我们的幢幡中还有一点值得注意：婴儿状的佛祖所骑的白象出现在云端，表示这是个幻象。这与佛典原文完全相符——在佛典中，乘象入胎不是一件真事而只是摩耶做的一个梦。⑥

　　在 Ch.lv.009 中，乘象入胎之下出现了一幅场景，洛里默 ◁王子出生之前
小姐把它解释为摩耶王后回到她父亲的宫殿。据我们所知，犍陀罗雕像中没有这个场景，佛典中也没有相关文字。⑦ 其配套幢幡 Ch.lv.0010（图版 LXXIV）最上面的场景也是如此（图版 LXXIV），画的是摩耶以与"乘象入胎"中同样的姿势躺在同样的一个亭子中，但左边有三个人物跪在亭子外的云上，呈朝拜的姿势。这三个人穿着佛传幢幡中常见的汉族服装，但没有光环。对这个场景尚无确定的解释，但它大概与"释梦"

① 参见富歇《犍陀罗艺术》，第一卷，273 页以下及图 139、140。
② 参见 Ch.0019、0039（不完整且工艺较差）、lv.009（图版 LXXIV）。
③ 参见富歇《犍陀罗艺术》，第一卷，293 页及图 149、160a。
④ Ch.0019 中的姿势无法确定，因为无法说清哪一面是正面。
⑤ 参见富歇《犍陀罗艺术》，293 页，注①。
⑥ 参见富歇《犍陀罗艺术》，292 页。
⑦ 参见《补遗与勘误》。

场景有关——犍陀罗浮雕中常雕有释梦场景①,但"释梦"场景在我们的幢幡中别处没出现过。Ch.lv.0010 中,这个场景下面又是个犍陀罗艺术中没出现过的场景,但它的内容却很明确,画的是摩耶在去蓝毗尼园的路上。摩耶坐在轿子中,四个轿夫迅疾的运动被很好地表现了出来。②

树下出生、七 ▷
步生莲、九龙
灌顶

　　Ch.lv.0010 中再向下就是乔答摩的出生,Ch.0039 中也画有这个场景。这也是所有时期、所有流派的佛教艺术中的常见题材。③ 婴儿从摩耶的右肋生出,摩耶抓住一根树干,这都与正统佛典相符。但印度传统要求的是由群神给婴儿接生,我们的幢幡中帮助摩耶生产的却只有她的侍女,而且摩耶的大袖子巧妙地遮住了出生过程。从这些方面都可以看出中国人的羞耻观。Ch.lv.0010 在最后画了"七步生莲"场景,莲花从婴儿脚下生出,画得很有生气。"七步生莲"在另两幅幢幡中出现过, 即 Ch.00114(图版 LXXIV)和 xxii.0035 ,但每幅前面都画着"九龙灌顶"。在"树下出生"之后紧接着画"七步生莲",这与犍陀罗雕塑家们的做法一致。④ 但有的佛教经典是这种顺序,有的则把"九龙灌顶"插在这两个事件之间。佛教经典的不确定性恰好可以解释为什么幢幡中场景的顺序有所不同。图版 LXXIV 中的两个"树下出生"场景的共同之处在于,只有妇女目睹了佛出生的场面,但在 Ch.xxvi.0035 中,除了摩耶和波波提外,还出现了一名男子。关于"九龙灌顶",有趣的一点是,Ch.00114(图版 LXXIV)和 xxvi.0035 遵循的是两种传统。一种是让龙(或称雨神)来给新出生的佛祖洗浴。另

① 参见富歇《犍陀罗艺术》,第一卷,296 页以下。
② 波罗—波多尔的爪哇艺术家曾表现过这个题材,参见富歇《犍陀罗艺术》,第一卷,312 页,注①。
③ 参见富歇《犍陀罗艺术》,第一卷,300 页以下。
④ 参见富歇《犍陀罗艺术》,第一卷,305 页以下,以及图154。

一个遵循的是更实际的犍陀罗流派,让两个神用水罐向佛祖身上泼水。①

遵照富歇先生的做法,在继续向下进行之前,我们应该提一下 Ch.xxii.008 幢幡(图版 LXXVI),其中画的是几个与佛同时出生的人和动物。它自然该与"树下出生"场景排列在一起。这幅幢幡并不完整,在七个与佛同时出生的人和动物中只画了三个:羊羔、牛犊、马驹,以及它们的母亲,都画得很高明。所画的马驹就是佛未来的坐骑犍陟迦,我们马上就会看到,它是佛传幢幡中一个反复出现的形象。犍陀罗雕塑中也把犍陟迦画成是与佛同时出生。②

▷七政宝

Ch.00114(图版 LXXIV)、Ch.xxvi.a.004(图版 LXXV)和残件 Ch.00471 画的是"七政宝",它们虽不属于佛传,但也应该在此顺便提一下。根据佛典,每个转轮王都有七政宝,佛教传统从早期起就认为,佛也应该有七政宝。③ 七政宝中五个是与佛同时出生,即未来的妻子(耶输陀罗)、大臣、将军、马、象,Ch.00114 中画有这五宝,他们的形体和服装与其他场景中一样。值得注意的是,七政宝虽然见于古代印度雕像中,却没有在犍陀罗浮雕中出现过。

▷乔答摩的童年、青年时代

幢幡中有许多场景是描绘悉达多王子的童年、青年时代的。首先我们来看一下 Ch.xlix.006 中的一个场景(《千佛洞》图版 XII),这个场景把乔答摩画成了一个小孩,题榜中的题识清楚地说明,童年的王子正在向官员们述说他的前生。犍陀罗浮雕中有一个场景内容不太明确,画的是王子正在对他的

---

① 参见富歇《犍陀罗艺术》,第一卷 308 页以下,以及图 156 等。犍陀罗浮雕中,佛站在一个三脚架上。而 Ch.00114 中,他站在一个金盆中。Ch.xxvi.0035 中的金盆则放在一个莲花座上。这大概是融合了经典中的另一个内容——经典中记载,菩萨是站在莲花上的。见富歇《犍陀罗艺术》,第一卷,308 页。

② 参见富歇《犍陀罗艺术》,第一卷,317 页,以及图 163。

③ 参见富歇《犍陀罗艺术》,第一卷,317 页。

父母谈话①,是不是也该做类似的解释呢?再来看 Ch.0030 (图版 LXXVI),它画的是悉达多青年时经历的一系列训练,这些场景在犍陀罗雕塑中很常见,并严格遵循着印度佛典中的顺序。最上面画的是"写字较技",与犍陀罗浮雕中常画的"学校里的较技"类似。② 再向下画的是体力训练,其中一个是摔跤较技,一个是举重较技。最下面画的是年轻的王子把他的堂弟调达(Devadatta)所恶意杀死的象掷出去。③ 最后这一个场景表明,虽然犍陀罗艺术中常在体力较技之后画王子订婚④,但中国绘画中却并非如此。但 Ch.xlix.006 和 lvi.0032 中的射箭场景无疑是与王子订婚联系在一起——尽管场景并不完整,但我们分明可以看得出箭要射的那排鼓。⑤ 这之后便应是王子结婚。我们的画中只有一幅画的是王子结婚,即 Ch.xlix.005中的一幅,画的是悉达多和耶输陀罗(Yaśodharā)在宫中,周围是跳舞、奏乐的女子。应该注意到,这个场景与犍陀罗艺术中一样很注意分寸。⑥

没有画初次入▷
定的场景

　　再往下就是乔答摩由菩萨变成佛的那段时期。根据佛典,有两个外部原因促使他意识到自己的宗教使命。一个是他在父亲的乡间别墅第一次入定;另一个是"出游四门",使他目睹了人世间的三种恶(老、病、死),以及摆脱它们的办法。

---

①　参见富歇《犍陀罗艺术》,第一卷,320 页等,图 164 b。

②　参见富歇《犍陀罗艺术》,第一卷,322 页以下,图 165~167。这个场景中学生的形象都是男孩,与犍陀罗雕塑中的一样。

③　参见富歇《犍陀罗艺术》,第一卷,330 页以下,图 169。

④　富歇先生指出,由于画遵循的是不同传统,所以很难把王子结婚之前的体力训练和体育较技两类场景划分开,见《犍陀罗艺术》,第一卷,326 页等。

⑤　参见一件犍陀罗浮雕中的相关场景,见于富歇《犍陀罗艺术》,第一卷,332 页等及图 170。很遗憾,Ch.xlix.006 和 lvi.0032 中的场景保存不佳,无法将其细节同云冈浮雕作对比,见沙畹《考古纪行》,第一册图版第 204 号图。

⑥　参见富歇《犍陀罗艺术》,第一卷,337 页等。云冈浮雕接着射箭较技也是这个场景,见沙畹《考古纪行》,第一册,图版第 205 号图。

犍陀罗雕塑大量表现了第一次入定。尽管出游四门很适合用雕塑来表现,但被犍陀罗艺术完全忽略了。[①] 而在幢幡和云冈石窟浮雕中,这种情况恰好相反。[②] 这一事实很引人注意,似乎更说明,幢幡场景从造像上来看并非起源于犍陀罗艺术。

　　在 Ch.lv.009 中,王子的三次所遇画在了一个场景之中 ◁出游四门 (图版 LXXIV),上面生动地画着被搀扶的老人、卧榻上的病人和僵硬的死尸。从死尸身上飘起一朵云,云上跪着一个人物小像,表示死者的灵魂正离体而去。人物小像面朝坐落在远处云上的一个王宫般的建筑,这个建筑代表的是死后的天堂。这个场景中没有画乔答摩,也没有画苦行僧,这一点也不足为奇。因为在佛教经典中,苦行僧代表的是摆脱俗世的方法,但在中国人的眼里,他已被天堂的幻象所取代,在天堂中人们可以继续享受尘世的幸福。我们的大绢画表明,在虔诚的敦煌人眼中,对极乐世界(阿弥陀佛净土)的向往已完全取代了对涅槃的向往。Ch.lv.0016(《千佛洞》图版 XII)用分开的场景生动地表现了王子遇见老人和病人的场面。这幅幢幡破损得很严重,但从其保留的部分看,如果它完整的话,大概应有四幅场景。

　　在佛教传统中,"睡眠的妇女"与乔答摩决心弃绝尘世联 ◁逾城出家 系在一起,这之后他才"逾城出家"。犍陀罗雕塑家常把这两个内容分开来[③],而在 Ch.lv.0011[④] 和精美的残件 Ch.00518 号中,这两个内容被融合在了一起。两幅画都画着王子骑在犍

---

① 参见富歇《犍陀罗艺术》,第一卷,340 页以下及 348 页等。
② 参见本章本节。
③ 参见富歇《犍陀罗艺术》,第一卷,351 页以下及图 180、181。在云冈浮雕中,睡眠的妇女也是在王子逾城出家之前,见沙畹《考古纪行》,第一册,图版第 211、212 号图。
④ 参见《沙漠契丹》,第二卷,图版 VI。

陡迦上驾云逾城（其中完整的一个中还画有车匿①），云下的
王宫院落中有四个熟睡的妇女（是乐师和舞伎）。Ch.xlvi.007
号（图版 LXXV）中，类似地画着逾城的王子，但没有画妇女，
底下的宫门旁是熟睡的士兵（他们也出现在 Ch.lv.0011 中）。
Ch.xlix.005 幢幡的构图和工艺都比较差，它紧接着"宫中生
活"场景，画了王子从四面是高墙的宫中逾城。在这幅幢幡和
Ch.00518、xliv.007 中，有跪姿小神托着犍陡迦的蹄子，这与佛
典和犍陀罗浮雕相符。②

告别犍陡迦和▷
落发为僧

　　王子逾城后的场景分成两组：第一组是有关乔答摩本人
和他的同伴的故事；另一组则发生在他的父亲净饭王的宫中，
是关于净饭王命人寻找王子的故事。只有第一组也出现在犍
陀罗雕像中，所以我们先来看这一组。最先发生的是王子告
别车匿和犍陡迦。这一场景也最能打动信徒，因为在幢幡中，
它出现了不止四次。③ 在这个场景中，乔答摩仍穿着王子的服
装。在 Ch.lv.0012（图版 LXXV）、lxi.002 中，犍陡迦跪在王子
面前，其姿势与犍陀罗浮雕中一样感人。④ 在 Ch.lv.0012 中
（图版 LXXV），"告别犍陡迦"下面是"落发为僧"，这一场景
在佛典和雕塑中都很常见，但在犍陀罗艺术中却未出现过。⑤

---

①　在 Ch.lv.0011、xlvi.007 中，王子的马正在急奔，车匿的头则出现在马的上方或前方。
②　参见富歇《犍陀罗艺术》，第一卷，357 页以下及图 182、183、184 等。云冈的"逾城出家"浮雕中也
有四个小神托着犍陡迦的马蹄，见沙畹《考古纪行》，第一册，图版第 212 号。
③　参见 Ch.0071、xxvi.a.003、lv.0012（图版 LXXV）、lxi.002。在最后一幅幢幡中，上面是告别犍陡迦，
底下是告别车匿，似乎画成了两个分开的场景。画得很好，保存得也比较完整。遗憾的是，目前却没有这
幅幢幡的照片。另外两幅幢幡中的场景十分破碎不全，参见《千佛洞》图版 XII 中的 Ch.0071。
④　参见富歇《犍陀罗艺术》，第一卷，362 页等及图 184b、185。云冈的雕塑家们也塑造出过这种姿
势，见沙畹《考古纪行》，第一册图版第 220 号，以及第一卷，304 页。又见彼得鲁奇的文章《布鲁塞尔大学
学报》，503 页，1910。
⑤　参见富歇《犍陀罗艺术》，第一卷，330 页以下。但我在和田曾发现过一个石雕小像（见《古代和
田》，第一卷，209 页、220 页，第二卷图版 XLVIII 中的 Kh.003.g），雕的是乔答摩正用剑削掉自己的头发，这
个雕像很可能产自犍陀罗地区。

其中画着两个神人将要为王子剃发,这是中国化的佛传中才
有的内容。逾城出家系列中,最后一件事是犍陟迦回到王宫,
Ch.xxvi.a.003 最底下的场景画的就是此事。但与犍陀罗艺术
不同的是,车匿没有被画出来。①

　　上文说到的与逾城出家相关的第二类场景,在犍陀罗艺 ◁寻找王子
术中很少见②,但在我们的幢幡中却出现过 11 次。其中有两
幅画的是迦毗罗卫宫中的妇女和士兵被带到净饭王面前盘
问——正因为他们睡着了,所以王子才能不为人知地逾城出
家。③ 据佛典记载,净饭王一发现王子出走,立即命人寻找他,
劝他回来,不要放弃尘世生活。表现这一事件的场景较多。
在 Ch.xx.008 (《千佛洞》图版 XIII) 和 xxvi.a.003 的顶部都画
着净饭王派使者快马追赶王子。在 Ch.xlvi.004 中,第三个场
景上的题识解释道,此场景画的是,人们报告净饭王"五大臣"
已出发,"五大臣"指的就是国王的使者。这个场景上面连的
是"王子说法",其中画的似乎也是"五大臣"。国王的使者四
处寻找王子,这似乎是画家们特别喜欢的一个题材,因为不止
五幅幢幡中画到它。④ 最后,Ch.xx.008 (《千佛洞》XIII) 和
xlvi.007(图版 LXXV)中画了使者无功而返,向净饭王报告。

　　我已说过,表现乔答摩成正觉之后的场景极少,表现那些 ◁成正觉后的场
直接导致他成佛的事件的场景同样也很少。Ch.xxvii.001(图 景
版 LXXVII) 和 lv.0012(图版 LXXV)中画了他的六年苦行,我

---

①　参见富歇《犍陀罗艺术》,第一卷,367 页等。

②　参见富歇《犍陀罗艺术》,第一卷,374 页,注①。

③　参见 Ch.xlvi.007(图版 LXXV)、lv.0011(斯坦因《沙漠契丹》,第二卷,图版 VI)。前者中的国王
(?)身份尚不确定,见文物目录中 Ch.xlvi.007 下的文字。

④　参见 Ch.0071(《千佛洞》图版 XII)、xxvi.a.003、xlvi.007(图版 LXXV)、xlvi.004(其中使者是徒步寻
找王子的)、lxi.002(图版 LXXVI)。把其中第一个和最后一个比较一下即可看出,它们艺术价值都很高,依
照的似乎是同一原型。

们可以看到呈印度苦行者传统姿势的乔答摩,在相应的犍陀罗浮雕中,他也是这种姿势。① 再往下,在 lv.0012 的最底部,画的是乔答摩在尼连禅河中洗浴,人们很熟悉这一事件,但犍陀罗艺术中未表现过它。洗浴之后,佛才来到了他最终成正觉的地方。成正觉这件大事(其标志是佛施触地印)是印度各时期佛教思想的核心,却未出现在我们的幢幡中。但似乎是为了弥补这件大事留下的空白,Ch.xxvii.001(图版 LXXVII)最上面的场景生动地画有五弟子宣布佛成正觉,其中巧妙地画了佛的五个弟子。上文说过,这幅幢幡未遵循时间顺序②,所以,苦行的佛下面的那一对鹿肯定画的是贝那勒斯(Benares)鹿野苑初转法轮。③ 另一方面,古代印度雕像(包括犍陀罗雕像)用法轮、三叉戟或将二者结合起来,来象征"初转法轮"④,这两个象征物在我们的幢幡中却没有出现过。

灵魂的再生 ▷　　　最后,简要地说一下两幅丝绸幢幡,虽然它们与佛传毫无关系,但它们的内容在这里讨论最合适。富歇先生指出,它们画的是灵魂往生于极乐世界。幢幡 xl.001 保存得太差,细节已无法确定,但其布局与 Ch.lv.0015(图版 LXXVIII)类似。后者中画的是一大片水中生出一朵莲花枝(水代表的极乐世界的往生池),莲花每弯一下就生出一朵莲花,每朵莲花上都坐着一个菩萨,最顶上新开的莲花中是一个正在跳舞的新生婴

---

① 参见富歇《犍陀罗艺术》,第一卷,379 页以下及图 192、193。

② 参见本章本节。

③ 参见富歇《犍陀罗艺术》,第一卷,432 页以下,以及图 217、220。由于没有明显的标志物,我们无法确定 Ch.0071(《千佛洞》图版 XII)最底下的那个场景画的是不是初转法轮。

④ 关于"三宝",见文物目录中 Ch.lv.0021 下所说的那个内容尚未确定的场景。

在此还应该提一下 Ch.xlvi.005、lv.0022 中的三个内容未确定的场景,其中都有一个佛坐在背光内、莲花之上。第一个场景中画的是释迦牟尼佛,还有国王和王后向他礼拜,但究竟画的是什么事尚不清楚。

儿。这画的无疑是灵魂幸福地再生于极乐世界①,信徒们在发
愿文中虔诚祈祷的正是这个。莲花象征着上升的灵魂。这幅
幢幡把莲花化生画得极美妙,富有艺术感。

第五节 佛和菩萨

在画有单个神祇的绢画造像中,第一类是佛像。这类画 ◁佛像为印度风
数目较少,这不足为奇,因为我们知道,所有时期、所有国家的   格
大乘佛教都把注意力转向佛以外的地方。另一方面,有趣的
是,在佛像中,人物的身材、姿势、服装都严格遵循着原来的印
度造像仪轨,其程度超过绢画中的任何其他神,千佛洞的壁画
也是如此。不论是在中亚还是在中国,人们一方面更加被佛
以外的更有人情味的神所吸引,另一方面,在处理到佛教信仰
的最高人物时,出于敬意都相当保守。这个题目太大了,在此
只能点到为止。但我至少要请人们注意,佛的服装几乎与犍
陀罗佛像完全一致。②

而且,由于佛的姿势大都为施论辩印③,所以更难确定究 ◁不同的佛
竟画的是什么佛。但在 Ch.00101 中,题识说明画的是东方药
师佛。Ch.i.001 中画的是释迦牟尼佛, Ch.xxiv.005(图
版 LXXXIII)画的是释迦牟尼的化佛之一阿弥陀佛。
Ch.xlvi.009很有趣,画的是一个长着小胡须的佛(弥勒佛?)垂

---

① 大纸画残件 Ch.00373(《千佛洞》图版 XLVI)中画的是一个鬼怪,画中也有一个跳舞的婴孩,此外,
这种婴孩还出现在西方净土画 * Ch.lii.003(《千佛洞》图版 II)、版画 Ch.00158(图版 C)中。

② 关于佛双肩上的衣物,参见格伦威德尔《佛教艺术》,172 页以下。小纸画 Ch.00160(图版 XCII)出
自一个带插图的写卷,此画中的佛袒的是右肩。

③ 立姿像有 Ch.00115、00466、i.001、xx.002、xxiv.005(图版 LXXXIII)、xxvi.a.0012,最后一个是残
件。Ch.0057 画的是施定印的坐姿像, Ch.00101、xlvi.009 是较大的坐姿佛像, Ch.xx.0010、lvi.0021(图版
LXXXIX)是画在麻布上的坐姿佛像。

双腿而坐。纸画中的佛像数量要多些,它们要么是出自写卷的开头或末尾,要么是用来粘贴在什么地方。① 其中我要特别提及一下 Ch.00191~00202 系列纸画,画的是手印不同的坐佛,并有解释手印的汉文题识。很多幢幡的三角形顶饰上画着小佛像②,考虑到顶饰下的幢幡主体上画的是菩萨,这些小佛可能代表化佛。

乘车的炽盛光▷
佛

如果不算画有佛和其他天宫神祇的绢画,除了一个例外情况,所有的佛像上都只画有佛一个人。这个例外是绢画 Ch.liv.007(图版 LXXI),它本来是按照挂画方式裱糊,汉文题识中的日期相当于公元 897 年。上面画的是炽盛光佛(Tejaḥprabha)坐在两头牛拉的车上,周围簇拥着五大行星之神。③ 这幅画不仅笔法精细,色彩丰富,而且题材也很有价值。因为千佛洞最大、最精美的一幅壁画中画的就是这个题材,画作技艺高超、充满动感。④ 至于对这两幅画进行详细解释和对照的工作,则只能留给专家来完成了。

菩萨像居多数▷

有一个事实能极好地说明菩萨在远东大乘佛教中所占的重要地位,那就是在千佛洞绘画中,约有半数以上画的是菩萨(有的是单个菩萨,有的还画着随从的神祇)。虽然菩萨像数目很多,其造像类型却不多。我们知道,在大乘佛教的发源地印度北部,尽管从理论上来讲有诸多不同的菩萨,但只有少数几个菩萨在人们心目中扎下了根。即便这几个菩萨,在绘画

① 纸画见 Ch.00122、00160、00191~00202、00356、00378、00392、00396.a~i、00402、00406~00408、00413、xi.004、xxi.0015、xxviii.005,它们大多数都很小。在 Ch.lvi.0027~0031 中(图版 XCII),五个化佛都画上了,都头戴五瓣冠,穿菩萨的服装。

② 麻布幢幡顶饰上的佛像见 Ch.00135~00141、*i.0016、iii.0015 等,小纸幢幡顶饰上的佛像见 Ch.0056.a和b、Ch.0072 0086、xxi.003 0080.a~c、xxi.0012。

③ 关于佛的身份,参见彼得鲁奇的文章,《吉美博物馆年鉴》,第四十一卷,134 页;另参见宾勇先生的文章《千佛洞》。

④ 参见图 215、226 及本书第二十五章第一节。

和雕像中也只是以不同法器区别开来。我们发现,千佛洞菩
萨像也是如此。

　　虽然菩萨像的造像类型不如其数目那么繁多,我们却在
两个方面得到了补偿。首先,这些菩萨像的风格、处理方法都
不尽相同,使我们能清晰地辨别出来自印度、中亚、中国内地
及西藏的影响,正是这些不同影响汇合成了敦煌的佛教艺术。
另一方面,除了大量模式化作品,还有相当数量的作品很有个
性和艺术价值,尤其是一些大观音像(观音是最受欢迎的菩
萨)。我们也不应忽略一些大而华美的观音及其眷属像的造
像和艺术价值,彼得鲁奇先生在"观音曼荼罗"一节下专门讨
论了这类画。① 此外,丝绸画、麻布画、纸画中都有菩萨像,也
使这一大类画工艺上比较多样。

　　首先我们将把数量众多、画有单个菩萨的幢幡分一下类
(有一些菩萨的身份迄今为止尚不明确),并由此考察一下菩
萨像的不同风格。然后我们再讨论幢幡以外的菩萨像。在这
类画像中,先来说观音像之外的、菩萨身份明确的画像,这类
画数目不多。由于古代敦煌居民极为崇拜观音,观音像数目
很多,所以我们要把观音像单分出来讨论。这类画可以按观
音的不同面貌分类(比如人形、四臂、六臂等)。在依次描述这
些观音像时,我们还将提及伴有不同数目眷属的观音像——
这类画的布局都很规则,彼得鲁奇先生按照日本的说法,称之
为"观音曼荼罗"。

　　在画有单个菩萨的幢幡中,能清晰看出不同风格对敦煌
佛教绘画的不同影响。第一类数量不多但特色鲜明,即
Ch.lvi.001~0010(图版 LXXXVII),是一组纯粹印度风格的菩

◁不同风格和处
　理方式

◁菩萨像的分类

◁尼泊尔风格的
　菩萨幢幡

①　参见本章本节,以及彼得鲁奇的文章,《吉美博物馆年鉴》,第四十一卷,134 页,附录 E,III.viii。

萨,做工也极为相似。它们出自同一个包裹,大小几乎一样,可见确定是一套作品。它们在画面布局、人物服装、饰物等方面十分接近于公元 11 世纪两个尼泊尔卷子中的小菩萨插图——富歇先生在一篇写得很好的论文中讨论了这些插图的造像风格。[①] 看一下洛里默小姐在文物目录中详细描述的这些幢幡的共同特征就会知道[②],它们受到了流行于印度恒河平原的晚期佛教绘画艺术的直接影响,而这种画风在尼泊尔相当程度地保留了下来。[③] 这一画风很可能是从南面经西藏直接传到敦煌,而有两幅幢幡上分别有藏文和婆罗谜文短题识,更支持了这一猜测。值得注意的是,这些幢幡在大小、材料、附件的安排上与中国产的幢幡毫无差别。从人物的法器、肤色来看,除了一幅中画的是金刚手菩萨(Ch.lvi.002),其余的都是不同形式的观音和文殊像。

印度风格的菩▷
萨幢幡

下面要说的这类菩萨像比前一类要大,画法也比较多样,人物的姿势、身材、服装、着色较严格地遵循着印度仪轨,这一类可称为"印度式"菩萨像。我们发现,这种风格在丝绸幢幡中有很多,麻布幢幡中更多,纸幢幡中则只有一个可归入此类。人物为立姿,细腰,身体通常在臀部弯曲;上身赤裸,佩戴着大量饰物,披一条窄披巾;下身裙褶的处理方式与犍陀罗雕塑很相近。所绘人物不同,其肤色也不同,这也是印度造像的典型特征。已有证据表明,中亚佛教艺术中重现了印度原型,敦煌极有可能经中亚接受了印度的影响。由于篇幅所限,我就不讨论相关的证据了。关于这一类型的详细特征及其变

---

① 参见富歇《佛教造像》,第一卷,图版 IV~VI 及 97 页以下。
② 参见本书文物目录中 Ch.lvi.001~0010 下的"笔记"。
③ 参见富歇《佛教造像》,第一卷,38 页等。

体,参照下文洛里默小姐的描述。①

只要看一下图版 LXXX（Ch. lv. 0034）、LXXXVII ◁中印混合风格
（*xxvi.a.007和0010）、LXXXVIII（lv.0037）、LXXXIX 即可知 的菩萨幢幡
道,虽然印度风格的画在造像上很引人注意,其布局和着色上
的艺术性却远逊于中国风格幢幡中的优秀作品,后者在数量
上也远多于前者。这两种风格的幢幡主要产自当地,这一点
似乎没什么疑问,因为大量幢幡(其中有些分明是同时制作的
一套或一系列)中混合了这两种风格。② 我还要提一下,有的
成卷的丝绸上画有菩萨像,大多为印度风格,一般只描了轮廓
线。这些丝绸虽然称不上是幢幡,但很可能也是用来挂在洞
窟中的。③

在此我们不必描述中国类型不同于印度类型、混合类型

---

① 印度风格的丝绸幢幡菩萨像的第一类变体包括 Ch.lv.004(见"笔记")、007、008、0029～0031。第
二类与第一类有密切关系,包括 Ch.0073、xxvi.a.*007、009、0010(图版 LXXXVII)。第三类包括 lv.*0014、
0032、0034(图版 LXXX),还有 Ch.0017、0097。00464.a 是印度风格的残件。

从下面这个目录就可以看出,印度风格的麻布幢幡菩萨像数量多么大(在所有目录中,星号 * 代表的
是某一类幢幡的典型作品,在它们下记录着这一类的特征)。它们是:Ch.0060、00133～00137、00141、
i.0015、*i.0016(图版 LXXXIX)、iii.0015～0018、xx.0010、xx.0012、xxi.009～0011、xxiii.002～004、xxiii.006、
xxxviii.007、liv.009、lv.0036～0043(图版 LXXXVIII)、lvi.0022～0024(图版 LXV)、lxiv.001～002。

画有印度风格的纸幢幡有 Ch.xx.0013～0015(图版 XCIX)、xxii.0032、lxiv.003～005。

关于印度风格和混合风格菩萨幢幡的题材,我要说的是,除大量观音像外,身份可以通过明显的法器
或题识确定的菩萨有:文殊(Ch.0036、xxi.004、*xxvi.a.007、lv.0030),金刚手(lv.008),地藏(Ch.0060)。最
后这一幅幢幡有一个特点,除题识不同外,它与*i.0016 完全相同,而后者的题识中写的是观音。

② 在丝绸幢幡 Ch.00116、i.007、xxii.004、xxxviii.002(LXXXI)、xl.005 中,中国风格的处理方式与印度
风格的姿势、服装、珠宝饰物等结合在一起。系列作品 *Ch.00108、00110、xlvi.0010～0011 也是如此,它们显
然是一个人画的,保存得很不错,上面还有汉文题识。

精美的绢画 Ch.0036 也很典型,画的是文殊骑狮像(见《千佛洞》图版 XXVII),人物的身材、姿势、服装
中保留着印度传统,但文殊的五官和对大象的处理则为中国风格。

既包括中国风格,又包括印度风格菩萨像的成套作品有(印度风格的放在前面):Ch.xxvi.a.007 与 xxvi.
a.009(图版 LXXXVII)、xxiii.006 与 Ch.00140、liv.009 与 *liv.008。

③ 参见 Ch.00474～00480、xxiv.008。大多数是反复重复的菩萨像,大概是用模板印的。Ch.xxviii.007
是锦缎,约有 2 英尺长,画了一个真人大小的立姿菩萨。Ch.0024、0089 是两件丝绸幢幡,均完整,但画的分
别是植物图案和一个莲花座。

图 217　千佛洞 Ch.VIII 洞窟主室东壁壁画 xv 及绘有于阗王和家人、侍卫带
汉文题迹的墙裙

图 218　千佛洞 Ch.VIII 洞窟主室中央、西壁及窟顶壁画

图 219　千佛洞 Ch.VIII 洞窟主室西北角蛋彩壁画 ix、x

图 220　千佛洞 Ch.VIII 洞窟主室南壁蛋彩壁画 v，系西天场景

中国风格的菩 ▷
萨幢幡

的详细特征,这些特征都可见于文物目录中的代表作品之下①,图版 LXXVII～LXXXIII 更能比任何文字都生动地表现出它们的特点,以及为什么称它们为中国风格。尽管在人物的身材、服装、珠宝饰物、某些法器和附件上仍能看出原来印度传统的影响,但它们在整体风格和艺术处理方式上都是纯粹的中国风格。幢幡表明,中国风格菩萨像的画法已臻于成熟。正如洛里默小姐在一段笔记中所正确指出的:"所有中国风格的幢幡在人物身材、服装、珠宝、华盖等方面均相似,只在细节上有不同之处。题材和处理方式已定型,所以,从艺术想象力上来讲,这些幢幡显得有些单调、无生气,但就外部特征来说,它们是优雅而庄严的。尤其是在人物衣纹的处理上,充分体现出中国画家对线条的把握。"

辨认幢幡中菩 ▷
萨的身份

　　正是由于其模式化的风格,使我们很难确定每幅幢幡中画的究竟是哪位菩萨。骑狮的文殊、骑象的普贤②、呈沙门相的地藏③比较容易识别。除此之外,能够凭法器或题识加以区别的菩萨数量极少。即便题榜中有题识,有时对我们也帮助不大,但 Ch.iii.002 中的"无畏菩萨"或 Ch.xxii.003 中的"双手合十菩萨"很可能指的是观音。非幢幡的菩萨像大多数是观音,由此大概可以推断出,幢幡中大部分身份未明的菩萨也很

---

①　关于其总体特征,参考文物目录中﹡Ch.001、﹡002 下的文字,﹡i.003 下是地藏像的大致特征,﹡xvii.001 下是一小类服装比较奇特的菩萨像,但菩萨的身份尚未确定。

②　Ch.0023、00465、xxii.001 是文殊骑白狮像,Ch.xx.001(LXXXII)、xxii.0021、xlvi.006 是普贤骑白象像。

③　Ch.00111、﹡i.003(图版 LXXXIII)、xxi.0013、xxiv.004、xl.006、lxi.004 中的地藏均剃着光头,穿带格或带条纹的游方僧袈裟,很容易辨认。关于这类呈沙门相的地藏(日本人称之为"吉佐"),参见彼得鲁奇《吉美博物馆年鉴》,134 页,1914。在 xxi.0013 和 lxi.004 中,地藏左手持净瓶,其他情况下他持发光的宝石。

可能画的是这位大慈大悲的观世音。①

　　关于菩萨的披巾、手姿或其所持的香炉、玻璃罐究竟有何 ◁艺术价值较高
含义，我只能留待专家们将来解决。在此我只想提一下那些 　的菩萨幢幡
由于艺术性等原因而显得与众不同的幢幡。*Ch.002（图
版 LXXXII）是中国风格幢幡的典型作品，保留着所有的附件，
色彩依旧清晰。Ch.0025（图版 LXXVII）保存得极好，做工精
湛，其与众不同之处在于菩萨的姿势是走离观者。② Ch.i.002
（图版 LXXVIII）十分引人注意，所画的人物既处在急速的运
动之中又不失庄重，服装上的色彩很绚丽，并且五官明显不是
中国人的五官。Ch.iii.002"无畏菩萨"像色彩也很鲜艳，线条
精致而优雅。Ch.i.0013 和 Ch.xxiv.006（见彩色图版 LXXXI）
的工艺在模式化作品中无可挑剔，着色也十分和谐。而
Ch.lviii.004（图版 LXXXI）之所以特别值得注意，是因为它
很有装饰性效果，人物的表情也很个性化。除很有特点的
幢幡外，还有一些幢幡与藏品中其他幢幡一模一样，这不足
为奇。③

――――――――――――――――――

　　① 画有身份未明的菩萨像的幢幡包括：*Ch.001（图版 LXXIX）、*002（图版 LXXXII）、003（图版
LXXVII）、009（图版 LXXIX）、0011、0025（LXXVII）、0081（图版 LXXXII）、0083、0096、00109、00112、00113、
00462～00464.b、00520、i.002（图版 LXXVIII）、i.005、i.008、i.0010、iii.001～002、xxii.003、xxii.0024、xxiv.006
（图版 LXXVIII）、xxvi.a.008、xxvi.a.009（图版 LXXVII）、xxvii.003、xxx.001、xl.004、xlvi.001～003、xlvi.0012、
lv.0013、lv.0019（图版 LXXXI）、lv.0026、lv.0044、lviii.004（图版 LXXXI）、lviii.005、lxi.007。
　　在 Ch.0016、i.0013（图版 LXXVIII）、iii.003、xxiv.002.a、xxiv.003、xxxiv.001、xxxiv.003、lv.0045 中，通过法
器或题识可以知道，画的肯定是观音，Ch.0011、Ch.0055、i.0010、iii.002、lv.0019 中画的可能也是观音。
　　有一小组丝绸幢幡画的菩萨身份未明，其姿势比较特别，均穿一件大披风，它们是：Ch.00142（图
版 LXXXI）、xvii.001（图版 LXXX）、lv.006（图版 LXXX）。
　　Ch.00303 丝绸幢幡比较与众不同，上面画的是日光菩萨，只是在蓝色丝绸上画了白色轮廓线，下边本
该是底部饰带的地方却用模板印着有趣的图案，见本书第二十五章第二节。
　　画着中国风格菩萨的麻布幢幡有：Ch.0061、00139～00140、xxiii.007、*liv.008（图版 LXXXVIII），在
Ch.xxvii.004 中，题识表明是观音。
　　② Ch.00462 中的菩萨也是这种姿势。
　　③ 比如，i.005、lv.0026 是 Ch.0083 的复制品，xl.004 是 xl.003 的复制品，xlvi.001 是 i.002 的复制品，
Ch.00142 是 lv.006 的复制品。

西藏风格的菩▷
萨像

幢幡之外的菩萨像绝大多数画的是观音（有的只画着观音，有的还画着眷属），还有极少数画着其他菩萨（也是既有单独出现的，也有带眷属的）。但在讨论这些画之前，我先要谈一下四幅很与众不同的画（其中两个是残件），它们是藏品中仅有的西藏风格作品。这些画很难归入其他类别，而且其中一幅画的不是菩萨，而是女神多罗。Ch.lii.001 是一幅完整的麻布画，其颜料以胶画法涂在一层白色蜡状物上。① 它体现了成熟的西藏风格，大概是现存最早的西藏风格画。画中间是多罗女神坐在漂浮于水中的莲花上，周围环绕着 8 个小多罗像，小多罗像之间分散着一些遇难和脱险的场景。前景中画着一个引人注目的鬼怪骑在马上。② 第二个纯粹西藏风格的画是大画 Ch.lv.0024，在编织紧密的麻布上画着观音，观音像外套着层矩形框，框中画满了小菩萨像和法器。Ch.00383.a~c 是两幅大纸画残件，以纯粹的西藏风格画成，其中之一大概是个密教神祇曼荼罗，另一个上只剩下一些坐姿菩萨像。

观音像以外的▷
菩萨像

所画菩萨不是观音的画数量较少，所以我们先来说它们。纸画 Ch.00163 中的文殊骑狮像（图版 XCI）风格与幢幡中一样。纸画 Ch.lviii.009 和 Ch.00211 分别画的是金刚手和日光菩萨，日光菩萨还频繁地出现在下文将谈到的观音曼荼罗中③，其标志是太阳鸟。有一组为数不多的纸画上是状如菩萨的神骑在凤凰、孔雀或牦牛上，其身份尚未确定，这组画包括：Ch.00162（图版 XCI）、xvii.002、xxii.0033。

地藏像▷

但无论是从造像还是从艺术价值上看，远为重要的是地

① 此画的彩色照片见《千佛洞》图版 XXXI。彼得鲁奇先生在附录 E, III.viii 的第四节中把中间的人物当作观音了，并把周围的人物当作了小观音像。

② 除此之外，在藏品中多罗像只出现过一次，即纸画残件 Ch.00401 中，这幅画是以印度风格画成的，多罗女神穿的是菩萨的服装。

③ 参见本章本节。

藏像——在远东的佛教万神殿诸菩萨中，以受欢迎程度来讲，大概只有地藏能同观音相比。我们上文已说过画沙门相地藏的幢幡①。"地藏是八大菩萨之一。他通过无数化身来拯救生灵，他因能战胜地狱而受到尊敬。他一手持锡杖，敲开地狱之门，一手持水晶珠，照亮地狱的黑暗。"②我们的画作里充分表现了他的几种形象。Ch.0084（图版 LXX）和 Ch.i.0012（图版 LXII）画的是作为旅行者保护神的地藏，手持锡杖、水晶珠，戴头巾，前一幅画得相当有魅力。③ 大绢画 Ch.lvi.0017 画的是作为六道之主的地藏，地藏呈坐姿，穿僧侣的服装，从他身上升出六朵云，云上画着象征神道、人道、畜生道等的形象。绢画 Ch.lviii.003（图版 LXVII）④上有题识，题识中的日期为公元 963 年，画的也是六道之主地藏像，但其服装与作为"旅行者保护神"的地藏像一样，还有两个跪姿的随侍菩萨。

　　另一类"地藏曼荼罗"把他画成地狱灵魂的保护神，周围 ◁地藏曼荼罗
环绕着地狱十王，还有其他随从——彼得鲁奇先生详细论述了这类画的造像特征。⑤ 地狱十王、其他随从、地狱审判场景、画底下的供养人像都完全是中国风格，地藏本人的服装则与作为"旅行者保护神"的地藏一样。大绢画＊Ch.0021（图版 LXVII）就是这样的典型例子。⑥ 奇特的纸卷轴 Ch.cii.001（XCIII、CIII）似乎也应该归入这一类，其中用生动的线条画着

① 参见本章本节上文注。
② 参见宾勇先生在《斯坦因搜集品展》7 页的注。
③ 其彩色照片见《千佛洞》图版 XL。大绢画残件 Ch.xlix.001 中的菩萨左手持棕色长手杖，可能是地藏，但残件保存很差，人物身份很难确定。
④ 另参见《千佛洞》图版 XXV。
⑤ 参见彼得鲁奇附录 E，III.ix。
⑥ 另一张照片见《千佛洞》图版 XXV。值得注意的是，其中一个穿的不是中国地方官服装，而是顶盔贯甲。Ch.00355、xxviii.003 中也是如此。其他这类地藏曼荼罗有：Ch.00225（绢画）、Ch.00404、lxiii.002（简化的纸画）。

佛教地狱中的审判、惩罚场面。穿僧袍的地藏出现在纸卷轴的最后,接引被恶鬼追赶的地狱灵魂。最后,两幅绢画 Ch.xxviii.003 和 lxi.009 的地藏曼荼罗中,把他作为"六道之主"和"地狱之主"的两种身份融合在了一起,后一幅画的色彩十分精美,给人很深的印象。①

观音像的分类▷　慈悲菩萨观世音在敦煌佛教万神殿中的地位,正如他在当代中国、日本佛教信仰中的地位一样重要。②之所以这么说,是因为在千佛洞绘画中,观音像足有 99 件,这还不算很可能画的也是观音的大量幢幡。似乎可以按照观音的不同面貌(或是独自出现,或伴有随从)将这一大组画分类。当然,这些画在风格上也有明显差别,但在复杂的观音曼荼罗中(即画有眷属的画中),风格上的差别不像观音面貌上的差别那样明显。按照从简单到复杂的通常做法,我们将从人形观音开始,到四臂、六臂、八臂、千臂观音(至少理论上有千臂),及相应的多头观音。

印度风格的人▷　没有带从者的人形观音既有立姿的,也有坐姿的,常持莲
形观音　花或甘露瓶,头饰前面常有阿弥陀佛像,这些都是他印度造像中的常见标志。此外,由于远东地区的一个佛教传说(下文将说到它),垂柳枝也成了观音的特殊标志。在观音像中,既有印度风格,也有中国风格。印度风格观音像中 Ch.xviii.003(图版 LXX)十分优雅、精美。③其中绢画 Ch.00157、00221 画的是坐姿观音。大多数麻布观音像和纸观音像都有印度菩萨特征,*Ch.0052 和 iii.0011(图版均在 LXXXIX)以及 xx.009(图

---

① 彩色照片见《千佛洞》图版 XXXIX。
② 观音在印度佛教中也占有重要地位,参见富歇《佛教造像》,第一卷,97 页。
③ 彩色图版见《千佛洞》XX。

版 LXXXVIII）就是典型例子。① 中国风格观音像数目不多②，其中大绢画 Ch.0091（《千佛洞》图版 XVIII）的艺术性很高，观音画得很有个性，这主要是因为，虽然其姿势和服装为印度风格，脸却画得很年轻。

　　一些绘有立姿观音的绢画和麻布画也混合了印度和中国风格，其中绢画 * Ch.0088（图版 LXIX）、00451（《千佛洞》图版 XLIV）、xxxvi.001（图版 LXVIII）、liii.005（《千佛洞》图版 XXI）、liv.006（图版 LXIX）画艺都很高超。③ Ch.i.009 和 liv.0015 这两幅与众不同的画中也把中国风格和印度式服装、饰物混合在一起，在这两幅画中，观音坐在水边岸上的垂柳树下，手持垂柳枝。Ch.i.009（图版 LXXIX，《千佛洞》图版 XXIV）是一幅布局和做工都很精美的纸画。这两幅画在造像上特别有价值，因为，据说"是一个宋朝皇帝在梦中看见了水边观音，并命人把他的梦画了下来，但无疑，这个题材的年代要更早"。④

　　下面我们来说带着从者的人形观音像。其中首先应当提到的是两幅引路观音像（Ch.lvii.002、003），观音或立或行，被导引的灵魂都画成中国女子，跟在观音后面。Ch.lvii.002（图版 LXXI）完全是中国风格，布局极为精美，色彩和谐、柔美。画面上方的云朵上是天宫，观音将要把他的信徒引到那里去。在 Ch.lvii.003 中，观音穿印度菩萨服装，手持幢幡，顶上也画有天宫，但画得比较粗略。这幅画虽然做工比较精细，但似乎

◁混合风格的观音

◁坐在柳树下的观音

◁带从者的人形观音

---

　　① 其他印度风格麻布画为：Ch.00126、00129～00130、xxi.007～008、xxxiv.005、xlvi.0011.a，纸画见 Ch.00384、00387、00393、00400.b 和 c、00411、liv.0011。
　　② 这种风格的绢画有 Ch.xxii.0030、lvi.0016，纸画如 Ch.00403，其中观音均为立姿。
　　③ 其他例子见绢画 Ch.0028、麻布画 Ch.00128、lv.0035。
　　④ 参见宾勇《斯坦因搜集品展》12 页的注。

是前一件的翻版,水平也次于前一件。这两幅画都是以挂画方式裱糊。还有一幅自成一类的绢画Ch.xxi.001,题识日期为公元963年,画的是一个印度风格的观音立于椭圆形背光内,背光外分布着一些灾难场面(下文要说的曼荼罗中也有这种场面),大慈大悲的观音菩萨将把他的信徒们从这些灾难中拯救出来。

观音的从者▷ 　　上一段中说的观音像中,观音均为坐姿,其身材、姿势、服装都反映了印度传统①,观音旁边是不同身份、不同数目的随从神祇。在Ch.00167(图版LXI)、xx.005、xxii.0016中以及绢画残件Ch.00461、iii.0013中都画有随侍的菩萨,Ch.0054(《千佛洞》图版XXIV)、00121(《千佛洞》图版XLIII)、xlvi.0014中出现了天王(有时与菩萨同时出现)。在上述最后一幅画中还画着两个年轻的人物,他们可能与善恶童子有关。在Ch.lvii.004(图版LXVI)中则把善恶童子画成两个年轻男子,分立于观音两侧,并有题识说明了他们的身份。② Ch.00124中的观音两边也站着两个男子,戴着奇怪的头饰,大概也是善恶童子。

四臂观音像▷ 　　四臂观音数量较少,除一个外,其余的上两手均托日月轮③,我们发现,日月轮及日月菩萨经常与观音联系在一起。绢画Ch.lvii.001(图版LXVIII)中的观音各方面均遵循着印度仪轨,而两个年轻的侍者(可能也是善恶童子)以及画面四周观音救苦救难的场面则完全是中国风格。画在纸上的四臂观音像有Ch.00395、00397、00522,其中最后一幅纸画上,观音四

---

① 这一组中的绢画有:Ch.00121(《千佛洞》图版XLIII)、00124、00167(图版LXI)、iii.0013、xx.005、xxii.0016、xxxiii.0011(身份未完全确定)、xliv.0014、lvii.004 (图版LXVI)。Ch.0054是纸画。

② 彼得鲁奇先生把这两个年轻人当成是密教中代表菩萨善、恶两种行为的人物,参见附录E,III.x,又见沙畹:附录A,V.B。

③ 它起源于中国本土的非佛教传说,参见文物目录中"Ch.00102下的文字。

周环绕着其他菩萨和四臂小神。

　　六臂观音像数量极多,大多数六臂观音为坐姿,其身材、　◁六臂观音像
姿势、服装为印度风格。按照头的数目可以将六臂观音像分
成几类。大量六臂观音只有一个头①,其中大多数上两手分别
托日月轮,其余的手或持法器,或施手印。除一个例子外,所
有的六臂观音绢画都画着不同数目的从者,包括菩萨、天王、
功德天、婆薮仙等(Ch.xl.008 中用灾难场面取代了从者);在
几幅麻布画或纸画中,还出现了上文提到的善恶童子。② Ch.
xx.004 比较奇怪,观音下面的供养人对面画了一个双手合十
的弥勒佛。九面观音只出现过一次,即纸画 Ch.00385,但除此
之外,此画并无特别之处。

　　六臂观音中数目较多的一类是十一面六臂观音③,其中两　◁十一面六臂
个十一面六臂观音的头位于主头两侧,呈侧影,其余八个小头　　　观音
呈金字塔形堆叠在头饰上,最上面的那个一般是化佛头。④ 这
些画在风格、手姿等方面都遵循着上文说过的仪轨,而且只有
两幅没有画从者,Ch.xxi.005(图版 LXXXIX)就是其中保存很
好的一例。*Ch.00102(图版 LX)和 xxii.0010 是两幅十一面
八臂观音像,其中*Ch.00102 的构图极为华美。在这幅画中,
除了十方之佛、天王等眷属,还出现了两个佛弟子(与某些佛
教净土画中类似)。画中所有神祇旁都有题识,在造像上也极
有价值。⑤

---

　　①　绢画有 Ch.00103、00460、xx.004、xxii.002、xxvi001(图版 XXIII)、xl.008、lv.003、lviii.002;麻布画有
Ch.00125、00127、00131;纸画有 Ch.00404、i.0017(图版 XCI)~0018、xvii.002。
　　②　参见 Ch.00125、i.0017(图版 XCI)。
　　③　绢画有 Ch.00105、xxi.0014、xxii.0025(?)、xxviii.004、xxxvii.001、xlvi.0013;麻布画有 xxi.005(图
版 LXXXIX)、lxii.001;纸画有 00184、00389、00390、lxvi.002。
　　④　印度的十一面观音像,参见富歇《佛教造像》,第一卷,106 页,注②。
　　⑤　请注意,这幅画和其他以之为代表的画中,观音的头和身体都涂成深粉色(见文物目录中*Ch.
00102 下的文字),尼泊尔观音像似乎也涂的是这种颜色,参见富歇《佛教造像》,第一卷,99 页。

千手观音▷　　　　现在观音像中只剩下了一类,即千手观音像,观音四周几乎都围绕着数目不等的神祇,构成观音曼荼罗。① 这类画中有一些是所有藏品中最有装饰性效果、色彩最丰富的。虽然千手观音像构图都很复杂,我们在此却不必赘述,因为它们的布局基本上一样,对此洛里默小姐在文物目录中＊Ch.00223下有详尽的论述。看一下两个精美的代表作 Ch. xxviii.006 (图版 LXIV)、lvi.009 (图版 LXIII) 就会感受到它们的丰富色彩,与图版相比,任何文字都显得苍白。此外,彼得鲁奇先生还详细讨论了与观音眷属造像细节有关的大量有趣问题。②

千手观音的造▷
型

在千手观音像中,中间是大观音像,观音周围有一圈云雾般的圆盘,这是由他向外伸出的一千只手(理论上是如此)组成的,向外的每只手掌心中都有一只睁开的眼睛。③ 朝里的手数量各不相同,持各种法器。除了 Ch.liv.001、lvi.0019 是十一面(头的排列与六臂或八臂观音一样),其余的千手观音只有一个面。在所有绢画和麻布画中,千手观音都是坐姿。绢画中只有一幅千手观音像未画从者(即 Ch.0029),而画在纸上的三幅千手观音像中,有两幅无从者④(纸画中的千手观音为立姿)。观音曼荼罗中的随从神祇数量差别较大,Ch.xl.007 (图版 XCI)、xxxiii.002 中只有两个,而 Ch.lvi.0014、lvi.0019 (图版 LXIII)中则画着大量佛、菩萨、天王等眷属。⑤

在千手观音的眷属中有些值得专门提一下,提日月菩萨

① 这类绢画有 Ch.0029、＊00223、00452、00458、00459、iii.004、xxviii.006(图版 XIV)、xxxiii.002、xxxviii.001、liv.001、lvi.0014、lvi.0019(图版 LXIII);麻布画有 xxi.006(图版 LXV);纸画有 00386、00394.a、b 和 xl.007(图版 XCI)。

② 见彼得鲁奇,附录 E,Ⅲ.viii.1。

③ 观音的千手排列成这种姿势,是象征着这位慈悲的神想要同时拯救所有的人。千手观音在印度晚期佛教造像中也很常见,见富歇《佛教造像》第一卷 106 页提到的千手观音。

④ 即 Ch.00386 和 00394.a、b。在 Ch.xl.007(图版 XCI)中,从者只有功德天和婆薮仙。

⑤ Ch.xxxvii.004 是个观音曼荼罗残件,画有文殊和普贤及一群人向中间行进,见本章第七节。

是因为他们几乎从未缺场过,其他人物之所以被提及,或是因为其个性特征,或是因为其只出现在观音曼荼罗中。画的底部常有面目狰狞的金刚(源出密教),还有两个呈人形的龙站在观音下的水池中托着观音的光环。值得注意的还有两个常见的眷属"功德天"和"婆薮仙"(?)[1],艺术家总是把他们表现得很巧妙。Ch.lvi.0014和lvi.0019眷属的数量尤其多,幸运的是,眷属旁的题榜中都写了题识,这更增加了这两幅画的造像价值。在这两幅画中,不仅出现了因陀罗、大梵天等印度教神,还有摩醯首罗和大黑天等湿婆教神。它们充分证明,即便在后期,印度佛教也没有停止对中亚和远东的佛教信仰产生影响。

◁千手观音的眷属

第六节 天王和金刚

大量菩萨像不仅难以分类,而且围绕其造像内容产生了许多疑问。现在我们可以比较轻松地来看一下四大天王像了,它们数量比菩萨像少得多,但从多种角度来讲也很有价值。尽管天王只是小神,但他们在佛教造像上的地位却不容忽视。印度传统和艺术都证明,天王观念起源很早。他们在远东也极受欢迎,至今,中国和日本的庙里面和庙门上仍有大量天王像。这些当代造像从根本上来讲,直接源自千佛洞绘画中清楚表现的造像传统,这更增加了这些绘画的价值。

◁天王观念起源较早,十分流行

四大天王一律呈武士状,顶盔贯甲,脚踏夜叉(即鬼怪)——按照早期印度的说法,天王统治夜叉。尽管天王像在细节上很丰富多样,整体形象却模式化,表明其画风已完全确

◁印度类型的天王

---

① Ch.lvi.0014 的题识中是这样写的(见文物目录),照片见图版 LXIV(Ch.xxviii.006)、XCI(Ch.xl.007)。

定,所幸的是,最近在新疆东部发现的壁画和雕像使我们能将这种画风追溯到中亚,并一直追溯到犍陀罗。在此我就不描述这一画风的发展过程及其主要时期了。关于印度早期的天王像,我想说的是,在巴尔护一根柱子上,已经有作为财神的夜叉王北方毗沙门天王像,他以典型的姿势踏在鬼怪身上。①犍陀罗雕像中也表现过他,其特征在千佛洞绘画中仍可见到。②

中国新疆和内▷
地的天王像　我在丹丹乌里克一座寺院中,发现过一个泥雕的毗沙门天王像,穿着复杂的鳞片甲,脚踏俯伏的鬼怪,这都与千佛洞绘画一样,但它的处理方式中却全不见中国风格的影响。③ 我还发现,四大天王雕像守卫着大拉瓦克—威亚拉的大门,它们是与犍陀罗艺术有关的较早作品,但已清晰地体现出服装和标志物上的典型特征。④ 从那以后,库车、焉耆、吐鲁番附近佛寺壁画和雕像中开始大量出现天王。其中很多要么很像千佛洞绘画中的天王像,要么清晰地显示出天王像的发展历程。⑤幸运的是,从云冈石窟和龙门石窟中,我们可以相当精确地判

---

① 参见格伦威德尔《佛教神话》(*Mythologie des Buddhismus*),15 页,图 6。
② 参见格伦威德尔、伯吉斯《佛教艺术》,40 页、45 页、136 页以下。其中图 88 把毗沙门天王画成坐姿,左手持弓,其五官是个来自萨珊北部的外国人。在其他犍陀罗雕像中,还雕有他的另一件标志物,即一袋金币,见格伦威德尔《佛教神话》23 页图 14,以及拙著《西北边省考古调查》(1912)图 2 中的塔可特伊—巴里(Takht-i-Bāhī)浮雕。犍陀罗浮雕中的四大天王,参见富歇《佛教艺术的起源》(*Beginnings of Buddhist Art*),173 页等及图版 XXVI、XXVII。
③ 参见斯坦因《古代和田》,第一卷,251 页以下,以及图 30、31,第二卷图版 II。
④ 参见斯坦因《古代和田》,第一卷,494 页等,图 67;第二卷,图版 XIV、LXXXV。
⑤ 从北部绿洲中的石窟中发掘出的大量文物尚未出版,而目前我手头又没有与这个问题相关的著作。在此我只能请大家参见格伦威德尔教授的《古代佛教寺庙》152 页、155 页,图 345、346(克孜尔壁画中两个精美的带须天王头像,属于早期类型);185 页(克里什的四大天王像);205 页图 460(焉耆附近硕尔楚克洞窟遗址的穿奇特铠甲的天王像);239 页,图 512(穆厄拉克一件精美的壁画,画的是东方持国天王,与千佛洞绘画风格很接近);311 页,图 628(与 Ch.0018 中一样有射金翅鸟的场面)。其他例子,见该书索引 s.v.
"天王";又见 *Idikutschari*,63 页,图版 XIII 中天王像的头。
　参见本书第二十九章第三、四节,图版 CXXVII 中精美的小木雕天王像 Mi.xv.0031,它是从七个星(硕尔楚克)遗址发掘出来的。

断出对天王的崇拜从何时起在中国流行起来。① 云冈石窟中没有天王像,这点很引人注目,而龙门石窟的题识表明,那里的天王像是公元 672—675 年开凿。② 看一下收在沙畹先生图版里的大天王像,就可知道它们源自印度,于唐初便在中国扎下了根。③

虽然天王在体形、服装、姿势上都很一致,但在从印度传播到日本的过程中,每个天王所持的法器都发生了变化④,所以相当难以确定很多绢画中究竟画的是哪个天王。所幸的是,有一个专门记有四大天王的汉文写卷消除了我们在这方面的所有困惑⑤,这就是 Ch.xviii.002 写卷,其中的天王像旁的题识与一些绢画中的题识完全吻合。于是我们从中知道,天王中地位最高的是北方毗沙门天王(也是财富之神),他总是持戟;东方持国天王持弓或箭;南方增长天王持棒;西方广目天王持出鞘的宝剑。

▷辨认天王的身份

如果不算用来挂在墙上的大画(其中有些只是残件,有些画着天王和他们的随从),在大量幢幡和纸画中,我们发现,天王几乎总是脚踏鬼怪而立。在这些俯伏的扭曲人形中,我根本无法区分出,他们究竟是佛教神话中与天王相关的哪一种半神。⑥ 但有一幅画中,天王脚踏的不是鬼怪,这就是有趣的

▷天王脚踏的人物

---

① 参见沙畹《考古纪行》,第一卷,553 页等,第一册图版第 353、356 号;另参见彼得鲁奇《布鲁塞尔大学学报》,1910,505 页以下;《美学杂志》,1911 年 9 月号,206 页。

② 彼得鲁奇先生在上引注⑥中的那篇文章(转引自艾特尔《汉传佛教概述》,174 页)中认为,对天王的崇拜是由一个印度僧侣阿摩金刚(Amoghavajra)传入中国的,他曾于 719 年跟随金刚菩提(Vajra bodhi)来到中国。关于这种说法,参考沙畹《考古纪行》,第一卷,554 页。

③ 参见沙畹《考古纪行》,第一册,图版第 353、356、395、396 号。

④ 参见格伦威德尔、伯吉斯《佛教艺术》,136 页。

⑤ 见图版 XC 中的小手抄本 Ch.xviii.002,它是 890 年的;另见手抄本 Ch.xxii.0026 中虽然小得多但同样很有生气的插图(图版XCII)。

⑥ 参见格伦威德尔、伯吉斯《佛教艺术》,136 页。毗沙门天王、增长天王、广目天王、持国天王分别统率的是夜叉、鸠槃荼、龙和迦楼罗。

幢幡 Ch.0087 。画中是典型的毗沙门天王,但脚踏的不是俯伏的鬼怪,而是一个秀美的女子的双手,女子的头和胸从下面的一朵莲花中探出来。这个女子伊朗人般的五官、头饰等无疑使人想起和田绘画、雕像等文物中出现的那类美女。与此极为相似的是,上文说到的拉瓦克—威亚拉入口处的天王像下也是女子半身像。①

托杠天王的女▷
子

我在上文曾说过,表现悉达多王子逾城出家的著名犍陀罗浮雕中,白马犍陟迦脚下也有女子,或单个出现,或成对出现,奇怪的是,她们与天王脚下的女子很相似。② 格伦威德尔教授猜测,她们大概代表的是古典艺术中的大地女神该亚(Gaia)③,他的猜想很有创见和说服力。但无论对她们作何解释,有一点是毋庸置疑的:这种相似性又一次证明了千佛洞绢画与塔里木盆地(尤其是和田)的佛教艺术之间的联系。关于和田艺术对中国佛教绘画的影响,历史上记载的于田王子和画家尉迟乙僧为我们提供了明确而有趣的证据。④

天王幢幡的分▷
类

上文说过,有鲜明的标志性特征使我们能将各幅画中的天王像区别开来,既然如此,我们最好按照造像题材的顺序来描述天王像。但在此之前,先得说一下其整体特征。⑤ 天王全被画得既像武士又像国王,除了他手中的武器,没有其他个性

---

① 参见斯坦因《古代和田》,第一卷,495 页;第二卷,图版 XIV、LXXXV。

② 参见富歇《犍陀罗艺术》,第一卷,358 页以下。

③ 参见格伦威德尔、伯吉斯《佛教艺术》100 页以下,图 51、52 及富歇先生在《犍陀罗艺术》第一卷 358 页等的精辟论述。

在此我想指出,手抄本 Ch.xxii.0026(图版 XCII)中有几幅天王像插图,大概也可以支持将这些女子看作是大地女神的说法(在这几幅画中,天王站在岛屿般的地面上,岛屿代表的是他们所守卫的那一方世界)。

④ 参考希尔特《外来影响》(Fremde Einflüsse),43 页以下;《一个收藏家的手记》(Scraps from A Collector's Notebook),70 页以下。

⑤ 关于丝绸幢幡中天王像的所有细节特征,见文物目录中 °Ch.0010 之下的"笔记",以及 °Ch.0035、Ch.xxvi.a.006 下的介绍性文字。

特点。在他们繁复的服饰中,武士成分占主导地位(表现在其
复杂的铠甲上)。天王幢幡大致可分成两类,这两类人物的身
材和整体风格差别较大,铠甲上的差别则不太明显。为方便
起见,洛里默罗小姐把第一类称作印度风格,但考虑到它的起　◁印度或中亚风
源,将它叫作中亚风格其实更准确。此类比第二类更古老。　　　格的天王
在这类画中,天王总是面朝观者,五官有时显得虽很狂暴却总
是人形,姿势和服装有点生硬。① 眼睛有时睁得极大,但一般
呈水平线,脸部特征与中国人明显不同。腰较长,上身较瘦,
这些都明白地显示出非中国的、半伊朗风格的男性美观念。
服饰、项光等方面也与第二类有别,如天王脚上总是穿紧裹的
鞋,而中国风格的天王则穿麻鞋(细节见文物目录)。② 此处
我只强调一下,这类天王的身材同第二类相比更具有中亚
风格。③

　　洛里默小姐把第二类天王像称作中国风格,其特点不仅　◁中国风格的天
在文物目录中有详尽的描述,而且很容易从为数众多的图版　　王
中看出来。④ 这类天王都是四分之三侧影,身体呈平滑的曲
线,上身向一侧挺出,衣纹流畅,线条自由而灵动。铠甲和服
装也有特色,脚穿麻鞋。眼睛一律呈斜上形,五官显得怪异甚

---

　　① 这类天王像的例子有:Ch.xxvi.a.006(图版 LXXXVII,与某些印度风格菩萨幢幡属于同一系列),
* Ch.0010(图版 LXXXIV,但此画在细节上也受到了中国风格的影响)。其他例子有 Ch.0085、0087、00106、
xlix.007。

　　② 这些细节上的差别见文物目录中 Ch.xxvi.a.006 下的文字。值得注意的是,组成一组的幢幡其风
格也会有不同,比如 Ch.xxvi.a.006 和 xlix.007、* Ch.lv.004 和 005,Ch.0022、* 0035 和 xx.0011。

　　③ 除了呈水平一线的眼睛,这类天王还生着高而直的鼻子,其眼中虹膜为浅色(绿或蓝),见
* Ch.0010、xxvi.a.001、xxvi.a.006、xxxvii.002。由于两种风格在某些幢幡中融合在一起,所以浅色虹膜在另一
类画中也出现过,见 * Ch.0035(绿虹膜)、lv.0018、lv.0046。虹膜可以区分人的民族,这种浅色虹膜可能暗
示,天王形象是以中亚人(可能是阿尔卑斯人种)为原型的。

　　④ 见文物目录中 * Ch.0035 下的文字,以及 0040(图版 LXXXV)、liv.003(《千佛洞》图版 XXVIII)、
xxvi.a.002(图版 LXXXV)、lv.0017、lv.0018(图版 LXXXV)、lv.0020(图版 LXXXIV)、lv.0046(图
版 LXXXIV)。

至狰狞。① 这种风格无疑起源于前一类（即中亚类型），但贯穿于其中的却是中国艺术精神。考虑到千佛洞所有绘画均出自中国人之手，艺术价值最高的天王像自然出自这一类之中。

天王的服装与▷
铠甲

四大天王的服装和铠甲很繁复，其细微的变化之处都画了出来，这无疑为文物学研究提供了大量有价值的资料。劳弗博士（Laufer）凭着渊博的学识和不懈努力，最近就写出了这样一部著作，其副标题为"甲胄史绪论"。② 但此处我将不讨论这类问题，而只想提一下洛里默小姐关于天王像所做的笔记③，并简单地说几个考古学上的专门问题。把天王像中画的鳞片甲与尼雅、米兰出土的皮质铠甲实物相对照④，或同新疆其他遗址的泥雕相对照，会得出很多有益的结论。⑤ 对于细节问题，比如鳞片甲的重叠方式、串连方式，此不赘述。我只想指出一个有趣的事实：铠甲下摆上的鳞片几乎总是矩形，而上身的鳞片则多是圆形。⑥ 参照着丹丹乌里克一个寺庙出土的毗沙门天王像，我曾指出过，鳞片的这种排列方式也出现在一个著名的犍陀罗浮雕中魔王手下两名士兵身上。⑦ 而且，敦煌天王像中只有一幅画着锁子甲。⑧

---

① 大绢画残件 Ch.0098（《千佛洞》图版 XLVIII）中可以明显看出这种特征，又见 lv.0018（图版 LXXXV）。

② 参见劳弗《中国泥俑》（1914）第一部分，尤其是第三至五章，201~305 页，那上面有很多插图，比如图版 LXL 就是个穿甲的天王像，很像我们的幢幡中的人物，劳弗在 300 页正确地判断出，这是唐朝的广目天王像。

③ 参见文物目录，尤其是 * Ch.0010 下的文字，那里系统地描述了铠甲和装备的细节。

④ 参见本书第六章第六节，第十二章第四节；斯坦因《古代和田》，第一卷，16 页、411 页。

⑤ 参见本书第二十九章第三、四节《古代和田》，第一卷，252 页等。

⑥ 见图版 LXXXIV、LXXXV。

⑦ 参见斯坦因《古代和田》第一卷 252 页图 30，第二卷图版 II。这个犍陀罗雕像的照片，见格伦威德尔、伯吉斯《佛教艺术》，图 48。全由矩形鳞片组成的铠甲见第十二章第四节。

⑧ 参见精美的大画残件 Ch.liv.003（《千佛洞》图版 XXXVIII），画的可能是毗沙门天王。劳弗认为锁子甲起源于波斯，见劳弗《中国泥俑》第一卷 237 页以下。中国书籍中最早提到锁子甲是在公元 7 世纪初，是撒马尔罕进贡的物品之一，见劳弗《中国泥俑》247 页。

我们开始就假定，天王像中的铠甲和其他装备都不同程 ◁鞋
度地模仿了当时的实物，而天王穿的无装饰的鞋或绳编的鞋
与从米兰、楼兰、古长城发现的实物完全一样①，这更证明了我
们的假定。已有纪年明确的文物表明，这种鞋在唐朝和唐朝
之前流行过几百年。还有一些有趣的考古学上的细节，比如
某些天王像中不同的剑鞘、剑柄、披覆末端的狮头状装饰物②，
对此我不再细说。

我要专门说一下头饰，因为大多数天王戴的头饰显示出 ◁西亚风格的头饰
了受西亚风格和趣味的影响。不论他们的头饰形状如何——
是沉重的金属冠还是嵌着宝石的发带，头饰后面都有轻盈的
饰带在风中飘扬，彼得鲁奇先生已正确地指出，Ch.0018 中的
饰带模仿的是萨珊时期波斯国王的典型头饰。③ 在两幅画毗
沙门天王及其眷属的精美绢画中，天王头上戴的都是高高的
三瓣冠，冠上嵌着宝石，这种头饰很可能也起源于波斯。④ 在
某些毗沙门天王和广目天王像中，天王肩上升起奇怪的火焰，

---

① 比如，参见 M.I.ii.0025（图版 L）、L.A.VI.ii.0025（图版 XXXVII）、T.XIV.a.002（图版 LIV）、Ch.0022、
xx.0011、lv.0046（图版 LXXXIV）。

② 广目天王的宝剑，见图版 LXXXIV、LXXXV，毗沙门天王腰带上的兽头见 Ch.0087。在 Ch.0018、
0069 中，毗沙门大王的上臂饰有狮头，手臂就从狮口中伸出，参考泥浮雕 Mi.xviii.003（图版 CXXXVIII）。

③ 参见彼得鲁奇的文章，载《美学杂志》，1911 年 9 月号，200 页；《吉美博物馆年鉴》，第四十一卷，
135 页。

萨珊雕塑和钱币中的王族后面都有这种飘扬的饰带。人物头后有饰带的天王像有：* Ch.0010、0018
（图版 LXXII）、0031、*0035、0087、xviii.002（图版 XC）、xx.0011、xxxvii.002（图版 LXXIII）、liv.003、lv.005、
lv.0018（图版 LXXXV）、lv.0020（图版 LXXXIV）、lv.0046、lxi.001。

库车附近库木吐拉壁画中的鬼王头饰后也有类似饰带，但显得有点生硬，参见格伦威德尔《古代佛教
寺庙》，25 页图 48、49。

④ 参见 Ch.0018（图版 LXXII）、xxxvii.002（图版 LXXIII）。

这可能也是从西亚艺术中借鉴来的①,但目前我缺乏资料,无法继续探讨这个问题。但它很可能与古代伊朗人对"圣光明"(即波斯古经《阿维斯塔》中的 qarenaṅh)的崇拜有关。

Ch.0018 毗沙▷门天王及从者图

现在我们该按造像给天王像分类了。北方毗沙门天王的位置自然最高,这不仅表现在画他的天王像数量最多,而且只有他曾与其部众同时出现过。其中最精美的是一幅挂画形式的绢画 Ch.0018(彩色图版 LXXII),这件作品出自大家之手,保存完好,艺术价值很高。画中天王驾云渡过波涛起伏的海面,一群衣着华丽的部众跟随着他(细节见下文的文物目录②)。它在构图和着色上的艺术性有待专家来作出评论,在此我只说造像上的几点问题。同部众相比,天王画得极大,这与希腊化佛教艺术和后期古希腊化艺术的做法是相符的。他大步而行,右手持戟,左手托一朵云,云上有座小佛塔——佛塔是这位神的第二个标志物,在别处也出现过。③ 他的眷属中既包括鬼怪(代表夜叉),也包括纯粹是人形的人物,这些人形人物个性很鲜明,但其身份尚未有定论。他们是:一个献花仙女;一个画得很好的老者,所持之物可能是金刚杵;两个服饰和姿势都有僧侣特征的男子;第五个是画得极好的弓箭手,正要射天空中一个状如蝙蝠的鬼怪。空中的鬼怪是揭路荼,射揭路荼是吐鲁番壁画中常见的题材④,犍陀罗雕像中也有不少

---

① 参见 Ch.0018(图版 LXXII)、0031、0087、00161(图版 XCII)、xviii.002(图版 XC)、xxxvii.002(图版 LXXIII)、xlix.007、lv.0020(图版 LXXXIV)。

安息国王希尔科德斯(Hyrcodes)时期的一些钱币上出现的神,其肩上也有火焰,见加德纳《大夏的希腊、粟特古钱》,117 页,图 8~10。另一种解释,见格伦威德尔《古代佛教寺庙》,25 页,注①。库车、硕尔楚克等地的壁画上画有很多这类火焰,见格伦威德尔《古代佛教寺庙》,索引 350 页词条 s.v."火焰";关于一件希腊—印度雕像的早期作品,见该书 22 页,注①。

② 参见本书第二十五章第二节文物目录,以及《千佛洞》中对 XLV 的评论。

③ 参见 Ch.0085、xviii.002(图版 XC)。

④ 参见格伦威德尔《古代佛教寺庙》索引 351 页词条 s.v.揭路荼,图片见该书 282 页,图 583。

长翅膀的揭路荼形象。

另一幅大画 Ch.xxxvii.002（图版 LXXIII）①虽然工艺可能 ◁毗沙门天王的
没这么精致，但构图却同样有生气，画的是毗沙门天王纵马过　传说和法器
海，周围是一群部众。前景中画了些鬼怪正与天王的部众争
夺东西，还画了散在各处的钱币和珠宝，大概画的是毗沙门从
龙手中夺宝的传说。文物目录中叙述了这幅画的其他特点，
其中我要特别提一下的是天王坐骑所佩戴的精巧的头饰。另
一幅残件 Ch.0069 中，从头到肩裹着虎皮的随从比较引人注
意，因为他站在一堆钱币上（表示毗沙门天王也是财富之神），
右手持银鼠——银鼠也是这个天王的标志物，但在藏品里别
的画中却没有出现过。② 在 7 幅画有毗沙门天王的丝绸幢幡
中，可以把 Ch.0087（天王的姿势比较奇特，脚下是个女子）和
Ch.0098（天王的面目十分狰狞）分别当作"中亚"和中国风格
的代表作。③

以其他三个天王为题材的画中，只有东方持国天王在大 ◁其他三个天王
画中出现过（即 Ch.liv.003），这幅画笔法和着色都很好，不幸　的画像
的是已残破不全。④ 除此之外，画有持国天王的还有 5 幅幢
幡。⑤ 除毗沙门天王外，在画作中最常见的是持剑的西方广目
天王，共出现在 12 幅幢幡中，其中有些幢幡工艺很高超。⑥ 持
棒的南方增长天王似乎最不受当地信徒的喜爱，因为只有两

① 比例更大、拍得更好的照片，见《千佛洞》图版 XVI。
② 还有一幅画的残件 Ch.0031，其中毗沙门天王至少有一个从者，见第二十五章第二节文物目录。
③ Ch.0098 见《千佛洞》图版 XLIII。其他幡画有 Ch.0085、00106、00107、00117、lxi.001。纸画有 Ch.00161（图版 XCII）、00405、xxii.0034。
④ 参见《千佛洞》图版 XXVIII。
⑤ 参见 Ch.00468、xxvi.a.002（图版 LXXXV）、xxvi.a.006（图版 LXXXVII）、lv.005、lv.0017。
⑥ 参见 Ch.0010 0022、0035、0040（图版 LXXXV、《千佛洞》图版 XXVII）、00469、xx.0011、xxiii.001、xxxiv.004、xlix.007、lv.0018（图版 LXXXV，托塔）、lv.0020、lv.0046。另见裱在纸上的画 Ch.00391。

幅画是以他为题材,其中一幅是幢幡。① 最后,还有一幅幢幡所画的人物风格和服装都与天王一样,但脚下没有鬼怪,手中也未持标志物。②

护法或金刚▷　除了天王像,我们还会注意到一组为数不多的丝绸幢幡和纸画,画的是护法或忿怒金刚——至今他们仍是远东佛教神祇中最受欢迎的人物。他们的形象源出于犍陀罗艺术中的"持雷电者"③,在龙门石窟中就已出现了。龙门石刻护法金刚的姿势和发达的肌肉,后来在我们的藏品中成了他们的模式化特征。④ 要想把这种画风追溯到中亚,从库车到吐鲁番的北部绿洲中发现的壁画大概可以提供丰富的资料。⑤ 关于我们藏品中的护法像,富歇先生指出:"他们已不免使我们想起日本那些肌肉健硕的鬼怪和喇嘛教的可怕神祇。但应该注意到,他们既不像喇嘛教护法那样数量多得惊人,也没有猥亵的特点。"⑥

狰狞的金刚▷　九件护法幢幡中,除一件外,均保存良好,其风格彼此差

---

① 参见 Ch.xxvi.a.001、xvii.003(纸画)。但请参见天王系列作品 xviii.002(图版 XC)、xxii.0026(图版 XCII)。

② 参见 Ch.0095(图版 LXXXIII)。在天王像残件 Ch.00470 中,无标志物。

③ 参见富歇《犍陀罗艺术》,第一卷,358 页;格伦威德尔、伯吉斯《佛教艺术》,93 页以下;沙畹《考古纪行》,第一卷,552 页。

④ 参见沙畹《考古纪行》第一册图版第 303、304、330、342、345、357～360 号。护法与天王的区别在于,前者姿势紧张、肌肉发达,而且未穿铠甲(尤其对比该书 353 号天王像)。沙畹先生认为云冈石窟混合风格的人物是金刚(该书图版第 219、231 号),但它们也可能是风格比较古老的天王像,参见该书第一卷,312 页。

⑤ 参见格伦威德尔《古代佛教寺庙》368 页索引 s.v 词条"金刚"。穆图拉克有一个金刚像与我们的幢幡很接近,见该书 309 页,图 627。

⑥ 关于富歇先生的注,见本章第一节。关于藏传佛教为数极多的护法及其与金刚的关系,参见格伦威德尔《佛教神话》,158 页以下。

日本寺庙门口肌肉健硕的鬼怪(日语称"尼恶")与金刚属于同一类型,参见格伦威德尔、伯吉斯《佛教艺术》,95 页,注①,图片见格伦威德尔《佛教神话》,图版 XIV。

别不大,有几个一模一样。① 所有护法都姿势紧张,肌肉发达,头部奇形怪状,眼睛下视,持代表雷霆的金刚杵(金刚杵上有繁复的装饰)。虽然他们的珠宝饰物很多,衣物却不多,这显然是为了充分展示夸张的肌肉。对肌肉的处理方法尽管是模式化的,却相当有技巧,有几幅幢幡还巧妙地表现出了立体感。② 衣纹复杂,头饰两端的发带向上飞起,画面上方还有卷云,有些画中,护法举起的手臂旁是背光上的熊熊火焰,这些都增强了忿怒金刚像的表现力。③ 为了增强这种表现力,画上用的都是强烈而清晰的色彩,常常造成十分醒目的效果。最后,我还要提一下一个和种族有点关系的小问题,那就是,有些护法的虹膜是绿色的。④ 除幢幡外,还有一幅挂画形状的三头金刚纸画,即 Ch.i.0023、Ch.00156(图版 XCVIII)是画得很生动的、不同姿势的金刚速写像。⑤

第七节　成组的神祇

现在我们来看第二大类即画有多个神祇的画。方便的办法是先讨论以两个或两个以上佛教神祇为主要人物的画,再讨论那些画两个或两个以上菩萨环绕着中央佛的画,最后再看构图精美华丽、人物众多、表现天堂快乐生活的净土画(不同净土是由不同的佛主宰的)。

◁成组神画像的
　分类

---

① 参见文物目录中 Ch.004(图版 LXXXVI)、i.006、lxi.006、Ch.xxiv.001 和 002 下的文字。其他丝绸幢幡有:Ch.00467(残件)、i.004(《千佛洞》图版 XXIX)、xxvi.a.005、liv.002(图版 LXXXVI)。

② 比如 Ch.004(图版 LXXXVI),又见 i.004(《千佛洞》图版 XXIX)。在 xxvi.a.005、lxi.006 中,立体感画得过于机械,成了毫无意义的粉红色网格。

③ 向上飘的火焰见 Ch.xxiv.001 和 002(图版 LXXXVI),Ch.xxiv.001 和 xxvi.a.005 的人物肩上还出现了发光的珠宝。

④ 参见 Ch.xxvi.a.005、liv.002。

⑤ Ch.00409 是一张粗略的纸画。

佛、菩萨雕像▷
的再现

既然要从最简单的开始,我们就先把一幅残破不全的大画Ch.xxii.0023放在第一位来描述。① 虽然它已碎成残片,却很有价值。画上的不同位置画着数量众多的、纯粹为犍陀罗风格的佛像和菩萨像。彼得鲁奇先生从不同人像间极少数依旧可读的题识中辨识出,这幅画画的是人们在印度的不同圣地所朝拜的雕像。这一发现揭示了此画在造像上的重要价值,彼得鲁奇先生本人在吉美博物馆所作的关于敦煌绘画的演讲中就强调了这一价值。② 洛里默小姐在文物目录中对此画作了极为详尽的描述,所以在此我就不讨论细节了。但我想请大家注意几个基本问题:此画中完整或部分完整的人像总共有 18 个,其中 13 个的位置是确定的。凭其典型姿势或法器,我们目前能够确认六个人物的身份,其他人物的身份还需要专门的造像专家来研究。

金刚座佛像▷

iv 号人物画的极有可能是释迦牟尼在成正觉之前受到魔王进攻的那一著名场面,因为此画中释迦牟尼手放在所坐的石头上(即成触地印)③,三个鬼怪的头形成一个冠状物放在头上,代表的是魔王的鬼怪大军。佛教传说记载,释迦牟尼在圣地波德—加亚(Bōdh-Gayā)成正觉时就是这种姿势——玄奘把这一造像叫摩诃菩提金刚座(the Vajrāsana of

---

① 参见图版 LXX,所拍的是整幅画保存较好的左半边。关于当初发现时右半边保存下来的残片,有一张放大的馆藏品照片。在最后裱糊左半边时,大英博物馆版画素描部出于审美上的原因,把右半边的一块残片放在了左半边中 V 号人物的右边,《千佛洞》图版 XIV 中拍的就是裱糊后的照片。见文物目录中Ch.xxii.0023 下的文字。

② 参见彼得鲁奇《吉美博物馆年鉴》,第四十一卷,121 页以下。

③ 这一姿势源自犍陀罗,在晚期印度雕塑品中则成了佛"成正觉"的模式化姿势。参见富歇《犍陀罗艺术》,第一卷,406 页等。

Mahābodhi)。① 这个人物旁边的汉文题识说,所画的是摩揭陀王国的一幅雕像,更证明了我们上面所作的判断。中国史书记载,"金刚座"(用中国朝圣者们的话来说,意思是"金刚座真正出现")是公元7—11世纪印度最受崇拜的佛教偶像②,因而这一偶像出现在我们的绘画中不足为奇。

　　我们的画中还有一幅盘坐并施触地印的菩萨像,所幸其旁边的题识没有剥落。按照彼得鲁奇先生的简要解释,题识中称,其原型是劫国的一幅银像。③

　　尽管别的题识都对我们帮助不大,但凭着其他迹象,我们还能辨识出四个人物的身份。在 xi 号像中,背光环绕着一个立佛,背光的 S 形顶部内有一对鹿,说明这里画的无疑是佛在贝拿勒斯鹿野苑的初转法轮。④ v 号像比较有趣,画的是一幅佛像,右手举起施无畏印,全身环绕在一个椭圆形背光之中,背光中呈放射状画满了小佛像,小佛的姿势与大立佛相同。这幅画的所有细节,都与我 1901 年在和田大哈瓦克—威亚拉的南墙角发现的两个大泥浮雕像完全相同,甚至连衣褶都相

◁鹿野苑说法和舍卫国降伏外道

---

　　① 参见富歇《犍陀罗艺术》,第一卷,413 页等;《佛教造像》,第一卷,90 页以下的图 11,图版 III.5。值得注意的是,富歇先生在后一本书中描述了两件尼泊尔写卷,写卷中画有小佛像。其中有个小佛像(无图版,编号 II.2)其题识是摩诃菩提金刚座。正如 Ch.xxii.0023 中的人物一样,那个佛像也既画了释迦牟尼的触地印,又画了魔王的鬼怪。

　　② 参见富歇关于"波罗—波多尔未完工的佛像"所作的笔记,载《法国远东学院通讯》,第 3 期,79 页;沙畹《波德—加亚的义义题识》(Les inscriptions chinoise de Bodh-Gayâ),载《宗教史评论》,第 34 期,31 页等。

　　③ 参见彼得鲁奇的文章,载《吉美博物馆年鉴》,第四十一卷,122 页。我认为,汉语地名劫国是从卡比萨(Kapiśa)而来的,从玄奘和悟空的记载来看,这个地点位于喀布尔地区。参见沙畹《西突厥》,52 页,注①。我之所以这样认为,是因为这两个朝圣者都说到,劫国是犍陀罗国王们夏天的行官,冬天他们则住在犍陀罗。而喀布尔一直是白沙威尔谷地统治者们的夏日行官。西尔文·列维先生认为这是卡菲尔斯坦(见《亚洲学刊》,1915 年 1—2 月号,102 页),这种说法缺乏地理学上的证据。

　　④ 关于希腊化佛教艺术中的初转法轮浮雕,参见富歇《犍陀罗艺术》,第一卷,431 页以下。有趣的是,在项光顶部的上面,释迦牟尼为坐姿(与犍陀罗浮雕一样),而底下的大佛像为立姿。

同。① 富歇先生后来证明,它们以及犍陀罗浮雕中小得多的类似雕像表现的都是释迦牟尼于舍卫国降伏外道。② xii 号画的是观音,佩戴着大量饰物,持莲花和净瓶,其两侧大量小从者也证明了画的是观音像。

释迦牟尼在灵▷鹫山像

同上述人物相连的就是立佛像 xiii,此像在造像上很有价值。佛的姿势相当生硬,背景中是斑驳的岩石,再加上对衣纹的处理方式,使我们得知画的是灵鹫山上的释迦牟尼。同一题材还出现在精美的绢画 Ch.0059 和大绣像 Ch.00260 中。③ 这三幅画中都画有岩石,即灵鹫山(释迦牟尼后期生活中的很多事件都发生在这里,人们认为这座山就是王舍城附近有名的石山④),而 Ch.0059 的山洞上方还画了只秃鹫,更证明画的是灵鹫山无疑。不幸的是 xiii 号画面旁没有题识,使我们无法得知这三幅画所模仿的究竟是哪个印度原型。⑤ 而三幅画中,佛双手的手姿都完全相同,对衣纹、头发、服装等的处理方式也极为相似,说明它们模仿同一个蓝本。⑥ 我们一眼就看得出,这个蓝本要么是个希腊化佛教风格的雕像,要么受这种风

---

① 参见《古代和田》,第一卷,493 页,图 62~64;《和田废墟》扉页画。

② 参见富歇《佛教艺术的起源》,172 页及注①;其他这类犍陀罗浮雕见拙文《沙赫里—巴合娄尔之发掘》,载《印度考古调查局 1911—1912 年度报告》,105 页,图版 XLVII,图 19。

此外,我想说,残片 xiv 画有一个佛垂双腿坐在宝座上,他右侧的背光中还画满了立姿小佛半身像。还有一类背光中画着两排小坐佛像,背光围住的是一个坐姿菩萨,见文物目录中关于 xvii 的文字。

③ Ch.0059 见《千佛洞》图版 XIII;大绣像见图版 CIV 及本书第二十四章第一节。

④ 参见玄奘关于灵鹫山的记载,载儒连《记》,第二卷,20 页以下;比尔《西域记》,第二卷,152 页以下;沃特斯《玄奘》,第二卷,151 页以下,该注中还提到了其他中国佛教书籍。另见莱格《法显》,82 页等;富歇《犍陀罗艺术》,第一卷,497 页等。

⑤ 上一个注中说到玄奘对灵鹫山的记载:在一座悬崖附近(人们认为,释迦牟尼曾常在那里说法)有一间房子,房中有一个真人大小的世尊说法像。

⑥ 只需看一下,这三幅佛像中佛的右臂都是直着向下伸,右臂的立体感表现得都很生硬,右肘关节也一样,左手都在胸前提着衣服,左臂的轮廓线都是很模式化的。Ch.xxii.0023、00260 在细节上的一致之处也是很引人注意的。即使在缩得很小的显现在雕像侧景的雕塑中也可清楚地看出它们的轮廓。Ch.0059(《千佛洞》图版 XIII)。

格影响很深。但必须注意到,迄今为止人们只发现过一个犍
陀罗浮雕是以灵鹫山为背景,雕的是佛坐在灵鹫山山洞中。①

我们已说过,三幅画像即便在细节上都严格模仿某个原 ◁忠实地再现了
型,这一结论相当重要,因为它使我们更有理由认为, 造像原型
Ch.xxii.0023中的其他画像也都是临摹某些原型。我们还可以
引述一个佐证:公元 11 世纪尼泊尔的写卷中有一些小插图,
其所附题识告诉我们,插图绘的是印度佛寺的某些实际场景
或雕像。富歇先生对这些小插图进行了研究,得出了极具启
发性的结论。他证明,这些画在造型、手姿、着色、主要人物的
固定标志物等方面,都秉承了长期流传下来的传统模式。② 显
然,当尼泊尔的画家绘制这些圣像插图时,他们极少发挥自己
的想象力来增删或改变什么,Ch.xxii.0023 的作者很可能也是
如此,但凭现有知识,我们很难确定,这位作者是从什么渠道
得知这些圣像的传统模型。③ 此画鲜明的犍陀罗风格表明,这
些模型很可能间接来自犍陀罗,并最早经中亚传入敦煌。④ 画
上只有轮廓线,几乎未着色,这与和田壁画的工艺很接近,此
外,整幅画朽坏得极厉害,表明它可能年代较早。大绣像
Ch.00260 也有类似特点。

上文说过,有三幅作品的中心人物是灵鹫山上的释迦牟

---

① 参见富歇《犍陀罗艺术》,第一卷,497 页以下,图 249。
② 参见富歇《佛教造像》,第一卷,40 页以下。
③ 彼得鲁奇先生提出了一个假设,说 Ch.xxii.0023 的作者本人有可能去过印度圣地,并将佛像临摹
了下来(《吉美博物馆年鉴》,第四十一卷,122 页)。考虑到上述以佛在灵鹫山为题材的画所有细节都完全
一样,这一假设大概是站不住脚的。
④ 在此想提出一个问题:此画和类似画的用意是不是因为某人确曾去过这些遥远的圣地,所以画家
把这些地点画下来,以彰显这种朝圣行为?印度很多地方就有一种习俗:在小佛塔底部的四面画上佛生平
中的四大事件(分别发生在迦毗罗卫、加亚、贝拿勒斯、拘尸那)。富歇先生对此提出了一种相当有说服力
的解释,认为这表示人们很看重到这四个地方去朝圣。见富歇《犍陀罗艺术》,第一卷,411 页。

图 221　千佛洞 Ch.VIII 洞窟主室西壁蛋彩壁画 viii

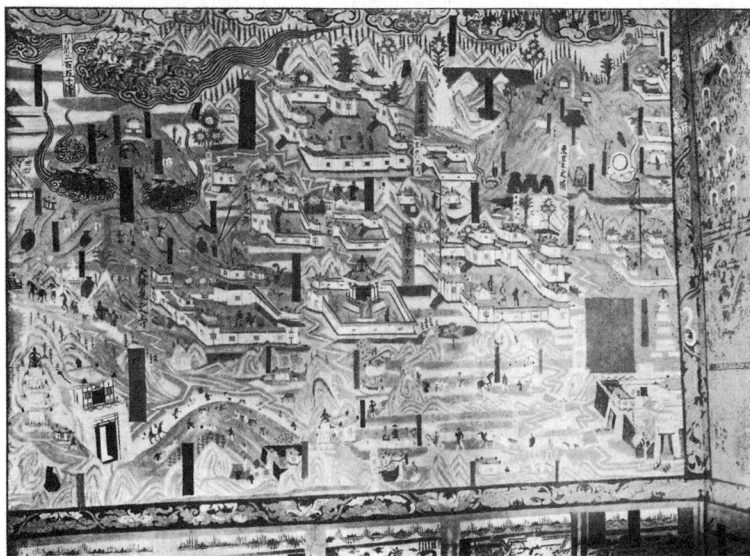

图 222　千佛洞 Ch.VIII 洞窟主室西壁蛋彩壁画 ix

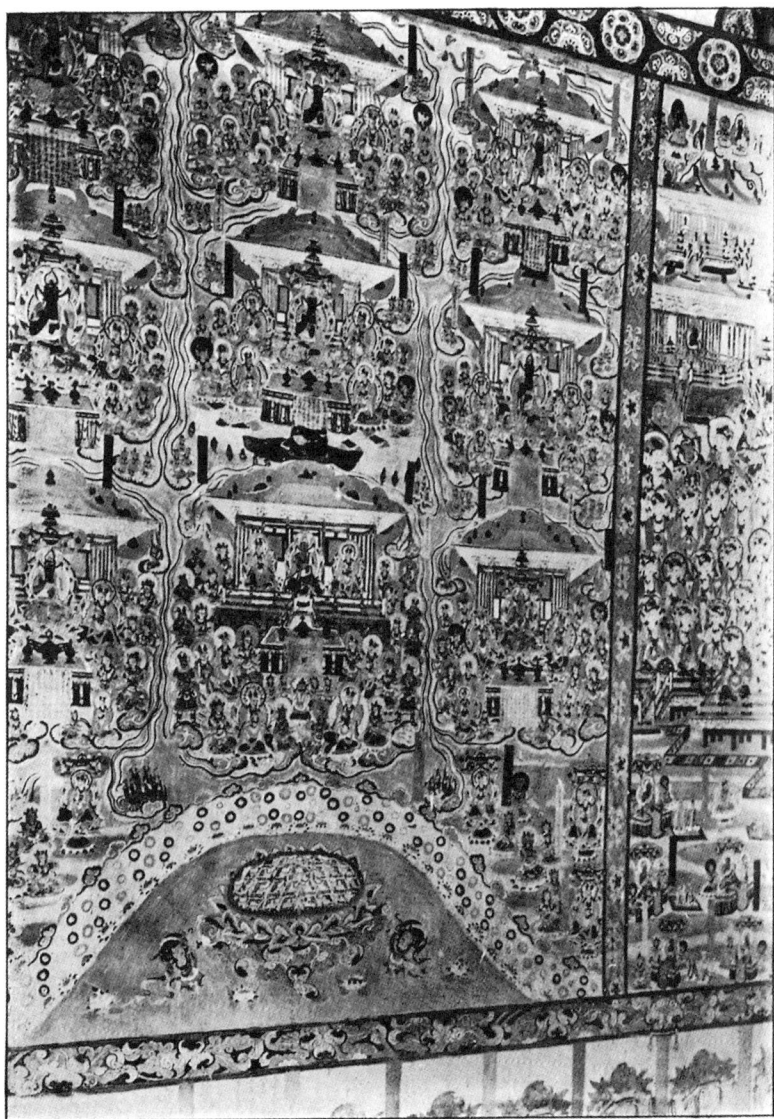

图 223　千佛洞 Ch.VIII 洞窟主室北壁蛋彩壁画 xiii

图 224　千佛洞 Ch.VIII 洞窟主室北壁蛋彩壁画 xi 及 x 局部

尼,其中第三件就是 Ch.0059①,不幸的是,这幅画所受损坏较严重(细节见文物目录)。但在它保留下来的左半边中,我们仍可以看出释迦牟尼的右肩和右臂,其右臂也是呈僵硬下垂的典型姿势,与 Ch.xxii.0023 和大绣像一样。佛的背光上有大量装饰物,背光上方是画得很生动的岩石背景,岩石上立着一只秃鹫(是此画的标志物)。佛旁边是一个带项光的佛弟子,画得巧妙而富有个性,可能是舍利弗。沿画面左边是一系列小场景,完全以中国风格画成(下文我们将会看到,大净土画两侧的佛本生故事条幅也都是这种风格)。

◁画有释迦牟尼
在灵鹫山的画

　　这些小场景的内容目前都还没有确定,但其中两个马上引起了我们的注意。最上面的场景中画的是一幅与中央佛一样的佛像,佛像下是个莲花座,佛像后可能是一座庙,一个穿和尚服装的人物指点着佛像,似乎想引起底下行人的注意。它下面紧接的场景我们就不说了。再往下画着一个动作狂暴的雷神,四周是云,云下面又是一个中央佛的翻版,虽然不大,却可以看得很清楚,佛像后面也是以岩石为背景。尤其引人注意的是,佛像外围了一圈高至其肩部的木质脚手架。佛像后的脚手架上高高地站着两个工匠,似乎在忙碌地雕着佛像的头,底下一座残破的建筑或院落后面有个男子,似乎想极力引起工匠们的注意。

◁传说场面

　　尽管我们仍找不到任何线索来解释两侧小场景,但该画主休部分很可能与一种传说有关:传说佛像是可以奇迹般地

---

①　比例较大的照片,见《千佛洞》图版 XIII。

从一个地方自动移到另一个很远的地方。① 这尊"灵鹫山上的释迦牟尼"雕像非常有名,但它原来在什么地方,又自动移到了什么地方,我们都无法得知。无论如何,我们都应注意到,中央佛体态生硬,严格遵循着造像传统,与此形成鲜明对比的是,画面的其余部分画得自由洒脱,充满生机和活力。

一对观音的画▷
像

在以并列的神祇为题材的画中,我们先来说保存极好的大画 Ch.xxxviii.005②,画的是两个约真人大小的观音对面而立,画得十分精美,属于上文讨论单个菩萨像时所说的"中国风格",人物细节和华丽的服饰上所用的色调丰富而和谐(见彩色图版和文物目录)。左边观音持花,右边观音持净瓶和柳枝,这些都是人们熟知的标志物。通过画面上方的题榜,大概可知画的是哪种形式的观音,但目前题榜尚无译文。已严重破损的绢画 Ch.lxi.0010 画的可能也是一对中国风格的观音。

公元 864 年有▷
四观音像

保存完好的大绢画 Ch.lv.0023 有特别的价值③,因为它在藏品里有明确纪年的画中,是年代最早的(献辞中的纪年为公元 864 年)。它也把两种风格结合了起来:上半部分并排画了四个生硬的观音像,反映的是起源于印度的造像传统;下边则是中国风格,显得有活力得多,画的是分别乘白象和白狮的文殊和普贤,带着各自的随从。我们的藏品中,普贤和文殊总是双双出现,吐鲁番、塔里木盆地北部绿洲中的石窟壁画里也有

---

① 中国朝圣者们记载过,和田地区流行一种传说,认为佛像可以奇迹般地从一个地方飞到另一个地方。玄奘就曾在和田都城附近的一个地方见过一尊佛像,人们告诉他,这尊佛像是从库车飞来的。见儒连《记》,第二卷,230 页;关于玄奘记载的地点,见斯坦因《古代和田》,第一卷,225 页。玄奘和宋云都在和田以东的媲摩(Pi-mo)见过一尊著名的檀木立佛像,人们认为,这尊佛像本来是乔赏弥国王优填王命人造的,后来飞到了这里。见儒连《记》,第二卷,242 页;沙畹《宋云行记》,14 页。这尊佛像的所在地及与其有关的许多传说,见《古代和田》455 页等。

② 参见图版 LXXXI。《千佛洞》图版 XV 是一张拍得极好的彩色照片。

③ 彩色照片见斯坦因《沙漠契丹》第二卷图版 VIII。《千佛洞》图版 XVI 中是一张比例更大的黑白照片。

不少这样的例子。① 他们俩总是对称,脸朝向对方,这也是下
文即将说到的大曼荼罗画的最典型特征。底下的文殊和普贤
很容易认出来,而上面的四个观音除一些小差别外(见文物目
录),姿势和服装基本一样,只有旁边的短题识能告诉我们所
画的是观音的哪种形象。这幅画虽然做工比较精细,色彩也
很丰富,从艺术价值上来讲却无法与下文即将说到的大曼荼
罗画或成对的菩萨像相比。但从两个方面来讲,它具有相当
的造像价值和文物学价值。首先,下半部分的人物画得很熟
练,这证明,早在公元 9 世纪中叶,大量中国风格的绢画所遵
循的仪轨就已经完全定型了。其次,由于此画有明确纪年,所
以从底下的男女供养人像中我们可以获得关于当时服装、发
型的有用信息。

　　有一组画的题材很相似,如果保存完整的话,它们应该归
入净土画一类中。画上一边是普贤,一边是文殊,各带着自己
的从者向中央的人物行进(如今中央的人物已缺失,极有可能
是一个佛)。Ch.xxxvii.003、005 是一幅大画的左右两部分,顶
部呈弧形,虽然它们已残破不全,仍高达 7 英尺——可见,原
画顶部为拱形,尺寸还要更大。② 两个大菩萨各自坐在坐骑
上,带着一大群菩萨、天王及其他天宫侍者,深色皮肤的昆仑
奴牵着狮和象,昆仑奴前面是一对乐师。此画各方面都遵循
着大曼荼罗画的那种对称布局,线条和着色都很精美,虽不完
整,构图却仍能给人深刻的印象。弧形顶表明,原来的大画可
能本是挂在石窟中佛龛的后墙上,或石窟前厅墙的最顶部。

　　大残件 Ch.iii.006 上可见文殊及其侍者,布局与上一幅画

◁带从者的普贤
　和文殊

----

① 参见格伦威德尔《古代佛教寺庙》,6 页、30 页、276 页、283 页、297 页、300 页、305 页、311 页。
② 右边(Ch.xxxvii.003)保存得较好,《千佛洞》图版 IV 中有其完整的照片;该书图版 V 是左边
(xxxvii.005)普贤前面的乐师的放大照片。

类似,其悬挂位置肯定也与之相同。属于同样情况的还有较小的残件 Ch.xxviii.002(图版 LXXVI),因为它的边也呈弧形。它上面画着飘飞的两只凤凰、浮云和一个仙女(可能代表的是从云中飞出的天女),画得自由而大胆,给人以强烈的动感。某些细节则画得很粗略(比如,仙女的四肢太短),这表明,此画是让观者从远处仰视。

观音曼荼罗中▷的文殊和普贤

Ch.xxxvii.004[1] 是个精美的残件,原来的大画肯定本是幅观音曼荼罗,只因为在这个残件中文殊和普贤占据了显著位置,所以把它放在这里来讨论。中间的大千手观音像只剩下了胸以上的部分,观音两侧的两个大菩萨保留下来的则更少,这之上是文殊和普贤带着大群从者从两侧向中间行进。文殊的队伍和普贤的队伍之间有个大题榜,其中的汉文和藏文题识已不可识读。现存画面的最顶部是释迦牟尼像,左手持化缘钵,右手施论辩印,佛两边各有一个印度风格、印度姿势的坐姿大菩萨,佛和大菩萨周围簇拥着一群年老的佛弟子和中国风格的供养菩萨。这幅画风格庄重,布局、着色、工艺都很精细,在藏品中占有重要位置。细节内容参考文物目录。

一佛二菩萨组▷合

现在我们来说比较简单的众神画,它们都把两个或两个以上人物对称排列在一个中心人物两边,从这类画我们可以方便地过渡到净土画。Ch.0067 画的是阿弥陀佛站在观音和大势至菩萨之间(这就是大乘佛教有名的西方三圣[2]),三者均为印度姿势和印度风格。另一幅绢画 Ch.xx.003 构图同样很生硬,画的大概也是西方三圣。做工极糟的绢画 Ch.00224

① 参见图版 LIX,画面左上方的彩色照片见《千佛洞》图版 III。
② 参见格伦威德尔、伯吉斯《佛教艺术》,183 页、193 页注、194 页等。还有一纸画残件(即 Ch.xxviii.005),画的是观音坐在一个佛旁边(可能是阿弥陀佛)。请同时参见附录 E,II 中怀利先生关于 Ch.00224 的注。

构图与此类似,其年代为公元 939 年,画的是东方药师佛坐在文殊和普贤之间,文殊、普贤为中国风格。Ch.xxi.002 保存得很差,两侧的菩萨可能也是文殊和普贤,但没有题识来确定他们的身份。① 在纸画 Ch.xxi.0015 中,药师佛则坐在观音和金刚藏之间。

Ch.xxxiii.001 号画构图要复杂一些,保存得也较好。中间是一个佛,可能是释迦牟尼佛,周围对称分布着菩萨和两个佛弟子,通过题识我们知道,佛弟子是目犍连和舍利弗。在 Ch.0074 中,中间是一个菩萨坐在香案后(显然是观音),周围有很多个坐姿菩萨,藏文题识表明,其中三个分别是普贤、文殊、地藏。最后要说的是残件 Ch.00222,它无疑本是一幅大曼荼罗画的一部分,但保留下来的部分中却缺乏西方净土画的典型特征,比如七宝池、伎乐队等。由于此画损坏得很严重,只有横向上是完整的(宽有 4 英尺多),所以无法确定中央佛的身份。在佛两侧,除了两个被背光环绕的胁侍菩萨,还严格按照对称原则画了一大群神祇,包括十二个供养菩萨、十王、六个带项光的罗汉。虽然此画在艺术上只是中等水平,却画了大量天宫人物,就让我们把它当作下一节大净土画的序幕吧。

◁其他神祇的组合

---

① 在此提一下 Ch.xxii.0017 似乎很合适。它保存较差,画在编织紧密的麻布上。中间是观音,左右的两个菩萨只比他稍小一点。上面是化佛像,化佛两侧也有两个菩萨。人物纯粹为印度风格,未经任何分组地分散在画面上。另一幅大麻布画 Ch.00132 剥落了许多,画的是佛及随侍的菩萨。类似的纸画见 Ch.00160(图版 XCII)。

第八节　佛教净土画

净土画的价值▷　　　净土画尺寸较大,构图复杂,其中阿弥陀佛净土居多,其他净土则较少。这类画是我们的藏品中特别引人注目的一个重要部分,关系到远东佛教艺术发展史和造像上的许多问题。幸运的是,彼得鲁奇和沙畹先生专门研究了大量净土画上的题识和其他方面的特点,其研究成果一部分将收在彼得鲁奇先生的附录中,一部分收在他们的合著《东亚备忘录》中,但这些成果目前我却无从得知。① 因此,请读者原谅的是,我的概述只能很简短,某些有趣问题也只能一笔带过,有些解释甚至可能是错误的。另一方面,我希望洛里默小姐在文物目录中对每幅画的详尽描述能有助于其他专家(比如日本的专家)未来的研究工作,因为他们可能无法看到原件。

阿弥陀佛的西▷
方净土
　　　我们都已知道,在亚洲北部(尤其是中国和日本)的佛教信仰中,阿弥陀佛统治的西方净土(或称极乐世界)占有重要地位,这一点已无须赘述②,在此我也不想说净土观念的起源和发展过程。中国人一向十分看重现实生活中的舒适和享乐,对他们来讲,净土观念很有吸引力——在净土中,笃信佛法的人的灵魂将超越一切尘埃,再生于莲花池中,并加入天堂神祇们的行列,享受万年甚至永远的极乐和安宁。③ 据说,日本佛教绘画中的大量西方阿弥陀佛净土图,都是直接或间接模仿公元 8 世纪被带到日本的一幅中国画,此画至今仍保存

---

①　请读者参见彼得鲁奇《论曼荼罗画》(*Essai sur les Maṇḍalas*),附录 E,III。
②　参见格伦威德尔《佛教神话》,115 页以下;艾特尔(Eitel)《汉传佛教概述》(*Handbook of Chinese Buddhism*),6 页等;艾德金斯《汉传佛教》,233 页以下。
③　参见格伦威德尔《佛教神话》,116 页以下引用的舒特 1846 年的译文;尤尔《马可·波罗》,第一卷,460 页。这两本书中生动而有趣地记述了中国人对极乐世界的普遍观念。

在塔马吉(Taïma-ji)庙中。① 彼得鲁奇先生也曾指出过,这幅中国画在布局、特征上与我们的大多数阿弥陀佛净土画一样——中间也是极乐世界场面,左右两边的小条幅中,也画着与释迦牟尼有关的阿阇世王和频婆娑罗王的传说。千佛洞的某些壁画中也清晰地保留着这种布局。②

　　显然,构图上的共同规律说明,早在这些画出现之前,这 ◁布局出自中亚
种构图方式就已经完全确定,所有场面均与《佛说阿弥陀佛
经》吻合③,也证明了上述结论。这种构图极有可能先是在中
亚佛教艺术中发展起来的,至少部分如此。虽然我们迄今为
止尚未看到这方面的实证④,但彼得鲁奇先生在《历代名画
记》中找到了一段重要文字,其中记载,公元605—617年间,
来自和田的画家尉迟跋质那在东都洛阳的皇宫中画了一幅极
乐世界壁画⑤(按《历史名画记》记载,东都大云寺有净土变,
尉迟画——译者)。

　　我不能解释尉迟跋质那幅壁画(它无疑是中亚风格的)、 ◁简化的西方净
古代日本的那幅中国画和我们的净土画之间的确切关系。但　　　　土图
有一点是确定无疑的:我们的净土画有不止一种类型。上文
说的阿弥陀佛净土画数量众多,背景极为华美,画满了菩萨和
各种各样的小神,两侧条幅中画着传说中的故事。除此之外,
还有一类净土图风格要朴素得多。在上一节的末尾我已说过

---

① 参见彼得鲁奇的文章,载《吉美博物馆年鉴》,第四十一卷,125 页。

② 参见本章第二十五章第一节。

③ 参见本章本节。

④ 吐鲁番壁画中目前可分辨出的净土图似乎都出自回鹘时期的吐鲁番寺院,并明显地反映出当时的中国佛教艺术的影响。参见格伦威德尔《古代佛教寺庙》,索引词条 s.v"极乐世界"。

⑤ 参见彼得鲁奇的文章,《吉美博物馆年鉴》,第四十一卷,126 页。《历代名画记》是公元 9 世纪张彦远写的一部中国艺术史,参见希尔特《外来影响》,35 页。希尔特教授第一次使人们注意到尉迟跋质那和他名气更大的儿子尉迟乙僧在中国艺术史上的重要地位,参见该书 34~47 页;《一个收藏家的手记》,64 页、70 页以下。唐朝时,尉迟家族统治着和田,参见斯坦因《古代和田》,173 页、523 页。

几幅画,画的是阿弥陀佛、观音、大势至,这就是阿弥陀佛净土中的西方三圣。从这类画我们可以过渡到一组数量不多但很有趣的画,画中佛的主要随从也是以大净土图的方式排列,但没有天堂生活及享乐的场面,而这种场面却是大净土画的重要特征。

公元 10 世纪▷
的西方净土画

例如公元 952 年的一幅绢画 Ch.xlvi.008,画的是阿弥陀佛坐在一个带栏杆的平台上,平台出自池中——这些都与大净土画一样。但他的随从只有对称分布的六个菩萨、四个天王,画中既没有天堂伎乐队,也没有新生的婴儿。底下的供养人画得很仔细,给我们提供了公元 10 世纪服装和发型的确切资料。所有的大净土画则都没有日期,这可能是因为这些大绢画底部一律遭到了损坏的缘故。但有几幅中底下的一部分供养人像保存了下来,把这些供养人以及两侧条幅中人物的服装同 Ch.xlvi.008 相比较,有时可以得出其大致年代①。大画 Ch.lii.004(图版 LXII)上半部分是典型的极乐世界场面,中间为阿弥陀佛,左右为观音和大势至,每一侧还有两个小菩萨、一个天王、一个佛弟子。佛前面的香案上放着供品,佛身后则有两棵树——这些都是极乐世界图的典型特征。下半部分画的是"父母恩重"场面,与底下的供养人以及 Ch.xlvi.008 中的供养人比较一下,我们就可以看出"父母恩重"场面中人物的服装是公元 10 世纪的。

Ch.liii.001 和▷
xlvii.001 的特
殊之处

两幅画 Ch.xlvii.001 和 Ch.liii.001 的年代可能要早些,很能给人以启发。这两幅画在风格、布局、着色、处理等方面有

---

① 参见本节。Ch.xlvi.008 的风格、布局与麻布画 Ch.i.0014 很接近。后者画的是一佛四菩萨坐在树下,围着一个平台般的香案;做工粗糙,底下的供养人穿的是公元 10 世纪服装。

不少共同特点,表明二者关系密切(细节请参看文物目录①)。《千佛洞》图版 X 是 Ch.liii.001 的彩色照片,画的是阿弥陀佛坐在一朵莲花宝座上,两侧是观音和大势至,前面有两个小菩萨,后面是六个个性鲜明的佛弟子排成一排。虽然未画七宝池,但人物的布局及画面细节(比如,两棵叶子为星形的树,把一个华丽的华盖支在阿弥陀佛头顶)都表明,所画的是一幅净土图。

这些特征在 Ch.xlvii.001② 中表现得更充分。它是幅超过 5 英尺见方的完整的大画,画阿弥陀佛和两个胁侍菩萨坐在莲花座上,莲花座出自七宝池中。前景中的大平台上有很多天宫形象,包括婴儿状的纯洁灵魂、神鸟等,这些都是大净土画的特征。平台后面的椭圆形莲花蕾裹住婴儿的灵魂,旁边还有题识,说明新生的灵魂在天堂中的位置。空中,中央华盖的两侧有驾云的小佛、飘飞的婴儿灵魂、优美的天女、乐器——这些也是典型净土画的常见内容。

但此画的构图与大净土画也有显著差别,如背景中没有画任何天宫建筑,主要人物间隔得较远,这表明,这幅净土图的布局不同于千佛洞绢画和壁画中的正统布局,是独立发展起来的,而日本的净土画都是这种非正统布局。更为有趣的是,我们可以看到,Ch.xlvii.001、liii.001 中的供养人服装明显不同于所有有纪年的公元 10 世纪画作,并比上文说的

◁"非正统"的西方净土画布局方法,供养人的服装说明其年代较早

---

① 参见本书第十二章第二节。尤其值得注意的是,此画除色彩变化外,还使用了高光来表现立体感。这种方法在千佛洞其他绘画中还没有出现过,但却使人想起米兰 III 号寺院中的天使壁画(见本书第十三章第三节)。Ch.liii.001 和 Ch.xlvii.001 在细节上的其他共同点包括:人物的项光都是透明的(与其他绘画都不同);用来写献辞的框有形如一块石板;佛的华盖两侧都有天女飘下。供养人服装上的共同特征见本页注④。

② 参见《千佛洞》图版 XI。

Ch.lv.0023(公元864年)年代要古老①。大绣像Ch.00260(图版CIV)更清楚地显示出这种古老服饰的风貌:男子戴有"尾"的小帽,女子穿窄袖的胸衣,发髻上无装饰。大绣像与Ch.xlvii.001和liii.001还有其他共同之处②,因此可能与它们属于同一时期。上文曾说过的另一个事实似乎也可以说明这三件作品年代较早:它们供养人的服装和发型很像佛传幡画以及云冈、龙门佛传浮雕中的古老风格。③

"正统"的西方▷净土画

　　我们的藏品中有十几幅作品体现了唐朝阿弥陀佛净土画的正统风格④。由于画面人物众多,画幅较大,这组作品大多数遭到了相当程度的毁坏,有几个甚至成了碎片,但也有几幅保存得较好,这些丰富的材料使我们能够看清此风格的所有特征(见洛里默小姐在文物目录中的笔记⑤)。在此我只想说一些要点。博学的日本专家矢吹先生1916年研究了藏品中的净土画和其他大画,并提出了一些解释。他说,净土画都是图解著名的《佛说阿弥陀佛经》中的西方净土和其他传说。⑥

---

　　①　参见本章第七节。有纪年并有供养人像的作品目录见本章第四节注。Ch.lv.0023(《沙漠契丹》第二卷图版 VIII)和Ch.xx.005(公元891年)中,男子的头饰和女子的发型是向典型的公元10世纪风格的过渡——公元10世纪男子头戴宽檐硬帽,妇女戴华丽的高头饰。

　　②　除了供养人的服装等,其他共同之处还有:华盖两侧都有衣袂飘飘的天女飞下,胁侍菩萨的袍子都有织锦镶边(见 Ch.liii.001,《千佛洞》图版 X),莲花座的莲蓬都是灰绿色的,佛弟子的头都画得很真实(与 Ch.liii.001 类似)。参见本书第二十四章第一节。

　　③　参见本书本章第四节。

　　④　它们是:＊Ch.0051、00104、00216(《千佛洞》图版 XXX 中有其部分照片)、v.001、xxxiii.003、liii.003、lv.0033、lv.0047(见《印度艺术杂志》,N.S.,第120期图版4)、lviii.0011(《千佛洞》图版 VIII)。此外还应加上画无量寿佛净土的残件 Ch.00457、iv.001、xxii.009、lvi.0018、lvi.0034(见下文888页)。Ch.00473.a~e、xxii.005~007、xxxviii.006 残件可能也出自净土图。Ch.lviii.006 也是这类画中的一幅,它在石室中被发现时是卷成一卷的。

　　保存得最好的是＊Ch.0051 和 Ch.lviii.0011,前者还保留着两侧条幅。后者在《千佛洞》图版 VIII 中有照片,从中可以清楚地看出下文里描述的特征。

　　⑤　尤其是＊Ch.0051 下的笔记和＊Ch.lii.003 下的文字。

　　⑥　《佛说阿弥陀佛经》是424年翻译成汉语的,见塔卡库苏(Takakusu)在《大乘经典》中的英译本,见于《东方圣书》1894年版第四十九卷。

净土画左右两侧小条幅的内容也来自这部经。一侧画的是频婆娑罗王及其邪恶的儿子阿阇世王的传说,此传说记载在《佛说阿弥陀佛经》的第一部分中,与释迦牟尼传播佛法有关。另一侧画的是频婆娑罗王的王后韦提希观想阿弥陀佛净土中的各种事物,也载于该经的第二部分中。由于篇幅所限,对这些条幅的造像特点我只想说几点:传说故事完全以中国世俗风格画成,人物服装也是半古代式的,这些都与佛传幡画一样。表现运动的场面一般都画得很生动,而韦提希观想的场景则比较单调,其中韦提希是呈静止姿势的。① 我要专门提到两个场景,因为它们与释迦牟尼有关。一个画的是著名的佛本生故事,即释迦牟尼前生为白兔时,献身于一个猎人以使他免除饥饿。② 另一个场景中画着释迦牟尼上半身出现在一座小山后面,这是他从远方的灵鹫山现身,鼓励狱中的频婆娑罗王的故事。后一个场景比较重要,因为一个日本评论家认为,日本佛教艺术中的一个常见主题——所谓的"Yamagoshi-Amida"——就起源于此。③

两侧条幅中人物不多,风格朴素。但当我们再来看画面中间的极乐世界时,顿时就会被它丰富的细节和华丽的风格所打动。在欣赏这复杂甚至有点拥挤的构图时,我们不禁想起彼得鲁奇先生的话:"敦煌作品把数量最多、最华美的佛教造像呈现给了我们。"④ 第一眼看这些净土图时,大群的天堂人物和他们繁复的装饰可能会让人有点不知所措。但仔细研

◁两侧条幅中的频婆娑罗王传说和韦提希之观想

◁白兔本生故事

◁大群天宫侍者

---

① 各画中小场景的数目和顺序是不完全相同的。Ch.0051(有题识)、v.001、xxxiii.003、liii.003、lvi.0018中小场景数目较多。很多小场景的内容仍有待于专家来辨认,比如 Ch.00216(《千佛洞》图版 XXX)。

② 参见 Ch.00216.xiv、00451.ii、v.001.ii、lv.0047.ii、lvi.0018.ii、lvi.0034.i。

③ 参见 Ch.v.001.i、xxxiii.003.ii、lv.0033.i。从前人们认为"亚马哥什—阿米达"是公元 10 世纪的名僧艾欣(Eshin)在梦中见到的,参见《克卡》(Kokka),第 302 号 2 页及其图版 I~III。

④ 参见《吉美博物馆年鉴》,第四十一卷,126 页。

究一下我们就发现,画面都是按照既定程式布局的,不论是什
么佛的净土,构图都是类似的(只有极小的差别),人物的分布
全是对称的,这表明,在藏品中年代最早的极乐世界图之前,
净土画的模式就已经确定了。

西方三圣▷　　　藏品中有一幅小素描画的是净土画的简单轮廓(彼得鲁
奇先生是第一个请人们注意它的①)。中间是阿弥陀佛的莲
花座,右为观音,左为大势至——日本极乐世界图中也是这西
方三圣。阿弥陀佛和两个胁侍菩萨之间画着释迦牟尼的弟子
药王和药上,这使我们有可能确定其他净土画中央佛两侧佛
弟子的身份。②

成群的供养菩▷
萨　　　　　　三圣两侧和前面有成群的坐姿或跪姿小菩萨,其服装和
姿势比其他人物都更严格地遵循印度传统,他们数目不等,但
总是佩戴着大量装饰物。三圣及其从者位于画面中间的大平
台上,平台则坐落在七宝池中。再往下有一个较低、较小的平
天宫乐伎队▷　台,上面坐着天宫乐伎队,乐师的服装与菩萨类似,但有时其
五官是现实主义风格的,更像男子。他们演奏的各种乐器具
有相当的考古学价值,施莱辛格小姐对此做了专门的笔记。③
这个平台的前面总是有个引人注目的舞伎随着音乐翩翩起
舞。她显然是个女性(可能是天女),衣袂飘举,手挥长巾,舞
姿迅疾而优美。

　　　　画面左下角和右下角是两个独立的平台,上面各是一个

---

①　见 Ch.00186(图版 CIII),以及彼得鲁奇《吉美博物馆年鉴》,第四十一卷,126 页等。洛里默小姐
对我说,这幅画可能是某幅西方净土画的替代品,在信徒无力支付大画的费用时,就把此画卖给他。
②　各画中佛弟子的数目有所不同。有些画中的弟子画成光头和尚(Ch.iv.001、lv.0047),有些画中弟
子的头发剪得很短(*Ch.0051、0068、liii.003),Ch.xxxiii.003 和 lviii.0011 中未画弟子。值得注意的是,草图
中三圣周围的四大天王在此类净土画中没有出现,但简化的净土画 Ch.xlvi.008、lii.004 中有天王(见本
节上文)。弥勒净土 lviii.001 中也有天王(见本节下文)。
③　参见附录 H 及文物目录中 *Ch.lii.003 下的文字,另见本章第四节。

地位较低的佛坐在香案之后,并带着两个随侍的小菩萨。① 这
些平台有台阶通向水池,台阶上总是有一些婴儿貌的往生灵
魂,正沿台阶而上,准备加入神祇的行列,与他们共享天堂之
乐。② 前景中央的池子中有个筏子(或低矮的平台),上面常
有个迦楼罗,迦楼罗面前是四只神鸟。画面最上面一般画着
天宫,可见宽敞的游廊、双层楼阁,两侧的塔上面是敞开的佛
龛,均以中国风格和透视法画成。仔细研究一下这些建筑大
概可以提供一些考古学上的信息,正如看了佛前面香案上的
布后我们便知道,敦煌石室纺织品遗物中那些大拼贴布就是
盖香案用的。③ 画面最顶部是深蓝色的天空④,其中画满了驾
云的坐佛小像、飞舞的饰带和华盖、系着飘带的乐器等。最后
我要说的是,绿色调常在净土画中占主导地位(尤其在其背景
中),这不仅是净土画也是千佛洞其他壁画的一个引人注目的
特点。

　　在这组大净土画中,只有一幅(Ch.lv.0047)保留着供养
人。尽管保存不佳,他们的服装和发型却分明接近于
Ch.lv.0023(公元 864 年)和 Ch.xx.005(公元 891 年)的供养
人⑤,因此这幅画可能是唐朝晚期的作品。⑥ 还有两幅大绢画
Ch.lvi.0018、0034 也应该被归入阿弥陀佛净土一类中,它们画
的是无量寿佛净土(无量寿佛是阿弥陀佛的一种特殊形式)。
画面主体部分的布局和两侧小条幅基本上都与阿弥陀佛净土

◁画面下方的人
物

◁画面上方的天
宫

◁无量寿佛净土

---

① 彼得鲁奇先生认为这些成组的人物总是与中央三圣类似,参见附录 E,III.iv。
② Ch.xlvii.001(《千佛洞》图版 XI)和 Ch.00216 中,有题识标明了婴儿在极乐世界的等级。
③ 参见 Ch.lviii.0011 和 lii.004(图版 LXII)中画的盖香案的布。实物见本书第二十四章第一节。
④ 参见 Ch.00216(《千佛洞》图版 XXX)。
⑤ 参见本章第七、八节。
⑥ 释迦车尼净土画(?)Ch.xxxviii.004 也是这样,见下文。

一样，只不过无量寿佛右边是文殊，左边是金刚手。① 这两个
胁侍菩萨的姿势和整体处理更接近印度风格，通过其标志物
我们得以断定他们的身份。无量寿佛身上也显示出更多的印
度风格。

释迦牟尼净土▷　　但我们的净土画并不全是阿弥陀佛（含无量寿佛）净土。
如果彼得鲁奇先生的判断是正确的话，有两幅保存比较完好
的画（Ch.xxxviii.004 和 Ch.liv.004）画的是释迦牟尼净土（阿弥
陀佛是释迦牟尼的一种神秘化身）。② 这两件作品与其他净
土画的不同之处在于，它们的两侧小条幅中画的是善友太子
和恶友太子的传说。Ch.liv.004 的小条幅中有较长的题识，根
据沙畹先生的判断，这些题识的一部分出自一部汉文佛经（此
经的译本将由他于 1914 年出版）。③ 两幅画的整体布局与阿
弥陀佛净土是类似的，但也有一些小差别。在 Ch.liv.004 中，
左下角和右下角独立的平台上不是地位较低的佛，而是伎乐
队，中央佛两侧是两个胁侍菩萨和四个光头弟子（其中一个弟
子又老又瘦）。彼得鲁奇先生辨认出，在 Ch.xxxiii.001 中，释
迦牟尼两侧的题识中写着舍利弗和目犍连④的名字。

Ch.xxxviii.004 的构图相对要简单一些⑤，其前景的安排
也有特别之处。左下角和右下角是两个优美的迦楼罗，迦
楼罗之间的大平台上坐着一个很少见的佛，其肩上画着日

---

① 参见格伦威德尔《佛教神话》，118 页，图 92。
② 参见《吉美博物馆年鉴》，第四十一卷，129 页；下文附录 E,III.vii。
③ 沙畹先生在 1917 年 6 月 11 日写给我的一封信中，提到他翻译的《大方便佛报恩经》（载《通报》，
471 页以下，1914），并参见他翻译的《百喻经》，第一卷，81 页等。（沙畹先生把 Ch.liv.004 的题识译了出
来，见附录 A,V.A。）
④ 参见本节上文。根据 Ch.xxxiii.001 中的题识，彼得鲁奇先生认为 Ch.liv.004 中，右边的菩萨是虚
空藏，左边的是地藏。参见《吉美博物馆年鉴》，第四十一卷，129 页；本书附录 E,III.vii。
⑤ 参见《千佛洞》图版 VII。这幅画的中央佛两侧只有两个佛弟子，均面如孩童，胁侍菩萨则与阿弥
陀佛净土图类似。

轮和月轮,胸前画着须弥山,彼得鲁奇先生认为这是释迦牟尼。两幅画的供养人都保存了下来,有趣的是,他们的服饰与公元 864 年、891 年那两件作品类似①,而不同于公元 10 世纪的供养人。

有两幅精美的画(*Ch.lii.003、liii.002)②艺术价值都很高,画的是东方药师佛净土。亚洲北部从西藏到日本自古就很崇拜药师佛,因此发现药师佛净土画不足为奇。③ 画面两侧的小条幅中都画着与药师佛有关的传说,这些传说场面都是纯粹的中国风格,并伴有题识,沙畹和彼得鲁奇先生将对它们进行详细的解释和评论④。药师佛净土主体的布局与阿弥陀佛极乐世界总的来讲是一样的,但也有不同之处,可以看作是药师佛净土画的特征。这些特征包括:前景中独立的平台上画有药师佛十二将,均顶盔贯甲,服饰华丽,与天王很相似,底部还画了两个地位较低的佛及其从者。由于 Ch.liii.002 的最顶部已缺失,所以无法得知,药师佛曼荼罗中是不是在左上角和右上角分别画着千手观音和千臂文殊像。⑤

Ch.lii.003 画得很有活力,做工十分精细,幸运的是,它的色彩依旧保存得很好(见《千佛洞》图版 I、II)。它的许多细节之处都值得注意,但这里我只能说几点:彼得鲁奇先生辨认出来,中央佛两侧的胁侍菩萨是文殊和普贤。右上角另外还画着持 1 000 个化缘钵的文殊像,这是藏品中唯一的千臂千钵

◁药师佛净土

◁Ch.lii.003 在细节上的引人注目之处

———————
① 参见 Ch.lv.0023(《千佛洞》图版 XVI)、xx.005,参见本章第六、八节。但要指出的是,Ch.xxxviii.004 中有三个男子戴有"尾"的高帽,本节上文已说过,这种头饰在两侧小条幅中很常见,可能年代较早。

② *Ch.lii.003 如果完整的话,必定长达 7 英尺,宽达 6 英尺,见图版 LVII 及《千佛洞》图版 I、II,这两幅图版分别是中央佛右半边和左半边的彩色照片。Ch.liii.002 保存得也很好,彩色照片见图版 LVI。两幅画造像上的问题参考附录 E,III.vi 中彼得鲁奇先生的笔记。

③ 参见格伦威德尔《佛教神话》,118 页。

④ 参见《东亚备忘录》。关于与这些场景有关的经文,见附录 E,III.vi。

⑤ 参见 *Ch.lii.003,图版 LVII。

文殊像。三圣的眷属中有鬼怪和形如天王般的武士,这也是藏品中独一无二的①,他们及一些次要人物使本画显得十分生动。此画中的舞伎服饰华美,无疑是个年轻女子,正在活泼地跳舞,她旁边有两个婴儿也在狂舞。水中漂浮的莲花上是其他新生的灵魂,有的刚从花中跳出来,有的蜷缩在花里,沉浸在甜美的睡梦中,有的形如庄重的坐姿小菩萨,但仍带着惺忪慵懒之态。伎乐队人数极多,某些乐器与奈良正仓院的藏品完全一样(参见附录 H)。别的画里地位较低的佛都是像雕像一样坐在两侧的亭子中,但此画中即使他们也饶有生气——他们刚刚离开莲花座,带着从者向主要平台两翼的栏杆走去。更生动的是那些小菩萨,有的自在地坐在游廊的栏杆上,有的正拉开窗帘,有的悠闲无事地享受着极乐世界的生活。最后还应该提一下,此画笔法高超,清晰、细致而有活力,色彩鲜艳并巧妙地保持着平衡。

净土画 Ch.liii.▷
002

另一幅东方药师佛净土画 Ch.liii.002(图版 LVI)的工艺同样很精湛,但人物没有这么多,色彩也没这么丰富,整幅画洋溢着一种宁静、祥和的气氛。中央佛和两个胁侍菩萨之间出现了几个个性鲜明的佛弟子,均手持莲花蕾,但没有其他表明其身份的标志物。此画着色很不寻常,色彩依旧十分新鲜。

弥勒净土 Ch.▷
lviii.001

除了残件 Ch.lv.002(画的是内容不明的佛本生故事,大概本是一幅极乐世界图的一部分),我们只剩下两幅净土画没说了。一件是保存完好的绢画 Ch.lviii.001(图版 LVIII),画的是弥勒净土,画面顶部和底部是取自《弥勒下生经》的故事②,

---

① 抱着孩子的鬼怪很引人注意,因为他在大纸画残件 Ch.00373.a(《千佛洞》图版 XLVI)中也出现过,那幅画做工精细,画的可能是*Ch.lii.003 那种类型的曼荼罗。
② 此画某些部分比例较大的照片,见《千佛洞》图版 IX。小传说场面首先是由彼得鲁奇先生辨认出来的(《吉美博物馆年鉴》,第四十一卷,127 页等),沙畹和彼得鲁奇先生将在另一本著作《东亚备忘录》解释这些场面和其中的题识。其他细节参见附录 E,III.v。

其中有题识。此画在构图上和艺术上虽然无法同极乐世界图中之上佳者相比,但它却有特别的价值,因为它是藏品中的唯一一幅兜率宫净土画——这个净土是由未来佛弥勒统治。根据佛教传说,许多大法师可以与弥勒佛切磋佛法,虔诚的玄奘法师就希望往生于那里。[1] 虽然弥勒要在未来才能成佛,但此画把弥勒画成了佛,这与亚洲北部在佛教造像上的做法完全符合。[2] 但这幅画中,弥勒的手并不是施说法印(坐姿弥勒一般施说法印),也没有持小甘露瓶,而甘露瓶是他在犍陀罗艺术中的标志物。[3] 目前,弥勒左右的两个大菩萨身份还没有确定。大菩萨和弥勒之间有两个貌如僧侣的人物,彼得鲁奇先生认为他们是善恶童子。中央三圣两侧有两个天王、两个金刚,与幢幡画中的形象完全一样。弥勒的香案前面有舞伎和乐师,左右的平台上是两个地位较低的佛及其随侍菩萨。整幅画人物虽然不多,却显得有点拥挤。

关于顶部的传说场面,我想说两点:右边的人物是地方官,头上戴的是那种宽檐黑帽——公元 10 世纪作品中的男供养人几乎都戴这种帽子。这些场面与其他传说场面一样,背景完全是中国风格,并用典型的山脉把传说场面与弥勒净土分开,山脉上画着松树(敦煌的画家们在自己身边都不可能看到这种山,吐鲁番绿洲中的画家们更是如此——那里的山都是光秃秃的)。画面底部中间画的佛塔很有文物价值。佛塔的形状似乎是圆柱形,上面是个低矮的平顶,底下是四方形的底座。佛塔左右长长的香案上放了些东西(其中包括装着写

◁Ch.lviii.001 中的传说场面和出家场面

① 参见富歇《佛教造像》,第一卷,113 页及该页注①。另见儒连《生平》,345 页。为什么其他佛的净土画数量众多,而弥勒净土画却只有一幅,在此我们就不讨论这个问题了。但日本考古学家甚至对此画是不是弥勒净土仍心存疑问,见彼得鲁奇的文章(《吉美博物馆年鉴》,第四十一卷,127 页)。

② 参见格伦威德尔、伯吉斯《佛教艺术》,185 页等、189 页。

③ 参见格伦威德尔、伯吉斯《佛教艺术》,186 页、191 页。

卷的包裹），大概代表的是所献的供品。左下角和右下角画的是一个男子和一个女子皈依佛门（从他们的随从来看，他们都是地位较高的人物），这两个场面也很有文物价值。

内容不明的净▷
土画

还有一幅大绢画 Ch.00350 与其他净土画都不太相同。①画面上方三分之一是净土，其余部分是各种场景，有的为世俗场面，有的为天堂场面，有的场面之间很难划分开来，各场面的内容和它们之间的联系仍有待研究。整幅画的一个显著特点是，并没有一个占主导地位的人物，也不像其他极乐世界图那样遵循着生硬的对称原则。奇怪的是，此画中的净土被放在了一堵高墙之后。其他特点见文物目录中的详尽描述。

第九节　各种绘画、版画和装饰性文物

在这一节里，我先要简单说一下各种绘画和素描——由于它们在题材或形式上的特殊性，无法归入上面的那几类，这些画几乎都是纸画。最后我要描述一下那些非纺织品的装饰性文物，以及一些木雕。

佛教纸画▷

首先来说一小组有趣的纸画，它们的题材部分是非佛教风格，艺术价值也很高。Ch.00380（《千佛洞》图版 XXXIII）上面画着一个老迈的隐士，旁边是一只老虎，人和虎都画得十分精湛。此画的题材尚未确定，但顶上的云中画着一个佛，表明底下画的可能是个佛教圣人。残件 Ch.00377 也是同一题材，但工艺较粗糙。还有两幅画是出自一位大家之手（其照片并排放在《千佛洞》图版 XXXII 中），其中的藏文题识已经被 L.D.巴尼特先生完全破译了出来，告诉了我们所画的是什么

---

① 遗憾的是，现在还没有这幅画的照片，它仍是皱巴巴的一团，以便于向人们展示画作最初发现时的状况。

人物。① Ch.00376 中画的是释迦牟尼的四大弟子之一迦理迦。另一件上画着一个印度风格的菩萨,两侧像观音一样是日月轮。纸画 Ch.00401 也属于这一系列,画的可能是多罗。

Ch.00150 似乎不是一幅佛教题材画,用生动的线条画了一个长着胡须的男子。他正在写字,男子对面是一条龙(龙脚为马脚),龙的头和翅膀上升起火焰。② 此画似乎画的是一个中国传说——一个龙马第一次把汉字交给上古的皇帝伏羲③,但龙马和伏羲之间的一串钱币却无法解释。Ch.00145 中画了一个入定的和尚(图版 XCVII,《千佛洞》图版 XXVII),纯粹是中国风格,但人物身份也有待于确定。在小纸画中,中国风格的 Ch.00147(图版 XCVII)比较值得注意,上面画了一头生气勃勃的狮子。④

第二组画可以被叫作插图,均来自汉文卷子(有的卷子为卷轴形,有的为贝叶经形,有的装订成一册书)。Ch.00188、00210、xi.003.a、b 中都是论千佛名称的论文,论文中都画有小佛像。带插图的贝叶经和书籍 Ch.00226(图版 XCIV)、00399、xi.001~002(图版 XCII)。贝叶经 Ch.00217(图版 XCVI)上画着长着动物头的女怪,汉文和婆罗谜文题识说明,人们似乎认为这些女怪能为人治病。⑤ Ch.00214(图版 XCIII)中的文字显然是符咒,中间夹杂着鬼怪的素描,而手抄日历残件 Ch.00164(图版 C)有精美的素描。第三组画很有造像价值,包括 Ch.00143(图版 XCVIII)、00146(图版 XCVII)、00424,大多数

▷非佛教题材的画

▷带插图的汉文卷子

▷画着符咒、鬼怪等的素描

---

① 巴尼特先生的注,见附录 K。
② 参见《千佛洞》图版 XXXIII。
③ 参见麦耶斯《中国读者手册》,48 页。
④ 参见 Ch.00412。Ch.00410 和 00521 是绢画残件,画的是牛车上的一群乐师、花与蝴蝶等,原来完整的画中画的是什么尚不清楚。
⑤ 其他附有插图的汉文残件有 Ch.00212~00213、00218。

形如卷轴,画的是佛教象征系统中的手姿、臂姿、法器等。Ch.00209(图版 XCVI)中的汉文题识解说了人脸和身体上的美学要点及其象征意义。Ch.00153(图版 XCIX)则解释左右手的各个手指的象征意义。

神秘符咒(或▷曼荼罗)

有一组数量较大的画,画的是佛教神秘图形,即曼荼罗。① 有时神祇和法器只写上名字,没有画图形,有时图形旁边还附着题识。对研究密宗佛教神话的学者来讲,这些素描是会有所帮助的——密宗神话虽然晦涩,但从佛教象征系统和佛教宇宙观的角度来讲,仍有其价值。

大画的画稿▷

对考古学家来说,一些画满了速写的纸卷轴要有价值得多,它们是大画的画稿。这些画稿使我们得以窥见敦煌的古代画家们是如何设计大画或壁画的布局。长卷速写 Ch.00114(图版 XCV、XCVII)尤其引人注意,因为其中的某些速写,与

有历史价值的▷速写

千佛洞绢画和石窟中的一些现存壁画之间似乎有某种联系。② Ch.00207(图版 XCVI)中画着马和骆驼,都驮着空鞍子。此画的艺术价值不大③,但画面中所写的、与画面上下颠倒的汉文却很有历史意义。博学的沙畹先生给我的最后一篇手记指出④,因为画上写着敦煌最高官员和其夫人的全名,马和骆驼可能是他们的坐骑,所以此画大概是某幅大画的画稿。沙畹先生的笔记说明,汉文中的信息(包括年代公元 966 年)与《宋史》中对这位高官的记载完全一致。

印花粉印图及▷模版

大量事实证明,敦煌的很多绢画和壁画都是用印花粉印图制作。令人快慰的是,我们的文物中也有印花粉印图的实

---

① 参见 Ch.00186(图版 CIII,这幅画最简单)、00187、00189、* 00190、00219、00379、00398、00428、xxii.0015、lvi.0033。星图 Ch.00260(?)似乎也应该归入此类。

② 残件 Ch.00208.a 和 b 也是类似的速写。

③ 另一幅粗糙的纸画 Ch.00388 上也画着骆驼和马,大概是这幅速写的继续,见 Ch.00388。

④ 参见附录 A,V.c。

物——使用这种简单的工具可以大批量地制作绘画作品,来满足信徒们的需要。Ch.00159(图版 XCIV)是一个保存完好的例作,画在结实的土黄色纸上,画了阿弥陀佛坐在观音和大势至之间,还有两个佛弟子,布局很严整。这幅朴素的曼荼罗只有一半画了轮廓线,另一半只刺了孔,用这种办法可以方便地制作对称的净土画。Ch.xli.001~004 也是四幅印花粉印图,每个上面画了一个坐姿佛像,但手姿各不相同。Ch.00425这幅印花粉印图上是幅菩萨像,而 Ch.00426 天王像残件是透明的,说明是用来描图样用的。

　　版画数量不多,但很有趣。这表明,雕版印刷术在唐朝发明后不久,其工艺就达到了很高的水平。[1] 同时也告诉我们雕版印刷术最早应用于何处。在版画中,有四幅伴有用雕版印刷的汉文,所载的日期分别相当于公元 868 年、947 年、980 年。其中最早的版画 Ch.cci.0014(公元 868 年),图画和文字的印刷技术都很高超。这个纸卷轴全长有 16 英尺,印了整本汉译《金刚经》,这是迄今为止最早的印刷品。经文开头的版画(图版 C)是有年代可查的最早的版画。版画上是释迦牟尼坐在莲花座上正在向年老的弟子须菩提说法,周围是大群的神祇、弟子,其布局和工艺均为中国风格。考虑到《金刚经》在中国十分流行,刻印雕版的费用又很高,所以这卷经应当是在中国本土制作。

　　而祈祷文 Ch.00185.a~f(图版 CIII)和 00158(二者均属公元 947 年)则很可能出自当地,分别印的是观音和毗沙门天王。因为伯希和先生在石室中发现了同一年的版画(与我们

▷版画

▷开头带画的雕版印刷汉文卷子(公元 868 年)

---

　　① 参见伯希和《甘肃新发现的中世纪图书馆》,载《法国远东学院通讯》,526 页,1908,那里详细叙述了千佛洞的版画。伯希和先生所得的版画是公元 10 世纪的。

的藏品属于同一系列），其中提到，这些版画是曹元忠命人刻印的——史书记载，曹元忠是公元 9 世纪中叶敦煌的统治者。① 版画 Ch.xliii.004（图版 CII）是用雕版印刷的佛教符咒，并刻着汉文和婆罗谜文，文中所记的日期相当于公元 980 年。但此画产自何地尚不能确定。

雕版印刷的人▷
像和祈祷文

　　无疑，中国人最初是把雕版用于印制图案（多数是佛教人物像、神秘符咒等），之后才将其用于文字印刷。西方也是这种情况。佛教很喜欢制造大量完全一样的造像，佛教徒肯定当即将雕版印刷这项新发明加以利用，正如他们用泥模子来大量制造小佛塔像和泥浮雕一样。有不少事实可以证明这一点：藏品中有大量版画和祈祷文是印自同一个模子②，还有很多纸卷轴和大纸上也有同样的模子印出的痕迹③。有些较大的版画上，后来用手工涂了色彩④。

版画的佛教题▷
材

　　虽然这些版画数量不多，尺寸不大，我们却发现，其他画中的大多数题材在版画中都出现过。Ch.ciii.0014 开头的版画 C 题材是取自佛的生平。版画中佛像较多，其姿势各不相同。⑤ 在菩萨像版画中，观音像仍是最多的。⑥ 除观音外，还出现了文殊和普贤，以及一些姿势各不相同的菩萨，但没有名字或标志物说明他们的身份⑦。有一幅从造像上来讲很有价

---

　　① 参见伯希和《甘肃新发现的中世纪图书馆》，载《法国远东学院通讯》，第 8 期，526 页；关于曹元忠，参见本章第二节，以及沙畹先生在附录 A，V.c 中的笔记。

　　② 参见 Ch.0020、00150.a～d、00151.a～s、00158、00203.a～e、lvi.0026。

　　③ 参见 Ch.00414～419 和 00421～422。

　　④ 参见 Ch.00150.a 和 00421。

　　⑤ 参见 Ch.00154、00414、00415、00417、00419、00421，其中第三件上有两个胁侍菩萨。Ch.00152（图版 XCIX）是个符咒，可见坐姿的阿弥陀佛，周围印着梵文。参见 Ch.00203.a～e、xliii.003。

　　⑥ 参见 Ch.00150.a～d（图版 CI）、00151.t（图版 XCIX）、00185.a～f（图版 CIII，又见 lvi.0026）、liv.0010（图版 C）。

　　⑦ 文殊像见 Ch.00151.a～s、00204，普贤像见 Ch.00205，Ch.00416.a～b、00418、00422 中所印的菩萨身份未明。

值的版画,画的是毗沙门天王(年代为公元 947 年)①。还有
一幅模子粗糙的版画中画的是金刚手。② 最后还要说两幅符
咒图:一幅是 Ch.xliii.004(图版 CII),中间是一个菩萨,菩萨外
是一圈圈不可识读的文字,显然是写得不标准的梵文祈祷文,
再向外的边上画满了神圣的法器等物。Ch.00420 的构图要简
单些,印有汉文和藏文。

　　余下的绘画作品中,有两件保存很差的彩绘木板残件③,　◁其他画作
两幅剪纸(剪的是佛龛)④,几件小麻布华盖(上面画着画)⑤,
几朵纸花或木花⑥。

　　这里我要简单说一下我在千佛洞石室中发现的几件彩绘
木雕。石室中可能本来就有不少保存得较好的雕塑品,因为
据敦煌当地人说,第一次打开石室时,一些金属小雕像被拿出
去送人了。⑦ 所有小木雕都见于图版 XLVII 中,其中特别值得
注意的有入定的小佛像 Ch.lvi.0011,飞翔的乾闼婆浮雕
Ch.007。⑧ 最后还要提及浮雕泥版 Ch.lvi.0012(图
版 CXXXIX),它虽然不大,做工却很精致,雕的是一个完全是
犍陀罗风格的佛垂双腿而坐,模子刻的年代较早。

----

① 　参见 Ch.00158(图版 C)、xxx.002、xxxvi.002。
② 　参见 Ch.0020。
③ 　Ch.xxii.001.a 上是一个坐姿菩萨,xxvi.a.0011 上画的小场景使人想起某些净土画两侧小条幅中所
画的对于圣物的崇拜。
④ 　Ch.00148(图版 XCVII)和 00423。
⑤ 　Ch.00138、lvi.0020、0025。它们的装饰方法见文物目录中 Ch.00381 下的文字。关于无装饰的丝绸
或麻布华盖,见 Ch.00442。
⑥ 　Ch.0077 和 00149.a～f。
⑦ 　参见伯希和《甘肃新发现的中世纪图书馆》,载《法国远东学院通讯》,528 页,1908。
⑧ 　Ch.005、006、008 残破不全而且工艺较差。Ch.0021.a 也是木雕残件,雕的是彩绘的项光和背光,
显然出自某个浮雕佛像。

第二十四章　千佛洞的织物和写卷

第一节　装饰性织物：起源、用途和工艺

织物的数量和▷
价值

　　在千佛洞石室发现的艺术品中，无论从数量上还是从艺术价值上，仅次于绘画、素描、印刷品的就是装饰性织物了。它们几乎都是丝绸，这一宝藏对于研究中国纺织艺术和工艺史提供了新的资料。而且，它们还显示出中国纺织艺术同中亚、近东纺织品的关系，这更增加了它们的价值。考虑到它们的重要性，除了安德鲁斯先生和洛里默小姐在文物目录中对每件织物的详细描述，似乎有必要简述一下它们所用的材料、本来的用途以及图案的编织方法和风格。由于知识有限以及篇幅不足，我要在这里讨论这一问题受到了很大的局限。本来我很迟疑，但是当我想到，尽管我的概述很草率，却有可能引起专家学者对这些多姿多彩的藏品的注意，从而促进将来对它们的研究，所以我还是写下了这篇文字。

大绣像（绣的▷
是灵鹫山的释
迦牟尼）

　　但在概述之前，似乎首先应把两件文物单列出来，它们在工艺上是纺织品，但从艺术特征来看则应归入前一章的绘画。第一件是 Ch.00260 大刺绣吊帘（图版 CVI），绣的是释迦牟尼在灵鹫山上，上一章已讨论了它的题材。① 无论从尺寸上来讲

────────

①　参见本书第二十三章第四节，第二十三章第七节。

(中央保存得完好的释迦牟尼像几乎有真人大小),还是从它极为细致的做工来讲,它都是画作中极醒目的一件。佛像虽然从造像上来讲有点僵硬,却十分精美。我们已说过,佛像姿势、服装的每一细节都属于一个特别类型,这一类型本是起源于印度雕有释迦牟尼在灵鹫山的佛像,Ch.xxii.0023 和 Ch.0059绘画也同样忠实地体现了这一类型的特点。[①] 关于它们在造像上的相似性,我们在此无须重复。唯一不同的一点是,在刺绣画中,佛站在一对衣着华丽的菩萨和两个佛弟子之间。菩萨基本上完整地保留了下来,但当绣像折起来存放时,佛弟子恰好位于折痕处,受了几百年的重压,所以除了绣得很好的头部,身体其余部分已缺失。右边的光头佛弟子年纪较大,绣的是迦叶。

菩萨的面部五官显示出了中国风格的影响,但菩萨、佛弟子的形象简单而生硬,这表明,它们与经中亚传来的印度原型有密切关系。再加上佛身上保留的印度特征,使我们觉得,这件绣像可能年代较早。当我们再看一下底下的供养人,以及绣像中人物附件的某些独特风格后,这一点更加确定无疑了。右边跪着四个男供养人,左边是四个女供养人,两侧后面都有个站立的侍者。[②] 只需看一下供养人就会发现,除男子一侧的和尚外,供养人的服装与两幅阿弥陀佛净土画 Ch.xlvii.001 和 Ch.liii.001 的供养人很接近。大量特征都引导我们得出这样的结论:这几幅画不会晚于公元 8 世纪,甚至可能还要早。[③] 男供养人都戴着有"尾"的锥形帽,穿系腰带的长外衣;妇女都穿着相似的胸衣,衣服都有窄袖子,头上都梳着朴素的小顶

◁供养人的服装
说明年代较早

① 分别见图版 LXX 和《千佛洞》图版 XIII,参见本书第二十三章第七节。
② 可参见《千佛洞》图版 XXXV 中的大照片。
③ 参见本书第二十三章第八节。

髻。考虑到大绣像中供养人数量之多及他们外貌上明显的一致性，这一结论显得更有说服力了。

附件上与其他▷
画的联系

在附件的细节上，绣像与上文说的那两幅画 Ch.xlvii.001 和 Ch.liii.001 也很接近，证明它们肯定出自同一时期，而且可能在风格上都受同一绘画流派的影响。三幅画中，华盖两侧都飘下一对优雅的衣袂飘飘的天女，天女下面是卷云，天女的这种姿势在其他画作中还没有出现过。在菩萨的服装上，我们可以注意到一个共同的细节——他们袍子的底边上都有类似织锦的装饰物。这三幅画还有一个共同特点：神祇或是坐在或是站在无装饰的灰绿色莲蓬上。进一步研究一下原画，将会发现这一流派的其他特征。① 无论其确切年代如何，这幅绣像无疑是千佛洞绘画中最古老的作品之一，它使用的铺绣法极为精美、细致，这不仅使画面色彩显得十分明丽，而且使现存各部分均保存完好。

其他刺绣吊帘▷

第二件是丝绸刺绣吊帘 Ch.00100②，似乎也是一件年代较早的作品。这个吊帘由多块织物拼贴而成，这些织物肯定本是一些大织物的一部分，由于时间的关系受到了损坏，这才被机械地、不规则地拼成了现在的样子（图版 CV）。中间的四条窄织物用紧密的锁绣法绣成，每个窄条上都绣着纵向的两排坐佛小像，这种坐佛小像我们在从和田到敦煌的佛寺壁画中发现过不少，云冈和龙门石窟的浮雕中也有很多。每个窄条上都有一些地方是从同一块吊帘的其他地方取下来缝上去的。右边那一条上破碎不全的那些小场景也是这种情况。小场景完全是中国风格，都绣着一个较大的人物走在伞下，还带

---

① 比如，安德鲁斯先生提醒我，Ch.00260 和 Ch.liii.001 都用模式化的五瓣小花来填补空白处，Ch.liii.001 的莲花叶子中心处也是这种小花。

② 参见图版 CV。

着两三个随从。这些小画面保存得不完整，无法看出其题材。但值得注意的是，人物的服装不同于其他所有作品中的供养人或两侧小场景中的人物，而且看起来要更古老。人物的头饰使人想起巩县（Kung-hsien，音译为"巩县"，因无进一步材料并不确定，再者巩县浮雕是北朝的——译者），浮雕中的供养人，甚至可能更古老（巩县浮雕是唐朝初年的），并可以同沙畹先生书中公元 525 年的一件浮雕相比。①

　　现在再来说说本章的主要内容，即除了这两件以外的织物。我们首先会注意到，它们几乎都是丝绸，而在极少的几件麻布织物中，只有 Ch.00381 值得一提。虽然织物在其他方面各不相同，但主要材料却都是丝绸。这一点很引人注意，它清楚地说明，在石室封起来之前的几百年间，敦煌地区丝绸的供应十分充足。丝绸不是敦煌的土产，就连整个甘肃所产的丝绸也很少，之所以在敦煌发现了大量丝绸，应该是因为它位于丝绸之路的要道上——中国产丝的省份就是通过这条路把丝绸运往中亚和西方。 ◁ 丝绸用得最多

　　点缀丝绸的各种方法我们留待下文来说。现在我想指出，石室织物中还有很多素绸。它们主要用于制作幢幡和幢幡的各种附件，在人们捐献给寺院的小布施物中也有很多素绸。② 关于千佛洞织物的编织方法，安德鲁斯先生做了如下的精辟笔记： ◁ 素绸的工艺

---

　　① 巩县石窟见沙畹《考古纪行》，第一册图版，第 407、408、414 号。公元 525 年的墓碑见该书第 433 号图。可能是因为这个吊帘十分古老，所以上面的某些坐佛小像已经脱落了。关于 Ch.00100 上脱落的一个坐佛小像，见 Ch.00450.c。Ch.iv.002 是用锁绣法绣成的一件精美的小刺绣品，绣的是一个立佛像（见图版 CVI），可能只是类似吊帘的残件。

　　② 参见 Ch.00237、00253、00258、00314、00315、00320~00326、00433~00436 等。

千佛洞织物的编织法

F.H.安德鲁斯

千佛洞织物中包括手工织布机织出的常见纺织品,可以分成平纹布、凸纹布、棱纹平布、斜纹布、缎纹、纱和绒绣,还有大量装饰着图案的织物,可分为锦缎、带花纹的彩色织物、提花织锦。编织方法极为复杂,下文中我只说一下基本特征,并避免使用专业术语。

平纹布▷ 最简单的编织法学名叫平纹布,由两种互相垂直的线一股一股交错着织成。纵向的线叫经线,绷在织布机上;横向的线叫纬线,挂在梭子上,随着梭子的前后运动而与经线交织在一起。我们的大量藏品都是这种织法。有时,所用的丝线是如此之细,织得如此紧密,以至于表面的纹理几乎看不出来。

凸纹布和棱纹▷
布 当经线粗、纬线细时,纬线绕过经线,使得织物表面产生了横向的罗纹,这种织物叫凸纹布,图版 CXI 中的 Ch.00118 就是这样的例子,图版 XLIX 中的草编垫子 00311 也很典型。这种方法会使编织紧密的平纹织物表面出现多种的效果,见图版 CIX 中盖香案的布上的饰带。当纬线比经线粗形成凸纹时,就叫棱纹平布。

斜纹▷ 从编织者的角度来讲,所有编织法中最有价值的就是斜纹,这种织物不仅相当结实,而且表面的色彩是连续的,如果使用带色的经线或纬线的话,能织出最复杂的彩色图案。斜纹的编织方法不像平纹布那样把一股经线与一股纬线织在一起,而是多股经线或多股纬线相编织。比如,纬线可能会越过三条以上的经线,然后织到一条经线底下,再越过三条经线,依次类推,这样的长针脚叫"飘"。其结果是,织物表面形成了一种很明显的斜向罗纹,见图版 CVI 中的 Ch.00228 和图版 CXII 中的 Ch.00232。斜纹可以织得比平纹紧密得多,由于织物正面都是长针脚,人们一般根本看不见经线,只有连续的纬线构成的织物表面呈现在人们面前。

　　缎纹只是将斜纹稍微改变一下,由于针脚很长,看不见经 ◁缎纹
线,织物表面显得很光滑。如果纬线是稍微捻过的丝线的话,光泽就更醒目,我们的藏品中大多数彩色花绸都用的是这种纬线。有时,纬线相当宽,造成了一种阶梯状效果。显然,如果一股扁平的纬线绕过一股紧绷的经线,纬线最后的轨迹与经线是吻合的,也就是说,这条轨迹是直的。绕过同一股紧绷 ◁阶梯状效果
经线的纬线越多,轨迹就越长。如此而来,每组图案的边都形成了直角,即图案中的每个转角处都是或进或退的直角,呈阶梯状,阶梯的大小由经线间的距离和纬线的股数决定。

　　为使自己的工作简化,织匠常常尽可能地减少转弯处。 ◁模式化图案
如果简化得太过分的话,图案就变得越来越模式化,经过几代人的发展后,最后图案就已全无意义了,许多亚洲地毯的图案就是如此。而另一方面,图案变得有棱有角,常使线条显得比较有活力。图版 CXII 中的 Ch.00230 就是阶梯状织法导致图案不清的一个极端例子。其他织物的阶梯状倾向则没这么严重,比如 M.I.xxvi.001 中奔跑的狮子(图版 XLIX)、织锦残件 Ch.00166、xlviii.001、lv.0034(图版 CVI),以及某些萨珊风格的花绸。

　　如果织布机上经线的宽度和纬线的股数平衡得不好的 ◁图案的变形
话,图案就会发生变形。这或是因为纬纱的数目计算得欠精确,或是杼用得太松或太紧(杼是织布时用来拉紧纬纱的工具),其结果是,图案在纵向上被拉长或挤扁了。Ch.xlviii.001(图版 CXVI)中的对狮就存在这个缺点,同狮子的高度相比,其身体过短了,轮廓线也扭曲了。Ch.009(图版 CXV)中对鹿

的联珠边也有类似缺陷，这两件织物中原来的漩涡饰也都成了椭圆形。

斜纹图案的种▷
类

从上文对斜纹的描述中我们可以看出，用斜纹可以织出无数种花样——从简单的斜条纹到锦缎般的极复杂图案，并能织出十分繁复的色彩。两种方向相反的斜条纹可以形成菱形图案——这种图案显然是织匠的创造。同心菱形图案，或将斜条纹交叉的地方加粗以形成六边形，这些只是前面图案的变体。事实上，所有斜纹布中之所以会出现直线形图案，是因为，在斜纹布的制作过程中，必须把线条交叉在一起。这些

锦缎▷
线条包括纵向的经线、横向的纬线、朝相反方向发展的斜纹轨迹，所以很自然就形成了方形和多边形。锦缎的织法是斜纹的变体。地一般是由经线组成的缎纹斜纹，图案是由纬线组成的缎纹斜纹。也就是说，地是由经线的长针脚构成的，花纹是纬线的长针脚构成的。经线和纬线垂直相交，从各种角度反射着光线，使得图案从地上凸现出来。这样的例子见图版 CXII（Ch.00232）、CXVII、CXVIII（Ch.00239.a）、CXXI 等，其完整图案已从现有的残件中重构了出来。

彩色花绸▷
某些彩色花绸织得结实而紧密，有些是双面。纬线是彩色的；经线较细，有的是未经任何加工的本色纱线，有的用一种溶液处理过。处理过的经线会变得又脆又硬，有时已完全脱落，只剩下一组纬线了。纬线布置得很优美（在萨珊风格织物中尤其如此），色彩贯穿整幅织物，见图版 CXV、CXVI、CXVIII 中重构的图案。

挖花法▷
Ch.00228、00229（图版 CVI）和 Ch.0065、00170（图版 LV）中均用了挖花织法。现代编织技术中的挖花设备是一种附在织布机上的工具，通过这种工具，可以隔很远在织物的某些地方加入另一种颜色，而不必把这些颜色一直带在织物表面。

敦煌织物中的点状图案用挖花织法最合适,事实上也的确用了这一织法。有时也出现了把长长的纱线带在织物正面或背面的不可取做法,但一般背面用丝绸衬里来加以保护。而大多数花绸没有这种缺憾,编织得无懈可击。

在纱中,丝线的安排方式与上述做法不同,其主要目的是使织物更透孔,纹理更透明。一般布中,经线是彼此平行的,而在平纹纱中,经线是一对一对出现的,各对在纬线之间相交叉。一对经线总是出现在纬线之后,另一对则总在正面。其结果是纱的质地很结实,经线和纬线在交叉处是分开的。通过改变交叉的位置和线的分组方式,可以得到一些图案。先把一组线合在一起,隔一段距离又将它们分开,也可以形成图案。此外,隔一段距离把经线和纬线像平纹布那样交织在一起,会形成图版 CXX 中的 Ch.00346 那样的图案。 ◁纱

此处要说的各种织物,其最初用途和出现在石室中的原因不尽相同。除了彩绘幢幡,还有一些庙里用的幢幡,也有三角形顶饰、饰带等附件,这表明,当时各种丝绸的供应都十分充足。幢幡所用的材料有素绸、锦缎或印花绸①,形状、安排方式与上文说过的彩绘幢幡基本一样②。有些幢幡的各部分早在封入石室之前就已与主体脱离,其中最常见的是三角形顶饰。由于人们喜欢用华美的织物做顶饰,这些顶饰及其附件 ◁幢幡及附件上的丝绸

---

① 完整的素绸幢幡或幢幡饰带,见 Ch.i.0011、0020、00318、00319、00321 等;锦缎幢幡见 Ch.00339~00341、00454 等;印花绸幢幡见 Ch.00358、00372、00455 等。

② 参见本书第三章第二十三节。

（如镶边、吊带）就构成了价值很高的丝绸织物宝藏。①

作为捐献物的▷
小块织物

石室中的各种小块织物数量同样很多，而且同样重要——无论这些织物最初是用在衣服上还是别的什么地方。它们之所以出现在石室中，是因为它们是施主捐献来的。虔诚的信徒们经常从衣服上撕下一些布块，作为还愿品献出来，这种做法在东西方的寺院和其他圣地都极为普遍，在此无须赘述。从我第一次在塔里木盆地探险起，就多次请人们注意这些"还愿织物"的考古学价值——不论它们是在古代还是现代朝圣地出现。② 凡是由于干燥的气候或其他原因使之得以保存的地方，这些织物都仿佛组成一个纺织品展览，留待未来的文物学者进行研究。在千佛洞石室中，这些织物不仅包括窄条的各种素绸和花绸③，而且还有很多由这些碎片拼贴成的织物。由于拼贴布中的织物理应是出自同一时代，所以它们能提供一些时间上的信息，这种信息将来可能会更有用。

还愿用的拼贴▷
布

上文说的还愿用的拼贴布主要是两条盖香案用的布Ch.00278、00279（图版 CIX、CX），还有不少较小的织物（本是这类拼贴布的一部分）。④ 这种拼贴布应该是用来盖香案或

---

① 彩色花绸顶饰的例子有 Ch.009、0076、00118、00165.a～b 等（有的完整，有的不完整），其中一些收在图版 CXI、CXII 中；锦缎顶饰见 0086、00294；印花绸顶饰参见 00292、00304.a～b、00371；刺绣顶饰参见 xxvi.002（图版 CXI）。

花绸吊带如 Ch.00170、00182、00296、00297 等；刺绣吊带如 00259；织锦吊带如 00300。有些顶饰镶边已与顶饰分离，其中 Ch.0058 为织锦，00432 为花绸。Ch.xxvi.002 的旧吊带本是用花绸制成，由于长期使用已破旧不堪，被另一个吊带代替了，这也从一个角度证明幢幡顶饰十分古老。

② 尼雅遗址以南的当代朝圣地伊玛目·贾法尔·沙迪克的树上就挂着数量极多的各种还愿织物，在安迪尔的古代寺院也发掘出了很多类似的还愿织物。参见《古代和田》，第一卷 413 页、429 页、441 页，并见上文第五章第三节。

③ 各种锦缎、纱、素绸的丝织品例子有 Ch.00231～00258、00314、00320～00326 等；彩色花绸例子有 00228～00230（图版 CVI）、00362、00367～00369。

④ 见 Ch.00280（大香案布的一部分）、00181、00227、00437、00447（香案布上的飘带）、xxiv.009（图版 CXIII，是香案布的饰带）。

雕像底部,因为在某些净土图等大画中,神前面的香案上就画着与此完全相同的布。① Ch.00278 长达 26 英尺,Ch.00279 有 9 英尺多长。它们主要是由一长条丝绸构成,其底边上先是缝了很多三角形飘带,然后又缝了一排吊带,后面衬了一块素绸短幕作背景。飘带和饰带由从其他织物上裁下来的小块拼成,包括刺绣、花绸、锦缎、纱或印花绸,种类十分多样,布局上也没什么规则。如图版 CIX、CX 中所示,饰带本身也常常是拼贴而成。饰带和飘带末端常打个结,或做成流苏,或缝一小团其他花绸,这些东西大概表示拼贴布本是还愿用的。② 大还愿织物 Ch.lv.0028(图版 CVII、CVIII)的形状与上述两件拼贴布不同,但组成却类似,是由矩形刺绣、花绸、锦缎、印花绸拼成,色彩丰富,图案式样很多,给人的印象很深。其他小块织物,如丝绸或麻布做的华盖(如 Ch.00442)以及纱做的纸(如 Ch.00438),肯定也是还愿用的。

　　用丝绸制成的写卷卷轴封面用途比较特殊,它们虽然数 ◁写卷卷轴封面 目不多,但同样把大量精美的织物展示给我们。完整的 Ch.xlviii.001(图版 CVI、CXI)十分引人注目。它镶边和条带上用的是花绸,花绸上萨珊风格的图案极为醒目,还用了特别精美的窄条织锦作装饰。从形状和结构上来讲,这个封面以及其他保存得不太完整的封面③,与日本正仓院所藏的一件唐朝初年的封面十分接近。封面 Ch.xx.006(图版 CVI)也与此类似——它用竹篾编成,装饰着编织得很精巧的丝绸条。④ 最后还要提一下美丽的刺绣品 Ch.xxii.0019(图版 CVI)。作为

---

① 特别参见 Ch.lviii.0011(《千佛洞》图版 VIII)、Ch.00167(图版 LXI)。
② 有些饰带末端还缝着小人,更加说明了织物的用意是为了还愿,祈求神保佑孩子,参见 Ch.00279。
③ 见 Ch.00382、liv.005(图版 CVI)、00173(边)、00298、00299、00443.b(系封面用的带子)。
④ 偶尔也用花绸把写卷像西方书籍那样"装订"起来,见印于公元 949 年的汉文祈祷书 Ch.0026 书脊上的窄条花绸。

一件纺织品它很引人注意,但用途尚不明了。它的植物图案极为优美,还装饰了金叶子和银叶子。

织物中的装饰法 ▷

有大量资料证明,中国的纺织工艺在很早以前就十分发达。因此,不难设想,如今远东丝绸制造业中的几乎所有主要装饰方法,在千佛洞织物中都已出现了,而且工艺都相当完善。在下一节里,我们将描述图案的风格,以及与其相关的艺术问题和考古学问题。在本节,我简单说一下几种装饰工艺及其代表性作品。有一点很明显:虽然很多织物出自唐朝甚至可能更古老,但它们并不能对中国纺织业的发展史提供太多的新信息,因为在唐朝以前更久远的时期,中国的纺织业就已经十分发达。

带图案的锦缎和纱 ▷

从为数极多的锦缎和纱上,我们可以看到在织物本身纹理上所用的最简单的装饰法——因为它们的花纹虽然是单色的,却有各种各样的图案。① 在我们的藏品中,这类带花纹的

彩色花绸 ▷

锦缎和纱几乎与彩色花绸一样多,但值得注意的是,它们受到的西亚(即波斯)纺织艺术的影响,比花绸中要少得多。西亚风格一般被称作萨珊风格,正是因为其与萨珊风格的联系,使得许多花绸具有了特别的文物价值。但纵使没有这种联系,花绸那鲜艳而和谐的色彩、精巧的工艺,也必定会引起人们的注意。这类花绸在藏品中数量很多,这大概是因为人们特别喜欢在幢幡顶饰中使用这种明艳的花绸。②

① 锦缎的例子有 Ch.0086、00232～00236、00238～00252、00293、00294、00338、00482～00486、00488～00508、00513 等,见图版 CXVII、CXXI、CXXII。带图案的纱见 Ch.00312、00313、00324、00332、00336、00344 等,其图案示意图见图版 CXX。

② 为使读者在下一节查阅方便,在此特列出花绸的目录(数字前的"00"省略了):Ch.009、26、61.a～4、76、118、165、168、169、171～182、227、230、278、295～297、302、359、361～363、365～369、375、432、487、i.0011、20、liv. 005、00279 中的多件织物、lv.0028。彩色照片见图版 CVI、CVII,黑白照片见图版 CVIII～CXII。与花绸归为一类的还有一些彩色织物,但由于在编织工艺上的特殊性,文物目录中将之称为"真正的锦缎"(见 Ch.00170 下的文字),它们是:0065、170(图版 LV)、228、229(图版 CVI)、364、481、lv.0028.3。

　　藏品中的中国织锦只有几件，但它们的工艺全都极为精 ◁织锦
细，都是用针制作的。我们发现，同一块织锦的小块部分被分
别用在不同的幢幡、写卷封面中，这表明了人们对织锦的重
视。① 与一些刺绣品一样，织锦中还用了金叶子，其方法是把
金叶子粘在纸上，再把纸裁成极窄的条——这种做法至今在
远东地区仍很流行。②

　　关于在纺织品成品上再进行装饰，我们的大量藏品展示 ◁刺绣
了两种方法。第一种是刺绣，一般以铺绣法绣在纱上，大多数
刺绣品的工艺是无可挑剔的，这种工艺仍保留在当代中国的
刺绣之中③，刺绣中的植物图案全是纯粹的中国风格。第二种 ◁印花绸
方法是印花，大多数印花绸的图案也是中国风格，但即使所印
的图案从艺术上来说是赏心悦目的，工艺却无法与其他织物
相比。④ 有几件印花绸的图案显然受到了西亚风格的影响，而
工艺则是中国风格的。下一节在讨论萨珊纺织品图案对中国
的影响时，我们还会提到这些印花绸，看它们对解决这个有趣
问题是不是有所帮助。⑤

---

　　① 关于图案虽小却引人注意的完整织锦条，见 Ch.0058、lv.0034（图版 CVI）幢幡顶饰。Ch.00166和写
卷封面 xlviii.001（图版 CVI）中织锦上为较大的漩涡饰图案。小织锦残片见 Ch.00300~00301（图版 CXII）。
　　② 参见 Ch.0058。
　　③ 刺绣品有 Ch.0075、119、*259、*279~281、332、*347、*348、446、448~450、*xxii.0019、*xxvi.002 和
*003、*lv.0028.10 和 11，带星号的刺绣品照片在图版 CVI、CVII、CX、CXI 中。
　　④ Ch.00291、00292、304~310、357、358、360、371、372、376、483、i.0022、xxii.0036、xxiv.009、lv.0028（15
号和边）、lxi.005，见图版 CVIII、CXIII、CXIV、CXVI.a、CXXII、CXXIII。
　　⑤ Ch.00291、00292、00357 见本章第三节，并见图版 CXVI.A。

第二节　织物中的中国风格图案

源远流长的中▷
国纺织艺术

　　无论是千佛洞织物的工艺还是编织方法,都不如其图案和图案中所显示的艺术风格那样具有考古学价值。大量历史资料早已证明,早在千佛洞石室封起来之前几千年,中国的丝绸纺织技术各方面就已达到了炉火纯青的地步。同样毫无疑问的是,从很早时候起,编织带花纹的织物、织锦和刺绣的方法,就已为东西方的人们所熟知,并得到了广泛应用。① 但由于最近在埃及古墓中发现了大量希腊晚期和拜占庭时期的织

近东与中国丝▷
绸业的关系

物,学者们对近东、中国的古代丝绸业及其相互的影响提出了很多重要问题。② 要解决这些问题,有年代可考的中亚或远东古代织物无疑具有重要价值。考虑到千佛洞织物的年代(至少其下限)是确定的,以及敦煌在中亚交通要道上的重要地理位置(中国产丝的地区与西方之间的跨国贸易一直就是沿这条丝绸之路进行的),认真研究一下千佛洞纺织品的图案无疑会给我们很多启发。

丝绸的照片和▷
示意图

　　虽然我目前能看到原件,也能查阅到关于西方和日本相关织物的出版物,我仍无力对所有图案作系统研究。但所幸的是,安德鲁斯先生和我一开始就意识到了千佛洞织物中图案的价值,J.史特拉兹高斯基教授 1911 年还给我提出了特别

---

　　① 　参见法尔克《丝绸织物史》(*Geschichte der seidenweberei*),第一卷,5 页;米雍(Migeon)《纺织艺术》(*Les arts du tissu*),1 页、6 页。达尔顿(Dalton)的《拜占庭艺术与考古》583 页注②中提到了其他关于早期丝绸编织史的参考书目。

　　② 　是史特拉兹高斯基教授第一个凭直觉强调指出,伊朗(以及在文化和政治上与伊朗相关的地区)的纺织品,先是对希腊化地区、然后对南欧产生了几百年的影响。人们后来的研究证实了伊朗的萨珊风格织物与远东从波斯引进的图案之间的关系,史特拉兹高斯基教授则很早就注意到这种关系。参见《在埃及发现的丝绸》(*Seidenstoffe aus Aegypten*),载《K.普洛伊斯艺术会议年鉴》(*Jahrbuch der K. Preuss. Kunstsammlungen*),第二十四卷,147 页以下,1903。关于这种东方艺术对拜占庭和后来基督教艺术的重要影响,参见迪尔《拜占庭艺术手册》,255 页以下,达尔顿《拜占庭艺术与考古》583 页以下,这两处提到了其他参考书目。

的建议,因此,我们及时准备了大量照片和示意图,来说明织物中有代表性的图案(图版 CVI～CXXIII)。这些图版都是在安德鲁斯先生的指导下精心制作而成,各方面均真实可信。①在文物目录对每件织物的详尽描述中,安德鲁斯先生和洛里默小姐也对图案给予了高度重视。洛里默小姐除了撰写了文物目录中关于千佛洞织物的许多条目,还记录了人们应该参照的某些萨珊风格装饰图案和西方的其他古代纺织品图案,因为我们的织物中的某些图案与它们有关联。

▷考古学上的几个问题

下文依据的都是这两位孜孜不倦的同仁所提供的资料。我将先说一下千佛洞织物图案在风格上的显著差别,然后再谈谈织物的产地问题。我的论述将很简略,并只限于考古学上的重要问题。但我也会说到中亚古代的丝绸贸易对图案的传播所产生的影响,还会提到我第三次考察中发现的更为古老的丝绸织物对这些问题能提供的新启示。

▷源自中国的图案和源自伊朗的图案

千佛洞织物的图案可分成两大类,两类的数量差别很大,但都很有价值。绝大多数织物属于第一类,它们的图案要么一眼能看出是中国风格,要么是不受外来影响在中国纺织艺术中发展起来的。第二类图案则要么显示出在萨珊王朝统治时期,伊朗和其近东相邻地区装饰性纺织品的典型风格,要么是中国或其他地方所模仿的萨珊风格。一些值得注意的问题主要与第二类相关,包括织物的产地问题,以及为什么遥远的东方会模仿西方的图案。

▷中国风格图案居主导地位

不论其具体工艺(刺绣法、织花纹的方法等)如何,千佛洞织物的图案绝大部分是纯粹的中国风格,这种现象在当地环境、地理位置、占主导地位的艺术影响中都可以找到解释。我

① 图版 CXVI.A 中的示意图是 1917 年后加上去的,是在我的监督下画的。

们已经说过,自从汉武帝修的长城延伸到敦煌以来,敦煌在政治上虽然经过很多磨难,但本质上来讲它一直是中国领土。从汉朝第一次占领这块绿洲,到千佛洞石室被封闭,中间经过了1 100多年,在这段历史的大部分时间里,中国的丝绸业在包括西方地中海地区在内的世界上都处于垄断地位。即使在石室封闭之后,中国丝绸仍远销中亚。即便在今天,在经历了诸多历史巨变之后,这一事实仍未改变。在长达几个世纪的时间里,从丝绸之国中国出产的丝绸都要经过丝绸之路这条贸易大动脉销往遥远的西方,而丝绸之路就途经敦煌,这无疑加强了中国本土对帝国西部这个要塞的控制。我们已多次提到过古代丝绸贸易留下的丝绸成品。①

中国向别国出▷
口丝绸

　　后来,养蚕业传到了中亚。但即便中亚某些地区的丝绸制品在质量和产量上能与丝绸古国中国相比,看一下地图我们也会知道,从商业角度来看,无论是在古代还是现代,中亚的丝绸出口到东方的敦煌都不太可能。古代粟特地区中,只有法哈那(Farghāna)、撒马尔罕、布哈拉的地理环境有利于较大规模地发展养蚕业和丝绸业,这几处到敦煌的距离几乎相当于四川到敦煌的两倍,而四川是中国的主要产丝省份之一。此外,从中亚到敦煌要越过高山,一路上主要是沙漠,运输上存在着极大困难。和田较早就从中原引进了养蚕业②,但那里丝绸和丝织品的产量不可能很大,而且从那里到敦煌也存在着运输上的困难。敦煌及附近的甘肃西部地区气候上则不适合养蚕,所以千佛洞的任何丝绸都不可能产自当地。但织物上的图案无疑十分合乎当地人的口味。上一章说的绘画和下

---

① 参见本书第十一章第一节,第十三章第二节,第十九章第四、八节。
② 参见斯坦因《古代和田》,第一卷,133页等,229页等。

一章要说的石窟壁画都充分说明，在所有艺术问题上，敦煌当地人的趣味都是中国式的。

上文说过，千佛洞织物之所以在考古上具有特别的价值，是因为它们的大致出产时期是已知的，或至少其下限是已知的。因此，把这些中国风格的图案同早期中国纺织艺术品中的图案相比较，会得出有益的结论。但这个任务在此我无力承担。除了其他局限性，目前我无法参阅有关出版物——这类出版物中登载着正仓院和日本其他地方的年代大致可考的织物的情况。1914 年我在楼兰地区的汉墓中发现了大量更古老的织物，对这些织物的研究目前远未完成。所以，我在此只能简述一下千佛洞中国织物图案的主要类型，并只能述及最有代表性的织物。关于所有细节，以及有类似图案的中国古代工艺品，参考文物目录中的条目（那里所开列的相关艺术品名单当然很不完整）。

◁图案间的比较

中国风格图案可分成两大类。第一类是植物图案，都程度不同地倾向于现实主义的处理方法，并常同动物图案（主要是鸟）结合在一起。另一类是几何图案，其基础是某种流行的花纹，如"菱形纹"或重复的"点"。这类花纹也常变得类似于

◁中国风格图案
　的类型

植物,有时甚至也接近于现实主义风格。①

刺绣品中现实▷
主义风格的植
物图案

我们发现,在刺绣品中,第一类图案得到了最自由的发挥。这一点很引人注目,但并不令人吃惊。因为刺绣者的绣针是不受技术的影响的,而由于技术原因,使用织布机的织匠更愿意选用模式化的图案。实际是,尽管主题和安排相当不同,我们的所有刺绣品上一律是自由、大胆的植物图案,看一下图版 CVI~CVIII、CX、CXI 中刺绣品就会充分看出这一点。②其中写卷封面 Ch.xxii.0019(图版 CVI)设计大胆,树茎拖得很

---

① 关于我们纺织品中的几何图案,我从洛里默小姐一个有启发性的笔记中摘抄了下面几段:

"大多数几何图案都基于两种主要花纹——一种是菱形纹(或网格纹),另一种是'重复的点'。最简单的几何图案主要出现在锦缎和纱上,都比较小。其中有的图案是由朴素的直线构成的,直线围成的菱形中要是空白,要么织有小菱形或小花(例如,Ch.00440、00503~00505、00279 中的锦缎,i.0020、lv.0028)。有时,直线交叉的地方织着方形点或其他装饰物,形成了一种八边形网格(比如,图版 CXX 中的 Ch.00312,图版 CXXI 中的 Ch.liv.005)。有时则分裂成很复杂的图案(Ch.00430.b、00499、00500)。有一种变体与此稍有不同,是由 V 形条带组成的,条带在尖角处相碰,围成了一排排菱形空间,菱形中是小花,例如,Ch.00240、00342.b(图版 CXXI)、00489。也有朴素的六边形花纹,比如 Ch.00306 地上的图案(图版 CXIII)、Ch.00338 中相交的椭圆形构成的六边形网格(图版 CXXI),以及 00513 锦缎,但这种图案不太常见。

"重复的'点'状图案包括:四瓣小花(图版 CXXI 中的 Ch.00341、锦缎 Ch.00382),菱形或成组的同心菱形(图版 CXXI 中的 Ch.00280、00340 锦缎),六边形图案(图版 CXXI 中的 Ch.00243),以及各种小花(Ch.00347、Ch.lv.0028 中的第 13 号锦缎等)。

"在纱上,只有严格的几何图形。但在彩色花绸和印花绸中,上述两种图案都变得更加复杂、更像植物。比如,网格纹中的斜条可能是由树枝构成的,两侧都生着叶子,斜条交叉的地方是大花。也有的斜条是由漩涡状的成团的花和叶子构成的,中间围着菱形的成团的花和叶子。后一种形式在印花纱中更常见,比如图版 CXIII 中的 Ch.00307。同样地,重复的点也变得更具现实主义风格,形式也更加多样。这些形式包括:圆形花,花心是一朵小花,或两排大花瓣,比如图版 CXI 中的 Ch.00173;小花,从小花的花瓣之间生出放射状的一圈叶子,比如,Ch.lv.0028 中的 2 号和 3 号花绸(图版 CVII),印花绸 Ch.00308(图版 CXIII);成团的小花和叶子组成的圆形或菱形,这在印花绸中比较常见,比如图版 CXIII 中的 Ch.00309、图版 CXXIII 中的 00360。还有很多其他形式。有一件花绸织得极好,其图案是重复的心形(图版 CXI 中的 Ch.00178)。

"世界各地的人们都会自发地使用这些基本图案,因此,东西半球的两个图案之间存在相似性,并不能说明两个国家有什么历史联系。斯坦因所获丝绸中的菱形和六边形网格以及反复出现的菱形点肯定出自中国,因为在汉和汉代以前的石浮雕、青铜器、玉器中有大量类似之物,比如《博古图》《考古图》《古玉图》(Po ku t'u,Kao ku t'u,Ku yü t'u)中的'青石锁'(Chih shih so),237 页(香炉)、224 页(花瓶)等,有一个菱形花纹,也使人想起汉代的图案(Ch.00430.b 和 00500)。"

② 参见图版 CVI 中的 Ch.xxii.0019、xxvi.003,图版 CVII~CVIII 中的 lv.0028.10,图版 CX 中的 Ch.00259、279、347、348,图版 CXI 中的 Ch.xxvi.002。其他刺绣品参见 Ch.0075、119、280、281、332、446、448~450.a。

长,花朵色彩缤纷,更有飞鸟使刺绣显得生动起来。这件刺绣不仅最精美、也是保存最好的作品。Ch.xxvi.002 幢幡(图版 CXI)构图和谐,工艺精湛,保存得同样很好。

我们也发现,完全是中国风格的印花织物的细节部分也是相当优美、大胆的植物图案,查阅一下图版 CXIII、CXII、CXXIII 就会看出这一点。① 在拼贴布 Ch.lv.0028 镶边上的图案中,尤其值得注意的是其中优美的花枝和花枝上的鹦鹉。在印花幢幡 Ch.i.0022(图版 CXIII)的圆形"点"状花纹中,我们可以看到一种十分典型的中国图案,即两只飞鸟绕圈旋转,Ch.i.0022 中的飞鸟是鹤。② Ch.00305、00306、00309(图版 CXIII)中的图案是由小花组成的菱形花纹。应该同印花绸归入一类的还有几幅幢幡,幢幡上用模板印有中国风格的图案。③ 图版 CXIII 中有最有趣的图案,是两只鸭立于菱形之中,菱形是由富丽而逼真的植物图案构成的,这幅图案的风格和处理方式使人自然地联想起正仓院藏品中的一幅精美的彩绘图案。④

▷印花绸上的中国图案

在出自织布机的图案中,应该放在第一位的是织锦图案——织锦数量虽然不多,却很醒目。这些图案也完全是中国风格,花纹也是以植物为主,但比前面所说的那几类更加生硬、更加模式化。幢幡 Ch.0058、lv.0034 三角形顶饰的织锦镶边(图版 CVI)的图案十分引人注目,精细地织着一个莲花塘,

▷织锦为中国风格

---

① 参见图版 CVIII、CXXII 中的 Ch.lv.0028.15 和镶边,Ch.00307、308、310,图版 CXIII 中的 i.0022、xxiv.009,图版 CXXIII 中的 Ch.00358、360。其他印花绸参见 Ch.00279.4、371、372、376.a、00483、xxii.0036、lxi.005。

② 值得注意的是,这个印花绸上有一个用婆罗谜行书字体写的和田语题识,霍恩雷博士将题识破译了出来。题识记载日期的方式表明,这幅幢幡可能是某个来自和田的信徒捐献的,但并不说明此幢幡来自和田。

③ 参见 Ch.0024、89、303(图版 CXIII)、439。

④ 参见费诺罗沙《中国和日本艺术的分期》第一卷 110 页对面的图版。

□黄　■红　■蓝

用图案装饰的丝绸图样

图案说明:花绸 Ch.0076 中的图案(比例:1∶4)

其中有一只鸭子,周围环绕着织物图案。织锦条Ch.00166和写卷封面 xlviii.001(图版 CVI)中,图案似乎是漩涡饰和模式化的棕叶饰,色彩也富丽而和谐,纹理也十分细密——这也是这些小块织锦的共同特点。Ch.00300(图版 CXII)、00301 上是精美的植物图案和漩涡饰图案。

彩色花绸上的▷
中国风格植物
图案

　　彩色花绸(其中一些就工艺来讲可被称为"真正的织锦"①)图案种类很多,也很有趣,其中既有现实主义风格的植物图案,也有多少有点模式化的几何图案——图版 CVI 中有

①　参见 Ch.0065、170(图版 LV)、228、229(图版 CVI)、364、481、lv.0028.3。

几个植物图案的彩色照片。最典型的中国风格图案可能就是
Ch.00228 中的圆"点",由三只绕圈旋转的飞鸟构成。
Ch.00179(图版 CXI、CXV)的图案与之类似,但更加模式化,
是成对的狮子绕圈旋转。图版 CVI 中的 Ch.00165.b 的图案十
分优美,是由小花构成的,每朵小花两侧都有两对活生生的鸭
子。① 该图版中还有 Ch.00227、00229,其图案完全是现实主义
风格的植物,这在其他花绸中也很常见。② 我们在 Ch.00278
(图版 CIX)的花绸条中发现了一种很有趣的图案,是把现实
主义风格的动物和花朵同模式化的图形结合在了一起,图
版 CXIX 中是其重构后的完整图案。那两对自由奔放的飞驰
的鹿是每个花纹中最醒目的特征,它们是典型的中国风格,也
见于正仓院藏品中。Ch.0076(图版 CXI)的图案性质与其类
似,但是由鸟和模式化的花朵构成的,见本页的示意图。③

　　彩色花绸中的几何图案花样也很多。图版 CVII 中收入 ◁几何图案丰富
了拼贴布 Ch.lv.0028 的照片,从中可以看出几何图案发展的不
同阶段——从简单的锯齿形、四叶饰、朴素的花等,到复杂的
网格形(看起来像是由植物构成的)。其他例子见图版 CX ~
CXII。④ 有一个复杂的图案在几件织物中稍加变化地反复出
现⑤,图版 CXVI.A 中 Ch.00181 的示意图最能体现它的特点。
这个图案由圆形"点"构成,"点"中是个八边形,八边形外面
环绕着漩涡饰和花朵,八边形之间是同样华丽的四叶形花纹。

---

① 其他类似图案见 Ch.0062.a、168(图版 CXVIII)、172(图版 CXI)、177.a(图版 CXI)。
② 比如,图版 CVII 中的 Ch.lv.0028.2,图版 CIX 中的 00278(飘带),图版 CX 中的 i.0011、0020,图版
CXII 中的 00165.a、295、296。
③ 又参见 Ch.00175、lv.0028.5(图版 CVIII)。Ch.0076 的织法是一种疏松的缎纹斜纹,很像 Ch.00278,
表明二者生产的时间和地点间隔不远。
④ 参见图版 CX 中的 Ch.i.0020(菱形点,中间是八边形),图版 CXI 中的 00171、173、174.a、176.a、
178、181,图版 CXII 中的 Ch.00174.b、297~299。几何图案参见 Ch.00169~170(图版 LV)、362。
⑤ 参见 Ch.00171、181、liv.005(图版 CVI)、lv.0028.i(图版 CVII),还有 lv.0028.15(图版 CVIII)。

这一图案在正仓院的唐朝文物中很常见,是中国风格。[①] 有趣的是,我们于远在西方的喀达里克寺院遗址的两幅壁画残件中也看到了它。[②] 其中一幅壁画中,这种图案与萨珊风格的椭圆形团花并列在一起,这似乎象征着和田所受到的来自东方和西方的双重影响。Ch.00178(图版 CXI)中的图案虽然简单却很醒目,在金黄色的地上是排成斜排的猩红色"心"形。Ch.xx.006(图版 CVI)是个竹篾编成的写卷卷轴封面,竹篾由成股的丝线编在一起,丝线构成了很有趣的几何图案。这个封面保存完好,在正仓院藏品中也有类似的封面。封面的图案中还织有一个汉字,再加上用的是丝线,表明此封面是中国工艺。

▷ 单色织物上的
几何图案

当我们来看单色的花绸或锦缎时,就会发现占主导地位的是较简单的几何图案。只在几件锦缎中(图版 CXVII 中的 Ch.0086 和图版 CXXII 中的 xxviii.007),出现了复杂的花鸟图案,但这些也很模式化。[③] 除此之外,图案多是同心菱形、V 形条带、四瓣花、漩涡饰等,见图版 CXXI。[④] 无疑,相对简单的图案占多数是出于工艺上的考虑,这一点在纱上体现得更明显(那里只有简单的几何图形),见图版 CXX。[⑤] 纱中出现了排成网格的卐字纹和十字架(十字架的空白处是正方形),这些

[①] 参见本书第二十五章第二节文物目录中 Ch.00171 下的笔记。

[②] 参见 Kha.i.c.00119 的示意图(图版 CXVI.A.)。

[③] 另参见图版 CXVIII 中的 Ch.00293.a,其中有一只精美的孔雀图案。简单的对鸟图案等见图版 CXXI 中的 Ch.00339、343。

[④] 除了图版 CXXI 中的锦缎图案,其他植物图案或几何图案有 Ch.0065、231、232(图版 CXII)、233~236、238~250、279、280、374、429、430、440、453~455、lv.0028.12~14。Ch.00351(图版 CXVII)比较引人注意,它的图案是缠绞的茎和闭合的棕叶饰,很像唐代锦缎 T.XIV.V.0011.a、b。参见本书第十九章第一节。

[⑤] 其他带图案的纱,参见 Ch.00324、00332,以及广泛用于刺绣品中的纱。

起初会让人觉得图案受到了西方的影响。① 但我在楼兰地区的古墓里发现的汉代丝绸中也出现了同样的花纹，这表明，中国纺织艺术中很早以前就已经使用这种图案。

第三节　萨珊风格的图案及其仿制品

　　与第一大类完全不同的是第二大类图案，它们的布局和做工都十分接近萨珊风格，说明那些织物有可能产自西亚。也有的织物虽然出自中国人之手，其布局却无疑受到了萨珊风格的影响。这第二大类织物数量不多，但对于东方纺织艺术史的研究却非常重要，因为它们可能会对"以可携带的织物为载体的复杂的艺术渗透现象"②提供新的启示——这类问题在西方已经讨论得很多，在中亚和远东也应受到同样的重视。

　　众所周知，公元 7 世纪或 8 世纪的唐朝花绸模仿了波斯萨珊风格的图案，奈良合留吉（Horiuji）庙的藏品中著名的伊豆织物就明确无疑地证明了这一点。这件织物是公元 756 年藏在那里的③，它的团花造型和团花中典型的狩猎场面是波斯风格，而整个图案的做工和团花之间的装饰性植物图案则是明显的中国风格。④ 有充分证据表明，自那以后几百年间，波斯和其他近东风格的图案在中国纺织品中都出现过。⑤

▷西方艺术的渗透

▷合留吉庙中仿造的波斯图案

---

　　① 因此，洛里默小姐在笔记中提到了阿克米姆和安提诺以及拜占庭织物中的图案，参见冯·法尔克《丝绸织物史》，第一卷，图 32~34、36、83 等。

　　② 这句话我是从米雍先生精辟的表述中借用来的，他的话本来说的是东方装饰艺术对拜占庭纺织艺术的影响，见《纺织艺术》，6 页。

　　③ 参见达尔顿《拜占庭艺术与考古》，591 页。该织物的照片见《正仓院目录》图版 XCIV，史特拉兹高斯基《K.普洛伊斯艺术会议年鉴》，第二十四卷，169 页，图 13，《吉美博物馆年鉴》，第三十卷，图版 VI。

　　④ 空白处的这些图案，参考本章第二节，及图版 CXVI.A 中的 Ch.00181。

　　⑤ 参考达尔顿《拜占庭艺术与考古》，591 页注②及 592 页等提到的莱辛（Lessing）《K.织物艺术博物馆的织物》（Gewebesammlung des K. Kunstgewerbemuseums），柏林版。

由上可知,波斯和其邻近地区的装饰性纺织艺术在唐朝初年就已传到了中国,这一点确切无疑。但还有很多问题有待解决,例如这些西亚织物是来自哪个地区,并经由什么道路来到中国的;它们在何种程度上影响了中国人的艺术趣味;为什么人们模仿这些图案并将其出口;等等。在此我无法泛泛地讨论这些问题,但要想澄清它们,有必要对我们的藏品进行仔细的研究。

▷ 萨珊织物中的图案

萨珊风格织物中最受欢迎、最持久的图案就是对兽或对鸟(无论这些织物是产自波斯还是波斯以外地区),而波斯风格的纺织艺术中最常见、最典型的特征,就是把对兽或对鸟等主要图案围在圆形或椭圆形团花之中,团花在织物表面重复出现。[1] 我们发现,千佛洞藏品中有一组花绸,一律重复着对鸟或对兽的图案和更典型的团花布局,而且没有任何中国风格和中国工艺的迹象,这使我无法不想到它们可能产自西亚。

▷ 写卷卷轴封面上的萨珊风格花绸

它们之中最引人注意的可能就是写卷卷轴封面Ch.xlviii.001(图版 CVI、CXI)的镶边和装饰性条带。这是条织得很好的花绸,其示意图见图版 CXVI。其中织有两侧稍扁的圆形大团花,每个团花中都是一对长着翅膀的狮子立于棕叶饰的底座上,团花间是模式化花朵构成的较小的菱形。欧洲有两件精美的丝绸,其纹理和着色与 Ch.xlviii.001 完全相同,也是类似的团花图案,团花中也是一对极为模式化的狮子大步而行。其中一件藏于南肯兴顿博物馆(South Kensington Museum)中,另一件是三斯大教堂(Sens Cathedral)中圣科龙

---

① 参见米雍《纺织艺术》,10 页。

巴（St.Colombe）和圣鲁（St.Loup）的裹尸布①。团花之间的空
地上不是花朵，而是一对隔树而立的狗——整个图案都是人
们熟悉的萨珊风格。三件织物的团花图案有很多共同之处，
其中包括：对兽织得都很生硬，团花边都由两层花瓣或叶子构
成，整个图案中到处都是"阶梯状"的边。冯·法尔克教授在
其《丝绸织物史》中认为，这三件织物在处理上的典型特征属
于一种波斯花绸，这类花绸出自霍腊散（Khorāsān）或奥克苏
斯河地区。②

　　在丝绸幢幡顶饰 Ch.009（图版 CXI、CXV）和 Ch.00359（图 ◁ 产自西方织物
版 CXV）的图案中，我们又看到了同样僵硬的对兽、同样的 上的其他萨珊
"阶梯状"轮廓线。Ch.009 的图案可以由 Ch.00359.a 来补足， 风格图案
其中有椭圆形团花，团花中是一对鹿相对立于棕叶饰的底座
上。团花间的空地上是带缺口的四叶饰，四叶饰中有一对鹅。
团花边上装饰有椭圆形联珠，"联珠"在萨珊风格的织物中是
极为普遍的。③ Ch.00359中的残片 b 中，团花边上装饰的是一
对鸭，与 Ch.009 空白处的那对鹅很相似。我们的藏品中，这
类织物还有 Ch.0026、63、375，它们都是小残片，完整图案已不
得而知，但细节上明白地显示出萨珊风格的特征。④ 值得注意
的是，在这组图案中，我们没有发现相交或相连的团花，而相

---

　　① 关于三斯大教堂的裹尸布，参见查泰尔（Chartraire）《三斯大教堂的古代织物》（*Les tissus anciens du
trésor de la cathédrale de sens*），24 页以下，图 20。查泰尔认为，有证据表明，裹尸布分成两块是发生在公元
853 年的事。关于南肯兴顿教堂的那一件，见文物目录中 xlviii.001 下的文字。

　　查泰尔先生在他的很有启发性的著作中说到，他已允分意识到三斯大教堂裹尸布与我们的千佛洞织
物之间的关系，伯希和先生所获的千佛洞写卷封面中也有类似织物，现存于罗浮宫。

　　② 目前我没有法尔克教授著作的原件，我是从洛甘默小姐的笔记中转述此书的，这组织物见于该书
图 140~145。法尔克教授认为这组织物是公元 8~9 世纪的，但不会早于公元 750 年。

　　③ 见 Ch.0026、63、375。同样的团花边也出现在桑克塔·桑克特罗姆（Sancta Sanctorum）的狮子图案
上（此文物现存于梵蒂冈），那件文物在其他方面也和法尔克教授所说的奥克苏斯河类型相似，见《丝绸织
物史》，第一卷，图 139，达尔顿《拜占庭艺术与考古》，593 页，图 373。

　　④ Ch.00375 的团花中似乎是一对鸟，Ch.0026（图版 CXII）的团花中是某种植物图案。

交或相连的团花在其他萨珊图案及其模仿品中很常见。①

产于奥克苏斯▷
河的织物

　　上述织物是我们的藏品中图案和处理细节完全为西亚风格。从地理上我们可以得出一个明显的推论:它们经中亚来到敦煌。冯·法尔克教授认为,在欧洲发现的与它们完全相同的织物产自伊朗东北部包括奥克苏斯河流域的地区。我目前尚不知道,是什么证据使这位杰出的学者得出这一结论。而我也独立地得出了类似的结论。根据地理和文物上的证据,我觉得,千佛洞中这几件西亚织物并非来自波斯本土或再往西的近东地区,而是产自从法哈那到奥克苏斯河之间的广大的粟特地区,古代工艺美术的中心撒马尔罕和布哈拉就位于这一地区。中国开始向外出口丝绸后,这些城市成了丝绸贸易的中心,所以也有可能较早地发展起自己的丝绸制造业。②

粟特地区的丝▷
绸业

　　自从中国在贸易和政治上首次向西扩张,古代粟特地区和塔里木盆地以及中国西疆之间就存在着多种联系,在此我不可能也不必要详细探讨这些联系,在吐鲁番和敦煌发现的大量粟特文写卷就足以证明这些联系的存在。③ 很难确定传播到中国产丝地区的萨珊风格图案究竟起源于何处——在唐朝甚至更早,当中国同西方的海上贸易已完全确立的时候,模仿萨珊图案的织物就已经出现。但就敦煌石室中的这几件西

---

　　① 参见米雍《纺织艺术》,8页、13页、17页、19页、22页,达尔顿《拜占庭艺术与考古》,图368、369,并参见 Ch.00182(图版 CXVIII)、00291、00292(图版 CXVI.A)。
　　② 米雍先生在《纺织艺术》中(9页)简要而清楚地陈述了撒马尔罕和布哈拉在古代丝绸贸易史上的重要地位。
　　③ 参见本书第十八章第四节,第二十二章第二节及本章第五节;另见伯希和先生的评论,载《亚洲学刊》,1916年1—2月号,123页。

亚丝绸来讲,我觉得说它们产自古代粟特地区是最合理的解
释①——那一地区当时肯定自己就能生产丝绸,现在情况也是
如此。

　　Ch.00230 的图案使人们注意到艺术风格的相互影响问题
(它的多个残件见于图版 CVI、CXII,图版 CXVIII 中是重构后
的图案)。这件织物重复的大"点"中是花鸟图案,这种图案
本是现实主义风格,在此则变得生硬起来,有点像地毯上的几
何图案。大"点"之间的小花也极为模式化。无论是大"点"
还是小花都有阶梯状的轮廓线,这类轮廓线虽然不是中国风
格,却使人想起前面所说的萨珊风格图案。残件 Ch.00369 的
图案和处理方式也表现出同样的特点。安德鲁斯先生认为,
在这两件织物中,本来源自中国的图案在受到萨珊织物风格
影响的织匠手中发生了变形,几乎已经难以辨认。我觉得他
的看法很有道理。除了上文所述,再没有什么能够引导我们
得知,将源自中国的图案加以改造的做法是发生在什么地区。
但值得注意的是,这些织物色彩很生动,使用了深蓝和白、明
黄和绿这样对比鲜明的颜色,这不仅完全不同于藏品中几乎
所有中国织物的和谐色调,也有别于基本上以暗淡色调为主
的萨珊风格织物。

　　有一小组有趣的印花绸反映了相反方向的"艺术渗
透"——它们的图案虽然源自波斯,但在中国织匠的手里发生
了变形。其中最典型的是Ch.00291、00292(图版 CXIII),这几

▷中国和波斯风
格的交互影响

▷印花绸上有的
图案模仿的是
萨珊风格

---

　　①　在此我只能简单提一下,1915 年我在吐鲁番的阿斯塔那墓中发现的大量锦缎般的公元 7 世纪丝
绸,其图案也是萨珊风格的,我尚未对它们进行详细的研究,但它们也必定来自西方。这些墓中用作裹尸
布的其他为数众多的丝绸似乎是产自中国的。
　　在安迪尔寺院中发现的一件织得很好的花绸残件 E.i.018 也有阶梯状的边,但它太小了,无法看出完
整图案是什么。参见斯坦因《古代和田》,第二卷,图版 LXXVII。

件织物属于不同的幢幡,但印自同一个刻得很好的模子。图版 CXVI.A 中给出了尽可能完整的图案。这一图案的主要部分是典型萨珊风格的圆形大团花,团花里下半部分是一对相对而立的鹿,鹿的一只前腿抬起,鹿之间有一棵模式化的树。不幸的是,团花里上半部分的图案已无法确定,但从产于西亚的萨珊风格图案①以及印花绸 Ch.00357 上的图案(图版 CXVI.A)来看,团花上半部分极有可能也是一对动物。团花边上是椭圆形联珠,这在萨珊风格图案中也很常见。团花反复重复,纵向、横向都相连。团花上、下、左、右四点不是联珠,而是方形装饰物,这与奈良合留吉庙的伊豆丝绸是一样的。② 团花之间的空地上有大团叶子组成的菱形,叶子虽然不及 Ch.00304(图版 CXIV)中类似的叶子逼真,但显然是中国风格。鹿脚下的底座也发生了变形——萨珊风格图案中肯定是棕叶饰,此处却成了云朵。从鹿生动、逼真的笔法上,也不难看出中国风格的影子,正仓院藏品中一块花绸上的鹿就是这样的形状和姿势。③ 鹿之间的树虽然生硬而模式化,但也不乏中国风格的影响。

印花绸上的对▷马图案　　这个模子无疑是中国人模仿萨珊图案刻制而成,但所用丝绸的质量不是太好,说明这些织物可能不是为了专门向西方出口。模子有可能是敦煌当地人制作。对奇怪的印花绸 Ch.00357(图版 CXVI.A)来说,这更是最合理的解释。它是一幅幢幡的一部分,图案与上面那一幅的共同之处是也有两对动物,上面一对、底下一对,但此处印的是马驹。这里没有出

---

① 参见查泰尔《三斯大教堂的古代织物》,37 页,图 42。
② 参见本章本节。
③ 参见本书第二十五章第二节的文物目录。另见费诺罗沙《中国和日本艺术的分期》,第一卷,110 页对面的图版。

现萨珊风格的那种典型的团花。此图案的醒目之处在于,马
驹生动而有活力,似乎正在自由地奔驰。模子刻得稍微有点
生硬,由于丝绸很薄,质地不佳,颜料发生了流溢,即便如此,
却仍能清楚看出马驹身上的中国风格。底下那对马驹身体短
粗,头很大,耳朵短,是蒙古马。上面那一对身上有斑点,大腹
便便,代表的明显是另外一种马,但由于马头已缺失,其种类
已无法辨认。织物底部还有一对与前两对上下颠倒的马,说
明图案是颠倒着重复的。敦煌南面与吐蕃游牧部族相邻,东
面、北面与突厥部族相邻,在敦煌刻印马的图案,能够迎合当
地市场上许多顾客的要求。直到今天,敦煌仍是一个大集散
地,为蒙古和西藏游牧部落提供商品(藏族部落就放牧于柴达
木高原上)。

　　印花绸 Ch.00304.a、b(图版 CXIII、CXIV)给我们提供了一
个中国工匠改造西方图案的很好例子。这件印花绸被两幅幢
幡用作顶饰。它的图案是重复的圆形大团花,团花外环绕着
由大团叶子构成的复杂的菱形,菱形几乎把团花之间的空地
都填满了。团花有两重边,外边一重装饰着椭圆形联珠,里边
一重装饰着四叶饰,这些生硬的装饰物是萨珊风格。但团花
之内的图案则无疑是中国风格:中间是一朵比较模式化的花,
绕着花是四对逼真的鹅。[1]　团花外繁复的叶子和花也是中国
风格。丝绸质量上乘,做工细致,表明此绸可能产自中国本
上。精细的花绸吊带 Ch.00182(图版 CXI、CXVIII)必定也来
自中国内地,它的图案很小,圆形团花中有一对相对而立的
鸭,团花之间的空地上和团花相连的地方是花朵。此图案的

◁中国丝绸中萨
珊风格发生了
变形

---

　　① 　在模版印刷的丝绸幢幡 Ch.00303(图版 CXIII)和婆罗谜文大写卷卷轴 Ch.c.001 的彩绘开头(图
版 CXLVI)中,我们也发现了类似的中国风格对鸭图案。参见费诺罗沙《中国和日本艺术的分期》第一卷
110 页刊载的一幅正仓院绘画。

整体布局是波斯风格,但其至为精细的做工和风格上的某些细节表明,丝绸产自中国。它不仅在编织方法上与我们的第一组萨珊织物完全不同,而且团花连在一起,没有阶梯状的轮廓线。但值得注意的是,在西方的萨珊风格织物及其模仿品中,连在一起的团花是十分常见的。①

织着半狮半鹫▷兽、双足飞龙的花绸 Ch. 0018

下面要说的这件花绸图案很奇特,令人十分困惑不解。我指的是三角形织物 Ch.00118(图版 CXI),它是由两块织物缝成的,可能本是某幅幢幡的顶饰。安德鲁斯先生绘制了它的图案示意图(见第二十五章第二节)。② 它织的是成排的扁平拱形,拱形由立柱支撑着,立柱又是立于下一排拱形的拱顶上。由此围成的空间中是两对动物,一对在另一对之上,两对动物或是一对双足飞龙和一对半狮半鹫兽,或是一对双足飞龙和一对狮子,每对动物都隔着立柱相对而立。立柱把空间

图案类似于汉▷代织物

纵向分开,两端分叉,形成横贯织物表面的网格。动物形象既富于想象力,又充满活力,它们完全是中国风格。还有一些细节不应忽略,如拱形上装饰的漩涡饰很像模式化的中国式云朵。乍看之下,对兽的布局似乎使人想起某些萨珊风格的图案,但大量事实又告诉我们,这并不是个萨珊图案。动物的形状和建筑般的花纹,不可能是从波斯图案中生硬的圆形和椭圆形演变而来。但从另一方面来讲,这件花绸中动物及装饰性细节的整体处理方式,与从敦煌古长城发现的两块花绸残片 T.XV.a.iii.0010 和 T.XXII.c.0010.a(均见图版 LV)有某种关联,这种关联很难说清,但又明显存在。③ 后者的图案示意图在图版 CXVIII 中,织有奇怪的龙和凤,边上织着云朵。只需

① 参见米雍《纺织艺术》,8 页、13 页、17 页等。
② 关于安德鲁斯先生对这个图案的分析,见本节下文中提到的文章。
③ 参见本书第二十章第七节。

将 Ch.00118 与它们比较一下，读者就会明白我的意思。此外，这三件织物的编织方法也完全相同，都是"经线罗纹"法的一种变体，这种织法在千佛洞其他织物中还没有出现过。它们所用的色彩也都很有限，一种颜色是地，再用一种织图案。

只是由于后来又新发现了大量中国早期织物，以及安德鲁斯先生对这些织物进行的初步研究，我们才有可能解开这个谜。是安德鲁斯先生第一个使我注意到这样一个事实：1914 年我在楼兰汉墓中发现了许多中国早期文物，其中包括花绸，某些花绸的图案一方面与上文说的残片很接近，另一方面又预示着我们所说的萨珊风格的某些特征。① 尤其是在汉墓花绸中，对兽图案作为装饰性织物的一种布局，其地位已经完全确立。在安德鲁斯先生看来，Ch.00118 这件千佛洞独一无二的织物，其图案保留或继承了楼兰花绸所代表的那种中国早期装饰性织物的风格。 ◁楼兰古墓中的花绸

在此我无法提供什么证据，因此，虽然我接受了安德鲁斯先生的观点，但我明白，有很多东西尚有待于证明。即便如此，我也要利用现在这个机会来指出，楼兰古墓发现的织物，有可能对与东方古代纺织艺术有关的其他更重要的问题提供启示。这些花绸完全产自中国，也纯粹是中国风格，在工艺和艺术趣味上都相当完美。它们明白无误地证明了中国早期纺织艺术对西方所产生的强大影响。大量历史记载告诉我们，在帕提亚时代的整个伊朗地区，把丝绸从遥远的丝国中国运来，再出口到地中海地区，这种贸易在商业上甚至在政治上都 ◁楼兰遗址中的中国早期纺织艺术

---

① 对这些文物中有代表性的织物的研究，参见安德鲁斯先生《古代中国的花绸》(*Ancient Chinese figured silks*)，载《伯灵顿杂志》(*Burlington Magazine*)，第三十七卷，6 页以下，1920；在该杂志 3 页以下，我描述了在楼兰遗址东北的古墓中第一次发现这些织物的过程。参见斯坦因《第三次探险》，载《地理学刊》，1916 年第 48 期，123 页等。

十分重要。我们知道,不仅中国的生丝,而且中国的织物都被运到叙利亚以西的地方,在那里打开,并织上西方的图案。①在罗布泊沙漠遗址中,我就发现了通过这种贸易从中国运来的花绸。考古学证据表明,它们的年代在公元 1 世纪,而且恰恰保存在丝绸之路沿线——自从公元前 2 世纪中国向西方出口丝绸起,丝绸贸易就是沿着这条路进行的。

中国早期纺织▷
品对波斯艺术
的影响

  在这些汉代丝绸中,有不少图案清楚地预示着萨珊时期在伊朗及其临近地区流行的那种典型的装饰艺术风格。研究一下它们我们就会强烈地感觉到,从公元前 1 世纪起,包括纺织艺术在内的波斯艺术必定从这里吸取了很多新鲜的灵感。最近的研究工作已清楚地证明,汉以后各时期的中国艺术对波斯的绘画和制陶业都产生了极大影响,这也可以为我们的判断提供佐证。此外我无法追寻远东古代艺术向西方渗透的轨迹,但有一点可以确定:便于携带又易于保存的中国古代丝绸是远东艺术向西传播的最佳载体。当我在那荒凉的楼兰遗址发现这些汉代丝绸时,我的第一印象就是,"它们会为纺织艺术史揭开诱人的新篇章"。但这个问题我说的已经不少了,就到此为止吧。

第四节　藏经洞中发现的婆罗谜文和汉文写卷

对写卷的初步▷
研究

  在第二十二章中我已说过,我第一次发现它们时藏经洞中的写卷处于何种境况,我又是通过什么办法获得了这个大宝藏中的相当一部分。花了多年的时间,这为数众多的新资料才被全部整理完,才可供语言学和其他方面的研究之用。

---

  ① 普林尼(Pliny)《自然史》xi.76 中有一段重要文字证明了这个事实,参见达尔顿《拜占庭艺术与考古》,584 页。

我一回到英国,就求助于最博学的专家对它们进行初步分析
和研究。这些研究虽然已经结束,但由于本书篇幅和我的能
力所限,在此我不可能对这些研究的成果进行系统描述。但
我似乎首先应该简单说一下,人们对这些用不同字体、不同语
言写成的文书最初是如何研究和编目的,然后再依据专家们
的初步研究成果,简要看一下文书的种类。尽管我的概述必
定是仓促而不完善的,但它却有历史学上的价值,因为它进一
步说明,由于敦煌特殊的地理位置,从汉代以来,不同地区、不
同种族、不同信仰的各种影响都交汇在这里。

　　下面我们就从婆罗谜文开始对写卷作一番简述。之所以
先说婆罗谜文写卷,除了它们在语言学上的价值,还因为只有 ◁婆罗谜文写卷
婆罗谜文写卷已由霍恩雷博士完成了编目工作——自从印度
学学者们开始对中亚进行研究以来,他对许多婆罗谜文写卷
都倾注了同样的耐心。看一下他在附录 F 中的分类目录就会
知道,婆罗谜文写卷中有三种语言:梵文、和田语、龟兹文。从
外在形式上来讲,写卷分成卷子形和贝叶经形。三种语言所
写的内容一律与佛教有关。

　　先来看梵文写卷。应该注意的是,关于我的藏品中的梵 ◁贝叶经形梵文
文部分,瓦莱·普桑教授撰写了一系列文章,贝叶经形写卷 　写卷
(共九件)均已载于他的文章中,或已由他释读了出来。[①] 其
中不仅有摘自各种大乘佛典的文字,还有一些贝叶经形写卷
抄的是法护的《自说经》(*Udānavarga*)[②] 及摩特色塔
(Mātṛceta)的著作,这几件写卷都是用笈多斜体写的,而在出

---

　　① 参见瓦莱·普桑(L. de la Vallée Poussin)《斯坦因第二次所获的梵文写卷》(*Documents sanscrits de la seconde collection M. A. Stein*),载《皇家亚洲学会会刊》,759 页以下、1063 页以下,1911;《斯坦因藏品中的新残卷》(*Nouveaux fragments de la collection Stein*),843 页以下,1913。
　　② 参见图版 CXLIII。

自敦煌本地的写卷中则没有这种字体,这表明这些写卷很可能来自中亚。大棕榈叶形写卷 Ch.0079.a 共 64 页,抄有《般若波罗蜜多经》的三分之一,来自印度。棕榈叶形的一页写卷 Ch.0079.b 也来自印度,是一个大开本的《大乘经》中的一页。① 两件写卷都是用笈多正体所写,可能是从尼泊尔经西藏传到敦煌。

梵文卷子▷ 在梵文卷子中,Ch.0092 和 Ch.00330 特别值得注意。前者抄的是一部分《青头观音自在菩萨心陀罗尼经》,行与行之间夹杂着该经的粟特文版本。自从瓦莱·普桑和戈蒂奥出版了这个双语写卷之后,西尔文·烈维先生就认为,有大量理由证明该写卷的年代在公元 650—750 年之间。② 第二个卷子是用梵文写的不长的一段《般若波罗蜜多经》,隔一列有一行汉文音译,其梵文和汉文音译都与日本合留吉庙中的公元 6 世纪写卷很接近。一些汉文卷子的背面用不规范的梵文写着各种佛经③,加上所用的是笈多斜体,都说明梵文是当地人抄的。大卷子 Ch.c.001④ 长 70 多英尺,其中大部分也是当地人抄的不规范的梵文,是用笈多正体抄的,剩下的部分是用和田语和笈多斜体写的。

贝叶经形和田▷ 但是,为数多得多的卷子和贝叶经形写卷用的是另一
语写卷 种语言。在研究的最初阶段,这种语言曾分别被称作"2号未知语言""北雅利安语""东伊朗语"等。现在,根据斯滕·科诺教授和研究这种语言的先驱霍恩雷博士的看法,

---

① 两份写卷均见图版 CXLII。
② 参见《皇家亚洲学会会刊》,629 页以下、1063 页以下,1912。
③ 参见 Ch.0041、0044(图版 CXLVII)、0047。
④ 参见霍恩雷《新疆的"未知语言"》(*The 'Unknown Languages' of Eastern Turkestan*)(下篇),见于《皇家亚洲学会会刊》,471 页以下,1911。参见图版 CXLVI(一部分卷子的照片上下颠倒了)。

这一语言应被称作"和田语"。① 在我所获的千佛洞写卷中，有 14 件贝叶经形写卷、31 个卷子（有的完整，有的残缺）用的是这种语言。在和田语卷子中，纸的一面几乎一律写着汉文，汉文的内容与另一面的婆罗谜文毫无关系。② 笈多正体和笈多斜体都出现在和田语写卷中。其中最引人注意的可能就是两件完整的贝叶经形写卷，分别写的是《观无量寿佛经》（*Aparamitāyuḥ -sūlra*）和《金刚经》③。二者都是对著名的梵文原文的直译，这第一次使得霍恩雷先生有办法系统地释读和田语写卷中的相关段落④，也使斯滕·科诺教授能够考订这些和田语佛经。⑤ 图版 CXLVIII～CL 中登载了其他贝叶经形的和田语写卷，其中值得一提的有：Ch.ii.002、003（二者内容都很多，分别有 65 页和 71 页，都是从梵文医药书籍中翻译或摘抄出来的），Ch.00274.a（是一部共 39 页的完整的佛经，但迄今尚不知道是什么经）。

和田语长卷子几乎全是用笈多斜体写的，其中有佛经（有的相当长）、文书，甚至还有药方。⑥ 它们数量不多，而且都是写在旧汉文卷子背面的空白处，这说明它们是由当地人写的。

◁用笈多行书体写的和田语卷子

---

① 参见霍恩雷编辑的《新疆出土文书》（*MS. Remains of Buddhist Literature*），第一卷，x 页，218 页以下。关于此前人们对这个语言的看法，见伯希和《〈金光明经〉残卷：语系备忘录》（*Un fragment du Suvarṇ aprabhāsasūtra, Mémoires de la Société de Linguistique*），重印版，第十八卷，1 页等。

② 在 Ch.0045、0046、0049、00271、00331 中没有汉文，但它们是残破不全的。Ch.c.002 清楚地证明一个汉文旧卷子背面被当作婆罗谜文"练习本"。大多数情况下，很可能写着汉文的一面是正面，写得也较早。但请参见伯希和的著作，3 页。卷子 Ch.ii 001 是不完整的，两面都写着和田语。cvi.001 的情况与之一样，此外反面还同时写有藏文。

③ 关于 Ch.xlvi.0015 中的《观无量寿佛经》，见图版 CL。Ch.00275、xlvi.0012.a 中的《金刚经》（共 44 行），见图版 CXLIX。又见《写卷中的佛教典籍》，第一卷，图版 V～XVI。

④ 参见霍恩雷《新疆的"未知语言"》，载《皇家亚洲学会会刊》，836 页、1283 页以下，1910。

⑤ 参见科诺《古和田语版本的〈金刚经〉和〈观无量寿佛经〉及其梵文原本、藏文译本》（*The Vajracchedikā and the Aparamitâyuḥ Sūtra, the Old Khotanese Version together with the Sanskrit Text and the Tibetan Translation*），载霍恩雷编辑的《新疆出土文书》，第一卷，214～288 页、289～356 页。

⑥ 其例子见图版 CXLVII、CXLVIII。篇幅很长的佛教卷子见 Ch.0041、00256～00269。

由此可以判断出，在敦煌住着一些僧人，他们熟知和田地区以及塔里木盆地南部其他地区所使用的语言和字体，而且有不少迹象表明，这些和田语文书的年代似乎比较晚。① 卷子中除

字母表▷ 笈多斜体字外，还有大量字母表和音节表，这说明当地有些人在研究和田语。霍恩雷博士指出，笈多斜体字一般写得极为潦草，如此一来，这些字母表和音节表对确定古文书的内容就很有价值了。②

龟兹语写卷▷ 千佛洞婆罗谜文写卷中不只有梵语和和田语。两件贝叶经形写卷Ch.00316.a和 b 中有三页用的是一种新发现的印欧语言，最初它被称作"1 号语言"，后来又被称为"突厥语"。终于，西尔文·烈维先生巧妙而令人信服地证实，这一语言主要流行于库车地区，所以可以被称作"龟兹语"。③ 在我的请求下，烈维先生研究了这两件写卷（它们都是用笈多斜体写的），并辨认出，一件是医药学方面的，另一件是与《自说经》有关的一首佛教诗篇。此后，他和米耶先生就龟兹语的语法形式写了一篇文章，其中引用了这两件写卷。④ 从千佛洞石室中发现的龟兹语文书只有这几页，而和田语卷子却很多，这种比例失

---

① 千佛洞卷子与我在丹丹乌里克、喀达里克、麻扎塔格（直到公元 8 世纪末期或再晚些时候，这些地方均有人居住）发现的和田语写卷在字体和语言上都很相似。另一方面，伯希和教授从中国古文字学的角度也认为，他从千佛洞带走的数量众多的"东伊朗语"（或称"和田语"）写卷年代较晚，当在公元 8 世纪到 10 世纪之间。参见《〈金光明经〉残卷》，3 页。

② 参见霍恩雷《新疆的"未知语言"》（下篇），载《皇家亚洲学会会刊》，450 页之后的图版 I～IV，1911 年。Ch.0042、46、271、273、327、i.0019、xl.002 和 003、lviii.007（图版 CXLV）、c.002 的主要内容就是这样的字母表和音节表。

③ 参见烈维《龟兹语》，载《皇家亚洲学会会刊》，1913 年 9—10 月号，312 页以下。这个未知的中亚语言最初见于霍恩雷博士出版的韦伯—玛卡特尼写卷（1901），其语言学性质最初是由西格和西格林教授认识到的（1908）。关于对它进行的研究，参见烈维《对伯希和所获突厥文书的研究》（*Étude des documents tokhariens de la Mission Pelliot*），载《皇家亚洲学会会刊》，1911 年 5—6 月号，431 页以下。

④ 参见烈维和米耶（A. Meillet）《突厥 B 语文书的语法形式》（*Remarques sur les formes grammaticales de quelques textes en tokharien B*），《巴黎语言学协会备忘录》（*Mémoires de la Société de Linguistique de Paris*），再版，第十八卷，2 页、17 页、22 页等。

调现象的确引人注目。但除了烈维先生所指出的三页双语（龟兹语和梵语）医药文书①，我们尚不知道伯希和先生所获的包裹中有什么龟兹语资料（这些包裹是我去千佛洞时没有仔细看或未能拿走的）。在得知这一确切信息之前，我们还不能匆忙地下什么结论。但似乎在藏经洞封起来之前的几百年里，敦煌与塔克拉玛干南部信佛教的地区的联系，要比从吐鲁番到库车的北部绿洲更密切。

我在第二十二章中说过，虽然我缺乏汉学知识，但从一开始我就意识到了那些为数很多的汉文写卷的重要性——它们构成了藏经洞宝藏的主体。在蒋师爷的帮助下，我注意到了当地各种文书以及年代较早的破碎写卷（多见于内容驳杂的包裹中）的文物价值。我尤其注意拣取后者，后来证明，我的做法是正确的，因为在后者中，具有历史价值或语言学价值的文书比例要远远高于捆扎紧密的包裹（这些包裹中大部分是保存很好的佛教经典）。除了这些单独拣取的文书，我还运走了 270 多个包裹的卷子。这些卷子的数量太大了，以至于当 1908 年 7 月我终于有时间让蒋师爷把它们整理一下的时候，由于我几个星期后就要动身去和田，蒋师爷只来得及简略地开列了三分之一卷子的目录。即便如此，这个目录也很有用，因为它表明，有的写卷文末题识中所记的年代是公元 5 世纪，而有的写卷可能要更早。

◁汉文写卷

我把千佛洞的这些汉文写卷安全运抵大英博物馆后，它们装满了足足 24 个箱子，但当时我未能对它们进行任何研究。令我欣慰的是，1910 年初夏，伯希和教授来到伦敦，在几

◁伯希和教授研
究了汉文写卷

---

① 参见烈维的文章，载《亚洲学刊》，1911 年 5—6 月号，433 页。由于此文中所提的伯希和的龟兹语写卷中没有"地点标记"，因此我无法判断其中哪些是出自敦煌，哪些出自都勒都尔—阿库尔等库车遗址。

周的时间里,他付出了不懈的劳动,大致翻阅了这些写卷。由于他是汉学家,此前还曾亲临千佛洞石室,凭着这样的学识和独特经历,他很快对这些资料的性质和价值做出了一个估计——尽管它们的数量是如此之多。在我的请求下,他把他的研究成果总结在了一个备忘录中交给了我——这个备忘录虽短却极有启发性。他还表示,在特定的条件下,他愿意为我们的敦煌汉文写卷制订一个系统的目录。对此我深为感激,因为,伯希和教授是最适合这一任务的人选,有了他的帮助,我们藏品中的这一重要部分不久就完全可以供学者们研究了。这一建议还得到了印度司和大英博物馆理事会的许可——我带回的所有汉文写卷最终将属于它们。

汉文写卷的编▷
目工作

1910 年秋,第一批写卷及时运抵巴黎,供伯希和教授编目。但由于个人原因及其他研究工作的压力,直到 1914 年夏,编目工作仍未完成。这时,第一次世界大战爆发了,伯希和教授加入了法国军队。由于身负其他任务,他已不能再继续这项工作,因此,详细的编目工作就由大英博物馆的 L.吉尔斯博士来承担①。同时,这部分藏品在日本也引起了相当注意,几个学识渊博的学者(如 1912—1913 年的贺名生教授和塔吉先生、1916 年的矢吹先生)花了大量时间和劳动研究了某些写卷,尤其是与佛教造像等问题有关的写卷。

有文物价值的▷
汉文写卷

在数以千计的写卷中,目前只有两件出版过,它们虽然较短,在历史学和地理学上却很有价值。二者的校订和翻译(并附有重要的注)都要归功于大英博物馆的吉尔斯博士。第一件是《敦煌录》,是唐朝末年关于敦煌地区逸闻趣事的一本小书。它提供的地理上的一些信息很有用,上文我们曾多次提

---

① 在本书付印的过程中,已有 2 000 多件写卷编了目。

到它。① 另一件 Ch.922 是公元 416 年敦煌进行的一次官方人口普查的部分记录。② 它是一小卷纸,其背面在唐朝或唐朝以后被用来书写佛经。它充分说明,在内容驳杂的包裹里所获的大量纸张中,我们会取得意想不到的收获。另一件更大的文书 Ch.917(图版 CLXIX)写于公元 886 年,其中包括一些关于中亚地理情况的笔记,伯希和教授曾撰写过一篇关于罗布地区早期粟特人聚居区的文章,其中就引用了这件文书中的一些段落。③

这几件出版的文书颇令人满意,但也使我更加迫切地希望,英国和其他地方能更多地鼓励和扩大对远东的研究,以便培养出更多的汉学家,使他们受到充分的专门训练,从而能有效地利用这些宝贵的新资料。我们终将发现,我从千佛洞石室中所获的文字文物中这些资料不仅是数量最多的,而且也是价值最大的。同时,我很高兴能从上文所说伯希和教授给我的备忘录中节选出一部分,由此可以看出,这位学识渊博的学者对我们的千佛洞汉文写卷的内容和价值有何评价:

　　从编目的角度来讲,斯坦因博士从敦煌所获的汉文写卷可分成两类:第一类是完整或相当完整的卷子,约 3 000 件;第二类是残片,有 5 000~6 000 件。 ◁伯希和先生关于汉文写卷的备忘录

　　我要尝试着分类的只能是第一类。大多数完整的写卷是佛经,它们自然十分珍贵,因为它们比现有的中文和日文

---

　　①　见吉尔斯《敦煌录》,载《皇家亚洲学会会刊》,703 页以下,1914。该文的补遗和校正见《皇家亚洲学会会刊》,41 页以下,1914。上文第十六章第四节,第十九章第七节,第二十章第二节提到了这本书,图版 CLXIX 中有该书的两页照片。

　　②　参见吉尔斯《敦煌的普查》(*A Census of Tun-huang*),载《通报》,468 页以下,1915。图版 CLXVI 中出于错误,登的是其反面后来写的文字,而不是正面的原文。

　　③　参见《亚洲学刊》,1916 年 1—2 月号,120 页以下。

版本都要古老,对这些版本细节部分的研究会有所帮助,但总的来讲,它们不能马上给我们提供太多可资利用的新信息。这样的新信息则多见于那些与当地的各种活动有关的文书中(官方文书、账目等),这些文书经常标有日期,而在发现敦煌宝藏之前,这类文书资料我们可以说是一件也没有的。

最后,在残片中最常见的世俗文学、历史、地理、词汇学等方面的内容,对于汉学的发展具有极高的价值。

总之,对这些文书的编目要想有用,对那些题目尚不能确定的文书就应该尽可能指出其内容的性质。应该利用所有的文末题识,在没有题识的时候,也应该估计出写卷的大致年代。因此,要想完成所有写卷的编目工作,肯定需要一年时间。

为有代表性的▷
汉文写卷撰写
的笔记

此处我将附上伯希和教授和吉尔斯博士提供给我的笔记,这些笔记是关于图版 CLXVI~CLXIX 中的写卷的,以此来支持伯希和教授的评论,并用以说明千佛洞写卷的内容是何等丰富。图版中的这些写卷是在这两位学者的帮助下精选出来的,它们或是有明确的纪年,或是在古文字学或内容上有特色,或是因为其他的原因而引人注目。我还要说一下,为使我的部分藏品于 1914 年展出,吉尔斯博士选取了更多的写卷并为它们撰写了说明性文字,请参阅展出时大英博物馆的《手册》。①

---

① 参见《斯坦因搜集品展》,53~58 页。

图版 CLXVI～CLXIX 中的千佛洞写卷

Ch.922.   **汉文卷子残件。**写有对敦煌家庭进行的普查,其日期为农历前楚一月(公元 416 年 2—3 月)。(从图版中打开的部分可以看出,文书背面用来写佛经了。)图版 CLXVI。

Ch.916.   **佛教诗篇。**内容包括赞颂极乐世界,赞颂佛教圣山五台山等,无日期,可能写于公元 800 年。图版 CLXVI。

Ch.1181.   **佛教典籍。**含《大悲心陀罗尼经》(*Mahāvaipulyadhāraṇī-sūtra*)第一章,日期相当于公元 521 年。图版 CLXVI。

Ch.759.   **写卷卷子。**是一部分《列国传》,是一部描写东周列国的中国历史小说。图版 CLXVI。

Ch.936.   **成卷的文书。**含从前哨肃州发来的文书。图版 CLXVII。

Ch.cv.001.   **完整的卷子。**是《大般涅槃经》(*Mahāparinirvāṇa-sūtra*)的第九章,最后盖有三界寺的戳(见本书第二十三章第九节)。无日期,可能是公元 7 世纪的。图版 CLXVII。

Ch.905.   **写卷卷子残件。**其中含一些中文短诗,出自一位僧人之手,诗中赞颂了山川、河流、寺院等。属于唐朝。图版 CLXVII。

Ch.935.   **写卷卷子。**含从开封府到西部边陲的行程。图版CLXVII。

Ch.6.   **写卷卷子。**可见《普贤经》(*P'u-yao-ching*)第五章的末尾部分(相当于南吉奥版本的第 160 号,但分节法不同)。写卷中无日期,但伯希和教授认为它的字体要比北魏字体古老,认为它的年代应当在公元 400 年左右,贺名生和塔吉先生完全同意这种看法。图版 CLXVIII。

Ch.401.   **写卷卷子的文末题识。**写卷中是《华严经》(*Hua yen ching*)第三章,题识中日期为正光三年四月八日(相当于公元 522 年 5 月 18 日)。图版 CLXVIII。

Ch.478.   **写卷卷子。**含佛教典籍《摄论章》(*Shê lun chang*)第一章及评注,日期相当于公元 601 年 9 月 30 日。图版 CLXVIII。

Ch.365.   **文书的一部分。**年代为公元 911 年,开列着布施物的单子。是中国文化于敦煌处于衰落时期的典型文字。图版 CLXVIII。

Ch.1283.   **一位名叫灵慧(Ling hui)的尼姑的遗嘱。**日期为咸通六年十月二十三日(相当于公元 865 年 11 月 15 日)。图版 CLXVIII。

Ch.79. **写卷卷子的末尾。**含《金刚经》,开头不完整,是唐朝中叶(约公元 750—800 年)的典型字体。卷子一端是从年代更早的写卷上取下的题识,这个年代更早的写卷是任言谢(Yin Jên-hsieh)于公元 700 年所写,这个名字在其他写卷中也曾出现过(参见伯希和的文章)。图版 CLXVIII。

Ch.1024. **书写工整的写卷残件。**含"四书"中的《大学》。图版 CLXIX。

Ch.1073. **一本小书。**含《敦煌录》,是对敦煌地区的描述性文章,主要写的是当地的逸闻趣事(见本节上文),可能写于公元 10 世纪。图版 CLXIX。

Ch.1080. **五页欧阳询书法拓片。**欧阳询是中国著名的书法家,拓片装订成了一本小书。还有两页在巴黎(伯希和藏品)。图版 CLXIX。

Ch.917. **写卷卷子。**开头不完整,是一篇关于中亚地理的文章,年代为公元 886 年,见本节上文。图版 CLXIX。

最早的雕版印▷
刷的书(公元
868 年)

最后我要专门提一下完整的雕版印刷长卷 Ch.ciii.0014(图版 C),它有 16 英尺长,印的是汉文《金刚经》,我们上文已说过它开头处用雕版印刷的版画。[1] 根据其题识中的信息,这个经卷是王臣(Wang Chieh)于咸通九年四月十五日(相当于公元 868 年 5 月 1 日)印的。如果不算符咒的话,它是迄今所知的最早的印刷品。[2]

第五节　藏文、粟特文、突厥文写卷

藏文写卷▷

下面似乎应该说的是藏文写卷,其数量仅次于汉文写卷。最初放在藏经洞中时,它们结结实实地装了 30 多个包裹,在内容驳杂的包裹中还有很多极为混乱的贝叶经形写卷。[3] 单

---

①　参见本书第二十三章第九节。

②　关于公元 947 年印刷的祈祷文 Ch.00158、185.a,见图版 CIII。公元 10 世纪的其他印刷品,参见伯希和《甘肃新发现的中世纪图书馆》,载《法国远东学院通讯》,526 页,1908。

③　参见图版 CLXXIV 中的 Ch.03。

独的藏文贝叶经形写卷、卷子和其他写卷的数量估计有约 800
件。① 我不懂藏文，所以无法进行系统的选择，但出于我上文
说过的那种考虑，我首先保证拣取内容驳杂的包裹中的所有
藏文卷子。从字体上即可看出，大多数藏文写卷中很可能都
是藏传佛教典籍和其他宗教书籍。F.W.托马斯博士和在他指
导下的里德·丁小姐对这些写卷进行的初步研究证实了我的
猜想。当时，很多团成一团的大纸也引起了我的怀疑②——许
多包裹与它们紧紧系在一起，我不得不将它们一并拿走。事
实证明，我的怀疑也完全正确。这些大纸只是抄了几乎无数
遍的《般若波罗蜜多经》等经文，它们只有助于说明一个事实：
自从西藏皈依了佛教开始，藏族人就酷爱反复重抄佛经中的
某些段落或某些祈祷文，认为这种半机械化的方式能增进人
的阴功。

　　由于 1910 年作出的一个决定，来自千佛洞的藏文写卷全 ◁藏文写卷的编
部交付印度司图书馆最后保存，托马斯博士作为那里的图书　　目
馆馆员，负责安排这些写卷的系统编目工作。开始是由里
德·丁小姐承担这一任务，1914 年后担子则主要落在了瓦
莱·普桑教授的肩上。据我所知，这一工作已告一段落，目录
可能不久就会面世。在该目录很有价值的引言中，瓦莱·普
桑先生概述了他们的主要成果。同时，托马斯博士还就图
版 CLXXIII、CLXXIV 中的写卷撰写了笔记，并将笔记交给了
我，对此我深表感激。③

　　可以假定的是，千佛洞藏文写卷的大部分（甚至全部）都 ◁藏文写卷的大
写于敦煌受吐蕃控制的时期，即从公元 8 世纪中叶到 9 世纪 　致年代

---

① 　大量内容完全相同的写卷不算在内。
② 　参见图版 CLXXIII 中的 Ch.05。
③ 　参见本书附录 I。

中叶。尽管多数写卷的内容都出自藏文佛教典籍因而已被人们所熟知,但它们相对较早的年代仍使我们指望,当将来人们对浩如烟海的藏文佛教典籍进行文本上的研究时,这些写卷能成为有用的资料。这些写卷一旦整理完毕,将它们与来自喀达里克、安迪尔、米兰要塞的藏文佛经残件相比较,就自然会得出有益的结论。

藏文写卷中使 ▷
用的纸张

另一个研究方向也有可能得出有用的成果。卷轴状的藏文写卷所用的纸张一般与公元 9—10 世纪汉文写卷中质量较次的纸张类似,而许多贝叶经形写卷中的纸似乎质地与此不同,质量也好些,令人想起用一种桂树的纤维做的纸——尼泊尔至今仍出产这种纸,而其最早是我在安迪尔一件写卷中发现。[①] 如果用显微镜分析了这些纸和其制浆方法后能证实我的猜测,那么就可用纸张为标准来区分当地写卷和出自西藏的写卷。

贝叶经形、卷 ▷
轴形、折叠小
书形藏文写卷

藏文写卷中多见的贝叶经形状是直接从印度学来的,同样,卷轴形状的写卷则很可能是模仿中文卷轴。千佛洞藏文写卷中,还有不少是把纸张像雕版印刷的中文书籍一样折叠成波浪形[②],像又长又窄的小书,这很可能也是从中国借鉴来的。中国人可能最初用这种方式把早期用来写字的竹简或木简装订成书一般的形状,后来这一方法被用在了纸张上。[③]

粟特文写卷 ▷

从地理上看,有一个事实能最好地说明在敦煌曾一度存在过多种佛教支派:在千佛洞中还出现了用古代粟特语写的写卷(其行书字体本是起源于西亚的阿拉米语)。我所获的千

①　参见斯坦因《古代和田》,第一卷,426 页。
②　瓦莱·普桑教授的一个注第一次引起了我对这些藏文小书的注意,他用一个形象的词"六角手风琴"来描述它们。千佛洞汉文写卷中也有这种小书的形式,如 Ch.Nos.686、1364。
③　参见本书第二十章第六节。

佛洞粟特语写卷有十多件，大多数是卷轴型或卷轴的残片，但也有一些是贝叶经形。① 自从 1910 年在罗斯爵士的帮助下我首次认识到这些粟特文写卷的特别之处，我便急于让穆勒教授来研究它们——是他在格伦威德尔教授从吐鲁番带回来的佛教、摩尼教、基督教写卷残件中，第一次发现了粟特文。我让人带给他一些粟特文写卷的照片，他从中判断出了两件写卷的内容，一件是大卷子 Ch.ci.001，是一篇佛教论文；另一件是 Ch. 0050，为《观世音菩萨如意摩尼陀罗尼经》（*Padmacintāmaṇ idhāraṇ ī-sūtra*）的第五、六章（中国的《大藏经》中有这部经公元 695—700 年间的一个版本）。1910 年末，他把这些最初成果告诉了我。

后来我指望这位杰出的专家能给我提供一份粟特文写卷的概述，并希望最终能将上述这两件写卷全部出版。但由于其他任务的压力，这些愿望都没有实现。于是，我在 1913 年与戈蒂奥先生取得了联系——此时，由于成功地研究了伯希和教授所获的写卷，他已奠定了在粟特文和其他关于伊朗东部的研究领域里的权威地位。1912 年，他已经利用我们的藏品中用粟特文书写的五页须大拏（Vessantara）本生故事②，来校订和翻译了伯希和先生所获的性质相同但内容更完整的写卷。③ 同年，他与瓦莱·普桑教授合作，出版了 Ch.0092 号《青头观音自在菩萨心陀罗尼经》——这个写卷用梵文写成，行与行之间有粟特文音译。④ 我一心希望这位博学而孜孜不倦的学者也能澄清我们其他写卷的内容（它们几乎全与佛教有

◁ 戈蒂奥先生研究的粟特文写卷

---

① 这些粟特文写卷的外观见本章第六节的文物目录。

② 这种写在唐朝优质黄纸上的大贝叶经形写卷，参见图版 CLVIII 中的 Ch.0093.a、b。

③ 参见戈蒂奥《粟特文版本的须大籥本生》（*Une version sogdienne du Vessantara Jātaka*），载《皇家亚洲学会会刊》，1912 年 1—2 月号，163~193 页；1912 年 5—6 月号，429~510 页。

④ 参见《皇家亚洲学会会刊》，629 页以下，1912；本章第四节。

关），但由于战争爆发，我的计划遇到了挫折，而戈蒂奥先生1916年的不幸逝世更使我的希望全部破灭了。

戈蒂奥先生对千佛洞粟特文写卷的研究极有成果，他逝世后，我真无法预测，什么时候、在哪里又能有一位学者能继续他未竟的工作。在此我只想指出一个具有明显的文物价值的事实，那就是：粟特文卷子的纸张和其外部特征极像千佛洞的唐朝汉文写卷，让人觉得它们有可能出自敦煌或其邻近地区。这一猜测与伯希和先生的结论也是吻合的——他发现，千佛洞写卷中有的提到罗布地区的粟特人聚居区，可能罗布以东也有粟特人聚居区。① 还有一点特别值得注意：穆勒先生1910年秋告知我，有确凿证据表明，大卷子 Ch.ci.001 中的粟特文佛经要么是从汉文版本翻译过去的，要么也至少利用了汉文资料。②

突厥文写卷▷　　下面我们要说的写卷虽然字体不同，但都是用突厥语写成。令人欣慰的是，在一些杰出专家的努力下，内容和字体最引人注目的突厥语写卷（它们也极有可能是年代最早的）均已出版，并得到了充分研究。其中最重要的当属用突厥如尼字体写的写卷（这种字体首先是在鄂尔浑河地区和叶尼塞的题识中发现），这不仅是因为它们自身在语言学上的价值，而且使我深感荣幸的是，V.汤姆森教授这位如尼字体著名的破译者将它们整理出版。如尼字体写卷为数不多，但用汤姆森教授的话来说，其中有一些"是迄今为止发现的突厥如尼字体写

---

① 参见伯希和《沙州都督府图经》（*Le 'Cha tcheou tou tou fou tou king'*）等，载《亚洲学刊》，1916年1—2月号，115页以下；本书第八章第三节，第九章第二节，第十七章第四节。

② 戈蒂奥先生出版了伯希和所获千佛洞写卷中的粟特文《长爪梵志所问经》（*Le Sūtra du religieux Ongles-longs*），他注意到，粟特文版本与僧一行在公元8世纪初的汉文译本十分接近。见戈蒂奥《长爪梵志所问经》，载《语言学协会备忘录》，第十七卷，2页，1912年再版。

卷中最引人注目、内容最丰富、保存最完好的"。①

　　小书 Ch.0033 由 58 页唐朝优质纸张组成，书法优美，内 ◁用突厥如尼字
容完整，文末有题识。② 它保存得完好无损，甚至书脊上把各 体写的占卜书
页粘在一起的胶都没有脱落。汤姆森教授的译文和评论告诉
我们，书中有 65 个小故事，其用意是为了占卜（该书自称
"ürq-bitig"，即"算卦书"）。这本书有重大的语言学价值。这
不仅因为"它所含的词汇十分丰富"，还因为书的内容表明，此
书并非译自其他语言——而迄今为止发现的用如尼字体写的
早期突厥文残卷则大部分（甚至全部）都是译作。汤姆森教授
认为，无论是其外部还是内部证据都表明，这是一本摩尼教书
籍。书的正文和按语都写得极为工整，也使人产生上述印象。
文末的日期究竟是何年尚不能完全确定，但汤姆森教授倾向
于认为，此写卷的年代大致为公元 9 世纪初。题识中说了两
个学生（他们都是摩尼教徒）"逗留在泰古恩坦（Taigüntan）的
住所（或大学?）"，这一地点是何处仍有待于确认。

　　Ch.0014 中的三个残件属于一篇论文，论述的是宗教或道 ◁其他突厥如尼
德问题，这个写卷的内容和字体也很有文字学上的价值。③ 而 字体写卷
完整的写卷 Ch.00183 则与它们全然不同。这件写卷写得很
清楚，但书写者不是很熟练④。其作者可能是个军官，"尊姓
大名为巴哈托尔吉斯（Baghatur Chigshi），用愤慨的语言说出
他的不满"，因为军粮官对某位长官及其下属的"三十个尊贵
的人"作出了某项安排。无论在措辞还是书写上，这件小文

---

　　①　参见汤姆森《M.A.斯坦因博士在米兰和敦煌所获的突厥"如尼"字体写卷》（*Dr. M. A. Stein's manuscripts in Turkish 'Runic' script from Miran and Tun-huang*），见《皇家亚洲学会会刊》，190 以下，1912。

　　②　其中 4 页（双面）见图版 CLX，还有两页见《皇家亚洲学会会刊》，图版 II，1912。

　　③　参见汤姆森的文章，载《皇家亚洲学会会刊》，215 页以下，1912；本书图版 CLXI。

　　④　参见图版 CLXI 及汤姆森的文章，载《皇家亚洲学会会刊》，218 页以下，1912。

书都给人一种新鲜、真实的感觉——当时,敦煌绿洲上的中国人经常遭到来自北方和东北方的突厥部落的侵扰。

突厥语摩尼教▷写卷

有一件突厥文写卷十分有价值,其内容在我的藏品中独一无二,这就是超过 14 英尺长的完整卷子 Ch.0015。它用爱斯坦格罗(Estrangelo)的摩尼教变体写成,共 338 行,含有《摩尼教徒忏悔词》的大部分。[①] 杰出的突厥学专家勒柯克首先辨认出了这篇清晰、优美的写卷的内容,并在我的请求下将其全文出版,还附了译文和注释。《摩尼教徒忏悔词》共 15 条,我们的写卷中只缺最开始的两条,勒柯克教授用目前存于柏林的吐鲁番文书补足了这两条中的大部分。[②] 此前,《摩尼教徒忏悔词》只在一件用难懂的回鹘文写的吐鲁番文书中出现过。关于这件写卷的特别价值,和《摩尼教徒忏悔词》本身的价值,参考勒柯克教授的文章[③]。

吐鲁番和敦煌▷的摩尼教徒

在吐鲁番发现的文物表明,佛教和摩尼教曾在那里安然无事地共存过,因为当地的居民较早就受到了突厥人的控制,也较早接受了突厥族的影响。考虑到敦煌与甘肃北部和西部的回鹘是何等之近,千佛洞数以千计的佛教写卷中出现一件摩尼教文书就不足为奇了。从敦煌以西、以北的中亚地区迁来的居民很可能有信奉摩尼教的,正如今天的敦煌尽管完全是一个中国城市,但也有少数来自吐鲁番、若羌等西部绿洲的

出自千佛洞的▷摩尼教汉文资料

回教商人、搬运工等定居在这里。无疑,唐朝时期,摩尼教信仰在中国本土的某些地方已经站稳了脚跟。从零散的迹象上人们早已怀疑到这一点。现在,千佛洞发现的汉文摩尼教资

---

① 卷子含题识的那部分,见图版 CLXII。

② 参见勒柯克《斯坦因博士在敦煌所获的突厥文写卷》(*Dr. Stein's Turkish Khuastuanift from Tunhuang*),载《皇家亚洲学会会刊》,277~314 页,1911。

③ 他特别指出:"它保存得极好,并且是用十分清晰的摩尼字母写成的。因此,对任何有志于研究古代突厥语言的人来说,这个写卷都是非常有用的。"载《皇家亚洲学会会刊》,277 页,1911。

料更明确地证明了这个猜测。伯希和教授在千佛洞石室中就发现,有一件汉文写卷残件中陈述的是摩尼教的观点。[①] 后来在运往北平的藏经洞资料中,发现了一篇用汉文写的摩尼教著作,这件写卷首次由罗振玉先生出版,后来由沙畹和伯希和先生译过来并加了注释。[②] 我所获的文物在这方面也不逊色。有一件保存完好的汉文卷子,从外观上看像是部佛经,但矢吹先生1916年发现,这是一篇相当重要的摩尼教论文。[③]

　　现在我简要说一下其他突厥语和回鹘文写卷。1909年丹尼森·罗斯博士(如今是爵士)表示,他非常愿意研究这些资料。1910—1913年间,他不懈地研究了某些写卷,下文这些信息都来自他在此期间交给我的笔记。我们的回鹘文资料一部分是写在卷轴上的文书(卷轴大多数残缺不全,正面常写着汉文),另一部分是手抄的书籍。[④] 关于卷轴上的资料,我目前只能说,它们从内容上来讲,不是文件就是佛教典籍。大卷轴Ch.0013值得注意,它背面有几个用突厥如尼字体写的字,表明其年代较早。装订成书的写卷保存得都很好。罗斯博士辨认出,第一本书Ch.xix.001(图版CLXIII)是对安慧的评论[而后者又对世亲所写的《俱舍论》(*Abhidharmakośa*)进行过评论,《俱舍论》是关于佛教哲学的经典论文],整本书都是从汉文版本翻译过来的。这一著作的另一部分见于小书Ch.xix.002

▷回鹘文写卷

▷回鹘文手抄书

①　参见《甘肃新发现的中世纪图书馆》,载《法国远东学院通讯》,518页,1908[重印在《沙畹之行》(*La Mission Pelliot*)中,36页]。

②　参见沙畹、伯希和《在中国发现的一篇摩尼教论文》(*Un traité manichéen retrouvé en Chine*),《亚洲学刊》,1911年11—12月号,499—617页。

③　矢吹先生在一篇初级报告中提到了他的发现,见《出土于敦煌古佛寺的佛典》(*Tonkō-chinō-shutsu kosha-butten kaisetsu moku roku*),东京,1917;另见他1917年7月27日写给我的信。

④　回鹘文写卷见图版CLXIV、CLXV。文物目录只有它们的一个简略名单,希望以后我能从博学的罗斯爵士那里得到关于这些写卷的笔记。卷轴型写卷见Ch.0013.a、00282~00284、00287、00288、00290、00291、lviii.0012.a~f。

（图版 CLXIV）中，两本书加起来有 250 多页。在史特希巴茨克伊（Stcherbatskoi）教授的协助下，罗斯教授在加尔哥答对该书的校订做了大量工作，并希望亲自出版这本书。小书 Ch.xxvii.002（图版 CLXIV）比较混杂。在上述这些写卷中，回鹘文的字里行间经常夹杂着汉文术语。

▷ 回鹘文手抄书
年代可能较晚

这些书的字体很像蒙古文，加上书的纸张很薄，与千佛洞其他写卷都不相同，于是我们一开始就觉得，它们可能年代较晚。这一问题是罗斯博士 1912 年研究另一本书 Ch.xix.003（图版 CLXV）时第一个明确地提出的。他认为，Ch.xix.003 题识中的日期相当于公元 1350 年①，如此看来，回鹘文写卷可能年代较晚，但这与大量考古学证据证明的石室的封闭时间不符，上文我曾提到过该如何解释这一矛盾。② 我的观点与伯希和先生完全吻合（他曾向罗斯博士谈过他的看法）。③ 我认为，这些结构和字体都与藏品中其他回鹘文写卷大不相同的书，本来并不是放在石室之中的，而是王道士在清理足有 0.5 英里远以北的小石窟时得到的。那些小石窟无疑是在元朝时开凿的。在其中两个尚无人动过的小窟中，伯希和教授发现了公元 13—14 世纪的写卷和印刷品残件。④ 我在结尾还要添上一句：我在藏经洞中发现，卷轴一般都深埋在普通包裹中，而这些回鹘文书籍则是摊开着放在内容驳杂、堆放松散的包裹顶上。

---

① 哈那达博士的释读支持了他的观点，见《补遗与勘误》。
② 参见本书第二十二章第四节。
③ 参见罗斯《千佛洞石窟》（The Caves of the Thousand Buddhas），载《皇家亚洲学会会刊》，434 页以下，1913。
④ 参见伯希和《甘肃新发现的中世纪图书馆》，载《法国远东学院通讯》，529 页，注①，1908。

第六节　千佛洞的粟特文和突厥文写卷目录

I　粟特文写卷

Ch.0050. **粟特文卷子残件。**纸为黄棕色,很厚,正面写了 77 行粟特文,并画了格,留出边,形式与汉文佛经类似。字为黑色,写得较工整,内容是《观世音菩萨如意摩尼陀罗尼经》,保存完好。反面有 62 行汉文,字为黑色,有红色句读符号。2 英尺 11 英寸×$10\frac{1}{8}$英寸。

Ch.0092. **双语卷子(婆罗谜文和粟特文)。**写有《青头观音自在菩萨心陀罗尼经》的最后一部分。见霍恩雷,附录 F;并参见瓦莱·普桑和戈蒂奥的文章,《皇家亚洲学会会刊》,629 页,1912。

Ch.0093.a. **粟特文写卷残件。**各页窄而长,共 4 页半,页码分别为 8、13、14、20、4。纸为深黄色,脆硬,已龟裂,正反面都写着字。字为黑色,很清晰,保存完好,内容为须大籋本生故事。见戈蒂奥《亚洲学刊》,163 页、429 页,1912。完整的一页为 1 英尺 $6\frac{3}{4}$英寸×$5\frac{3}{4}$英寸。图版 CLVIII。

Ch.0093.b. **粟特文写卷残件。**只有一页,窄而长,纸为黄棕色,与 Ch.0093.a的纸类似。正反面都写着清晰的黑字,但同前一件相比,下笔更重,行距更密。顶上有页码标记。1 英尺 $6\frac{3}{4}$英寸×$5\frac{3}{4}$英寸。图版 CLVIII。

Ch.00285. **粟特文卷子残件。**纸为黄棕色,又厚又软。正面是一部分汉文佛经。反面是 11 行粟特文,字体大而清晰,虽有些褪色,但完全是可读的。正面的汉文上也有四行粟特文。1 英尺 5 英寸×$10\frac{3}{8}$英寸。

Ch.00286. **粟特文写卷。**写在粗糙的白色直纹纸上。正面有 21 行粟特文,字为黑色,很清晰。反面有不完整的 3 行。1 英尺 $4\frac{3}{8}$英寸×$11\frac{3}{8}$英寸。

Ch.00289. **粟特文写卷残件。**纸用桑树皮(?)制成,灰色,较薄。正面有 10 行字,下笔很重,反面为空白。长 9 英寸(不完整),宽 $10\frac{1}{2}$ 英寸。

Ch.00334. **粟特文卷子残件**。写在棕色的厚纸上。正面是一部分汉文佛经,反面有 14 行粟特文,有的地方不完整。字大而清楚,但写得不如某些其他写卷规范。最长 $9\frac{1}{2}$ 英寸,宽 $10\frac{1}{2}$ 英寸。

Ch.00335. **粟特文卷子残件**。纸很厚,为棕色,已变色。正面为一部分汉文佛经,反面有 9 行粟特文(不完整),字迹大而清楚,但不太规范。$10\frac{3}{8}$ 英寸×$5\frac{5}{8}$ 英寸。

Ch.00349. **粟特文写卷残件**。纸用桑树皮(?)制成,灰色,较薄。正面有 16 行粟特文,字为黑色,下笔较重,字体规范。反面有 5 个汉字。保存完好。长 $10\frac{1}{2}$ 英寸,宽 $11\frac{3}{8}$ 英寸。

Ch.00352. **粟特文卷子**。左右两端均不完整,纸较厚,为浅黄色。保存完好。正面有 208 行粟特文,写在画好的行内,留着边。字为黑色,清晰而规范,内容是《维摩诘经》(*Vimalakīrtinirdeśa*)。反面写着密密麻麻的汉文。9 英尺 7 英寸×$10\frac{1}{2}$ 英寸。

Ch.00353. **粟特文卷子**。纸为黄色,有点龟裂。字保存完好。正面有 294 行粟特文,写在画好的行内,留着边。字为黑色,清晰而规范。反面一端有 21 行大汉字,9 行不完整的小汉字。长 12 英尺,宽 10 英寸。

Ch.00354. **粟特文卷子残件**。纸为棕色,较厚。正面有 29 行清晰的粟特文,为黑色,反面空白。保存良好。1 英尺 4 英寸×$9\frac{3}{4}$ 英寸。

Ch.ci.001. **粟特文卷子**。两端均不完整,纸为黄色,较厚。保存良好。正面有 402 行黑色粟特文,字体清晰而规范,写在画好的行内,留着边。写的是佛教哲学内容。反面一端有两行不连在一起的粟特文和一行汉字。17 英尺 3 英寸×10 英寸。

II 突厥文如尼字体写卷

Ch.0014.a~f. 6 个突厥文如尼字体写卷的残件。纸为浅黄色,较厚。b 和 c 连在一起,e 和 f 连在一起。每个残件上的字体都清晰而规范,保存得极好。纸上画了线,留着边,形式像汉文佛经。正面:a 有 14 行突厥文(有 3 行不完整),b、c 是 7 行不完整的突厥文,d 上有 5 行(不完整),e、f 上有 5 行(不完整)。有墨汁的脏点,但字迹仍可读。所有残件的反面都在正面突厥文的行与行之间写着汉字,年代比正面文字晚。见汤姆森《皇家亚洲学会会刊》,215 页,1912。最大残件 a 为 $12\frac{1}{4}$ 英寸×$12\frac{1}{4}$ 英寸。图版 CLXI。

Ch.0033. 突厥文如尼字体手抄书。完整,保存好,共由 58 张纸构成。纸为棕色,较结实。每两张纸形成一个双面的小页,一端粘在一起(而不是缝在一起)。无封面,也没有标页码。突厥文是从第五张纸的反面(第 1 页)开始的,结束于第 57 张纸的正面(104 页),结束处是用红墨水写的文末题识或跋。开头的五张纸和最后的三张纸本来是空白,但后来写上了汉文。突厥文为黑色,写得极为整洁、规范,有红色句读符号,分成 65 段,各段用一种成组的小圆圈来编号,每段中有一个小故事。此书似乎是用来解释吉兆和凶兆。见汤姆森《皇家亚洲学会会刊》,190 页,1912。

突厥文前面的汉文是赞颂极乐世界生活的诗,突厥文后则是歌颂渡佛的弟子们的"渡船","渡船"是一种比喻的说法,指的是《般若波罗蜜多经》。书页的大小为 $5\frac{3}{8}$ 英寸×$3\frac{1}{4}$ 英寸。图版 CLX。

Ch.0053. 突厥文如尼字体写卷残件。纸为浅黄色,正面只有两行不完整的字,反面为空白。长 $7\frac{1}{2}$ 英寸,最宽 $1\frac{1}{4}$ 英寸。

Ch.00183.　突厥文如尼字体写卷。纸为棕色,较厚,保存良好。正面是藏文佛经(?)。反面右上角是 12 行突厥文,其中叙述了一项军官任免的事情,以及一个叫巴哈托尔吉斯的军官(?)对军粮官的不满。见汤姆森《皇家亚洲学会会刊》,218 页,1912。1 英尺 3 英寸×9$\frac{1}{4}$英寸。图版 CLXI。

III　突厥文摩尼教写卷

Ch.0015.　突厥文摩尼教卷子。纸为棕色,很结实,正面抛光过,有用来将卷子卷起的木杆。字为黑色,清楚而规范;句读符号为黑色,勾勒着红边。内容为《摩尼教徒忏悔词》。见勒柯克《皇家亚洲学会会刊》,277 页,1911。14 英尺 6 英寸×4 英寸。图版 CLXII。

IV　回鹘文写卷

Ch.0013.　回鹘文卷子。纸为棕色,字写得很粗大,共 466 行,保存完好,只有开头是不完整的。写的是佛经,题目是《八阳神咒经》[*Säkizyükmäk*(?)*bögülükarviš*]。反面有几个如尼字体突厥文。24 英尺 9$\frac{1}{2}$英寸×10$\frac{3}{8}$英寸。

Ch.0013.a.　回鹘文写卷残件。是在 Ch.0013 中发现的。纸为浅棕色,较粗糙。写有 12 行陀罗尼(不完整),字大,书法不佳。7$\frac{1}{2}$英寸×11$\frac{3}{4}$英寸。

Ch.00282.　汉文—回鹘文卷子残件。纸为黄色,较结实。正面是一部分汉文的《般若波罗蜜多经》。反面有 29 行回鹘文,分成三组(是不同的人写的,但字体都大而潦草),还有一个汉字。似乎提到写字的人把白色和猩红色纱巾送给布库(?)城(Bükü)的某个机构。2 英尺 1$\frac{1}{2}$英寸×10 英寸。

Ch.00282.a.　回鹘文写卷残件。纸为淡灰色,较软。一面有五行回鹘文(不完整),另一面有三行(不完整),字体粗大,十分潦草。与前一件一样提到白色和猩红色纱巾。7 英寸×11$\frac{7}{8}$英寸。

　　Ch.00283.　**汉文—回鹘文卷子残件**。纸为灰色,较软。正面是一部分汉文《金刚经》。反面为 14 行回鹘文,分成三组,字大而不工整,看起来像是一个初学者的书写练习,其中有 qucluq tangrim 这样的词组。第一行似乎是 täki ïlik uïghur Xa(n)。1 英尺 6 英寸×9$\frac{3}{4}$英寸。

　　Ch.00284.　**回鹘文写卷残件**。纸与 Ch.0013.a 一样为淡灰色。正面有 13 行回鹘文,反面则为 6 行,字体粗大。8$\frac{3}{4}$英寸×11$\frac{5}{8}$英寸。

　　Ch.00287.　**汉文—回鹘文写卷残件**。纸为棕色,较结实。正面是一部分汉文《维摩诘经》,顶上有一行回鹘文。反面是 27 行写得很重的回鹘文,还有一行写得较轻的回鹘文。内容是乞灵于三宝、佛、菩萨等,祈祷都重复了两遍。可能是书写练习。有几个破洞,但此外保存较好。1 英尺 4$\frac{1}{2}$英寸×10$\frac{5}{8}$英寸。

　　Ch.00288.　**回鹘文写卷残件**。纸为棕色,较厚,边上已破损,但在古代贴补过。正面有 19 行不完整的回鹘文,五行为红色,已褪色,其余的为黑色。反面有 20 行黑色回鹘文,写得比较匀称。红色行中含有一部经的名字,即《无量寿如来会》(*Sūtra, Sukhāvatīvyūha*)(?)。11 英寸×8 英寸。

　　Ch.00290.　**汉文—回鹘文写卷残件**。用的是发黄的软纸。正面是一部分汉文《金刚经》,反面有四行回鹘文横贯整个卷子,一角里还有三短行回鹘文。字体粗大。第二个注中提到 Türk sav,即突厥语。9 英寸×10 英寸。

　　Ch.00291.　**回鹘文写卷残件**。用的是发棕的厚纸,每面都有 11 行回鹘文(不完整),内容是佛本生故事。其中一句是这样写的:"可汗的儿子进入大海。"7 英寸×6 英寸。

　　Ch.xix.001.　**回鹘文手抄书**。用的是浅黄色薄纸(每页为双面),用线装订在一起,并粘贴着纸做的封面。封面上有一行汉字和几个分散的汉字。书中内容有:(1)对安慧的评论的评论(后者评论的是世亲写的《俱舍论》),有149页(页码是用汉字标的);(2)15页(重新标的页码),是各种评论,其中有摘自《法华经》的段落,还有用汉字写的文末题识和印章。最后两页为空白。封面的内侧、开头、结尾有回鹘文题识。每页顶上有汉字和印章。书页长为 $6\frac{5}{8}$ 英寸,宽 $4\frac{3}{4}$~5 英寸。图版 CLXIII。

Ch.xix.002. **回鹘文手抄书。** 纸较薄,页为双面,装订在一起。不完整,没有封面。内容为 Ch.xix.001(1)的继续。页码为 25~105 页(用汉字标的页码)。保存较好。$7\frac{1}{2}$ 英寸×5$\frac{5}{8}$ 英寸。图版 CLXIV。

Ch.xix.003. **回鹘文手抄书。** 纸较厚,浅黄色,装订在一起。不完整,无封面。第 1~58 页写着小号字,顶上、底下、外边留着边,但没有画格。第 59~63 页字较大,四面未留边。第 46 页 a 和 b 上有题识,题识中的日期相当于公元 1350 年。见《皇家亚洲学学会会刊》,81 页、434 页,1913,并参考本书《补遗与勘误》。保存良好。$5\frac{7}{8}$ 英寸×5$\frac{1}{8}$ 英寸,图版 CLXV。

Ch.xxvii.002. **回鹘文手抄书。** 纸浅黄色,较厚,装订在一起,无封面。共 38 页,未标页码。各页顶上和底下留着空白。最外面一页、开头、结尾只有几行分散的回鹘文,书里面内容比较驳杂,其中包括诗歌。$7\frac{3}{4}$ 英寸×5$\frac{7}{8}$ 英寸。图版 CLXIV。

Ch.lviii.0012.a~f. **6 个回鹘文写卷残件。** 纸为浅黄色,很光滑。6 件均属于同一个写卷。正面分别有 12、11、6、7、7、6 行回鹘文,字为黑色,字体清晰、规范。反面空白。a 最大:$6\frac{1}{2}$ 英寸×5 英寸。

第二十五章　千佛洞石窟与文物

第一节　一些千佛洞石窟的装饰艺术

在藏经洞的工作结束后，我才有机会转移注意力，比较仔细地看一下其他石窟和它们的壁画。既然我描述的是千佛洞和从那里带走的文物，最后理应讲一下千佛洞石窟。

在第二十一章中，我已说过了千佛洞的位置和它为数众多的石窟，这就可以解释为什么我根本无法细致地考察这上百座石窟。我还计划夏天到南山地区进行地理考察，现在所剩的时间已经不多了。除此之外，我还意识到，要想完成这样一个艰巨任务，既需要专门的知识，也需要技术上的支持，而这些我都不具备。我没有汉学背景，对中国的佛教造像也不太熟悉，所以我无法说清这么多壁画的内容，更无法找到什么线索来确定壁画和石窟的年代顺序。同时，遗憾的是，我还缺乏技术上的经验，也没有训练有素的助手，所以，短时间内不能拍下所有比较重要的壁画和雕塑的照片，也没办法到山崖上面的那些洞窟去——要想去那里，必须有专门的安全措施才行。[①]

◁我无法进行仔细考察

---

　　① 我在千佛洞期间，向导和奈克·拉姆·辛格都在生病。凭经验我悲哀地看出，后者表现出的是一种致命病症的先期症状，他一年后因此丧失了视力，并最终被这种病夺去了生命。见本书第三十三章第一节。

拍照时遇到的▷
困难

出于上述原因，我只能将目光局限于几个布局和装饰比较有代表性的洞窟，但即便在这些洞窟中，我也遇到了特殊的困难。由于洞窟中采光很差，只有在早晨的几个小时光线才能照到窟中的某些壁画上。即使在那时候，我的工作也经常受到严重影响，因为当此时节，戈壁上经常会从北方或东北方刮来狂风，弄得尘沙四起。因此，我耗费了大量时间和精力才拍下一些照片。下文描述石窟壁画布局时，主要依赖的就是这些照片资料。

我很明白，这些照片（其中一部分见图 200～236）本身并不能完全代表千佛洞石窟的佛教绘画艺术的各方面。比如说，它们完全不能表达石窟壁画的色彩效果，而那些比较古老的壁画中，色彩常常和谐而精美，构成它们的主要魅力之一。幸好我知道，除了用蛋彩画的壁画，这些精美的壁画一般不会受到破坏——破坏行为中既包括对文物的肆意践踏，也包括别的地方为了收藏者或博物馆的利益而进行的那种开发，后一种情况性质同样恶劣。[①] 但使我感到欣慰的是，由专

后来者对壁画▷
的仔细研究

家到现场对它们进行认真研究，这一前景应该已为时不远。在这一点上，我很快就如愿以偿，这使我感到十分高兴。我离开那里不到一年，伯希和教授就到那里逗留了很长时间。这位博学的汉学家不仅仔细研究了壁画中的献辞、解释性题识、题榜等多种资料（这些资料有的可以澄清壁画的内容，有的有助于确定石窟的大致年代），而且在训练有素的助手的协助

---

① 当地人的敬神和迷信会使这些壁画少遭些破坏。此外还有一个重要事实：由于窟的石墙上都嵌着小石粒，蛋彩壁画底下先涂的一层胶又特别结实，所以几乎不可能把壁画剥下来。我在吐鲁番和其他新疆遗址曾轻而易举地剥下了几幅壁画，在千佛洞能剥下的却只是一些破碎的、涂了颜色的胶。

我第二次去那里时目睹了将壁画剥下是何等困难，也欣慰于这给壁画提供的保护。我发现，石窟 Ch.VIII 过道西墙庄重的壁画中，佛坐的车旁边有一个飞翔的随从，他的头部 1907 年还是完好的，现在头周围却有一圈宽宽的凿痕，显然是后来的某个人想要把他的头剥去，但没有成功。

下,拍下了大量照片。① 我第二次去千佛洞是在 1914 年。这之后几个月,我十分高兴地听说,佛教艺术和造像研究领域的权威之一塞尔格·德·奥尔登堡(Serge d'Oldenbourg)教授已经决定把敦煌千佛洞作为他一次专门考察的目标——这次考察由俄国科学院资助,考察队中包括了所需的技术人员和艺术方面的行家。

目前看来,伯希和教授与奥尔登堡教授所获资料的出版尚需一段时间,但我想肯定用不了等太久。而且我获悉,他们所获的资料十分丰富,因此,我更应当将我的叙述局限于照片、布局图所能描述清楚的那几个石窟。即便这几个石窟,我也不会泛泛地说它们的特征——那要求我对当地的其他佛寺或别的中国佛教遗址(比如云冈石窟或龙门石窟)十分熟悉才行。在下面的论述中,为方便起见,我给石窟从北向南编了号,并按顺序逐一描述。②

藏经洞就位于石窟 Ch.I 之中,因此,我们先来说这个石窟是最合适不过的。从布局图(见附图 43)来看,它无疑是现存石窟中最大的一个,但它的壁画远不是最华美的。它的内厅长 54 英尺,宽 46 英尺,连着一个 14 英尺宽的过道。图 200 中可以看到内厅和过道的北边以及藏经洞的入口。前厅可能本来是在石头中开凿,但已全被王道士毁掉,他用现代的砖木结构代替了这个前厅。雕像台上真人大小的蹩脚泥雕也是他的"杰作",雕的是一个佛坐在独立的高底座上,左右各有一个佛弟子、两个菩萨、一个大土。尽管这些雕像很现代,我们有理由认为,它们的底座是古老的,人物的组合方式也是古老

▷本章描述只限
　于个别的窟

▷Ch.I 洞窟及其
　中后人做的修
　复

----

① 读者现在则可以看伯希和的《敦煌石窟》(Les grottes de Touen-houang)第一卷(1920),其中收入了由已去世的查理·努艾特(Charles Nouette)先生拍摄的大量照片。
② 这些窟的位置见附图 42 中的布局图。

的。同样古老的还有大佛像身后华丽的项光和背光(它们是彩绘的泥浮雕),再往上还有一个彩绘的华盖。大佛像身后有个过道,这是千佛洞所有大石窟的共同特征。内厅墙上的装饰极为简朴,主要是穿着不同颜色袍子的坐佛小像,绘在浅蓝绿色背景上(这也是其他石窟内厅的背景色),小佛像的轮廓线肯定也是借助于模版绘制的。小佛像往上是一排饰带,从中楣上垂下来,中楣上绘着华丽的植物。窟顶形如一个被截去顶部的圆锥形,各侧面绘着纺织品上常见的那种植物图案,主要是重复的大花,花之间是模式化的叶子。[①]

◁ 内厅的壁画

过道两侧墙上的装饰要引人注目一些,画的是比真人还大的成队的菩萨,手持供品向内厅走去。每个菩萨头上都有一顶挂着流苏的精美华盖,菩萨之间的空地上则画着优美的莲花。人们特别喜欢用这种方式来装饰大石窟的过道,而且有的石窟中保存得比本窟要好。[②] 菩萨服装上的主要颜色是棕、浅蓝或绿色。这种装饰一直延伸到藏经洞入口附近,因此,我想它们可能是在藏经洞封闭之后画的,由此大概可以推断出过道上壁画的大致年代。但我们应当记住一点,画这些壁画的用意是要把藏经洞遮盖起来。而在新添的墙上再画上几百年前的装饰图案,这对当地画家来讲并非难事,因为宋代的画家技艺仍相当高明。

◁ 过道的壁画

Ch.I 向北有一组石窟,开凿在较高的崖上(图 193)。其中有一个大窟Ch.II虽然比较破落,却相当有价值,因为它从未被修复过。此窟有 38 英尺见方,保留着一个放雕像的大平台(附图 43),但只有中间的坐佛像保存下来一部分,左右的随

◁ Ch.II 窟中的 雕像

---

① 与此十分相似的图案见图版 CXI 中的 Ch.0076,又见本书第二十四章第三节,以及图 225 中 Ch.IX 的窟顶。

② 参见图 214 中的 Ch.VII、图 225 中的 Ch.IX。

侍人物则仅存残破不全的莲花座。从图 201 可以看出，佛像
的头已完全缺失，只剩下中间的木骨，手臂大部分也已缺失，
但其余部分保存得相当好，衣纹流畅，紫色袍子上有镀过金的
痕迹。项光和背光为浅浮雕，都巧妙地设计成两圈，其颜色为
紫色上再涂浅绿色。背光的里圈雕着很多个小佛坐在盛开的
莲花上，莲花下是优美的花茎。项光和背光边上都是精美的
火焰纹，交替为绿色和紫色。佛像下的底座和头上的华盖上
所绘的图案也同样舒展而优美。现存的华盖上可以见到云朵
图案，云朵周围是形如菊花的大花。这种图案也出现在我们
的一些大净土画中。[①] 佛两侧画着两个带项光的弟子，笔法大
胆，着色精致，右边穿僧袍的那个年老的弟子是迦叶。

内厅的墙上曾一度画满了壁画，但受损十分严重，大多数 ◁Ch. II 内厅中
地方的颜料已经剥落或已完全龟裂。但南墙壁画保存得较 　的壁画
好，上面的四幅画如今有三幅基本上存留了下来。彩绘墙裙
高 6 英尺，画着双手合十的僧侣和尼姑。墙裙之上是极乐世
界图，各细节都与我们的西方净土画一致。[②] 在图 206 中，我
们可以看见一群衣着华丽的神祇，中间是两个平台，平台上画
着舞伎和乐师，他们旁边是正在玩耍的婴儿（代表再生的灵
魂）。壁画的前景见图 202，画着很多与主体分离的小场景，
都是中国世俗风格。它们无疑与我们的大净土绢画的两侧条
幅一样，画的是佛本生故事，题榜中的题识是对故事的解释。
绢画和壁画之间在风格和布局上的这些相似性使我觉得，此
窟的壁画和雕塑可能是唐代的作品。

Ch.II 北面紧接着的是小窟 Ch.II.a，其内厅不足 9 英尺见

---

① 参见本书第二十三章第八节，并特别参见《千佛洞》图版 X 中的 Ch.liii.001。
② 参见本书第二十三章第八节。

Ch.II.a 中"真▷
正的壁画"

方。它的壁画很引人注目,可以称为"真正的壁画",其风格与我所见到的千佛洞其他壁画大不相同。图 203~205 中的照片虽然无法传达出壁画精致的轮廓,更不能表现它们柔淡和谐的色彩,却能比任何文字都更生动地体现出此窟壁画的特异之处。主要的壁画位于小内厅的南墙和北墙上,入口开在东墙上,西墙则有一只佛龛,龛中是后人制作的一组未完成的浮雕。南墙上画的是一个千手观音(图 204),是典型的中国"慈悲观音"风格,头上有一个化佛像。观音脚下跪着两个带项光的人物,其花袍子边上都镀着金。他们上方又是两个带项光的人物(可能是菩萨),服饰华丽,发型极为复杂。这两个人物上方(即画面的左上角和右上角)各画着一个优美的天女或乾闼婆飘浮在云朵之上(图 203),其深红色和绿色的长巾在身后飞扬,表示她们处在迅疾的运动之中。在千佛洞其他壁画中,我都没见过像这面南墙上的天女和其他人物这么自由生动、充满活力的。

Ch.II 内厅中的▷
其他壁画

北墙与南墙的壁画是配对的,中间也是个千手观音(图 205),但这个观音手持着一只净瓶。观音两侧分别站着一个带项光的人物,右边的那个长有胡须。左下角和右下角还有两个面目狰狞的人物,肌肉发达,动作变形,看起来像金刚。东侧入口和西侧佛龛两边画满了衣饰华丽的人像,其姿势各不相同,但都有项光(在图 203 中可以看见西南角的人物)。佛龛之内画着两个菩萨,但龛中的主要塑像已经缺失,塑像身后的背景为深红色,画着优美的白色竹叶子。窟顶也是深红色底,画着黑色和白色的花朵和云,工艺十分精巧。这些壁画的风格和出自藏经洞的某些最好的绢画虽然有相通之处,但我却无力进一步探索这种联系,也无法研究一下,这些壁画的

图 225　千佛洞 Ch.IX 洞窟甬道南壁蛋彩壁画

图 226　千佛洞 Ch.Ⅷ 洞窟甬道南壁蛋彩壁画,展示跟有行星占卜者陪从
　　　　人员的佛车部分场景

图 227　千佛洞 Ch.XIV 洞窟主室后人重塑的唐僧和随侍罗汉泥塑像

图 228　千佛洞 Ch.X 洞窟主室佛龛内重塑的泥像

风格对应于中国宗教绘画的哪一时期。但有一点是明确无疑的：画这个小窟的艺术家无论是在技术上还是在绘画素养上，都远远高于当地的那些画匠——而我在本文要说的大多数壁画都是出自他们之手。

Ch.Ⅲ、Ⅲ.a 中▷
的泥塑和壁画

从 Ch.Ⅰ 向南走，有个很深的洞窟 Ch.Ⅲ，其中有一尊巨大的泥塑涅槃佛像，佛像前面是一堆山石（附图 43）。过了这个石窟后，我们就来到了一个小窟 Ch.Ⅲ.a。不算西边正对着入口的佛龛，它有 19 英尺见方。窟中有一尊泥塑坐佛像，右手抬起，施无畏印（图 207），佛两侧各有一个弟子、一个菩萨和一个天王。雕像的底部是古代的作品，头部和大多数人物腰以上的部分则是后人补上去的。佛身后的浅浮雕项光和背光也出自古代，其棕色底上都雕着深绿色叶子，项光边上还镀了金。佛龛顶上画的是佛在一个小树林中说法，周围簇拥着天宫侍者，龛中的壁画已被香火熏黑了。此窟占主导地位的颜色是淡绿和蓝（下面几个小窟也是如此）。窟顶上借助模板绘着粗略的小佛像，两侧墙上大部分地方也是如此。但两侧墙的中心处则画有宽约 7 英尺的西方净土图。北墙的净土图在布局和风格上很像极乐世界绢画 Ch.xlvii.001[①]，但底下多了一个舞伎（图 209）。

Ch.Ⅳ 到 Ⅵ 中▷
的装饰

另一个小窟 Ch.Ⅳ 内厅长 15 英尺 10 英寸，宽 13 英尺 3 英寸，装饰风格与 Ch.Ⅲ.a 类似：佛龛内是一组泥塑（图 208），部分泥塑是古代的作品；两侧的墙上都画着大极乐世界图。北墙的极乐世界图宽 8 英尺（图 210），是典型的阿弥陀佛净土，与我们的一大组绢画类似。[②] 把这幅壁画和绢画

---

① 参见本书第二十三章第八节及《千佛洞》图版 XI。
② 参见本书第二十三章第八节及《千佛洞》图版 VIII、XXX 中的 Ch.00216、Ch.lviii.0011。

比较一下就可以看出,两侧小条幅中画的是阿阇世王的传说和韦提希王妃观佛(均取材于《观无量寿佛经》)。[1]图211、212中的照片分别是另两个石窟 Ch.Ⅴ、Ⅵ 里的佛龛(即放塑像的地方),这两个窟的基本布局与上面所说的几个类似。[2] 在 Ch.Ⅳ 中,原来的塑像只剩下了中央佛的莲花座和每侧四个侍者的底座,但值得一提的是,项光火焰边之间的空白处画着精美的云朵,佛龛口两侧还画着优美的莲花。整个内厅墙上的图案和 Ch.Ⅰ 中一样,也是借助于模版画的成排的坐佛小像,地为浅绿色,佛皮肤为深棕色,衣物为白色。这个石窟和 Ch.Ⅵ 中,都绘有华丽的边等饰物,其植物图案很像出自藏经洞的花绸或印花绸的图案。在 Ch.Ⅵ 中,两侧墙上画的主要是简化的大净土图,旁边是传说场面(图231)。

石窟 Ch.Ⅶ 的内厅较大(见图44中的布局图),约38英尺见方。内厅连着一条过道。过道长约27英尺,严重影响了内厅的采光。马蹄形的佛龛平台上是三尊垂双腿而坐的大佛像,每个佛都有一对侍者。塑像都很蹩脚,从底部看它们甚至可能是后人造的。塑像后石屏上的装饰可能是对 Ch.Ⅱ 的拙劣模仿。内厅中的壁画题材和风格都像下文就要说的 Ch.Ⅷ,但在我看来,它们的做工没那么精细,年代也要晚一些。南墙和北墙上有四幅大极乐世界图,图中醒目的文字是对图的解释。大部分墙裙上都画着成队的菩萨,与过道上画的菩萨类似。还有一些小画面已严重褪色,画的是佛本生故事。西墙上那幅大画的题材与 Ch.ⅩⅥ 窟中的西墙一样。过道两侧的墙上画着比真人还大的成队的菩萨,都手持供品,轮廓

◁Ch.Ⅶ 号窟的
内厅和过道

---

[1]　参见本书文物目录中 Ch.0051 下的文字。
[2]　布局图见附图44。

线画得十分有活力,很引人注目。这一长排庄重的神给人留下的印象很深。菩萨的内袍为棕色,裙为浅蓝色,披巾为浅绿色,色彩布局精美。菩萨画像复杂的饰物被处理成了浅浮雕,边上还镀了金。过道顶上用更明亮的颜色画着繁复的植物花纹,而内厅的顶上则画满了小场景,其细节难以辨认,但题材是传说中的故事。

Ch.VIII 内厅中▷
的塑像

　　石窟 Ch.VIII 只比 Ch.I 稍小一点,坐落在石窟群的中部,是我所考察的石窟中壁画最富丽、花样最繁多的。而且我们有充足的照片,所以对它我要说得多一些。① 从图 218 可以看出,内厅大马蹄形平台上曾有的雕像已完全缺失,只留下底座的少许残迹,而内厅的壁画则大部分完好地保存了下来,只在墙裙底部稍有缺憾。在中间主要佛像的底座前面是一座小佛塔,由泥块粗略地堆成,但底下也是三层方形底座,顶上是个圆顶,与中亚的古代佛塔类似。雕塑平台的西侧,中间是个连在石头上的巨大石屏,顶部向两边扩展,在与内厅墙的中楣同高的地方,形成了两个高高的悬臂。石屏正面画着成排的大菩萨像,双手合十,分布在原有中央雕塑的两侧。菩萨上方画着一个精美的华盖,华盖周围是菊花般的大花。石屏前原有的雕像肯定是个迦楼罗,或是什么乘鸟的神,因为两排菩萨画像中间有一个浅浮雕的大尾巴的残迹。而且我还发现,小佛塔的圆顶上有一个泥塑的大鸟爪。沿平台的两侧可以看到随侍人物雕像的底座,南北各有四个。平台底下仍保留着它原来的彩绘浮雕装饰,浮雕可分成两层,高分别为 1 英尺 8 英寸和 3 英尺。平台前是一个后人造的粗陋的香案,以供人烧香。

　　窟顶形如一个被削平了顶部的锥形,最中间是平顶镶板。

---

① 在附图 44 中的布局图中,用小写的罗马数字(i、ii 等)从过道的南墙起标出了主要壁画的位置。

镶板分成两层,底下还有三层,都形如中楣,按透视法画了画。其中两层上画的是紧挨在一起的团花及小佛像,还有一个复杂的锯齿边(这些在图 218 中都可以看到)。向上缩小的那几层上画着植物卷须。窟顶最中间的藻井约 5 英尺见方,中间是一朵大花,周围环绕着其他的花。倾斜的窟顶各面上都借助于模版画着成排的坐佛小像,除了半被石屏遮住的那一面,每面中间都画着一幅画,画中是一个佛坐在两个菩萨之间。窟顶底部的四角都挖空了,形成了椭圆形的突角拱,每个拱中都画着一个硕大的顶盔贯甲天王及其从者(图 219)。 ◁Ch.VIII 窟顶的装饰

　　下面我们来说内厅墙上的绘画。除了下文要说的墙裙,这些壁画包括:入口两侧的两幅大画(ii、xv);南墙和北墙上的五幅画(iii~vii,x~xiv),每幅画宽 9 英尺 2 英寸;整个西墙上的壁画(viii、ix)有 43 英尺长,石屏后面也有画。图 216 中只可见到入口一侧的壁画 ii 的最底部,它中间画着一个带项光的神坐在平台上(平台上铺着毯子),背后是一群双手合十的圣人。底下的一群人是一个王子和他的随从,正在做"右绕"仪式,王子前面是两排弓箭手和一群持供品的随从。它对面的墙壁上是配套作品 xv(图 217)。这幅画中间是个无项光的王族人物,坐在精致的平台上。平台托在画得很好的云上,并似乎在移动,顶上还有个华盖。平台后面是一大群带项光的圣人和神,底下是一群正大步流星行走的随从。画两侧以及画上方有空地的地方画着很多小场景,显然是佛本生故事。 ◁Ch.VIII 窟内厅的壁画

　　我不准备详细描述两侧墙上的十幅大画,它们大多数画的是一群神,中间的人物是佛,要么可以看出是极乐世界(因为有莲花池和天堂中的享乐场面等),要么周围是较小的礼佛场面和世俗生活场景,与佛本生故事中的场景类似。图 219、220、224 拍的是 v、x、xi,可以使我们看到这类画的构图。无须 ◁Ch.VIII 窟中的大壁画

多说的是,它们无论在题材还是风格上,都与我们藏品中的大阿弥陀佛净土图有密切联系。壁画 xiii 中画了不下 11 组神(图 223),每组中都有题榜,方便人们辨认人物的身份。这类带有当时解释性文字的画,对于研究中国佛教最盛时期的造像细节问题是很有价值的资料。整面西墙上画满了为数极多的小场景(属于壁画 viii、ix,见图 221、222),它们也能为我们提供丰富的信息。这些画甚至画到了石屏后面的拱形下,那里暗淡的光线必定增加了艺术家工作的难度。现在参观者欣赏它们也有困难。那里画的是各种世俗生活和寺院生活场面(旅行、劳作等),内容显然是传说,所幸题榜中大多写了题识,会有助于我们辨认它们的内容。

Ch.VIII 窟的墙▷
裙

　　这些大画高约 11 英尺,底下画了一条饰有精美植物的带子,带子下全都是彩绘的墙裙。这块墙裙也很值得我们注意,除了东墙的壁画 ii、xv 下的墙裙为 8 英尺高,其他墙裙高均为 5.5 英尺。西墙的墙裙纵向分成许多小部分,由于那里过道较窄,墙裙中的画被磨去了很多,画的似乎也是传说场面,可能是佛本生故事。其他墙裙上则都画着成排的服饰华丽的女子,都端着水果和花等供品。根据我们对绢画中供养人的了解,从服装和发型上我们可以判断出她们是公元 10 世纪的人物。①

Ch.VIII 窟中尊▷
贵的女子像

　　但我们的注意力马上被吸引到东墙壁画 ii、xv 底下的墙裙上。那里画的女性都很有个性,此窟的女施主也包括在其中。出于这个原因,这块墙裙比别的墙裙高,人像比真人还大。在壁画 xv 下我们发现,几个女侍者前面画着一个佩戴很多首饰的女子(图 217),她的头饰是所有女性中最华丽的。

----

① 　参见本书第二十三章第四、八节。

对这顶头饰我不想说得过细,只想请大家注意那硕大的球状
顶冠(上面装饰着宝石等物),顶冠下面是两层头饰,也镶着宝
石,挂着长串的珠宝。她右边是三个女子,一个比一个高,戴
着类似的球状顶冠,但冠较小,几乎没什么装饰,显然是这位
尊贵夫人的女儿或亲属。这位夫人右边、最小的女孩上边是
个题识(下文我们会说到它)。这组人物前面是三个保存得很
差的男子像。男子穿红棕色的袍子,头发像和尚一样剃光了。
内厅入口处,此墙裙对面的墙裙(ii号壁画下)与其是配套的
(图216),那上面画着五个男侍者,地位很高,其服装华丽但
缺乏个性。他们前面是三位夫人,个子都很高,头饰十分醒
目。右边的那位夫人也戴着镶珠宝的帽子,帽子上也垂着富
丽的饰物,与xv下那个尊贵的夫人类似,但头饰底部没那么
华丽。她左边的两个女子戴着无任何装饰的球形小帽。

　　我们一眼就认得出,上述这些人物是地位相当高的女供 ◁题识中提到和
养人。令我十分高兴的是,蒋师爷读了上文的题识后告诉我, 田公主
此窟是于阗或和田的一位公主修的,她还让人在墙裙上记录
下了这一善举。[①] 但即便没有题识上的记载,这些尊贵优雅的
人物也不能不使我想起遥远的西方另一位远为高贵的女供养
人留下的壁画,我指的是拉瓦那(Ravenna)著名的拼贴壁画。
在圣·威塔尔(San Vitale)的壁画上,我们看到的是女皇西罗
多娜(Theodora)及其随从那极为豪华的排场。圣·阿波利那
尔·诺瓦尔(San Apollinare Nuovo)的壁画上,我们看到成队
的圣人手持供品,就仿佛千佛洞很多石窟通道上画的那些庄

---

　　① 沙畹先生把题识翻译了过来,并解释了题识的历史价值——题识中提到了公主的父亲于阗王的
称号和姓。见附录A,IV。

　　伯希和先生在《甘肃新发现的中世纪图书馆》(载《法国远东学院通讯》,1908年第8期,504页)提到
了这个题识,并指出,这位和田公主嫁给了曹延禄(980—1001)。史书记载,曹延禄是敦煌公元10世纪时
的一位高官。关于曹延禄,参考沙畹先生摘自《宋史》的段落,见附录A,V.c。

严的菩萨是以他们为模特似的。尽管这些画面与造像并没有直接联系，但它们的相似性也可能并非出于偶然。近来学者们的研究越来越证明，西方的拜占庭艺术和中亚、远东的佛教艺术，其灵感源泉多少是从近东地区带上了东方风格的希腊艺术中汲取来的。

Ch.VIII 窟过道▷
上的壁画

我们还没有描述 Ch.VIII 过道上的壁画，这样的壁画我在别的石窟过道上还未曾见过。北墙上的壁画 xvi 受损较严重，但仍可辨出中间是一个极高大的圣人(?)正走在一顶伞下，前面是一些带项光的人物，后面则跟着一群穿灰袍的僧人。僧人有的双手合十，有的持供品。所幸对面墙上的壁画 i 保存得要好些(图 215、226)，它画得十分生动，其富丽的色彩，流畅的线条和宽广、深远的效果，使人奇怪地想起从前威尼斯画派的作品。① 中间画的是一个佛，右手抬起，呈转法轮的动作。佛乘在一辆行在空中的车上，飞翔的神祇推着车的轮子。车后是两条华美的幢幡，其末端在风中招展。幢幡的白地上画着龙，龙身上是星罗棋布的小花。一群天宫侍者随侍在车的前后，其中两个手中持球，还有一个形如跃立欲扑人的鬼怪。上方的云画得很巧妙，云上是更多的精灵或圣人，均衣冠整齐，态度沉静，与底下正在运动中的人物形成对照，产生了令人赏心悦目的效果。佛的皮肤为深棕色，上身穿的袍子为浅粉色，边上镀了金，内衣为纯天蓝色。车也涂成鲜艳的蓝色和绿色，点缀着金饰。

炽盛光佛及星▷
神画

上文说过，有两个侍者拿着球，空中还飘浮着其他球体，球中画着不同行星的象征物。这表明，此画画的是一个佛在

---

① 从颜色上来讲，各种深浅不同的蓝色和绿色用得特别多。部分由于这个原因，图 215、226 中的照片完全没有表现出颜色在深浅上的变化，甚至没能清晰地体现出轮廓线来。

星神的陪同下于空中经过。我们将它与绢画 Ch.lv.007（图版 LXXI）比较一下就看得出二者画的是同一题材，但绢画的构图要简单些，布局和线条也远逊于此件。此画中是否也画着炽盛光佛，他在空中经过有什么含意，这些问题我只能留给专家们去解决了。壁画上方是个上楣，在浅浮雕的板上是泥雕的坐佛小像。顶部倾斜的底边上画着个富丽的帷幔，天花板中央画着鲜艳的花朵。

从 Ch.Ⅷ 到大坐佛像所在的那个石窟之间的崖上有数目相当多的石窟，但它们要么装饰得很简陋，要么因为后来盖了前厅，导致采光很差。大石窟 Ch.Ⅸ（附图 45）是后来修复的，其入口比目前的地面高很多。在这个窟里，我只能拍摄下来过道南墙上画的成队的菩萨像，他们衣袂飘飘，服装为深棕色和绿色（图 225）。关于底下几座后来修复的小窟，图 228 可以使我们窥其一斑，这个插图中拍的是 Ch.Ⅹ 的佛龛（附图 45）上修补得很糟糕的泥塑。Ch. Ⅺ 中的石板上写着公元 14 世纪的题识①（这个窟与大坐佛像所在的窟都装饰着很古老的壁画，但由于窟前新添的建筑的遮挡，拍照很困难，甚至用眼睛看都相当费力）。Ch.Ⅺ 再往北是许多小窟，绵延得很长，分成了几层（图 199）。但就我看来，其中没什么重要的装饰物。然后就是大立佛像所在的 Ch.ⅩⅢ，这尊佛像高达 90 英尺，壁画有几层楼高，看起来很古老，但照相机却无法将其拍摄下来。

但这个大窟约 70 英尺高的地方还连着一个小窟 Ch.Ⅻ，经过石头上开凿的难行的通道才能到达那里。这个小窟中的壁画比较有价值，但不幸的是已被香火熏黑了，有些地方已经

◁Ch.Ⅸ 到 Ⅺ 的内部

◁有大佛像的石窟

◁Ch.Ⅻ 小窟中的壁画

---

① 参见本书第二十一章第二节。

图 229　千佛洞 Ch.XII 洞窟主室佛龛内泥塑佛像及四壁和窟顶蛋彩壁画

图 230 千佛洞 Ch.XII 洞窟主室西北角蛋彩壁画

图 231　千佛洞 Ch.VI 洞窟西壁蛋彩壁画(西天画面)

图 232　千佛洞 Ch.XII 洞窟主室南壁蛋彩壁画,上方为西天画面,下方为行进中的军队

图 233　千佛洞 Ch.XVI 洞窟主室西壁蛋彩壁画左半部分

图 234　千佛洞 Ch.XVI 洞窟主室西北角墙壁蛋彩壁画

图 235　千佛洞 Ch.XVI 洞窟主室北壁蛋彩壁画

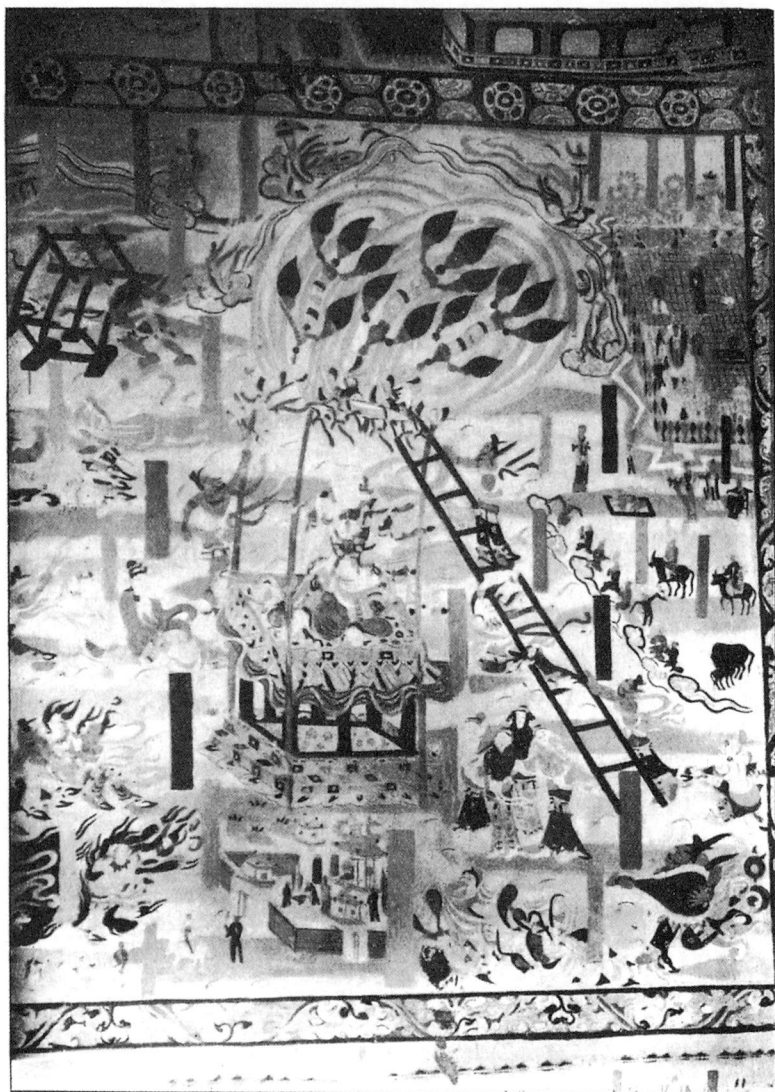

图 236　千佛洞 Ch.XVI 洞窟主室西壁蛋彩壁画的右半部分

剥落。窟中以前似乎有人住过。图 229 拍的是窟中的佛龛，
里面有一个古老的坐佛像，而从者像均已坍毁。佛龛两侧的
壁画比一般净土图更有活力（图 230）、更仔细，画的是佛被簇
拥在一群菩萨和神祇中间。南北的侧墙上各画着三幅净土
图，其中有伎乐、复杂的天宫建筑等。但更引人注意的是壁画
底下的墙裙（图 232），其题材我在别的窟中都没有见过，似乎
是取自当时的现实生活。南墙上画着乘马的大队士兵和显贵
人物，旌旗招展，还有一小队穿铠甲的骑兵，以及吹着长号角、
击着鼓的乐师。马的奔驰姿势各不相同，画艺精湛。北墙的
墙裙受损较大，但有些地方仍可看出车、轿子和随车轿而行的
随从，靠近小窟入口的地方还画着狩猎场面。佛龛下的墙裙
上是描画细致的供养人和僧人像。从壁画高超的工艺看，我
们会觉得此窟年代较早，但供养人的服装则告诉我们，这些画
是公元 9—10 世纪画的。

　　大立佛像以南的一组大石窟经过不少修复，原来的壁画 ◁以玄奘为罗汉
要么多已荡然无存，要么就被前面添加的建筑遮得很暗，其 的 Ch.XIV 小窟
中已经"现代化"了的 Ch.XV 大石窟中的石板上有公元 776 年
和 894 年的题识。① 除此之外，我还想提一下 Ch.XIV 小窟，这
个窟是为纪念"唐僧"玄奘而修的，他已作为一名罗汉被列入
了中国佛教万神殿之中。图 227 中拍的是此窟的佛龛，龛中
是泥塑的玄奘像，姿势如同入定的佛，还塑着四名从者。这位
伟大的朝圣人前面塑着个妖怪，一半像狗，一半像海豹，讨好
地看着玄奘。尽管雕塑看起来是后人的作品，但把玄奘作为
本窟供奉的神，应该不会是近期的事，因为甬道和前厅墙上生
动的壁画把他的取经随从分别画成了牛头和马头，还画了些

---

　　①　参见本书第二十一章第二节。

传说中的取经故事（已严重褪色）。[①]

Ch.XVI 大窟内▷
厅的壁画

这个石窟最南边的上方，是一个采光很好的大窟Ch.XVI，其壁画装饰有不少特别之处，用它来作本节的结尾正合适。从整体布局、题材、风格上来看，它内厅的壁画很像Ch.VIII，而细节上的某些特点（比如笔法不够精细），都让我觉得它很可能是把和田公主的那个窟当作蓝本了。南北墙上画的也是众多的神祇和佛教净土场面（图235），而入口两侧墙上壁画的题材也与那个窟一致。[②] 但下面的墙裙有明显不同，画的不是公主和她的女侍，而是常见的那种成队的菩萨，涂成棕色和绿色。此窟的特别之处是它西墙上画满的壁画，这些画比较奇特，给人的印象很深。Ch.VIII 的西墙是众多杂乱无章的小场景，而此窟的西墙则画着一个传说故事，虽然也是由小场景构成的，但却由两个主题串联在一起。之所以必须分成两个主题，是因为中央平台后的石屏遮住了壁画的中间部分，只有当人们施行"右绕"的仪式转到屏风后面的狭窄通道时，才能看见那一部分画。

Ch.XVI 大窟西▷
墙右侧画的大
风天场面

这幅画的最醒目之处在于它的右半边十分真实而生动地表现出了大风天的场面（图234、236）。中间是个帐篷状物（其顶上有个华盖），仿佛就要被风吹得倒向右边。"帐篷"中的人物无项光，衣饰华丽，身体前倾，似乎想抵挡住大风的劲吹，免得"帐篷"倒掉，而"帐篷"上的帘幕和华盖上的大流苏则在风中乱飞。一些长着胡须的从者正用梯子和木杆想把狂舞的帘幕和华盖安好，他们的头发和衣服都被风吹了起来。大风劲吹的效果还体现在左边的一些人物和事物上，右边则

---

① 后来流行的传说把玄奘变成了一位取经的圣人，参见《沙漠契丹》，第二卷，169 页等。关于使玄奘出名的神怪小说《西游记》，见库林《西内卡百科全书》（*Encyclopaedia Sinica*），241 页等。

② 关于边、窟顶等细节上的共同点，可以比较一下图 219 和图 234。

有一些旁观者,有的吃惊地观望着,有的正快步走上前去助一臂之力。右侧的边上和画面底下画的是与主体部分无关的小场景。

西墙左侧的壁画与右侧正好是一对(图233)。中间画的佛(或菩萨),庄重,安详,与左侧由大风引起的混乱场面恰好形成对照。这个人物穿的是地藏菩萨常穿的那种百衲衣,右手拿着把扇子,轻轻地扇着风。他头上精美的云朵托着一个繁复的华盖。这个神脚下和前面分别画着几组人物,动作都显得很痛苦,一个低垂着头,一个胳臂绑在了身后,还有一个悲哀的女子把双手伸向佛,求他施恩。顶上有口钟悬在木架子上,一个僧侣般的人物正要敲这口钟(右侧画的远处也有一口钟,但被大风吹在了空中)。不远处还有一个人举着手臂,似乎指点着右边发生的事。中央石屏后面的墙壁上画的也是被风吹着的人和事物。两侧条幅和下面的小场景与画面主体看不出有直接联系,但可以推断出,它们也与整幅壁画要表现的传说有关。

◁Ch.XVI 中与大
风场面相对照
的壁

至于这个传说究竟是什么,我目前还说不清楚(疑为"劳度叉斗圣"——译者)。[1] 人们必会在浩瀚的佛教神话典籍中发现它,这是可以肯定的,题识也会对此有所帮助。但无论如何,这个题材在当地必定广为流传,因为我发现,它在敦煌Ch.VII窟(图213)和万佛峡的一个石窟中再次出现了。[2] 这三幅壁画在总体布局和大部分细节上几乎一样,这使我猜想,它们大概是从极受人们喜欢的先前一幅画临摹来的,那位最早的设计者有相当高的艺术想象力和技巧。一边是轻摇羽扇

◁Ch.XVI 西墙画
的是传说

---

① 1913 年彼得鲁奇先生在给我的一封信中说,他觉得自己在中国佛教典籍中已找到了能解释这幅壁画传说的踪迹。但他似乎未能把这一线索追踪到底,便不幸去世了。

② 参见图245和本书第二十六章第四节。

的佛,另一边是狂风大作,摇撼着王者所在的"帐篷",形成了鲜明的对照。由于我不知道它究竟画的是什么传说,也就无法判断出这种鲜明的对比是不是最早的那个画家所创,也无从知道这个传说之所以流行是否与敦煌多风的气候有关。

现存最古老的▷
洞窟

我对这几个洞窟的描述极不完善。而且,在本节接近结束的地方,我不能不遗憾地说,现存石窟中最古老并保存着原来壁画的那一个,完全没有被我注意到。我指的是伯希和教授在第一次简略地描述他的探险活动时提到的那个窟——他给这个窟拍了两张照片。在照片下的说明中,他说此窟属北魏时期,年代约相当于公元 500 年。① 从照片上可以看出,这个窟中的泥塑与云冈和龙门石窟的雕像风格很接近,所以说它是北魏的作品应该没什么疑问。我手头没有对此窟的任何文字描述,但据我判断,这个早期石窟应该在高崖之上。通向那里的木廊朽坏了之后,人们就很难进去,这样就使它免受了破坏,也没有被修复过。

在千佛洞仍有▷
待于做的工作

但除了这些地方,人们在千佛洞可能还会有重大发现,因为主要石窟群两侧山崖下的流沙还没有被清理过,现存壁画也没有被仔细考察过,不知道其后面是不是还覆盖着古代的作品。这类工作以及认真研究已有文物的工艺、年代顺序等,需要多年的努力才行。我充分意识到,同艰巨、浩大的任务相比,我三个星期的逗留时间是多么少。我对千佛洞及其宝藏的描述就到这里吧。

---

① 参见伯希和《亚洲三年》(*Trois ans dans la Haute Asie*)［载《法国亚洲学会简报》(*Bulletin du Comité de l'Asie fransÇaise*),1910 年 1 月号,12 页、13 页］。这个演讲的文字中没有提到这些极有价值的照片。

第二节　从千佛洞所获的绘画、版画、织物和其他文物目录

*Ch.001.　**彩绘丝绸幢幡**。画的内容：持钵的菩萨。所有附件均缺失，但画面保存完好，是汉传佛教绘画中工艺最为精细的画作之一。其他同类作品见 Ch.009、0011、0016、i.0010、xxvii.003、xxxiv.001、lv.0019、lviii.004，较小的幢幡见 *Ch.002 下的目录。

菩萨身体稍向左转，立于一朵盛开的大莲花上，右手于肩际持圆钵（钵为杂色玻璃制成，镶有金属边），头四分之三向左朝着钵，左手置于体侧，拇指和食指相碰。身体重量置于右腿上，左侧放松，从脚到右臀稍微弯曲，右臀到左肩也微弯。这种姿势就意味着右手上持有物，使人们自然注意菩萨右手所拿的东西。

人物穿极为繁复的传统菩萨式服装。从腰到腿垂着一条浅粉色长裙，裙边为绿色，裙的上部在腰际翻转过来，形成一个白色短罩裙。裙上系着一条白色布带和一条皮（？）带，皮带镶着金边。腰上垂着镶宝石的璎珞，把膝以下的裙提起来了一部分。两侧的裙垂在莲花上，前面的裙则垂在脚踝上，露出暗红色的内衣（内衣镶边为绿色）。白色布腰带的两端在裙前环绕着垂下来，上面不时系着一个蝴蝶结，接近膝部的地方还挂着一块方形宝石。布腰带后面是由扁平的红色窄条构成的内衣腰带，上面画着蓝色和白色花朵。两条腰带的末端都垂在莲花座的花瓣上。

菩萨右肩斜披着一条粉紫色衣物，除这件衣物、首饰和披巾外，上身赤裸。披巾很薄，为蓝色，其流畅的线条和透明、精美的着色是此画的主要魅力之一。披巾紧贴在肩膀和上臂上，从身前绕过来，最后绕过小臂飘到地面上。首饰包括金手镯、臂钏、耳环、头饰和沉重的项链。肩部的项链上镶着硕大的宝石，从宝石上挂下来杂色的飘带和珠宝璎珞。两侧的璎珞在腰部用圆形大宝石系在一起，然后又重新分开，提起膝部的裙子。所有首饰上都镶着红、蓝、绿色宝石，项链和璎珞上挂着流苏。

菩萨头戴白色布发带，发带两端形成短饰带，还有一条白色窄带子盘旋着

垂到膝上。前额上方的发带上镶着一件轻盈而华丽的金饰,金饰中间嵌着竖立的方形宝石,两侧是两朵向后伸展的莲花蕾。耳朵上方是发光的珠宝和带尖的莲花蕾,并挂着短链子,链子上悬着流苏。头发为黑色,在前额上方呈波浪形,耳朵前面有小发卷,头顶的头发则梳成长长的向后伸展的顶髻。脑后的头发一直垂到肘部,形成一个黑色背景衬托着人物的上半身。

脸是模式化的汉传佛教类型。黑眉毛为拱形,半睁着呈斜上形的小眼睛。小嘴丰满,下颌上长着一撮小胡须。此画中菩萨的鼻子又长又直,但其他画中则常画着大鹰钩鼻,而且嘴角上翘。此画中下垂的嘴角、从鼻翼到嘴角画的两条线,使人物的表情有点阴郁。耳垂很大,穿了孔,耳朵内侧处理得十分模式化。此菩萨的眼眶只是用皮肤上晕染的颜色来表示,但很多其他画中沿眼眶内侧画着半圆形的线。所有这类幢幡中,人物的皮肤都是丝绸的本色,微微地晕染着粉色来表现脸和身上的立体感。此画除菩萨耳朵内侧、手内侧外,皮肤轮廓线全是黑色,但在大多数此类菩萨像上,连耳朵内侧和手内侧的轮廓线也是黑色。眉毛和胡须一般是在黑色之上画一条绿线。

项光为圆形,中心为绿色,绿心外有一圈黄边,向外依次是红色和白色同心圆,再向外是一圈很宽的蓝色透明同心圆,逐渐过渡到最外边不透明的蓝色。华盖是个繁复的金(?)圈,中间为圆拱形,边向上翘,装饰着流苏和发光的珠宝。

钵为圆形,平底,钵口上镶着金边。钵体透明,能够看到托钵的手。菩萨脚下的莲花为透明的粉色,轮廓线为不透明的粉色。裙的颜色与莲花一样。

2 英尺 $7\frac{1}{2}$ 英寸×10 英寸。图版 LXXIX,《千佛洞》图版 XXIX。

*Ch.002. **彩绘丝绸幢幡**。顶饰、饰带、重垂板均完整,保存得极好。比前一件要小些,但工艺一样精湛,也是汉传佛教风格成熟期的典型作品。还有不少幢幡大小和风格都与此件类似,画的也是无个性特征的菩萨,在人物的服装、项光、华盖、帷幔、莲花座、饰物上遵循的都是一样的模式,它们是 Ch.003、0025、0055、0081、0083、0096、00109、00112、00113、00462~00464;i.002、i.005、 i.007、008、i.0013；iii.001～003；xxii.003、xxii.0024；xxiv.002.a～003、xxiv.006；xxvi.a.008。

Ch.002.　顶饰由柠檬黄色锦缎制成，质地疏松，平纹地。顶饰图案为 V 形斜纹条带，V 形尖部相连，形成菱形，菱形中间为钻石形"点"。顶饰镶边为红色丝绸，吊带为白纱。左边和底部饰带为质地粗糙的暗蓝色丝绸，有光泽，右边饰带为同样质地的深绿色丝绸。重垂板（幢幡底部为防幢幡被风卷起的重垂物——译者）上饰有成排的棕叶饰，棕叶饰包围在椭圆形之中，椭圆形的两端在棕叶饰底部形成漩涡状。重垂板的地大致涂成红色。

画的内容：菩萨。四分之三向右，立于深红色莲花之上，头挺直，右手施论辩印，左手弯于胸前。腰部以上身体稍向后收，裙部下垂的长衣纹呈典型的曲线。

服装、珠宝、头饰及对人物和附件的整体处理方法与 Ch.001 同，不同之处在于，此菩萨胸前衣纹为一整件内衣的一部分，内衣从肩部斜盖住上身，系于腰际。披巾为不透明布料制成，像披肩一样盖住双肩。菩萨脸短圆，额头窄，直鼻、直颧骨，小嘴涂成深红色。眼细长，微斜，上下眼睑曲线优美。皮肤为灰色丝绸的自然色，精致地晕染了粉红色。

色彩十分清晰，保存完好。主要色彩有深栗色和深橄榄绿色，用以涂画披巾的正反两面，使人物的上半身显得很有质感，披巾长长的下摆还勾勒出下身的轮廓。其他色彩有：从浅橙色到深粉色的各种粉红色（深粉色用在裙子和莲花座上），蓝灰和绿色（用于长袍边缘、背光、宝石及华盖上），黄色（用于金属物件）。头右侧有黄色题榜（空白）。画幅 2 英尺 $2\frac{1}{2}$ 英寸×$7\frac{1}{4}$ 英寸，全长 6 英尺 1 英寸。图版 LXXXII。

Ch.003.　**彩绘丝绸幢幡**。有全套的顶饰、重垂板和饰带，保存完好。与 Ch.002 是成对的，因为其大小、所用的纱和所有附件与 Ch.002 完全一样，只有顶饰不同（此件的顶饰用的是细密的米色纱）。吊带上打了个环形结，环形结由各种色彩的丝线织成，仍依稀可辨红、黄、绿等色丝线。

幢幡的内容:菩萨。身体四分之三向左,立于石板蓝灰色莲花之上,手交叉垂于身前。从肩到脚略向前倾,裙裾上的线条笔直向后,使人物有似在前进中的动感。衣服和人物的整体处理方法与 Ch.002 相同,匠人高超的技巧也可与 Ch.002 媲美。披巾从肩部滑落,胸部赤裸,无内衣和其他衣物遮盖。

色彩基调沉郁,主要是深橄榄绿和蓝灰的混合色(用在披巾、内衣、裙边和脚下的莲花上)。裙子如 Ch.002 中一样是透明的粉红色,肉体的粉红色中呈现出比 Ch.002 更深的黄色。衣褶是精致的白色线条,莲花尖也是白色的,冲淡了绿和蓝的基调。人物头左侧有题榜(空白)。画幅 2 英尺 $1\frac{3}{4}$ 英寸×$7\frac{1}{4}$ 英寸,全长 6 英尺。图版 LXXXII。

Ch.004.　彩绘丝绸幢幡。附件完整,保存良好。顶饰和吊带为米色纱,顶饰边为杏黄色绸,两边饰带和底部饰带分别为深绿色绸和深蓝色绸,重垂板的红地上绘有黑色棕叶饰图案。

画的内容:护法金刚。属于中国的鬼怪类型,肌肉强健,硕大的头置于驼背之上。稍向右立,姿势紧张,脚分开,立于莲花之上,头转向右后方。左手低,置于身侧,扶着装饰性的金刚杵的一头(金刚杵立于头侧),右手五指僵硬地分开,停在半空之中。

着长达膝部的粉红色短裙,由白色腰带系于臀部,裙边为蓝灰色。窄披巾为橄榄绿和粉红色。手镯、脚镯、项饰和璎珞与菩萨同。头发也类似于 Ch.001 中的菩萨:歪斜的顶髻,长发披肩,束以白色发带,发带的末端在耳际乱飞。脸部怪异,大眼圆睁,鼻子扭曲变形,胡须长如乱草。画匠用浓重的黑色线条来勾勒金刚夸张的肌肉,肌肉被涂成浅粉色,更加重了夸张效果。项光是浅绿色圆盘,边上绘有火焰。项光后面照例是紫色和白色的带雷电的云。再往上是布帷幔,帷幔上方有锯齿形饰边。头左侧有黄色题榜(无字)。色彩鲜艳、明净,笔法大胆,遵循类型画的惯例但不像类型画那么夸张。

请看 Ch.i.006 以查阅类似作品。其他绘有护法金刚的彩绘幢幡有 Ch.i.004、Ch.xxiv.001、Ch.xxiv.002、Ch.xxvi.a.005、Ch.liv.002、Ch.lxi.006。画幅

2 英尺 $2\frac{3}{4}$ 英寸×7$\frac{1}{4}$英寸，全长 6 英尺 $2\frac{1}{2}$ 英寸。图版 LXXXVI。

Ch.005.　小木雕残片。是左手和左前臂（左手未完工），肘部被整齐地切断，上面还有其与上臂相黏合的胶的痕迹。小指关节上也有胶，可见手是在此处与身体相连。腕上有手镯，手镯主体是一串珠子；臂上有两个流苏状饰物。大拇指、食指、中指的指甲描画很精细。是一件大胆的雕塑作品。长 4 英寸，腕直径$\frac{1}{2}$英寸。图版 XLVII。

Ch.006.　小木雕人像。左臂和左脚残缺，右手上举，足跟并立，膝盖前曲，头较大。这些特征以及突出的腹部暗示此人正怀有身孕。五官棱角分明，显得成熟。腰部围一条窄裙。雕刻粗糙，面部五官上有深深的刻刀痕。高 4 英寸。图版 XLVII。

Ch.007.　小木雕。为半圆形浮雕，表现的是向右飞的乾闼婆(?)。手臂和膝以下的腿脚缺失，五官遭严重毁坏。头发分成三层：底层头卷从前额垂至肩部，包围着面部，最上层的头卷则形成小顶髻。长脸，高额头。裸胸，胸以下、腰以上穿贴体薄衣。臀部穿厚袍，厚袍覆成褶盖在腿上。腿从膝部弯向观者左方，左腿在右腿后，这是飞行的乾闼婆的普遍姿势。下身裙裾刻削成深槽，表达得大胆而逼真。人物（尤其是其肉体部分）做工精细。木雕外有一层浅棕色漆的痕迹。是件很不错的作品。高 8 英寸。图版 XLVII。

Ch.008.　小木雕。是一直立的男子(?)。头、手臂和脚是另外做的，已缺失（有头和左臂的暗榫孔），身体脐以上全裸。脐部紧系着厚重的贴体裙裾，裙子上部外有罩裙，下部笔直的大褶直达脚踝。作品完成得很认真，但设计欠佳。肉体部分所有的刀痕都被抹去了，但裙裾上仍有不少刀痕。衣褶僵硬、对称，数量太少；身体比例失调，各生理部分划分得刻板而模式化。有黑颜料的痕迹。高 $6\frac{3}{4}$ 英寸。图版XLVII。

Ch.009.　彩绘丝绸幢幡。顶饰为花绸制成，饰带全部缺失。幢幡的主体由淡灰色纱制成,画面顶部和底部破裂,其余部分仍保存完好,色彩清晰。顶饰上的花绸在下一号中作了叙述。

画的内容:菩萨(未确定是哪个菩萨),手持香炉。人物矮胖,面朝观者,立于蓝色莲花之上,头稍微转向左肩。右手举着香烟缭绕的香炉;左肘也弯曲,前臂前伸,左手张开(无名指弯曲)。大体与 Ch.001 属于同一类型,衣服和珠宝饰物大体与 001 同,但技艺不及 001 好。

此菩萨胸部披的不是帔帛,而是像 002 一样穿着内衣,另外还披着扁平的条形披巾,上有花纹。此披巾呈环状从肩部垂向腰际,又从手臂上呈 V 形垂向膝部,其余的部分绕在左臂上。裙子为粉红色,裙褶轮廓为红色,裙底边为暗绿色和柠檬黄色。罩裙为白色,镶以青紫色边,腰带为白色。内衣腰带呈绯红色,镶以柠檬黄色边,并装饰有白色和蓝色的小碎花图案。内衣为绯红色,边缘为橄榄绿和黄色。长披巾是透明的薄纱,呈柔和的暗蓝色;短披巾绯红色,点缀有绿色花点图案,镶以柠檬黄色边,其反面为绿色,点缀以金色花朵。珠宝饰物和流苏为蓝色和绿色。菩萨头戴花冠,前额上方是一朵硕大的紫色花蕾,紫色花蕾后挺立着两朵粉红色莲花蕾,两朵莲花蕾之间有一朵白花,看起来像朵美丽的水仙。

人物额头窄,鼻子长、高且窄,宽下颌向前突起。眼睛几乎细成一线,眼角内的半圆形线标示出眼窝的位置。顶髻呈双叶状。肉体部分均为粉红色,轮廓线是黑色,但手、耳、足底和下眼睑边的轮廓线是红色。眉毛是在黑线上画一条绿线。香炉金色,呈平底圆碗状,有长柄。

由于绸子本来色调就淡,肉色和宽大的衣服又是以透明的着色法处理,所以画面整体效果较明亮。但人物身上的披巾、饰带、衣纹太多,缺乏占主导地位的色彩和线条。颜色保存得极为完好。有类似特征和手姿的菩萨还有 Ch.0083 和 Ch.i.005。画幅 2 英尺 $8\frac{1}{4}$ 英寸×10$\frac{1}{4}$ 英寸。图版 LXXIX。

Ch.009. 由厚花绸制成的幡顶饰。顶饰的镶边为细密的淡灰色丝绸,底边缝有硬竹竿,顶上是黄色绸吊带,镶边上有一个汉字。顶饰主体部分的花绸用紧密的缎纹斜纹织成,经线很细,未捻的纬线要宽些,花绸上是一部分萨珊风格的图案。在深玫瑰色地上,有水平排列的椭圆形团花。团花是深玫瑰色,团花行与行之间间隔约 $1\frac{1}{2}$ 英寸,每行内的团花则几乎连在一起。团花行之间的空隙中是有缺口的四叶形图案,占据着每四朵团花的弧之间的位置。

团花有绿边,绿边上饰有硕大的六边形白珠。团花内为对鹿立于对称的基座上,基座好似被削平了顶部的棕叶饰。鹿昂首阔步,用深橙黄色、亮绿色、深玫瑰色和白色织成,鹿角硕大、分叉,鹿尾很长。手法僵化、程式化,到处是阶梯形的边。鹿身(此处无法看见)保留在同一件文物的另一件残片即 Ch.00539.a 中:鹿肩和臀上是有缺口的四叶形花纹,呈粉红色、白色和绿色。

团花间的图案是绿地,上有类似的对鹅,颜色与鹿相同。鹅翅膀尖向上弯,看得见其双脚,而鹅的其余部分都是侧面影像。鹅头描绘得很好,使人能将其同 Ch.00359.b 中同样精致的鸭头区分开来。

此件保存良好,色彩鲜艳、清晰。可参照本书第二十四章第三节来看此件的构图与其他文物的关系,以及从别的地点发现的萨珊风格的文物。顶饰底部长 1 英尺 3 英寸,高 $8\frac{1}{4}$ 英寸。(花绸)图版 CXI,(此件与 Ch.00359.a 组合而成的图案)图版 CXV。

*Ch.0010.　**彩绘丝绸幢幡**。画的是天王。

总说明:在所有 24 件天王幢幡中,有两类风格应加以区别开来,但这两种风格实际上只在处理手法和细节上有所不同,人物的总体形象和甲胄基本上都是一样,两种风格在许多件作品中还融为一体。

此件人物的基本类型似乎就是 Ch.xxvi.a.006 下所述的印度风格类型,其他同类作品还有 Ch.xlix.007 和 Ch.lv.005。所画的复杂的防身甲胄的起源,人们已经知道。但有人认为这种甲胄并非源自中国,尽管中国唐朝和唐朝时的日本的作品中都有大量这样穿甲胄的人物(见劳弗《中国泥俑》,第一部分300~301 页,尤其是第一行及以后几行,以及图 46、47)。我们应当指出,上述三件作品与有鲜明印度风格的菩萨幡关系密切。从 Ch.xxvi.a.006 和 xlix.007 在大小、两边和底部的装饰性条纹、饰带上的一致性和艺术处理上的相似性来看，它们组成了一个系列。在 *Ch.xxvi.a.007 下我们将讨论这一系列，Ch.lv.005属于 Ch.lv.004 下所谈的系列作品。这些印度风格的系列作品创作于同一时期，其目的可能是为了完整地表现那些较重要的神，此时艺术家很可能从同一源泉为他创作的所有人物汲取灵感。我们把这类天王画称为印度类型只是为图个方便，因为目前尚没有什么更好的名称。

关于中国风格和印度风格这两种类型的详情和下属的全部作品，请分别参考 Ch.0035、Ch.xxvi.a.006 下的文字。关于混合或单一风格的天王像，参见 Ch.0085、0087、0098、00106、xxvi.a.001、liv.003、lv.0046、lxi.001。下文是这两种类型天王像的共同特征。

天王一律都是双腿微屈。除一个例外情况（Ch.0087）外，他们一向都是面目狰狞，有几个几乎像妖魔（例如 Ch.0035），尽管大部分图像表现夸张，但仍有人的特征。他们长着大环眼，紧皱双眉，鼻子扭曲，张嘴正在咆哮（如 *Ch.0010、Ch.lxi.001），有几个则显得十分严肃、庄重（Ch.0040、Ch.0020）。服装复杂，混合了武士和国王的服饰风格，武士风格占主体。服装的主要部分在每幅画中都一成不变，主要有：（1）铠甲；（2）胸甲；（3）披风；（4）披巾；（5）由织物制成的短裙；（6）护腿；（7）覆膊；（8）护胫；（9）鞋；（10）头盔或头饰。

（1）铠甲是一种鳞片甲，用在米兰要塞发现的那种皮革制成（参见本书第十二章第十七节 M.1.0069 等）。其形状类似于紧身衬衫，从颈到大腿盖住全身，并覆盖住上臂，在腰上用装饰过的（皮？）带子系住，在胸甲之下用另一根皮带或丝绦系住。底部是褶皱边，垂在大腿上，一般来讲在肘部也有褶皱边。在印度风格的人物中，铠甲下摆很长，直达膝部，有的甚至盖过膝部（Ch.0087），前端分叉，使腿的活动更自由。在印度风格的天王像中还有一块皮革物系在腰带上，挂在铠甲下摆上方。这块皮革在臀部分成两块，前面则是一块，像围裙一样，有的皮裙装饰得很鲜艳。臀部的两块皮革有时是用虎皮制成（Ch.xxvi.a.006和 Ch.00106）。

铠甲下摆的鳞片都呈矩形,上身的铠甲鳞片则是圆形,只有个别情况例外。腰带和胸甲间的铠甲有时被涂成一色,看似用整块革做成(Ch.xlix.007、lv.005),有一例整个铠甲都被涂成了一色(Ch.lv.0017)。从某些鳞片下端的颜色来看(Ch.0087、00107、lv.0020、lxi.001),矩形鳞片似乎是朝上彼此部分重叠(参见本书第十二章第四节),但很多时候无法看清其重叠方式(如Ch.xxvi.a.006)。圆形鳞片一般朝下重叠,但Ch.xxvi.a.002是例外,其圆形鳞片甲朝上重叠(参见Ch.00106)。

(2)胸甲形状略有差异:有时是简单而纯粹的胸甲,盖住胸部上方并越过肩膀,像一条宽大的领子或轭(*Ch.0010、xxvi.a.001、lxi.001),有时在腋下紧裹住上身。后一种是最常见的形式(Ch.lv.0020、xxvi.a.002、lv.005、xlix.007),一般用带子扣在肩膀上。当天王穿披风时(如Ch.0022、0035),无法看到胸甲是如何系的,但很可能是以这种扣在肩上的方式(如Ch.lv.0046)。有时这两种形状的胸甲合在了一起(如Ch.0085、lxi.001)。胸甲由鲜艳颜色的皮革(?)制成,胸部的胸甲上饰有与胸甲颜色对比鲜明的圆盘,圆盘中间有金质或珠宝饰物。胸甲当中有一条宽的竖带,颜色各有不同,有时只系在腰带上方的横胸带上,有时沿铠甲一直下去,与腰带连在一起。无论胸甲竖带是否与腰带相连,腰带前面正中通常都有个半圆形皮制物或金属物(?)来拉直腰带,有的饰物呈兽头形状(如Ch.0040、xxvi.a.006、0022、xlix.007、lv.005)。

(3)披风只在某些中国风格的天王像中才可以见到(*Ch.0035)。它是一块暗色大布,从后面盖住肩,系在颔下。当人物未戴披风时,脖颈有时是裸露的(如Ch.0085和xxvi.a.001),有时则有一个圆形的香肠状领子保护着脖颈,这个领子系在前面(如Ch.xxvi.a.002、xxvi.a.006和lv.005)。

(4)大多数时候人物都有披巾。披巾有时披在肩上并缠在胳膊上,有时则在腰带上打成结,挂在两条胳膊上。披巾的正反面颜色不同。如同不同类型的菩萨披巾一样,各天王像披巾的处理手法也有不同。

(5)短裙。即铠甲下的一条长不及膝的短裙子,几乎一律是红色,边是蓝色、绿色或棕色,有镶红边的白色衬里。像护法金刚和其他活动的神祇一样,天王的裙边也向两边飘开，还有像菩萨那样（如 Ch.002）打结的白带子飘在腿前。肘部的铠甲下经常露出宽大的袖口，颜色与裙子一致，与裙子是一件衣服。

（6）护腿。短裙下的膝盖有时赤裸（如 Ch.0040），但多数情况下覆有白色织物。织物或塞进护胫中（如 Ch.0010），或紧裹住腿并在膝下打结（如 Ch.0035）。膝盖处的裤子（或长袜）有时饰一朵花（如 Ch.0085）或散落的花枝（如 Ch.lxi.001）。

（7）（8）覆膊与护胫。前臂和小腿均紧裹着东西，疑似胸甲一样的硬皮革。护胫一般是一整块，前面有一条竖的金属带或一排扣子。一个其他颜色的皮革大圆盘盖住小腿后部，此圆盘一般镶金边，中间嵌有金质凸饰和珠宝凸饰。但在印度风格的天王像中，有时人物的护胫是三条横向的带子，镶有金属边（如 Ch.lxi.001）。有的护胫由鳞片组成（如 Ch.00106、xxvi.a.001）。在一例中（Ch.0085），护胫从上到下都是鳞片甲，而不是带子。护胫底部连以护踝，护踝是金属（?）制成的硬褶皱边，形如一圈带尖的花瓣。覆膊结构与护胫类似。

（9）鞋。有些鞋紧裹着脚，或是纯黑，或饰有金色涡卷形花纹。这类黑鞋只在印度风格的人物中可以见到。更具中国风格的天王要么穿的是足跟有带、露脚的鞋（如 Ch.0040、xx.0020），要么穿的是草绳编的鞋（如 Ch.0022、xx.0011、lv.0046）。这类鞋前面有个长的开口，开口末端用一根绕过脚踝的绳系住。在米兰要塞发现的服装中也有这种样式的鞋，见 M.1.ii.0025，又见 L.A.vi.ii.0025、T.xiv.a.002 等。

（10）头盔或头饰。印度风格和中国风格的天王都戴有不同的头盔或头饰，但头饰更常见。头饰有的由沉重的金属构成（如 Ch.xlix.007、lv.005），有的类似白色的发带，上面饰有珠宝饰物，耳际飘着轻盈的饰带（如 Ch.lv.0018、lv.0020）。头盔则紧贴着头，边缘突起，有护喉甲（如 Ch.0040）或香肠形状的领子（如 Ch.xxvi.a.006）。在 Ch.xxvi.a.002 中可见第三类变体。

项光全是纯色的圆盘。天王脚下的鬼怪体格粗壮，状如妖魔，五官奇形怪状,全身扭曲,呈蹲着或半蹲着的姿势。它只裹件红色的蔽体腰布,戴简单的项链和手镯,身体其余部分赤裸。一般长着环眼,头发为红色或绿色,口中长有獠牙。

　　* Ch.0010.　**彩绘丝绸幢幡**。重垂板缺失,其余部分完整且保存良好。

　　顶饰是米色绸,顶饰镶边为深红色。吊带是织锦,其编织方式与Ch.xlviii.001相同,上有一个铜环。两边饰带是暗绿色窄绸,上面印着草虫图案。底边饰带是灰绿色绸,已褪色。

　　画的内容:西方广目天王。面目狰狞,面朝观者而立,体态扭曲。重心置于右臀,左脚高于右脚,左膝弯曲。左手置于腰际,握一把已出鞘的剑,剑身斜向上横过身体,右手置于胸前,扶着剑刃。头转向右肩。

　　这一姿势是印度风格天王的常见姿势(见 Ch.xxvi.a.006),衣服也是印度风格天王的变体,但有更多的装饰和细节。笔法机械,但不像同一类型中其他作品那么僵硬刻板。在项光之后的云卷中、幢幡的小花边中、天王及其脚下鬼怪狰狞的面容中,都可以看到中国风格的影响。

　　肩部、上身和铠甲下摆鳞片均为圆形。上身和手臂部位的铠甲鳞片为红白两色,下摆和肩部鳞片为黑、绿、白色。铠甲下摆有红边,红边外为绿色褶皱边。前后开衩。围裙和臀部的两片皮革分开,均呈绿色,饰有金属物件和宝石,围裙底下有绿色小皮片。没有紧身胸甲,穿的是类似Ch.xxvi.a.001的胸铠,为浅蓝色皮革制成,饰有精致的金属物件和绿色珠宝,以白珠子镶边。脖子上戴着一个领子,镶有金属边,饰有珠子,领子在颈前开口。无覆膊,前臂至肘部覆盖着有褶皱边的蓝色织物。肘部以上是厚重的紧身织物,与短裙连成一体。短裙是橙色和红色,蓝边。护腿为白色,扎在护胫中。

　　护胫为红色和蓝色皮革(?),饰有涡卷状金属饰物,背面嵌着绘有鳞片图案的圆盘,圆盘为绿色、黑色和白色。这些细节表明绘画的匠人不够明智,一心只注意装饰效果而忽略了大局。鞋为黑色,同样裹了金属包头,镶了金属边。绿色披巾由肩和臂垂及地面,衬有粉色和白色里。另一条披巾系在腰带上,为绿色和棕色。

皮肤一律绘成粉红色。头发淡蓝色,像帷幔一样挂在额前,并于耳后形成假发般的大卷。脸宽大,皱眉,环眼(瞳仁为绿色),鹰钩鼻,咆哮着的嘴中露舌齿,长耳系环。金属头饰有翼状装饰,耳朵上面有朝上飘的白色饰带,头饰顶部为一高冠。除剑绘成淡蓝色外,所有金属物件一律为棕黄色,勾以黄色轮廓线,可能以此来代表青铜的颜色。

项光为豆绿色,无火焰边。项光之上有暗猩红色卷云。整个上部后面缝有一块蓝绸,以起加固作用。陪衬的鬼怪仰面躺着,右手抓着广目天王的腿。

颜色主要有橙红、绿、蓝,附件为白色和棕色,色彩极为清晰、鲜艳。但人物身上的细节部分过于繁复,没有占主导地位的色调或线条,斑驳的亮色块甚至盖住了人物的眼睛。此作品过于关注细节和装饰,缺乏创造性,很像 Ch.xxvi.a.001。头左侧有黄色题榜(无字)。画幅 2 英尺 $2\frac{1}{2}$ 英寸×$6\frac{7}{8}$ 英寸,全长 6 英尺 1 英寸。图版 LXXXIV。

(注意:这是从已完成的一面来描绘的图画。但这幅图在反面又画了一遍,人物左右颠倒了过来,而手的位置表明,匠人本想把反面当作正面用。)

Ch.0011. **彩绘丝绸幢幡**。所有附件均缺失,画面顶端和底端(包括莲花座)亦缺失。其他部分保存完好。

画的内容:观音菩萨(?)。稍向左立,右手上举,持红莲枝,左掌平伸于胸前,无名指弯曲,其余各指伸开。属 * Ch.001 类型。服装与装饰品均与 001 同,但裙子结构却不同。此菩萨的裙子扎在膝部,类似短而肥的裤子。小腿赤裸,缀着饰带和带流苏的璎珞。裙子用不同颜色的横条绘成,上面为橙色,底下为猩红色,中间为绿色,裙上饰有红色和黑色花纹。无披巾。珠宝饰物画得十分精细,嵌着许多红色和蓝色宝石。踝戴踝环。脸又长又宽,用半圆形线条标出眼球的位置,长着绿色小胡须。画面色彩鲜艳、明亮。画幅 2 英尺 $7\frac{3}{4}$ 英寸×$10\frac{1}{4}$ 英寸。

Ch.0016. **彩绘丝绸幢幡**。画面顶部和所有附件均缺失。在人物的眉毛一线上被撕破过,后又在古代被缝好。其余部分保存完好,色彩依旧鲜明。

画的内容:观音菩萨。四分之三向右立于蓝色莲花之上,右手上举,持垂柳枝,左手垂于身侧,头微抬。衣纹、人物风格和处理方法与 Ch.001 同,但不及 001 精致。无披巾、内衣。裙飘起,露出脚踝和脚镯。与大多数大型幢幡一样,此作品的着色也是透明的。裙为绸的自然色,精致地晕染有淡粉色和猩红色,裙上印有绿色小叶,裙褶处亦如此。扁平的内衣带为猩红色,珠宝饰物、流苏和饰带为猩红色和蓝色,金器为淡黄色。头饰上饰有紫色莲花和红色珠宝,身披绿巾。脸短而皱缩,眼小,鼻高,口大而圆。耳朵较大,但不夸张,耳无饰物。所有线条均为黑色。右边有题榜(无字)。画幅 2 英尺 $7\frac{3}{4}$ 英寸×$10\frac{1}{2}$ 英寸。

Ch.0017. **彩绘丝绸幢幡**。镶边和所有附件均缺失,但人物大体完好。

画的内容:菩萨(名称未能确定)。与 *Ch.lv.0014 一样属于较粗糙的印度风格。人物面朝观者立于两朵莲花之上(莲瓣下垂)。右肘弯曲,右手下伸,拇指弯曲;左手垂于胸前,拇指和无名指捏在一起。裙暗粉色,腰带暗绿色,披巾绿色和靛蓝色,胸巾绿色和印度红色,左肩上有蓝色薄纱巾。肉体绘成白色,晕染有深红色。同类似的平面化作品如 Ch.lv.0014 相比,本画的人物处理更加圆润,更有立体感。人物轮廓线为红色,衣纹为黑色,头发为绿色。眼微斜,眉以上部分全部缺失。

这块绸料以前曾被用来绘制另一幅画,在人物左胸上可见项光轮廓和头及耳的痕迹。左肩上的蓝纱巾是后来添加上去的,以掩住前一幅画的痕迹。1 英尺 6 英寸×$6\frac{3}{4}$ 英寸

Ch.0018. **绢画**。画的是毗沙门天王和其眷属渡海。画幅较小,底边为黄色丝绸,其余各边均为紫色丝绸。左右的紫色丝绸边各宽 $1\frac{1}{2}$ 英寸,顶部的紫色丝绸边宽 $3\frac{5}{8}$ 英寸,以与底部的双边保持平衡。保存完好。

　　毗沙门天王和其眷属驾紫褐色卷云向右行进,卷云在他们身后袅袅上升,直达天空。海被绘成一组组规则的波纹,波峰绘成白色。远处有一条蓝绿色山脉,画的可能是须弥山。天上有一个长着蝙蝠翅的鬼怪向右飞,这是迦楼罗。右上角有黄色题榜,无字。毗沙门天王走在前面,昂首阔步,右手持双叉戟,左手举起,手上升起一朵云,云中有一佛龛,龛内有一坐佛像。

　　大致说来,他的服装与幢幡中较细致的中国风格天王属于同一类型(见*Ch.0010的总说明),但其铠甲下摆比同类型的画要长,几乎长达膝盖。匠人以模式化的菱形花纹来表示铠甲鳞片的特殊排列方法,与Ch.xxxvii.002(图版LXXIII)和Ch.xviii.002(图版XC)的人物用的是同样方法。有一种与此类似的表现手段,参见劳弗《中国泥俑》第一部分第304页图50,此图拍摄了一幅绘有唐朝狮甲的版画。毗沙门天王的胸甲、上身的铠甲和铠甲下摆上是这种鳞片。覆膊和一小部分可见的护胫则画成矩形鳞片,隔一段距离有根横带子系住。铠甲、胸甲、鞋和鳞片都涂成金色。一只鹰形面具形成胄托。肩甲末端是狮头,手臂就从狮头的大口里伸出来。

　　天王没有披风、领子或头盔。铜绿色披巾系在腰带上,从肩后直披下来。头戴三瓣冠,冠顶饰有火焰或翼状物,冠两边飘着白色饰带,从肩上也飘起火焰状饰带。脸部饱满,下半边脸粗大却不怪异。生着大斜眼、粗眉、鹰钩鼻,嘴角微微冷笑。头发为蓝色。身形和姿势使人想起一件天王小木雕Mi.xv.0031(图版CXXVII)。

　　一位仙女面向天王站着,献上一盘花。她的身份尚未确定,但类似于千手观音像中所见的"吉祥天",见*Ch.00223等。她穿绿裙,绿裙外穿带花边的短裙。外衣粉红色,外衣袖子宽大到几乎拖地。头发梳起,在绿叶装饰的头饰之上梳成两个高而窄的环,像Ch.0051边上的韦提希王妃。肩上有叶形饰,手臂上也有成串的窄尖叶饰。

　　毗沙门天王身后是几位从者,其中有四位是鬼怪。两个鬼怪在背景之中,头发纷乱,青面獠牙,其中一位举着一面精美的大旗,旗上有菱形图案,旗边似彩虹,再向外是锯齿状边。另一鬼怪走在他们前面,棕色皮肤,臂上长毛,面如野兽,头裹在一个粉红色头巾里,头巾系在颌下,手拿一个粉色和白色平口圆形大罐。第四个鬼怪在前景中,皮肤棕色,头如猛兽,手拿木棒,其服装为穿甲天王的变体,胸甲上有两排窄窄的矩形鳞片,腰上和铠甲下摆上也有鳞片,上身和手臂紧裹在一件粉红色绣花上衣里,铠甲下摆边为豹皮,除护胫盖住的部分外,腿裸露在外。

　　除了这四个鬼怪还有四个从者,他们个性鲜明,代表的是某些确定人物(未明确其代表的究竟是谁)。最前头是一位老者,只穿着短裙,胸部覆披巾,脚上穿露着脚的鞋,戴着手镯和耳环。他的白发在头顶攒成顶髻,脸上长着白色长眉和白胡子,面容消瘦。两眼平齐,目光向侧后看,右手拿一个金杯(或一个金刚杵?)。

　　老者旁边是一个肥胖男子,穿绿袍和饰有黑白图案的短裙,头戴高高的三瓣(?)冠,冠后的织物垂到脖子上。脸光滑无胡须,面容温和。手持金盘,盘上有发光的珠宝。

　　他们两个后面是个长胡须的弓箭手,身体下弯,浑身紧张,显得强健有力,正把箭搭在弓上,目光追随着天空中的迦楼罗。他似乎穿了件蓝色短裙,右臂和右胸赤裸,下身穿白裤,脚穿长靴(?),头戴白色锥形帽,帽上有脉状金属丝,帽子顶部有金属凸饰,帽边上卷,帽后边很高。

　　最后一个人长一双斜眼,头发为黑色,穿长内袍和大袖的紫褐色外衣,双手成祈祷状,头上是"业"字(指简体"业"字——译者)形镀金头饰。

　　人物服装图案艳丽,主要是六角星形小花图案。画面颜色主要有鲜红色、铜绿色、钴绿色、白色和金色。云是紫褐色,海是泛绿的棕黄色。画艺高超,笔法简洁,表现力强,尤其是服装上的图案和花饰为画面增色不少。画幅1英尺 $2\frac{7}{8}$ 英寸×$10\frac{1}{2}$ 英寸,边幅1英尺 $10\frac{7}{8}$ 英寸×1英尺 $1\frac{1}{4}$ 英寸。图版 LXXII。

　　Ch.0019.　彩绘丝绸幢幡残片。画的是佛祖投胎的故事。右边是摩耶夫人,穿红袍,向左侧卧于榻上。左边是一头奔驰的白象,周身缭绕着红色和蓝色的云,云遮住了摩耶夫人的脚。象背上有块蓝布,婴儿貌的释迦牟尼跨坐其上，全身赤裸，只系一块腰布，双手合十作祈祷状，身后是橘红色项光。人物服装、卧榻和作品风格都是中国式的，如同 Ch.lv.009 等一样。类似作品可参看 Ch.0039 和 lv.009。画幅 $4\frac{3}{4}$ 英寸×$2\frac{1}{8}$ 英寸。

Ch.0020. **三幅版画**。用的是同一印模。印模为小矩形，分成四个小空间，每个空间里有个面目狰狞的天王。设计粗劣，木刻和印刷均粗糙。$4\frac{5}{8}$ 英寸×$2\frac{3}{8}$ 英寸。

***Ch.0021.** **绢画**。其中有不可辨的汉字题识。画的是旅行者的保护神和地狱灵魂的保护神地藏菩萨及其从者和供养人。有褪色的暗紫色麻布边。幡保存完好。

地藏菩萨面对观者坐于石上，身下垫一块花布。右脚踏在莲花上，左腿盘回，左手持锡杖，锡杖搭在肩上，右手置于膝上，握水晶球。穿绿色僧祇支，僧祇支在左臂上堆成粉红色和白色褶皱。外罩袈裟，袈裟为灰、黑、红、绿色，有黄色条纹。头裹灰色游方巾，巾上饰有黄点，巾垂在肩上。佩戴着珠宝璎珞和手镯。皮肤绘成白色，轮廓线为红色。人物背景为椭圆形项光和圆形背光，均呈绿、红、白色，饰有火焰纹。人物头顶是以模式化的花枝作华盖，花枝上挂有宝石串。

地藏两边纵向坐着地狱十王，每边五个。他们坐在盖着布的案台后，案上摊着卷宗。着汉族世俗服装的随从立侍于他们左右，有的在打扇子，有的在听指示或传令，有一个举扇的随从是鬼怪。十王中有九个穿的是中国地方官的服装，着长内袍、宽袍大袖的外衣（粉红色和白色，灰边），头戴官帽。有个大王的帽子是矩形，状如学士帽，边上有穗垂下。有的戴的是白色褶皱帽，两边有向上弯的帽翅儿。有的帽子又高又窄，呈黑色和黄色，前面呈方形，其余部分有高高的硬边，硬边遮住了帽顶。右上角的大王顶盔贯甲，铠甲的虎皮边几乎长及脚踝。

地藏菩萨前方蹲坐着一头白狮子(是佛教布道的象征?),狮子左边有一个僧人和一个男子,均双手合十,面朝地藏菩萨。有许多散布在各处的黄、绿、紫色题榜,其中只有两个上有题识,其内容与狮子左边的僧人和男子有关,但题识已不可辨认。狮子右边有个被罚入地狱的魂灵,浑身赤裸,只系一块腰布,戴木枷,被一个牛头鬼怪牵着。他在业镜里看到了自己的罪行——他杀了头牛,因此被贬入地狱。镜上有云缭绕,表示镜中影像是幻象。镜旁站着个人,手拿毛笔和纸,可能是某判官的随从。

在每排供养人行列最前面都是个手拿香炉的僧人。右边的僧人身后是个年轻的男随从,手握如意,男随从身后跪着一男子。左边僧人背后是两个女子,穿 Ch.00102 中的平民服装。僧人和女子排一列,这种现象并不多见。左边的第一个人物粗眉大眼,似乎的确是个男子。可以肯定他不是尼姑,因为尼姑一般画有绿头发、白皮肤、粉红色面颊。

绘有这种姿势的地藏菩萨的绢画,还有 Ch.0084、00225、00355、i.0012、xxviii.003、lvi.0017、lviii.003 和 lxi.009,以及麻布画 Ch.0060 和纸画 lxiii.002。画幅 3 英尺×2 英尺 2$\frac{1}{2}$英寸。图版 LXVII,《千佛洞》图版 XXV。

Ch.0021.a.　**木背光和项光残片**。刻在一块木头上。二者均为绿色地,边为粉色和白色,最外边是燃烧的火焰,火焰呈暗粉色、绿色、橘红色、蓝色。长 9$\frac{1}{2}$英寸。

Ch.0022.　**彩绘丝绸幢幡**。有汉字残迹。图画顶部缺失,其余部分保存完好,色彩依旧鲜明。

顶饰为米黄色素纱,镶有有光泽的淡粉色绸边。吊带用织锦制成,已完全磨损,吊带上有个铜环。整个顶饰缝制粗糙,系应急用的替代品。两侧饰带为淡灰色,四条底边饰带为淡灰蓝色,均印有黑色草虫图案。重垂板已与主体分离,为深红色,上有绿、黑、黄色莲花和叶子图案。

画的内容:西方广目天王,从汉字残片中判断出了人物身份。与 Ch.0035、

xx.0011 类似,只在颜色上与 0035 微有不同。天王嘴以上部分全部缺失,穿着绳子编的鞋(参见 * Ch.0010 的总说明)。脚下的鬼怪呈半蹲踞状,右手和左膝支地。左上角的题榜中有题识。画幅 1 英尺 5 英寸×$6\frac{1}{2}$英寸,全长 6 英尺 $3\frac{1}{2}$英寸。

Ch.0023. **彩绘丝绸幢幡**。重垂板和图画上半部分缺失,其余部分完整,保存状况尚可。顶饰是暗黄色纱,绘有植物图案,现已成为残片。顶饰的纱裱贴在蓝色素绸上。整个顶饰镶有淡红色锦缎边,锦缎边上织有菱形图案,如 Ch.00340 一样。吊带为粉色丝绸条。饰带为橄榄绿色丝绸条,印有黑色叶状图案。

画的内容:文殊菩萨骑白狮。人物和狮子均四分之三向左。类似作品有 Ch.0036。文殊盘坐于粉红色莲花上,右手置于膝上,拇指朝上,左手抬起,五指张开,中指和无名指弯曲。头微抬,眼睑厚重,眼睛朝上看。

服装和五官属于 Ch.002 菩萨的类型,但珠宝饰物很简单。狮子的姿势、类型及鞍具同 Ch.0036 一样,长着绿鬣,蓝灰色的眉、胡须和尾,胸和颔微呈粉色。文殊菩萨的服装为蓝灰、猩红和橄榄绿色。狮子脚下的莲花为猩红色和绿色。顶上有中国式暗粉色云的痕迹。文殊头左侧有个空白题榜。匠人技艺高超,但画面无生气。画幅 1 英尺 8 英寸×$7\frac{5}{8}$英寸,全长 5 英尺 4 英寸。

Ch.0024. **丝绸幢幡**。除两边饰带缺失外,附件俱全,保存状况尚可。

顶饰为双面绸,每面都绘有大致呈三角形的植物图案。三角形图案中有椭圆形六瓣蓝色花朵,花心为绿色和红色,花周围是绿色叶子,叶脉为黑色。整体背景为猩红色。顶饰镶有蓝灰色素绸边,绸面上印有淡黄、绿、蓝色植物图案。吊带位于这两条印花绸边交汇处。顶饰底部由两根竹竿加固,每根竹竿都伸进两边的镶边里。竹竿未伸进镶边的部分上缠绕着未经加工的白绸,此白绸的镶边是多条深紫色、黄色、绿色和红色绸带,每条绸带都斜向交叉。

四条底部饰带(其中一条已残缺)为暗橄榄绿色纱,织有与 Ch.00344 一样的菱形花纹,并像 Ch.xvii.001 一样印有鸟、花和虫图案。重垂板由几层粗糙的羊毛料构成,羊毛料为深棕色或呈自然色,用胶粘在一起,上面裹有与饰带质地一样的浅红色纱。重垂板正反两面都漆成深红色,但漆已大部分脱落。三圈红色丝线缝在重垂板顶部,把重垂板和饰带底下的竹竿连在了一起。丝线穿出来的孔洞的边用薄铜片加固。

幢幡本身由暗红色锦缎制成,像 Ch.00345 一样织有模式化的植物图案,图案成条排列,每条间隔 $3\frac{1}{2}$ 英寸。锦缎上绘有写实风格的对鸟,鸟喙中衔着水生植物的枝条。线条较粗糙,主要用的是黑墨汁,不时点缀以幢幡的饰带上常用的白色或银色(?),现在黑墨已变得发白。下面有一条漩涡饰图案。幢幡的主体为 1 英尺 5 英寸×$5\frac{1}{2}$英寸,全长 3 英尺 11 英寸。

Ch.0025. 彩绘丝绸幢幡。幢幡为淡灰色纱,上面覆着一层薄薄的银白色颜料或釉质,以防止勾勒的轮廓线透到背面,因为幢幡的两面虽然都绘了画,但只一面有轮廓线,另一面则只有眼睛的轮廓线。上部画华盖的部分已破损,破损处贴了另一幅画边缘的残片。

幢幡的附件俱全,保存状况良好。顶饰是米黄色纱,未加衬里,与淡粉色绸边仓促缝在一起,显然是想作为最后完成品的替代物。两侧饰带为绿色绸,底部饰带为灰色绸,上面印有黑灰色茎和树叶。重垂板涂成深红色,绘有花草图案,图案轮廓线为灰色。

画的内容:菩萨。菩萨手托杂色玻璃罐,罐中插有粉红色莲花。菩萨姿势较特别,似正在走离观者,呈四分之三的背影(左背),头越过右肩转向身后。右手托罐,左手置身侧,提着长袍。人物和附件大致属于 Ch.002 类型,从背后看其衣服也与 002 一样。颈项处有几条弓形衣纹,长长地垂在后边,珠宝璎珞挂在裙子下摆上。头髻圆形,位于头后侧,向左右两肩各垂下一缕头发。后项上无头发。

面部处理方式较奇怪,以前额、颊、上唇勾出面部轮廓,鼻子如赘生物一样好像是后添上去,嘴和极小的下颌很古怪地粘在下面,观者可见其一只眼睛的全部(眼呈弧形,很斜)。由于透视上的处理不当,袍底下露出的手和左脚看起来很不协调。匠人的技艺不错。颜色同人物的姿势一样也很不寻常:裙部是黄色中杂有红色,其余部分全用清冷的淡绿色、淡褐色和白色。项光为灰白色,几乎难以从背景中分辨出来。整幅画上无蓝色。画幅 1 英尺 $10\frac{1}{2}$ 英寸×7 英寸,全长 5 英尺 8 英寸。图版 LXXVII。

Ch.0026. **一条窄花绸**。粘在公元 949 年出版的汉文佛经底部。用与 Ch.009 号相同的缎纹斜纹织成,但较之更细密,经线上过胶。地为橘红色,图案为暗绿色和白色。共有三块残片,只显示出一些方形团花的一部分,团花的边角十分僵硬。若完整的话,团花估计有 $2\frac{3}{4}$~3 英寸大小。团花外部边缘为橙色,内部边缘为暗绿色,内部边缘上嵌有白色联珠。团花里面绘三条(?)植物的茎,茎顶端为方形大棕叶饰。相邻的团花被僵化的弧形隔开,一枚模式化的棱角分明的叶子置于弧形中央,叶子为橘红色和白色。

此图案似乎起源于萨珊王朝,类似于 Ch.009 作品。此件方形团花的边不过是 Ch.009 团花的阶梯形边的一个变体。就团花和棕叶形小花枝的形状来看,这件作品类似于梵蒂冈那件可能来自波斯的公鸡图(参见达尔顿《拜占庭艺术与考古》,图 440),后者的主要花纹中间的空隙处也有棕叶饰。花绸大小 $5\frac{1}{2}$ 英寸×$1\frac{1}{2}$ 英寸。图版 CXII。

Ch.0028. **绢画**。表现的是立姿观音,无从者。参考 Ch.0088 下所述的系列作品。画面完整,保存良好,镶边已缺失。人物面对观者立于两朵小莲花上,右手持柳枝,左手置于身侧,托净瓶,头戴化佛冠。身材和服装属印度风格,工艺很粗糙,颜色混乱。观音脸宽而圆,眼呈水平一线,细腰肥臀,左臂画成两条完全平行的直线。

肉体、光环和莲花座上的颜色(白色和粉红色)几乎已完全脱落。袍子的着色限于印度红、棕黄、橄榄绿和棕灰。头发、轮廓线和华盖为黑色。华盖同Ch.001一样很简单,项光为圆形。上部角落里有题榜,右侧空白处有印度红色的三瓣和四瓣花朵,伴有黄色和绿色叶子。画幅1英尺6英寸×1英尺。

Ch.0029.　绢画。表现的是千手观音及供养人。由两片丝绸组成,两部分大致于中间处相接。背面原本裱了层纸以加固,有几处已破损。观音只有一面,肉体为黄色,头发和袍子为明亮的蓝色。整体处理和法器等与Ch.00223所属系列作品一样,但没有小水池和随行的神祇。供养人(一男二女)属*Ch.00102类型。有个空白题榜。绘制粗糙。画幅1英尺8英寸×1英尺4英寸。

Ch.0030.　彩绘丝绸幢幡。有几处污点,但保存尚可。底部四条饰带为粉棕色绸,其余附件缺失。

画的内容:佛本行故事。与Ch.lv.009一样是中国风格,但其他画中无类似题材。

场景1:学校里的写作较技。画面上显示出学校的内景。左边讲台上是老师坐在桌子边,右边台上是两个学生,面前放着写字板。学生穿长衣,头发在头顶梳成两个角,其余的头发均已剃光。画面磨损严重,细节无法辨认。

场景2:摔跤较技。这是王子订婚前的一场比赛,犍陀罗艺术中常画到它(参见富歇《犍陀罗艺术》,第一卷,334页,图171.b、172.a),中国故事中也常提到它,但没有犍陀罗艺术那么频繁。在王宫外的树下,摔跤手们举着双臂走向对方,准备角力。他们全身赤裸,只围件小腰布,其中一人(王子?)戴着黑色幞头,身体粗大,似是中年人。

场景3:举重较技(?)。这场较技究竟是如何举行的尚不清楚。右方是王子(?)向前走,右手提着件物体,从其紧张的姿势看,所提的显然是重物。左边另一人仰面躺着,腋下夹块长木板,长木板的另一头从王子身后翘了起来。长板上的重物刚被意外地卸去不久,但看不见杠杆的着力点。躺着的人全身赤裸,只系一条腰布。王子着猩红衣、白裤、黑长筒靴、黑帽,为方便举重,他祖露着右肩和右臂。重物为球形,有王子头的三四倍大。

场景4:掷象成坑。王子戴着帽子,只穿着棕色短裙,右臂高举过头顶,手托着大象的背,象脚(绑在一起)和象牙朝向天空,象耳下垂。王子身体很紧张,显然在努力保持平衡,暗示着大象很重。一个人在左侧观看(可能是他堂弟难陀),他头戴幞头,脚穿靴,身穿大衣,系绿带,双手举着。没有别的观者,也没有城市或城墙。

此画面场景简单,人物不多,没有多少着色的余地,着色都模糊不清,几乎无法冲淡灰绿色背景(背景上点缀有小植物)。笔法粗略,但较逼真,人物姿势很有表现力。建筑和桌椅与Ch.0039、lv.009等属同一类型。每个场景边上都有个空白的黄色或橘红色题榜,题榜分别置于幢幡的左边和右边。画幅2英尺×6$\frac{3}{4}$英寸,加饰带长5英尺3英寸。图版LXXVI。

Ch.0031. **绢画残片**。画的是北方毗沙门天王。只有其头和肩保留下来,保存状况尚可。画面顶部和一侧有已褪色的红绸边。

毗沙门天王的手已缺失,右肩扛戟,戟上的两股叉、三角旗和饰带都完整地保留了下来。天王的身体基本上正面朝向观者,但脸微转向右。脸很大,皱着眉,五官粗大,但除了眼,面容并不扭曲。眼如铜铃,瞳仁孤立地置于眼白中。皮肤为黄色,粗略地晕染有红色。眉毛、长胡须均为灰色。头发为黑色,梳了一个顶髻,在肩后垂成一团。肩上覆盖着黄色和红色圆形小鳞片甲,铠甲在脖颈处开口很低。耳上挂着大耳环,头戴头饰,耳际有白色发带和饰带。

从天王两肩上飘起生硬的红色弧形火焰或饰带,几乎直达头上的华盖。在这个方面此画很像Ch.0087,但较之更高明。

左边有位献花(?)仙女,仅剩下了头和部分上身,右手上举,着粉白色袍,头饰如高级律师的白帽,与Ch.00105中向观音献花的仙女的头饰相同。

画面加上边后为2英尺2$\frac{1}{2}$英寸×1英尺3英寸。最大残片9英寸×7$\frac{1}{2}$英寸。

Ch.0032.　**厚绸捻成的流苏**。嵌在青铜流苏夹中,流苏夹为一短管,短管末端呈钟形,如倒扣的喇叭花,盖住流苏的顶部和短管上的附件。从短管上端伸出一股股浅黄色线,用红绸和黄绸捻成线绳,打成漂亮的结。短管底部流苏上的丝绸为棕绿色。长 $4\frac{1}{2}$ 英寸。图版 CX。

* Ch.0035.　**彩绘丝绸幢幡**。所有附件以及图画两端均缺失,镶边严重破损,其余部分状况尚可。

画的内容:西方广目天王。人物大致完好,刻画精致,是中国风格天王的典型作品。中国式天王区别于半印度类型(见 Ch.xxvi.a.006 和 lv.005)的主要特点是其流畅的线条,尽管他们的服装仍很刻板,线条却使人物显得自由自在、有动感。达到这一效果的方法是高技巧地处理衣纹和人物的整体姿势。人物姿势一律是四分之三侧影,头挺直,背部凹陷,上身挺直,腿稍向后收,这使整个人物有曲线感,如同 Ch.002 中的菩萨一样。此天王幢幡与 Ch.002 属于同一流派,在技术上也颇有相似之处,底部长菱形花纹的平均尺寸和图案均类似。在 * Ch.0010 中我已列举了它们与印度风格的作品在服装上的主要区别:中国风格的天王铠甲短些,铠甲为短裙状而非长裙状;胸甲通常在腋下紧裹住身体;护胫和覆膊一律由整块皮革或制铠甲的金属片构成,小腿上有不同颜色的装饰性圆盘;足蹬露着脚的鞋或绳编的鞋子。中国风格天王都很粗大,面部有时带胡须,类似妖怪,有时无胡须,则更像人。眼睛一般是鬼怪般的环眼,纵使眼睛形状如正常人一样,也是斜视的(Ch.0040、Ch.lv.0017)。项光一律为单色圆盘,大多数情况下项光旁有一朵向上伸展的典型中国式的卷云。均无华盖。

Ch.0035.　此件中的广目天王四分之三向左立于鬼怪身上,双脚间只可见到鬼怪的红头发,鬼怪的其余部分及天王脚的大部分均已缺失。天王在胸前持一柄长鞘剑,左手抓剑鞘,右手放在剑端的宝石上。剑身粉红色,剑鞘蓝色,剑鞘饰有宝石的一端置于鬼怪头上。

服饰参见 * Ch.0010 的总说明。下摆和上身的铠甲鳞片均为矩形,每个鳞片的右上角均截掉一小片圆形(参见本书第十二章第七节 M.1.xxiv.0040 等,图版 X),鳞片涂成白色和蓝色。但实际上观者只看见一小部分铠甲,因为人物穿了件披风,盖住了肩膀。披风系在颔下,正面为深紫色,背面为铜绿色。胸甲为淡蓝色,上有猩红色饰物;短裙深猩红色,蓝边;披巾蓝色,背面铜绿色;铠甲的皱边为铜绿色;护胫以上是白色护腿,涂成猩红、蓝和绿色。

人物双手扭曲。头厚重,低低地置于肩上。脸半像人,半像兽,脸下部被棕红色须髭和络腮胡遮住,胡子向上一直长到脸颊边上,紧贴颧骨,构成脸的外部轮廓。皮肤绘成棕色,鲜红色的大嘴紧闭着,圆眼无眼睑,白眼球,绿虹膜,黑瞳仁,目光直瞪着左边,神情半是狂野半是呆滞。头饰大部分已残缺,但仍有白发带的痕迹,发带上垂着白色角状饰带,飘于耳际,仍依稀可见发带上的红色和紫色珠宝饰物。顶髻为红棕色,项光为淡铜绿色,项光左边可见袅袅上升的红、白、蓝色云的痕迹。

色彩大部分已模糊,但仍可看出原来的丰富色调和整体效果。Ch.0022 类似于此件,但技巧次之,颜色粗糙,人物残缺不全,但有题识。Ch.xx.0011 是无题识的类似作品,Ch.00117 是类似作品的残片。同一风格的天王像还有 Ch.0040、xxiii.001、xxvi.a.002、xxxiv.004、lv.0017、lv.0018、lv.0020。画幅 1 英尺 $5\frac{1}{2}$ 英寸×$6\frac{7}{8}$ 英寸。

Ch.0036. **彩绘丝绸幢幡**。顶部、底部及所有附件均缺失。丝绸有几处破损,其余各处保存完好,颜色清晰。

画的内容:文殊菩萨。此画很好地说明了中国佛教艺术中保留的印度传统。文殊骑白狮,印度侍者牵着白狮,整幅画面四分之三向左偏。其他文殊菩萨像有 Ch.0023(中国风格)、Ch.xxii.001 和 xxii.004(未骑狮)。文殊菩萨坐在粉红色莲花上,莲花下有金底座,底座置于狮背上。右腿盘回,左脚踏蓝色小莲花,右手置于膝上,施与愿印,左手放于莲花座上,持长茎窄瓣莲花(可能想画的是蓝色的青莲花,结果却绘成了粉色)。

文殊的服装、身材和姿势为印度风格。身体轮廓有女性特征。皮肤为暗粉黄色,手掌、足底和耳绘成粉白色,头发浅蓝色。头顶平,这一点与众不同。黑色小发卷直垂到肩上,额前的小发卷也是黑色。

　　文殊下身穿猩红色短裙,上面点缀有蓝色小花。短裙外为一条紫色透明纱裙,盖住腿,长达脚踝。上身的衣物盖住左肩。脖子上挂着一长串璎珞,为淡绿色,缀有白点,如同 Ch.lvi.001～0010 中的尼泊尔风格画像一样。珠宝饰物包括双圈手镯与双圈脚镯、耳环、蛇形臂钏、臂朝外的地方的尖三角形装饰物、双串项链,项链上垂下一行蓝色和绿色的莲花蕾。头戴金质三瓣头饰,前面镶着珠宝。

　　文殊头弯在右肩上,目光下视。脸圆,五官小,眼斜,眉画成绿色弧线。

　　文殊身后是圆背光,头后是一个很长的椭圆形项光,两个光环都绘成一圈圈的绿、粉、淡蓝、紫、黑色同心圆。头上残留有挂着帷幔和流苏的华盖,华盖随狮子的前进而摆动。

　　狮子是模式化类型,昂首阔步地向左行,头回转,口大张,仿佛正在咆哮。狮鬣为排列整齐的卷,绘成红、蓝、绿色,狮眉和胡须为绿色,狮子胸部、颚和腿后部有红色点。鞍具包括胸带、连在挽具后兜过狮尾下的皮带、肚带和鞍褥。胸带上挂有飞舞的流苏,并饰有金属饰物。

　　一根红绳绕在狮颈上,侍者右手牵红绳,左手持刺棒(已残)。侍者绘成黑绿色,五官画得粗略,黑发蓬乱,穿一件红、蓝色短裙(如同裤子一样扎在膝上),披一条窄披巾,戴简单的珠宝饰物。文殊头左侧有黄色题榜,无字。画幅 2 英尺 $2\frac{5}{8}$ 英寸×$9\frac{3}{4}$ 英寸。《千佛洞》图版 XXVII。

　　Ch.0037.a～d.　四张纸画残片。 a 为单独一幅小画,b、c、d 可能是一张大画的一部分。

　　a 画的是朝圣者或隐士,就其保存完好的部分看,与 Ch.00380 大画十分相似,但画的左上角已全部缺失,所以无法断定此画中是否画有佛像。人物服装与 ch.00380 相同,头戴蘑菇状黑帽,以粉红色带系于颔下。右侧和右臂已缺失,可见右手。右手置于大腿处,拿着竹竿的一头,竹竿置于右肩上,竿上用链子系着人物背的书囊。左手水平置于胸前,持一根细于竹竿的红色木棒,可能是竹竿的横档,也可能像 Ch.00380 中一样是拂尘的柄。人物嘴张开,脸部表情紧张,不老也不瘦。无随从,旁边走着一只虎。老虎对面站着一个小孩(已部分残破),穿棕绿袍,手拿一卷纸。画面笔法粗糙,除黑色外,着色只有暗粉、绿、灰和黄色。如果完整的话,画幅应当为 $11\frac{3}{4}$ 英寸×$9\frac{1}{4}$ 英寸。

b 上显示出天王的脚和小腿。天王坐在放有软垫的宝座上。右腿盘回,左腿悬垂,也稍向内盘,双腿上都有黑色金属饰物。鞋、护胫和白色衣纹均与 Ch.0035 等相同。除黑色外,着色只有红色和灰色。6 英寸×11 英寸。

c 上显示出飞舞的衣袍和一只倒置的琵琶,琵琶顶部是奇怪的扇状突出物(?)。7 英寸×6 英寸。

d 上显示出两个跪着的年轻女子,显然出自供养人行列。前面一人身体前倾,右手支地,左手上举,手掌朝下,手上覆着长衣袖。穿的是黑色红边窄袖外衣,长及膝,腰间系以红带。外衣下似乎穿着白裙,但此处的画面已不完整。后面一人击着拍板,穿的似乎是普通的黑色长袖外衣,衬以红色里,内袍为白色。两人的黑发都在头一侧梳成两个髻,从髻上垂下刻板的短发卷。人物体态优雅,五官小巧精致。保存尚好。$5\frac{1}{4}$ 英寸×6 英寸。

Ch.0039. **彩绘丝绸幢幡。**全部附件及画面底部均缺失,有相当程度的损坏,颜色模糊不清。

画的内容:佛本行故事。保存下来两幅场景,原作可能是三幅,与 Ch.xxii.008、xxii.0035 和 xx.008 属同一系列。这四幅幢幡不仅风格一致,而且用的均是同样的暖棕色丝绸,宽度相同,各场景比例也相同。本件底部及 xxii.0035 和 xx.008 的底部都是同样的装饰条纹,即在绿地的丝绸上装饰以红色和绿色的菱形与三角形。

各场景设计简单,细节很少,场景之间以微型山脉隔开,山脉为蓝、绿和朱红色。笔法粗朴而有活力。颜色限于一定范围,且均为纯色调,除黑白两色外,有红、蓝、绿、铜绿、黄、深紫色,白色均已剥落。人物、建筑和其他附件完全为中国风格。

建筑长而低,有高于地面几英尺的游廊。屋顶斜长,檐上翘。墙一律为白色,屋顶蓝色,房屋框架为铜绿色,柱子和廊上透雕细工的中楣为红色,嵌着琉璃的墙基和游廊的台阶为蓝灰色。妇女穿长袍或长裙,外罩以宽袖外衣,系在胳膊底下(或干脆掖在裙子里),脚露出来时穿的鞋鞋尖均向上翘。头发梳成一个黑色大髻,偏于头顶一侧,髻前有梳子或发带,髻上饰有白花或针和绿叶。脸和手均绘成纯白色,颊和眉涂成红色。男子皮肤均为暗粉色,佛的皮肤为黄色(大部分已脱落)。男子服装如 Ch.xx.008 中所述。所有人物均矮胖。整体效果粗疏而大胆,较活跃的场景中人物大部分个性鲜明。

场景 1:乘象入胎。摩耶夫人睡在右边游廊的卧榻上,穿红袍,向右卧,其身后为宫廷建筑。画面中间,在摩耶夫人头顶有一片祥云,意味着祥云上的景象为幻象。祥云上有个红盘,红盘内站着一头象,呈婴儿状的佛祖骑于象背上(佛祖已大部分缺失)。左下角站着一个持扇的女侍。

场景 2:佛祖出生于蓝毗尼园。左边是一棵垂柳,树干为红色。柳树下跪着一个女侍,手举白布以给婴儿接生。中间立着摩耶夫人,右手上举,紧抓树枝,身后的侍者握着她的左手。婴儿头朝下伸着双臂从摩耶夫人右臂袖子底下跳出(而非从袖子中跳出)。右边还有两个女子,背景中有两朵粉色大莲花,为蓝灰色叶子,红色花茎很粗。妇女的服装为红、蓝、绿色。摩耶夫人的头发卷在脖子上,她与其他妇女不同的是头后戴了一件大金饰物,状如折在一起的一对蝴蝶翅膀。跪着的侍者也戴了一件类似的饰物,饰物像一只蝶翅,所以这位女侍可能是波阇波提。画顶部已大部分缺失,底下的人脸色彩已模糊。画上端残存着部分彩绘红色帷幔,帷幔上有绿色和蓝灰色小花图案和锯齿边。

乘象投胎题材的作品还有 Ch.0019、lv.009,佛祖出生题材的作品还有 Ch.lv.0010。1 英尺 3 英寸×$7\frac{1}{4}$英寸。

Ch.0040.　彩绘丝绸幢幡。画的上下两端均破损,所有附件均缺失,但其余部分基本完整,保存得极为完好。

画的内容:西方广目天王。是中国风格天王的极好例子(见 Ch.0035)。人物四分之三向左立于鬼怪的背和膝上,鬼怪四肢俯伏于地。天王右手置臀侧,握出鞘宝剑的剑柄,剑身横过身体直达左肩,左手张开置胸前,扶住剑刃。

服装参见*Ch.0010 的总说明。此件中的广目天王未穿披风和裤子,膝裸露在外,头颈上紧裹着头盔和护喉甲。头盔由鳞片甲构成,用纯色皮带加固,耳朵上方有一圈向上向外卷的皮边。头盔底下是同样由鳞片组成的灰色护喉甲,直达肩部,紧系于颌下。头顶上是一个莲花枝,莲花枝顶端本来可能托有珠宝(现已缺失)。头盔前面是个弯曲的金枝,末端为橘红色火焰或羽毛。

胸部扎的不是布胸带,而是华丽的硬皮带(?)。腰带中央的扣环呈兽头状,兽头为蓝脸,白色圆眼,眼边为粉红色,头上长白角,白嘴大张着,唇上有紫色点,露出两排牙齿,皮带就从兽头的两排牙齿间通过。天王的鞋样式简单,双层宽底,鞋尖和鞋跟的带子由足踝处一根带子扎紧。

画面色彩明快,保存异常完好。鳞片甲为黄色和红色,铠甲下摆深红色,海蓝边。胸甲、护胫、前臂护甲、铠甲的褶皱边均为淡铜绿地。披巾为铜绿色和海蓝色,胸甲、前臂护甲和护胫上镶饰的圆盘和珠宝为紫色、橘红色、蓝色。铠甲下摆内侧和肘部大袖的内侧为已发黑的白色、橘红色边饰。长胸带为发黑的白色,铠甲边为红色或黑色,腰带黑色。

天王面容宁静,未扭曲。脸圆而光滑,警觉的小眼微微向上斜。短鼻高耸,嘴与下颌显得坚定有力。眼球灰色,黑眉是先画条弧线,然后在弧线上画多条细交叉线。看不见头发。手短而有力。脸、膝、足、手均涂成棕黄的肉色,精巧地晕染有红色。身后为淡蓝色大圆项光,右上角有朵弯向左边的紫云。

天王脚下的鬼怪为蓝色,脸如犬,手畸形,发如火焰。双手、右膝、左脚着地,呈俯伏姿势。

整个作品很精妙,人物威严、有活力。

画幅 2 英尺 8 英寸×10$\frac{1}{2}$英寸。图版 LXXXV(《千佛洞》图版 XXVII)。

＊**Ch.0051.　大绢画**。画的是阿弥陀佛净土（或释迦牟尼净土），边上有几幅小画，画的是阿阇世王的传说和韦提希王妃静观极乐世界。画面顶部和底部不全，但其余部分完整，保存良好。

总说明：这是一大类画作之一，这类画表现的是同一题材，其构图和风格都接近于＊Ch.lii.003中的东方药师佛净土。尽管二者画法属同一流派、遵循同一惯例，阿弥陀佛净土画却一般不如Ch.lii.003那么精美细致。以西方净土为题材的作品有Ch.00104、00216、v.001、xxxiii.003、liii.003（麻布画）、lv.0033、0047、lvi.0018和lviii.0011。K.亚布基先生认为这类作品是图解《佛说阿弥陀经》的，此经于公元424年译成汉语，中国佛教界人士对此经多有评述。画的主体是西方极乐世界，右边小条幅是经的第一部分里的一个传说，左边小条幅是经中第二部分所述的韦提希王妃的静观。（见本书第二十三章第八节及其后文字）

就人物来讲，阿弥陀佛净土与东方药师佛净土的区别在于，前者夹侍的众人中没有国王、武士和鬼怪。阿弥陀佛净土由下列人员组成：菩萨（有的坐着，有的跪于台阶上，双手或合十，或做手印，或持莲花枝）、仙女（常有一对仙女跪于神台旁献花），舞伎和乐师，外加两个地位稍低的佛。这两个佛带着侍从，坐在左下角和右下角，东方药师佛净土中此位置坐的是药师佛十二将。西方净土图中还有神鸟（鹤、孔雀、迦楼罗、凤凰、野鸭），它们一般群集于前景七宝池中的木筏上。中央佛身后的背景中有时有数量不同的佛弟子。

菩萨的服装、装饰物和发型一般属于Ch.002类型。除个别情况外，菩萨均盘坐。但中央佛身边的两位胁侍菩萨的姿势、着色和服装严格遵循印度传统。乐师和仙女一般像地位较低的菩萨，但不戴披巾。乐师有时形如男子，所穿服装是菩萨服装的变体。

两边的条幅一律纯粹是中国风格，与描绘释迦牟尼本行故事的幢幡风格类似（见Ch.0039、lv.009等）。表现运动的场面一般画得颇有生气。细节很少。背景经常一成不变：或是开阔草地，或是有游廊的墙，或是庭院，庭院左边或右边有亭子。

　　两边条幅中人物的服装如下：男子地位高者着长内袍，外罩宽袖长外衣，戴黑色硬帽，帽平顶，有向后弯的帽翅或角。普通男子穿长筒靴、系腰带的长外衣，头戴后面有角的黑色幞头。女子穿曳地长裙、宽袖外衣，外衣一般在腋下扎进裙子里。有时男子和妇女的外衣宽袖底下会露出被更长的窄袖盖着的手，外衣之外有时套无袖紧身短上衣，或系有与外衣呈对比色的宽带子，上衣或带子从腋窝到腰覆住身体（参见 Ch.0051.iii 和 iv、xxxiii.003.iv、xxxiii.003.v 和 lv.0033.ii、lv.0033.iii）。

　　妇女发型有几种。有的是无装饰的顶髻（见 Ch.xxxiii.003 和 lvi.0034）；有时颈上有发卷，头上是扁平的顶髻；有时头上装饰以莲花（Ch.00216 和v.001）。更多情况下，头发用金色饰物集于头顶，然后梳成两个高高的弯于脑后的环状硬髻（﹡Ch.0051、lv.0033、lv.0047?）。有时两个环形髻之外还有一个顶髻，但梳这种发式的似乎只有 Ch.0018 净土图两侧小条幅中的妇女和﹡lii.003中的献花仙女，以及 Ch.00114 中的"妻子"。净土图两侧的小场景中从来没有如﹡Ch.00102、lviii.003（公元 963 年）以及大约也出于公元 10 世纪的类似作品中男供养人戴的那种黑帽，妇女头上也没有精美的装饰，也未出现过那几幅作品中女供养人穿的有花纹的黑外衣（原因请参考本书第二十三章第四节）。如同佛传故事幢幡中的人物一样，此类净土图两侧小条幅中男子的皮肤一律为肉粉色，妇女皮肤为白色，妇女面颊为红色。

　　Ch.0051. 中央佛右手施论辩印，左手置膝上。两边的两个夹侍菩萨一腿悬垂，一腿盘膝。左边的夹侍菩萨右手置于胸前，拇指、中指、无名指相碰，左手立于膝上，三个手指伸直，似在降福于人。右边的夹侍菩萨右手施论辩印，左手置膝上，施触地印。夹侍菩萨与佛之间坐着两个年轻弟子(?)，穿僧祇支、袈裟、戴项链，头顶是黑色短发，但有菩萨式的发卷垂于肩后。所有菩萨的长袍和饰物均属于 lv.0014 中所述的印度风格。窄胸巾只盖住胸，披窄披巾，上身和手臂大部分裸露。

　　乐师的服装与菩萨相同，但五官有男子特征，表情是现实主义风格的，头发与佛两边的弟子类似。舞伎由肘及踝都裹着猩红袍，扎铜绿色腰带，肘部有皱边;内衣袖橘红色,领子亦为橘红色,镶有青铜边。乐师们演奏的乐器有拍板、箫、笛、笙(或称竽,茶壶形),均与 *lii.003 同(参见施莱辛格女士的笔记,附录 H)。底角上的佛只可见头与肩,七宝池也只可见一小部分,池中有粉色、橘红色莲花,但无玩耍的婴孩。

工艺精巧,色彩保存尚好。主要色彩有常见的猩红和暗绿色,香案、两侧小条幅中人物的披巾和长袍上有一些蓝色,树、项光和装饰性背光以及西方三圣的莲花座上用了不少铜绿色,使得整幅画面活泼生动,但铜绿色有多处已脱落。宝墀地面为暗棕色。除次要人物头发为黑色外,其他部分无黑色。此件中,西方三圣头发为淡蓝色,涂于淡绿色之上,如今只有淡绿色存留下来。三人眼均斜,眼白很突出,其皮肤为黄色,晕染有红色。其他人物皮肤为白色,晕染有粉红色。

两侧小条幅(参见有题识的 Ch.00216)内容如下:右边为阿阇世王的故事,左边为韦提希王妃十六观的一部分,各图如下:

右边:

(ⅰ)当韦提希行走时,佛向她现身。

(ⅱ)韦提希倒头跪拜于佛前,此时佛坐于莲花座上。背景有树,树上有花环。

(ⅲ)阿阇世王持剑追赶他母亲,大臣月光和医生耆婆站在前景中,手持纸卷,准备干预。

(ⅳ)韦提希到狱中探望频婆娑罗王,带给他一枝莲花(可能代表传说中的花环,据传说,她从此花环中为他弄出水喝)。

(ⅴ)阿阇世王(?)骑在马背上,旁边跟着一个手持棍棒的步行仆从,一个穿黄大衣的男子向阿阇世王深深鞠躬。参见 Ch.liii.003.iv、lv.0033.vi、lv.0047.vii、lvi.0034.vii。

(ⅵ)大部分已损坏,显示出一间亭子的一部分,阿阇世王坐在亭中。

左边条幅是韦提希静观极乐世界。与其他此类系列画一样,韦提希跪于布垫上,双手合十,面前出现她观想的各种事物。为防止系列画过于单调,所观之物被轮流放在每幅场景的左边或右边。保存下来的所观之物有：

（vii）可能为一华盖。

（viii）水（冰?），为一块置于棕色边内的白色物质。

（ix）宝树，一个水桶中长出一棵模式化的树，开红花，叶子为星形。

（x）极乐世界的建筑，是置于底座上的一个六角形塔状物。

（xi）极乐世界的土地，为一个铜绿色方形，深棕色边，并以深棕色条分为四块，每块内有一个不规则的黑色十字形，如同 lv.0033.xi.等一样。

（xii）花座，为一个有台阶的宝座或底座，以莲花为基，顶部有火焰状宝石。

（xiii）和（xiv）是阿弥陀佛呈禅定状坐于莲花座之上。

（xv）和（xvi）画的是坐在莲花座上的菩萨，大概是观音菩萨和大势至菩萨。

整幅画面为 3 英尺 3 英寸×3 英尺 8 英寸。

* Ch.0052. **麻布画**。表现的是真人大小的站姿观音，画在粗糙的本色麻布上。边和吊带为蓝色麻布。

本画的尺寸、形状和题材代表了大量麻布画。其他的类似麻布画有 Ch.00125～00130、iii.0011、xxi.005、xxi.007、xxi.008、xxxiv.005、xlvi.0011.a 和 lv.0035。此系列作品均画的是约真人大小的观音（无从者），面对观者立于莲花座上，手持法器，有圆形项光和华盖。多数观音的身材、服装和僵硬的姿势遵循的都是印度传统，但有一两幅（如 Ch.00128、lv.0035）是类似* Ch.002 的中国佛教风格。有几幅底部有中国供养人像。有一尊观音为十一面六臂，但大部分观音则一面两臂。工艺基本处于同一水平，笔法粗糙，这一部分是由亚麻布原料的性质造成的。大多数做工比* Ch.0052 要好些。

Ch.0052.观音面朝观者而立，右手抬起，持莲花枝，左手置身侧，持瓷瓶，瓶颈和瓶底为金属制成。头饰前有化佛。服装如同 Ch.0088 一样是印度菩萨风格。腰带下为长及膝的紧身短裙，底部为褶皱边。上体长，细腰，短腿。皮肤橙红色，头发黑色，珠宝饰物黄色，衣服为绯红、暗绿、粉红、靛蓝色。头右侧有空白题榜。画长 5 英尺 7 英寸（加吊带长 5 英尺 10 英寸），宽 2 英尺 1 英寸。图版 LXXXIX。

Ch.0054.　**纸画**。画的是一个菩萨，可能是观音。菩萨四分之三向左侧坐于中国式台座上，腿盘得不紧。右手抬起，向外伸，手心朝上，小指伸直。左手置于胸前，手心向内，手指半张开。服装、发型、附件均为 Ch.002 菩萨类型。前面的云上立着一个小菩萨，手握一个长瓶的颈，瓶为蓝白色，有塞。观音华盖下有片小云朵，云上有三个跪着的婴儿，正演奏笛、笙（茶壶状）和拍板。观音后面、画面右边有群从者，两两而立，具体情况如下：下面是两个菩萨，菩萨上面是两个和尚，和尚上面是两个天王（其中之一持棒），最上面是一个持三叉戟的鬼怪。观音台座立面露出几对狮子头。

画的底部画的可能是个供养人。他是位中国上层人物，向左行，双手合十，身后有两个侍从举着扇子，扇交叉于供养人头顶。此外还有其他从者。多数从者与供养人一样穿平民服装，着长内袍、相当于内袍四分之三长的宽袖外衣，头戴各种黑色硬冠（冠的样式参见 * Ch.0021 中的地狱十王）。

供养人的外衣为黑色，饰有黄色象征图案：左右肩上均绘有云，云中分别为日月，月中有树，日中有鸟；日月下各有一条猛龙；左边龙下是个卍字形，右边龙下的符号不知为何物。从者中有三名官员持长剑，剑尖朝下。另有两个从人持纸卷（其中之一只是个男孩，无冠，走在供养人身边，可能是他儿子）。还有一个从者未拿任何东西，手拢于袖中。两个服饰较特别的人走得离众人稍远，此二人于短外衣下穿铠甲，腿上裹长裤，其中之一持扇。持交叉扇的两男子也穿白裤、短外衣，其中之一另外于腰上紧紧地系了条宽带子，或是穿了件短裙。

供养人的身份非同寻常，因为别的供养人从没有带这么多随从，也从没有如他这样对神祇不甚理会。只有手的姿势暗示出他是位信徒。

保存良好。画幅 2 英尺 5 英寸×1 英寸。《千佛洞》图版 XXIV。

Ch.0055.　**彩绘丝绸幢幡**。所有附件均缺失，背景中有些地方已褪色，其余部分状况良好。

画的内容:菩萨(观音?)。立于深红色莲花上,身体四分之三向左。双手置胸前,持紫色莲花,莲花半遮住脸。身材、服装、附件和工艺均为 Ch.002 类型。眼中虹膜为棕色。

画面颜色十分平和,主要是棕绿色和橄榄绿色。莲花蕾、珠宝饰物和袍子内侧有些地方为红色和紫色,袍子内侧其余部分为丝绸的自然色。衣褶的阴影处涂成粉红色,以纯红勾勒轮廓线。头上的华盖只剩下从帷幔上垂下来的铃铛。2 英尺 2 英寸×7 英寸。

Ch.0056.a、b. 两个小型纸幢幡残片。包括幢幡的主体和顶饰的上半部,保留有两侧饰带的痕迹。只在正面有画。三角形顶饰上绘着化佛,顶饰边上饰有小花图案。幢幡的主体绘成许多正方形,每个正方形被对角线分割成四个三角形。这四个三角形分别涂成橘红、灰、绯红、橄榄绿色。正方形中间是凸饰。长约 5 英寸,宽 $1\frac{1}{2}$ 英寸。

Ch.0057. 绢画残片。画的是呈禅定状坐于莲花上的佛。赤脚,双手拇指相碰,袈裟盖住肩和臂。有圆形背光和项光。画面色彩明亮,有红、黄、橄榄绿色,佛头发为黑色。画的边缘均已磨损。约为 1 英尺×8 英寸。

Ch.0058. 彩绘丝绸幢幡的三角形顶饰,镶有织锦边。顶饰为细纱,在深蓝地上绘着橘红色莲花、蓝色萼片、绿色莲叶,莲叶中间为黑色。颜色、做工均精致,为中国风格。每片花瓣和叶子均用双层细线勾勒轮廓,勾勒线为白色和红色,或黄色和红色,逐渐向里过渡为黑色。大部分颜色已剥落。背面用棕色软丝绸加固,保留着一条棕色软丝绸饰带。

三角形每边均镶有极精美的织锦,为手工制成,与 Ch.lv.0034(图版 CVI)一样。织锦横向完整,织有椭圆形"点"。中心线上有一行完整的椭圆点,横贯整条织锦,此行上下均为一对对半圆点排列于织锦边上,相邻的点横向相接。地为明亮的橘红色。每个完整的点中间均有一只小鸭,轮流四分之三向右或向左,立于纯色矩形底座上,矩形底座周围有八个漩涡饰。漩涡饰是成对出现的。小鸭脚下矩形底座的左右各有一对漩涡饰。每个漩涡饰中伸出一片叶子,似为葡萄叶,叶子在上、下、两边各形成四个"点",每对漩涡饰之间的弯枝上又生出花蕾,叶子上生出的"点"与弯枝上的花蕾交替出现。半圆"点"的设计则与椭圆"点"略有不同:中间不是鸭,而是 V 形,漩涡饰中不是葡萄叶而是暗蓝色的三角形花。

椭圆"点"的漩涡饰织成平行的色带,其颜色如下:a 为棕(内曲线)、红、白、绿,交替以 b 的棕、绿、黄、红。叶子为纯绿色,有黄绿色锯齿边,中间贴有细金纸条。花织成棕、蓝、白、蓝、棕的严格的平行色带,以金纸勾勒轮廓线,花茎为棕色。鸭的颜色各有不同,保留下来的有四种样式:a 为白地黄鸭,棕色喙、棕色腿、白色眼;b 为棕地白鸭,鸭喙、脚、眼为深红色;c 为黄地,鸭全白,只有眼睛为棕色;d 为白地蓝鸭,喙、腿、眼为深红色。其用意似在于织一个由植物环绕的鸭塘,使人想起埃及盘子和亚述国的风景雕塑上的图案(例如大英博物馆目录第 4790 号蓝釉瓷碗)。

半圆点的颜色均相同,但代替叶子的花为蓝色,花的轮廓线为白色,花上的条带为绿色和黄色,而非蓝和白色。呈 V 形的三角颜色各有不同,为蓝色和白色、棕色和白色、黄色、白色、绿色。编织为手工完成,以针为梭,在技术上类似于古代秘鲁和科普特时期埃及的作品。垂直色带交叉线散开,似乎并未在事后将其连接起来,而目前流行的做法是将其连起。贴金的方法是把金叶子粘在糙纸上,然后裁成所需的窄条,这一方法至今仍在日本通用。

保存完好。Ch.lv.0034 中也有同样织锦(图版 CIV)。类似作品参见本书第二十四章第三节。三角形底边长 $9\frac{1}{4}$ 英寸,高 $7\frac{1}{2}$ 英寸。

Ch.0059. **大绢画残片**。画的是灵鹫山山洞中之佛祖(释迦牟尼),边上有佛本生故事(?)小条幅。只有左半边保留了下来,破损很多,四边均不完整,但图画保存尚好,色彩很清晰。

右边可见立佛的右肩、右臂以及身子的痕迹。其手臂僵硬地下垂,稍微远离身体,手指亦下伸。皮肤深黄色,晕染有朱红色。姿势与 Ch.xxii.0023 第 xiii 个释迦牟尼像相同,也与 Ch.00260 的刺绣佛像相同,参见本书第二十三章第七节。佛身后是椭圆形长背光,钴蓝边,装饰有模式化的红、绿花点。圆项光为淡绿色和朱红色。项光和背光边上均有朱红色和暗蓝色的火焰和烟。佛身后和头顶是石头山(暗蓝和棕色),山顶立着一只秃鹫,山上方有群野鹅或野鸭(黑白色)。秃鹫(白和朱红色)身形如鸬鹚,尾部羽毛如凤凰一样直立。

释迦牟尼旁立着一个弟子,身体转向释迦牟尼,可能是舍利弗,除左足缺失外全身均完整,面目五官很模式化。头长,后脑高,后脑和前额棱角分明。斜眼,大鼻子,下巴长而尖。肉色粉红,粗轮廓线为朱红色。全身只有瞳仁、睫毛和粗眉是黑色。光头顶为白色,头后为鲜艳的朱红色圆形项光。身穿朱红色和淡绿色僧祇支,脚穿黑鞋,鞋尖上翘。披大袈裟,袈裟为斑驳的暗绿、红色,上有白色点,边为黑色,袈裟盖住双肩、双臂。臂于肘部弯曲,右手在胸前置于左掌中。

左侧佛本生故事小条幅(其内容未确定)如下:

(i)顶部背景中为佛像,其右臂同主图中一样下垂,左臂缺失。左边为一红白色建筑(庙?),庙外立着一个光头和尚,穿朱红色僧祇支、黄袈裟,臂举起,向一个过往行人指点着佛像。行人为一男子,穿棕外衣、长筒靴,骑蓝色骡子向左行。一只白象也向左行,背驮黄色物件,物件上盖朱红色布(看不见骑者或赶象者)。

前景为多山地带,地上站着两个男子,长着黑胡须和乱蓬蓬的黑发。他们的身体只有露出小山侧面的部分涂了色,但下面画了身体其余部分的轮廓线。前面的人膝以上均涂了色,面对骑骡者而立,上身微弯,似乎呈坐姿,臂(?)上举,但细节部分太少,无法确定他手臂的确切姿势,画面中也无前臂和手的残迹。身后的人面朝观者,只有胸部以上露出山顶,没有双臂。他下面的身体和腿画成了站姿。小场景的其他细节也多有粗疏之处,比如图(ii)中骑者的左臂画得不对,图(iii)中脚手架木杆拼合错误,如此看来,图(i)中人物的手臂出了问题也就不足为奇了。

(ii)上半部除云朵残片及前景中红绿色物(未明其为何物)外均缺失。左为一绿色斜坡,上绘一棕色直立矩形,矩形中间有个朱红色小正方形。此物右侧立着四个线条不规则的长三角形物或叶形物,均为棕色,其顶部微呈弧形。矩形的底座内部画着一个正方形轮廓。

在上述物体的右侧,上边有两个半裸人物,不完整,其一坐着,臂与腿伸着,另一个站立,上身已缺失。此二人下是一双巨手,本为白色,手中间拿着一个红色人头。手右边是一排四个圆锥形蜂窝状物,可能是草房或帐篷,涂成白、黄、蓝色横条,顶上为朱红色草。一面朱红色大三角旗插在离观者最近的一间小房上,也可能是插在草房边的地面上。

这些物体之后为一个骑黑灰色马的人向那双巨手驰去,右臂举着,右手持武器(?)。由于画面破损,无法确定其所持的是何武器。此人着朱红外衣、黑长筒靴、白色披肩,披肩上有黄、蓝色横条。头已残,左臂被粗心地涂成外衣的朱红色(?)。他身后有两个骑马的侍从,只看得见一人的坐骑(为一匹白马)。这一场景的题榜上草草地画着一只横向奔跑的四足兽。

(iii)上面为雷神,周围环绕着鼓。中间的背景为岩石。背景前为巨大的佛祖雕像,绕以朱红色脚手架。佛像右臂下垂,如主图中一样,左手置胸部,拎着衣角。脚手架上每边均站着一人,手前伸,忙碌地雕刻着佛像的手,一脚踏在佛像肩上以维持平衡。前景左边为一中式建筑,一男子从此建筑后跑出(?),手举着,可能想引起雕刻工人的注意或正指示他们如何工作。前景右边为一个小鬼怪(?),系白腰布,戴蓝帽,四肢像雷神一样摊开,也与雷神一样身材矮小。

(iv)脱落的残片,表现的是暴怒的雷神立于黑云上,周围是一圈鼓。整体画法有生气,佛弟子头部很有个性。颜色显得异乎寻常的浓烈,这是由于朱红色和深蓝色占画面主导地位的缘故。Ch.00260 刺绣画虽无两侧小条幅,但与本画的主体为同一题材,这暗示着此件与 Ch.00260 一样年代较早。参考上文第二十三章第七节及其后文字。关于佛本生故事场景的工艺见 Ch.0039。3 英尺 1$\frac{3}{8}$ 英寸×1 英尺 6 英寸。《千佛洞》图版 XIII。

Ch.0060. **彩绘麻布幢幡**。有汉文题识。保留下来顶饰的亮粉色麻布边。饰带已缺失。幢幡的主体为白色麻布,色彩明净、清楚。

画的内容:地藏菩萨。画上权威的题识是赞颂地藏菩萨的。人物的身材、服装、姿势等均像 Ch.i.0016 麻布幢幡中画的观音,参照该条中的总体描述与类似作品目录。此地藏菩萨无鲜明特征。颜色有红、橄榄绿、黄,工艺尚可。长 2 英尺 7 英寸(含顶饰),宽 $8\frac{1}{2}$ 英寸。

Ch.0061. 彩绘麻布幢幡。有汉文题识(均已磨损),所有附件均缺失。画的是立姿菩萨,可能如 Ch.00136 一样是观音。四分之三向右立,双手合十。与 Ch.002 一样是中国佛教风格,着色和线条多已剥落,保留的颜色有橄榄绿、绯红、铜绿。2 英尺 $5\frac{1}{2}$ 英寸×$6\frac{3}{4}$ 英寸。

Ch.0061.a. 花绸残片。用细而硬的粉红色经线和未捻的宽纬以结实的缎纹斜纹法织成,像 Ch.009 一样,但比 009 精致。花绸上有成排重复的圆形团花图案,行与行之间间隔以成行的四瓣花。圆形团花只有一行中两个相邻的团花的弧保留了下来,另一行中还保留了一个团花残片。完整团花直径约为 5 英寸,各行最近处相距约四分之三英寸,而一行中的团花几乎彼此相连。从保留下来的残片中看得出,团花为淡绿地(?),团花边上有三条色带,里面的一条为明亮的黄色,中间一条是红色,最外边为一条白线。四瓣花中间为一朵小花,花瓣分三层着色,从里向外为红、粉、白色。花外有四片叶子,分三层着色,分别为红、浅绿、黄色。整个图案为靛蓝地。

图案的总体排列方式显示出萨珊风格的影响(参见本书第二十四章第三节)。颜色精美,编织工艺高超,保存极好。长 9 英寸,底部宽 2 英寸。

Ch.0062.a、b. 两块花绸残片。本来是作饰带用的。均用细经和未捻的宽纬以缎纹斜纹法织成,b 的纹理更稀松。

a 上织的可能是圆形团花的一部分。中心为四瓣花,花瓣之间的凹陷处飞着四只鸟。外层花环由交替出现的三瓣花和小圆叶交替构成。靛蓝地,花和叶子为红、白、绿色,鸟为明亮的黄色,轮廓线和鸟的斑纹为红色。

b 上只有一个大图案的一部分。大图案为窄长叶子,另有一只鸟的头和喙。颜色为淡蓝、黄绿、红、粉红和白,靛蓝地。

两块残片均褪色不少。$4\frac{3}{4}$ 英寸×$1\frac{3}{4}$ 英寸。

Ch.0063.　花绸残片。织得很差,用双股经纬以缎纹斜纹法织成。图案为萨珊风格,但只可见部分绿色弧形边,边上饰有椭圆形白珠,部分底色和间隔图案看不清楚。地为深玫瑰色,图案为绿、白色,间隔装饰为黄色。经为粉红色线,捻过;纬线扁平,未捻过。参见本书第二十四章第三节。约 3 英寸×2 英寸。

Ch.0064.　花绸残片。是一幅绸子的边。由细而硬的经和有光泽、未捻的粗纬以缎纹斜纹法织成。深红色地。现存部分上可见到从深蓝和白色的花心中伸出的浅绿色卷须,另一条花心中伸出的卷须与之交汇在一起。底下中间为一个圆形(?)植物图案的边,为绿、黄、白、粉色。整体图案可能是类似 Ch.0076 的圆圈和菱形(参见本书第二十四章第二节)。织物结实,表面相当破旧,颜色清晰。6 英寸×$\frac{3}{4}$ 英寸。

Ch.0065.　窄条织锦。白色,上面用杏花色丝线织有偶尔重复出现的"点",形成一幅名副其实的提花织锦。织锦用圆形、无光泽的细经(上过胶)和有光泽、未捻的柔软的纬织成。花纹为重复的植物图案,覆盖了杏黄色"点"以外的全部地方。织锦图案均织成同一方向的明显的斜纹,地上主要为经,图案上主要为纬。偶尔出现的杏黄色点用柔软的未捻丝线织成,其目的只是为了织成"点",线在背面剪断。点底下的织锦为纯色斜纹,无植物图案。"点"为圆形(未完全保留下来),间隔 $4\frac{1}{2}$ 英寸,类似 Ch.00228 中的叶点。

保存尚好。其他织锦有 Ch.00170、00228、00229、00364,以及缝缀布 lv.0028 中的第三块花绸。

Ch.0066.　锦缎残片。淡灰色,较薄,已褪色。地织成小斜纹,图案为与地同方向的大斜纹(为十分模式化的卷形植物)。$3\frac{1}{2}$英寸×2英寸。

Ch.0067. **绢画**。画的是被菩萨簇拥着的阿弥陀佛。用整幅丝绸制成(幅宽 1 英尺 10 英寸),有点破损、褪色。画面顶部和底部不完整。阿弥陀佛面朝观者而立。右为观音,左为大势至,二者均站立,头转向阿弥陀佛。三圣均有项光、华盖,组成整幅画面。

阿弥陀佛穿橄榄绿色僧祇支(盖住右肩右臂)和绯红色袈裟,衬以蓝里。右手施论辩印;左手置于胸前朝上,拇指、中指、无名指相碰。头发为黑色;皮肤为粗糙的黄色,晕染有红色;眉毛、小胡须为黑色上加绿色;肉体轮廓线为红色,脸部和颈部轮廓线又添以黑色。眼微斜,眼睑下垂,给人以长眼的印象,但内眼角的半圆形线说明眼窝甚大。大势至双手均施论辩印。观音左手施论辩印,右手下垂,持瓶。

两个夹侍菩萨头发为黑色,皮肤似曾是白或粉色,但颜色已完全脱落。身材、服装、珠宝均同 Ch.lv.0014 一样属于印度风格。珠宝绘成暗绯红色,衣纹完全为鲜红或暗橄榄绿色。项光有三圈,分别为灰、绯红、绿色。华盖同 Ch.001等一样装饰有常见的珠宝和流苏。

工艺粗糙,颜色即便未褪色的地方也是模糊不清的。2 英尺 $4\frac{1}{2}$英寸×1英尺 10 英寸。

Ch.0068. **大绢画残片**。画的是阿弥陀佛净土或释迦牟尼净土,与 *Ch.0051等为同一类型。左侧只保留着中央佛施论辩印的左手,以及香案的一角和四个从者。从者中有三位是菩萨,第四位是个无头饰或顶髻的男弟子,全都与 Ch.0051 中相应人物类似。可见到净土部分建筑,上部有棕榈树(?)和柳树(?)。色彩主要为绯红和暗绿,背光和项光为橘红、深粉、淡蓝。褪色不少。1 英尺 10 英寸×9 英寸。

Ch.0069. **绢画的左半边**。画的是北方毗沙门天王和两位从者。画面左半边保留下来,可见一个从者身体的全部和毗沙门天王的三分之二上半身。

镶边已缺失,其余部分尽管色彩已龟裂,但保存得还可以。

两个人物均站立。毗沙门天王面向观者,右手持双叉戟,戟搭在肩上,戟上有红色三角旗。服饰属于丝绸幢幡中的天王类型(参见*Ch.0010 总说明),尤其近似于 Ch.lv.005,但未画出甲上鳞片。臀上短裙为虎皮。紧身上衣止于上臂的一副面具(形如有角妖怪的头),天王手臂从妖怪大张的口中伸出。腿旁斜挂小剑。除形状不规则的大眼外,脸部不扭曲,眼眉像往常一样紧皱着。

从者右手握住一只银鼠的脖子,左手握闪光的珠宝。所有以毗沙门天王为题材的作品中只有此件中出现了银鼠。从者的上身和四肢赤裸,只穿件用腰带系于腰上的红色短裙,短裙垂到膝部。头上、肩上盖有虎皮,虎皮的下巴置于他前额上,虎皮的前腿在他颌下打成结,脚边露出虎皮的尾巴。从者立于成堆的钱币之上——钱币是毗沙门天王的象征,因为他也是财富之神。长2 英尺 5 英寸,最宽 1 英尺。

Ch.0070.a~q.　17 幅幢幡的木质重垂板。其中之一保留有饰带。12 幅上画有各种小花、莲花或叶子图案,图案为黑、深绿、深红、橘红色。两件上绘的是封闭式棕叶饰图案,两件的下半部刻有盛开的莲花浮雕,莲花两层花瓣朝上,一层花瓣朝下。浮雕莲花与其他件上画的花颜色相同,无雕刻的上半部绘有莲花的黄色雄蕊。最后一件为本色的木头。大部分重垂板上显示出安装饰带的方法:饰带的末端绕过竹竿,用树胶粘进重垂板上半边的窄槽里。底边平均长 $7\frac{1}{2}$ 英寸到 $8\frac{1}{2}$ 英寸,宽 $1\frac{1}{2}$ 英寸。较大的重垂板底边长 $10\frac{1}{2}$~$11\frac{7}{8}$ 英寸,宽 $1\frac{7}{8}$ 英寸。

Ch.0071.　彩绘丝绸幢幡残片。有汉文题识。破损较严重,但颜色十分清晰。所有附件均缺失。

画的内容:佛本行故事。为中国风格,有三幅场景保留下来。左边的连续题榜上的题识已全部剥落。

场景 1:车匿告别王子。只有王子保留了下来。王子坐在右边,服装和发式与 Ch.lxi.002 中的场景 1、场景 2 相同。这些特征与他悲伤的表情使我们猜出了他的身份。

场景 2:净饭王的使者追赶乔答摩。是 Ch.lxi.002 中场景 3 的翻版,但工艺要差些。

场景 3:初转法轮(?)。人物身份尚未确定。释迦牟尼着佛袍,坐于莲花之上,莲花置于雕镂镀金的宝座上,佛身后有背光和项光,佛皮肤为金色。佛头上为布帷华盖,华盖下有树,开红花,叶子为星形。这种树也出现在净土图中的同样位置上。宝座后立着三个穿棕袍的光头僧人,宝座前跪着抬头专心听讲的三个男子(?)。三个男子梳高高的顶髻,外衣为杂色,着长内袍,其服装色彩鲜艳明快,为绯红、绿、蓝、棕、白色。此件中佛的左手举起,左肩上盖有僧祇支,这是由于匠人犯了错误,未认清幢幡的左右,或根据蓝本摹画时发生了方向上的错误。如果遵照印度传统,此件中的题识和大部分画面均左右颠倒了。

底下是一块与此脱节的残片,上面画着一群站立的男子,穿外衣,系腰带,戴有“角”的幞头,但这几个人与其余场景的关系尚未确定。

笔法次于 Ch.lxi.002。颜色明快,有装饰性。参见 Ch.00216 等。

表现车匿的告别以及净饭王使者追赶乔答摩的作品,参见 lxi.002 下的文字。关于初转法轮,大概可参考 xxvii.001 的场景 2 和 xlvi.004 的场景 2。参见本书第二十三章第四节。最大一块约 1 英尺×$6\frac{3}{4}$英寸。《千佛洞》图版 XII。

Ch.0072. **幢幡的上半部分。** 由浅黄色纱制成,无画面,保留有三角形顶饰。顶饰为米黄色细锦缎,织有小菱形图案,镶有米黄色素绸边。顶饰主体上画有坐于红莲之上的禅定佛,身后是三瓣状光环。风格简朴。全长 $10\frac{1}{2}$英寸,宽 $6\frac{1}{2}$英寸。

Ch.0073. **彩绘丝绸幢幡残片。** 可见深红色莲花以及一个立姿人物的下半身。人物的裙上有深灰色和红色条纹,条纹上有四瓣花朵图案,灰条纹上花朵为红色,红条纹上花朵为灰色。画的是 Ch.xxvi.a.007 那种类型的菩萨。7 英寸×7 英寸。

Ch.0074. **绢画**。有藏文题识。画的是观音(?)及其从者和供养人。画面顶部和底部破损,颜色褪去了不少,中间曾撕破过,后在古代又缝合。边上残留有丝绸镶边。

画的可能是简化形式的西方净土,但观音取代了阿弥陀佛的位置。观音盘坐于莲花之上,莲花置于香案后一个有阶梯的方形底座上。观音的手交叉放于腹前,两手拇指相碰,宝冠上无化佛。观音前面为一小水池,鸭、鹤(?)立于池中的石上。底座两边为两个模式化的白狮子。上面是华盖,但无天宫。

画面两侧是八个坐姿菩萨,一个在另一个之上,每侧四个。上面六个菩萨旁的横向题榜中有藏文题识,但最上面两个题识已不可辨识。从其余题识中可知位于左右两边中间位置的四个菩萨为:右边上面是除盖障菩萨,右下为普贤菩萨,左上为地藏菩萨,左下为文殊菩萨。左边这两个菩萨分别持发光的珠宝和贝叶经,其余菩萨多数一手置膝上、一手抬起。左下角的菩萨皮肤为暗绿或灰色,肩上扛剑(参见 Ch.xxvi.a.007 幢幡)。所有菩萨均盘坐,一膝稍高。其五官、服装、服饰均为印度类型,如同 Ch.lv.007、*0014 等一样。

观音皮肤为金黄色,其他菩萨皮肤(除上文所说左下角一个外)为粉红色。肉体轮廓线为红色,头发为黑色。袍、附件、圆背光、项光分别为绯红、深绿、蓝灰和黄色。下面的供养人只有残迹,衣服细节看不清楚。工艺平常。画幅 3 英尺 2 英寸×2 英尺。

Ch.0075. **刺绣残片**。镶边为淡绿色(?)素绸,已褪色,宽 $7\frac{1}{2}$ 英寸。刺绣所用材料为浅红色纱,其上织有小菱形花纹,纱裱贴在背面的红素绸上。但刺绣只穿透了纱,未穿透下面的丝绸(刺绣品大抵均如此),由于这个原因,纱和底下的红丝绸已分离,纱只剩下了碎片。纱上绣有大团花、草、云图案,为鲜艳的红、蓝、绿、紫色。图案的整体设计可能类似 Ch.00281。一律为纯粹的铺绣针法,所以两面的刺绣实际上是实心的,有的花团和叶子中已无薄纱。风格完全为中国式。大小为 3 英尺 3 英寸×2 英尺,不完整。

Ch.0076. 大型丝绸幢幡的三角形顶饰。 为红色素绸制成,镶有 3 英寸的绸边,绸边上有大型植物图案。顶饰上画有一个坐佛,勾以黄色轮廓线,只有佛眼为黑色。绸边为深蓝地,织有红色和淡黄色花纹。花纹为重复出现的"点",近似于椭圆形和菱形。椭圆形为大莲花,有双层带尖的花瓣,从莲花的上下左右四点伸出四对卷须状叶子。菱形大小约为 $8\frac{3}{4}$ 英寸×$7\frac{1}{2}$ 英寸,中心为四瓣花(每瓣有三裂)。沿菱形短对角线的两边,从三叶形的叶鞘中生出半开的棕叶饰状花朵。沿长对角线的两边为一对面向内的飞鸟,鸟头之间有一对弧形苞片,鸟翅膀之间也有类似的棕叶饰形花朵,形成菱形的顶点和底点。菱形图案横向重复,几乎彼此相连,但其上下顶点离相邻行约有 1.5 英寸。花鸟图案的处理方法很中国化。

织法为一种很稀松的缎纹斜纹,经很细,上过胶,纬宽而扁平,未捻过。花草织成红色,黄轮廓线,花心和花瓣上的脉为蓝色。鸟为黄色,红色轮廓线,黄色已完全褪尽,红色也褪了不少。织物有破裂之处。

顶饰的底长约 1 英尺 8 英寸,两侧镶边长 2 英尺。图版 CXI 和本书第二十四章第二节。

Ch.0077. 9 朵木花(也可称纸花)。 包扎在方形亚麻布中(此方形亚麻布是个小型华盖)。花由一组尺寸越来越小的圆形或方形纸构成(纸为米黄色、棕色、黑色、红色、绿色),边上剪成花瓣形状,然后一层层粘在一起。花背面中间粘有小圆木片或葫芦片,以起加固作用。其中有一朵花的圆木片比别的花大些,上面盖了层有白点的绿纸,反面粘着红色纸花瓣,中间一轮花瓣为红色和黑色纸。参见 Ch.00149.a~e。花的平均直径为 3 英寸。

Ch.0078. 由粗亚麻布制成的直角形边。 与 Ch.xx.006 一样是给写卷的竹制封面镶边用的。顶部和底部只保留下来缠结在一起的麻线。亚麻布上有几个窄条锦缎,其中一条仍然缝在麻布一边上。颜色和图案已不可辨识。

1 英尺 10$\frac{1}{2}$英寸×1 英寸。

Ch.0080.a~c.　**3 块彩绘麻布幢幡的顶部**。a、b 单面,是某一双面幢幡顶部的前后面;c 双面,完整,有镶边、吊带和木条。每个上面都绘有红、绿、黄色画,画的是佛呈禅定相坐于莲花之上。工艺粗糙。a、b 高 11 英寸,底长 2 英尺;c 高 8 英寸,底长 1 英尺 5 英寸。

Ch.0081.　**彩绘丝绸幢幡**。有相当程度的破损,画面顶端和所有附件均缺失。

画的内容:菩萨。菩萨四分之三向右立于两朵莲花之上,莲花分别为棕色和红色。菩萨右手抬起施论辩印,左手置胸前,掌托白莲花,花瓣尖为蓝色。服装和作品风格如 Ch.002 一样,但画幅小些。袍很宽大,在璎珞上形成袋状褶皱,着色柔淡。内衣为深红色,裙深红色,晕染有浅红色。披巾为暗蓝色和绿色。皮肤为粉白色,勾以深粉色轮廓线。头饰为白发带,前额上方有朵红莲。脸短而丰满,表情温和,似在沉思。1 英尺 4 英寸×5$\frac{1}{2}$英寸。图版 LXXXII。

Ch.0083.　**彩绘丝绸幢幡**。所有附件均缺失,画面顶部破裂,已褪色,但人物基本完整。

画的内容:持香炉的菩萨。菩萨面朝观者,立于本为淡蓝色的莲花之上。右手抬起,持香炉;左手亦从肘部前伸,掌朝上,掌心微凹,中指弯曲,其余各指张开。体形和作品风格属 Ch.002 类型。服装也与 Ch.002 类似,但略有不同之处。肩以下手臂全裸。披巾为扁平的窄带,呈 V 形弧线垂至膝,并呈窄环绕在臂上,巧妙地展示出了人物的主要线条。披巾为朱红色,尽管别处的颜色多已消失,披巾的朱红色依旧鲜艳。菩萨脸长而宽,表情严肃,颌以上均前突。下眼线几乎笔直,耳稍长,有穿孔,无耳环。头发和头饰大部分已缺失。此画是精妙处理衣纹的范例,但画面已破旧。类似作品见 Ch.i.005、lv.0026(与此件左右颠倒)。Ch.009 中菩萨手姿与此件同。

1 英尺 11$\frac{3}{4}$英寸×6$\frac{7}{8}$英寸。

Ch.0084. **绢画**。画的是旅行者的保护神地藏菩萨,下面有一个年轻男供养人。丝绸为淡绿色,仅底部破损,蓝绿色绸边依旧完整。题材相同的作品见 Ch.0021 下的文字。地藏菩萨盘坐于红色和白色莲花上,右手持锡杖,左手置膝上,持发光的水晶珠。着淡绿色僧祇支和袈裟(袈裟有黑边),头披印度红色(一种深红棕色——译者)头巾,巾上点缀着浅淡的黄点。手绘成肉粉色,勾以红色轮廓线。

圆背光外圈的白色宽带环绕着整个人物,使人物从绿色背景中凸显出来,否则人物与背景的颜色太相近了。背光和项光的内部饰有常见的模式化的绿色和红色光芒与花瓣图案,图案外为白色火焰边。背景的边角上为红色和绿色花枝。

年轻男供养人只剩上半身,跪在左下角。未戴帽,合着的手中有一枝莲花。穿红色宽袖外衣,外衣上有黄色和黑色的圆形花朵或轮状图案。发型与 Ch.00224、xlvi.008 和 0013 中的年轻男侍者或供养人相同。年轻男子两边均有长在高茎上的红花,前面有个空白题榜。画面底部的其余部分为空白。

画艺比较精致,其巨大魅力在于其构图的简洁与着色的宁静。1 英尺10英寸×1 英尺 3$\frac{1}{2}$英寸。《千佛洞》图版 XL。

Ch.0085. **彩绘丝绸幢幡**。所有附件均缺失,画面顶部和底部不完整,颜料有龟裂。除此之外保存良好,色彩清晰。

画的内容:北方毗沙门天王。面朝观者立于鬼怪之上(鬼怪只残留头和肩),左臀前凸,右膝弯曲。右臂僵硬地伸出,右手低,持双叉戟,双叉戟伸过头顶。左臂自肘以上举起,一团烟云从手中升起,云中有六边形小神龛,龛顶如窣堵波顶,龛内有一个坐佛像。

天王的姿势和服装均为印度风格,与 Ch.xxvi.a.006 等同(又见*Ch.0010的笔记),但画幅比别的作品大,线条也要轻盈、清晰些。颜色鲜艳而驳杂。由于服装线条僵硬,衣服的数量也较多,所以着色时把服装分割成了几个色带和方块,看起来仿佛拼贴画一样。

服装在细节上与一般作品有所不同。下摆和肩部的矩形铠甲鳞片为白色和蓝色,鳞片顶部为蓝色。如果蓝色代表阴影的话,那么鳞片就是朝下彼此压住的。上身的鳞片为圆形,绘成黄色和红色。大腿上的下摆边和下摆前面均绘成蓝色,没有常见的绿色皱边。胸甲为绿色,有黄点,但胸甲大部分被一件蓝色胸铠盖住。胸铠形如一条宽带子,越过肩膀。胸甲、胸铠均用有扣的带子系于肩膀上,带子是从胸部的圆盘里伸出来的。臀部的皮裙为朱红色,紫边,用腰带系住,并从腰带上方伸出。身前围裙较小,为方形,绿边,由圆形鳞片甲构成。

裙为朱红色,有明亮的蓝边。膝盖的白裤子上绘有绿叶红花。护胫由鳞片甲构成,前面有一条垂直的纯色皮带,这条皮带还裹住脚踝。披巾为巧克力色和蓝色(蓝色已大部分脱落),从肘部垂下来,长及地。肩膀后还有白色短衣纹,与 *Ch.lv.0014 等印度菩萨一样。看不见袖子,也无领子,脖子裸露着。

头饰为红色布发带,饰有深红色莲花蕾,前额上方和耳上有大型金质饰物。黑发梳成一个顶髻,发卷垂在肩后。脸大,神色呆板。下颌方形,阔嘴紧闭,眼扭曲,上斜。项光绿色,有火焰边。双叉戟上有一面三角旗,旗边为黑白色的锯齿状物,旗上画有橘红色六边形,六边形中有绿点。戟顶上有个叉,这个叉旁边还有个次要的叉。此类画作中戟的形状均如此,见 Ch.0018。1 英尺 $5\frac{1}{2}$ 英寸×$7\frac{1}{2}$ 英寸。

Ch.0086. 幢幡的大三角形顶饰。为米色织锦制成,双面。织锦上织有椭圆形和菱形大图案,整体布局使人联想起萨珊风格。

椭圆形的图案大小约为 1 英尺 9 英寸×1 英尺 $6\frac{1}{2}$ 英寸,由大胆地交织缠绕的两层色带组成,色带末端为喇叭形。椭圆内圈的上下左右四角上为小椭圆,小椭圆中织有小花图案。大椭圆形内圈的中心和外圈的上下左右四个点为几何图案和植物图案掺杂在一起。这些图案中间为一个菱形,四周绕有许多三瓣的半朵花。在外圈中,这些装饰物似乎类似于波斯作品中连接着团花的重叠圆。菱形图案与椭圆形图案大体相同。

喇叭口带子特征很鲜明,在 Ch.00278、00293.a 和 00399 中又再次出现(Ch.00278 中只有菱形"点")。

顶饰的素绸镶边为淡蓝绿色,吊带为结实的亚麻布。顶饰下面挂着方形棕灰色素绸,长 1 英尺 $11\frac{1}{2}$ 英寸,宽 1 英尺 9 英寸,其顶部和底部有木杆。这幅素绸可能是某幅画的衬里,但也许并不完整。

顶饰的正反两面都绘有佛像。佛盘坐于莲花上,莲花的大花瓣填满了三角形的三个内角。佛五官如孩童,有肉髻和白毫、长耳。右手施论辩印,左手水平地置于右手下,手心向上。穿红色袈裟(盖住左肩),黄色僧祇支(盖住右肩和胸)。佛像轮廓线为黑色。椭圆形背光和项光为一圈圈淡绿、黄、红、黑色同心圆。类似的顶饰是 Ch.xxi.003。高 2 英尺,底长 3 英尺 1 英寸,全长 3 英尺 9 英寸。(织锦图案)图版 CXVII。

Ch.0087.　彩绘丝绸幢幡。破损很多。除残破的两侧饰带和顶饰的暗棕绸边外,所有附件均缺失。

画的内容:北方毗沙门天王。天王腰较细,上身很长,面朝观者而立,脚分别踏在一个年轻女子上举的双手上,年轻女子的头和胸从一朵莲花中探出。天王右手举起,持小印度窣堵波(大部分缺失);左手握戟,戟上有三角旗。黑色宽腰带上悬着一柄未出鞘的剑。

服装和对人物的处理方式与其他天王像不同(参见 * Ch.0010 的笔记),但服装的主要线条仍遵循着印度风格(参见 Ch.xxvi.a.006)。铠甲下摆极长,直达脚踝,底下只露出一些红色波浪状衣纹。脚踝和脚上也裹着很大的鳞片甲。下摆的鳞片甲为矩形,每片甲右上边切掉了一个小圆形,从阴影看鳞片甲是向上彼此压住的。上身、踝和脚上的鳞片甲为圆形。

腰带很低,系着方形绿色短裙,臀上盖着半圆形棕色皮片。铠甲下摆无褶皱边,外层边为黄色,里层边为红色。这两层边上饰有大型半花图案,半花为橄榄绿和蓝灰两种颜色,沿着边交替出现。无胸甲或胸铠。铠甲领口开得较低,露出长脖子。腰上还系了条捻成的棕色带子,双肩上也各有一条带子,与腰带在身前会合,会合处绘红色圆形大饰物。铠甲外有一条绿色宽皮带,从脖颈直达腰带。臂上挂着棕色披巾,肩后有红黄色衣纹(与 Ch.lv.0014 等一样)。覆膊为常见式样,紧箍着前臂,绘成横条。

脸为人脸,圆而宽,长着一对八字眉,大眼平齐,鼻短而高,嘴小而丰满,上唇长着胡子,下巴上是一绺黑色胡须。顶髻基本上被三瓣冠遮住,三瓣冠上的饰带飘于耳际。耳长,上饰大耳环。无项光,但肩膀后有弧形火舌,火舌尖几乎够到头顶的华盖,火舌造成了类似项光的效果。华盖破损很多,为 Ch.002 类型。

从五官看,毗沙门天王脚下的托杠人物似乎是女性(参见本书二十三章第六节及其后文字),但只可见其脸、肩和裹在红色窄袖子里的前臂。她的脸使人想起伊朗风格,脸圆,杏仁眼平齐,身后披黑发。她下面的莲花绘成华丽的蓝灰色和淡红色,边上有橄榄绿的叶子。

天王手中持的戟共有三叉,右边的叉已缺失,但显然曾存在过,因为三角旗似乎就是用一个金饰系在这个叉上的,这与 Ch.lxi.001 中一样。

整体笔法和工艺均粗糙,颜色也粗糙。主要的颜色有暗红、暗黄和暗棕色。天王头左边有黄色题榜,无字。画幅 1 英尺 8 英寸×7 英寸,加顶饰长2 英尺。

　*Ch.0088.　**大绢画**。画的是立姿观者,无从者。镶边已缺失,画面顶部和底部破裂,有几处颜料已剥落,但总的来讲保存良好。

人物面朝观者而立,目光下视。右手从肘部抬起,拇指、食指间拈柳枝,左手垂身侧,持净瓶。头饰前有化佛。此画是中印混合风格的范例,人物身上仍弥漫着印度风格,但画面的工艺却是中国风格。艺术家在人物的服装、身材、珠宝和头饰的安排上,较严格地遵循了印度传统。人物姿势为典型印度式,上身微向右侧和外侧突出,体重置于右臀上。但在不与全身姿势矛盾的情况下,僵硬的印度姿势和服装被中国毛笔所画的连绵的衣纹所取代。人物比例失调,上身和头过大,腿太短,这一缺陷在某些中国风格的菩萨幢幡(如Ch.xxxiv.001和lv.009)中亦可见到。

　　色彩素静而和谐,主要为暗棕绿色绸上的暗红和绿色,只有皮肤和莲花苞蕾为白色,并晕染有浅红(莲花长在人物左右弯曲的茎上),但这些浅色部分的色彩多已脱落。人物着Ch.lv.0014中所述的印度风格的菩萨服装,不同的是腰带上系了条无花纹的贴体短裙,几乎把膝以上的长裙全部遮住,在膝部处为皱褶短边(这件衣服在一两件半印度风格的幢幡中亦可见到,并经常出现于麻布画中,因为大部分麻布画都是印度风格),裙下露出脚。莲花座和右脚大部分已缺失。

　　长裙为橘红色;短裙为深绯红色,点缀有橄榄绿色和黑色小花;腰带为橄榄绿色;披巾为橄榄绿和深灰色;胸巾和肩后衣纹为深红棕色;宝石和净瓶也为深红棕色,勾以黄色和黑色轮廓线。黑发梳成锥形高髻,其余头发平滑地垂在肩后。眼呈斜上形,上下眼睑为弧度很大的曲线。项光圆形,由红棕色和灰色同心圆组成。上面的背景中点缀有花朵,左上角为黄色空白题榜。3英尺4英寸×2英尺4英寸。图版LXIX。

　　Ch.0089.　小型丝绸幢幡。完整,幢幡和饰带上用模板印有图案,但未着色。

　　幢幡和顶饰为平纹红绸,裁成一块,印有莲花座图案。莲花座下面为一排长菱形,上面为锯齿状帷幔框架,框架下为有凹槽的华盖,以宝石镶边。再上面是一条条漩涡状图案。顶饰为三角形,镶边为浅蓝色细织锦,织锦上织有交替出现(?)的花格和成排的四瓣小花。

　　两侧饰带为浅蓝色素绸,用模板印有悬垂的叶子。两条底边饰带为绿色素绸,所印的图案为呈波浪状起伏的茎和叶。底边饰带是把一块绸从中部撕开做成的,但两边均未撕到底,末端合在一起,固定在小重垂板的凹槽里。小重垂板涂成黄色,用墨汁画有闭合棕叶饰,棕叶饰的地绘成灰色。

全长 1 英尺 10 英寸,从顶点到幢幡底部长为 11 英寸,宽 $2\frac{3}{4}$ 英寸,两侧饰带长 7 英寸。

Ch.0091.　大绢画。画的是站姿观音,无从者,但底下右边有两个供养人小像。镶边缺失,人物膝以下的画面也缺失,其余部分完好,但颜色褪去了不少。

人物面朝观者而立,头挺直,目光下视,身体重心置于右臀,身体向左肩倾斜,是典型的印度姿势。右手置胸前,施论辩印,拇指、食指间拈柳枝。左手置身侧,持净瓶和盘绕的花枝,花枝上生着一朵粉红色莲花,莲花位于观音头的旁边。观音头戴化佛冠,冠为简单的环形,饰有闪光的珠宝,化佛后面为枝叶。观音耳朵上方饰有长流苏。

这个菩萨是所有画作中最精美的单个人物。画面尽管褪色不少,但保存得颇令人满意。由于颜料已脱落,观音脸部和身体上清晰精细的线条就更加引人注目。艺术家不仅完美地掌握了作画技巧,而且画出了人物的个性,观音的头部尤其画得个性鲜明。头为年轻男子的头,五官明显地显示出犍陀罗风格的影响。眉高,鼻长而直,眼只是微呈斜上形。眉弯曲适度,眉与眼之间为正常距离,眼和眉的末端画成微微上翘的曲线。脸颊比同类作品瘦,五官的距离和比例同一般作品相比更自然,使脸部显得较真实,这正是那些模式化的半女性菩萨所缺乏的。人物身材苗条,姿势庄重而优雅,面部表情超然而多思。

服装和发型与 Ch.002 一样属于中国风格,但胸部着胸巾,而非内衣。披巾为灰色(已褪色)和橄榄绿色,珠宝饰物和胸巾为淡红色,裙为棕黄色(?)。头发为黑色,在头顶梳成双叶形。

画面右下角有两个跪着的人物小像,一个是年轻(或中年)男子,另一个是年轻女子,均持莲花。年轻男子头发分开,在两边分别梳成双叶状,年轻女子的头发分开并梳到了后面。两人从颈到脚均穿无花纹的长袖袍,袍上的颜色已褪掉了。画面左上角有个空白题榜。3 英尺 $1\frac{1}{2}$ 英寸×1 英尺 11 英寸。

《千佛洞》图版 XVIII。

Ch.0095. **彩绘丝绸幢幡**。所有附件和画的上半端均缺失,其余部分保存完好。

画的内容:天王(?)或天宫侍者。人物四分之三向左立于卷云之上,脚分开,正在行走,双手于胸前合十。服装为 Ch.xxvi.a.006 天王服装的变体,但年轻而身材苗条,一点也不扭曲。未持武器,防身的铠甲也比一般的天王轻便、雅致。

铠甲长不及膝,底下是有花饰的红边,红边外另有一圈绿色褶皱边。铠甲为高领,露出一部分脖颈。胸甲很小,用皮带扣在肩上。全身铠甲鳞片均为矩形,上身鳞片绘成黄、白、绿色,下摆鳞片为白色和蓝色,色彩褪掉了很多。上臂的铠甲下露出绯红色衣纹,肘部挂有长长的绿色皱边。前臂上覆着粉红色和白色柔软的绿边宽袖,袖边上点缀有四瓣花图案。

裙很精美,为绯红色,裙上饰有白色和黄色的四瓣状"点"。裙边、胸甲的地、覆膊和上身的铠甲边为蓝灰色,勾以黑白色的窄轮廓线。裙边的反面、袖子和领子为红棕色,腰带和胸甲边为绿色,胸甲束带和鞋为黑色。护胫盖住小腿后部,饰有金属装饰和扁圆形饰物。护胫画得类似矩形鳞片甲,有蓝灰色皮革边。

天王的脸较年轻,表情和蔼。眼细而黑,水平状。鼻直而长。唇为红色,嘴微张,上下唇呈曲线。皮肤为白色,晕染有粉红色。胡须为黑色,微呈波浪形。眉毛和睫毛画成细而黑的弧形。头上的黑发很浓密,垂在前额上,双耳前均有粗发绺。头上为歪坠的顶髻,用新月形金色发带束住。发带上有珠宝饰物挂于前额之上,还有闪光的珠宝挂于耳朵上方。耳朵为正常大小,无耳环。天王身后为一个无花纹的黄绿色圆项光。工艺和着色俱佳,但很破旧。1 英尺 $10\frac{3}{4}$ 英寸×$6\frac{3}{4}$ 英寸。图版 LXXXIII。

Ch.0096. **彩绘丝绸幢幡**。有多处破损,所有附件均缺失。
画的内容:菩萨。菩萨面朝观者而立。左手置身侧,右手持方形的扁平物体(此物体镶有金属边,绿顶,侧面为粉红色,可能是护身符盒子)。菩萨头饰前为一颗闪光的宝石。人物风格属于 Ch.002 类型,但画得较差。服饰、附件等均依照 Ch.002 的惯例。颜色多已脱落,主要有棕、绯红、绿、黑(黑色出现在披巾上)。皮肤为绸子棕黄的本色,晕染有红色。胸部的链子和璎珞(几乎已剥落)为橘红色。1 英尺 $6\frac{1}{4}$ 英寸×$7\frac{1}{2}$ 英寸。

Ch.0097.　彩绘丝绸幢幡的下半部。保留有两条宽底边饰带和重垂板。饰带为褪色的灰绿色绸,重垂板是从藏文经卷上剪下的纸叠成的,涂成红色。

画的内容:菩萨(可能是文殊菩萨),只保留有下半身。菩萨立于两朵小莲花之上,右腿伸直,左腿为侧影,微微弯曲。右腿顶部可见一只手的一部分,持贝叶经。人物线条僵硬,接近于 Ch.lv.0014 等印度风格的幢幡,其服装也接近印度风格。腿瘦而直,腿的轮廓是用浓重的黑线画成的,就好像腿是赤裸在外、未穿衣物似的。腿上的裙画成一条条模式化的弯曲的褶,褶交替涂成刺目的黄色和红色,腿之间和腿旁边的裙褶则画成直线。腰系绿腰带,腰带末端垂在腿之间,看得出腰带反面为红色和白色。身体两侧是生硬地弯到地上的暗紫色和蓝色披巾。裙下露出脚踝,踝和足均赤裸,一律涂成粉红的肉色,轮廓线是涂好肉色后再画上去的。莲花的绿色扁平花心呈椭圆形,并有一排向下弯的花瓣。右脚下的莲花花瓣为白色,勾以红色轮廓线,左脚下每片花瓣均涂成两种深浅略有不同的暗蓝色。色彩保存完好。画幅 $11\frac{1}{2}$ 英寸×$7\frac{1}{4}$ 英寸,加饰带长 3 英尺 $4\frac{1}{2}$ 英寸。

Ch.0098.　大绢画残片。保留有一个天王像的头和上身,可能是毗沙门天王。天王脸微向左转,面部狰狞,五官扭曲,正在大发雷霆。嘴大张,作冷笑状,露出舌和两排牙齿。大眼圆睁,皱着眉,整个前额上都是皱纹。鼻和颧骨很高,眉毛蓬乱。上唇上的胡髭很宽,两端上翘,下巴上有蔓生的胡须。耳稍长,饰有耳环。脸涂成深灰色,嘴唇红色,头发黑色,这些颜色均保存完好。前额上的头发梳向脑后。头饰上有个拱顶装饰物,此饰物周围是莲花和珠宝。从头顶升起锥形红色火焰。

除上文所述之处外,其余的颜色几乎均已脱落。

天王上身强壮有力。腰以上赤裸,只挂着些珠宝链子和项饰等。腰上露出短裙的边,裙上系腰带。右手置于胸前,手心朝下并凹陷,手指僵硬地上翘,右上臂挂着灰蓝色披巾。左臂缺失,但保留有握着三叉戟的左手。整个人物画得虎虎有生气,个性鲜明。

顶上有几乎辨不清楚的莲花座的痕迹,涂了些浅蓝色和红色。右上角也有红色和蓝色颜料的痕迹。此外,右上角还有些灰色布褶,似乎既不属于天王像,也不属于莲花座。可能这块丝绸曾被先后用于画几幅画。

最长 1 英尺 $5\frac{1}{4}$ 英寸,最宽 $11\frac{1}{2}$ 英寸。《千佛洞》图版XLVIII。

Ch.0099. **可能是大绢画残片。**主体部分上画有暗粉色和红色的下垂布纹,用一条带子束住,几条红、蓝、绿色饰带挂在这条带子上。这可能是女子服装的下半部,与 Ch.00114 一样。

左下角是一个头的上半部,四分之三向右,画得较粗略,眼和眉毛为直线。头发梳成双叶形,从头一侧向后突起,头上饰有两个锥形物,锥形物上有莲花苞蕾。左上角为莲花座的一部分,上面放着宝石。右侧有条布缝。最长 $4\frac{3}{4}$ 英寸,最宽 $7\frac{1}{4}$ 英寸。

Ch.00100. **刺绣吊帘残片。**绣有许多个坐佛像。用未捻的丝线以锁绣法绣在许多条淡灰色细绸上,绣得很紧密。各绸条宽 $4\frac{1}{2}$ 英寸,左右相连缝在一起。每个绸条上绣有成对的佛呈禅定相坐在莲花之上。佛袍为深紫色、洋红色和印度红色,脸和手为发白的米黄色,圆形项光为淡黄棕色和土黄色,脸、耳、鼻的轮廓线为印度红色,眼、眉和头发为浓重的深蓝色,莲花瓣为发白的颜色或黄棕色,其轮廓线为深紫色和红色,背景为淡绿色。此吊帘曾在古代修补过,佛像的排列不太规则。

两侧绸条上出现了更具中国风格的不完整的小画面,并出现了一种更亮丽的蓝色。左边是一个比其他小佛大的佛,呈禅定相坐在有穗和饰带的华盖下。右边的小佛像下有幅小画面,画有一个男子向左行,后跟两名侍者,其中之一持伞。这三人全部穿汉族世俗服装,着长外衣,系腰带,足蹬长靴,头戴方帽(?)。外衣为淡蓝色和黄棕色,靴为紫色,脸部轮廓线也是紫色,鼻、眉、头发和帽子为深蓝色,伞为紫色和深红色。

这三人下面又是一群人:一个大型人物向右行,后跟三名侍者,其中之一也持伞。持伞的侍者前面的曲茎上生有紫色和红色莲花。大型人物有淡蓝色披巾,无背光。他身后有三条厚重的衣纹(?)生硬地垂到地上,是用土黄色丝线用锁绣法贴线缝绣而成的,衣纹上的针迹笔直,绣成互相缠绞的曲线图案。吊帘顶部也有与此相同的一幅小画面的下半部分。

整个吊帘色彩深而柔和,做工十分精致、认真。佛的外轮廓线、身上衣纹的轮廓线和两侧小画面中的伞柄等处有一部分绣成深棕色,但可能这些深棕色线本来是用以绣满轮廓线间地方的引线。大部分情况下,窄轮廓线上无刺绣,可能本来贴了金纸条,后来金纸条剥落了。

无论是从水平方向还是垂直方向看,各窄条的连接方式均不规则。作品上插入了古代已经损坏了一部分的人物像,这证明现存这件吊帘是由更早的一件刺绣品拼贴而来的,参见本书第二十四章第一节。2 英尺 8 英寸×2 英尺 1 英寸。图版 CV。

Ch.00101. **绢画**。有汉文题识。画的是坐姿东方药师佛及供养人。画面完整,保存良好,但无镶边。

佛盘坐于杂色莲花之上,莲花下为圆形低台。右手抬起,施论辩印,左手置膝上,持透明的化缘钵。锡杖直立于左边背景中的一个木台之上。圆形背光和项光画成无花纹的不同颜色的同心圆。头上的华盖下有流苏。

供养人立于左下角和右下角:左为一女子,双手合十,右为一男子,手持香炉。女子服装属于 Ch.00102 等类型,但着色较明亮,有粉红、蓝和绿色,头饰上无花朵。男子穿长及脚的深棕色外衣,系腰带,头戴有角的黑色幞头。

此画的着色及题识比较引人注意。着色中混合了洋红、钴(?)蓝和杏黄,这种色彩组合除此画外只在 Ch.xxxiii.002 千手观音像中见到,而此件的色彩比 xxxiii.002 更亮丽,并加入了一定量的铜绿色(目前大多已脱落)。工艺上佳。题识如下:(1)右上角一行字为对药师佛的颂词;(2)女供养人前面题榜中的一行字是她的名字;(3)献辞共有三行,位于右边的矩形框内。参考彼得鲁奇,附录 E, II。2 英尺 $4\frac{1}{2}$ 英寸×1 英尺 $9\frac{1}{2}$ 英寸。

*Ch.00102. **绢画**。有汉文题识。画的是坐姿的十一面八臂观音及从者和供养人。画面完整,保存良好。镶边和吊带为棕色粗亚麻布。

观音坐在画面中间的杂色莲花上,莲花浮在小水池中。观音面前的水池中还有一个香案,上面放着法器。观音的姿势、身材、服装、着色,各头的排列方式及对项光、背光、华盖的处理方式,实际上代表了所有的六臂或八臂坐姿观音,并且是保存最好的一个。其他同类作品有 Ch.00105、xx.004、xxi.0014、xxii.002、xxii.0010、xxviii.004、xxxvii.001、xl.008、xlvi.0013,也可参考两臂坐姿观音 Ch.00167。

这类作品中的观音都是盘坐。第一双手举起,掌摊开,掌中托日月轮。此画中左手托月轮,右手托日轮,但一般情况下由于左手更尊贵,所以常托着日轮。日月轮体现的是非佛教的中国本土神话(见麦耶斯《中国读者手册》第 235 部分和第 957 部分),分别为两个红色和白色圆盘。红色圆盘中有一只三足鸟(太阳鸟),白色圆盘中有长生不老树、捣长生不老药的兔子和一只蟾蜍。太阳鸟一般类似凤凰,头上有冠,长着长颈、长腿,展开来的翅膀向上翘,尾巴较长,有时长尾弯于鸟背之上,形如植物状的漩涡饰。第二双手分别于左右胸前施论辩印,每只手的拇指、食指之间均拈着长茎的粉白色莲花。第三双手伸在体侧,右手持净瓶,左手持发光的宝石。第四双手摊在膝上,右手握索,左手持数珠。

十一个头如下排列:主头两侧各有一个侧面大头,顶上有八个小头,堆成金字塔形。八个小头中七个为菩萨头,顶上最中间一个是阿弥陀佛头。呈侧面像的两个头一般分别涂成橄榄绿色和淡蓝色。由于画侧面头像的奇特惯例是以颊为轮廓线,之后再添加上如赘瘤般的鼻和上唇,因此画面产生了一种怪异的效果。此画中阿弥陀佛的头为金色,但其他类似作品中佛头一般为黄色。小菩萨头的颜色与主头一样。

此画中观音的头和身体为深粉色,晕染有橘红色,轮廓线为更深的粉色。头发为黑色,垂于肩后。眼睛半闭,眼线很直,黑色瞳仁,红色虹膜。服装为"印度"式菩萨类型,如 *Ch.lv.0014 中所见的那样。裙为绯红色,腰带为橄榄绿色。身上裹着绯红色胸巾,肩后垂着粉红色和白色衣纹,戴雕镂过的沉重璎珞和手镯。橄榄绿色窄披巾呈弧形,绕在手臂上。头发上束着绯红色发带,点缀有三朵小花,发带上的短饰带垂在耳朵上方。

在所有同类作品中,观音颈上都戴着一串黑珠子,腰下的饰物上垂着常见的成串宝石。此画的全部珠宝均先涂一层淡蓝色颜料,然后镀上一层金色,但如今两种颜色均只有残迹。裙子以及披巾的反面点缀有金色小花,膝部裙子上还饰有装饰性的花护膝。背光和项光一律为圆形,饰有波浪状光芒、锯齿状光芒以及花瓣和珠宝,如同 Ch.lii.003 等净土图一样。华盖挂在两棵开红花的树上,在净土图中已描述过这种华盖。

由于图画大小不同,各画的侍者人数也有不同,但同类作品中很少有此画的人数这么多。此画中侍者如下:左上角和右上角共有十个坐姿菩萨,代表三世十方的菩萨。往下依次是两个天王、两个佛弟子、四个菩萨、两个鬼王,均分列于两侧。鬼王包围在烈火之中,盘坐于小水池两边。其中八个主要侍者前面均有保存完好的题识,说明了他们的身份。

(i)两个持剑的天王:左为持国天王,右为增长天王。二人皆面目凶恶。铠甲与丝绸幢幡中的天王像同,见*Ch.0010。

(ii)双手合十立于观音身边的两个佛弟子,为须菩提和舍利弗。二人均有项光,长着黑色短发,穿深棕、黄、绯红色袈裟。须菩提五官微有扭曲。此二人与善恶童子似乎有某种关系,别的画作中立于观音两边的是善恶童子,见

lvii.004 和附录 E,III.x。

（iii）随侍的菩萨没有明显个性，题识也较宽泛。其中两位菩萨穿"印度"式袍，梳印度式发型，另两位为*Ch.002 类型，运笔更流畅。菩萨的手或合十，或施论辩印，均持莲花蕾。

（iv）下面面目狰狞的鬼王均为四臂或六臂，服装一如菩萨。长着小胡须和大眼睛，五官粗陋，但都不属于夸张的密教人物类型。持棒、八角轮、莲花蕾、硬币和极为模式化的骷髅杖，还有一件法器可能是一支斧柄，斧头已无法辨认。

背景为灰绿色，画面主要颜色为暗绿、橘红、暗粉和黄。人物皮肤为粉红色或白色，金属物件均为金色。工艺平常，有点生硬。

画面底部中间是献辞框，共 12 行，保存完好。献辞内容见彼得鲁奇，附录 E,II。

献辞两边跪着供养人，右边三位是男子，左边三位是女子。供养人的服装在形式和颜色上都是公元 10 世纪供养人像的典型，与 Ch.lviii.003（公元 963年）、lvii.004（公元 983 年）等相同。男子着宽袖黑外衣，腰系红腰带，外衣下摆较长。由于人物跪着，所以外衣下摆叉开，露出底下盖在大腿上的红色或黄色裙，裙边为红色和黑色，膝下露出白裤。外衣袖子上镶有带红花的条状物，袖子衬有黄色或白色里。头戴圆形的无花纹黑帽，帽顶后面向上形成一个帽舌，两边为宽而硬的帽边或两个扁平的硬帽翅。由于这种帽子总是画成同一个角度，所以其确切形式尚不可知。

妇女穿重叠于胸前的紧身胸衣和曳地长裙。裙用带子系于腋下，外面罩一件外衣。外衣袖很宽，当她们把手举在胸前时，袖长及膝。肩上为窄披巾，上面常有图案。脖子上挂着黑色珠子，许多妇女还戴有精致的网状项链。裙的颜色无定例（此件中为橄榄绿和暗蓝灰色）。外衣一律为黑色，有时点缀有花朵，袖子与男子一样有一条花边。此画中第二个女子的外衣袖边上有红色小花和黄色枝叶图案，其余两人袖边上无图案。妇女身上画得最精致的部分是其头发。脸两侧的头发梳得很低，头上的头发梳成大髻，一般朝后上方倾斜。前额上方有个金属饰物,形如两条水平的带子。带子上方有许多花饰,边上还插着 4 根或 6 根长饰针。发饰均涂成黄色或白色,显然是金属制成。有些作品中头饰过多(如 Ch.00167),显得很累赘,而头饰比较简单的人物则显得相当优美。

男子皮肤一律涂成肉粉色(与大净土图 * Ch.lii.003 等两边的世俗小画面和佛本行故事幢幡 Ch.0039 等一样),女子肤色为白色,红颊,红唇。所有人物头发和眼睛均为黑色。女子的形体和五官常画得精致而优美。一般来说,供养人均手持祭品。此画中男子持香炉、瓶(?)或小型支提(?)和莲花蕾,最前面的女子托盘,盘上放着一朵盛开的莲花。其余的人手拢在袖中,放在胸前。

3 英尺 7 英寸×2 英尺 $10\frac{3}{4}$ 英寸。图版 LX。

Ch.00103.　大绢画残片。画的是坐姿六臂观音及其从者,属于 Ch.00105 等类型。多处已破损,曾在古代修补过,线条和颜料几乎全已剥落。尚可见的内容为右侧的供养菩萨、功德天和婆薮仙,左上角和右上角里飞舞着仙女。顶上和一侧残留有织锦制成的宽边(宽 5 英寸)。织锦边为土黄色,织有菱形小网格图案,印有发绿的靛蓝色大图案。顶上的镶边中印的是团花图案,团花边为缠绞的带子,团花内有动物,侧边织锦上是大菱形花或花束图案。4 英尺 7 英寸×3 英尺 4 英寸。

Ch.00104.　大绢画残片。画的是阿弥陀佛净土或释迦牟尼净土,两侧的小条幅中画的是阿阇世王的传说和韦提希王妃观佛。构图与 * Ch.0051 类似,但有几个人物为明显的印度风格。人物从顶到底挨得很紧密,由此判断此画的画面可能比一般画面小。中心部分(包括画面中心两侧的小条幅)及左下方的小画面均保留下来,但有几处破损,表面已磨旧。

中央佛左手持饭钵,右手施论辩印。肤色为黄色,晕染有明亮的橘黄色,头发及小胡须为蓝灰色。两个夹侍菩萨完全为印度风格,服装、光环、饰物及身材均与 Ch.lv.004 等印度风格的幢幡相同。二者姿势均为印度式半跏趺坐(参见 Ch.lvi.0034),头戴化佛冠。左边可能是观音,持长茎粉白莲花,头歪于肩上,这是典型的印度姿势。

这两个菩萨与中央佛之间各露出另外两个菩萨的头。这四个小菩萨中,有两个的脸为深蓝色。靠近观音的那一个小菩萨头饰前为常见的粉白色小莲花,但其余三位的头饰上均有一排直立的红色细饰物,状如燃烧的蜡烛,这种饰物在其他画作中还没有出现过。底下还有一个菩萨把祭品置于盛开的莲花上献给中央佛,祭品上也镶有同样的蜡烛状饰物。这件祭品有个金色圆形底座,中间是绿色金字塔形,"金字塔"顶上嵌着三根"蜡烛","金字塔"周围有三个绿宝石,立于金色圆形底座上。

供养菩萨大部分属于 * Ch.lii.003 类型,但其中两位头上无头饰或顶髻。这两位菩萨坐着,举着玻璃罐,显然是插莲花用的。他们的头发在头顶扁平地梳向脑后,梳成歪坠的髻。

菩萨前面每边各跪着一个仙女,背朝观者,弹奏着乐器。左边仙女弹的是琵琶,她似乎把琵琶像小提琴一样置于颌下,用拨子弹奏。右边仙女弹的是五弦琴,上面画有五个琴马和五根弦,是五弦琴的一件典型样品。仙女的头饰也很不寻常。头戴镶着青铜边的红帽子,除额头上露出一圈头发外,帽子完全遮住其余的头发,帽边上有孔洞,顶髻中的发绺从孔洞中掉了出来。

香案前为常见的乐师和舞伎,画面残片的左下角是一个站立的地位较低的佛,带领着一些菩萨、一名仙女和一对长着菩萨头的迦楼罗,其中一个迦楼罗奏着拍板。乐师弹奏的乐器有拍板、筚篥、笛、琵琶和五弦琴,均为Ch.lii.003类型。舞伎双臂高高挥起,将要击打系在腰上的窄腰鼓。水中有一对对中国鸭,鸭中间是几个婴孩的灵魂在玩耍,有的互相追逐,有的爬到栏杆上,有的潜入湖中。他们只穿深红色靴,此外全身赤裸,头上绘成蓝灰色以代表胎毛。

画面颜色颇粗糙。宝墀、栏杆为橘红、绯红、绿色,人物的长袍和披巾也是这三种颜色,另外又加上了灰绿和深粉色。某些人物头上有微呈蓝灰色的头发,长袍上有几处蓝色,此外没有蓝。所有人物的头发均为浓密而坚硬的黑色,肤色为白色,晕染有橙红色(大部分已脱落)。金属物件和珠宝大多像Ch.0051一样涂成青铜色,但顶上一排菩萨的饰物为粗糙的黄色。线条草率,细节上的做工粗心大意,但运动中的人物较有活力和个性。

两侧小画面残缺不全(见 * Ch.0051),右边的内容似乎是这样的。

(i)阿阇世王前生为隐士。在一间小草屋门外,他被三个人捆绑起来拷打,一个骑马的显要人物在旁观。

(ii)阿阇世王飞出宫外。此场景的其余部分缺失。

(iii)阿阇世王持剑追赶他母亲,前景中为大臣和御医,也持剑,正准备干预。

(iv)韦提希探望狱中的频婆娑罗王。

左边画的是韦提希王妃静观极乐世界,画面残破不全。所观事物保留下来的如下:①七宝池,池中长有莲花;②阿弥陀佛,其左侧有一个小佛,可能在破损的边上还有第三个佛;③模式化的华盖(?);④一个菩萨结半跏趺坐;⑤一个同样姿势的菩萨,其头顶的天空中有三尊小佛;⑥一个佛坐于小水池中的莲花上;⑦水池,池中有深红色大莲花。韦提希穿白裙和深红色外衣,头发如 * Ch.0051 等一样梳成高高的环形,但有金属箍套住头发。3 英尺 6 英寸×3 英尺 10 英寸。

Ch.00105. **大绢画**。画的是十一面六臂观音及其从者和供养人。中间和四边均破损,色彩褪掉了很多,右半边细节部分几乎全已剥落。

所有人物的服装、姿势、观音各头的安排都大致与 * Ch.00102 一样。香案后有一个六边形底座,莲花座置于其上。无小水池。观音左上手和右上手分别托日月轮,日月轮中的画已剥落了。中两手置于胸前,掌心相对,指尖朝下,两手指尖相触。下两手可能均置于膝上,左手缺失,右手持数珠。

从者仍是那些经常伴随千手观音的人物(见 * Ch.00223)。其中包括两个天王(位于左上角和右上角)、日光和月光菩萨、吉祥天和婆薮仙、两个凶恶的金刚力士(位于左下角和右下角)。天王的服饰与幢幡中相同(见 * Ch.0010、lxi.001)。左为增长天王,持棒,坐在平顶岩石上,石头的底部比顶部窄。右为广目天王,面目狰狞,持剑。一般画作中的日光和月光菩萨均为小像,置于红色日轮和白色月轮中,分别骑鹅和马。但此画中的日光和月光菩萨是属于

Ch.002类型的大菩萨,跪在众人当中,双手合十,头上方飘浮着代表日月的红色和白色圆轮。此画中的吉祥天上身着绯红色紧身胸衣,外罩浅红色宽袖外衣,下身穿长袍。外衣上有灰色大领,领边镶有金属制的漩涡饰。她的头发似乎梳成顶髻,周围是圆形金属头饰,头饰上覆有绯红色纱巾,支撑在某个看不见的框架上,纱巾盖住头顶,并在脑后形成长长的带子。婆薮仙头抬起,按透视比例缩小,画得很好。金刚力士几乎全剥落了,但他们周围的梨形火焰尚存,火焰中央有一只嘶鸣的鸟头,鸟头上画有波纹状线以代表羽毛。

画面画好后,每个人物旁都添上了白色题榜(无字)。整幅画面画在另一幅截然不同的画上,原画画的可能是大菩萨,在颜料剥落的地方就露出底下画的痕迹。后来画的这幅画的颜色主要有浅红、绿、绯红、灰,绘在淡灰色地上,但色彩大部分已脱落。线条比*Ch.00102更自由、更流畅。

底下为三个女供养人和四个(?)男供养人的头部,已模糊不清,与*Ch.00102为同一类型。4英尺6英寸×3英尺7英寸。

Ch.00106. **彩绘丝绸幢幡的下半部**。有多处破损,保留有三条破烂的底部饰带,饰带为平纹靛蓝色丝绸,已与主体脱离。画面颜色保存完好。

画的内容:北方毗沙门天王。天王面朝观者而立,脚踏坐姿鬼怪的头和臂,双膝向外弯曲,左手置身侧,持矛,右臂和腰以上均已缺失。服装为印度天王风格,与Ch.xxvi.a.006相同(参见*Ch.0010的总说明)。保存下来的部分画有长及膝的铠甲的窄下摆,上面是矩形鳞片,鳞片上的阴影表明鳞片是朝上彼此压住的。小腿上有护胫,脚穿饰有金饰的黑鞋。还有橘红色裙的痕迹。披巾为暗巧克力色和蓝色。

臀上遮着一块虎皮,虎皮在前面形成三裂状的围裙。护胫上是圆形鳞片甲,朝上彼此压住,形成三个横条,分别为粉色、绿色(?)和黄色。护胫框架为金属制成。

鬼怪为笔法大胆的"中国苦力"型,表情痛苦。画面底边为一根木杆,绘成红色。底下的两片布在巧克力色地上绘有半花图案。工艺相当粗糙。画幅

1 英尺 5 英寸×7$\frac{3}{4}$英寸,加饰带长 3 英尺 8 英寸。图版 LXXXV。

Ch.00107.　彩绘丝绸幢幡。已成残片,所有附件均缺失,表面已磨损。

画的内容:北方毗沙门天王。天王面朝观者而立,左手(已缺失)持戟,戟上挂有三角旗,右手上举,掌上托小塔。华盖顶部和人物膝以下均缺失。人物的服装、姿势和作品风格类似于印度天王类型(参见 Ch.xxvi.a.006、*Ch.0010总说明)。

铠甲下摆长而窄,肯定长可及膝。肩上和下摆的鳞片甲为矩形,似乎是朝上彼此压住的。头上为头饰。红色布发带上嵌有金质的有翅宽饰物,发带在耳际飞舞。脖子上为窄皮(？)领。胸甲上方有个环,皮领末端从环中穿过。

黑发在头顶梳成高高的锥形,在肩后垂成发卷。人物脸短圆,生着长鼻、小嘴和圆圆的白色怪眼。额上有皱纹,眉也皱起。上唇上方有上翘的短胡髭,下颌有一簇胡须。耳稍长,饰有耳环。项光为无花纹的绿色圆盘,无火焰边。头顶上有带流苏的华盖残迹。

画面所用的主要颜色如下:鳞片甲为黄色(矩形鳞片甲阴影处涂成橘红色);领子、胸甲、围裙为深蓝灰色;铠甲边、带子、披巾、胸甲边为暗绯红色;皮肤为温暖的肉色。天王头左侧有黄色题榜(无字)。1 英尺×5$\frac{3}{4}$英寸。

*Ch.00108.　彩绘丝绸幢幡。有藏文题识,画面顶部、底部和所有附件均缺失,其余部分保存完好。同一系列的作品还有 Ch.xlvi.0010、0011。

画的内容:观音。观音面朝观者而立,上身微向右臀弯曲,头微歪向右肩。右手抬起,持红色莲花蕾,左手平放胸前,拇指和食指相触。服装、珠宝和发型属于*Ch.lv.0014 印度类型,但身体两侧添加了宝石璎珞。脸短圆,眼微斜。项光画成不同颜色的同心圆。头顶上有彩绘帷幔的痕迹。

笔法平庸,颜色主要有深红、暗绿和栗粉色。

背面供养人的题识读音为:*Lho stag botan gyi bsod nams*,意为"幸福的 *Lho stag botan*"——此人名的意思是"扛起南方虎的人",参见 L.D.巴尼特。1 英尺

6 英寸×5 英寸。

Ch.00109.　彩绘丝绸幢幡残片。所有附件均缺失,画面顶部和底部已破损。

画的内容:菩萨。菩萨面朝观者而立,头歪向左肩。右手持深红色莲花,左手平放胸前,掌心向上。身材、服装和附件均为 *Ch.002 类型,但画得很糟糕。除红色(裙褶、莲花瓣)、栗色(披巾)和披巾背面的灰色痕迹以外,其余的颜色几乎已全部脱落。脸长而呆板,是对 Ch.0083 的拙劣模仿。眼睛呈宽半圆形线,从鼻子到嘴角有很多皱纹。1 英尺 $6\frac{3}{4}$ 英寸×5 英寸。

Ch.00110.　两块彩绘丝绸幢幡残片。全部附件均缺失。画的是观音。上半块上画有观音的头,歪向右肩。下半块上画的是观音腰以下的部分,着红色长袍,脚踏莲花,左手置身侧,持净瓶。观音的脸、发型和服装为印度风格,但圆项光和有流苏的华盖属于 Ch.002 类型。色彩大多已脱落,剩余的色彩主要有绯红色、淡蓝色和绿色。一块长 5 英寸,另一块长 $6\frac{3}{4}$ 英寸,两块均宽 $5\frac{5}{8}$ 英寸。

Ch.00111.　彩绘丝绸幢幡。有多处已破损磨旧,画面顶部、底部和所有附件均缺失。

画的内容:呈沙门相的地藏菩萨。类似作品见 *Ch.i.003。菩萨四分之三向左立,左手持闪光的宝石,右手于胸前施论辩印。脚和头顶缺失。着盖住双肩的僧祇支和袈裟。袈裟暗棕色,杂有红点和黑条,僧祇支为暗红色和棕色。珠宝饰物有耳环、项饰和双圈手镯,均涂成黄色。光头的颜色难以确定,因为左耳上的棕色已经变色。脸圆而饱满,嘴小,眼微斜,表情柔和。圆项光为红色和棕色。头左边有黄色空白题榜。1 英尺 $\frac{1}{2}$ 英寸×5 $\frac{1}{2}$ 英寸。

Ch.00112.　彩绘丝绸幢幡残片。所有附件均缺失。画有一幅四分之三向左立的菩萨,只保留有从额到膝的部分,此部分上也有不少画面已缺失。菩萨双手于胸前合十,服装、身材等属 * Ch.002 类型,但工艺粗糙,着色手法低劣。保留下来的已着色的部分主要有深粉色裙和蓝灰色和绿色披巾。合起来长 $8\frac{3}{4}$ 英寸,宽 $5\frac{1}{2}$ 英寸。

Ch.00113.　两块彩绘丝绸幢幡残片。可见一个立姿菩萨的下半部。服装属于 * Ch.001 等类型,裙为暗蓝色,披巾为明亮的绯红色,披巾反面和裙边为橘红色。脚和踝赤裸,脚踏粉红色莲花。正面有多处已褪色和磨损,所有附件均缺失。一块大小为 $9\frac{1}{2}$ 英寸×$5\frac{3}{4}$ 英寸,另一块为 3 英寸×7 英寸。

Ch.00114.　彩绘丝绸幢幡。顶部和底部破裂,所有附件均缺失。有污点,但除此之外保存完好,画面相当完整。

上半部画有两组人和物,为"七政宝"。顶上一组有法轮、密封盒子(此处代表的是珠宝,参见 Ch.xxvi.a.004)、"将军"及"妻子"。下面一组为"大臣"、大象和马。"七政宝"下面是卷曲的白云,云边为红、蓝、绿色。

法轮是平放着的,涂成纯黄色,有六个轮辐,轮轴上放着个矮小的莲花座,莲花座上有闪光的珠宝。

"将军"穿全副甲胄(包括头盔、护喉甲和垂至脚的铠甲),均绘成黄色。右手持一个矩形窄盾,左手持矛,矛上有一面土黄色三角旗,旗上有两个汉字。"将军"的铠甲由皮制鳞片构成(参见 * Ch.0010 的总说明),用平行的线条来表示成排的鳞片甲。除身前短裙处画出了鳞片外,其余的单个鳞片未画出。"妻子"的服装与发型与 Ch.xxvi.a.004 相同,但衣袖很宽,拖曳在地上。从衣袖底部向左边伸出两条叶状的紫、蓝、绿色长饰带(参见 * Ch.0099 残片)。"大臣"的服装与"妻子"服装类似,但没有饰带,身后拖着一条土黄色长带子,结成蝴蝶结,带子末端为皱边。这种带子似乎是某种身份的象征,因为只有在宫廷图中和高官显贵身上才可见到它(参见 Ch.xlvi.007、xlix.006 等)。"大臣"的头发似乎很短,戴黑色方形高帽。马和象为白色,马鬃和马尾为红色。马背和象背上绘有莲花座和闪光的珠宝。

　　"七政宝"底下是两个佛本行故事场景。场景 1 为佛在蓝毗尼园洗浴。婴儿貌的佛站在金色浴盘中,浴盘放在两棵棕榈树之间的台子上,棕榈树顶端消失在黑色云团中。云中呈拱形排列着"云中九龙"的头(参见魏格《中国化的佛传》,15 页),均张着嘴向着下面的佛祖,画面上并没有画出龙在喷水。五个妇女站在佛周围,其中一人手持浴巾。

　　场景 2 有相当程度的破损,画的是"七步生莲",幼儿佛祖艰难而坚定地向前走,左臂上举,脚下是蓝色和白色莲花。四个妇女惊讶而崇敬地弯身看着他,左边还有一个妇女和一名穿汉族世俗服装的男子,画的可能是供养人及其妻子。

　　整个作品完全是中国风格,人物的服装、头饰等细节也均为中国式。妇女穿长袖外衣,臂下系曳地长裙(为红、橘红、黄、蓝、紫色),脸、手为白色,头发黑色,梳成向后倾堕的顶髻,或者在头侧梳成分叉的小髻。佛祖为婴孩貌,赤裸,全身为白色,头发为淡蓝色,如同大型曼荼罗中的婴儿一样。背景为灰绿色,点缀有小型植物。"七政宝"之上是蓝灰色布帷幔,点缀有花朵。左右两边各有两条黄色题榜(无字)。

　　同时表现底下这两个佛传故事场景的作品还有 Ch.xxii.0035,单独绘有"七步生莲"的还有 Iv.0010。2 英尺 $2\frac{1}{2}$ 英寸×7$\frac{1}{2}$ 英寸。图版 LXXIV。

　　Ch.00115.　彩绘丝绸幢幡。已成残片,所有附件均缺失。画面上显示出一身立佛,佛头与右侧的身体大部分已缺失。佛双手分别置于胸前,掌心向外。着绿色直僧祇支,边为红色,长达脚踝;外披棕色袈裟,有黄色衬里,袈裟长达膝以下,盖住左肩和左臂,右肩上披着袈裟的一角。双脚踏一朵莲花,莲花除绿色莲心外已全部缺失。做工粗糙。1 英尺 $2\frac{1}{2}$ 英寸×7$\frac{1}{4}$ 英寸。

　　Ch.00116.　彩绘丝绸幢幡残片。绘于相当粗糙的薄纱上,所有附件均缺失。

　　画的内容:菩萨,只剩下上半身。菩萨四分之三向左而立,头挺直。右手置胸前,左臂置身侧,左手已缺失。身材、服装和发型属于印度式菩萨类型(参见Ch.lv.004等),但脸部为更常见的汉传佛教风格,画有精致的弯眉、高鼻、斜眼。头饰为两层小圆环,底层环绕住顶髻的底部,顶层环上有向后弯曲的装饰性金属圈或火焰。顶层环支撑发髻的方式与Ch.i.002类似,但此件中顶层环位置更高,且不完整。画面很破旧。保留下来的颜色有菩萨头上和胸巾上浓重的黑色、项光和披巾上的淡绿色,所有珠宝均为暗红棕色,勾以黄色轮廓线。$5\frac{3}{4}$英寸×$5\frac{3}{4}$英寸。

Ch.00117.　两块彩绘丝绸幢幡残片。画的是天王脚下长着獠牙的鬼怪,类似于Ch.0022。上半端保存尚好,下半端已破损。两块残片分别长$2\frac{1}{4}$英寸和$3\frac{5}{8}$英寸,宽均为$6\frac{1}{2}$英寸。图版LXXXV。

Ch.00118.　三角形花绸残片。由两片缝成,背面衬有米黄色素纱里,并残留有栗色绸边的痕迹,可能本是某一幢幡的顶饰。织法不是斜纹,而是经线罗纹法的一种变体。织得很细密,地为栗色,花纹为白色。花纹(见下图)分为上下两层。上层是一排拱形,顶部扁平的大拱形同倒置的小拱形连在一起。小拱形立于由中式回纹构成的短柱之上,短柱底下为怪异的有角面具,面具同时又是下一行拱形的拱顶石。拱形由无花纹的深浅色带交替组成,上面有两层波纹饰(云)。

底层为宽曲线,与上一部分的连接方式如下:相邻曲线的边接合在一起,这条边位于每个拱形的中央,并平滑地汇入拱顶。相邻曲线的接合方式十分精妙:两条向下的曲线先会合在一处,然后又分开,分开处形成一个圆环,两条上升曲线也形成同样的圆环。上下两个圆环以平结结在一起。曲线和上面的拱形之间围成的空白处为一个圆圈;底下相应的地方,即曲线和下边两个相邻拱形之间的空白处,为一个倒挂在曲线上的棕叶饰。

曲线结合部的左右两侧各有两对对兽,占据了每个拱顶下的空间,一对兽

英寸

栗色底上的白色图案

位于另一对之上。上一排拱形下为一对半狮半鹫兽和一对狮子,下一排为一对半狮半鹫兽和一对双足飞龙。这种交替方式保持不变,半狮半鹫兽总是位于上方,其尾部进入了拱形底层的浅色带中。

此织品的图案和织法与千佛洞其他织品均不同,但这种织法曾在 T.xv.a. iii.0010.a 和 T.xxii.c.0010.a 中出现过(图版 LV 和 CXVIII),那两件织物与本件织物的图案风格也有相似之处(参见本书第二十四章第三节及其后文字,以及《伯灵顿杂志》1920 年 8 月号)。保存尚好。最长 $9\frac{3}{4}$ 英寸。图版 CXI。

Ch.00119. **刺绣残片**。地为红棕色薄纱,是稀松的平纹。地上绣有长长的花草,绣成一条条深蓝、绿、中国蓝、淡蓝、米色和红棕色。给人的印象似乎是用铺绣法绣成,但针法并非是 Ch.0075 那样的真正的铺绣法。在 Ch.0075 中,每一针都开始于织物的同一面,而此件中的针法是轮流开始于织物的正反两面。背面给人的印象仿佛是用平伏针迹缝出的一个轮廓线,正面给人的感觉则像铺绣。这种刺绣法既节省丝绸,最后的绣成品又比较轻,是我收藏的刺绣品中最常用的针法。工艺相当粗糙,已撕破。1 英尺 $7\frac{1}{2}$ 英寸×5 英寸。

Ch.00121. **绢画**。画的是坐姿观音,天王夹侍其左右。底下有四分之一已缺失,顶端已破裂。画面边上绘有带花的条带,以模仿绸边,再向外还镶有棕色素绸边。此绢画是中国佛教绘画中所保留的印度传统的很好例作。

观音呈“自在相”,坐于扁平的宽莲花座上。右膝抬起,右手张开,置于右膝上,拇指和食指相碰。左膝、左手和左小腿已缺失,但左手在膝部持长长的紫色莲枝,莲枝立于头旁。头饰前有坐化佛。观音细腰,身体倾向左肩,四肢细长,姿势有点棱角分明。头挺直,脸年轻无须,表情宁静。眼微斜,目光下视,上下眼睑曲线优美。

服装属常见的印度菩萨类型:里穿短裙,外穿未着色的薄裙,薄裙垂于腿部和踝部,但仍可见腿和踝的轮廓。无披巾,腰前缠绞着窄胸巾,肩上有衣纹。珠宝饰物有手镯、脚镯、细腰带、项饰、臂钏(臂钏上有高高的护臂)、耳环和三叶状头饰,头饰上饰有紫色和黄色莲花。头发梳成高高的锥形髻,额周围有平滑的发绺,除锥形髻和额前发外,看不见别的头发。身后是圆形背光和带尖的椭圆形项光,头上是挂着布帷的华盖。上端角落里为不太引人注意的天王像,左上角为广目天王,右上角为毗沙门天王,他们像丝绸幢幡中的大王像一样着铠甲,坐于石上。可能左下角和右下角本来画着另外两个天王。背景中点缀有羽毛状植物枝,其风格像千佛洞中印花绸的图案。

画面颜色轻浅,可能尚未最后完工。主要色彩如下:短裙和华盖为绯红色,胸巾为绯红色和绿色,背光和项光为淡蓝色和绿色,臂钏和莲花上有几处暗黄色和紫色。人物的皮肤和裙上未着色,头发只是淡灰色。除臂钏外,珠宝饰物均为无光泽的白色,可能这只是为以后上色打底。线条自由而醒目,由于人物不多、着色又少,线条就更引人注目。

其他印度风格的自在观音像有 Ch.xxii.0017、xxvi.001、lv.003 和 0024。参见 Ch.00157、00221、xx.005 和 lvi.0015。长 1 英尺 8 英寸(不完整),宽 1 英尺 9 英寸。《千佛洞》图版 XLIII。

Ch.00122. **纸画**。此画本来是贴在第 1382 号写卷上。画的是年轻的佛祖,隐双手和双脚,呈禅定状坐于莲花座之上,莲花座的顶部和底部均向外伸展。人物圆脸,像孩童,表情天真。双臂被红色袈裟盖住,后面是圆形背光(绿棕色)和项光(栗色、红色和黄色)。嘴唇和宝座底部是红色,佛身上其余部分未着色。笔法精致,很有魅力,但画面有几处已破损。$4\frac{7}{8}$ 英寸×$3\frac{1}{2}$英寸。贴在写卷上时为 $9\frac{1}{2}$英寸×$5\frac{1}{2}$英寸。

Ch.00124. **绢画**。画的是坐姿观音及其从者和供养人。画面有几处地方已破裂和磨损,镶有深紫色麻布边。底边不是麻布,而是紫色锦缎,锦缎上织有花朵图案。吊环为红色和黄色。

观音结金刚跏趺坐坐于莲花之上(莲花瓣为紫红色,瓣尖为紫色)。右手置于胸前,施论辩印,拇指和食指间拈深红色和白色长茎莲花。左手与肩齐,托净瓶。头饰前有坐化佛。

身材、服装、珠宝饰物、背光、项光、华盖多类似于 Ch.00167,但线条不如 Ch.00167 那么有力,颜料多已剥落。颜色主要有深红色和蓝灰色,饰物为淡黄色,项光和莲花心上有几处暗橄榄绿色。背光无火焰边。头发是蓝灰色,皮肤只晕染有淡粉色。净瓶是常见的类型,蓝色,有盖,从前面看有个短短的流水嘴,瓶上无装饰。

画面底下两边各站着一个手持纸卷轴的男子,穿中国官员的服装——深红色宽袖长外衣,白色的曳地长内袍,内袍领子竖立。他们的发型很特别,头发在头顶梳成两个直立的角,角上无尖,前面微凹,角顶上有镶凸饰的金色饰物。每个角根部扎一条红带子,从角根部还水平地伸出一根长簪,簪头为方形,簪头也有凸饰。此二人无项光,可能代表的是善恶童子。在 Ch.lvii.004 中,善恶童子就是这样的打扮,并且有题识标明了他们的身份。

底下的供养人分别跪在中央框形的两边(其中无字),右边是两个和尚,左边是两个尼姑。和尚着绯红色和黄色僧祇支,左肩上覆有黑色袈裟,光头涂成黑色。尼姑似乎系着女式腰带,内穿紧身胸衣,胸衣外罩橄榄绿色袍,最外面穿宽袖黑外衣,盖住脚,外衣的衬里是绯红色,但她们的服装究竟是如何组成尚不清楚。脸涂成白色(多已脱落),画有生动的红色面颊,这类画作中妇女的脸都是这样画。尼姑的五官尽管与和尚类似却柔和圆润,剃光的头被涂成淡蓝色(参见 Ch.xlvi.0014)。站在前面的左右两个供养人分别持香炉和瓶,其后的人在大浅盘上托深红色莲花。每人前面均有空白题榜。画面左上角和观音右边也有空白题榜。2 英尺 11 英寸×2 英尺 $3\frac{1}{2}$ 英寸。

Ch.00125. 麻布画。画的是站姿六臂观音及两个小从者和供养人。没有镶边,保存尚好。

观音面朝观者而立。上两手举起,分别持日月轮(月轮在右,中有树、蟾蜍、兔,日轮在左,中有凤凰,参见 *Ch.00102);中两手分别于胸前施论辩印,拇指、食指间拈柳枝,下两手置身侧,右手握数珠,左手持净瓶,瓶身为斑驳的瓷质,瓶颈和瓶底为金属。头饰前有化佛。人物和工艺大致属于 *Ch.0052 类型,在 0052 下可查到其他类似作品。观音穿紧身罩裙,上有花朵图案。项光绘成波浪状光芒。

观音脚下两边各站着一个男孩小像,穿白色长裤、绯红色短裙、黑色短外衣、贴身长袖衫,白翻领翻在胸前,腰系白带子。头发为黑色,垂在肩后,额上方系一个红蝴蝶结。发型参见 Ch.lvii.004 中的孩童供养人。这两个孩子可能代表的是善恶童子(参见本书第二十三章第五节,并参见 Ch.lvii.004)。

画面颜色主要有绯红、浅绿、橘红、黄。观音头左侧有黄色空白题榜。

底部为 6 个站立的供养人,几乎已全部剥落。左边为三个男子,右边为一男二女,全着同 * Ch.00102 等一样的公元 10 世纪供养人服装。4 英尺 8 英寸×1 英尺 9 英寸。

Ch.00126. 麻布画。画的是立姿观音及供养人。无镶边,保存尚可,但下半边已严重烤焦。

观音面朝观者而立。右手上举,持细柳枝,左手置身侧,持瓶(瓶身为瓷质,瓶上有装饰,瓶颈和瓶底为金属),眼斜,头饰前有化佛。身材、服装和总体处理方法同前一件和 * Ch.0052 类似,可在 * Ch.0052 下查到类似作品。穿紧身花罩裙,上有璎珞等饰物,身上装饰有大量的莲花形饰物,莲花中镶着宝石。项光上装饰有一圈闭合棕叶饰图案。颜色主要绯红、淡绿、黄和灰。头右侧有黄色空白题榜。

供养人几乎已全被磨光。跪在左边的似乎是两个男子,底下为一男仆(?),右边是尼姑和女子。服装与 * Ch.00102 等中的供养人相同。4 英尺 11 英寸×1 英尺 $8\frac{1}{4}$ 英寸。

Ch.00127. **麻布画**。有汉文题识,画的是立姿六臂观音(无从者)及其供养人。画面几乎已磨光,看得出人物的姿势、法器、身材和服装与 Ch.00125 类似,但画得更仔细。其他类似作品参看 * Ch.0052。底下的供养人为:右边立有三个男子,左边立有三个女子,均着 * Ch.00102 等画中的供养人服装。题识几乎也磨光了。左上角的题识是对观音的赞词,每位供养人前均有一行字的题识。3 英尺 10 英寸×1 英尺 $9\frac{1}{2}$ 英寸。

Ch.00128. **麻布画**。画的是立姿观音。无镶边,颜料大部分已脱落。画面底部和右侧严重变色。人物姿势和法器与 Ch.0052 一样,但身材、服装和头饰属于汉传佛教类型(与 * Ch.0052 一样)。仅存的颜色为披巾和裙上的浅红色。技艺精良。参见 * Ch.0052 下列举的其他画作。5 英尺 7 英寸×2 英尺 10 英寸。

Ch.00129. **麻布画**。画的是立姿观音及供养人,没有镶边,顶端有麻布吊带,保存不佳,有大块地方已变色。人物的身材、姿势、服装、发型和法器与 *Ch.0052 一样,但画得更精细。保留下来的颜色有粉红色、淡绿色和黄色。供养人包括右边的两个男子和左边的两个女子,均着 *Ch.00102 等中的供养人服装。5 英尺 $2\frac{1}{2}$ 英寸×1 英尺 10 英寸。

Ch.00130. **麻布画**。画的是立姿观音(几乎已全部剥落),身材、服装、姿势等为 *Ch.0052 类型。无镶边,顶上有麻布吊带。5 英尺 5 英寸×1 英尺 9 英寸。

Ch.00131. **麻布画**。有汉文题识,画的是坐姿六臂观音及其从者和供养人。无镶边,仅在画面外绘有一圈菱形边。画面完整,但颜料多已褪色。整体布局、人物、附件等属于 *Ch.00102 下所述的绢画类型,供养人也为同一类型。

此画中只有六个从者:左上角、右上角、左下角、右下角是四个跪着的菩萨,观音右边为婆薮仙,左边为功德天,与千手观音画及 Ch.00105 中一样。颜色有绯红、橄榄绿和黑。供养人包括右边的两个成年男子、一个男孩和左边的两个女子。男孩头上的题榜中有题识(只有两个汉字),其余的题榜均为空白。4 英尺 3 英寸×2 英尺 7 英寸。

Ch.00132. **细麻布画**。画的是佛及其从者,画面几乎已全部剥落。尚可辨出中央佛及立于其两边的大菩萨的痕迹。5 英尺 1 英寸×3 英尺 8 英寸。

Ch.00133. **彩绘麻布幢幡**。饰带和顶饰边为棕色麻布。画的是四分之三向右立的观音,双手合十(*Ch.i.0016 下描述了这类作品的特征并列出了同类作品)。笔法和工艺较差。画幅 1 英尺 $9\frac{1}{2}$ 英寸×10$\frac{1}{2}$ 英寸,全长 4 英尺 3 英寸。

Ch.00134. **彩绘麻布幢幡**。顶饰边为鲜艳的粉色麻布,饰带为深绿色麻布。保存良好,颜色清晰。

画的内容:观音(?)。观音四分之三向左立,双手合十,风格粗朴。同类作品的特征及目录见 *Ch.i.0016 下的文字。画幅 3 英尺 $1\frac{1}{2}$ 英寸×10 英寸,全长7 英尺 7 英寸。

Ch.00135. **麻布幢幡**。由一大幅粉色麻布制成。顶饰为米黄色麻布,镶有粉红色边,底部饰带为暗蓝色,两侧饰带已缺失。保存良好。

画面只描好了线条,未上色。画的是面朝观音而立的菩萨,右手于胸前施论辩印,左手置于右手下,掌中托无茎的莲花蕾。服装、发型和身材属于 *Ch.0052等麻布画类型。腿很短,比例失调,但画面的工艺尚可。菩萨头发为黑色,眼球为白色。画幅 3 英尺 $1\frac{1}{2}$ 英寸×$10\frac{1}{2}$ 英寸,全长6 英尺4 英寸。

Ch.00136. **彩绘麻布幢幡**。有汉文题识,顶饰边为粉色麻布,饰带已缺失。保存良好,颜色清晰。

画的内容:观音,题识中有对观音的赞辞。实际上是 *Ch.i.0016 的翻版,可在 *Ch.i.0016 下查到此类作品的特征及目录。画幅 3 英尺 $3\frac{1}{2}$ 英寸×7 英寸,加顶饰后长 3 英尺 10 英寸。

Ch.00137. **彩绘麻布幢幡**。顶饰边为粉色麻布,饰带已缺失,保存尚可。

画的内容:观音(?)。四分之三向右立,双手合十。此类幢幡特征及目录见 *Ch.i.0016 的文字。工艺较差。颜色整洁、清晰,有红、深灰和暗绿色。画幅 2 英尺 3 英寸×$6\frac{3}{4}$ 英寸,加顶饰后长 2 英尺 10 英寸。

Ch.00138. **小型彩绘麻布华盖**。为方形米黄色麻布,正面中间有红色麻布吊带。反面画着两个佛呈禅定状坐于莲花之上,每个佛占据了方形布的半边(沿对角线划分)。类似作品见 Ch.00381。$11\frac{1}{2}$ 英寸见方。

Ch.00139. **彩绘麻布幢幡**。顶饰的镶边和两侧饰带为棕色麻布。画面已破裂。

画的内容:菩萨。面朝观者而立,右手于胸前施论辩印,左手水平置于右手下,掌心朝下。服装、头饰等为 * Ch.002 中的汉传佛教类型,颜色有红色和黄棕色。类似作品见 Ch.xxiii.007,工艺见 Ch.i.0016 下的文字。加顶饰后大小为 3 英尺 1 英寸×6 英寸。

Ch.00140.　彩绘麻布幢幡。有浅黄色麻布做的顶饰、镶边和饰带的残迹,画面已磨损并褪色,但基本完整。

画的内容:菩萨。四分之三向左立,右手举起,持莲花,左手水平置于胸前,手背朝上,手指半屈。服装、头饰等为 * Ch.002 中所述的汉传佛教风格,但整个幢幡与更具印度风格的 Ch.xxiii.006 是一对。笔法、着色均与 Ch.xxiii.006 相同,材料、附件、观音的装饰性项光和头顶的帷幔也与之类似。画幅 2 英尺 2 英寸×6$\frac{3}{4}$英寸,全长 3 英尺 3 英寸。

Ch.00141.　彩绘麻布幢幡。顶饰已与主体脱离。顶饰为紧密的米黄色麻布,顶饰镶边为棕色麻布,残留有棕色麻布做成的饰带。饰带和幢幡主体上的麻布极薄,纹理极稀松。画面已污脏,保存得不好。

画的内容:观音(?)。四分之三向右立,双手合十。上身长,腿短。颜色有深红、绿和灰色,已脏污褪色。脚下的莲花生于直而长的茎上,莲花下面的空间过大,计算欠精确,就把莲花茎一直画到底部以填补空间。工艺较差。同类作品特征及目录见 * Ch.i.0016 下的文字。画幅 2 英尺 11 英寸×8$\frac{1}{2}$英寸,全长 4 英尺 4 英寸。

Ch.00142.　彩绘丝绸幢幡画残件。色彩已暗淡,但画面基本完整,可见一穿袈裟的菩萨的上半部。菩萨四分之三向左立,双手相握,颜色和线条类似于 Ch.lv.006,只有珠宝和华盖的细枝末节处不同。11$\frac{1}{2}$英寸×6$\frac{3}{4}$英寸。图版 LXXXI。

Ch.00143.　白描纸画。画的是佛像手印和菩萨手臂姿势示意图,共画有 38 双手、11 个菩萨。笔法遵循的是印度传统,但很粗略。手的姿势各不相同,

没有解释性文字,六种最常见的手印即说法印、论辩印、与愿印、无畏印、定印
和触地印未列其中。

某些菩萨手臂的姿势很奇特。其中一个菩萨站立,左臂上举,左手垂在头
侧。另外一个左手持瓶,右手摸头顶。还有一个两手食指都举在眉毛上。第
四个两手几乎在头顶相碰,这一姿势在不少千手观音中可以见到,千手观音呈
此姿势的手中有时托着日月轮(参见 Ch.xl.007)。纸卷四边留有 11 英寸空
白,纸上勒有浅边和竖线,竖线间隔为 0.75 英寸,与写卷中勒的线一样。图
版 XCVIII。

Ch.00144. **画稿,上面画有速写**。为佛教题材,可能是大型画作的设计
图。由三张纸首尾相连粘成,正反面均有白描或汉字,但正反面的画面或文字
的方向有时是上下颠倒的。画面从右到左内容如下。

正面:

(1)城墙之内有一些带项光的神祇,可能表示某一净土。此城有一个两
层高的门楼,门楼下有两扇城门,城墙角上是守望塔,城外右边是士兵,城前有
一队平民双手合十向士兵走去。

(2)一个菩萨坐在平台上,右手施论辩印,左手持权杖,身后是一大群坐
着的小菩萨。大菩萨前面有一个香案,远处有个鬼怪,手中持弓或别的什么武
器。

(3)与前两幅上下颠倒。右边为一持剑男子,再向左有一个小塔,塔前站
着一人,正在与持剑者争吵。左边一个穿官服的人向塔走来,而一名持棒者从
背后抓住他,另一人在他前面挥舞着拳头。穿官服者似乎正在与这两人争论。

背面,右边:

(1)一些画面或人物混杂在一起,可能是在画大画旁的小条幅之前的习
作。画面内容包括:一女子跪在神龛前祈祷,一莲花蕾中坐着一个婴孩,三层
伞,水池,佛,菩萨,水池与莲花、云等。这些内容有的重复画了多次,参见
* Ch.0051中大画两侧的韦提希王妃故事画。中间有个香案,上有三个圆形物
体,可能代表的是三宝。其余的各组画面有:一个男子坐于草屋旁;一个骑马

男子腕上托鹰,正在追一只兔子(参见 Ch.00216 左边的阿阇世王故事条幅);两人扯着第三个人的头,拽着他走,第三人双手被捆在身后(参见 Ch.cii.001 中的地狱审判场面)。还有其他在祈祷或争吵的人物。

(2)一张汉文写卷,共有 19 行字,底部有污点。

(3)左边为一个长胡须的显要人物,无项光,坐在华盖下的宝座上。他面前有个香案,上有供品。此人物举起左手,似在降福。旁边是僧侣和菩萨,也无项光,天空的云中有大群小神。右边有僧侣和菩萨持供品等向香案走来。最前面的菩萨跪着,手端一碗,可能是一碗米饭。他身后的菩萨把一碗同样的东西倒出来,堆成一堆。关于最后一位菩萨以及长胡须坐于华盖下的显要人物,还有正面的场景 1 和场景 2,请参见大绢画 Ch.00350 中的类似人物。

线条全都十分粗略。1 英尺×4 英尺 2 英寸。图版 XCV、XCVII。

Ch.00145.　白描纸画。画一和尚坐在毡毯上参禅。前面放着他的鞋,鞋尖上翘。背景中左边立着一个有盖的瓶子,瓶身为卵形,细瓶颈,瓶口和瓶底均宽,瓶肩上有镂空的瓶把手或瓶耳。左边是一树荆棘,上面挂着和尚的褡裢和念珠,褡裢似 M.1.xiii.001.a 中的毡制的包。和尚穿僧祇支和袈裟,盖住双肩双臂。头剃光了,头顶到下巴很长。五官大而直,表情坚定,画得很好。保存良好。1 英尺 6$\frac{1}{4}$英寸×11$\frac{3}{4}$英寸。图版 XCVII,《千佛洞》图版 XXXII。

Ch.00146.　白描纸画。画观音的各种手形,持各种法器(参见 Ch.lvi.0014 等),背面也画了几个手形,还有三行不连续的汉字,字几乎已完全磨光。正面的白描画有:一双施论辩印的手;一双合十的手;一双掌心相对的手,指尖朝下,拇指和中指均相碰,无名指弯曲,食指和小指平伸;还有一只只手,分别持瓶(2)、短剑或长剑(2)、戟、骷髅头权杖、贝壳、锡杖、坐佛、圆盾、贝叶经、两端为钻石形的棒、占卜箭(2)、罗索、拂尘、窣堵波、镜子(?)、金刚杵、钟或金刚铃、葡萄、圣书(卷轴状)、刻有卍字纹的方形圣物、神草(参见魏德尔《藏传佛教》,394 页)、中国圆形钱、三角板、弓,有一只张开的手中落下米饭(?),还有一只手食指上套着个椭圆形环状物,另有一手托钵。

背面有一双手托着空白的（日月）轮，还有的单只手上持云、发光的珠宝、莲花蕾或在食指上持小华盖。笔法粗糙，质量不一。保存完好。1英尺6英寸×11$\frac{3}{4}$英寸。图版XCVII，《千佛洞》图版XXXII。

Ch.00147. 素描纸画。是以中国画法画的狮子。狮昂首而立，四分之三向左，嘴大张，正在咆哮。狮后腿和尾巴上有漩涡形饰，状如Ch.00163中的叶形饰。以浓墨画成，有生气，保存完好。1英尺4$\frac{5}{8}$英寸×11$\frac{5}{8}$英寸。图版XCVII。

Ch.00148. 剪纸。是神龛的剪纸画，在暗黄色纸上剪成后贴在另一张涂了黑色的纸（薄板）上。六角形最大的神龛在三个较小型神龛的正前方，每个神龛都有基座，神龛顶部脊呈凹弧状，末端上翘。顶部饰宝珠和月牙。尖顶屋檐的底边延伸着拽紧的链条，链条上挂有铃铛。最大神龛龛顶有两只联手的猴子（？）。一只独角兽朝着猴子往上跃起，独角兽的长鬣（？）弯曲在背上，另一只独角兽在右边，只能看见头部分，其余部位残失。最大神龛前面还立着一对面对面的凤凰，每只凤凰后都跟着一只鸽子。在暗黄色纸上剪成的鸟类及动物类图案同神龛剪纸一样也贴在涂黑了的纸上。其他同类剪纸画见Ch.00423及参见Ch.00425。1英尺4$\frac{1}{2}$英寸×11$\frac{3}{4}$英寸。图版XCVII。

Ch.00149.a~f. 6朵纸花。a~e的剪裁与粘贴方式均与Ch.0077同，f用一张方形纸做成。c~e很精巧。直径3$\frac{1}{4}$英寸到5英寸。a、b的图版位置：图版XCII。

Ch.00150. 纸画。Ch.00150.a、b粘在其上。内容不是佛教题材，画的可能是龙马把最初的汉字交给伏羲（W.F.麦耶斯《中国读者手册》，48页）。龙四分之三向右侧跪，张口。龙前面站着一个长胡子微笑的人，左手持板，右手持毛笔，似在写字。穿白袖内袍，粉红色长披风，头戴黑色方头巾，头巾前面有突出的方形饰物（？）。由于这幅画后来被用来裱贴版画，人物后背的线条未画完便中止了。他手拿的板上有分叉的火焰,龙头和龙翼上也有火苗。龙为红色,蛇身,前腿呈马腿状,头为模式化的狮头,头上长有直立的浓密鬃毛,从鬃毛上长出三个尖形物,状如山峰。龙和男子之间,为串在红带子上的一串中国古钱,古钱的含义尚不明确,可能此处伏羲也被当成发明铜钱的人。保存良好,1英尺$5\frac{3}{4}$英寸×1英尺$2\frac{1}{4}$英寸。《千佛洞》图版XXXIII。

Ch.00150.a~d.　**四幅版画**。印自同一模子,上有汉文段落和观音像。观音坐于莲花之上,莲花和观音像外面套着个圆圈。观音手在胸前持半开莲花,衣服和饰物属于印度菩萨类型,头戴高高的花冠。背光和项光为圆形,有火焰边。人像置于纸张顶部,左右侧的小莲花上各有一个题榜。右边的题识为对观音的赞词,左边题识为献辞。整幅版画用双线勒边。模子刻得很不错。

被发现时,a、b粘在纸画 Ch.00150 上。a 的一半画面是用手工细致地着色,人物和附件涂成粉红色、浅蓝色、浅红色、绿色和黄色,题榜为黄色,红边。整张纸像挂画一样裱贴在蓝色有花纹的纸上。纸边印有反复出现的深蓝色四瓣小花,小花斜向放置,四个花尖处彼此相连,中间围成八边形的空间,八边形中有菱形图案。b、c、d 未着色,d 上粘了层沙子。印模为$10\frac{5}{8}$英寸×$6\frac{5}{8}$英寸。

a 加上裱贴纸为 1 英尺$3\frac{3}{4}$英寸×$6\frac{5}{8}$英寸。a、b 见图版 CI。

Ch.00151.a~s.　**版画**。画面设计均相同,上印有汉文及文殊菩萨骑狮携两从者像,布局与 Ch.00150.a~d 同。狮四分之三向左立于云上,脚踏莲花,头转向右后方。文殊面朝观者,右腿隐,左腿悬垂,右举抬起,持权杖(?)。穿的似是一件长袍,紧裹着身体,胸前和腰上都系了带子。长袍的袖子盖住前臂,在肘部有皱边。未穿铠甲。高而硬的头饰呈圆柱形或六边形。圆形背光和项光,有火焰边,并向外放射光芒。左边有个半裸男孩,躬身,双手合十,右边有个狮奴牵着狮子。狮奴不是 Ch.0023 等绢画中所画的半裸印度人,而是有胡须的男子,穿系腰带的外衣、裤子、长靴,戴高头巾,头巾散在颈上。右边有赞词,左边有献辞,下面有 13 行的汉语祈祷文。

a 旁边贴着 Ch.00151.t;d 裱贴在一大张纸上,四面留出空白边;c 是两幅版画并排贴在一起,其中之一多已磨损;h 的左半边已缺失;j 裱贴在另一张纸上,并留有纸边;o 裱贴在一张大纸上;p 只有一半画面,像挂画一样贴在黄纸上,上有红绳以便悬挂;q 还剩下三幅版画,底下无文章,三幅版画并排粘在一起;v 只剩下两幅版画,并排粘在一起。

共使用了两个模子。刻得较好的模子中,文殊的项光只有一部分,刻得较差的一个有整个项光。a、d、j、p 印自前一个模子,其余的印自后一个模子。两个模子的印痕都不均匀。Ch.00204 也是画面设计相同的多幅版画。模子大小分别为 $10\frac{3}{8}$ 英寸×$6\frac{1}{2}$ 英寸和 $10\frac{7}{8}$ 英寸×$6\frac{3}{4}$ 英寸。a 见图版 XCIX。

Ch.00151.t. **版画**。上印有梵文和汉文,以及坐于莲花之上的观音像,像外套了个圆圈。发现时它粘在 Ch.00151.a 旁边。观音盘坐,手放在胸前,双手手指尖交叉并向里弯曲。高冠前有一个化佛,服装和饰物属于印度菩萨类型。圆圈外刻有三圈梵文,之外是由两行梵文组成的方形。圆圈和方形之间为莲花,每朵莲花上都刻有大号梵文神秘文字。左边有三纵行汉字,整幅版画外边有两层边。参考 Ch.00152。$5\frac{3}{8}$ 英寸×$6\frac{3}{4}$ 英寸。图版 XCIX。

Ch.00152. **版画**。上印有梵文和汉文,中间有一个阿弥陀佛坐禅小像,像外有个圆圈,圆圈外为一个方框,方框外有四行梵文,其中含符咒。左边是四列汉字。$5\frac{3}{8}$ 英寸×$6\frac{1}{2}$ 英寸。图版 XCIX。

Ch.00153. **素描纸画**。画的是一双手,直立于扁平的莲花之上。有汉文题识,标明了每个手指在佛教象征系统中的含义,以及每个手指所对应的元素(从拇指开始,每个手指代表的元素分别为空、风、火、水、地)。绘画为中国风格。纸的柔软的黄纸,保存良好。$11\frac{1}{2}$ 英寸×1 英尺 4 英寸。图版 XCIX。

Ch.00154. **版画**。刻的是华盖之下莲花之上的两个坐佛像,有圆形背光和项光。佛均盘坐,右手均施论辩印,左边佛像左手施触地印,右边佛像左手置胸前,掌心朝上。做工粗糙。$11\frac{5}{8}$ 英寸×1 英尺 $7\frac{5}{8}$ 英寸。(左边佛像)图版 XCIX。

　　Ch.00155.　**素描纸画**。画的是四个菩萨,上面一对站立,底下一对坐在莲花座上,每对菩萨都相对而立(或坐)。上面一对靠里的两只手分别持念珠,右上角的菩萨外面的手持未开的莲花,左上角的菩萨外面的手垂在身侧,食指、中指、无名指弯曲。底下一对靠里的两只手分别持金刚杵和莲花,外面的两只手放在腿上。服装为印度菩萨风格,细节很少,无鲜明个性。保存良好。$11\frac{1}{8}$ 英寸×$5\frac{1}{8}$ 英寸。图版 XCIX。

　　Ch.00156.　**素描纸画**。画的是四尊凶恶的金刚,正面两个,背面两个。均奇形怪状,脚分开,站在岩石之上,或手挥金刚杵,或狂怒地伸着手臂。服装和整体风格与 Ch.004 绢画等一样。每个金刚旁边都有空白题榜。纸(米黄色)极为结实。$8\frac{1}{2}$ 英寸×$11\frac{1}{4}$ 英寸。图版 XCVIII。

　　Ch.00157.　**绢画**。画的是坐姿观音,无从者,完整,但工艺粗糙。图画画在另一幅画之上。画边上粘着残余的纸边,纸边上绘有粗糙的红色和灰色花草图案。

　　观音盘坐于莲花之上,双手于胸前施论辩印。脸短而宽,五官很直,头饰前有化佛。圆形背光和项光上无装饰,项光后是华盖,饰有珠宝。上面角落里有空白大题榜。身材、服装、珠宝饰物等大致类似于 Ch.00221。目前保留的色彩只有衣纹、珠宝饰物、华盖上的深红色、暗灰色和绿色,画面其余部分(背光、项光、菩萨躯体和莲花)的色彩均基本脱落,只剩下几点白色和浅红色残迹。

　　色彩脱落露出前一幅画的清晰的线条,显示出两个画得很好的人物像。一个是大型男子像,四分之三向左立于毡毯上,手持香烟缭绕的香炉。他身后是一个年轻男侍从,持长柄大扇。男子的服装属于 Ch.00102 等的供养人类型,男侍从则穿宽袖外衣、长内袍。他们可能属于某幅巨画的供养人行列。2 英尺 $1\frac{1}{2}$ 英寸×1 英尺 7 英寸。

Ch.00158. 版画。上印有汉文。印的是北方毗沙门天王及其从者。文章中所标日期为天福十二年(公元 947 年)。

版画占据了纸张的四分之三,所刻毗沙门天王面朝观者而立,脚踏着甲人上举的双手,着甲人较小,下身在朵云之中。毗沙门天王右手持戟,戟上有面旗,左手托小佛塔。其铠甲属于 Ch.xxvi.a.006 等丝绸幢幡类型。上身和肩部鳞片甲为圆形,下摆鳞片甲为矩形,身前悬弯刀,圆形胸护上画有人脸。天王脚下的人物可见其覆膊、肘部的花边和胸甲。天王与其脚下人物均戴头饰,而非头盔。右边站一个年轻男子,右手托一物(看不清为何物),只穿条短裙和一件虎皮披风,头戴老虎面具,老虎的前爪系在他颌下。他身后站着个鬼怪,穿虎皮裤,右手举着一个裸体婴孩。左边有一个穿汉族服饰的妇女端着一盘水果或花。妇女和年轻男子脚下有小山丘,所有从者均无光环。左上角题榜中写有毗沙门天王的名字,底下有 14 行汉字,其中含上文所说的日期。

托盘的年轻妇女在 Ch.0018、0031 中似乎也是毗沙门天王的从者,类似 Ch.00223 等千手观音像中的侍者功德天。穿虎皮的年轻男子在 Ch.0069 中似乎也是毗沙门天王的从者,那幅画中他脚下也有小山。手举婴孩的鬼怪在另两幅画中也出现过,即 Ch.00373 残片中和* Ch.lii.003 东方药师佛净琉璃世界中,在后者中他出现在夹侍药师佛的鬼怪之中,但他是何人尚不清楚。婴孩的姿势与 Ch.lv.0015 等画有佛祖转生的幢幡中的婴孩一样。毗沙门天王脚下的人物参见本书第二十三章第六节。刻印精良,已褪色。其他类似版画有 Ch.xxx.002、xxxvi.002。模子为 1 英尺 $3\frac{1}{2}$ 英寸×10 $\frac{3}{8}$ 英寸。(无汉文的画面)图版 C。

Ch.00159. 大张印花粉印的画,印在米黄色纸上。印的是阿弥陀佛坐在观音、大势至菩萨及两个佛弟子之间。所有人物均盘坐于莲花座上,座下面有云,佛和菩萨上方有华盖,佛弟子头上方是开花的树。夹侍菩萨和佛弟子身体均四分之三转向佛。佛盘坐,右手于胸前施论辩印,左手放在膝上。菩萨无个性特征,其靠近佛的手上均持未开的莲花,另两只手施论辩印,腿有点分开。佛弟子光头,有光环,双手合十。人物身材、服装、饰物、光环、华盖等均属于Ch.002汉传佛教风格。阿弥陀佛和左边两人物的轮廓印成连续的线,其余两人的轮廓线只是印了几个孔。保存良好,但有几个破洞。2英尺6英寸×4英尺6英寸。图版XCIV。

Ch.00160.　**纸画**。绘有佛及夹侍菩萨。佛盘坐在莲花座上,脚心向上,双手成说法印,袒右臂和右肩。皮肤黄色,头发蓝色,袈裟印度红色,圆形背光和项光为一圈圈蓝色、绯红色和铜绿色,莲花为粉白色,红边。菩萨分立于佛两侧,其中之一右臂下垂,另一个右手于胸前施论辩印,两菩萨的左手均放于胸前。菩萨头发为黑色,皮肤粉红色,裙暗蓝色,胸巾栗色和粉红色。人物主要为印度风格,线条和颜色均已相当破损。10英寸×7$\frac{3}{8}$英寸。图版XCII。

Ch.00161.　**素描纸画**。画于米黄色厚纸的残片上,纸上勒有竖格以写经文。画的是毗沙门天王,面朝观者,两腿分立于坐姿鬼怪的臂和手上,右手托塔,左手持矛。身体细长,头大,手足极小。铠甲与印度风格丝绸幢幡中的天王像一样(见*Ch.0010的总说明),但未画装饰性细节和铠甲鳞片,可能画家本想用着色来表现这些细节。只有少数地方着过色,铠甲底边和腰带下的皮片涂成橘红色。眼睛奇形怪状,呈斜上形,头戴三叶冠。纸底部被烧黑,但其余部分保存完好。10$\frac{3}{8}$英寸×5$\frac{1}{2}$英寸。图版XCII。

Ch.00162.　**纸画**。画的是一个神乘凤凰,怀抱婴孩,无光环,可能是生命之神大梵天。与此配套的画作形成了印度神祇系列,其中包括Ch.xvii.002、003和Ch.xxii.0033、0034。

神祇盘右腿,垂左腿,右手举权杖,上有骷髅,左手于胸前抱婴孩。服装似乎包括菩萨式的长裙和腰带,上身和手臂上紧裹一件有袖的红色衣服。上衣的宽领镶金属边,与 Ch.lxi.001 等中的天王服装类似。头发为黑色,梳成高高的顶髻,系有白色发带。耳长,挂耳环。肤色为纸的米黄色,晕染有浅红色。

婴孩穿黄色长外衣,头发在头顶梳成两个角(同 Ch.xxxvi.001 中一样),右手托白色球。凤凰画得很大胆,类似太阳鸟,头如雉,有冠,翅膀强壮有力,向上翘起,身上饰有红点,腿为黄色,翅膀为暗绿色、红棕色、灰蓝色。神的衣服和饰物上用的也是这些颜色。右上角有黄色题榜(无字)。保存完好。1 英尺 $6\frac{1}{4}$ 英寸×1 英尺 $\frac{3}{8}$ 英寸。图版 XCI。

Ch.00163. **纸画**。画文殊骑白狮及牵狮人,边上还有个供养人(?),有汉文题识。所有人物的大致姿势、菩萨的风格、附件等同丝绸幢幡和大绢画一样(如 Ch.xxxviii.004),但线条相对来讲没什么生气,着色粗糙。文殊坐于狮上,垂左腿,右手抬起,拇指和无名指相碰,食指和中指平伸,左手持如意。肉体轮廓为浅红色,头发和服装属于 *Ch.002 菩萨类型。

狮张口而立,胸、脚趾和腿背面为白色,身上有红色点。臀、尾和后腿前面有深粉色叶状装饰,像中国玉雕的兽身上的装饰。左肩上有翼状装饰物,上有红色火焰,翼状装饰只露出一部分,其末端为螺旋形。右肩上也有叶状装饰物的痕迹。狮奴的皮肤涂成深粉色,似在半空中大步前进,但狮子却静立不动。狮子和狮奴下面有粉色云朵。

左边的女供养人站在毡毯上,服装和发式同 *Ch.00102 中的供养人一样。毡毯上有个婴孩向她下跪。婴孩全身赤裸,头戴红蝴蝶结,双手合十,手中有未开的莲花。

右边的题榜中有题识,左上角的另一个题榜中也有两行文字。

颜色只有粉色、橘红色、灰色和棕绿色,均已变色。保存完好,边上有针孔。1 英尺 $7\frac{3}{4}$ 英寸×11 $\frac{3}{4}$ 英寸。图版 XCI。

Ch.00164. **带插图的手抄中国日历残片**。标有做某事的吉凶日,有红色断句符号和两幅画得很好的插图。第一幅插图上方画的是北斗七星,背景中有个香案。前景中为星官,穿中国官员服装,站立,身边有从者,一个穿大衣、戴幞头的男子双手合十跪于他面前。第二幅插图没有画完,右上角的云上有一只猴子(是某一行星的象征),画面中间是一名中国官员,与上幅画中的星官姿势相同。写卷 2 英尺 $3\frac{3}{4}$ 英寸×11$\frac{1}{2}$ 英寸。第一幅插图为 4 英寸×2$\frac{3}{8}$ 英寸,第二幅为 $3\frac{1}{4}$ 英寸×2$\frac{3}{8}$ 英寸。图版 C。

Ch.00165.a、b.　幢幡的三角形顶饰和吊带。均由花绸制成。

a 为花绸做的顶饰,米色地上有白色大花纹,与 Ch.0076 一样是稀松的缎纹织物。保留下来的花纹为盛开的大花朵及圆形叶子,这种图案在日本奈良正仓院藏品中很常见(见正仓院目录 i.P1.27 号,为镜盒上的银器工艺品)。镶有窄条米黄色素绸边,还有暗棕色窄饰带的残迹。竹竿已折断,竿上缠有各种颜色的丝线。一幅已破碎的绢画顶部缝在顶饰上。顶饰高 6 英寸,底边长 1 英尺 $1\frac{1}{2}$ 英寸。图版 CXII。

b 为顶饰上的花绸吊带。为平滑柔软的缎纹斜纹织物,织得极好,经线柔软。优美的图案只保留下来一部分,暗绿色地上有两排圆形六瓣花,分别为淡粉色和鲜艳的橘红色。每行中花间隔约 0.5 英寸,两行之间间隔约 1 英寸,一行中的花对应的是另一行中的空白地。

面朝每朵淡粉色花有一对小鸭倒立于菱形小底座上,可能花另一边也有相应的鸭子(未保留下来)。鸭喙中衔缠绞的花环,花环把鸭子连在一起。花环在每对鸭中间分叉,生出叶子来。鸭子织得栩栩如生,用浅绿、黄和白色织成,眼睛和斑纹为暗绿色,胸前和尾巴上分别有块橘红色。花环也是这些颜色。六瓣花的花瓣为心形,勾以白色轮廓边,花瓣分别从淡粉色和橘红色过渡到淡棕黄色。花瓣中间是暗绿色,勾以白色轮廓线。花心(未保留下来)镶有一圈绿边,绿边上有白色点。本图案与其他作品以及 Ch.lv.028 拼贴布的第 6~8 块花绸之间的关系参看本书第二十四章第二节。颜色清晰。8$\frac{1}{8}$ 英寸×

$2\dfrac{1}{4}$ 英寸。图版 CVI。

Ch.00166. **两块丝绸织锦残片**。与 Ch.xlviii.001 写卷封皮上的织锦条属于同一块,但较之更干净,并出现了别的颜色(粉红、紫红和深红)。详情见 Ch.xlviii.001 下的文字。$6\dfrac{3}{8}$ 英寸;$3\dfrac{1}{2}$ 英寸 $\times\dfrac{1}{2}$ 英寸。图版 CVI。

Ch.00167. **绢画**。有汉文题识。画坐姿观音及供养菩萨和供养人。题识上所记日期为开宝四年九月六日(相当于公元 971 年 10 月 15 日)。画面完整,保存完好。有 2 英寸宽的镶边和吊带,二者均为紫褐色丝绸。右上角镶边不是紫褐色绸,而是一条美丽的花鸟刺绣,这条刺绣本是从一大块刺绣上裁下来的。刺绣图案为写实的中国风格,以铺绣法在暗灰绿色纱上绣出各种绿、黄、灰、蓝、红、粉色图案。纱裱糊在一块同样颜色的素绸上,与 Ch.00348 的方式一样。

观音坐于粉紫色莲花之上,盘右腿,垂左腿。右手施论辩印,拇指与食指间拈长茎的深红和白色莲花;左手置膝上,持净瓶。头饰前有大型化佛像。服装为印度菩萨类型,与 *Ch.00102 中的八臂观音一样也戴串黑珠子项饰。但此画的线条与着色轻盈而熟练,完全没有 *Ch.00102 中的笨拙之感(参见 Ch.*lv.0014)。

观音的裙为浅朱红色,点缀有灰、白、黄色花。腰带为浅绿色和白色,胸巾为浅绯红色。披巾浅绿色,背面为蓝灰色。饰物为浅黄色,并挂有蓝灰色和绿色梨形宝石,宝石下衬托有深红色莲花。皮肤粉白色,皮肤轮廓线深粉色。脸胖而圆,五官小,均置于脸部中间。眼睛平齐,下眼睑为直线,上眼睑为弧线,眼内线为红色。小胡须先涂成黑色,再用绿色画成。弓形眉很高,眉与眼之间隐隐可见另一对眉毛,是先涂成黑色,然后用粉色画成。从中似乎可以看出,日本平安时代的一种风俗——剃掉眼眉,在前额上另画(?)一双眉——是从已有的中国时尚中借鉴去的。

项光和背光为圆形,涂成一圈圈无花纹的同心圆,颜色与观音的服装颜色一样,保留有印度式的火焰边,但已丧失了火焰边的含义——火焰边被画在背光的里圈而非外圈。观音头上的华盖不是布帷幔,而是由长在茎上的三串朱红色、白色和紫色花朵和绿叶组成,上面挂有珠宝,珠宝为绿色、朱红色和蓝灰色。华盖两边均有婴孩坐在紫色云朵上飘落下来,双手或合十,或献莲花,身上只着飞扬的朱红色和绿色披巾。

供养菩萨共六个,排成两列,一边三个,均转向中央的观音。上面两对双手合十,服装和头发为 Ch.002 风格,底下一对跪于香案两边,像观音一样穿印度式长袍,献上托有深红色莲花的盘子。供养菩萨的处理方式和着色均类似于中央的观音。香案上盖有像 Ch.00278 那样的布帷幔。整幅画着色十分清晰,但色调浅淡而单薄。主要颜色如下:菩萨的裙为朱红色,皮肤为白色,披巾和附件为绿色,背景为蓝灰色,下面供养人的袍子为黑色。

献辞两边每边立着三个供养人,男在右,女在左。服装和头饰的风格及颜色与 * Ch.00102 中的供养人一样,但男子的外衣长及地面,外衣里的裙为深粉色和黄色,外衣下露出白色裤子和内袍,上有红条,其样式看不清楚。妇女的裙为深灰色和棕色,腰带和袖边为白色,上有红色和灰色花纹,披巾为淡赭黄色。她们头上的饰物十分精巧,除花草饰物外均涂成白色,花草饰物则涂成橙黄色。

献辞为 6 行汉字,保存完好,记录有日期和主要供养人的名字,这位主要供养人是敦煌的一位军事官员。献辞中还包括为他已去世的父母祈福的内容,参考沙畹附录 A.V.B。每个供养人前面又另有题识,跪着的两个菩萨前也有题识,印有花纹的香案布上还有一条赞颂观音的短献辞。

其他风格类似的坐姿观音及供养人像有 Ch.00124、00221、xxii.0016、xlvi.0014和lvii.004,并参考 Ch.xx.005。3 英尺 $4\frac{1}{4}$ 英寸×2 英尺 $4\frac{1}{4}$ 英寸。图版 LXI。

Ch.00168.　9 块花绸残片。都是窄长条,有一条比其余 8 条宽些。织法为精细的缎纹斜纹。图案是重复的圆形花"点",直径约 $2\frac{1}{2}$ 英寸。"点"中间为一朵六瓣花,花瓣为心形,周围绕有六朵类似的侧花,侧花花心向外,花瓣向后伸向圆"点"的中心。每对相邻的侧花之间都有一个心形或三瓣形图案的轮廓线。花行之间的空白地中有菱形"点",由两对面对面的鸭子和菱形短对角线上的叶子组成。最宽残片上只织有半个菱形,图案便在此中断了,并准备开始织别的新图案。

各窄条上面是青铜色地,图案为浅蓝、金黄、绿和暗棕色。下面为淡粉色地,图案为暗绿、白、棕和淡蓝色。每个窄条上的两种图案均不完整,无法确定每种图案的宽度。颜色保存良好,花鸟为写实的中国风格。最宽的残片为 $8\frac{1}{4}$ 英寸×$1\frac{1}{2}$ 英寸,其余各条为 6 英寸到 1 英尺 5 英寸×$\frac{1}{2}$ 英寸。图版 LV,(图案重构后) CXVIII。

Ch.00169.　幢幡顶饰的花绸边。为缎纹斜纹,在灰棕色地上织有米黄色条组成的网状图案,网格为菱形,每个菱形中间有一朵米黄色四瓣小花。各斜线的交叉点上为米色正方形,正方形中间为棕色椭圆形圆环。斜线上也有灰棕色条纹。每行菱形中间有一条带子,分别为浅蓝、绿、橙红色。色彩精美,保存完好。边长 $10\frac{3}{4}$ 英寸。图版 LV。

Ch.00170.　织锦残片。双面,制成吊带,末端有丝绸制的流苏。织锦用很细的丝线织成小斜纹,经线扁平,未捻过。保留下来的图案是由条纹组成的两种色带,均为 $\frac{13}{16}$ 英寸宽,一种大致为红色,另一种大致为绿色。丝绸左右有 $\frac{1}{4}$ 英寸宽的暗棕色条带,红绿色带之间也是一条暗棕色条带。红色带上的外面两条条纹为杏粉色,经深红色、橙红色,逐渐过渡到中间的黄色线。绿色带上的外面两条条纹为发绿的深蓝色,经纯绿色过渡到中间的黄色。

每条带上都织有一排花,轮流为六瓣大花和四瓣小花,红带子上的花为浅蓝色,绿带子上的花为粉色(已褪色)。花心和最里一层花瓣均为暗棕色,但绿带上的暗棕色几乎完全脱落。红绿带之间是$\frac{1}{4}$英寸宽的棕色带子，上面织有白色或黄色圆环，组成三角形，三角形顶点轮流朝上或朝下。

当需要织花朵时，则使用第二根纬线（依据情况分别为蓝、棕或粉色）。这第二根纬线本来是附在织物背面，只有当花朵图案出现时，才派上用场，随出现在背面的第一根纬线而变换位置。但两根纬线均不与经线交织，它们分别在经线的前面或后面穿过，越过一朵花瓣的距离后，又回到自己原来的面上（前面或后面）。如此一来，在出现花朵图案的地方，织物上的线相当于根本没有交织在一起，而是由三层互不关联的线构成，所以织物表面磨损很厉害。棕色条带上的白色和黄色圆环用同样方法织成。同一织法的另一例作是 Ch. lv.0028 拼贴布中的第 3 号花绸。参看 Ch.0065 下所述的真正的织锦。除了在条带上出现了另外的纬线，此织物是一整幅丝绸。破损不少，但颜色保存良好。10 英寸×$2\frac{1}{8}$英寸。图版 LV。

Ch.00171.　两条花绸。用缎纹斜纹织成紧密细致的纹理，经线较硬。图案是常见的植物"点"，各行轮流为圆形和菱形。图案为白色、暖棕色、绿色和深蓝色，地为油灰色。圆形"点"由一个八边形组成，八边形中间是个六瓣花，八边形的顶点上有八对漩涡饰，漩涡饰上轮流为绿色和深蓝色的三瓣叶形物。圆形"点"直径为$1\frac{7}{8}$英寸，排成横排，各排相距约$\frac{3}{8}$英寸。此件中未出现垂直排列的图案。两排圆形"点"之间为菱形"点"，似乎也是类似的植物图案，但只保留下一部分。花绸有几处破损，但整体保存良好。

Ch.00181、liv.005（条带）及 lv.0028 拼贴布中的第 1 号花绸和第 15 号印花绸与此件图案类似，而且保存得更完整。

这种图案在奈良正仓院的银器和织物中也极为常见，但正仓院藏品中的图案变得更复杂，见正仓院目录 i.Pls.16（六边形镜子）、31 号（八边形镜盒）、35 号（镜套上的花绸）、ii.Pls.89 号、91 号（盖在椅子扶手上的丝绸）、109 号和

110 号(屏风边的丝绸)。这些银器为中国工艺。从中我们应该可以得出这样的结论:有这种图案的织物也是中国人织造。

在喀达里克发现了两幅壁画残片,即 Kha.i.C.00107、00109(图版位置:第四册第 CXVII 页,A),上面也有类似的八角星残迹,这两幅壁画在地理上构成中国同西方联系的桥梁。壁画中的花为四瓣,八角形顶点上轮流为花蕾和一对漩涡饰。参见本书第二十四章第二节。Ch.00171 长 1 英尺 5 英寸和 $11\frac{1}{4}$ 英寸,宽 $1\frac{5}{8}$ 英寸。图版 CXI。

Ch.00172.　三角形花绸残片。由三片缝在一起,可能本是某幢幡的顶饰。用细经线和未捻的宽纬线,以缎纹斜纹织成。地为深橙红色,图案有深蓝色和黄色两种。深蓝色(靛蓝色)图案的轮廓线为白色,黄色图案的轮廓线为深蓝色。图案设计成重复的花鸟,组成反复出现的圆形和菱形"点",但"点"没有正式的边界线,于是变成了满地一式花纹。类似图案参考本书第二十四章第二节。

圆形图案构成如下:四只伸长脖子的黄色鸭向一个中心点飞去,中心点上是蓝色小圆环,鸭子为纯粹的中国风格。菱形图案构成如下:中心点上生出四朵圆形花蕾,蕾头为三瓣,每对花蕾之间轮流间隔以叶状物和茎状物,叶状物和茎状物末端也是三瓣。叶状物形成菱形的长对角线,茎状物形成菱形的短对角线,二者均为靛蓝色,勾以白色轮廓线。角上的第三块残片的纹理和质地与此类似,图案也类似,但更大些。第三块残片上保留下来的只有一只白鸭的头颈以及绿色的叶状漩涡饰,均勾以深蓝色轮廓线。高 4 英寸,三角形底边长 9 英寸。图版 CXI。

Ch.00173.　两条花绸。背后有残余的衬纸,可能本是某写卷封面的边,像 Ch.xlviii.001 一样。为稀松的缎纹斜纹,经线细而硬,纬线宽,未捻过。图案为成排的六瓣花,直径约 $1\frac{1}{8}$ 英寸,每行花间隔 $\frac{3}{16}$ 英寸,一行中两朵花之间的空白处对应于下一行的花心。各行花的设计略有不同。a 行中从花心伸出六片小花瓣,小花瓣之间露出大花瓣;b 行中的大花心为圆形,分成四部分,外面是一圈又短又宽的花瓣。地为米黄色,图案为浅绿色、浅红棕色、亮丽的蓝色和油灰色。每种颜色并不单独涂染某个花瓣,而是呈条带形穿越整朵花。b 行中没有绿色。正面相当脏,褪色不少,背面则十分清晰。一条长 1 英尺 $3\frac{1}{2}$ 英寸,另一条长 $9\frac{1}{4}$ 英寸×$2\frac{1}{4}$ 英寸。织物背面的位置:图版 CXI。

Ch.00174.a.　**细密的小三角形花绸残片**。织法为缎纹斜纹,经线细,纬线粗些,未捻过,纹理紧密。图案大概是一个复杂的几何图形。地为印度红色,图案为白色,并有少量的粉蓝、金黄和绿色。最长处 $2\frac{3}{8}$ 英寸。图版 CXI。

Ch.00175.　**四块花绸残片**。织法与 Ch.0076 类似,但更结实。白底子上似乎为写实的大花鸟图案。图案为叶绿色、印度红色、深玫瑰色及深黄色,勾以靛蓝色边,但不完整。最宽的一条上可见一只织得很好的鸟(鸭?)的侧影,鸟头向后转,翅膀伸展。鸟头为靛蓝色,勾以红色轮廓线;眼睛为绿色,勾以白色轮廓线;鸟背为绿色,翅膀为红色和粉色,背和翅膀勾以靛蓝色轮廓线。颜色极为清晰。最大的两块为 1 英尺 1 英寸×$1\frac{1}{4}$ 英寸和 1 英尺 6 英寸×$\frac{5}{16}$ 英寸。图版 CXI。

Ch.00176.a、b.　**两条花绸**。织法为缎纹斜纹,经线细而硬,纬线宽,未捻过。深红色地,图案为靛蓝、浅蓝、浅粉、绿、明亮的黄色和白色,但已无从看出整体设计。a 上有一个靛蓝色菱形(?),菱形中有只黄鸟,鸟的轮廓线为红色。菱形边上是小白珠,勾以红色轮廓线。菱形角上(?)生出绿叶,白色茎,白色轮廓线。b 可能是出自另一块花绸,上面有同样颜色的重复的"点"。丝绸柔软、有光泽,颜色极为清晰。$8\frac{1}{8}$ 英寸×$\frac{7}{16}$ 英寸;$8\frac{1}{2}$ 英寸×$\frac{3}{8}$ 英寸。图版 CXI。

Ch.00177.a、b.　**两块花绸残片**。织法为缎纹斜纹,经线细而硬,纬线宽,未捻过,质地厚而柔软。地均为深红色。图案不完整,尤其是 b,但似乎主要为淡绿、柠檬黄、白、淡蓝、浅粉色,a 中还有深蓝色。在 a 中可见最大的一块图案:8 枚叶子的尖部会合在一个中心点上,此中心点可能是一个大轮形图案的中心。一片叶子的尖上连着复杂的花鸟图案。花鸟图案中织的是一对白鸟栖在植物卷须和叶子上,白鸟的轮廓线为深蓝色。a 有轻度的磨损和褪色。b 是三块残片,可能来自同一块丝绸,图案不及 a 逼真。b 上保留有小花或心形图案以及一部分叶子(?),十分清晰,有光泽。a 为 $4\frac{1}{4}$ 英寸×1 英寸;b 中有两片约为 $\frac{1}{2}$ 英寸见方,另一个窄条为 $8\frac{1}{2}$ 英寸× $\frac{3}{16}$ 英寸。图版 CXI。

Ch.00178. **三块花绸残片**。相当精致,织法为紧密的缎纹斜纹,图案引人注目。在金黄色地上为绯红色心形图案,排成斜排。每个心形的尖都被一条拱形细线切开,细线与背景同色。心形的尖在各行分别为明亮的蓝色、玫瑰粉色或暗绿色,但残片太小,无法看出颜色的排列有何规律。拱形线上方的心形主体上织有四个小白点。织物柔软、明亮,保存极好。最大残片 5 英寸× $1\frac{3}{4}$ 英寸。图版 CXI。

Ch.00179. **几块花绸残片**。织法为缎纹斜纹,经线细而硬,纬线扁平,未捻过。草莓红色地上织有成行的圆形的"点",直径 $1\frac{3}{8}$ 英寸,横向相距约 $1\frac{1}{4}$ 英寸。每个"点"由两头狮子构成,每头狮子追逐着对方的尾巴,不同的"点"中狮子的位置也不同。其中一窄条花绸上各行似乎相距 $2\frac{1}{4}$ ~ $3\frac{1}{4}$ 英寸。

狮子头较大,呈方形,嘴大张,前爪举起。身体为白色,耳朵为红色,眼和爪为黄色,鬣和尾为绿色。除尾部轮廓线为黄色外,其余轮廓线均为深蓝色。但有一块残片上的狮子黄色,尾巴轮廓线为白色。类似图案还可在 Ch.00228(锦缎)、00358、i.0022(印花绸)中看到,Ch.00363、00364 虽然不完整,可能也是类似图案。此图案是典型的中国风格,在正仓院藏品中常可见到(参见正仓院目录,i.Pls.10、27,ii.Pl.103),但正仓院藏品中的图案总是由绕圈旋转的鸟构成。主要的一块残片 $9\frac{1}{8}$ 英寸× $\frac{1}{2}$ 英寸。图版 CXI,(重构后图案)CXV。

　　Ch.00180.　花绸残片。厚而柔软,织法为缎纹斜纹,经线细而硬,纬线宽,未捻过。地为浅萨克森蓝(一种鲜艳的浅蓝——译者),图案太不完整了,已无法重构起来。角上有一头四足动物(狮?)的一部分,用白色织成,轮廓线为印度红色。狮背上有块布,有绿边,勾以红色轮廓线,布边上有黄点,布中间为蓝色,上有粉色花朵和绿叶。狮僵硬地立着,右前腿已缺失。丝绸柔软,有光泽。Ch.00362 可能与此件属于同一块料子。$4\frac{1}{8}$ 英寸×3 英寸。图版 CXI。

　　Ch.00181.　三角形花绸。是来自 Ch.00278 号那种类型的帷幔,衬有桃红色素绸,多处已脏污、褪色。织法为缎纹斜纹,花绸很精致,十分柔软。经线为细丝线,未上胶,纬线为宽些的未捻丝线。图案是 Ch.00171 图案的变体,圆点的边缘上交替出现成对的舒展的叶子与三瓣花。米黄色地,图案为深蓝、深橄榄绿、暗棕、褪色的桃红色,有几处是番茄红色,轮廓线为桃红色。Ch.00278、00279 帷幔上发现了同样的丝绸,说明这块丝绸来自这二者之一(参见Ch.00171下的详细说明及本书第二十四章第二节)。高 4 英寸,三角形底边长 $8\frac{1}{2}$ 英寸。图版 CXI,(花纹)CXVI.A。

　　Ch.00182.　花绸吊带。大部分撕成条,剩余部分有相当程度的褪色和破损。一端用锦缎打了个结,结上的锦缎为精美的黄绿色,织成小菱形花纹,此锦缎已成残片。花绸用缎纹斜纹织成,十分紧密。经线很细,上过胶,纬线为粗些的未捻纱线。图案为萨珊风格,由圆形小团花组成,团花直径为 $\frac{7}{8}$ 英寸,团花内有一对鸭。鸭为绿色,翅膀和喙为深黄色,地为浅黄色。团花边为深棕色,嵌有白色联珠。轮廓线不是呈阶梯状,这可能是由于图案较小的缘故,但鸭的形象仍很刻板。团花成排分布,在上下左右四点彼此相连。每个相连点上都有一朵六瓣花。各团花之间的空白处也有较小的六瓣花。花朵均为上文所说的那些颜色。整幅图案的地为暗黄灰色。其他萨珊风格的图案参见本书

第二十四章第三节。

此残片的特别在于,它在中国织成。图案的比例极小,纹理紧密,纬线较细,在这些方面它都与其他纯粹萨珊风格的作品不同(那些作品的编织风格均与Ch.009一样宽而有力),而在这几方面及颜色上,此残片均类似于Ch.00171,二者的不同之处仅在于此件中没有蓝色。Ch.00171产自中国,所以此花绸也必定产自中国。$10\frac{1}{2}$英寸×$1\frac{1}{8}$英寸。图版CXI;(图案重构后)CXVIII。

Ch.00184. **标有日期的纸画**。有汉文题识,画的是坐姿十一面六臂观音,底下是善恶童子(?)。题识上的日期为公元955年。

观音上两手托日月轮:左手托日,日中有鸟(此件中鸟只有两足);右手托月,月中有树和蟾蜍,吴刚在砍树(参见麦耶斯《中国读者手册》,第864部分)。右中手施论辩印,左中手于胸前托无茎莲花。下两手伸于膝上,右下手五指分开,左下手持索。腿盘坐,足心向上。前额上有第三只眼。上身和四肢轮廓线均为红色,眼睛虹膜为红色,两个侧头涂成灰色,其余的皮肤均为米黄色纸的本色,晕染有浅红色。服装、饰物和附件大体属于 ＊Ch.00102 等类型。

善恶童子(?)画成两个小孩,分别位于底下献辞两边。善童子跪在右边,双手合十,穿带红色条纹的长外衣(外衣从腕到脚盖住他),身后有只小雏鸟,小雏鸟下画了条波状线,直达画面底部。恶童子正在献辞框另一侧跳舞,手中挥舞着拍板或骨头。两人长短不齐的黑发都用红蝴蝶结系于头顶,像Ch.lvii.004中的孩子一样。

全画的颜色有橘红、粉、灰、橄榄绿和淡黄。笔法相当仔细,保存状况较好。

献辞有7行汉字,非常清楚。两边的童子前面各有一个窄题榜,其中有题识,但跳舞的童子前面的题识已基本剥落。献辞的内容见彼得鲁奇,附录E,Ⅱ。1英尺$8\frac{1}{2}$英寸×$12\frac{1}{2}$英寸。

Ch.00185.a~f. **六幅标有日期的版画**。刻有汉文文章。版画为观音像,印自不同的模子,底下的模子上写的日期为"大晋开运四年"(公元 947 年)。

观音面朝观者而立,上身向左腰挺出,右膝弯曲。右手置身侧,持净瓶,左手于胸前施论辩印,指间拈长茎莲花。头饰前有化佛。服装和饰物为 Ch.00125 等印度菩萨类型,项光为圆形,头上有华盖。两边各有细长的题榜,写有观音的尊号。整幅画外有一条线为边。模子为 $8\frac{1}{8}$ 英寸×$5\frac{3}{8}$ 英寸。

观音像底下是 13 短纵行的汉文文章,文章外画了一条线作边。文章中含献辞、供养人和制模者的名字以及上文所述的日期。参见附录 E,Ⅱ。模子约为 $4\frac{1}{2}$ 英寸×$7\frac{7}{8}$ 英寸。

印自上面那一个模子的其他版画见 Ch.lvi.0026。c 上有三个纸环以供悬挂,b、e、f 的角上有针孔。保存较好。a 见图版 CIII。

Ch.00186. 白描纸画。画的是密宗图形或曼荼罗,同 Ch.00190 等类似。中间为一朵八瓣莲花,莲花外为一个正方形。但此画中的小正方形外不像别的图案那样套有大正方形,而是套着一个十字形,十字形的横竖两臂长度相等。十字形的弯角上画有小正方形,这些小正方形中也有八瓣莲花。于是整个图形的轮廓就是一个大十字形加盖在一些小正方形上。如果把十字形的弯角填满,所得图形就会与 Ch.00190 等相同,那么两种图形原则上是一样的。

此图形为符咒,可能是用来抗疾病。中间莲花的花心中为一个汉字"佛"。十字形中画了些小盘子、灯、瓶等。每件事物旁边都有一个汉字标明此物的含义,如"水、香、灯"等。十字形弯角上的小正方形旁边也有字。左上角和右上角的正方形旁有"药王"二字,底下两个小正方形旁的字大概指的也是"药王"(实际上右下角为"观世音"三字,左下角为"大势至"三字——译者)。十字形的每端写着四天王的称号,如"天王,北门""天王,西门"等。在整个图形的上方有四个汉字,中含祈祷之意。底下有两组汉字置于两个框中,分别由三个和两个字组成。背面角上也有两行汉字。保存良好。1 英尺 5 英寸×1 英尺。图版 CIII。

Ch.00187. **白描纸画。**有汉文题识,画的是密宗图形或曼荼罗。与*Ch.00190 相同,但未画完,而且只有中间写了汉字(参见*Ch.00190 下列举的其他类似作品)。背面有 15 行汉字,并有四个几乎已磨光的方形印鉴。保存较好。1 英尺 $2\frac{5}{8}$ 英寸×1 英尺 $\frac{1}{2}$ 英寸。图版 CIII。

Ch.00188.a、b. **两个带插图的汉文写卷残件。**写卷中为一篇论千佛名称的论文,每个佛名顶上都有一幅小佛像,保存良好。见 Ch.00210 和 xi.003。9 英尺×11 英寸;1 英尺 6 英寸×11 英寸。

Ch.00189. **白描纸画。**有汉文题识,画的是密宗图形或曼荼罗。大体如*Ch.00190 等,但尺寸更大,细节更复杂。

中间是一个有 16 个顶点的轮子,轮中间为一朵莲花,莲花有很多花瓣。轮子像几何图形,顶点上饰有珠宝。

最内一圈正方形内是交替出现的小莲花和大莲花,小莲花外均套有一层花环,大莲花上托着发光的珠宝。正方形四角里斜放着四个坐姿神像。左上角为菩萨或天佛,头戴六叶冠,右手施无畏印。右上角有一佛,头上有肉髻,右手似在祝福。右下角为菩萨或天佛,右手抬起,食指伸直。左下角为一个三头六臂神,肩后扛一头白象,膝上放一根长棍,棍两端为球形。正方形四条边上标有东西南北四方向,上方是南。

第二圈正方形中无画像,但又分成五个同心的正方形,有一些短线与各同心正方形的边斜向相交。

第三圈正方形分成许多框,每边有六个框,每框中有圣物和或坐于莲花之上的神祇,圣物和神祇上都饰有饰带。神祇或圣物如下。顶上六个框中为交叉的金刚杵、熊头神、发光的珠宝、贝壳、三叉戟(?)和剑。右边六个为法轮、戟、圆盾、罗索(?)(罗索上有三个叉)、棒和金刚杵。底下六个为骷髅头权杖、象头神、发光的珠宝、镶有珠宝的棍棒、贝壳和剑。左边为斧、箭、三叉戟(?)、金刚杵、弓和剑。

最外圈正方形中有一些龙树树枝(也可能是珊瑚)和开花的灌木,树枝和灌木交替出现。此正方形中只有"北"方完整。四角内为须弥山,源起于世上诸山之上,山顶扁平,朝向图形的中心。每边内都有块 T 形空间(见 *Ch.00190),其中画着大海,有神坐于海上或海边,水中漂浮着较大的佛教法器。四个 T 形空间中的神如下。上边是一个穿甲神,持三叉戟或叉,坐在海上的毡毯上;还有一双手竖立在他头顶,指尖交叉着弯向手心。右边为一个持三叉戟的半裸神,坐在妖怪身上,妖怪长着两条鱼尾;神头上有一双直立的脚(只看得见脚底)。底下为一个持戟的穿甲神,坐于水边岩石上;他旁边有一只手,直立,小指伸直,其余各指均弯向手心。左边为一个穿僧袍或平民袍的人,头发在头顶两侧梳成两堆,坐于毡毯上,双手合十;他头上有一双如右边那样的佛脚。T 形空间的窄端被扁平的拱形盖住,拱形由两条龙的上半身组成,龙口中衔珠宝,龙从一只乌龟的口中飞出。

T 形空间中的许多法器和神祇旁边均有解释性汉文题识,许多题识已半被磨光。保存良好。1 英尺 11 英寸×1 英尺 $10\frac{3}{4}$ 英寸。

*Ch.00190.　**白描纸画**。有汉文题识,画的是密宗图形或曼荼罗。此画在图形设计上很有代表性,我所藏的其余佛教图形多是遵循这种设计。但此画中的神祇和法器全用文字写成,而不是用图像来表示。其他画的或写的类似图形有 Ch.00186、00187、00189、00379、00398、00420、00428、xiii.0015、xliii.004。

中间是一个正方形,正方形中有一朵八瓣莲花。正方形外又套着三个正方形。最外圈的正方形每条边的中部都用线标出了一条线段,而此圈里的那圈正方形的各边形成较短的线段,这样就构成了 T 形空间。T 形"头部"宽,"腿部"短粗,"头"置于最外正方形的边上,"腿"则指向图形中心。在着色的图形中,这些 T 形总是被涂成不同颜色。从此图的题识看,这些 T 形似乎与指南针上的东南西北四点有关。整个图形可能代表的是宇宙:宇宙被想象成一个方形花园,花园上是印度风格的须弥山。有些图形底下画有一对交叉的金刚杵(如 Ch.00398 和 00428),而据说宇宙下面就是一对金刚杵支撑着,这更令人觉得此图形代表的是宇宙了。

整个图形上均为汉文。中间莲花心上是向佛祷告的文字,莲花外轮廓与最内圈正方形之间的空白处为各种供品的名称,如"花""香""火""烟"等。再向外的一圈正方形中,写有梵文陀罗尼(?)音译而成的两行汉字,正方形四角之外则分别写着四天王的名字。最外一圈正方形和 T 形空间中也写满了神祇的名字,名字的位置也就是该神在宇宙四方中的位置。背面有 17 行汉字。保存良好。1 英尺 $4\frac{1}{2}$ 英寸×$11\frac{3}{4}$ 英寸。

Ch.00191~00202. **多幅纸画**。有汉文题识。每幅均画有一个佛坐于莲花座上,可能其中包括了阿弥陀佛的九品手印。笔法极粗略,着色也粗劣,只限于深巧克力色、红色和青绿色,皮肤和背景为粉黄色。Ch.00198 和其后几幅画可能组成另一系列,其中出现了橘红色和深棕色,但无巧克力色。莲花心为天蓝色,只有一层向下翻的花瓣,花瓣尖为红色或米黄色。佛的背光和项光为圆形,项光红色,米黄色边,背光绘成一圈圈黄绿色和红色同心圆。佛的嘴唇为红色,眼和外形轮廓线为黑色,此外皮肤全涂成米黄色。每幅画旁边都有仓促写成的汉文题识,用一个名号来说明此神,但许多题识已不可辨认。这些画组成了一个系列,本来是画在几张粘在一起的窄条纸上,后来又剪成了独立的画面。但图样位置放得不好,因而纸和纸的连接部总是出现在人像当中,见 Ch.00191、00192、00194、00197。这些画都曾被平贴在灰幔抹过的某一平面上,因而画上仍粘有黏土,很硬。

佛像的各种姿势如下:

00191. 佛结金刚跏趺坐。右手施论辩印,左手水平置于右手下,中指和无名指弯曲。袍为巧克力色,衬有白色里,僧祇支为红色,袒右肩右臂。右边的题识虽然破裂了,但仍然完整。$10\frac{5}{8}$ 英寸×$8\frac{3}{8}$ 英寸。

00192. 佛结金刚跏趺坐。右手置胸前,手背朝上,手从腕部下垂,拇指、中指、无名指弯曲;左手置于膝上。袍为巧克力色,有天蓝色衬里,僧祇支为浅红色,半袒右肩。右边有题识。$9\frac{1}{2}$英寸×$8\frac{1}{8}$英寸。

00193.　只有佛的上半身,上面出现另一个佛的莲花座和左膝。袍为巧克力色,有天蓝色衬里,盖住双肩双臂,隐双手。右边有题识。$10\frac{1}{2}$英寸×$8\frac{1}{4}$英寸。

00194.　佛结金刚跏趺坐。右手上举,但离上身有段距离,手张开,稍向后弯曲,手心朝上,拇指和食指相碰,像论辩印中一样;左手如 Ch.00192 一样置于膝上。袍巧克力色,衬有天蓝色里,半遮住右肩。左边有题识。$9\frac{1}{2}$英寸×$8\frac{3}{8}$英寸。

00195.　佛腿半盘,脚放在莲花座上。右手与 Ch.00194 同,但稍向前弯而不是向后弯。左手张开,手背置膝上,拇指和食指相碰。袍巧克力色,衬有天蓝色里,半遮住右肩。僧祇支为红色。右边有题识。$10\frac{3}{4}$英寸×$6\frac{3}{4}$英寸~$7\frac{1}{2}$英寸。

00196.　佛结金刚跏趺坐。右手与 Ch.00194 同;左手抬起,平举在身侧,手心向下,拇指、食指伸直,其余各指弯曲。袍为巧克力色,衬有天蓝色里,半遮住右肩。僧祇支为红色。右上角残留有一个汉字的题识。$10\frac{3}{8}$英寸×$7\frac{1}{8}$英寸。

00197.　佛结金刚跏趺坐。双手均反抬起,手姿如 Ch.00194。袍为巧克力色,天蓝色衬里,半遮住右肩,用带子系在左肩上。僧祇支为红色。右边有空白题榜,但题识却写在背景左侧。$10\frac{1}{4}$英寸×$8\frac{7}{8}$英寸。

00198.　佛结金刚跏趺坐。手姿与 Ch.00191 中一样。袍为红色,有白色衬里,半遮住右肩。僧祇支为天蓝色。左边题识只剩下底部的两个汉字。右下角已缺失。$10\frac{1}{4}$英寸×$8\frac{3}{8}$英寸。

00199.　与 Ch.00198 一样。颜色脱落了不少。左边有题识。底部已缺失,但左下角突出的一角中露出底下人物项光的一部分。13 英寸×$8\frac{1}{4}$英寸。

00200.　佛结金刚跏趺坐。右臂于肘部弯曲,手向观者伸出,手心向上,食指、无名指弯曲;左手张开,置于腿上。袍红色,有衬里。僧祇支为天蓝色,袒右肩。左边有题识,右下角有个黑污点。$9\frac{1}{2}$英寸×$8\frac{1}{2}$英寸。

00201.　画面右上方缺失,佛像右手也缺失,左手放在膝上,结金刚跏趺坐。袍红色,有米黄色衬里,袒右肩,左肩上有条带子系住袍子。僧祇支为天蓝色。右边有题识。$10\frac{1}{2}$英寸×$8\frac{1}{2}$英寸。

00202.　只有上半部分,看得见项光及佛眼以上的部分。右边有题识(不可辨识)。长 4 英寸(不完整),宽 $8\frac{1}{4}$英寸。

其他相同或类似的系列作品见 Ch.00392、00402、00413。

Ch00203.a~e.　版画。印有汉文和阿弥陀佛像。布局与 Ch.00150.a~d 完全相同。佛呈禅定相坐于莲花上,右肩半披着僧祇支。右为赞词,左为献辞,底下还有 13 行汉字,主要是音译的梵文,其中含祈祷内容。c 左侧缺失。另一幅同样的版画为 Ch.xliii.003。$10\frac{3}{8}$英寸×$6\frac{5}{8}$英寸。

Ch.00204.　四幅版画。其设计与 Ch.00151 相同,印有汉文和骑狮的文殊像,印得不好。印在几张小正方形薄纸上,后来这几张纸被粘在一起组成一大张,边上镶有硬纸边。中间的版画上贴着另一张窄纸条,纸条上方拙劣地画了一小个佛像并着了色,底下为赞颂阿弥陀佛(?)的赞词。底部的题识已脏污,看不大清楚。整张纸保存得不好。2 英尺 4 英寸×1 英尺 $5\frac{3}{4}$英寸。

Ch.00205.　**版画**。印有汉文及骑象的普贤菩萨和两名从者。模子刻得很粗糙,印得也不好,图形设计如 Ch.00150.a 一样。上半部为普贤骑象,象下为卷云,普贤与象均面朝观者。普贤右手持剑(?),左手持竖立的金刚杵,身后的椭圆形背光和项光有火焰边,并向外放射光芒。右边为半裸的印度(?)象奴,手持刺棒,左为一个双手合十的菩萨(?)。中间的几个主要人物被红颜料染污了,看不清细节。左右均有题榜,上面写有赞词和普贤的名号。底下有11 纵行的汉字,其中含供养人的名字等。参考彼得鲁奇,附录 E,Ⅱ。

版画印在黄纸上,并像挂画一样裱贴在米黄色纸上,但裱贴纸的上端已缺失。模子 8 英寸×5 英寸。

Ch.00206.　**画在纸上的星图(?)残片**。盖满了汉文和直角图形。星图绘成红、灰、黄、棕、绿色,一端不完整。背面为四行汉字,用不同书体写成。正面顶上贴有一张纸,纸上有一行汉字。11 英寸×1 英尺 9 英寸。

Ch.00207.　**画在纸上的速写**。画的是一匹马和一匹双峰驼。马背和骆驼背上都有空鞍子,左边都有侍者牵着。汉文题识中所提供的历史信息和日期,见沙畹的解释,附录 A,V.C。此画日期为公元 966 年(宋乾德四年——译者)。以浓墨绘成,十分粗略。颜色只有鞍具上的深红、灰和橄榄绿色。马的鞍具包括马笼头、马缰绳、后兜带和鞍,鞍桥上盖有鞍布,布上垂下长穗边。骆驼的鞍或鞍布为方格形,驼峰从鞍中间伸出,鞍上垂着有条纹的布。牵马者持鞭,牵骆驼者持棍或刺棒,两人均穿长外衣,系腰带,头戴黑色小圆帽。

整幅速写是画在汉文写卷上的。除第一行和第二行大字外,其余字的方向与画的方向上下颠倒。背面有三分之二的地方也写满了汉字。右边贴着从另一张纸上撕下来的一条,在条上继续写字。此文章可能继续写在另一张纸上,见 Ch.00388。有些地方已破裂。2 英尺 $9\frac{1}{4}$ 英寸×1 英尺。图版 XCVI。

Ch.00208.a、b.　**两张纸长卷残片,上面画有速写**。可能像 Ch.00144 一样是某张大画的画稿。a 正面右边为一群妇女,分层而跪,均双手合十。左边为一群同样姿势的男子。中间有窄题榜,其中写有汉文题识。妇女的头发上饰有精致的花蕾和长饰针,男子戴官帽,如 * Ch.0021 中的地狱十王等一样。背面有 16 行书写得很不美观的汉字。b 正面与 a 相同,题识也是在男子和妇女之间,但左侧另有一个六臂菩萨,手持剑、斧、三叉戟等。菩萨两边各有一行汉字题识,背面写有四行汉字。画得极为粗略,人物五官等均未画上。每张残片为 $11\frac{1}{2}$ 英寸×1 英尺 $4\frac{1}{2}$ 英寸。

Ch.00209. **绘有白描的纸卷**。画有许多人的脸和身体,写有汉文,文字中标明佛像身上哪些部位比较关键,以及这些部位在佛教象征系统中有何含义(实际上画的是如何相面——译者)。画的内容从左至右为:三个立姿人像(两个为背面像,一个为正面像),不完整;一张人脸,正面;一个人的背面像;一张人脸(不完整),正面。纸卷背面残留有一行藏文。保存较好,但顶部和底部均破损。$10\frac{3}{4}$ 英寸×2 英尺 $8\frac{1}{2}$ 英寸。图版 XCVI。

Ch.00210. **带插图的汉文写卷长卷**。写卷是一篇论千佛名称的论文,文末题识中所标日期为公元 920 年,正文中绘有零星的坐佛小像。文章开头粘着一张比原文更黄的纸,纸上画有一大个坐佛像,如 Ch.00396 一样,但佛像大部分已被撕破。类似作品见 Ch.00188、xi.003。51 英尺 3 英寸×1 英尺。

Ch.00211. **纸画**。与一个汉文写本(?)的封皮同时发现。封皮为窄条深紫色棉(?)布,织成紧密的小菱形,边角上处理得很整洁。尺寸为 $5\frac{3}{}$ 英寸(原书中未印分母——译者)×10 英寸。封皮朝里的一面粘有一张纸,纸的左半部已缺失。这张纸本是一幅画,因为纸边上有人物的饰带和帔帛的痕迹,右半边只有四个汉字"八大金刚",其余部分全为空白。

封皮中间夹着一张纸,没有与封皮粘在一起,这就是 Ch.0021 纸画,纸张大小为 $5\frac{3}{4}$ 英寸×4 英寸。画的是日光菩萨,四分之三向右立于粉红色云上,由两名无项光的女神陪同,女神持花。

菩萨右手施论辩印,左手持长柄扇。头发上有一只展翅的太阳鸟,黑发在太阳鸟后面梳成高髻,头周围是项光,有火焰边。五官清秀,红颊,前额上有彩妆,似是被画成了女性。两名陪侍的神肤色和五官均相同,其发型为女性发型,由此可以判断她们是女性。头发像*Ch.0051等中的韦提希王妃一样,梳成两个高高的圆环。菩萨和两个女神均穿白色曳地长内袍和宽袖外衣。外衣为内袍四分之三长,粉红色,蓝边。妇女和男性官员都可能穿这种服装。

背景为绿色。地平线上有陡峭的山脉,山顶有松树。左上角有一个红色日轮,其中有太阳鸟(两足),日轮的红色光芒照在底下的神身上。右下角跪着一男一女,持香炉和花,服饰等与*Ch.00102等中的供养人一样,但男子外衣为紫色,女子外衣为粉红色。色彩明快,有绿、粉、蓝和绯红色。画得精巧流畅,着色轻巧。保存较好。

Ch.00212.　带插图的汉文写卷残片。写卷只剩下上边,插图位于残件右边。画一个男子,穿长袖大衣,戴黑帽,四分之三向右立或坐,怀抱纸卷轴,线条粗糙。人物右边有两个短题榜,无字。左边一个题榜中有 7 行汉字。背面空白。$4\frac{1}{2}$ 英寸×1 英尺 2 英寸。

Ch.00213.　小型汉文写本。封面内侧涂抹有魔怪的速写像。所用的纸本是一大张,上面勒有纵格。大纸被裁成小块,然后用线把小纸块订在一起,共 16 页。前三页上写满文字,其余各页空白。纸页大小为 $2\frac{1}{2}$ 英寸见方。

Ch.00214.　汉文写卷残片。写卷文字之间夹杂着不少画。画的内容从左至右如下:人头怪和鸟头怪的速写像;一棵棕榈树及一个类似马或独角兽的妖怪;许多人头像置于几个图形之上,这些图形由大汉字构成;还有一些其他图形,由小方块组成,排列在直线之上。写卷的文字可能是符咒。纸的正反两面都是文字和画,只有纸卷的上半部分保留了下来。6 英寸×1 英尺 7 英寸。图版 XCVIII。

Ch.00215.　绢画的底部。像挂画一样裱贴在一张纸上,底边安有木杆。画上只有两朵莲花,分别为蓝色和洋红色,洋红色花上有菩萨的脚以及下垂的披巾。背面有汉文题识。长 10 英寸(不完整),宽 $10\frac{1}{4}$ 英寸。

Ch.00216. 大绢画。有汉文题识,画面已破损,但除此之外保存得极为完好。画的是阿弥陀佛净土或释迦牟尼净土,两侧小条幅画的是阿阇世王的传说和韦提希王妃观佛,与 * Ch.0051 内容类似。题识只与两侧的小画面有关,没有标日期。两侧小画面与主体画面之间用朱红色宽带隔开,宽带上有成串的叶子和花朵,花和叶为鲜艳的蓝色、橘红色和铜绿色,茎为粉红色或灰色。底下也有一组小画面,用蓝色和绿色的六边形图案与上面的主体画面隔开,六边形中间有红色和粉色花。整幅画外绘有棕色边,边上饰有笔法大胆的缠绞的植物卷须。左上角、左下角、左边中心部分和右边的大部分均保留了下来。

佛只剩下了右肘、右胁和右膝,盘坐,右臂从肩部伸出,于肘部弯曲,只有右前臂保留了下来,上面盖着袈裟。其他画作中的佛像均无这种姿势。左边的人物有:一个献花的菩萨;一个双手合十的迦楼罗,长着一双蓝色的粗糙翅膀,腿上有红色羽毛,胸和臂像菩萨;一个站立的和尚;上面还可见另一个菩萨和另一个和尚的痕迹。前面有:香案;铺琉璃的地板上立着一个大花瓶,其中盛满花;一个婴儿的灵魂从池中探出来,并有残缺不全的题识说明此婴儿在净土中的位置,如 Ch.xlvii.001 一样。

顶部为天宫,有靛蓝色的弧形斜屋顶和游廊,中央亭子上的白饰带在天空中飞舞。天空为深蓝色,绘有金色的星。空中有很多坐佛小像、伞状华盖、闪光的珠宝(放在莲台之上),还有深棕色鼓,鼓上系有红带子。鼓为圆柱形,或说为"细腰"形,有的鼓上有弦,用臂压住时会发出不同声音。还有一个鼓上有竖立的杆,杆上有交叉的锤,锤可以落下来击弦,当代(印度?)就有这种乐器。左上角还有一个普贤骑象的小像。显然,如果画面完整的话,右上角当有一个文殊骑狮的小像来维持画面平衡。

中央佛左右是三组神及其侍者:上面为一对坐姿菩萨(大势至和观音),下面是一对坐在香案后的佛,底下为一对站立的佛。每组神身后均有Ch.lii.003所述的那种开红花的树。佛的手一般抬起,拇指和无名指相碰。坐佛身后的供养菩萨双手合十,左下角立佛身后的供养菩萨右手手指握在左手中,右下角中只有一个供养菩萨的手保留下来,手托盘子,盘中盛着花。

左下方和右下方的立佛之间是个小平台,平台上绘有乐师和舞伎,但舞伎已缺失,只有一边的六名乐师和另一边的三名乐师保留下来。乐器有笛、箫、琵琶、五弦、鼓,均与 Ch.lii.003 属于同一类型。

画面色彩丰富鲜艳,有的地方涂了金粉,产生了强烈的装饰性效果。着色精美、整洁,即便在最小的细节上也十分精致,而且没有亮部到阴影部的过渡。阿弥陀佛的皮肤上涂了金粉(从肘部可以看出来);小佛的肤色为深肉粉色,晕染有红色;大势至和观音的皮肤为浅肉粉色;大多数供养菩萨和乐师的肤色为白色,只稍微晕染很浅的粉色。肉体轮廓线均为粉色或红色。只有菩萨的头发、弯眉和眼睛的虹膜为黑色,别处没用黑色。菩萨的小嘴为鲜红色。

人物的脸和身材有女性特征。头发在前额成一条线,耳朵前有一长绺头发,脑后有一个大发卷。头饰只是白色或金色窄发带,简洁明了,全无原来印度式高顶髻和金冠给人的刻板之感。耳际有飘扬的饰带,头的正上方有宝石。长袍和胸巾为浅粉色、绿色、蓝色、巧克力色或红色,绘有色彩对比鲜明的各种花朵图案,上半身和手臂大部分赤裸。宝墀地面上有大量装饰物,水中也有一堆装饰物。有华盖、盖香案的布和项光。

两侧小画面风格要简单得多,但色彩同样很明快,全部为中国世俗画的风格。保留下来的小画面中大多数有题识,确定了这些画面及其他净土图两侧的小画面的含意(参见*Ch.0051 等)。右边为韦提希王妃观佛,左边是阿阇世王的传说,内容如下。

右边,韦提希:

(i)观日,为云上托着的红日轮,其中有三足鸟。

(ii)观水,为奔腾的溪流。

(iii)观"极乐世界"之地,为方形,分成许多小方格,涂成明亮的蓝、铜绿和橘红色。

(iv)观宝树,即菩提树,树为星形叶,开红花,与 Ch.lii.003 等为同一类型,置于平台上篮子中,篮子边上挂着布帷。

(v)观莲花池,题识中的说明文字缺失。

(vi)观楼阁,即净土的大厦。

(vii)观莲花座。

(viii)观着红袈裟的佛像,佛为坐姿,手在祝福。

(ix)观着巧克力色袈裟的佛像,佛在入定。

(x)观菩萨(观音),图中只剩下了底下的坐台。

后面三幅画面的题识保存得不完整。韦提希跪在毡毯上,双手合十,穿铜绿色裙、朱红色棕边宽袖外衣,外衣上有绿点。脸白色,红颊。头发为黑色,梳成小顶髻,前面别着一枚方形金发夹或一把梳子,脖颈后面也有发卷。底下的两幅画面(xi)和(xii)已完全缺失,只有部分题识保留下来,其中的汉字已不可辨识。

左边只保留下来顶部的三个小画面及底部两个小画面(其中之一无题识),两部分之间的破边上有题识的残迹(不可识读)。小画面内容如下。

(xiii)阿阇世王前生为隐士,手持棍子,站在山顶的草屋外。山很陡,四周有松树。

(xiv)佛本生故事,画的是释迦牟尼前生为白兔时,献身于一个猎人以使他免除饥饿。图中只有白兔在平地上跳跃。

(xv)内容未最后确定,题识不完整。画的是频婆娑罗王(?)和韦提希王妃双手合十正在行走,两个有项光的光头和尚显现于云中。王宫画成背景中有游廊的亭子。

(xvi~xviii)画面已缺失,残留下来的题识也看不清楚。

(xiv)内容未最后确定,题识已缺失。阿阇世王(?)用剑威胁频婆娑罗王(?),频婆娑罗王也欲拔剑,二人均穿官服(见 Ch.00114)。

(xx)阿阇世王剃度出家(?)。题识有一部分不可识读。画有三个人,穿系腰带的素色大衣,最前面一人头上系块橘红色布。三人从左角处的亭子里走出,亭上有饰物和饰带。

这些画面中的建筑屋梁两端及屋梁上相对而立的鸟兽头等,都体现了典型的中国建筑风格。

底下的小画面中只保存下来三幅(其中之一无题识)。从左起内容如下。

(xxi)恶人之死。恶人躺在游廊中的卧榻上,他妻子在旁边照看着他。两个发如乱草的鬼怪正用深红色绳子勒他的脖子。画面下方画的是此恶人被扔进油锅里,一个地狱看守牛头拿叉子站在一边。

(xxii)恶人生病。他(或她?)坐在亭子中的床上,由一名妇女扶着。亭子前面有一个持琵琶的年轻女子和一名男子正向一个方形物体走去,方形物似乎代表的是毡毯,地上放有供品。毡毯上有黑色小碟子,内装红色物品,某些碟中升起白烟。男子弯着身子,手持红色叶形物,可能是用来点香的火把。

(xxiii)内容未最后确定,题识已缺失,画面不完整。保留下来的画面中有建筑物的一角和游廊,建筑物外是个用灰色琉璃瓦搭起的神龛。神龛与建筑之间有一名男子向后奔去,手在头顶上挥舞着一根棒。他穿着白裤子、紫外衣,头戴黑色幞头。前面还有一个男子,服装与前者类似,但外衣系在腰上,袒上身和手臂,正在打一个人。被打之人坐在或跪在地上,手举在头顶,穿紫外衣,头发剪得很短,像和尚的头一样呈蓝色。此人身体的一部分已缺失。6英尺7英寸×5英尺8英寸。(一部分)《千佛洞》图版XXX。

Ch.00217.a~c.　三页经文,上面有绘画。画的是鬼怪,并有汉文和婆罗谜文题识。鬼怪共六个,分别画在每页的正反面。每页下半部分是图画,上半部分是题识,顶上面有穿孔。

六个鬼怪均站立,上身和四肢为人形,胸为女性的胸,头为鸟或兽的头,脚一般都和头相对应,但由于脚是画在各页底部,所以有几只脚已缺失。鬼怪下身穿短裙,上身窄外衣为深粉色、蓝色和绿色。每个鬼怪都有一个孩子随侍。从题识上看,人们似乎认为这些鬼怪能把孩子从病灾中拯救出来,题识还教人们如何祈祷这些鬼怪,才能让他们救自己的孩子。六个鬼怪的详细特征如下。

a页正面:鬼怪为猫头或豹头,脚缺失,皮肤棕色。右手抬起,似在招引,左手握粉红色下垂之物的长茎。此物类似半开的花,鬼怪握其茎的方式如同在握着一个瓶颈,参考其他鬼怪左手持的同样物件。鬼怪的腿之间露出一个婴孩的头和一部分上身,婴孩显然是躺在地上。有三行汉文和婆罗谜文题识。

a 页反面:鬼怪为鹰头,有翅膀,脚缺失,皮肤深灰色。左手以与 a 页正面的鬼怪同样的姿势握同样一物,不知为何物,右手置身侧,可能握着站立的孩子的手。孩子的下半身保留了下来,立于鬼怪右腿旁。有三行汉文和婆罗谜文题识。

b 页正面:鬼怪为鸡头,有翅膀,脚为鸡脚,皮肤黄色。右手抬起,食指、中指伸直,拇指和其余各指相碰,左手与前两个鬼怪一样握一物,不知为何物。孩子穿绿裙,坐在鬼怪左脚旁,手抓住鬼怪的腿。画面已破损。有四行汉文和婆罗谜文题识。

b 页反面:鬼怪为狗头或狮头,有翅膀,长着鸟的脚,皮肤为棕色。面朝观者而立,手抓一人的手腕和足踝,正在吞吃那人的心脏。画面已破损。有四行汉文和婆罗谜文题识。

c 页正面:鬼怪为鹿头,还保留下来一部分鹿蹄(?),皮肤未着色,怀抱一个小孩。有四行汉文和婆罗谜文题识。

c 页反面:鬼怪为牛头,有蹄,皮肤深蓝色,四肢又细又长。右手持索(?),左手持与 a 正反面和 b 正面一样的不明之物。两脚间的台子上躺着一个婴儿,裹在褓褓之中。有九行题识,几乎全是汉文。$12\frac{3}{4}$ 英寸×3 英寸。a 见图版 XCVI。

Ch.00218. **画有素描的汉文佛经残片**。背面纵贯整张纸画有排成纵行的佛像。有一个佛像是完整的,还可见另外两个佛的一部分。佛盘坐,右手(指保留下的部分)施论辩印,左手置于腿上。有一个佛的面部涂成白色。线条粗略,为习作。纸为棕色,很结实,被撕破过。2 英尺 $8\frac{1}{4}$ 英寸×$10\frac{3}{4}$ 英寸。

Ch.00219. **白描纸画残片**。画的是密宗图形或曼荼罗,有汉文题识。保留下来四分之三,左下角缺失。白描用红线画成,文字用黑墨汁写成。

　　图形大体形状与 * Ch.00190 等一样。中间有个圆圈,圈中间是四个交叉的金刚杵构成的星形,星形中心是一个坐佛。佛坐于莲花之上,莲花下为宝座,宝座由一狮子驮着,莲花两边有珠宝(?)。佛身后有长椭圆形项光,胸部和手臂赤裸。金刚杵构成的星形的每对臂之间都有个菩萨小像。圆圈外是一小正方形,圆圈与小正方形之间的空隙处都有两个菩萨。所有菩萨身上均用很小的汉字写着他们的名字或称号,汉字几乎不可识读。

　　外层有四层正方形,而非常见的三层。第一圈正方形之内每边上均有一个坐姿菩萨小像,每个角上均有一个金刚杵的头。菩萨身上无题识,持法器,如发光的宝剑、置于莲花上的净瓶、置于莲花上的珠宝、交叉的金刚杵等。第二圈正方形内画系有饰带的佛教法器,以及面目狰狞的多臂神祇。这些神祇或坐于石头上,或坐于兽背上,所乘之兽多为牦牛和公牛。上述图像中间穿插着另外一些形象,其中包括:一些穿中国服装的人物,无项光;一个穿曳地长袍的人,头上有只凤凰;一些全身赤裸、长着兔子般的长耳朵和蝙蝠般的翅膀的人,可能是饿鬼(上述的所有形象均面朝图形中心,下文中的形象都面朝外)。第三层正方形内只有斜置于角落处的菩萨和面目狰狞的神祇,神祇持套索等物,位于 T 形空间中(见 * Ch.00190)。此画中的 T 形空间是由第二层正方形和第四层正方形围成的,第三层的一部分边被包围在 T 形空间中。其余的边上饰有几何装饰图案和布帷幔,像 Ch.00278 一样。

　　第四层正方形除 T 形空间和角落里外,均写有密密麻麻的汉字。一边的大宽条状题识长达 31 行,一直写出了正方形的界外,另一边的题识长达 27 行。此正方形的每个角上都有一把斜放的宝剑。每个 T 形空间中均有一象一狮,背上驮珠宝,面朝着立于象狮之间的动物,此动物则面朝观者而立。在两个 T 形中,这个动物是只长着粗糙翅膀的凤凰,其中一只立于莲花上,另一只立于交叉的金刚杵上;第三个 T 形中象与狮之间的动物是一匹马,马背上驮珠宝;第四个象与狮之间的动物已缺失。

　　第二、三、四层正方形中的人像上均有小字题识,与最里面的圆圈中一样。背面顶部和底部也有题识,各为 9 行和 11 行汉字,这是因为正面的题识已写

不下,所以写在了背面。高 1 英尺 $9\frac{1}{2}$ 英寸,加上写到图形外的题识宽 2 英尺
5 英寸。

Ch.00221. **绢画**。画的是坐姿观音,无从者。画面完整,但已褪色不少,
镶边已缺失。画面左右两边均勒有印度红色的线,线中间有一条菱形带。底
下也有红线,可能红线之下原为供养人像。

主体画面上只画着一幅观音像。观音盘坐于杂色莲花之上,右手于胸前
施论辩印,左手置于右手下,托未开的无茎莲花。头饰前面分成三瓣,三瓣中
间为一大幅化佛像。头饰很高,全用金属制成,涂成棕红色以代表"青铜",像
*Ch.0051 等一样。

服装、身材和饰物与 Ch.00167 类似。服装为绯红、蓝灰、绿色。头发为黑
色,眼微斜。圆形背光和项光上有波浪状光芒,并像*Ch.00102 一样饰有锯齿
边、珠宝和花朵,但背光、项光和莲花座上的颜色绝大部分已脱落。由于观音
像上面已无空间,所以华盖被置于项光之后,华盖上有布帏幔和珠宝。背景为
蓝灰色,点缀有飘浮的花朵。工艺为中等水平。1 英尺 7 英寸×1 英尺 $6\frac{1}{2}$
英寸。

Ch.00222. **大绢画残片**。画的是一幅佛的曼荼罗(未确定是何佛)。宽
度完整,残留有原来的绸边。画面顶部和底部已缺失,着色几乎全部脱落。佛
盘坐于莲花之上,面前有只香案,右手施论辩印,左手水平置于腰前。其他画
作中这种姿势的佛左手持的是饭钵,但此件中左手已缺失,其手姿不得而知。

两个夹侍菩萨头发梳成双叶状顶髻,一手持闪光的珠宝,另一手施论辩
印。其他从者还有:十天王、六个光头罗汉、十二个菩萨(无个性特征),均双
手合十。此画中没有乐师、舞伎或仙女,也不像西方净土图一样有水池,所以
这个佛可能不是阿弥陀佛。香案下有一条带子,带上有长菱形饰物。带子下
面靠中间的位置上有两幅坐佛小像,由菩萨随侍着(其中一位菩萨持锡杖)。
这两幅小佛前有几个穿中国世俗服装的人物小像,保存得不完整,画的可能是

地狱的审判场景。右边的小佛旁依稀可见一座塔和一个和尚,左边的小佛旁有间草屋和围墙的一角,中间有两只鸭子(?)。工艺平常。长 2 英尺 11 英寸(不完整)×4 英尺 $1\frac{1}{2}$ 英寸。

* Ch.00223.　**大绢画**。画的是坐姿千手观音及其从者,画面已破损并褪色。右上角保留有紫色锦缎边残片,锦缎织成菱形网格状。

笔记。此画属于一个作品系列。这一作品系列题材相同,画面设计也基本一样。这个系列包括 Ch.0029、00452、00458、00459、ii.004、xxi.006(麻布画)、xxviii.006、xxxiii.002、xxxviii.001、liv.001、lvi.0014 和 0019 等,并请参考 Ch.00105 六臂观音。

这类千手观音画中间是大型观音像。观音盘坐于莲花之上,头上有挂着布帷幔并饰有流苏的华盖。大手中持各种法器,诸小手形成一个圆圈,包围住整个身体。在两个更复杂的画作 Ch.xxviii.006 和 lvi.0014 中,还画有一个白圆圈围住千手观音和莲花座,把他与背景和周围的人物隔开。观音朝外的小手均张开,不持物,每只手的手心均有一只睁开的眼睛。

观音的服装、饰物和发型一般是印度风格,头或是一面,或是十一面。十一面千手观音头的排列方式与十一面八臂观音一样(见 * Ch.00102 等),主头、上身和正面大手与手臂一般涂成黄色,晕染有红色,小手则为红色或粉红色。头发为黑色或明亮的蓝色,有几幅画中呈棕色。眼睛一般平齐,前额中间竖立着第三只眼。唇上的小胡子和颌下的一缕小须是在黑色上再画成绿色。一面千手观音的头饰前一律有化佛,十一面千手观音像中,一般最顶上的小头为化佛头,但在 Ch.liv.001 和 lvi.0019 中,化佛仍是一个坐佛小像,出现在最底下中间的那个头上。

正面大手中所持的法器主要有:日月轮(如 * Ch.00102 等一样)、甘露瓶(一般为一个两柄或无柄的瓶,有盖,或为长嘴高瓶,Ch.xxviii.006 中则是一个鸟头瓶)、坐佛像、饭钵、锡杖、三叉戟、金刚杵或金刚铃、发光的珠宝、柳枝、塔(形如中国的亭子)、镜子、法轮、骷髅头杖、鸟头杖、金刚头杖、剑、叉、弓箭、盾

（一般为矩形或圆形，Ch.xxviii.006 中的盾形如蛇发女怪的脸）、圣书和圣卷、贝壳、罗索、数珠、钱币、三角板、葡萄，还有红色、蓝色或白色莲花，偶尔还持箭囊（Ch.00452）、云、拂尘和莲花座。

千手观音底下有云雾，云雾是从水池中升起的。水池中站着两条龙，在两边托着云，他们或穿铠甲，或穿类似菩萨的服装。水池前常有一只挂布幔的香案，香案上放着圣器，如同净土图*Ch.lii.003 等一样。香案一边通常有一个枯瘦的老人（但有时他在图画中的位置要高些），穿苦行僧的袍子，长着长胡须，有时有头发（一般为白色），有时是光头。香案另一边是一个红颊的献花仙女，着汉族妇女或净土图中舞伎的服装。老者一般坐着或跪着，右手放在头上，似在施礼，以写实的线条画成，个性鲜明。仙女则无个性。从 Ch.lvi.0014 的题识看，老人和仙女似乎代表的是婆薮仙（？）和功德天。

左下角和右下角为狰狞的多臂金刚，两脚跨立，背后是火焰，挥舞着密教法器，如骷髅头杖、铃铛、金刚杵、数珠、法轮、三叉戟和罗索。他们被绘成深蓝、红或灰色，头发蓬乱，长着獠牙，脖子、手臂或腿上常缠绕着蛇或骷髅做成的链子。

画面两侧画有或坐或立的菩萨和天王，大多数无个性特征。左上角和右上角常画日光和月光菩萨的小像，双手合十。一般日光菩萨乘五只白鹅（或红鹅），月光菩萨乘五匹白马（或红马），但有时月光菩萨乘马，日光菩萨乘鹅，而 Ch.lvi.004 中的日光和月光菩萨则未乘鹅和马。月光为白色，日光为红色。

Ch.0029 因为画面较小，所以只画了观音和供养人。Ch.xxxiii.002 中在供养人之外，又加上了日光和月光菩萨。Ch.xxxviii.001 残破不全，保存得太差，无法看清上面有何人物。除这三幅外，其余的千手观音中均有龙、金刚、功德天和婆薮仙，而且除*Ch.00223、00452 外，均有日光和月光菩萨。其余的供养菩萨和天王的数量根据画幅大小和艺术家的想法而定，有时全部省略，但在 Ch.lvi.0014、0019 中，供养菩萨和诸天成了画作的重要部分，其中包括大梵天、帝释天和印度教的其他神祇。

在人物和附件（项光、华盖、莲花座等）的处理上，此系列作品与净土画系

列遵循的是同一程式,工艺技巧上则参差不齐。绝大多数画作风格与
*Ch.0051下所述作品一样。但xxviii.006观音像和00216净土图的风格比较
独特,它们的装饰性都很强,但没什么生气,在所有的千手观音像和净土图中
只有这两件是这种风格。

　　Ch.00223.　中心人物的处理方式见上文。此画中观音只有一个头,眼微
斜,头发为棕色。日轮中有不太完整的凤凰,月轮中有不太完整的树、蟾蜍、兔
和臼。从者中无日光和月光菩萨,其余的从者有龙、金刚、功德天、婆薮仙、四
个持武器的天王、六个无个性特征的菩萨。破裂的底边上还可见到其他菩萨
的残迹。

　　龙穿菩萨式服装,裤管卷起,看不出是由蛇变来的。天王面目狰狞,盘坐,
手中竖直地拿着剑。功德天穿舞伎服装,戴紧裹着头的红帽,与Ch.00105一
样。供养菩萨均穿印度菩萨服装(见Ch.lv.0014)或舞伎服装。本来的颜色主
要有绯红、绿、蓝和青铜色,背景为暗绿色,但色彩大多已脱落。工艺平庸。
5英尺4英寸×3英尺9英寸(边不计内)。

　　Ch.00224.　**标有日期的绢画**。有汉文题识,画的是东方药师佛及夹侍菩
萨与供养人。题识中的日期为公元939年。画面由一幅丝绸制成(幅宽2英
尺$\frac{1}{4}$英寸),镶边已缺失,有几处破损,但色彩仍清晰。

　　药师佛(关于人物身份的判断,参考彼得鲁奇,附录E,Ⅲ.vi)坐在中间,头
上有华盖,面前有香案,普贤和文殊分立于左右。人物和附件的处理与大型净
土图一样(见*Ch.lii.003)。菩萨属于汉传佛教类型,而非印度类型。佛右手
施论辩印,左手持化缘钵,肤色为常见的黄色,但着色有点夸张。两个夹侍菩
萨均双手合十,但一个菩萨的脸和手已缺失。背景很浅,画面为绯红、橘红、石
板蓝和绿色。背光和项光为蓝、白等色,但背光上的颜色几乎已完全脱落。菩
萨的皮肤、饰带和珠宝的细部似未着色,可能原画没画完。工艺比较粗糙,笔
法漫不经心,比如说,香案上的圣器就画得超出了香案的边。

　　底部供养人为一男一女,男子跪于献辞之右,女子跪于献辞之左。男子有

两个侍从(其中之一明显是个小孩),女子的侍从是一个年轻女子。侍从均站立,年纪稍大的男侍从持长柄扇,较小的男侍从持拂尘,年轻女侍从怀里拿的可能也是柄扇子。两个供养人的服装与 *Ch.00102 类似,但女子的袖较窄,头饰为中等大小。侍从的服装与供养人类似,但头发与供养人不同。女侍从和年纪稍大的男侍从头顶的头发梳平,在头顶两侧用红带子系成两个发球,几绺短发从发球中散落。小男侍者的头发在脖颈处剪掉了,头顶饰有红蝴蝶结。

题识为 12 行献辞,不完整,但保留下来的部分均清晰可读。每个佛和菩萨旁边另有一行题识。2 英尺 5 英寸×2 英尺 $\frac{1}{2}$ 英寸。

Ch.00225:绢画残片。有汉文题识,画的是旅行者的保护神和地狱灵魂的保护神地藏菩萨以及供养人。线条和颜料几乎全部脱落,题识也不可识读。依稀可以辨出地藏坐在石头上(?),手持锡杖,头戴红头巾。地藏周围有一男一女两个供养人、四个判官、一个僧侣、一头白狮和一群被贬入地狱的灵魂,还有一面镜子,均与 *Ch.0021 十分相似。画面上半边缺失,底下站着两个男供养人和三个女供养人,其衣服为 *Ch.00102 类型。画面底部有红绸镶边。每个人物身边均有题识。长 3 英尺 6 英寸(不完整),宽 2 英尺 1 英寸。

Ch.00226. 带插图的一页经卷。中间画着一个佛坐在莲花之上,头上为开花的树。佛双手置于胸前,手心向外。佛左边一棵树下站着一个双手合十的菩萨,菩萨身后站着一个和尚。和尚身后有个三脚桌,上面堆着七颗发光的宝石(?)。宝石为圆形,较小,为蓝、红、绿色,周围有椭圆形光芒。佛右边的一棵树下也站着一个和尚,其身后另一个和尚跪在毡毯上。佛的皮肤为金色,红色僧祇支上有金色点,头发为黑色。和尚穿黄袍,袍上有红条纹,头发为黑色。保存良好。1 英尺 2 英寸×3$\frac{1}{8}$英寸。图版 XCIV。

Ch.00227. 三角形花绸。可能来自 Ch.00278 帷幔,因为在 Ch.00278 中发现了类似的花绸。此花绸用缎纹斜纹织成,厚而柔软。图案为直径 2$\frac{3}{4}$英寸的六瓣大花,成行排列。每行中的花朵由斜置的茎连在一起,茎上有六枚叶子,花、茎、叶围成了菱形网格状结构。每个菱形网格中为一对三瓣小花(是从各行花朵两侧伸出来的),三瓣小花上下为菱形小花。地为深蓝色,花朵为粉色,勾以白色轮廓线。大花中心深蓝色,内有一圈蓝色和白色小花瓣,外层花瓣的底部有深蓝色心形。叶和三瓣小花为浅绿色。所有颜料均有些褪色。高 $4\frac{1}{2}$ 英寸,三角形底边长 11 英寸。图版 CVI。

　　Ch.00228.　锦缎残片。用鲜艳的红色经线和纬线织在清晰的斜纹地上,织物正面主要为细而硬的经线,反面主要为柔软而未捻过的宽纬线。保留下来的残片图案为两种不同的圆"点"。一块上是三只绕圈旋转的凤凰,形如雄雉鸡,凤头均朝向圆圈中心。另一块上是三个以同样方式排列的尖叶子。

　　"点"用鲜艳的黄丝线以斜纹织成,黄丝线只为了织"点"用,像 Ch.0065 一样在背面剪断了。"点"的斜纹与织物的织纹成直角。残片不完整,"点"的重复方式已无法看清。关于这种纯粹中国风格的图案,请参见 Ch.00179 下的目录,其他真正意义的锦缎目录在 Ch.0065 下。又见本书第二十四章第二节及其后文字。最长 9 英寸。图版 CVI。

　　Ch.00229.　锦缎残片。厚而软,像前一件那样用鲜红的经纬线织成斜纹,并织有圆"点"图案,但"点"的图案比前一件更复杂。保留下来的部分是盛开的花朵图案,花朵外圈为深紫色和浅粉色,内圈绿色和黄色交替出现。花之间为深绿色叶子。花开在黄色卷须状茎上,茎从白色或粉色的另一些花的花心中生出来。如 Ch.00228 一样,许多颜色的纱线引进来只是为了构成"点",纱线与经线并行,并不与经线交织,而只是松松地跨过斜纹地,跨越足以形成叶和花的距离后又回到织物背面,并在背面剪断,仿佛是铺绣一样。关于真正的锦缎,参考 Ch.0065。颜色十分清晰。3 英寸 × $1\frac{1}{8}$ ～ $\frac{1}{2}$ 英寸。图版 CVI。

　　Ch.00230.　花绸残片。与 Ch.009 一样织成厚而结实的缎纹斜纹,地为鲜红色。图案为反复出现的八边形"点",大小为 $8\frac{1}{2}$ 英寸×9 英寸,呈横排排列。各"点"横向相距约 1 英寸,纵向相距约 2 英寸。每四个八边形之间的空隙上为较小的八边形花。大"点"由复杂的花鸟图案组成,太像几何图形了,几乎无法认出花鸟来。大"点"主要用深蓝色和白色织成,还用了些浅蓝色、明亮的黄色、粉色和绿色,绿色只出现在图案的边缘。

此图案与 Ch.00369 很相似(这种图案仅在这两件织物中出现过),图案可能原本出自中国,后来在中亚织匠们手中变了形,所有的细节几乎都僵硬得像几何图形了。参见本书第二十四章第三节。

纹理和编织方法与以 Ch.009 为代表的系列织物类似,所有图案都有"阶梯状"轮廓线,这也是 Ch.009 等织物的典型特征。但此件中的阶梯状轮廓再加上复杂的几何图形,感觉仿佛这是块地毯而不是件纺织品。保存良好。最长 12 英寸。图版 CVI、CXII;(重构后的图案)CXVIII。

Ch.00231.a、b. 两块丝绸残片。为柠檬黄色和浅米黄色,用斜纹织成,地和图案上的斜纹方向相反。经线(米黄色)为中等粗细的稍微捻过的丝线,纬线(黄线)为未捻的宽丝线。图案为常见的漩涡饰,漩涡饰上有植物苞片、花蕾和叶子。保存得极好。每片为 $2\frac{3}{8}$ 英寸×$2\frac{1}{4}$ 英寸。图版 CXII。

Ch.00232. 22 条锦缎残片。柠檬黄色和杏黄色,以斜纹织成,地和图案上的斜纹方向相同。经线(柠檬黄色)是中等粗细的捻过的丝线,可能上过胶,纬线(杏黄色)是未捻过的宽丝线。图案为常见的漩涡形植物,上面有细长的叶子。保存得极好。最大 $18\frac{3}{4}$ 英寸×$\frac{7}{10}$ 英寸。图版 CXII。

Ch.00233. 8 块锦缎残片。柠檬黄色和米黄色,图案以大斜纹织成,地为细斜纹,两种斜纹方向相同。经线为捻过的米黄色细丝线,除一件残片外,均上过胶,纬线(柠檬黄色)是相当细的未捻的丝线。图案很大,但极不完整,已无法重构其原来的样子。图案中有纯粹波斯风格的叶子,叶子底部为圆形,向上逐渐变细,有锯齿边。保存得极为完好。最大 $7\frac{1}{2}$ 英寸×$1\frac{3}{4}$ 英寸。

Ch.00234.a~d. **5 块锦缎残片**。柠檬黄色,可能本是帷幔上的饰带。图案织成大斜纹,地为细斜纹,与图案的斜纹方向相反。经线(淡黄色)为未捻的细线,可能上过胶,纬线(柠檬黄色)为未捻的宽线。图案为几何图形般的莲花和叶子,分别组合成椭圆形和菱形的大"点","点"斜向排列。保存良好,稍有褪色和脏污。每个残片为 $4\frac{2}{5}$ 英寸×$4\frac{3}{5}$ 英寸。

Ch.00235. **18 块锦缎残片**。黄赭色,地为细平纹,图案为大斜纹。经纬线颜色相同,均为未捻过的丝线,经线上过胶。由于经过很重的轧光,织物表面光滑。图案为构图大胆的叶和花,但很不完整,已难以重构其本来的样子。图案中有一个大叶鞘,叶鞘的萼片弯曲,这种叶鞘在土耳其瓷砖作品中常可见到。保存得极为完好,最大一块长 19 英寸。

Ch.00236. **10 块锦缎残片**。深黄赭色,图案和地均用斜纹织成,斜纹方向相同,但地的斜纹要细得多。图案上主要是纬线,地上主要是经线。图案似乎是一个大花,但太残破,难以重构其本来样子。有几块有轧光的痕迹。保存得极为完好。最大 4 英寸×$2\frac{7}{8}$ 英寸。

Ch.00237. **5 块绸缎残片**。深黄赭色,是双面布,正面为缎纹斜纹,背面为斜纹,背面的纱线比正面的粗糙,两种纱线织在一起,整块织物十分结实。保存较好,但正面相当破旧。最大 4 英寸×3 英寸。

Ch.00238. **5 块锦缎残片**。暗紫色,地为小斜纹,图案为较粗的斜纹。图案之间相隔较远,很不完整,可能是开放式双菱形设计,菱形内部和外角上为梨形实心点。经纬线同样粗细,都是未捻的丝线。保存良好,最大 6 英寸×$\frac{3}{4}$ 英寸。

Ch.00239. **米色锦缎残片**。织得较差,地为大斜纹,图案为细斜纹,图案是漩涡状植物。经纬线粗细一样,均未捻过。保存良好。3 英寸×2$\frac{3}{4}$英寸。图版 CXXI。

Ch.00240. **两块锦缎**。深紫色,地为平纹,图案为斜纹,织得很紧密。图案是 V 形带,每条带中有三条线,各条带在尖点上相碰,这样相邻的条带就围成了菱形。各行菱形中轮流织有垂直放置的椭圆形四瓣花和水平放置的椭圆形(六边形)(参考 Ch.00342.b)。一面已褪色,另一面保存完好。一片锦缎为 1 英尺 11$\frac{1}{4}$英寸×约 4 英寸,另一片为 6 英寸×3$\frac{1}{2}$英寸。

Ch.00241. **三块锦缎残片**。黄色,织法与 Ch.00233 类似。图案为花草,已残破不全。保存得极为完好,最长 5$\frac{3}{4}$英寸。图版 CXXI。

Ch.00242. **暗紫色锦缎残片**。纹理与 Ch.00238 类似。保存下来的图案是一条 V 形槽组成的线(?),V 形的尖上有漩涡饰。保存良好。3$\frac{3}{4}$英寸×1$\frac{1}{2}$英寸。图版 CXXI。

Ch.00243. **暗蓝色锦缎残片**。地和图案为方向相反的斜纹,以经线显花。图案为椭圆形"点",直径约$\frac{1}{4}$英寸,排成斜行,各行相距$\frac{1}{10}$英寸。保存完好。4$\frac{1}{5}$英寸×1$\frac{1}{10}$英寸。图版 CXXI。

Ch.00244. **锦缎残片**。橘红色,地为平纹,图案为稀松的斜纹。图案为圆形"点",直径约 2$\frac{1}{2}$英寸,由四个出自同一中心的几何图形般的花朵组成,花"点"间隔约$\frac{1}{4}$英寸。织物细而柔软,朽坏和褪色较严重。6 英寸×1$\frac{1}{8}$英寸。

Ch.00245. **锦缎残片**。橘红色,由两片锦缎缝成,十分类似 Ch.00244,但图案之间间隔可能要大些。部分地方朽坏、褪色了不少。10 英寸×1$\frac{1}{4}$英寸。

Ch.00246. **两块锦缎残片。**本是幢幡的吊带,很薄,暗蓝色,地为平纹,图案为破斜纹。图案为圆形植物"点",由出自同一中心的四朵几何图形般的花朵构成。"点"组成斜排,相邻两排之间的垂直距离约 $\frac{1}{4}$ 英寸。其中一块残片上缝有暗黄色绸带子。保存较好。较大一块残片为 8 英寸×2 $\frac{1}{2}$ 英寸。

Ch.00247. **锦缎残片。**较薄,绯红色,地为细斜纹,图案为比较稀松的斜纹,一边为布的织边。图案太残破,无法看出其本来面目。保存良好。3 英寸×1 $\frac{3}{5}$ 英寸。

Ch.00248. **两块锦缎残片。**较薄,鲜艳的粉红色,地为平纹,图案为破斜纹。图案为椭圆形四瓣花和四角星形植物,分别呈斜行重复。保存良好。较大一块残片为 3 $\frac{1}{4}$ 英寸×$\frac{4}{5}$ 英寸。

Ch.00249. **两块锦缎残片。**较薄,淡粉色,已褪色。其中一块为幢幡顶饰,另一块为方形。均缝有像 Ch.00306 一样的印花纱残片。地为平纹,图案为斜纹。花纹为椭圆形"点",大小为 3 英寸×2 英寸,由三朵扁平的花组成(花为六瓣,中间一朵半遮住其余两朵)。参见 Ch.00278 帷幔残片。顶饰底部长 11 英寸,高 5 英寸。

Ch.00250. **锦缎残片。**经线为浅黄色,可能上过胶,纬线深黄色,较宽,未捻过。地为黄色斜纹,图案为米黄色斜纹,两种斜纹方向不同。图案为植物,很不完整,无法看出其本来面目。保存良好。11 $\frac{1}{2}$ 英寸×$\frac{3}{5}$ 英寸。

Ch.00251. **两块锦缎残片。**白色,织成厚重的斜纹。经线细,可能上过胶,纬线扁而宽,未捻过,很柔软,有光泽。保存得极为完好。一块为 3 $\frac{3}{10}$ 英寸×1 英寸,另一块为 3 $\frac{1}{2}$ 英寸×$\frac{1}{2}$ 英寸。

Ch.00252.　**锦缎残片**。白色,小斜纹。经纬线的粗细和质地均相同,均未上胶,未捻过。保存得极为完好。$2\frac{1}{5}$英寸×$\frac{1}{2}$英寸。

Ch.00253.　**3块素绸残片**。白色,很柔软,纹理均匀,质量很好,经纬线完全相同。保存良好。最大 10 英寸×$\frac{9}{10}$英寸。

Ch.00254.　**4块素绸残片**。白色,与 Ch.00253 很相近,但较之更柔软,更有光泽。保存完好。最大 6 英寸×$1\frac{3}{5}$英寸。

Ch.00255.　**12块素绸残片**。鲜艳的黄色,其中一块有一部分未染色,说明这块绸是先织好再染色的,未染色的部分上残留着印压机或印章留下的红色印痕。所有残片均程度不同地轧过光。保存得极为完好。最大约 5 英寸×$1\frac{3}{4}$英寸。

Ch.00256.　**19块素绸残片**。柠檬黄色,很薄,经纬线相同,轧过光。保存得极为完好。最大 $3\frac{3}{4}$英寸×$2\frac{1}{4}$英寸。

Ch.00257.　**10块素绸残片**。粉色,暗淡无光,一面曾轧过光,织得稀松而不均匀。保存良好。最大 $13\frac{1}{2}$英寸×$2\frac{1}{5}$英寸。

Ch.00258.　**7块素绸残片**。发红的粉色,与 Ch.00257 类似。保存良好。最大 $10\frac{1}{2}$英寸×$\frac{9}{10}$英寸。

Ch.00259.　**一条刺绣**。用的是纠经法织成的透孔细纱,暗绿色,本用做绢画的吊带,破损较严重。在透孔的地上隔一段距离有一对同心的菱形。这类纱数量很多(见 Ch.00337 等),多数用于刺绣,但刺绣品中像 Ch.00332 那样的比较结实的纱更常见。

刺绣为中国风格,以铺绣法紧密地绣成。绣的是五棵植物,从中心向两边越来越小。植物上长着尖而长的叶子,顶部为高高的羽毛状,羽毛状顶部两侧均有橘红色和米黄色花朵。叶子为浅蓝、暗绿和黄绿色。还保留有另一组图案的残迹,上面是一些蓝心的花朵。2英尺1英寸×2英寸。图版CX。

Ch.00260.　刺绣吊帘。绣的是释迦牟尼在灵鹫山。释迦牟尼有真人大小,站在一对菩萨和一对弟子中间。吊帘顶部是华盖和飞天,底部是一群供养人,中央有一块供题识用的长方块形框,设计得像绢画一样。地为粗糙的本色麻布,麻布上粘有浅黄色丝绸,绣像之间的丝绸多已脱落。图案全部以铺绣法紧密地绣成,站得离释迦牟尼最近的两个弟子残破不全(当吊帘折叠起来放好时,这两个弟子正好处于折叠处,所以大部分被磨掉了),其余的画面则基本完整。

释迦牟尼面朝观者,立于莲花之上。右手僵硬地置于身侧,手指下伸,手心朝向体侧。左手置于胸前,提着袈裟的一角,袈裟紧裹在胳膊上,袒右肩和右臂,几条衣纹垂到了小腿中部。袈裟下面露出长达脚踝的浅绿色僧祇支。身后是圆形项光,由一圈圈不同颜色的同心圆构成,无装饰。背光较窄,呈椭圆形,也长达脚踝。背光外有一圈岩石,代表灵鹫山。

菩萨(可能是观音和大势至)的身体四分之三转向释迦牟尼。观者左边(佛像右边)的菩萨双手合十。观者右边的菩萨双臂均下垂,但从肘部微向前伸,右手手心向外,如同施与愿印一样,左手手背朝外,除食指外,其余手指均弯曲。菩萨的服装、饰物和发型为Ch.lv.0014中所述的印度菩萨类型,但无披巾,绣得很简洁。袍子未遮住脚踝。一个菩萨前额有红圆点,另一个前额有块深蓝色印迹,形如一片窄叶子。

两个弟子都是光头,有项光,穿僧侣服装,袈裟上有斜条,如 * Ch.i.003 等中的地藏菩萨的袈裟一样。观者左边(佛祖右边)的弟子脸很胖,眉目慈祥,另一位弟子则满面皱纹,眉头紧皱。他们可能是舍利弗和目犍连或舍利弗和伽叶(关于他们与后来观音像中善恶童子之间可能有什么联系,见 * Ch.00102和彼得鲁奇,附录E,III.X.)。

佛头上的华盖小而僵硬,属于 * Ch.002 等类型,饰有珠宝链子和流苏。飞天无翅膀,张开双臂飘下,身下有漩涡状云托着。她们的披巾向上飘起,像 Ch.xlvii.001和 liii.001 中一样。

佛脚下左右各有一头蹲坐的小狮子,一只狮子举起一只前爪。底下的框两边跪着成排的供养人。右边有一个和尚,三个男子,最后面站着一个年轻男侍从。左边为四个妇女和一个小孩,最后面还站着一个年轻妇女(《千佛洞》图版 XXV)。

男子均穿系腰带的长外衣(为发绿的浅蓝色),头戴幞头,帽舌为棕色或靛蓝色。女子穿棕、绿、蓝色高腰裙和紧身上衣,肩披披肩形的小披巾,衣袖紧裹在臂上。她们的服饰十分朴素,身上无首饰,头发在头顶梳成小顶髻,也没有佩戴任何饰物。其服饰的颜色和风格与 * Ch.00102、lviii.003 等华丽的公元 10 世纪供养人服装形成鲜明对比。参考本书第二十三章第四节、第二十四章第一节。

大题榜内未写献辞。每行供养人旁均有窄题榜,其中右侧最前面的两个题榜中写有汉字,已不可识读。

织物干净、有光泽,做工极为精致。刺绣所用颜色主要有浅米黄、灰、棕、暗绿、浅黄,还用了一些粉色(多褪色)、靛蓝色和一种更亮的婆婆纳蓝色。这些颜色使释迦牟尼闪光的红袈裟和深金黄色的肩、胸和上臂显得很突出。释迦牟尼的脸与菩萨的皮肤均绣成浅黄色,右手和右前臂也为浅黄色(右前臂由成细行的锁绣绣成,绣法与其余部分不同)。无黑色,释迦牟尼和菩萨的头发为深靛蓝色,女供养人头发为深棕色,人物的眼睛为深棕色,轮廓线为深棕色或靛蓝色。

与绢画中一样,此刺绣品风格混合了中国和印度传统。三个中心人物按等级排列,这说明印度风格占主导地位,中国风格则主要表现在菩萨的面部。释迦牟尼的姿势、服装等与 Ch.0059、xxii.0023.xiii 等佛像相同。关于这种模式的起源以及此刺绣品的年代可能较早的猜想,参考本书第二十三章第四、七节,第二十四章第一节及其后文字。8 英尺×5 英尺 $4\frac{1}{2}$ 英寸。图版 CIV,《千佛洞》图版 XXXV。

Ch.00278.　盖香案的丝绸帷幔。主体是一个长条,其底部缝有用其他丝绸制成的许多条飘带和饰带。不完整,保存最好的部分可能被裁下用于其他用途。如果是完整的话,在长条下肯定还挂有一块素绸短幕,衬托着饰带(见 Ch.00279)。中国绢画和纸画中常画到这种盖香案用的帷幔,纸画 Ch.00400.c 中就清楚地画了个结构与此相同的帷幔,画有此种帷幔的绢画有 Ch.00167(图版 LXI)和 Ch.lviii.0011。

缝在帷幔上的飘带为三角形,由单块花绸、锦缎或刺绣制成,衬里为素绸。三角形高 5 英寸,底边长 9~10 英寸。在保留下来的飘带中,看不出其排列方式有什么规律。这些飘带的材料主要有:Ch.00227 那样的花绸、Ch.00249 那样的锦缎、Ch.00306 那样的印花纱。其他材料还有粉红色纱,纱上有深蓝、绿、粉色的花鸟刺绣残片。饰带则由五六个方形素绸或花绸小块拼合而成,先把每块折叠起来,然后一块盖住一块,但保留下来的饰带底部均不完整。保留下来的饰带设计相同,组成饰带的各绸片从上向下依次为白色、浅绿色、橙粉色、深绿色(印有粉色四瓣花),最底下是块浅蓝色锦缎,上面织有零星的点(如 Ch.00343 一样)。饰带衬有暗粉色素绸里。绝大多数飘带和饰带已缺失,保留下来的几条也有相当严重的脏污并褪色。

帷幔的主体部分是上面的长条,由几块花绸缝成,这些花绸是用稀松的缎纹斜纹织成的(如 Ch.0076 一样)。长条是可以翻转过来的,由于正面已相当破旧,就从反面给它拍了照。地为白色,图案为土耳其红色,已褪色成橘红。图案为不断重复的椭圆形"点",2 英尺 1 英寸×1 英尺 11$\frac{1}{2}$英寸大小。"点"中央是个四瓣花,周围绕有植物组成的环形,环形中是两种花纹交替出现:棕叶饰状的一串叶子,或盛开的锦葵(?)花。环形外还有一圈更大的环形,其图案更复杂,是交替出现的盛开的花和奔驰的鹿。鹿站在椭圆形"点"底部和顶部的花丛两侧,两两相对而立,鹿身从椭圆两侧的花丛中跳出,后腿站在花丛上。鹿是以写实风格织成,生气勃勃,很有动感。鹿头上有角,长着山羊般的

胡子,身上有四瓣花式的斑点。椭圆形"点"之间的空隙处则是菱形"点",由
缠绞的条带构成,恰如 Ch.0086(图版 CXVII)中的菱形"点"一样。

这条丝绸本来衬有粉色和绿色素绸里,现在里子只剩下残片,但可能里子
本来继续朝下延伸,形成上文所说的短幕。

鹿充满活力和动感,是典型的中国风格。鹿的动感及其身上的四瓣花式
斑点,使人联想起奈良正仓院藏品中的一件重要织锦,另外还有一块绘有图画
的布上也有类似的鹿,但长了翅膀(这两块类似织物见正仓院目录,ii.Pls.98
和 121)。鹿身上的四瓣式斑点还使人联想起"萨珊"风格的动物肩上和臀上
的装饰性小花。关于此件的图案与其他件的关系及"萨珊"风格的影响,参见
本书第二十四章第二节,并参见 Ch.00291 和 00304.a、b。长约 26 英尺,宽约
1 英尺 7 英寸。图版 CIX;(鹿图案重构后)CXIX。

Ch.00279. 盖香案的丝绸帷幔。与前一件类似,但显然是完整的,饰带
后面的绸幕保留了下来。

帷幔主体为深绯红色素绸,左右两端缝有短条的白色素绸和发绿的深蓝
色素绸。左端还缝了一条暗粉色细锦缎,锦缎上用斜纹织有四瓣花和菱形花
的轮廓线。帷幔主体的顶上缝有花绸做的吊带。主体衬有灰色或绿色绸里,
里子上缝着我们上文所说的绸幕。绸幕也是由各种颜色的绸块缝成,每块宽
10~12 英寸。这些绸块从左到右为:橙黄色细锦缎,图案为网格状,网格中间
有"点",地为平纹,图案为斜纹,相当破旧;白色、黄赭色、柠檬色、淡绿色和玉
米色素绸;橙黄色锦缎(重复第一块);叶绿色和灰绿色素绸。白色、玉米色和
灰绿色素绸很细密,其余的素绸较粗,织得也不如它们均匀。

三角形飘带和长条饰带的形状和颜色未遵循什么规律,但由于同时出现
了各种颜色的素绸、色彩明快的花绸和刺绣品,所以产生了一种多姿多彩的效
果。飘带相隔很近,在主体上缝成一排,有时部分重叠。飘带或者自成双面,
或者衬有其他颜色的丝绸里。饰带缝在飘带后面,饰带之间距离很近,但间隔
不完全一样。有的饰带由一窄条丝绸或刺绣做成(或者自成双面,或者衬有其
他颜色的丝绸里),有的由几块不同颜色的丝绸或薄纱纵向缝成(Ch.00278 中

则只保留下来三块拼贴饰带），有的饰带打了结。许多饰带和飘带末端有流苏，有的流苏由剪得不整齐的花绸条做成，有的是在一个小球里面塞了绸片做成。这些小球可能无关紧要，只是为了增加重量使饰带下垂，球里只有团揉起来的丝绸的边角料。有三四条饰带和飘带末端的东西是由绸子做的精巧的小人，里面塞着头发或羊毛，比较引人注目。绸子缝成五角星形，用一条别的丝绸当作腰带系住五角星，这样就像个人形了。人头是另做、另缝上去的。小人的头发是用丝绸的毛边做的，有一个人形还用深红色线绣了面部五官。人物的可能含义，参见本书第二十四章第一节注释。

飘带和饰带上的织物如下：

（1）素绸。有巧克力色、淡紫色、绯红色、葡萄干色、黄绿色、沼泽绿色、白色、发绿的蓝色，还有一块为玉米色和深蓝色的混合色。这些织物的匀度和粗细都不一样。

（2）锦缎。①稀松的浅绿色平纹地，织有稀松的斜纹菱形图案。②稀松的白色平纹地，织有网格状图案，网格中间是点。③紧密的深紫色平纹地，用明显的斜纹织有大漩涡饰和植物苞片图案。④稀松的深紫色地，织有稀松的菱形和点。⑤深紫色上光地，织有同心小菱形图案（如 Ch.00333 一样）。⑥细蓝灰色地，图案为成排的六瓣小花，小花之间是 V 形组成的线，V 形尖端是三瓣叶。⑦已相当朽坏的柠檬黄色地，图案大概是小花。⑧深蓝色地，图案为菱形（？）。

（3）花绸。有几块是暗蓝色花绸残片，上有米黄色点（与 Ch.00432 一样）。还有一块为深红色地，图案为深蓝、浅蓝、绿色的写实风格的花和蝴蝶，图案轮廓线为白色。此花绸图案只保留下来一部分，有点像 Ch.i.0011 幢幡顶饰上的植物图案，用未捻过的宽纬线和细经线织成，同 Ch.0076 一样。

（4）印花绸。有几块印成粉红色地，图案为绿色的互相交叉的漩涡饰。

（5）纱。数量较多，分别为黑、绯红、深紫色和浅绿色。有的织成菱形纹，有的用纠经法织成，与 Ch.00332 接近，但给人的感觉是更起罗纹。它们都是从大的中国刺绣品上裁下来。这些刺绣品均以铺绣绣成。黑纱上绣的是一只大鸟黑白色的爪和这只鸟的头和冠(?),还有发绿的蓝色、叶绿色、黄色、橙粉色的叶子、叶茎和卷须。绯红纱上为写实的大花朵图案,花朵为鲜艳的蓝色、绿色、白色和紫红色。紫色纱上为红、蓝、绿色小莲花和鹦鹉图案,轮廓线均用贴线缝绣绣成,轮廓线上本来应该有金叶子或银叶子。这些刺绣都很精美。整个帷幔保存较好,但褪了色。长9英尺4英寸,宽1英尺5英寸。图版 CX。

Ch.00280. **盖香案的丝绸帷幔残件**。与 Ch.00278 类似。主体为与 Ch.00295一样的绿色花绸,边已破损,背后衬有柔软的暗紫色厚绸和棕色素绸。保留下来成行的飘带和三条完整的饰带,另外还残留有几条饰带的顶部以及一些已与主体分离的飘带和饰带残片,均已相当朽坏。有一条饰带是用与主体一样的素绸做成的。其余的饰带均为拼合而成,其组成部分如下: (1)10块 素绸残片,其中包括白、柠檬、绿色素绸。(2)透孔刺绣品,为黑色和紫色。(3)细锦缎,为浅蓝、靛蓝、鲜艳的橘黄和粉色。浅蓝色锦缎上织的是小菱形(同Ch.00340一样),靛蓝色锦缎上织的是长条植物(同 Ch.00345 一样),橘黄和粉色锦缎上织的是重复的花朵图案,已无法完全辨清。

　　三角形飘带由两种花绸制成,一种与 Ch.00181 一样,另一种织法与之类似,但米黄色地上是更大、更简单的棕红色、黄色和棕色植物图案。有一块飘带是粗糙的刺绣品,在深绿色纱上绣有深绿、橙红、米黄、浅绿色的窄叶子和花朵,右边的鸟绣成棕色和粉色(已褪色)。长4英尺4英寸,宽1英尺7英寸。

Ch.00281. **刺绣丝绸吊帘(?)残片**。为发绿的深蓝色纱,背面衬有靛蓝色细素绸。保存得很差,完整图案已不得而知,但可辨出小型花鸟和蝴蝶图案,为写实的中国风格。刺绣法为铺绣,既穿透了纱,也穿透了后面的丝绸,与 Ch.00119 一样。图案主要是米黄、黄、红棕、绿和白色,纱上有稀松的菱形。纱裁成一个个窄条缝在背后的丝绸上,每个窄条顶部宽约 3 英寸,底下宽 6 英寸。吊帘左右两边的三角形窄条的方向上下颠倒了,所以整个帘帷仍大体呈矩形。4 英尺 10 英寸×3 英尺 4 英寸。

Ch.00291. **丝绸幢幡**。由四部分缝成,各部分的相交处有竹片。第一部分由两片印花丝绸构成,其图案与 Ch.00292 的图案组合起来可以看出完整的图案。此图案源出萨珊风格:圆圈内有一棵几何图形般的树,两只鹿于树两边相对而立,底下是云卷。鹿的一只前蹄抬起,嘴上扬,鹿脖颈很短,身体肥胖,身上有梨形斑点,长长的鹿角弯向后面。圆圈的边上嵌有扁平的椭圆形,每个椭圆形的中心有朵四瓣花,鹿腿之间也有类似的四瓣花。

完整的圆圈直径约有 1 英尺 10 英寸,圆圈成行重复,并在上下左右四点相碰。这些接触点上有一些方形饰物,把两个圆圈连在了一起。圆圈之间的空隙上是相当逼真的花和叶组成的菱形图案,与 Ch.00304 类似,但只有一小部分保留了下来。圆圈为深蓝色,地为粉红色(已褪色),所有轮廓线均为白色。鹿身上的梨形点为白色,梨形中心为粉红色。除梨形点外,鹿身上的斑纹为白色和黄色。保留下来的圆圈之间空隙上的装饰物为白、黄、蓝色。印模刻得很好。

此图案是以萨珊图案为原型的,又被中国匠人改造过,参考本书第二十四章第四节。关于鹿的姿势和体态,参考正仓院目录中的花绸,ii.Pls.99、113。

幢幡的其余三部分、三角形顶以及两侧与底部饰带均为深浅不同的米黄色或藏红色素绸,已褪色。加饰带长 8 英尺 $6\frac{1}{2}$ 英寸,宽 $10\frac{1}{4}$ 英寸。图版 CXIII,(印花绸的图案重构后)CXVI.A。

Ch.00292.a. **三角形丝绸幢幡**。双面印图,和 Ch.00291 构成一幅完整的图案。此图案是一棵树在两只鹿的中间,正好填于两个圆圈的结合部分和圆圈之间的空隙上。色彩比 Ch.00291 鲜明。三边的藏红色素绸,边饰带是有特色的深蓝色和灰绿色的丝绸。三角形最长边是 1 英尺 2 英寸,高 8 英寸。

Ch.00293.a. **方形锦缎**。橙粉色,边上有穗,沿对角线对折成三角形,并镶了边,可能将作为某个幢幡的顶。正面褪色成了淡黄色,很破旧。保留下来的部分图案是一个精美的孔雀的右侧影,右边为缠绞的条带,与 Ch.0086 类似。地为平纹,图案为大斜纹。$11\frac{1}{2}$ 英寸×11 英寸。(图案)图版 CXVIII。

Ch.00293.b. **前一件锦缎的锦缎边**。经线为灰色细纱线,有点硬,纬线为未捻过的深蓝色宽纱线。大花纹只保留下来一部分,可以看得见一只有冠的鸟头,以及两只相对的孔雀的翅膀和尾的一部分。这些图案可能是重复出现的,形成萨珊风格图案的一种变体。地为平纹,图案为斜纹。保存得较差。2 英尺 7 英寸×3$\frac{1}{2}$英寸。

Ch.00294. **锦缎制成的三角形幢幡顶饰。**藏红色,织得很好,地和图案均为细斜纹,但斜纹的方向相反。镶有淡黄色丝绸边,并保留有一点暗黄褐色幢幡主体和两边饰带的残迹。锦缎上的基本图案是 V 形带,带之间有小花。这种简单的图案在 Ch.00342.b(图版 CXXI)中出现过,但本件中各排小花相距甚远,V 形带变成了几何图形般的植物装饰。1 英尺 9 英寸(宽)×11 英寸(高)。(图案)图版 CXXI。

Ch.00295. **两窄条花绸**(是 Ch.00280 帷幔上的吊带和饰带?)。如 Ch.0076 一样是稀松的缎纹织法,但纹理较之要细密些。正面已褪色、破旧。地为深绿色,图案为浅粉和亮粉色,正面无深棕色。在较大的一条上看得见一系列相当逼真的棕叶饰状植物图案,较小的一条的边上也是同样图案,但要大些。两条均太小,无法重构其完整图案。一条为 1 英尺 2$\frac{1}{2}$英寸×2$\frac{1}{4}$英寸,另一条为 7 英寸×1$\frac{3}{8}$英寸。图版 CXII。

Ch.00296. **花绸吊带。**很破旧,严重褪色,与 Ch.0076 一样是很稀松的缎纹。纬线为深蓝、浅蓝、浅绿、番茄红、白和淡黄色。图案中只看得见一朵红、蓝瓣的大花,其余均看不清楚。8$\frac{3}{8}$英寸×2 英寸。图版 CXII。

Ch.00297. **花绸吊带。**取自 Ch.lv.006 号幢幡,保存较好。是双面细绸,紧密地织成同心的小菱形。如果不考虑织法而单从颜色上来讲,图案是由橙黄色条带围成的方格子。橙黄色条带宽$\frac{1}{4}$英寸,相邻两条相距$\frac{1}{2}$英寸。大方格子的地为棕红色,大方格子交叉处的小方格子为暗棕色地,饰有由白点组成的一朵花。一边是布的织边。7 英寸×$1\frac{1}{2}$英寸。图版 CXII。

Ch.00298.　**丝绸花边残片**。之字形,用厚而柔软的纱线编成,为白、浅绿和深黄色,结实而有弹性。有的写卷封面中有用同样方法织成的带子,见日本奈良正仓院目录,iii.P1.166。$8\frac{1}{2}$英寸×$\frac{5}{8}$英寸。图版 CXII。

Ch.00299.　**丝绸花边残片**。用白、深红、深蓝色纱线编成锯齿状图案,参考 Ch.00298。3 英寸×$\frac{5}{8}$英寸。图版 CXII。

Ch.00300.　**窄条织锦**。宽方向完整,很精致,手工制成,类似于 Ch.0058。图案为有整个窄条那么宽的长椭圆点,纵向重复,间隔 1 英寸。长点之间为一对对半"点",横向相触,每个半"点"的长轴恰好落在窄条的边上。"点"由漩涡饰和叶形组成,为白、黄、绿、深棕和米黄色,地为柔和的蓝色,已褪色。此窄条曾被用作吊带,已磨穿。其他类似的窄条织锦有 Ch.00166、00301 及 Ch.xlviii.001写卷封面。$7\frac{1}{2}$英寸×$\frac{5}{8}$英寸。图版 CXII。

Ch.00301.　**两块织锦残片**。织法和图案与前一件类似,但更粗糙。地为浅橙色,一块织锦的图案为深棕色、白色、发绿的黄色、纯绿色,另一块织锦的图案为深棕、白、浅蓝和深蓝色。每块 $2\frac{1}{2}$英寸×$\frac{3}{4}$英寸。图版 CXII。

Ch.00302.　**窄条花绸**。边已磨损,与 Ch.0076 一样是稀松的缎纹织法。图案太残破,无法重构其本来面目。地为深红色,图案为淡绿、暗棕、白和蓝色,颜色鲜艳。$8\frac{1}{2}$英寸×$\frac{3}{4}$英寸。图版 CXII。

Ch.00303.　**丝绸幢幡**。有汉文题识,除两边饰带缺失外,其余部分均完整,全部用靛蓝色丝绸制成。在通常为底部饰带的地方,此件中仍为整幅丝绸,重垂板按常见方式装在底边上。保存良好。

幢幡上画的是日光菩萨,面朝观者立于水池中的莲花上(背景中有装饰过的栏杆),双手于胸前托日轮,日轮中有太阳鸟,形如一只两足红公鸡。菩萨身穿长裙,腰系布腰带,胸前有一条衣纹,无披巾。从头饰上垂下的两条布饰带长达肘部。头发从前额梳上去,在头顶梳起极高的顶髻,顶髻几乎全被精美的头饰遮住。头饰上饰有花,前面饰有一个三瓣大宝石。除常见的璎珞、手镯、脚镯、耳环外,还戴了精美的臂钏。脸长椭圆形,眼呈一水平线,半闭着。头后是圆形项光,有火焰边,项光上面是一个精美的布帷幔。

整个人物只用白色描了轮廓线,珠宝和花朵涂成黄色,袍子上的花纹和胸前衣纹上的植物图案也涂成黄色,公鸡轮廓为红色,菩萨的嘴唇也用红色涂满。除此之外均未着色。头右边的题榜中有题识,写着"日曜菩萨"几个字。

取代了饰带的底部丝绸上有反复出现的钻石形图案,也用白色涂了轮廓线,白色可能是用模板印成的。每个钻石形长约 9.5 英寸,中间是一对相对而立的逼真的鹅(也是有关太阳的鸟),鹅周围绕有植物。关于与此很接近的一个图案,参考费诺罗沙《中国和日本艺术的分期》,第 i 部分 110 页上关于日本奈良正仓院一件藏品的文字。

幢幡顶饰上也有白色莲花和叶子图案。重垂板的红地,上面绘有绿色和白色花朵。

背面的画面与正面完全相同,但不像画在纱上的画那样是从正面描摹过去的,而是重新画的,所以各部分的左右位置并未颠倒。比如,正反面的公鸡均面向左,题识均在右边。笔法流畅,显然出自很熟练的艺术家之手。全长 7 英尺,宽 9.5 英寸。(底部鹅图案)图版 CXIII。

Ch.00304.a、b. **幢幡的两块印花绸顶饰。**镶有灰色细绸边,细绸边上是菱形图案。保留有一部分两侧饰带和一套底部饰带,两侧饰带为棕色(已褪色),底部饰带为灰绿色。顶饰上印有反复出现的萨珊风格图案,图案重构后的图版位置:图版 CXIV。图案由大圆形团花组成,完整团花直径约 1 英尺 9 英寸,成排分布在靛蓝色地上,团花间的空隙上填补有菱形的花团和羽毛似的叶子。

菱形的各顶点几乎相连,所以实际上每四个菱形包围住了一个团花。团花中央是一个复杂的四瓣花,每片花瓣裂成三份。四瓣花外是四对相对而立的鹅站在盛开的花上,各对鹅之间用绿色植物图案隔开。团花有两层边,里层上饰有四叶形,外层上饰有椭圆形盘,盘中心为一朵扁平的花,盘边嵌有珠子。团花的地为白色,团花间的菱形为白色和黄色。其他颜色有靛蓝、紫、绿和红,部分地方已变色。a 保留有红绸吊带和木杆。

图案中混合了萨珊因素(见本书第二十四章第三节)。菱形花团和团花中心的花朵比较逼真,团花中的鹅则更加逼真,这些都鲜明地体现了中国风格。但刻板的圆形使整个图案仍很呆板,团花边上的圆盘也十分规则,这些都是萨珊风格的体现。高:a 为 $7\frac{1}{2}$ 英寸,b 为 $8\frac{3}{8}$ 英寸;底边长:a 为 1 英尺1$\frac{1}{2}$英寸,b 为 1 英尺 $3\frac{1}{2}$ 英寸。图版 CXIII,(图案重构后)图版 CXIV。

Ch.00305.　**两块印花绸残片**。平纹,图案为红、绿、蓝色四瓣花组成的菱形。红色花每隔两行出现,中间的两行轮流为绿色和蓝色(花心为红色)。红花竖立着,绿花和蓝花斜立,像圣安德鲁十字架。中间空白处添补有扁长的深棕色六边形,各排轮流为斜立式或立于一个顶点上。六边形轮廓线为深蓝色,花朵轮廓线为白色或丝绸的自然色,有些地方已变色。一块为1 英尺×3$\frac{1}{2}$英寸,另一块为 6 英寸见方。图版 CXIII。

Ch.00306.　**三块细纱残片**。织成小菱形。印有栗色地,地上印有零星的绯红色和蓝色大花及深绿色叶子,花纹不完整。花的轮廓线为白色,叶的轮廓线为黄色,某些地方的轮廓线上还另外涂了银灰色颜料或糊状物。花草之间的地上有银灰色小六边形图案,内含圆形多瓣花。边上还有更大的图案的残迹。最大 $10\frac{1}{2}$ 英寸×$\frac{7}{8}$英寸。图版 CXIII。

Ch.00307.　**丝绸幢幡残件**。顶饰为已褪色的红丝绸,镶有带点的黄褐色锦缎边,边与 Ch.00358、00371 类似。幢幡主体为软而薄的印花绸,像Ch.00306一样织成小网格状。印上去的图案也是网格状,但较大。大网格由绿色叶状漩涡饰围成。网格之间的空白处为粉色花,漩涡饰相交的地方有粉色小花,漩涡饰围成的菱形中有菱形花团,花团中为粉色花和绿叶。地为柔和的深蓝色。$7\frac{1}{2}$ 英寸×1 英尺 1 英寸。图版 CXIII。

Ch.00308. **印花绸残片**。平纹,完整图案已不得而知。保存下来的部分中可见一大一小交替出现的六边形花,花向四边生出逼真的叶子。地印成靛蓝色,图案为黄色,轮廓线为丝绸的自然色,大花的花心和某些叶子为靛蓝色。8 英寸×$2\frac{1}{2}$ 英寸。图版 CXIII。

Ch.00309.a、b. **印花绸残片**。很柔软,平纹,图案为反复出现的菱形植物。地为淡黄色,图案印成柔和的蓝色和粉色,轮廓线和叶脉为丝绸本来的白色,已褪色。a 为 $9\frac{1}{2}$ 英寸×5 英寸,出自一幅幢幡。b 为幢幡顶饰的镶边,顶饰为白绸制成,高 10 英寸,底边长 1 英尺 6 英寸。还有一块残片 $1\frac{1}{2}$ 英寸见方。图版 CXIII。

Ch.00310. **窄条印花绸**。稀松的平纹,丝绸本来为白色。印有反复出现的菱形植物图案,图案中间为浅绿色四瓣花,每片花瓣的中心均为粉红色。地印成洋红色。颜色清晰。1 英尺 $2\frac{1}{4}$ 英寸×$1\frac{1}{2}$ 英寸。图版 CXIII。

Ch.00311. **草垫及其绸边**。草垫编织得又结实又均匀,经线是绳子,用双股纬线编成。残留有紫绸镶边。绸边是很细的锦缎,平纹地,图案为零星的六边形斜纹小花。最大 3 英尺 $3\frac{1}{2}$ 英寸×$2\frac{3}{4}$ 英寸。图版 XLIX。

Ch.00312. **7 块纱残片**。深粉紫色或深紫色,地平纹,透孔。图案基本为网格状,但网格中菱形相交的地方多了 5 条短平行线,使菱形变成八边形,大八边形之内为小八边形的轮廓。最大 $3\frac{3}{8}$ 英寸×$1\frac{1}{2}$ 英寸。图版 CXX。

Ch.00313. **5 块纱残片**。深紫色,地为稀松的平纹,图案不完整。联珠边之间是 V 形条带,联珠边内侧为双线。条带上轮流饰有卐字形和十字形,十字形的空白处是四个小正方形。V 形带可能是重复出现的,并在尖角处相碰,像 Ch.00240 一样形成菱形,有几个残片上的 V 形条带内还出现了小花图案。最大一块长 $3\frac{1}{2}$ 英寸。(图案)图版 CXX。

Ch.00314. **3 块素绸残片**。深粉紫色,很柔软,有轧光的痕迹。最大一块为 $4\frac{1}{4}$ 英寸×$1\frac{1}{4}$ 英寸。

Ch.00315. **素绸残片**。暗粉紫色,厚而软,织得很稀松,有些地方有轧光的痕迹。最大一块长 13 英寸。

Ch.00318. **三角形素绸残片**。原为幢幡的顶部。粉色,已褪色,较薄,纹理细密,保存良好。10 英寸×$4\frac{1}{4}$ 英寸。

Ch.00319. **幢幡饰带和一块薄素绸残片**。均为发粉的淡赭色,末端以针绣花边结束,有小流苏。保存良好。饰带为 3 英尺 9 英寸,残片为 $5\frac{1}{2}$ 英寸×$2\frac{1}{2}$ 英寸。

Ch.00320. **有罗纹的丝绸残片**。浓粉红色,经线的排列方式为两股粗线中夹两条细线,纬线较细,根根粗细相同。保存良好。$10\frac{1}{4}$ 英寸×$1\frac{1}{2}$ 英寸。

Ch.00321. **4 块素绸残片**。粉灰色,较薄,织得很细密。本是一幢幡三角彤顶部的镶边,很破旧。有几块有针绣花边,花边上为蓝绸做的小流苏。有一块上有黄绸做的吊带,并有墨写的汉文题识。已褪色,破损。三角形边长约为 12 英寸。

Ch.00322. **2 块丝绸残片**。细密而有罗纹,绯红色,变色比较严重。一块为 $7\frac{1}{2}$ 英寸×1 英寸,另一块为 $4\frac{3}{4}$ 英寸×3 英寸。

Ch.00323. 6块素绸残片。深紫色,织得很细密,一面上了光。保存得极为完好。最大5英寸×2英寸。

Ch.00324.a~b. 两块薄纱残片。分别为靛蓝色和灰绿色,用与Ch.00259等类似的纠经法织成。绿色纱本是幢幡饰带,上面有粗略的花朵图案。5英寸×3$\frac{3}{4}$英寸;10英寸×2英寸。

Ch.00325. 11块素绸残片。草绿色,织得很稀松,纱线粗细不均,柔软而有光泽。保存完好。平均1$\frac{1}{2}$英寸×1$\frac{1}{2}$英寸。

Ch.00326. 7块素绸残片。铬黄色,质地同Ch.00325,但不及00325有光泽,有轧光的痕迹。保存得基本完好。最大5$\frac{1}{2}$英寸×2$\frac{1}{2}$英寸。

Ch.00332. 纱残片。厚而软,深紫色,用很复杂的纠经法织成。中国刺绣品中出现过许多块与此件风格基本相似的纱,这种纱柔软、结实而疏松,背面衬了颜色类似的薄素绸里之后,很适合于用作刺绣。本件中较大的几块纱后衬有紫色软素绸里。有一两块纱边上可看见四爪的脚和刺绣的龙(?)的背,可能龙也是与Ch.00179一样在围成一圈旋转。龙用淡黄或白色丝绸以铺绣法绣成,龙背上有一条红带子,轮廓线是用红线贴线缝绣的金纸。图案很不完整。最大残片长7$\frac{3}{4}$英寸。

Ch.00333. 3块细密的织物残片。可能是麻布,深黄棕色,一面轧过光。图案为夹花斜纹,织成同心菱形,另外还有人字形图案。保存良好。类似图案有Ch.00430、00499、00500。最大7$\frac{1}{2}$英寸×2$\frac{3}{8}$英寸。

Ch.00336. 3块纱残片。深紫色,平纹地,织法与Ch.00312一样。图案为网格状,斜线由相隔较远的卍字形和小正方形构成,斜线交叉点处为八边形。斜线围成的空间里是菱形,菱形正中是十字形或四叶形,菱形的边又分割成许多小正方形。图案是Ch.00346的一个变体,最大一块长1英尺1英寸。

(图案)图版 CXX。

Ch.00337.　**幢幡上的一块纱**。带一根木杆(木杆上缠有丝线),边上有蓝色和绿色丝绸的残迹。纱茶褐色,上过浆(?),地较稀松。图案为菱形网格状,网格中间是小菱形。见 Ch.00259。$8\frac{3}{4}$ 英寸×$6\frac{1}{4}$ 英寸。(图案)图版 CXX。

Ch.00338.　**锦缎残片**。棕黄色,已褪色。图案为互相交错的椭圆环,每个环都与周围六个环相交,交线在每个环中间围成了一个六边形,六边形中为一个菱形。平纹地,图案为斜纹。$10\frac{1}{4}$ 英寸×$9\frac{3}{4}$ 英寸。(图案)图版 CXXI。

Ch.00339.　**丝绸幢幡**。除重垂板和一条饰带缺失外,其余部分均完整。主体为一块金色锦缎(已变色),其图案与 Ch.0086 相同,保存良好。三角形顶饰为暗棕色锦缎,已磨损,图案不得而知。顶饰的镶边为浅红色素绸(已变色),吊带为粉色和白色印花绸,饰带为深蓝色细锦缎。两边饰带上有一行花纹,是一对翅膀很长的鸟分别栖在枝叶的两边,树枝在它们头顶分叉。底部饰带上有类似的植物花纹。地为细密的平纹,图案为斜纹,参见 Ch.00345。全长4 英尺 9 英寸,宽 7 英寸。(蓝锦缎饰带图案)图版 CXXI。

Ch.00340.　**幢幡饰带**。由锦缎制成,很细密。黄棕色,织有同心菱形小图案。1 英尺 9 英寸×2 英寸。(锦缎图案)图版 CXXI。

Ch.00341.　**两条幢幡饰带**。由锦缎制成,很薄。黄褐色,织有四瓣小花。2 英尺 1 英寸×2 英寸。(锦缎图案)图版 CXXI。

Ch.00342.　**丝绸幢幡**。完整,主体由三块素绸缝成,上为蓝色,中为白色,下为深红色,各块之间的木片已缺失。底部饰带为蓝色,木质重垂板两面均画有成排的红色和黑色棕叶饰。三角形顶饰为稀松的纱,两面绘有莲花和叶子,轮廓线为红花,花瓣为棕色和白色,地为浅红色。顶饰两边有浅红色素绸镶边,镶边上有汉文题识。吊带为米黄色纱。两边饰带为蓝色薄锦缎,图案有两种:a 是稀松的同心菱形大花纹,b 是 V 形带(每条带中有三条线)在尖角处相碰,所围成的菱形中有细长的四瓣花。两边饰带的地为细平纹,图案为斜纹,一面轧过光。幢幡全长 4 英尺 $2\frac{1}{4}$ 英寸,宽 6 英寸。(锦缎图案)图版 CXXI。

Ch.00343. **锦缎制的幢幡饰带。**很细密,深蓝色,大致类似于 Ch.00339 的饰带。图案为椭圆形,由夹在叶子之间的两朵侧花构成。2 英尺 $9\frac{1}{2}$ 英寸× $2\frac{1}{4}$ 英寸。(锦缎图案)图版 CXXI。

Ch.00344. **帷幔的纱质飘带。**鲜艳的红棕色,织成小菱形纹,透孔地。长 $3\frac{3}{4}$ 英寸。(图案)图版 CXX。

Ch.00345.a、b. **两块锦缎残片。**很细密,深蓝色。图案为四个菱形组成的大致呈椭圆形的"点",菱形内和菱形周围均为菱形叶子。菱形行之间相距 4 英寸,每行中的菱形相距约 $1\frac{1}{8}$ 英寸。下一行中的图案中只有两个菱形。地为细密的平纹,图案为斜纹。两块大小均约为 1 英尺 7 英寸×$11\frac{1}{2}$ 英寸。(图案)图版 CXXI。

Ch.00346. **纱残片。**深紫色,地为平纹,与 Ch.00312 等织法相同。图案为斜纹,由卍字形围成大网格状,网格中间为圆形花。斜线交叉的地方为横竖臂等长的十字形,十字形的各臂之间像 Ch.00313 那样填补有小正方形。最大一块长 8 英寸。(图案)图版 CXX。

Ch.00347. **三块刺绣残片。**绣在结实的黑色丝绸上。黑色丝绸织成紧密的同心菱形,正面轧过光,从一条宽 $1\frac{3}{4}$ 英寸的绸条上剪下来。刺绣图案为三角形叶子,呈三裂状,分成两行,一行在绸条顶部,一行在绸条底部,尖都朝里,彼此相对。叶子像 Ch.00119 一样用铺绣法绣成实心,一行用深浅不同的红、玫瑰粉和淡粉色,另一行轮流用深浅不同的蓝色和绿色,深色部分总是在叶子中间。所有叶子的轮廓上都贴了金叶子或银叶子(银叶子已变成黑色)。金叶子用红线贴线缝绣,银叶子用白线贴线缝绣。完全是中国风格,颜色非常清晰,保存良好。最大一块残片长 7 英寸。图版 CX。

Ch.00348. **刺绣残片**。绣在黑色纱上,纱背面衬有橄榄绿色绸里。残片上只有零散的叶子和花,为写实的中国风格,像前一件那样绣成实心。颜色有深浅不同的绿色、番茄红、黄、紫、白、深蓝和浅蓝色,绣得很仔细。最长一块长 $3\frac{1}{2}$ 英寸。图版 CX。

Ch.00350. **大绢画**。画有佛教净土和其他小画面。此类型作品仅此一件,参考本书第二十三章第八节及其以后文字。底部破损很多,顶部也有一定程度的破损,但其他部分保存较好,保留着原来的淡褐色绸边。

与 *Ch.0051 下所述的其他净土图相比,此画最显著的特征是没有一个占主导地位的核心人物,两侧不是连环画,没有刻板的对称,人物也并不向中部靠拢。其确切内容尚难确定。

主要画面如下:

(i)净土内。画面占据整幅画的三分之一,画在一座高墙内。高墙从左到右横贯画面,墙头上有墙垛。距左右两边两三英寸时,墙折而向下。墙角里是守望塔或守望亭,墙正中是由绿琉璃做的坚固的城门,有两个入口,上面有门楼,如 Ch.lv.0016 等一样。墙也跟 Ch.lv.0016 一样,涂成黄色和红色横条。

城墙内中间靠上是一个小佛,坐在一个香案后,旁边的毡毯或平台上为供养菩萨。佛盘坐,右手置胸前,拇指和无名指相碰,左手置腿上。前面跪着五个穿中国外衣和裙子的男子,头戴三瓣冠或莲花,把闪光的珠宝放在挂帷幔、带流苏的垫子上(或者是镶珠宝顶的小华盖?),呈献给佛。墙的左右角上是类似的坐佛和供养菩萨。左上角的佛右手施论辩印,左手施触地印;右上角的佛右手置胸前,张开,施无畏印,左手置腿上,面前的香案上有三只化缘钵。其余两个佛面前的香案空着。

没有水池。背景中有开红花的树,说明背景是草地。两个墙拐角处的瞭望亭旁边均有一个穿中国服装的男子,右手伸出,手上升起一片云。右边云上所托的物件已完全剥落,但有一个双手合十跪着的菩萨正朝这件东西看。左边云上托着象征宇宙的须弥山,山顶有中国式房屋,象征着人世,房屋左右各有日月轮。须弥山右是一件物体,不知为何物,但似乎是从左到右的一段墙或护墙,上面有凹角,墙里是一些圆形物堆在一起(可能是石头)。墙两端未接连上什么便中止了,它与附近的人和物件的关联尚不得而知。

(ii)净土外是一些半俗世半天堂的场景,彼此交错,内容也不得而知,很难将各场景明确分开。

左边净土墙的墙角外画着一个有胡须的中年男子,穿外衣和内袍,躺在一个卧具(或毡毯)上。卧具(或毡毯)置于一个直立物之下。直立物大体类似于四柱床,床顶上挂着帷幔,厚重的紫色帘幕系在柱子上。一男一女走离此人,向图画中心走去。

四柱物(四柱物似乎是两层,卧具在上边一层,但其结构尚未完全弄清)的四个柱脚旁站着四个天王,像幢幡中一样有光环、穿铠甲(见 * Ch.0010)。可辨认出持戟和托塔的毗沙门天王,他的铠甲长达脚踝,余者的铠甲只及膝。还可辨认出持剑的广目天王,剩下的两个天王的特征看不清楚。四柱物旁边、天王的右边,是个摆有圣器的香案,六个菩萨跪在云上,双手合十,从画面中心注视着此香案。有一个同样姿势的菩萨向天王们靠近。

净土右边不是四柱物,而是一个盘坐在莲花上的菩萨,头上有华盖和开红花的树。莲花置于方形基座上,基座由一头石雕狮子和一只鹿(?)或羊支撑着。菩萨前面有个香案(与左边一样),菩萨旁边有一男一女(也和左边一样),菩萨身后有四个穿甲的天王,有光环。底下有一些小菩萨和三个小佛坐在另一个香案后,这个香案一半已被磨损掉了。

占据了图画底部三分之一的主要是世俗人物,其组合方式尚不清楚。他们似乎大体排成两行。底下一行几乎完全磨掉了,右端保留有两个空白题榜。上边一行中,从左起内容如下:

(1)一个穿红外衣、戴高头饰的要人向图画中间走去,左手持花(?)。一男子跟在后面,举着伞,后面又是 10 个穿世俗服装的男子。要人前面的路两边各有一个鞠躬的仆人,穿深粉色外衣,戴粉红色扁平帽。要人向一个更大的人像走去。后者双膝和左手支在一个毡毯上,右手向要人伸去,穿红裙或宽松的红裤子、黄色和绿色长袖短外衣,黑发很短,脸圆无须,无光环,也无神祇的法器。他身后隔不远跪着两个双手合十的菩萨。

(2)这些人底下是一个菩萨,脸朝向从画面右边走来的一群人。菩萨站立,手中倒拿着一个化缘钵,正把钵中之物倒出来,倒出来的东西堆成了一个绿堆,一直堆到菩萨的腰部。菩萨前面的画面已剥落,但再往右是一群人向他走来。这些人簇拥着一个中心人物。此中心人物较胖,是一个中年人,穿内袍、长外衣、戴圆帽。两个小男孩走在他左右,扶着他的手。他身后是两个男子,穿无袖铠甲,铠甲里穿内袍和外衣,手持长柄扇,两扇交叉于中心人物头上。前后还有不少人,有的持杀威棒,有的持纸卷轴。走在这群人最前面的是个男孩,双手在头顶举着一个大物体(现已剥落)。

左角残留着一些人物小像,围在一个低矮的平台四周,平台上用黑碟子盛着供品,还画有一个坐着或跪着的人,他旁边有一只红色的鸟(？)。

有的男子穿系腰带的长外衣,头戴黑色幞头(如 Ch.xx.008 等一样),但这类服装很少。大多数外衣开领口,胸前是翻领,袖子长而窄,遮住手。画面(1)中两个鞠躬男子的外衣有毛领和毛袖口。头饰形状不一,有的扁平,帽舌在脑后突起,有的大致为主教冠形状。服装均涂成红、深紫、黄或浅绿色。没有人穿 *Ch.00102 供养人穿的那种黑色长下摆外衣,也没有人戴那种黑帽。上文说过,"净土"外不远处左右各有一男一女,男子穿和尚式的僧祇支和袈裟,他们的妻子穿常见的裙子和宽袖衫,头发梳成两个高高的环,像 Ch.00114 中的"妻子"一样。菩萨的服装和饰物更多的是印度风格(见 *Ch.0051 和 lv.0014),但没有披巾。

地为发绿的颜色,服装和建筑物上的着色局限于红、暗紫、绿和橙色,只有人物头发上和化缘钵上有黑色。除佛皮肤上残留有黄颜色外,其余人皮肤上的肉色均脱落了。工艺属二流水平。

约4英尺10英寸×（边计内）4英尺。图版LXXXI（图版中的照片是此画卷成一团尚未打开时的情景）。

Ch.00351. 锦缎残片。很细密，黄色，朽坏了不少。花纹为缠绕的植物，轮流组成一排排菱形或扁长的六边形，六边形之中和菱形的相交处为菱形花朵。花纹与T.xiv.v.0011.a、b唐朝锦缎的花纹类似。$8\frac{1}{2}$英寸×$7\frac{1}{2}$英寸。（花纹）图版CXVII。

Ch.00355. 绢画。画的是旅行者和地狱灵魂的保护神地藏菩萨及侍从和供养人。除镶边缺失外，其余部分均完整，保存较好，但颜色脱落了不少。类似题材的作品见 *Ch.0021之下的文字及本书第二十三章第五节。

地藏菩萨面朝观者坐于莲花座下，莲花座有金属底座。菩萨右腿置于地上放的小莲花上，左腿盘起，但地上还有另一朵小莲花供左脚踏脚用。右手张开，放在膝上，中间的几根手指弯曲，指间持锡杖（无杖头），锡杖从上身后面探出。左臂于肘部弯曲，手伸出，拇指和无名指相碰，这两个手指后有发光的珠宝的残迹。

服装和面部与 *Ch.0021类似，但袈裟为鲜艳的绯红色，袈裟上的交叉线和边则是丝绸灰绿的本色。僧祇支为深橄榄绿色，有红色花点，头巾为深粉色和绿色，皮肤为发棕的肉色，皮肤轮廓线为黑色。圆形项光上饰有花瓣和锯齿状光芒，背光绘成波浪状光芒，有黄色火焰边。

底下坐着地狱十王。只有第十个穿的是铠甲，也只有他正在审判一个灵魂，其余九个均双手合十坐在案后。案上摆的是青铜制的圣器，而非卷宗。十王均穿官服，戴各种各样的帽子，与Ch.lxi.009一样。每个大王旁边均站两名侍从，侍从双手或合十，或笼在袖中。侍从的服装和头饰与Ch.xxviii.003中所见一样，其头饰似乎为女性头饰。地藏左膝下为一个跪着的和尚，没有狮子。

供养人跪在底部的毡毯上，右为两男，左为两女，均为 *Ch.00102类型。妇女的面颊着色很浓，其中一位妇女的头和脸画得相当有魅力。

题榜均为空白。

工艺平常。背面的描图十分粗略,正面的轮廓线多为用重墨画成,但也画得粗心大意。尤其值得注意的是,在重画的过程中没有画上地藏的法器,说明艺术家对自己的题材缺乏了解。但即便在最初的描图中十王也背离了自己的身份,他们面前案上放的青铜器皿把桌案变成了香案。他们也没拿花名册和卷宗,反而采取了净土图中供养菩萨的姿势。另一点独特之处是没有像常见的地藏菩萨像一样画白狮子、石头香案或石头宝座。2 英尺 5 英寸×1 英尺 10 英寸。

Ch.00356. **纸画**。画的是佛及供养人,裱在另一张纸上,镶有黑色和红色纸边。上边是佛坐在杂色莲花之上,腿结跏趺坐,脚心朝上,右手于胸前施论辩印,左手水平置于右手下。底下是跪着的供养人,左为一名成年男子和一名男孩,右为一名妇女和一名男孩。佛的服装和附件、供养人的服装等均为 * Ch.00102 等绢画类型,但工艺比较粗糙。色彩限于绯红、绿、蓝灰、粉、黄、黑色,均模糊不清。加边后 1 英尺 $8\frac{1}{2}$ 英寸×1 英尺 $4\frac{1}{2}$ 英寸。

Ch.00357. **丝绸幢幡残件**。由两片丝绸缝成,左右均有织边。上边的丝绸为深橙粉色,平纹;底下的丝绸为印花绸,蓝地,印有三对相对而立的结实的马驹。马驹为粉色,身上有白色斑纹,马头上有马笼头的痕迹。顶上的一对马驹是白脖子、白肚子,体侧有白色梨形点(点中心为粉色),臀上有粉色卐字形(轮廓线为白色)。马头已残,一部分马头是遇到接缝时剪去了。底下一对马在上面一对的正下方,形体与其类似,但身上无梨形点,头和身体像蒙古马,鬃毛为白色,短耳,前额有浓密的毛发。丝绸底边上可见第三对马的脚,与前面两对上下颠倒。对马图案横贯整幅丝绸。本残件的上下两端均缝有窄条黄绸,说明此幢幡向上下两个方向继续扩展。参考本书第二十四章第三节及其后文字。保存较好。4 英尺 $3\frac{1}{2}$ 英寸×1 英尺 9 英寸。图版 CXVI.A。

Ch.00358. **丝绸幢幡**。破损较严重,底部饰带和一侧的一条饰带已缺失。三角形顶与 Ch.00307 一样为浅红色绸,并镶有带点的黄褐色绸边,两侧饰带也是黄褐色绸。幢幡主体由三块印花绸首尾相连缝成。最上边的印花绸织成细菱形纹,所印的图案与 Ch.00307 一样。底下的两块印成的绿地图案大致为圆形,直径约 6 英寸。圆形的外圈是花和枝构成的花环,中间包围着两只飞鸟。圆形印成浅棕色,斜向重复,四周绕以模式化的蝴蝶。圆形中的鸟长着长尾,像 Ch.00179 中的狮子一样首尾相接地绕圈旋转(参见 Ch.00179 下所列的其他类似作品)。2 英尺 5 英寸×11 英寸。(花纹)图版 CXXIII。

Ch.00359. 幢幡的三角形顶饰。 由花绸制成,镶有藏红色素绸边(已褪色)。吊带为粗麻布。保留下来的饰带残片由小块的白绸和黄绸制成,衬有黄绿色绸里,绸里上缝着一块彩绘的纱的顶部,上面可见一人像的项光,人物则已缺失。

顶饰上有 a、b 两块花绸残片。残片 a 与 Ch.009 一样是萨珊风格的鹿图案(见 Ch.009 下的文字说明)。此件中保留有鹿的身体,为深黄色,臀上和肩上有粉红色花,勾以白色和绿色轮廓线。残片 b 上为与 a 类似的六边形团花图案,团花大小约为 $4\frac{1}{2}$ 英寸×$4\frac{3}{8}$ 英寸。团花地为橙红色(已褪色),团花中有一对相对而立的鸭。整幅图案的轮廓线均为阶梯形,织法和纹理与 Ch.009 一样。鸭织得有点刻板,但考虑到其织法后,已经算得上比较逼真了。鸭身为深蓝色,头、颈、腿为深绿色,眼粉红色,喙白色,翅膀浅黄色(翅膀尖翘起),尾巴与 Ch.009 的鹅尾一样织成深蓝色和白色的阶梯形斜条纹。鸭肩上有粉红色十字形,勾以白色轮廓线。鸭脚下无棕叶饰,但每对团花之上的空白处是淡黄色大棕叶饰的残迹,可能棕叶饰上托有更大的鸟兽图案。

团花边为绿色,饰有六个均匀分布的粉红色菱形,菱形勾以黄色轮廓线,中间有个蓝色或绿色十字形。上边的一对菱形之间和下边一对菱形之间分别用叶形或矛头似的树形隔开,其余菱形之间用阶梯形带子隔开,带子斜穿过团花的边。树和带子也是粉红色,勾以白色或黄色轮廓线。关于此织物与其他萨珊图案的关系,见本书第二十四章第三节。此织物属于"奥克苏斯类型"(奥克苏斯河,阿姆河旧称,在今乌兹别克斯坦境内——译者),它的织法、图案设置和着色均表明了这一点。保存良好。a 长 $8\frac{1}{2}$ 英寸,最宽 $2\frac{3}{4}$ 英寸;b 长 6 英寸,最宽 4 英寸。(重构后图案)图版 CXV。

Ch.00360.a~g. **7 幅丝绸幢幡**。有的完整,有的残破,形式相同,均由素绸和印花绸构成。顶饰为白色印花绸,双面,印有模式化的蓝色或绿色菱形花束,形如矢车菊,花心为黄色。顶饰边为浅红棕色。幢幡主体由四部分组成,布缝处用竹篾加固,四块分别为红棕色素绸、黄褐色素绸、印花绸、黄褐色素绸。印花绸为浅红棕色地,印有模式化的菱形花束,花束为蓝、粉、黄色,花心为深绿色,轮廓线为丝绸的本色。保留下来的两侧饰带为深蓝色绸,底部饰带为浅棕色绸。所有丝绸均又轻又薄,织得很均匀。所有幢幡顶饰上的印花绸都干净、清晰、完整,而主体上的印花绸则大多洞孔密布,这是因为图案上的绿色花心腐烂了的缘故。幢幡不加饰带,长 4 英尺 6 英寸,宽 $10\frac{1}{2}$ 英寸。(顶饰印花图案)图版 CXXIII。

Ch.00361. **花绸残片**。厚而柔软,像 Ch.00228 等一样用缎纹斜纹织成。细经线捻过,为深蓝色;纬线较宽,未捻过,地上的纬线为靛蓝色,图案上的纬线为粉、草绿、白、金黄、淡蓝和橙粉色。图案似乎是反复出现的植物花纹,各行相距 4 英寸。花纹中有盛开的粉色花生在细线似的白茎上,花心为黄色,花的轮廓线为白色。保留下来的残片正面未出现绿、淡蓝和橙粉色。保存得极好。长 1 英尺,最宽 $\frac{5}{8}$ 英寸。

Ch.00362. **花绸残片**。可能与 Ch.00180 是同一块,颜色、经纬线和织法均与其相同。无动物图案,但角落处有一部分植物图案,为粉、绿、黄、白色,地为浅蓝色。曾折成条,正面褪色不少。$9\frac{1}{2}$ 英寸 $\times 4\frac{1}{2}$ 英寸。

Ch.00363. **花绸残片**。厚而柔软。以缎纹斜纹织成,经为捻过的细线,纬宽而扁平,未捻过。色彩丰富,保存良好。地为深红色,图案为铬黄、柠檬黄、白、草绿、深红色,最后两种颜色在保留下来的图案中未出现。残件中可见一对翅膀的末端,可能与 Ch.00228 一样是鸟形图案。$3\frac{3}{8}$英寸×$1\frac{1}{4}$英寸。

Ch.00364. **两块黑色锦缎(?)残片。**薄而粗糙,织成斜纹,纹理相当稀松,表面暗淡无光。边上有一部分鸟(?)形图案,用铬黄色丝线织成(黄线只是用来织鸟,在背面均剪断了),完整图案已不得而知,可能与 Ch.00228 类似。其他真正的锦缎见 Ch.0065 下的目录。长 $5\frac{1}{4}$英寸。

Ch.00365. **幢幡的三角形花绸顶饰。**顶饰边为淡黄褐色细绸,吊带为与 Ch.00242 类似的紫色锦缎,还保留有两侧饰带和三角形底边上一块紫锦缎补丁的残迹。顶饰主体上的花绸是与 Ch.0076 一样的稀松织物,地为金色,织有橘红色大图案,保留下来的部分可见三瓣叶以及一朵逼真的盛开的花的一角。已脏污变色。1 英尺×$6\frac{1}{2}$英寸。

Ch.00366.a、b. **两条花绸制成的帷幔饰带。**衬有淡黄褐色素绸里。花绸的织法与 Ch.00295 相同,颜色和图案也与之十分类似。地为深绿色。图案为一行行圆形小花,心心是由三片窄叶组成的星形,从窄叶之间的短茎上向外伸展出三片花瓣,每瓣有两裂。各行花轮流为浓粉色和浅粉色,现已褪色。b 中间破了洞。1 英尺$5\frac{1}{2}$英寸×$2\frac{3}{8}$英寸。

Ch.00367. **花绸残片。**破损较严重,同 Ch.0076 一样是稀松的缎纹。图案为反复出现的小圆点,由两只上下颠倒的鸟(?)构成,几乎已无法辨识,见 Ch.00179。地为深红色,图案为淡黄、蓝和绿色。最长 $5\frac{1}{4}$英寸。

Ch.00368. **两块花绸残片。**用稍硬的经线和未捻的较宽的纬线织成紧密的缎纹斜纹。图案很不完整,无法看清其本来面目。地为杏黄色,图案为淡灰蓝色。两块均约为 $3\frac{1}{2}$英寸×$1\frac{3}{4}$英寸。

Ch.00369. **窄条花绸。**织法、颜色和可见的图案均与 Ch.00230 类似,保留下来的残片上可见几何图形组成的复杂的大花纹。地为鲜红色,图案为深蓝色、浅蓝色、鲜艳的黄色、白色和绿色,颜色十分清晰。$7\frac{1}{2}$英寸×$\frac{1}{4}$英寸。

Ch.00370.a、b. 两块斜纹丝绸残片。织法与众不同。a 的经线为极细的粉红色硬丝线,纬线为又宽又扁又软的丝线,未捻过,香槟色。纬线的织法分成两种。在 A 行中,纬线先压住五条经线,再从一条经线底下经过。在 B 行中,纬线先从三条经线下、再从一条经线上、再从一条经线下、再从一条经线上通过,最后一根被压住的经线也是 A 行中压住纬线的那根经线。纬线很紧密,经线很细,形成织物正面的主要是纬线 A。b 和 a 织法相同,纬线的颜色为中国蓝。最长 $4\frac{1}{2}$英寸。

Ch.00371. 印花丝绸幢幡残片。撕破成了三块,保留有顶饰,顶饰边上有三个汉字。与 Ch.00307、00358 相同。顶饰高 $8\frac{3}{4}$英寸。最大 1 英尺 5 英寸×6 英寸。

Ch.00372. 两条幢幡饰带残片。由印花绸制成,褪色较严重。地为粉红色,图案为反复出现的四瓣花,排成斜行。花心为方形,裂成四片,呈深绿色和黄色,花心中间有个粉红色菱形,其轮廓线为蓝色。花瓣为粉红色,其轮廓线为丝绸的本色(白色)。一条 1 英尺 $10\frac{1}{4}$英寸,另一条 1 英尺 6 英寸×$2\frac{1}{8}$英寸。

Ch.00373.a、b. 大纸画的两块残片。做工很精致,着色细腻,色彩基本上保存较好,可见佛的一群侍从。a 的右边是一顶多层伞,挂有流苏、璎珞和饰带,大曼荼罗的夹侍菩萨上方也常有这种多层伞(见 * Ch.lii.003)。左边背景中为一棵大叶开花树,背景前站着一个鬼怪,蓬乱的头发为红色和绿色,脸为发红的粉色,上身和四肢为深蓝色,手心为红色。他举着一个裸体婴儿,婴儿向他靠过去,微笑着抓住他的胳膊。婴儿的外形和五官画得很细腻,涂成粉红色和白色,头上有黑色短发,前额上有一个红色三叶状点。鬼怪下面显示出一个项光的上半部、一个菩萨的顶髻和头饰的一部分。头饰中心的装饰物上面是一只长角的白色鹿头,这鹿头也是头饰的一部分。左边还显出一个天王的头,肩上扛剑,右边显出一个菩萨的一部分项光和顶髻。

菩萨和天王的头发为巧克力棕色,头饰上的发带和饰带为银色,勾以粉色轮廓线。鹿角也是银色。天王的脸部保留了下来,为粉色,轮廓线为十分鲜明的红色,眼睛虹膜和上面的鬼怪一样是绿色,黑眉毛用许多黑色细波浪线画成,与上面那个婴儿的眉毛类似。

b 上显示出一个菩萨上身的大部分,菩萨四分之三向右立。菩萨为黑头发,银色皮肤,皮肤上晕染有粉色。项戴沉重的璎珞,披暗紫色披巾(衬有绿里)。腿已缺失。

图画画在薄纸上,薄纸底下衬了张光滑的浅黄色纸。b 的薄纸多已脱落,a 边上的薄纸也脱落了,露出底下的空白纸。着色鲜艳而柔和,除上文所述的颜色外,还有柔和的蓝色、粉色、铜绿色、栗色、橘红色(栗色和橘红色只出现在金属物件上)。工艺比其他任何纸画都精致完美,线条和着色很像 Ch.00216 净土图大绢画。画中人物的身份尚未确定。举着婴儿的鬼怪在另外两幅画中也曾出现过:一次是在大净土图 * Ch.lii.003 中,他夹在一群随侍东方药师佛的神祇中;另一次是在 Ch.00158 版画中,他是毗沙门天王的侍从之一。

1 英尺 6 英寸 ×1 英尺 2 英寸;1 英尺 2 英寸 ×6 英寸。《千佛洞》图版 XLVI。

Ch.00374. **锦缎**。为精美的红棕色。图案为成排的长菱形花,每朵花有四个菱形花瓣。一行中的花与相邻行中的空白相对。平纹地,图案为小斜纹,织得极好。上面沾有沙粒。1 英尺 6 英寸 ×8$\frac{1}{2}$ 英寸。

Ch.00375. **花绸残片**。粘在藏文卷子 Ch.0180 的外边,卷子写在厚纸条上,之后折成了四折。丝绸已十分破旧,织法与 Ch.009 一样,图案也为萨珊风格。圆圈之内有成对的鸟,保留下来的部分上显出这个圆圈玫瑰粉色的一段弧,模式化的棕叶饰基座和深蓝色、白色的两只鸭(?)腿。圆圈边为深蓝色,嵌有椭圆形白珠子,圆圈之间残留的图案已不可辨识。$3\frac{1}{4}$ 英寸×$3\frac{1}{2}$ 英寸。

Ch.00376. 纸画。有汉文题识,完整,保存良好。画的是迦理迦,释迦牟尼的四大弟子之一(见附录 K 中巴尼特博士的注),其他同一系列的作品还有 Ch.00377、00401。迦理迦四分之三向右盘坐在蒲团上,隐双脚,全身裹一件红色和米黄色袈裟,衬里为橄榄绿色。右手于胸前持化缘钵,左手前伸,拇指、食指、中指伸直。光头,眼睛黑而大,画得很坚定,充满个性。头后面为椭圆形粉色光环,有火焰边,头上是简单的华盖。右边地上插着锡杖,杖头下有个托架,上面挂着包。题识写在画底部,画周围为深棕色边。1 英尺 $5\frac{1}{4}$ 英寸×$10\frac{1}{4}$ 英寸。《千佛洞》图版 XXXII。

Ch.00376.a. 三块印花绸残片。最大一块缝在杏黄色丝绸残片上,为暗棕色地,织有红、绿、黄色花束图案。其余两块很小,织有同样颜色的植物图案。最大 $11\frac{1}{2}$ 英寸×2 英寸。

Ch.00377. 纸画。有藏文题识,画的是菩萨,与 Ch.00376、00401 为同一系列。完整,保存良好,有几处污点,藏文题识中写有菩萨的名字(见巴尼特博士在附录 K 中的注)。菩萨为印度类型,盘坐于黄莲花之上,右手于胸前施论辩印,左手水平置于右手下,似乎托着什么东西,但画上未画任何东西。表情愤怒,眼睛黑而大,眉毛紧皱,嘴宽而薄,有小胡须。头发为黑色,梳成顶髻,肩上垂有小发绺。皮肤涂成淡淡的粉色,服装上涂以粉、绯红和橄榄绿色,珠宝未着色。身后是圆形项光和背光,背光未着色,项光深黄色,均有火焰边。上面是一个简单的华盖,华盖左右有日月轮。月轮在右,颜料均脱落,日轮在左,其中有太阳鸟,鸟画了三条腿,只有两条着了色。题识写在底部。1 英尺 $4\frac{3}{4}$ 英寸×1 英尺 $\frac{1}{4}$ 英寸。《千佛洞》图版 XXXII。

Ch.00378. 纸画。画的是两个佛(未确定是什么佛)。上面一个四分之三向左而立,全身罩椭圆形背光。穿盖住脚的僧祇支和红袈裟,祖右胸、右肩、右臂,双手置于胸前,右手握住左手手指。背光边缘为火焰,内部饰有零星的小火焰或云,背光主体上有红色和黑色的弧形光芒。项光圆形,有一圈直光芒线为边,项光中心也饰有零星的云或火焰。

底下的佛作禅定状坐在莲花座上,袈裟遮住双肩、双手,无肉髻。肩膀向上方和两侧喷出三角形小火焰。背光与上面一个佛类似,但为拱形,止于肩际。莲花座放在毡毯上,毡毯上点缀有小花。莲花座被黑带子分成了三个三角形部分。佛面前是一件有盖器皿(香案上的?),毡毯一角上竖着一根木杆,木杆的横档上挂着瓶子和拂尘(?)。毡毯两边的背景中均立着一个黑衣小侍从,像上面的佛一样穿僧祇支和红袈裟,其中之一双手握于胸前,另一个持棒,棒上挑着瓶子和拂尘。边上粗略画有云、发光的珠宝、香炉、瓶和其他法器。

两个佛的莲花座均为一朵模式化的莲花,花心上撒有小花。

笔法很差,人物比例失调,轮廓扭曲,着色限于上文所述的黑色和浅红色。保存良好。1 英尺 5 英寸×7$\frac{5}{8}$英寸。

Ch.00379. **纸画**。系防病符咒,无题识。上面是个正方形,每边中间的 T 形空间(见 * Ch.00190)中均有一个鬼怪立于火焰之中。鬼怪分别为龙(?)头、牛头、马头、象头,其中三个分别持金刚杵、索或发光的宝剑,第四个双手握于胸前。正方形中间是交叉的金刚杵,杵中间为一个圆圈,圈中有个净瓶。金刚杵组成的十字形的四条臂上分别画有八角轮、三个叉的金刚杵、一个叉的金刚杵和一个三足扁平鼎,鼎中之物无法辨识。正方形的四角斜置着四个穿甲人物,其中三个分别持戟、点燃的火把和绳索,第四个似乎在用手撕扯自己前面的衣服。

正方形下面画着一个和尚坐于毡毯之上,左边还画有一个人,只穿条红裙,躺在毡毯上,痛苦地抱着臂。

左下角站着一个穿白色短裙的人,双臂痛苦地举起,臂、腿、上身插满了刀子。旁边是两个圆形物,有三个短足,类似于上面所说的三足鼎。圆形物上有花纹,画的可能是人扭曲的五官。插刀人物代表的可能是给人带来疾病的鬼怪。左下角还画有金刚杵、香炉和金刚铃,右下角空白。

笔法粗疏,有几处涂了淡红、绿和黄色。1 英尺 5 英寸×1 英尺。

Ch.00380.　纸画。底边和右侧缺失。左边画有一个朝圣者或隐士,一只老虎伴着他,参考 Ch.0037(a)中的同样题材。此件中的隐士被画成一个满面皱纹的老者,双眉下垂,眼和颊凹陷,右手扶杖,左手持拂尘。穿麻鞋和带点的长裤,外衣长及膝,外衣外又套了件带点的长袖短衣,腰上系腰带。头上是蘑菇状草帽,用深红色带子系在颌下。背后背着写卷,写卷用封面卷好系紧,用链子挂在长刺的树枝上。至于他是如何背着树枝的尚不清楚,但树枝是他的装备之一。旁边离他较远处站着一只老虎,表情骇人,口大张着。隐士和虎均立于红黑色火云之上。左上角的一朵云上坐着一个佛。云上所用的颜料损坏了纸张,这就是画面残缺不全的原因所在。左边有两个空白题榜。

颜色只有深红、浅红和灰色,人物皮肤未着色。笔法精湛,把非人的怪异题材处理得十分生动形象。画的可能是《自说经》的作者藏族俗家圣人法救(见魏德尔《藏传佛教》,377 页),但无法解释他怎么会跟老虎在一起。保存良好。1 英尺 4 英寸×1 英尺。《千佛洞》图版 XXXIII。

Ch.00381.　麻布华盖。方形,下垂的边上无装饰。华盖顶上粗略画有圆形大莲花和云卷,为红、橘红、绿、黑色,边是布帷幔。未绘图的一面上缝有吊带。保存较好。3 英尺 1 英寸见方。

Ch.00382.　写卷封面。由结实的长方形纸制成,纸正反面均贴有丝绸并镶有绸边。正面的丝绸为暗黄色,平纹,经线很细,纬线较宽,略有罗纹。短边的镶边为结实的叶绿色素绸,长边的镶边为鲜艳的黄色素绸,稍微轧过光。反面为锦缎,经线为暗巧克力色,纬线为棕黄色,用小斜纹织有颜色较深的四叶形小花纹。一条短边上缝有一根绸带子,这根绸带子如果完整的话,无疑会与 Ch.xlviii.001 中的绸带一样。保留下来的绸带子由窄条丝绸做成,各窄条为绯红色、鲜艳的黄色和粉蓝色。构成封面主体的两层丝绸和一层纸用细平伏针迹缝在一起。锦缎已破损,其余部分保存完好。其他写卷封面见 Ch.xlviii.001

下的文字。1 英尺 $8\frac{1}{2}$ 英寸×11 英寸。

Ch.00383.a～c. 三幅纸画残片。 为西藏风格,a、b 属于同一张画,可能是个曼荼罗,c 是另外一幅画,画有一群菩萨。保存良好。

a、b 分别是一张大画的右边和左边。大画中间是个红圆盘,圆盘中间有一个画有神祇的八角(?)星,与 Ch.00398、00428 的中心一样。a 上显示出这个圆盘的一部分和星的三个角,星为黄色,有白色火焰边,圆盘边上饰有金刚杵。保留下来的一小部分星上看不见神祇。圆盘外面套了个绿色矩形,矩形外是 5 英寸宽的蓝灰色边。

圆盘右上角的弧外边是一个小佛,呈禅定状坐在莲花上,面朝画的外边。矩形和蓝灰色边的其他部分上画满了密宗诸神,有的排成纵行,有的并排而立,每位神身后均有分叉的橘红色和黄色火焰。边上的神祇们均愤怒地跨立,里面的神祇则面朝观者站立。有的穿短裙,有的穿豹皮裤、披红胸巾。他们的头和项链上饰有骷髅,臂和腿上缠绕着蛇。许多神长着鸟兽头,如熊头、鹰头、狮头、公鸡头(?)、象头和马头(马头神左手持贝壳,贝壳中又冒出一个较小的马头),其他神祇为奇形怪状的人形头。持常见的密教法器:金刚杵、钟、权杖、斧、三叉戟、索等。他们或站在莲花上,或脚踏一个伏在地上的人,有几位神祇手中正撕扯着人的尸体。

此画是密宗风格的典型作品,但工艺上无突出之处,颜料不透明。保存良好。a 尺寸为 3 英尺×1 英尺;b 尺寸为长 2 英尺 3 英寸,最宽 $11\frac{1}{2}$ 英寸。

c 是个窄横条,出自一幅大画,上下均不完整。上面画有许多坐着的小菩萨,背景为鲜艳的朱红色。菩萨可能是某个未保留下来的更大人物的侍从,或可能像 Ch.xxii.0023 一样随便画在一起,没什么统一构图。窄条右端的靛蓝色边之外贴着另一张纸的残片,上面画有面朝外的很小的坐佛像,这张残片属于另一幅画。

窄条上的菩萨均坐在莲花之上,有一个呈"自在相",其余的菩萨有的盘坐,有的垂一腿。一个持金刚杵,一个持粉红色莲花蕾,一个持长茎粉红色莲花(花上托有金刚杵),一个持长茎粉红色莲花(花上无金刚杵),最后一个持贝叶经。中间两个坐在拱形神龛中绯红色木栏杆后,他们之间的神龛里本来还有一个菩萨(现已缺失)。所有菩萨的身材、服装、珠宝、附件等均为纯粹的印度风格,均类似于 Ch.lv.007、lvi.0027~0031 等。所有菩萨头发均为黑色,肉体轮廓线为红色,皮肤粉色、白色、浅红或淡灰色。其他色彩有不透明的鲜红色、黄色、石板蓝、绿、粉、白色,背景为浓重的红色。正面保存较好,工艺在同类作品中属上乘。1 英尺×2 英尺 11 英寸。

Ch.00384. **纸画**。画的是菩萨(可能是观音)。菩萨盘坐在莲花座上,脚心向上,双手均于胸前施论辩印。头上无化佛,身材和服装为 * Ch.00102 风格,背光、项光均为圆形,有火焰边。画面外勒有一条直线边,涂成灰色。颜色限于暗红、绿、灰、灰蓝和黄。工艺粗糙,保存状况不佳。1 英尺 $4\frac{1}{4}$ 英寸×$11\frac{3}{4}$ 英寸。

Ch.00385. **纸画**。画的是九头六臂观音和两个和尚。观音面朝观者立于莲花之上(莲花尖为红色)。上两手托日月轮(月在左手,日在右手,月轮中只有树);中两手均于左右胸前施论辩印,指间拈柳枝;右下手持索,左下手持净瓶。九头中有一个主头、两个大头。头的排列方式如下:两个大头呈侧影分列主头左右,上面是五个小头排成一排,最上面是化佛头。服装与 Ch.00125 一样为印度风格。皮肤粗略地晕染有红色,其他颜色有暗红、蓝、绿和淡黄。和尚头发剃得极短,穿黑色和黄色僧祇支、红色和蓝色裓裟、粉红色鞋。其一持香炉,另一个献上一盘花。工艺粗糙,保存较好,左上角有空白题榜。1 英尺 7 英寸×1 英尺 $1\frac{1}{8}$ 英寸。

Ch.00386. **纸画**。画的是立姿千手观音,"千手"形成一圈光环,几乎直达观音膝部。人物与 Ch.00394.a、b 类似,但画得更大,更粗略。日月轮中无人或物。正面大手中所持的法器包括骷髅头杖、金刚头杖、索(?)。画面顶上和底下画了条灰蓝色线。1英尺7$\frac{1}{2}$英寸×1英尺。

Ch.00387. **纸画**。画的是观音,观音朝观者立于水池中的莲花之上。右手拈柳枝,左手置身侧,持净瓶,头饰前为穿灰袍的化佛。两只黄鸟(鸭?)分立于水池左右的边上。背景中点缀有中国风格的柳枝、莲花枝、花朵、发光的珠宝和云朵。左边有一个空白题榜,还画有一个穿无袖衫和长裤的童子,手持花枝。

笔法拙劣到了扭曲变形的地步,在人物的处理上尤其如此。观音皮肤为黄色,红颊,五官硕大而不规则,手心上有卍字纹。服装为印度式菩萨风格,但窄胸巾数量过多。所有衣物上均绘有花朵,衣纹层层叠叠,给人以纱罗的印象。色彩只有淡黄、红(或是粉)、暗绿和发绿的棕色。边破损。1英尺5$\frac{3}{4}$英寸×11$\frac{3}{4}$英寸。

Ch.00388. **纸画**。五张纸首尾相连粘在一起,绘有三匹骆驼,还有一位侍者牵一匹马,还粘着一匹上下颠倒的马(不完整),骆驼和马的鼻子上穿有绳子。人和动物画得大而粗略,如Ch.00207一样,可能这张画是00207的一部分。颜色与Ch.00207一样只有鞍布上的几笔粗略的红色和浅绿色。背面一端贴有一张纸,上面满是浓墨写成的大汉字,中间杂有小汉字。5英尺4$\frac{1}{2}$英寸×11$\frac{3}{4}$英寸。

Ch.00389. **纸画**。画面几乎已磨光了,画的是十一面六臂观音坐于红色莲花座上,底下有一个僧侣供养人。观音上两手持日月轮,月轮在右,中有树、兔、蟾蜍,日轮在左,中有鸟。中两手施论辩印,左中手已磨掉。下两手置膝上,但确切手形已无法看清。身材和服装为印度风格,眼长而直。右边有两个空白题榜。右下角站着一个和尚供养人,长着黑色短发,穿黄僧祇支和衬有红里的黑袈裟,持香炉。画面破损较严重。1 英尺 2$\frac{3}{4}$英寸×1 英尺$\frac{1}{2}$英寸。

Ch.00390.　**纸画**。分成了两片,画的是十一面六臂观音坐于水池中的深红色莲花上。底下的残片中画有水池,水池中为铜绿色水,水中长着绯红色和紫色的半开莲花。莲花座底下有粗大的漩涡状叶,为橘红、紫、蓝灰和绿色。上面的残片几乎能和底下的残片拼合在一起,画着观音、圆形项光和背光、挂着布帷幔的华盖。左右分别有一个绿色和黄色题榜,均空白。

观音的身材、服装、珠宝饰物、头的排列方式和着色等均与 * Ch.00102 类似,但所持法器和手姿有所不同。右上手持金刚头杖,左上手持锡杖。中两手手心相对,置于身前,指向下方,拇指、食指、中指下垂,无名指和小指弯曲。下两手放于膝上,右手拈柳枝,左手持瓶。项光和背光由不同颜色的同心圆构成,有火焰边。背景中点缀有莲花。画面颜色有印度红、橘红、铜绿、暗灰和淡蓝灰,均清晰,未褪色。图画像挂画那样裱糊,顶上装有竹竿,底部未涂色,装有木杆。约 2 英尺 3 英寸×11$\frac{1}{2}$英寸。

Ch.00391.　**彩绘丝绸幢幡残片**。裱在纸上,破损得几乎无法看清。画的是与 * Ch.0035 等相同的广目天王,隐约可见天王的绿眼睛、红棕色胡须和紫色披风。铠甲和其他衣物上残留有铜绿色、柔和的蓝色和绯红色痕迹。已碎成两片。合在一起长 1 英尺 2 英寸,宽 6$\frac{1}{2}$英寸。

Ch.00392.　**纸画**。画的可能是阿弥陀佛,风格、工艺、着色与 Ch.00191~00202 系列作品相同。佛结金刚跏趺坐,右手施论辩印,左手于身前持无茎的红色莲花蕾。袈裟巧克力色,衬以天蓝色里,半盖住右肩,僧祇支为鲜红色。右边的题识残缺不全。画面上有棕黄色污点,把天蓝色变成了深绿色。10 英寸×7$\frac{3}{4}$英寸。

Ch.00393.　**纸画残片**。有汉文题识,画的是观音坐于香案后的莲花上,前面有小水池(已残破不全)。观音头上无化佛,双手抬起,各于左右胸前施论辩印,皮肤为黄色,晕染有橘红色。背景中有很多花和飞鸟,左上角的题榜中有对观音的赞词。工艺十分粗糙,色彩局限于红色、黄色、模糊不清的绿色和棕色。约 1 英尺 4 英寸×11 英寸。

Ch.00394.a、b.　**两幅纸画。** 每幅均画有两个千手观音像。观音的手像 Ch.00386 一样形成光环围绕住上半身,服装为 Ch.00125 那样的印度菩萨类型,上半身上只披了条胸巾。上两手各托小日月轮,日轮中有鸟,月轮中有树。其余的正面大手中持的法器有柳枝,蓝、粉或白色莲花,数珠,索,贝壳,没有净瓶。a 左面的观音面前竖着金刚杵。

观音只有一个头,前额上竖立着第三只眼。脸短圆,黑发在头顶梳成锥形矮髻,头顶的头发几乎被头饰盖住。红发带上嵌有许多圆形宝石(中间偶尔也有发光的宝石),脸两侧垂下许多条红色短饰带。皮肤为棕色,晕染有红色,其他颜色有橘红、深蓝、铜绿(此三种颜色用在珠宝上)、纯绿、浅黄和粉色,色彩明快。每幅画顶部和底部都有灰蓝色宽带子衬托着画面。1 英尺 $4\frac{3}{4}$ 英寸×1 英寸;1 英尺 5 英寸×1 英寸。

Ch.00395.　**纸画。** 画的是四臂观音坐于莲花上,笔法粗略,无细节,基本与 * Ch.00102 等类似。观音右上手托月轮,月中有树、兔、蟾蜍(兔和蟾蜍只是随便涂抹而成的);左上手托日轮,日轮中有一只很有代表性的有冠凤凰。下两手分别在胸前施论辩印。无化佛冠。圆形背光和项光由一圈圈不同颜色的同心圆构成,无装饰。色彩只有暗红、蓝、绿、黄,皮肤未着色。保存良好。角上有突出的纸片,上面有针孔。1 英尺 $7\frac{3}{4}$ 英寸×1 英尺 3 英寸。

Ch.00396.a～i.　**9 幅纸画。** 画的是佛坐于莲花座上。均绘在深黄色纸上,着色、风格和人物姿势均相同,只有佛的左手手印不同。佛均结跏跌坐,脚心向上。右手于胸前施论辩印。左手有的置腿上;有的于胸前持未开的莲花,莲花尖为红色;有的置膝上(手心向内);有一个佛左手置身前,手心向下,手指弯曲;还有一个佛左手水平置于胸前,手心向上,五指伸开,手中无物。袈裟半遮住右肩,八个佛均袒右臂,另一个佛僧祇支的边缘盖住了右臂。佛身后有圆形背光和项光,头顶为饰有珠宝的华盖。头上是黑色螺发,眼睛平齐。皮肤晕染有粉紫色,其他颜色有深红、纯绿、铜绿和蓝灰,僧祇支边为黑色。工艺粗糙。

可能这九幅画是贴在写本开头的,因为纸一头均有粘贴的痕迹,另一头则绕在一根竹枝上,还上了胶。所用的纸与千佛洞中唐代写本的纸张一样。平均尺寸为 $11\frac{1}{2}$ 英寸×$15\frac{1}{2}$ 英寸~$16\frac{1}{2}$ 英寸。

Ch.00397. **纸画**。顶上和两边有深绿色绸边和麻布吊带。画的是坐姿四臂观音及供养人,整体风格与 *Ch.00102 一样,但工艺比较粗糙。观音上两手分别持日月轮,日中有鸟,月中有树,树下有两堆物体,代表的是兔和蟾蜍。下两手分别于胸前施论辩印。供养人情况如下:左边为一妇女,右边为一个和尚和一个平民,分别跪于绿色长茎两边(观音的莲花座就置于这长茎之上)。底下的画面已残破不全。颜色有橘红、蓝灰、绯红、绿色,现在均已暗淡。加边后尺寸为 1 英尺 8 英寸×1 英尺 3 英寸。

Ch.00398. **纸画**。有藏文题识,画的是密宗图形或符咒,曾一折为四,已缺失四分之一。图形与 *Ch.00190 等一样,但中心不是八瓣莲花,而是四个交叉的金刚杵形成的八角星。八角星中间有个圆圈,圆圈中之物已被磨光。未出现神祇的形象,只有未开的莲花或佛教法器托在莲花之上,法器上还饰有飘扬的饰带。

法器内容如下:

(i)里圈正方形(金刚杵为边)保留下来的三个空白处中有箭头(?)、弓和香炉。

(ii)第一层外圈正方形中有象征宇宙的米糕(见魏德尔《藏传佛教》,296页)、宝石、莲花、瓶、柳枝、金刚杵、一个三臂法器、交叉的金刚杵、贝壳、三叉戟、法轮,还有一两件东西看不清楚。

(iii)第二层外圈正方形现存的三个角中有剑、旗和一个看不清之物。

（iv）最外层正方形现存的三个角中有交叉的金刚杵头。外圈中的其余部分有被拱形隔开的未开莲花，拱形之间为已开的莲花，未开莲花和已开的莲花交替出现。每边中间的T形中之物有的绘成红色并饰有黑十字，有的不着色并饰有红十字。中央金刚杵的刃上有藏文题识，外圈T形中也有藏文题识。

笔法粗略。只有几处着色，颜色只有红色或黄色。纸很结实，棕色，两张粘在一起，形成一厚张纸。长1英尺$10\frac{3}{4}$英寸，完整之处宽1英尺10英寸。

Ch.00399. **带插图的贝叶经。**中间画有发光的珠宝，左右两边各有一个佛坐于莲花之上，身体转向中间的珠宝。一个佛右手抬起，呈论辩印，另一个右手拇指和中指相碰。每个佛身后均有一个和尚，有光环，穿杂色袈裟、黄色僧祇支，双手合十。人物之间用竹子隔开。工艺粗糙，背面有一行散乱的藏文。1英尺4英寸×$1\frac{3}{4}$英寸。

Ch.00400.a~c. **三张纸画。**a画的是释迦牟尼及从者，b、c画的是观音坐于香案之后。a上的释迦牟尼长着黑头发，唇上方有小胡子，下颌正中有小须。右手于胸前施论辩印，左手放在右手下，持装满米饭的化缘钵。佛左右各站着一个双手合十的菩萨，后面站着两个弟子，其中一名弟子表情正常，另一名则张着口、瞪着眼。b、c上的观音左右为模式化的柳树。

工艺极粗糙，属于*Ch.00102类型。颜色不清晰，只限于绯红色、已变脏的绿棕色、黄色、白色，白色多已变黑。三幅画均曾用胶粘在某个大致平坦的表面上，后在取下来时撕破了。11英寸×$8\frac{3}{4}$英寸。

Ch.00401. **纸画残片。**与Ch.00376、00377属同一系列，为同样的印度风格。画的是一个女神，可能是多罗。女神坐于黄色莲花之上，两脚在脚踝处交叉。右手置膝上，持长茎白花，花瓣尖向下翻转；左手置腿后，持粉色长莲花。头歪向右肩，目光下视。服装和珠宝饰物属印度菩萨类型，戴脚镯。头发梳成高高的锥形，肩上垂着卷曲的发卷。裙为粉色，腰带浅绿色，披巾灰色，胸巾黄棕色。皮肤和珠宝饰物上未润色,已有的颜色也均已褪色。项光椭圆形,中间为红色,向外边逐渐过渡为黄色。画面顶部和底部已缺失。最长 11 英寸,宽 10 英寸。

Ch.00402. 纸画。画的是佛结金刚跏趺坐坐于莲花座之上,右手施论辩印,左手置腿上。皮肤黄色,头发黑色,红色袈裟盖住左臂并半遮住右肩,衬有灰色里和白色里。圆形背光和项光为绿色和灰色,无花纹。顶上有模式化的花枝,旁边有倒写的藏文(已脏污),角落处有针孔。工艺粗糙。$11\frac{1}{2}$英寸×$5\frac{3}{8}$英寸。

Ch.00403. 纸画残片。画的是立姿观音,仅保留有上半部分。观音面朝观者,右手抬起,拈柳枝,左手垂于身侧,已缺失。头戴化佛冠。笔法粗略,大体为"汉传佛教"风格,轮廓线和着色多已残破不全,着色似乎只有灰色和浅红(浅红用在皮肤和僧祇支上)。背面写有两个藏文。长 1 英尺 $2\frac{1}{2}$英寸(不完整),宽 10 英寸。

Ch.00404. 纸画残片。画有很多菩萨,保留下来的有地狱灵魂的保护者地藏菩萨(完整)和六臂观音(不完整)。

地藏菩萨坐于香案后的莲花上,右手持锡杖,左手持发光的珠宝。穿红色和米色袈裟,袈裟上有黑条,头戴深色头巾(像 * Ch.0021 等一样),面部衰老,表情严肃。左右两边跪着地狱十王,一个在另一个之上,手中拿着纸卷轴,但左边有二个大王已缺失。

观音也是盘坐于高高的莲花座之上。中间双手于胸前施论辩印,拇指和食指间均拈长茎的粉色和蓝色莲花。左边其余的手和左侧身体的一部分已缺失。右上手托月轮,月中有树、兔、蟾蜍,右下手于膝上施与愿印。服装和饰物与 * Ch.00102 等一样。观音左边有两个男子背朝观音站立,分别穿红色和绿色长外衣,头戴黑帽,与 * Ch.00102 中的供养人类似。他们双手均置于胸前,左手握住右手除拇指外的其余四指。

整幅画的颜色只有深红、绿、灰和浅黄,工艺粗糙。画面已撕破,但除此之外保存较好。1 英尺 9 英寸×11 英寸。

Ch.00405. **一幅纸画的左边。**上下均有宽纸边,画的是毗沙门天王(只看得见其左手和左脚)。左手伸出,托窣堵波,前臂盖着有条纹的覆膊。左脚穿黑色和金色鞋,踏在一个鬼怪(或更可能是一个仙女)举起的手上,参考 Ch.0087 和 00158。右下角有斑点的小山丘上站着一个穿汉族服装的年轻女子,双手合十,与 Ch.0018~00158 等中的献花仙女类似。画面上方可见小供养菩萨跪在云端,画面底部有许多米黄色团花分布在红地上,唯一完整的一朵团花中有一条龙。画面边上为中国式棱角分明的波浪花纹。保留下来的颜色主要为暗红色、橄榄绿和蓝灰色,多已脏污。长 2 英尺 $7\frac{1}{2}$ 英寸,宽 $6\frac{1}{2}$ 英寸(约有原画的三分之一宽)。

Ch.00406. **纸画。**画的是佛盘坐于莲花座之上,露出一只朝上的脚心。身后是圆形背光和项光,上面有华盖,华盖上垂着打结的饰带。佛的右手置胸前,拇指、食指、中指伸直,左手水平地置于右手下,手背朝上,手指朝下伸直。风格大致与 Ch.00191~00202 类似,这类画可能都来自写卷的末尾。颜色限于绯红、橘红和发绿的棕色,均模糊不清。$12\frac{1}{4}$ 英寸×$9\frac{1}{2}$ 英寸。

Ch.00407. **纸画。**画的是佛结金刚跏趺坐,坐于莲花座之上,身后是圆形背光和项光,头上是模式化的花枝。右手于胸前施论辩印,左手水平置于右手下,手指朝下弯曲。袈裟、花瓣、背光和项光为红色,袈裟衬里为灰色。工艺粗糙,已撕破,背面有补丁。与 Ch.00191 一样出自写卷的末尾,因为左端曾粘贴过,右端胶在竹枝上。$9\frac{3}{4}$ 英寸×$8\frac{3}{4}$ 英寸。

Ch.00408. **纸画残片。**画的是佛结金刚跏趺坐,坐于莲花之上。右手于胸前施论辩印,左手垂于右手下,拇指、中指相碰,无名指和小指弯曲。服装、附件和着色与绢画中的佛类似,但十分粗略。右边空中飘浮着一朵花,花上露出一个双手合十男子(或孩子)的头和肩膀。此人头剃光,但前额上方画有一只蝴蝶结的轮廓,与 Ch.lvii.004 中儿童头上的蝴蝶结一样。画面脏污,细节处已无法辨清。1 英尺 8 英寸×1 英尺 3 英寸。

Ch.00409.　**纸画残片**。画得十分粗略,严重脏污。可见一个护法金刚的上身。金刚似呈愤怒状,左手举起,挥舞着金刚杵(?)。头似鬼怪,嘴大,眼圆睁,穿常见的黑袍。除黑色外唯一的颜色是皮肤上晕染的红色。1 英尺 $8\frac{1}{2}$ 英寸×1 英尺 $3\frac{1}{2}$ 英寸。

Ch.00410.　**绢画残片**。画有一个牛车,牛车上载一座平台,平台上挂有深红色帷幔。平台上坐着六个穿汉族服装的乐师。三人正在起劲地敲腰鼓,一人吹笛,另外一人似在用一根棍敲一个环形或圆盘形物,看不见第六个人的乐器。赶牛车者和牛的大部分已缺失。笔法有生气,但相当粗略。最长 $8\frac{3}{4}$ 英寸,最宽 $6\frac{1}{4}$ 英寸。

Ch.00411.　**纸画残片**。画的是观音,盘坐,两手均持柳枝,柳枝高达肩部以上。未全部着色,所用颜色只有栗色、浅红和灰色。工艺较差。长 1 英尺 1 英寸(不完整),宽 11 英寸。

Ch.00412.　**纸画残片**。画有一个戴黑帽的持棒鬼怪,乘于龙(?)背之上,鬼怪与龙均不完整。仅有的颜色为几笔红色,底部残留有三行汉字。5 英寸×3 英寸。

Ch.00413.　**纸画**。属于 Ch.00191～00202 系列,画的是佛盘坐于莲花之上,隐双脚,手托化缘钵。袍子为红色,衬有粉黄色绸里,紧裹着身体,盖住双肩、胸部和双臂,露出手。项光和空白题榜也是红色,莲花心为发绿的蓝色。$8\frac{3}{8}$ 英寸×$5\frac{7}{8}$ 英寸。

Ch.00414. 版画。由许多张小方形薄纸粘在一起,形成一大张纸,印有成排的矩形框,框中为佛像。佛垂双腿坐在宝座上,脚踏莲花。右手施论辩印,左手伸出,手心朝上。印得不好。4 英尺 3 英寸×4 英尺 10 英寸。

Ch.00415.a、b. 印有版画的纸卷(碎成了两块)。纸很薄,印满了版画。印模为小正方形,刻的是一佛二菩萨像。佛盘坐于莲花上,手成说法印,身后是圆形项光和背光,头上是花朵组成的华盖。菩萨的项光有尖。大致印成横排,印得很不好。a 背面有一行黑色和红色汉文题识。4 英尺×11 英寸。

Ch.00416.a、b. 版画残片。薄纸上印有成排的版画。模子为小矩形,刻的是菩萨四分之三向右坐于莲花之上,盘右腿,垂左腿。右手置于莲花座上,持长茎莲花,左手抬起,似成无畏印。模子刻得粗糙,印得也不好。较大的残片为 1 英尺 3 英寸×8 英寸。

Ch.00417. 版画。薄纸上印有许多小版画,刻的是坐佛小像。佛坐于莲花之上,双手置于腿上,持化缘钵,无背光或项光,人物无细节。纸卷多处已撕破,保存较差。11 英尺 4 英寸×11 英寸。

Ch.00418. 版画残片。纸很薄,印有许多小版画。模子为小矩形,刻的是菩萨坐于莲花座之上。垂右腿,盘左腿。右手置膝上,左手从肘部抬起,张开,手心朝向侧外方向。项光圆形,背光椭圆形,空中有花朵。有多处破损。最大 1 英尺 10 英寸。

Ch.00419. 版画残片。纸很薄,印有许多小版画。模子为小矩形,刻的是佛盘坐于莲花上。双手均置胸前,手张开,两手之间稍有距离,身后有圆形背光和项光,未刻细节。破损严重。最大 1 英尺 10 英寸×10$\frac{3}{4}$英寸。

Ch.00420. 版画。印的是佛教符咒和汉文、藏文文章。符咒为圆形,中心有一朵八瓣莲花(与 Ch.00190 等一样),每瓣中间有金刚杵头。莲花外为藏文,形成 10 个同心圆围住莲花,还有金刚杵构成的边和火焰。以上均为红色。莲花心上写有三行黑色汉文。纸薄,发黄,上过光或浸过油,由两片黏合而成。版画较大,较清晰。约 2 英尺×2 英尺 1 英寸。

Ch.00421. **版画**。薄纸上印有两排版画。模子为方形,刻的是佛盘坐于莲花之上,右手在胸前施论辩印,左手置腿上,项光和背光为圆形,顶上角落里有花朵。模子刻得粗糙,印得也粗糙,版画上粗略地涂了浅红色和灰色。约 10 英尺×$10\frac{3}{4}$英寸。

Ch.00422. **版画残片**。用了多个模子,与 Ch.00414～00419 等类似。内容如下:

(i)矩形小印模,印成红色。刻的是菩萨坐于莲花之上,垂右腿,盘左腿,右手置膝上成与愿印(vara-mudiā),左手置大腿上。无背光或项光,但两边均升起云朵。

(ii)菩萨小像,盘坐于莲花之上,双手合十。

(iii)云朵边缘图案(?),下面印有汉文文章,已成残片。

(iv)矩形小印模,刻的是佛盘坐于莲花之上,头上有华盖和开花的树,手成说法印。最大 1 英尺 5 英寸×$10\frac{3}{4}$英寸。

Ch.00423. **剪纸**。是一座神龛,用米黄色纸剪成,贴在涂黑的背景上。制作方法和效果与 Ch.00148 一样,但贴上去的画面多已脱落,露出后面未涂黑的纸。神龛与 Ch.00148 属于同一类型,置于模式化的漩涡形高底座上。剪纸顶上有用以悬挂的绳子。保存良好。1 英尺 8 英寸×$11\frac{1}{2}$英寸。

Ch.00424. **白描纸画**。是粗略的速写画,正面为两个面目狰狞的神,反面为各种手印。神按丝绸幢幡中的金刚画成(见 Ch.xxiv.001 等),两手分别持金刚杵和铃铛。背面的手印中有一手印持毛笔。8 英寸×3 英寸。

Ch.00425. **纸模板**。画的是菩萨,可能为立姿,但下半部已缺失。画面细节完整,两边留下边,然后把主体剪下来。1 英尺 $7\frac{1}{2}$英寸×$11\frac{1}{2}$英寸。

Ch.00426. **油纸残片**。用作描摹(?),显示出一立姿天王的一部分。

$6\frac{1}{2}$英寸×$5\frac{3}{8}$英寸。

Ch.00427. 白描纸画。画的是一群菩萨成排坐在莲花上,每朵莲花均立于直茎之上,直茎出自一个六边形基座。菩萨组成金字塔形,顶端只有一个菩萨。有的菩萨盘坐,有的为半跏趺坐,有的为"自在相",手成手印,有些菩萨为印度风格。上层的小菩萨像只画了轮廓,左边画有莲花枝等,未画完。1英尺$4\frac{3}{8}$英寸×11英寸。

Ch.00428. 白描纸画。画的是密宗图形或曼荼罗,基本样式与Ch.00190等一样,但外圈只有两层正方形。无题识,神和法器均以形象来表示。

画面中间是个圆圈,圈中有四个交叉的金刚杵,形成八角星。八角星中间是个小圆圈,圈中为一个坐佛,小圆圈上下左右四点上也各有一坐佛。这五个佛代表的是五方佛。中间的为毗卢遮那佛,上面为西方极乐世界之阿弥陀佛,持莲花。底下是东方欢喜世界之阿閦佛,右手成触地印,左手持金刚杵。右边是北方莲花世界之微妙声佛,右手成无畏印,左手持交叉的金刚杵。左边是南方欢喜世界之宝相佛,右手成与愿印,左手持发光的珠宝。最后一个佛先是被错误地画在南方与东方之间的星角上,但后来改正了错误,在那个星角上贴了张画有正确人物的纸。所有佛均盘坐于莲花之上,着菩萨式的裙、披巾和珠宝,戴六叶冠。

东南西北之间的星角上画着四个跪着的菩萨,向佛献上供品,可能代表的是四个诸天菩萨。他们的姿势如下。

西方与北方之间的菩萨朝向西方佛,持长柄灯。

北方与东方之间的菩萨朝向东方佛,持香炉。

东方与南方之间的菩萨朝向东方佛,托盛有花的盘子。

南方与西方之间的菩萨朝向南方佛,持贝壳。

内圆圈与第一个正方形之间的三块空隙处跪着些神,其中两个分别持拍板和花环,第四个空隙处为空白。

外层的两个正方形中,里面的一个之内为空白。外面的正方形四角中有四个天王,每个天王头上的角落里都有一个三叉金刚杵头。每边的 T 形空间中(见*Ch.00190)是面目狰狞的鬼怪,姿势扭曲,身后是火焰,伴有象征性的动物。

天王排列如下:左上角为西方广目天王,持发光的宝剑;右上角为北方毗沙门天王(?),持弓(?);右下角为南方增长天王,持棒;左下角为东方持国天王,持琵琶。四大天王均穿甲胄,坐在扁平的宝座上,垂一腿,另一腿半屈。

伴着鬼怪的动物分别为:上面是老虎(跪立作扑击状),右边是狮子,底下是象,左边是龙。

鬼怪与天王之间画有"八吉祥",每条边上画两件,均置于莲花旗上,旗上有饰带。八吉祥排列方式如下:上面是鱼和贝壳,右边是八角轮和三叉戟的头,底下是两个华盖(一个单层,一个三层),左边是净瓶和闪光的珠宝。

保存良好。1 英尺 5 英寸×1 英尺 $4\frac{5}{8}$ 英寸。

Ch.00429.　四块锦缎残片。鲜红色,高度上光。平纹地,图案为斜纹的叶子和茎。最大残片长 5 英寸。

Ch.00430.a、b.　两块锦缎残片。靛蓝色,织成两种同心菱形花纹。平纹地,图案为斜纹,织得很细密。参考 Ch.00333、00499～00502。最大残片长 4英寸。

Ch.00431.　两条丝绸(?)织物。黑色,斜纹。经线细而硬,捻过,纬线扁平而柔软。最大织物长 10 英寸。

Ch.00432.　幢幡顶饰的花绸边。已破裂,装有吊带(用红色斜纹粗棉布制成)。花绸的经线为细而硬的红线;纬线扁平,未捻过,与 Ch.0076 的纬线类似。纬线有双股,一股为靛蓝色,形成织物正面,一股浅蓝色,形成反面。图案为黄色和红色小圆点,排成许多横排,图案中的第二股纬线为靛蓝色。多已褪色。长约 11 英寸,宽 $2\frac{1}{2}$ 英寸。

Ch.00433. **2 条素绸**。厚而柔软,织得相当稀松,未染色。最长 1 英尺 2 英寸。

Ch.00434. **4 条素绸残片**。为发绿的淡蓝色,很薄,已褪色。最长 1 英尺 3 英寸。

Ch.00435. **素绸残片**。淡绿色,薄。1 英尺 5 英寸×11 英寸。

Ch.00436. **4 块素绸残片**。蓝色,纹理和颜色深浅均不同。其中一条末端有竹竿,竹竿上缠有丝线,可能是幢幡的一部分。最长一块长 10 英寸。

Ch.00437. **帷幔上的纱飘带**。较厚,深红色。像 Ch.00332 一样为纠经法织成,参见 Ch.00444。长 $3\frac{1}{2}$ 英寸。

Ch.00438. **纱制的星形花**。由几条纱带子制成,纱带子精巧地打成结。纱为红、绿和白色,上面印有图案,针锈花边上有丝绸做的流苏。花直径约 5 英寸。

Ch.00439. **方形绸的一角**。双面,可能与 Ch.lv.0028 一样来自还愿用的拼贴织物。上面是一块深黄色平纹丝绸,画有残缺不全的长尾鸟(?)和花叶图案。轮廓线为黑色(用模板印成?),花心为红、黑或绿色,线条流畅。底下是一块印花绸残片,与 Ch.00305 一样。二者均缝在深黄色素绸里上,多已褪色和破损。1 英尺 5 英寸×1 英尺 6 英寸。

Ch.00440. **方形锦缎**。淡黄色,薄而稀松,图案为小网格形。保存良好。1 英尺 9 英寸×2 英尺 5$\frac{1}{2}$ 英寸。

Ch.00441. **窄条素绸**。靛蓝色,本是帷幔的饰带。织得细密而均匀。2 英尺 6$\frac{1}{2}$ 英寸×6 英寸。

Ch.00442. **17 块小华盖**。为方形丝绸或麻布,角上有丝绸制的流苏,中间有吊带。在完整的情况下,方形织物拉紧在两根弯曲的竹枝上,竹枝斜向交叉成伞形,但只有一个华盖保留着竹枝。华盖的详情如下:

①麻布华盖:红棕色(两块),棕色(1块),黄色(1块),本色的米黄色麻布(3块)。

②丝绸华盖:黄色(两块,其中一块上了光),白色或米黄色(两块),绿色(2块),灰色(1块),红色(1块,不完整),还有1块华盖是用米黄色绸和靛蓝色绸拼贴而成的,有饰带,不完整。带竹枝的华盖一半为黄色素绸,另一半由两块灰绿色锦缎拼成。锦缎上面有大小不一的 V 形线,线与线的尖角处以椭圆形点相连,地为平纹,图案为斜纹。华盖大小为 $9\frac{1}{2}$~$4\frac{1}{2}$ 英寸见方。

Ch.00443.a~c. **丝绸残片**。a 为方形,来自一块拼贴织物,为紫色厚纱,衬有浅蓝色和黄色绸里。纱上用平伏针迹缝着一只飞鸟的轮廓线,可能是刺绣时的图样,轮廓线之内的纱已剪掉了。6 英寸×$4\frac{1}{2}$英寸。b 为写卷封面上的带子,由两窄条细纱斜向缝成(一条为绿色,另一条为橙黄色),底端缝有红纱飘带,飘带上织成稀松的网格状花纹。长 1 英尺 7 英寸。c 为三窄条织物制成的流苏,这三种织物分别是黑色锦缎、绿色丝绸、花绸残片,花绸的织法与Ch.009相同,图案可能也与之相同。最长 $2\frac{1}{2}$英寸。

Ch.00444. **纱残片**。深紫色,织法与 Ch.00332 类似,但较之更轻。最长处长 6 英寸。

Ch.00445. **几块纱残片**。与前者类似,但较之更轻,纹理更稀松。本是幢幡的饰带,上面印有叶子图案,有几个残片上有刺绣的绿色茎的图案。最长 3 英尺 $7\frac{1}{2}$英寸。

Ch.00446. **几块刺绣残片**。图案是与 Ch.00281 类似的花鸟,这些残片可能是 Ch.00281 的一部分。图案绣在深绿或靛蓝色纱上,背后衬有同样颜色的绸里。刺绣中用的主要颜色有粉黄、绿、黄、番茄红、中国蓝和淡蓝。最长 9 英寸。

Ch.00447.a、b. **两条丝绸饰带**。完整,可能来自 Ch.00279 帷幔,织物与

Ch.00279 一样。a 保存较好，b 被从衬里上撕了下来，已褪色。一条长 1 英尺 5 英寸，另一条长 1 英尺 2 英寸。

Ch.00448. **刺绣残片**。绣在结实的暗紫黑色纱上。纱的织法与 Ch.00332 一样是纠经法，无衬里。保留下来的刺绣图案是以铺绣法绣成的两片叶子，一片为深棕、红、柠檬黄色，另一片为中国蓝、深棕色和深红色，颜色清晰。$7\frac{1}{4}$ 英寸×$1\frac{3}{4}$ 英寸。

Ch.00449. **三块刺绣残片**。绣在缝成一块的黑色锦缎和黑色素绸上，衬有棕色里。锦缎织成小斜纹，绣有花草（？）图案，图案为大斜纹，与斜纹地的方向相同。可看出已描摹好的叶子，但只绣了其中一部分。叶茎为浅黄色和蓝色，用铺绣法绣成，较小的一块上有绯红色叶子尖和黄色螺旋形。较大一块为 $3\frac{1}{4}$ 英寸×$2\frac{3}{8}$ 英寸。

Ch.00450.a~c. **三块刺绣残片**。a、b 是窄条实心刺绣，用铺绣法把花草图案绣在与 Ch.00444 同样的纱上，图案为红色、深红色、紫黑色、绿色和浅蓝色。最长 $7\frac{3}{4}$ 英寸。c 上绣的是佛头和项光，完整，可能是 Ch.00100 大刺绣的一部分，以锁绣法绣在米黄色绸上。项光和佛的皮肤为米黄色，肉髻、眼睛和眼眉为靛蓝色，鼻子和轮廓线为红色。高 $1\frac{1}{4}$ 英寸。

Ch.00451. **大绢画**。有汉文题识，画的是立姿观音的上半身，无从者。颜料龟裂得比较严重，表面已破损。是"印中混合"风格菩萨的典型例子，很像 Ch.liii.005，工艺与 Ch.liii.005 一样优美、高雅，人物五官、身材和姿势也与之类似。观音上身也是微倾向左肩，但此画中，头是歪在右肩上的，眼睛朝后下方看。右手拈的柳枝只可勉强辨识出几根线条来。

服装、珠宝和着色（印度红、红棕、深橄榄色和黑色）也与 Ch.liii.005 一样，甚至细部也几乎一样，但上衣的颜料（白色，晕染有粉色）涂得厚得多，所以保留下来的颜料比 Ch.liii.005 要多。光环为一圈圈无花纹的同心圆，分别为深橄榄色、红色和白色。头上可见华盖的残迹,右边大题榜中有五行题识。2 英尺 $5\frac{1}{2}$ 英寸×1 英尺 $11\frac{1}{2}$ 英寸。《千佛洞》图版 XLIV。

Ch.00452.　**大绢画**。画的是千手观音及其从者。顶部和底部有些破损,但其余部分完整,镶有褪色的红绸边,正面相当破旧。

画面的大体布局和对中心人物的处理见 *Ch.00223。此画中的从者只有六个:左上角和右上角观音的华盖两侧各有一个飞天,均戴花环,持花朵;左下角和右下角各有一个火头金刚;观音莲花底下的水池中为功德天和婆薮仙。没有龙。功德天和婆薮仙的下半身及水池的前半部分均缺失。背景分成上下两半,分别为暗绿色和棕色,上半部分中有飞扬的花朵,花朵为紫色、橘红色或浅蓝色。

此画完全遵循仪规。观音有一个头,前额中间有第三只眼。头饰为锥形,由雕镂的金属制成,前面有一大个化佛像。皮肤为橘红色,头发为黑色,这两种颜色已完全脱落。宝石绘成红色,勾以白色轮廓线。所持法器之中有一个箭囊。功德天(保留下来的部分)穿菩萨服装。右下角金刚四周的火焰中有一只有冠的火鸟的黄色的头,与 Ch.00105 一样。

工艺总体来讲并非一流,颜色脱落了不少,但原画中的着色肯定属于其同类作品中的中上等。背景给人的感觉主要是绿棕色,人物和光环上大量使用了粉色和天蓝色。5 英尺 2 英寸×3 英尺 $2\frac{1}{2}$ 英寸。

Ch.00453.　**两块锦缎残片**。深金黄色,柔软,织得很好。地为平纹,图案为斜纹。图案中是 V 形线与菱形花交替出现,与 Ch.00294 类似,但花纹更简单,也更小。V 形线也与 Ch.00294 一样,由呈直角的叶形饰构成。从 V 形外角上生出一对小叶子,内角中有许多单片小叶子。菱形花为实心,有四瓣,只是以斜纹的不同方向把四瓣花瓣区分开来。保存良好。一块为 $6\frac{1}{2}$ 英寸见方,另一块为 6 英寸×$2\frac{3}{4}$ 英寸。

Ch.00454. **两条由锦缎制成的幢幡饰带。**一条为白色,一条未染色,现已褪色,织得很均匀。地为平纹,图案为斜纹。图案是重复出现的菱形四瓣花,宽约$\frac{1}{2}$英寸。织物很柔软,已撕破。一条长 2 英尺 7$\frac{1}{2}$英寸,另一条长 1 英尺 8 英寸,宽 3 英寸。

Ch.00455. **丝绸幢幡残片。**只保留下来顶饰和由印花绸制成的幢幡主体残片。印花绸已相当朽坏,印有与 Ch.00309 等一样的深蓝色和粉色菱形花草图案。顶饰为米黄色素绸,已褪色,镶有发绿的深靛蓝色锦缎边。锦缎边上有菱形花朵图案。花心为圆形,花朵直径约 3 英寸,用粗斜纹织在细平纹的地上,有些地方已破损。吊带残片由绿绸和窄条的花草刺绣缝成。全长 1 英尺 6$\frac{1}{2}$英寸,顶饰底边长 1 英尺 4 英寸。

Ch.00457. **大绢画残片。**画的是净土,可能是阿弥陀佛净土或释迦牟尼净土,两侧小条幅画的是阿阇世王的传说和韦提希王妃观佛,与 *Ch.lii.003 一样。顶部和两侧保留有宽 5 英寸的棕色丝绸边,已褪色,若绸边完整的话即可知本画大小。韦提希条幅中约有一半保留了下来,阿阇世王条幅被从中间截断,保存下来的上下两部分也残缺不全。画面主体则只保留下来几个大残片,主要分布在边上,整个底部和画面中心(包括中央佛)均已缺失。

残留的部分笔法相当精巧,在整体布局上与 *Ch.lii.003 一样,夹侍菩萨的脸和姿势使人联想起 Ch.lii.003,但保存得不如 Ch.lii.003 好。有一块残片上显示出水池的一角,一个婴儿的灵魂从莲花中升起。着色明净,主要有油灰、淡绿和红色,珠宝上还有少量绯红色和红棕色。菩萨的皮肤为白色,晕染有粉色。

两侧小条幅与画面主体之间由花朵组成的条带隔开。花朵为白、橘红、淡绿和粉色,浅灰色地。右侧小条幅为阿阇世王的传说,左侧为韦提希观佛。能辨识出来的画面如下:

右边:

（i）阿阇世王前生为隐士。画面上只保留有山脉和他的草房,还有一个持剑男子在攻击阿阇世王。此幅与 Ch.lv.0047.i 和 Ch.lvi.0018.i 一样。

（ii）释迦牟尼前生为白兔(也参考 Ch.lv.0047.i 和 Lvi.0018.i),只看得见兔子,下面有水流。

（iii）无光环的婴儿佛祖(?)出现在云端向韦提希现身,韦提希睡在亭中卧榻上,前景中有两个男子。

（iv）一个男子穿外衣,戴幞头,穿长靴,从一个亭子沉重的大门走了进去,门上有钉子。画的可能是频婆娑罗王入狱(?)。

（v）阿阇世王坐在亭子的游廊上,一个穿黄外衣的人跪伏在他面前,两持斧之男子、一个官员和其他男子(多已残破不全)站在周围。

（vi）一个类似(iv)中的男子从亭子半开的门中向外张望。

（vii）左边是一个穿黄外衣的男子坐在亭中,中间顶上是一个妇女的头发,梳成两个高高的环,如 Ch.0051 等一样,头转向左,画的是韦提希到狱中探望频婆娑罗王。右边是阿阇世王坐在马上,持斧之人跟着他,两人向左行。前景左边是两个男子的右侧影,只有上半部。前景右边是一个穿棕外衣的男子向一个穿黄衣的男子鞠躬。

此画面可能是几幅画面组合在了一起。参见 Ch.0051.iv～v、lv.0033.v、lv.0047.vi～vii 等。

（viii）阿阇世王持剑追赶韦提希。

底下的画面缺失。

左边条幅是韦提希观想极乐世界,所观的内容保留下来的如下:(1)群山上的太阳,太阳之上的天空中出现一个佛。(2)水,画的是一条溪流。(3)月亮,为一个白色盘,红轮廓线,置于一物之中,此物放在地上,类似一个水池的顶盖。(4)水或冰(?),参见 Ch.0051.viii 和 lvi.0018.xii,画的是一个白色正方形,当中有个十字形。(5)极乐世界的建筑,为两层高的亭子。韦提希穿白裙、橘红色或灰色外衣,头发在头顶两侧梳成歪堕的顶髻,头顶饰有金子做的花。约 6 英尺 8 英寸×6 英尺 6 英寸。

Ch.00458. **绢画残片**。画的是坐姿千手观音及其从者,已残破,中心部分的颜料几乎已完全脱落,底下的颜料也已暗淡不清。

构图和整体处理方式与 *Ch.00223 类似。从者主要是坐姿小菩萨和天王,数量极多。有一块残片的右边(观者之右)露出观音的半边身子、半个项光以及主头的下颌,但脸的其余部分和所有的手均缺失。另一块残片上看得见观音的莲花座和水池的一角,右下侧有许多菩萨和天王,右下角有一个金刚的头。水池中露出一条龙的头,托着观音的莲花座,但磨损得很严重,看不清其头饰的细节。第三块残片上显示出画面左边的四排坐姿菩萨和天王,左下角还有一个金刚的一部分。第四块小残片比较干净,来自画面的上半部,画有更多的菩萨和天王,还有粗略画成的婆薮仙。婆薮仙有四臂,上两手举起,下两手置胸前或腿上。未出现功德天或日月菩萨。

颜色主要有绯红、蓝、绿、橘红和青铜色,背景为发绿的棕色。中等水平工艺。高约 4 英尺 10 英寸(不完整),宽约 3 英尺 9 英寸(不完整)。

Ch.00459. **大绢画残片**。其中一块残片上为一个小菩萨坐在橘红色圆轮内,画的可能是日光菩萨,由此判断,本图画的可能是千手观音及其从者(参见 *Ch.00223 等),但中间的观音已缺失。

从者中有许多菩萨,或坐或立,皮肤为黄色、浅绿色、浅蓝色或粉色,头发为黑色、棕色或浅蓝色。许多菩萨有三头、四臂或六臂,手中持瓶、贝壳、法轮、珠宝等法器。其中有一个一面千手观音,还有一个十一面观音,十一面观音的三个主头上均有化佛(但此观音其余部分已缺失)。许多其他一头或三头菩萨头上也有化佛。

看得见两个坐姿天王,其中之一靠近日光菩萨。有一块大残片来自画面中心右侧,画有精美的华盖,华盖下为开红花的树。背景中无建筑物,也没有池子,所以此画很可能并非净土图。

装饰物相对较少,人物用简洁的细黑线画成。面部均不扭曲变形,五官属"汉传佛教"类型。服装有的为"汉传佛教"风格(见 *Ch.002),绿衣和黄衣神祇则着窄披巾,更具有印度风格。着色保存较好,色调明快,主要有蓝、绿、绯红、白、橘红和肉色,背景为浅绿色,只在人物头上有一点黑色或棕色。

如果画幅完整,此画显然很大。四块能连在一起的残片合起来长 3 英尺 10 英寸,从接近顶部的地方到画面中部宽 2 英尺 1 英寸。

Ch.00460.　绢画。画的是坐姿六臂观音及从者。观音的身材、服装和附件等属于 * Ch.00102 等类型。右上手托月轮,月中有树,左上手托日轮,日中有凤凰(腿已磨光);中两手于胸前施论辩印,指间均拈莲花枝;下两手放在膝上,右手拇指和食指相碰,左手成触地印。八个小头堆在主头上面(其中包括化佛头),主头两边的侧头出于粗心没有画上。左右各站着一个双手合十的菩萨,为 * Ch.002 类型。

笔法较差。颜色主要有蓝灰、绿、黄、绯红和橘红。正面相当破旧,丝绸已被磨成了碎片。右下角曾被剪掉,换上了一块棕色薄丝绸,这块绸也只剩下了残片。长 1 英尺 3 英寸(不完整),宽 1 英尺 6 英寸。

Ch.00461.　绢画残片。画的是印度风格的观音,天空中跪有小供养菩萨。观音只保留下来左侧,左腿盘起,平放在莲花座上,左手放在大腿后,头微倾向右肩。右臂和右腿姿势不得而知。左侧的姿势与 Ch.00121 一样,可能右侧也与之一样。

服装、饰物和身材也与 Ch.00121 类似。肩上垂着蓝色发绺。项光长椭圆形,大背光圆形,头上有华盖,右侧有模式化的莲花的残迹。笔法不错。除胸部和项光上的暗绯红色外,别的颜色多已脱落。

整幅画画在另一幅画上,后者画的是更大的人物,颜料脱落使某些地方露出原先的画面和颜色。原来画的似乎是一个坐着的菩萨,比真人还大。在观音像右边可见这个菩萨弯曲的膝盖,上面盖着点缀有小花的装饰性护膝,背后是背光。菩萨的膝部从观音眼睛一直延伸到观音的手,观音上身、手臂和手臂外的地方都可见到这个膝部。菩萨身后是某建筑的方形一角,还有一个双手合十的乾闼婆从上面看着这个建筑,建筑向下延伸的边在菩萨膝底下继续出现,消失在观音的手后面。这个建筑很奇特,它的确切含义尚不清楚。观音背光的弧从建筑的边和菩萨的膝上通过。

观音身上的颜料已脱落,而其后面却没露出大人物像的线条或颜色,甚至观音手臂轮廓线之内也没有前一幅画的残迹,而手臂两侧却清晰可见底下那幅画上绿色的地和深粉色花朵。这大概因为观音可能本来也是底下那幅画的一个组成部分。原来那幅画可能是一幅真人大小的菩萨像,菩萨两膝上各坐着小神祇,还有其他从者,但在其他画作中尚未发现这种构图方式。

无论如何,画师中止了原来的画,把观音画成了独立的一幅。残片上边有窄丝绸镶边的残迹,恰在观音的华盖之上,这个镶边使得画面中没有足够空间来画更大的画。镶边下涂抹了几个藏文。长 3 英尺,最宽 $10\frac{3}{4}$ 英寸。

Ch.00462.　彩绘丝绸幢幡残片。所有附件均缺失。保存较好,但颜色已暗淡。

画的内容:菩萨。人物完整,可见其头顶上华盖的流苏,但头两侧的背景已缺失。菩萨正在走离观者,呈四分之三右侧背影。左手向身后摆,手上提着裙子;右手举起,于肩旁持一物,可能是钵,已缺失。背微凹陷,两肩向后,姿势画得很生动。服装和头饰与 Ch.i.002 类似,但披巾没那么大,露出上身和手臂的轮廓线,裙也只及脚踝,露出下面正在行走的脚。头为向右的侧影,头饰前有颗红宝石,头饰下为蓝色头发,卷曲在肩后。衣服上保留下来的颜色有浅蓝、鲜红、巧克力棕色和白色。1 英尺 $3\frac{1}{2}$ 英寸×$6\frac{7}{8}$ 英寸。

Ch.00463.　彩绘丝绸幢幡残片。所有附件均缺失,显出一个菩萨的下身衣纹等。菩萨为 *Ch.002 类型,站立或者正朝左行走。残留下来的颜色有白、深粉、橘红、浅蓝、发绿的棕色。最长 1 英尺 $2\frac{3}{8}$ 英寸,宽 $7\frac{1}{8}$ 英寸。

Ch.00464.a、b.　两块彩绘丝绸幢幡残片。所有附件均缺失。

a 为一个面朝观者而立的菩萨从肩到腰的部分。腰很细,上身向右臀歪斜。右手举起,持数珠,左臂置身侧。帔帛和饰物为印度风格。4 英寸×$7\frac{5}{8}$ 英寸。b 来自另一幢幡,显示出一个朝观者而立的菩萨的脚,以及脚旁的衣纹,

衣纹为 * Ch.002 风格。$4\frac{1}{2}$ 英寸×7 英寸。

　　Ch.00465. **彩绘丝绸幢幡残片。**所有附件均缺失。画的是文殊骑狮像，保留下来的有狮子的大部分、画面底部以及文殊的上半身。狮子正向右行，文殊面朝观者坐在狮上，右手于胸前施论辩印，头和头以上均缺失。大致属于 Ch.xxii.001 类型。保存得较差，颜料基本脱落。1 英尺 2 英寸×$5\frac{1}{2}$ 英寸。

　　Ch.00466. **彩绘丝绸幢幡残片。**所有附件均缺失。画的是一个佛，肩部以下均完整，头和头以上部分缺失。佛面朝观者立于鲜艳的蓝色莲花之上，双手于胸前合十。绯红色袈裟的边缘盖住左臂，浅绿色僧祇支的边缘盖住右臂，腕上有白色袖子。色彩明快，画面简洁。1 英尺 5 英寸×7 英寸。

　　Ch.00467. **彩绘丝绸幢幡残片。**有汉文题识，显示出一个护法金刚的头部和上身的一部分，画面其余部分和所有附件均已缺失。金刚面目狰狞，与 * Ch.004等一样，四分之三向右立，头向左后转，持长金刚杵。约 7 英寸×7 英寸。

　　Ch.00468. **彩绘丝绸幢幡残片。**保存较好，但有几处污点，所有附件均已缺失。画的是东方持国天王。天王四分之三向左立于蹲踞的鬼怪背上，右手置于胸前，持箭（保留有一部分箭头），左手和左臂均已缺失，但底下有半张弓。与Ch.xxvi.a.002十分相似，但着色和鳞片甲与之不同。头盔和肩膀上的鳞片甲为圆形，向下彼此压住；铠甲下摆上的鳞片为矩形，向上彼此压住。上身底部的铠甲画成白色、黑色和绿色的六边形，六边形中间又有一条竖线，两端分叉，在顶上和底下都形成一个小菱形，两边各形成一个扁长的六边形。颜色主要有巧克力色和深红色（披巾）、绯红色和橘红色（胸带、铠甲下摆和铠甲边）、绿色（项光和铠甲边），鳞片甲为白色和绿色。1 英尺 11 英寸×7 英寸。

　　Ch.00469. **彩绘丝绸幢幡残片。**可见西方广目天王的上半身。天王面朝观者而立，右手于胸前施论辩印，左手置于右手下，紧握剑（?）柄，剑柄上镶有珠宝。头转向右肩。画面其余部分以及全部附件均已缺失。

服装具有更多的"印度"风格，见 Ch.xxvi.a.006、*Ch.0010 的笔记。头盔不完整，与 Ch.xxvi.a.006 的头盔类似。上身铠甲鳞片为圆形（向下彼此压住），肘以下紧裹的铠甲鳞片为矩形（向上彼此压住），腋窝之下是胸甲，看不见胸甲的条带。颔下系着深栗色披风，披风披在肩后。肩后有打成结的红色衣纹。脸为人脸，眼很大。保留下来的颜色只有栗色、绯红色和白色，多已脱落。左边有空白题榜。8 英寸×7$\frac{1}{2}$英寸。

Ch.00470. 彩绘丝绸幢幡残片。可见一个天王呈背影的头和项光及右肩，画面其余部分和所有附件均已缺失。天王头戴头盔，头四分之三向右侧转。头盔与 Ch.0040 为同样类型，饰有羽毛和向上翘的护边，但无护喉甲。头盔顶和边均由圆形鳞片甲构成，鳞片甲为红色和黄色，向下彼此压住。脖子上有鲜红色香肠形领子，饰有铜绿色漩涡饰和深粉色长带子，带子上有流苏。肩部为矩形鳞片甲，也是红色和黄色，向上彼此压住。项光为豆绿色，有鲜红色火焰边，并饰有豆绿色和鲜红色云。最长 7$\frac{3}{4}$英寸。

Ch.00471. 彩绘丝绸幢幡残片。颜色和线条脱落很多，所有附件均已缺失。

画的内容是"七政宝"。同样题材的画作有 Ch.00114、xxvi.a.004。顶部和底部均不完整，顶部的法轮已缺失。

左上部是宝盒，代表"大臣"。宝盒为一个六边形小匣，由雕镂的金属制成，顶上有锥形盖，底部突出。右上部是三叶形宝石，上面有金字塔形火焰。再往下，左边是"妻子"，右边是"将军"。二者服装均类似 Ch.xxvi.a.004，只不过"将军"的铠甲上未画鳞片，"妻子"的头发也不是梳成环形，而是卷在脖子处，头顶有大金饰，如 Ch.0039 等系列画一样。本幢幡可能也属于此系列，因为工艺和颜色都与之相似。再往下是象，为右侧影。底下是马，为左侧影，马具与 Ch.xxvi.a.004 一样。保留下来的颜色只有绯红、蓝、白、棕和草绿。1 英尺 7$\frac{1}{2}$英寸×7$\frac{3}{4}$英寸。

Ch.00472.　绢画残片。共有四块,画的是观音。最大残片上有观音的脸,画得很好。头饰和化佛用深红色轮廓线画成,已残破不全。皮肤本为白色,头发本为蓝色,但色彩已基本脱落。另一块残片上显示出一只手,持竖立的权杖(?),杖上有三角旗,背后是白色背光。其余两块上有不完整的绯红色云和漩涡饰。最大 $5\frac{1}{2}$ 英寸×4英寸。

Ch.00473.a~e.　几幅绢画残片。a为一幅净土图残片,基本上未着色,可见韦提希小条幅的一部分,参见*Ch.0051等。b为一幅净土图残片,可见一个地位较低的佛的下半身、香案和一些供养菩萨的头,颜色有深红、绿和黑。c为一幅大画的残片,可见一些菩萨和供养人。供养人为三个跪着的男子,穿棕色外衣,系腰带,头戴黑色幞头。c的丝绸质地粗糙,着色浓烈,有深棕色、橘红色和红色。d为一幅大画的上角(?),可见一个亭子,亭子上边是群山。e为一些小残片,上面可见衣纹等,大约出自某幢幡。最大一块残片b为8英寸×1英尺9英寸。

Ch.00474.　长条丝绸。上面有白描菩萨像,每幅像旁均有题识,与Ch.xxiv.008类似。

主体为浅米黄色薄丝绸,染得不均匀。有顶饰残迹(只剩下了缝),顶饰为红丝绸做成,其上无题识。左上角用米黄色绸饰带和红带子打了个结。顶部已撕破,但除此之外保存基本良好。只在一面描了画。

左上角和右上角各画有一朵莲花,莲花上托着净瓶,但右边的莲花和净瓶只剩下了残迹。从此处以下右边均缺失,左边则连续出现九个站立的菩萨,一个在一个之下,均用黑颜料描成,未着色。菩萨像高为3英尺至3英尺6英寸,均直立,大多数面朝观者,服装和发型与*Ch.0088等一样为半印度风格。前四个菩萨右手施论辩印,左手水平置于右手下,有的菩萨掌心中托未开的莲花。第五个菩萨右手持莲花枝,左手置身侧。第六个和第七个(四分之三向右)双手合十。第八个与前四个类似,但其服装为*Ch.002风格。第九个与第五个类似,但左手持的是净瓶。每个菩萨旁边的题榜中均有题识,写有各菩萨的名号,其中包括观音、辩才天女和金刚萨埵菩萨。长 30 英尺 8 英寸,顶部宽 1 英尺 10$\frac{3}{4}$英寸,左边的长条宽 11$\frac{1}{4}$英寸。

Ch.00475. 长条丝绸残片。上面有白描菩萨像,与前一件和 Ch.xxiv.008 类似,但无题识。两面均用黄色描摹了图画。

顶上是一幅红丝绸(宽 1 英尺 11$\frac{1}{2}$英寸,长 4 英尺),上面描摹的花枝等,几乎已磨掉。底下是两条较窄的深蓝色丝绸,由几块拼成。背面有布的织边,前面有布缝,破成了几条。描摹的菩萨像较大,每幅长 4 英尺。均站立,有的面朝观者,有的四分之三向右或向左,多数双手合十。服装和发型为 * Ch.0088 等的半印度风格,其中之一持长杆,杆上有三角旗。

有顶饰的一块长 16 英尺,其余的窄条分别长 32 英尺、11 英尺、6 英尺、5 英尺,窄条的宽为 11$\frac{3}{8}$英寸和 11$\frac{3}{4}$英寸。

Ch.00476. 长条丝绸。上有白描坐佛像,与前几件和 Ch.xxiv.008 类似,但只有一个窄条,无顶饰,也无题识。保留下来的佛像有 10 幅,均盘坐于一个莲花枝上生出的许多朵莲花上。一般一只手施论辩印,另一只手置于前一只手下,持未开的莲花。有的双手合十。丝绸为黄色,稍微上了光,染得不均匀,仅一面有白描画。保存良好。长约 18 英尺,宽 7$\frac{1}{4}$英寸。

Ch.00477. 长条丝绸残片。上有白描坐佛像,与前几件和 Ch.xxiv.008 类似,但只有一窄条。人物较小,无题识,无顶饰,顶部空白。右边为织边,左边撕破了。材料为黄色薄绸子,染得不均匀,只在一面上用黑色描了画。保留下来五幅佛像,呈禅定状坐于莲花座之上,每幅约长 5 英尺,宽 7$\frac{1}{2}$英寸。

Ch.00478.a、b. 两块丝绸残片。可见白描菩萨像。只保留下来菩萨头顶以上的部分,还有一部分项光和题榜,顶上是布帷华盖。较小的一块上也只保留下来华盖。人物与真人大小相当。丝绸为鲜艳的黄色,正反两面均用黑色粗线条描了画。较大的一块残片 a 为 1 英尺 $10\frac{1}{2}$ 英寸×11 英寸。

　　Ch.00479. **四条丝绸**。较薄,米黄色,用黑色在一面描有大漩涡饰。最大 5 英尺 6 英寸×$7\frac{1}{2}$ 英寸。

　　Ch.00480. **两条丝绸**。分别为深蓝色和浅蓝色,两条缝在一起。两面均用黄色描有大漩涡饰,浅蓝色绸的一端还描有一个双手合十的菩萨。白描多已脱落,丝绸已破损,浅蓝色的那块破损得尤为严重。13 英尺×1 英尺。

　　Ch.00481. **两块锦缎残片**。用单股经线和双股纬线织成,参考 Ch.00170 等。细经线捻过,为浅绿色,形成地,地用小斜纹织成。纬线要粗些,是未捻的丝线,依照图案分别为米黄色和棕色、米黄色和橘红色(已褪色)或米黄色和深蓝色。图案为六瓣或十二瓣大花,大小为 2 英寸×$2\frac{1}{2}$ 英寸,横向相距 $1\frac{1}{4}$ 英寸,斜向紧密地排成排。每朵花外都围有一个多边形,多边形由星形八瓣小花构成。相邻的多边形在尖角处相连,在大花之间形成了六边形浅色网格。各行的六瓣或十二瓣花依次为蓝色、棕色和橘红色。大花的轮廓、叶脉以及八瓣小花的花瓣均织成米黄色,而小花的花心则与附近大花的花瓣颜色相同。各行中大花的形状有所不同。保留下来的最大一块残片上的大花里有一圈喇叭状三裂花瓣,外面是一圈三裂的宽花瓣,每对大花瓣之间又露出圆形的小花瓣尖。而附近的一行中只看得见一朵大花无装饰的花瓣尖,花瓣尖约有 12 个。

　　构成图案的纬线疏松地穿过织物表面,每间隔 $\frac{1}{4}$ 英寸才与一股经线织在一起。但在织物背面,另一股纬线与经线紧密地织在一起,与 Ch.00170 不同。保存良好。一块为 3 英寸×$2\frac{5}{8}$ 英寸,另一块为 $\frac{3}{4}$ 英寸×$7\frac{1}{2}$ 英寸。

　　Ch.00482. **锦缎残片**。为柔和的蓝色,织得结实紧密。经线宽而扁,纬线很细。正面地上以纬线为主,所以丝绸表面较光滑,图案中的经线形成很小的颗粒状。反面则相反。图案为宽约$\frac{3}{8}$英寸的带子构成的网状,带子由小植物卷须形成。网络中间围成椭圆形或菱形空间,内有花和叶子,各行的花交替为喇叭形和五瓣椭圆形。保存良好。4英寸×$1\frac{1}{2}$英寸。

Ch.00483.　两块印花锦缎残片。柔软,质地稀松。锦缎的平纹地上织有小菱形点。印上去的团花图案很大,不完整,团花直径不得而知,保留下的残片中显示出一段长1英尺3英寸的弧。团花边由两条缠绞的带子构成,团花中间为一只大飞鸟或几只鸟。鸟似乎属于凤凰一类,翅膀上翘,头上有冠,喙弯曲,尾短而宽(?),身体大部分印成粉红色(已褪色)。鸟身上的细节无法看清。团花之间为菱形花,保存得不完整。锦缎地为深黄色;团花边上缠绞的带子为发绿的深靛蓝色;鸟的头、颈和身体上的主要线条和翅膀上的羽毛也为发绿的深靛蓝色;鸟的其余部分为粉色(已褪色);鸟胸部和尾巴上的轮廓线和点为丝绸的本色。保存较好。较小的类似图案见印花锦缎 Ch.i.0022(图版 CXIII)。一块为1英尺4英寸×$4\frac{3}{4}$英寸,另一块为$10\frac{1}{2}$英寸×$4\frac{3}{4}$英寸。

Ch.00484.　两块米黄色锦缎残片。本来是一块,是幢幡的吊带,织得结实而紧密。地为细斜纹,图案为与地方向相反的大斜纹,保留下来的残片上只可见一只孔雀尾上的圆形羽毛(参见 Ch.00293.b)。一块为$4\frac{1}{2}$英寸×$2\frac{1}{2}$英寸,另一块为$3\frac{3}{4}$英寸×$1\frac{3}{4}$英寸。

Ch.00485.　锦缎残片。浅棕色,纱线略硬。地和图案均织成斜纹,但方向相反。图案为两片叶子之间一朵逼真的未开的莲花(?),成排重复,各排挨得很近,形成满地一式花纹。保存良好。$10\frac{1}{2}$英寸×5英寸。

Ch.00486.　八块锦缎残片。来自 Ch.00512 顶饰的边。金色,有不少脏污和变色之处。丝线粗而柔软,地为平纹,图案为大斜纹。图案较大,有很多弯曲的叶子或羽毛(?),仅从这些残片中无法辨识其图案。a 上似乎是两只相对的鸟的颈部和胸部,参考 Ch.00293.b。最大残片 $9\frac{1}{2}$ 英寸×$2\frac{1}{2}$ 英寸。

Ch.00487.a、b.　**两块花绸残片**。本是吊带,衬有锦缎里,已磨损朽坏,为精细的缎纹斜纹。图案为小花草,用不同颜色的条纹织成。只有中间的一块残片上保留有完整图案,可见淡绿色四叶小植物在深棕色地上纵向重复。吊带边上为米黄色地,边上图案则分别为明亮的蓝色和橘红色、橘红色和黄色,但只有图案的边缘保留了下来。做衬里的锦缎为棕灰色,显出一部分花草图案。每块残片约为 $3\frac{1}{2}$ 英寸×1 英寸。

Ch.00488.　**锦缎残片**。鲜艳的粉红色,上过光。地织成小斜纹,图案为较大的斜纹,地和图案的斜纹方向相反。图案为成行的圆形四瓣花和菱形(由四个小菱形构成),花行和菱形行交替出现。4 英寸×$\frac{1}{2}$ 英寸。

Ch.00489.　**锦缎吊带残片**。细而软,淡粉色(已褪色)。地为平纹,图案为斜纹。图案是两行 V 形带互相交叉,形成一系列菱形。V 形尖角处有椭圆形四瓣花,花之外又是 V 形线。V 形交叉的地方四周也织了四个小菱形,形成扁而长的花,这行花位于椭圆形花行之间。$7\frac{3}{4}$ 英寸×$1\frac{3}{4}$ 英寸。

Ch.00490.　**窄条锦缎**。草绿色,很细密。地为平纹,图案为斜纹。图案是椭圆形花,花心有 $1\frac{3}{8}$ 英寸×$\frac{7}{8}$ 英寸大小。花行与另一行较小的十字形交替出现,图案之间间隔较宽。保存较好。10 英寸×$1\frac{1}{8}$ 英寸。

Ch.00491.　**锦缎残片**。暗紫色,很细密。地为平纹,图案为斜纹。图案是斜行小花纹,各行之间间隔较宽。这些花纹有:

(i)一行尖叶子,不完整,可能是成对出现的;

(ii)一行椭圆形四瓣小花;

（ⅲ）一行小飞鸟（？），鸟喙中衔花枝；

（ⅳ）与（ⅱ）一样又是一行小花。长 1 英尺 5 英寸,宽 2~3 英寸。

Ch.00492.　三块锦缎残片。鲜艳的浅红色,保存较好,织得软而细密。地为平纹,图案是零星地成行出现的小花枝、小花和叶子,叶子卷须为斜纹。最长 1 英尺 $7\frac{1}{2}$ 英寸。

Ch.00493.　几块锦缎残片（为幢幡饰带）。浅红棕色,细而柔软,地为平纹,图案为斜纹。图案是成排出现的菱形花,有四片花瓣,每片花瓣有三裂。保存最好的一块为 1 英尺 3 英寸×$1\frac{1}{2}$ 英寸。

Ch.00494.　锦缎残片。浅红色,正面上了光。平纹地,图案为斜纹。图案是重复出现的菱形四瓣小花。6 英寸×$1\frac{1}{2}$ 英寸。

Ch.00495.a、b.　两块锦缎残片。深蓝色,柔软,相当稀松。地和图案均为斜纹,两种斜纹方向相反。图案是重复出现的圆形五瓣小花,有些地方织得不规则。1 英尺 2 英寸×5 英寸;2 英尺 9 英寸×$2\frac{3}{4}$ 英寸。

Ch.00496.　窄条锦缎（幢幡饰带）。靛蓝色,织得细而密。地为平纹,图案为用斜纹织成的小菱形。2 英尺 $11\frac{1}{2}$ 英寸×$1\frac{3}{4}$ 英寸。

Ch.00497.　锦缎制成的四条幢幡饰带。装有重垂板。锦缎为鲜艳的蓝色,织得很细密。地为平纹,图案为斜纹。图案是相当大的半模式化花草,有点类似于 Ch.00351。地为树枝构成的网格,网格上织有花蕾、苞片和成对的漩涡状叶子,隔一段距离后就围成一行扁长的六边形,六边形中织有花朵。比较残破。重垂板外裹有橙红色锦缎,与饰带的锦缎纹理类似,图案已不可辨识,顶部用模板印有莲花和叶子图案。饰带长 4 英尺 1 英寸,重垂板为 1 英尺 $\frac{1}{4}$ 英寸×$2\frac{3}{8}$ 英寸。

Ch.00498.a、b.　**两条破旧的锦缎**。a 浅红色,b 深红色。两条粘在一起,本来是一幅画的一部分,印有黑色华盖等物。锦缎残破不全,无法看清完整图案。两块锦缎的地均为平纹,图案均为大斜纹。a 正面上了光,显示出一个圆形图案的一部分,边上为漩涡饰,圆形中心有花朵。b 为较小的满地一式花草,完整图案已不得而知。长 2 英尺 4 英寸(边上多已磨损),宽约 7 英寸。

Ch.00499.　**三条幢幡饰带**。为锦缎制成,蓝绿色,已褪色,织得很细密。图案是满地一式同心菱形花纹,有时其形状类似 Ch.00333、00430 等中的图案。长 2 英尺 6 英寸,宽 2 英寸。

Ch.00500.　**三条幢幡饰带**。为锦缎制成,蓝色,有污点,织得很细密。图案为同心菱形花纹,但要比前一件复杂得多。长 3 英尺 3 英寸,宽 $2\frac{3}{8}$ 英寸。

Ch.00501.a、b.　**两块锦缎残片**。其中之一为双层。均为紫色,已褪色,织得十分细密。图案是同心菱形,形成与 Ch.00333 等类似的图案。a 尺寸为 1 英尺 $\frac{1}{2}$ 英寸×3 $\frac{1}{4}$ 英寸;b 长 1 英尺 5 英寸,最宽 $3\frac{1}{4}$ 英寸。

Ch.00502.　**印花锦缎残片**。柔软而稀松。所印的图案残破不全,无法完全看清。地为蓝绿色,印花图案中有浅黄色大圆圈或大菱形。锦缎本身的图案为一系列满地一式 V 形线,偶尔调整一下线的位置,各线之间围成一系列菱形,菱形之内为同心菱形。长约 1 英尺,宽 4~5 英寸。

Ch.00503.　**锦缎残片**。金黄色,柔软而稀松。地为平纹,图案为用斜纹织的小网格。$5\frac{1}{4}$ 英寸×$3\frac{1}{4}$ 英寸。

Ch.00504.　**破旧的锦缎残片**。深棕色,沾有沙子。地为平纹,图案为用斜纹织成的小网格。8 英寸×$2\frac{3}{4}$ 英寸。

Ch.00505.　**锦缎残片**。浅棕色,织得很细密,有脏点。地为平纹,图案为斜纹小网格,网格中有菱形点。6 英寸×2 英寸。

Ch.00506.　**锦缎残片**。发蓝的绿色,着色均匀。地和图案为方向相反的斜纹,图案是重复的同心菱形。最长 $3\frac{1}{2}$ 英寸。

Ch.00507. **几块破旧的锦缎残片。**粘在纸上,浅棕色,很稀松。图案大概是菱形或椭圆形花,花长 1 英寸。地和图案织成方向相反的大斜纹。最大 $2\frac{1}{4}$ 英寸×$1\frac{1}{2}$ 英寸。

Ch.00508. **锦缎残片。**深红色,由两片缝在一起。地为平纹,图案是零星的斜纹大花草,直径约 4 英寸,可能是圆形。约 $8\frac{1}{2}$ 英寸见方。

Ch.00509. **窄条素绸。**自然色,织得很均匀,一边已磨损,另一端是织边。横向织有三条深蓝色窄线。幅宽 2 英尺 $9\frac{1}{2}$ 英寸,长 $1\frac{1}{4}$ 英寸。

Ch.00510.a、b. **两条印花绸残片(来自吊带)。**为细平纹。地印成蓝色,图案为月牙形、透镜形或圆形,为丝绸的本色,组成圆圈等形状,可能在完整图案中会出现花朵形状。有绿色和黄色污点。每块残片为 6 英寸×2 英寸。

Ch.00511. **丝绸幢幡残片。**顶饰为浅棕色锦缎,地织成平纹,图案为零星的斜纹四瓣花,花呈扁平的椭圆形。顶饰有棕色素绸镶边。幢幡主体残片为印花绸,褪色较严重,印有发绿的靛蓝色花朵和叶子。全长 1 英尺 $2\frac{1}{2}$ 英寸,宽 4 英寸。

Ch.00512.a~e. **已朽坏的五块丝绸幢幡残片。**顶饰和幢幡主体均为类似 Ch.00295 那样的花绸,但花绸的地为靛蓝色,织有米黄色棕叶饰图案。顶饰边为 Ch.00486 那样的黄色锦缎。饰带为蓝色素绸,均已破旧,保留最好的一条饰带长约 6 英寸。幢幡主体为 2 英尺 6 英寸×10 英寸。

Ch.00513. **丝绸幢幡。**重垂板和大部分饰带已缺失,保存较差。顶饰为米色素绸,顶饰边为棕色锦缎,已褪色,吊带为有罗纹的红绸。顶饰上写着潦草的藏文(?)。顶饰边的锦缎地为平纹,图案为斜纹。图案为扁长的叶形,在尖处相连,形成六边形网格,六边形之内各行依次为正方形四瓣花和椭圆形十二瓣花。幢幡主体为一块印花绸,褪色较严重。印花绸上可见六边形网格,由绿色和蓝色三叶饰交替构成,六边形中间为圆形七瓣花朵。花瓣为粉红色或浅黄色,花心为蓝色,轮廓线为丝绸的本色;地为浅黄色(?);三叶饰的轮廓线为丝绸本色。底边饰带残片为米黄色丝绸。幢幡不加饰带,长 2 英尺 9 英寸,宽 $7\frac{1}{2}$ 英寸。

Ch.00514.　**丝绸幢幡残片**。幢幡主体上本来画有图画,并裱糊在纸上,但后来除底部残片外均已缺失,于是用一条浅黄色素绸来代替幢幡主体。幢幡附件完整,但保存较差。顶饰为棕色锦缎,已朽坏,锦缎的地为小斜纹,图案为重复的大斜纹大花(?)。顶饰边为靛蓝色丝绸,两侧饰带为浅绿色丝绸,底边饰带为浅蓝色丝绸。重垂板绘有红地和三朵开放的黄花。全长 2 英尺 9 英寸,宽 $8\frac{1}{2}$ 英寸。

Ch.00515.　**丝绸幢幡**。顶饰和两侧饰带已缺失。幢幡主体由四块素绸拼成,一块为紫褐色,另一块为黄色,其余两块为浅红棕色。素绸干净、清晰,但是被从竹竿上扯了下来。保留下来的底边饰带为浅棕色。不加饰带长 3 英尺 6 英寸,宽 $10\frac{3}{4}$ 英寸。

Ch.00516.a～d.　**朽坏的四块丝绸幢幡残片**。很脏,由素绸和一块锦缎构成。素绸为绿、白、浅黄褐、棕或紫褐色;锦缎为红色,像 Ch.00503 一样织成网格状。幢幡主体均由四(?)部分组成,大多数只保留下来两部分,饰带均已破旧不堪。最大残片不加饰带,长 2 英尺 1 英寸,宽 $7\frac{3}{8}$ 英寸。

Ch.00517.　**帷幔上的丝绸饰带**。其构成部分有:紫褐色、柠檬色、粉色和玫瑰色素绸,柠檬色地的印花绸(上面印有蓝色和粉色花点),蓝灰色锦缎(平纹地,织有不完整的逼真的斜纹大花草图案)。衬有浅红棕色绸里。保存良好。1 英尺 $6\frac{1}{2}$ 英寸×4 $\frac{1}{2}$ 英寸。

Ch.00518. **幡画残片**。线条和着色均细腻,保存良好,画的是乔答摩王子从迦毗罗卫国逾城出家。左上方的云上是太子骑在白马犍陟迦上逾城,穿甲的小神托着马蹄。前景中有两三个穿红蓝大衣的妇女睡在王宫地板上,右边坐着一个妇女,也在熟睡,画得很好。最长约 3 英寸,最宽 4 英寸。

Ch.00519. **幡画残片**。裱糊在纸上,保存较好,技巧高超。上方是一些站立人物的脚及袍子的末端,袍为绯红色、白色和蓝色。底部是个长圆柱形(?)物体正在一堆大火中燃烧,此物灰蓝色,饰有白色花朵图案。$3\frac{1}{4}$ 英寸×6 英寸。

Ch.00520. **幡画残片**。可见一个菩萨的脸,工艺成熟,为 * Ch.002 类型。菩萨眼睛平齐,头戴白发带,发带上嵌有红色莲花。头发为印度风格(见 * Ch.lv.0014),但下垂的长胡须却是中国风格。约 4 英寸×$6\frac{1}{2}$ 英寸。

Ch.00521. **幡画(?)残片**。可见飘在空中的紫色莲花枝和橘黄色蝴蝶,蝴蝶触须为黄色。边上还有别的花朵的痕迹。$3\frac{1}{2}$ 英寸×4 英寸。

Ch.00522. **速写纸画**。画的是立姿四臂观音,两边纵向排列 10 个随侍的小神,为印度风格。观音面朝观者而立,头戴高冠,系腰带,穿长裙,与 * Ch.lv.0014 风格类似。上两手置胸前,左手下垂,右手持长茎莲花。下两手置身侧,右手施与愿印,左手持净瓶。背后是长马蹄形项光。

小神均面朝观者坐在莲花之上,有的盘坐,有的一膝抬起成"自在相",有的一腿悬垂成半跏趺坐。小神头后面有长马蹄形项光和圆形背光。小神的服装和珠宝饰带几乎未画细节。

四角的小神像都有四臂,坐在动物上,详情如下:

左上角的神乘水牛,持斧、珊瑚枝、骷髅头杖和三叉戟;右上角的神乘鹅(?),持莲花、净瓶、发光的珠宝和死神头杖;左下角的神乘孔雀,持戟、棒、铃铛,还有一不明之物;右下角的神乘凤凰,持发光的三叉戟(?)、金刚杵,另两物不知为何物。左右两边各是三个菩萨,手或作手印,或持莲花,或持罐,罐中有长茎莲花。画的水平不一,无细节。1 英尺 $4\frac{3}{8}$ 英寸×$11\frac{1}{2}$ 英寸。

Ch.i.001. **彩绘丝绸幢幡**。底部饰带为靛蓝色素绸,一部分重垂板为红色地,上面饰有黑色闭合棕叶饰图案。画面的顶部和其他附件均缺失,余下部分保存极好。两面都绘有画,但其中一面除头和手外只画了轮廓。

画的是持化缘钵的释迦牟尼佛。佛面朝观者立于两朵莲花之上(两花分别为深红色和石板蓝色),右手置胸前,持装满米饭的黑钵,左手施论辩印。左脚的大脚趾很短,右脚的则更短。服装与 Ch.xxiv.005 类似,但左右相反,袈裟盖住右肩,僧祇支则盖住左肩,手的位置也是左右颠倒的,可能幢幡的前后面画错了。着色也与 Ch.xxiv.005 同,但模糊不清。脸是模式化的佛脸,肉髻底下有珍珠。脸和手的轮廓线是先涂黑颜料,再用宽条的红颜料画成,画得较仔细。佛头右边有深黄色空白题榜。

画幅 1 英尺 $11\frac{1}{4}$ 英寸×8 英寸,加饰带长 5 英尺 $2\frac{1}{4}$ 英寸。

Ch.i.002. **彩绘丝绸幢幡**。所有附件均缺失,但画面保存得极好。

画的内容:菩萨。这是所有幢幡中最引人注目的一幅造像。如果不算一件次于它的类似作品 Ch.xlvi.001 和残片 Ch.00462 的话,此造像的姿势和身材在我所藏的画作中独一无二。菩萨向左走离观者,呈四分之三背影。头在左肩上,为侧影。左臂置身侧,提着披巾;右手与肩齐,向后弯,掌中托粉红色未开的莲花。人物脊背凹陷,全身挺直,重心刚刚移到右脚上,左脚尚未离地。脚下有两朵莲花,分别为深红色和灰色。头上有华盖,华盖上饰有飘扬的流苏和铃铛。项光是椭圆形,只用黑线画了个轮廓,使观者能透过项光看见人物的后脑和发型。

服装与 *Ch.002 一样。披巾从脊背上垂下来,形成环形。脖子上的衣物打了个结,像 Ch.0025 一样。头上戴一顶紧裹着头的红帽,在耳上方、前额上方和头顶上饰有金质饰物,但没有莲花或宝石。帽后的金环上又突出一个椭

圆形金质环形饰物,几乎和帽子一样大,饰物里面涂成了黑色。参见净土图
*Ch.0051、00116中菩萨的类似头饰。

五官个性鲜明,似乎源自西亚,完全不是中国风格。前额低,前额和鼻梁
之间有明显的凹陷。鼻子高而长,没有鹰钩。嘴大,撅起,嘴唇线条画得很好。
眼睛长而直,半闭着,上眼睑线条笔直,这使人物的表情显得有些傲慢。长眉
只稍稍有点弯曲。

整个人物显得庄严而傲慢,处在迅疾的运动之中,流畅的衣纹也充满动
感。工艺极为精湛,属于*Ch.002类型。着色主要是鲜艳夺目的猩红色,衣服
的一些细部为橄榄绿和深红。1英尺11英寸×$7\frac{1}{4}$英寸。图版LXXVIII。

*Ch.i.003. 彩绘丝绸幢幡。画面上有汉文题识,吊带和顶饰背面也有
汉字。重垂板和底部饰带缺失,保留有深蓝色丝绸制成的两侧饰带的残迹。
画面除顶端缺失外均保存良好。

顶饰为印花绸,褪色较严重,花纹与Ch.lxi.005一样。衬有灰绿色绸里,镶
有已磨损的红绸边。吊带为细密的橙黄色和深绿色丝绸。

画的内容:呈沙门相的地藏菩萨。菩萨四分之三向左立于粉红色莲花上,
双脚分开,似在行走。手放在身前,右手张开,食指和小指伸直,拇指、中指、无
名指弯曲,左手水平地置于右手上方,手心朝下,五指伸直。光头,穿和尚的僧
祇支和袈裟,但保留有菩萨的部分珠宝饰物,如手镯、臂钏、项链、耳环等。僧
祇支(绿色,红色边)只在膝以下才露了出来。袈裟从左肩垂到身后,又从右
臂上绕到前面来,最后仍是挂在左臂上。袈裟为绿、橙、白混杂的颜色,上面有
粗大的黑色条格,条格使袈裟上都呈正方形。袈裟背面为浅红色。袒右肩、右
臂、右胸。

光头涂成白色。脸画得很好。眉毛先涂成黑色,再画成绿色。眼斜,下
视。鹰钩形长鼻,耳长而大,眉间有白毫相。表情慈祥。脖子和胸部较胖。头
后面是圆形项光,项光中心为铜绿色,外面有绯红色、米黄色和白色圆圈。头
上是带流苏的华盖。

工艺与 *Ch.002 等一样是典型的"汉传佛教"类型。

题榜位于画面左边、菩萨脸的对面,题识写在背面。顶饰背面和吊带前面也有汉字。其他地藏菩萨幢幡见 Ch.00111、xxi.0013、xxiv.004、xl.006、lxi.004。

画幅 1 英尺 10 英寸×7$\frac{1}{8}$英寸,加饰带长 2 英尺 8 英寸。图版 LXXXIII。

Ch.i.004.　彩绘丝绸幢幡。顶饰和两侧饰带均缺失,其余部分保存完好。

画的是护法金刚,属于较典型的中国魔怪类型。面朝观者而立,两脚分开,头四分之三向左,双手持类似 Ch.004 中的长金刚杵。服装、珠宝、发型、身材和对肌肉的处理方法与 Ch.004 一样,肌肉绘成红棕色。脸半人半兽,环眼圆睁,鼻子和脸颊粗陋,厚嘴唇鲜红,眉毛、胡子和像猫胡须一样的两腮胡须均画成稀疏的几根。人物看起来精力充沛,随时准备运动起来。从脚前面绷紧的腱和有力地上翘的脚趾头上也可以看出人物正在蓄势待发,而在其他金刚像中脚趾则是很模式化的。披巾和云朵的曲线平衡了人物的紧张姿势。工艺在模式化风格的作品中是最好的,色彩细腻,披巾上用了十分美丽的灰蓝和绿色。其他金刚像见 Ch.004 下面的文字。

画幅 2 英尺 1$\frac{3}{4}$英寸×6$\frac{7}{8}$英寸,加饰带长 5 英尺 5$\frac{1}{2}$英寸。《千佛洞》图版 XXIV。

Ch.i.005.　彩绘丝绸幢幡。有顶饰,所有饰带均缺失。稍有褪色和变色,但画面基本完整。

顶饰是小三角形,用白纱做成,有 2$\frac{1}{4}$英寸宽的镶边。右边的镶边是白素绸,末端为白纱。左边的镶边为鲜红色锦缎,末端为红素绸。锦缎图案为成排的菱形,菱形行之间隔有 V 形条带,这些条带由四叶饰和卍字形交替构成。地织成平纹,图案为斜纹。锦缎正面上过光,保存得极好。吊带由暗红色小块锦缎制成,很不结实,也看不出图案。

画的内容:持香炉的菩萨。与 Ch.0083 描自同一个蓝本,但左右相反。菩萨左手持香炉,身体向左臀弯出。颜料已褪色,但色彩依旧明快、华丽。最引人注目之处就是菩萨的 V 形披巾,披巾为鲜艳的绯红色,背面为绿色,边上有硕大的半花图案,半花为铜绿色和白色。胸部的衣纹也是鲜艳的绯红色,裙为粉黄色,裙褶画成绯红色,裙边为蓝灰色。脚下的莲花为粉紫色,有很多绿色的花蕊。头饰完整,饰有橘红色和粉色莲花、绿色珠宝和绯红色火焰,中央的饰物上支着一朵花,与 * Ch.001 一样,但此处的花涂成猩红色。在淡蓝色项光的背景上,头饰显得很突出。头右边有黄色空白题榜。

画幅 2 英尺 $2\frac{1}{4}$ 英寸×$7\frac{3}{8}$ 英寸,加顶饰后长 2 英尺 8 英寸。

Ch.i.006. **彩绘丝绸幢幡**。完整,保存良好,与 Ch.004 类似,只不过此幢幡的两边饰带为深蓝色。

画的内容:护法金刚。除嘴部外,完全与 Ch.004 相同,此件中的嘴似在咆哮,露出牙齿。题榜中无题识。

其他画有护法金刚的幢幡见 Ch.004 之下的文字。

画幅 2 英尺 $1\frac{1}{2}$ 英寸×$7\frac{1}{4}$ 英寸,全长 6 英尺。《印度艺术杂志》1912 年第 120 期附图 3。

Ch.i.007. **彩绘丝绸幢幡**。有顶饰,边上残留有一条饰带,底下也残留有一条饰带,均为破烂不堪的深蓝色丝绸。吊带上串了一枚中国唐朝钱币,上有开元年号。

顶饰为暗紫色绸。顶饰镶边和吊带为粗糙的红色棉布或大麻布,织得很稀松。顶饰和镶边上均用模板印有粗略的黄色图案,顶饰主体上印的是禅定佛像和莲花叶,镶边上印有花枝。幢幡主体有多处破损,人物项光以上部分均缺失,但颜色保存良好。人物右踝上用胶粘了一块细密的靛蓝色丝绸,上面织有很小的图案。别的地方也粘了几块彩绘丝绸,以加固原来的纱。

画的内容:观音。四分之三向右立于两朵短茎莲花之上,莲花分别为浅蓝色和猩红色。右手于胸前持垂柳枝,左手置身侧,持净瓶(净瓶已缺失)。面部和身材十分女性化。头从肩部向前伸,胸部扁平,上身向前倾,腿挺直。风格中混合了印度和中国特点。服装、珠宝、发型属于 Ch.lv.0032 同样的印度风格,五官是中国风格,头饰为中国风格的 *Ch.002 的变体。臂与手的转弯处也不像印度风格那么棱角分明,柳枝则完全是中国风格,但人物身体明显向左臀突出,腿和裙画得很刻板,披巾生硬地垂落下来,这些都令人联想到印度风格。项光为圆形,有火焰边。颜色有鲜红、蓝、绿、棕、白,珠宝饰物上为鲜红、绿、紫。

画幅 1 英尺 $10\frac{1}{2}$ 英寸×7 英寸,全长 3 英尺 6 英寸。

Ch.i.008.　彩绘丝绸幢幡。保留有破损的顶饰和两边饰带,底部饰带已缺失,画面残缺不全。顶饰为象牙色素绸,镶有织得很紧密的红绸边,饰带为深蓝色素绸,吊带为浅黄色绸,吊带中间穿了一条带子。残破不全的画面上端与顶饰缝在一起,上面显示出饰有花带子的锯齿形帷幔。

画的内容:菩萨。可能是观音,主要部分均保留下来。作品风格、人物的服装、身材、附件均为 *Ch.002 类型。菩萨四分之三向左立于粉红色莲花之上,莲花轮廓线为红色。右手抬起,持花茎,但花已缺失;左手水平地置于胸前,中指和无名指弯曲。胸部赤裸,耳为常人大小,无穿孔。头上半部均缺失。颜色保存较好,主要有黄色(裙)、暗绿色和石板蓝色(披巾、珠宝和僧祇支),还有一点绯红色(流苏和饰带)。头左侧有黄色空白题榜。

画幅 1 英尺 7 英寸×7$\frac{1}{2}$ 英寸,加顶饰和饰带后长 3 英尺 8 英寸。

Ch.i.009.　纸画。画的是水月观音,参考 Ch.lvi.0015,我所藏画中此类题材的画只有这两件。

观音四分之三向左坐在岛边或岸边,右脚盘在左腿下,左脚踏水中的一朵莲花。右手置膝上,持柳枝,左手持净瓶。头饰前有化佛,服装和饰物属于印度菩萨类型。背后长着几棵模式化的柳树。整个人物罩在一个圆形大光环中,光环用红线画出轮廓。

左上方的云上跪着一个较小的男子,穿汉族官员的外衣、长袍,戴黑头饰,双手合十。有两个穿戴与他类似的男孩陪侍着他,头发卷在脖子上。画面上端是挂着布帷的华盖,下端靠近湖的地上有只香案。供养人是名男子,站在左下角,手持香炉,穿黑外衣,戴有翅帽,服装与 * Ch.00102 一样。画面上分散着四个空白小题榜。线条和着色属上乘,色彩主要有猩红、浅蓝和绿,保存良好。

关于水月观音像传统,见《斯坦因藏品》第 12 页。

2 英尺 $8\frac{1}{2}$ 英寸×$11\frac{1}{2}$ 英寸。图版 LXXIX,《千佛洞》图版 XXIV。

Ch.i.0010.　彩绘丝绸幢幡。保留有顶饰和两侧饰带,底部饰带和画面的上下两端已缺失,画面顶端用绯红色丝绸加固后,重新缝到了顶饰上。顶饰为已褪色的紫色素绸,镶有稀松的暗蓝色绸边。吊带为杏黄色和浅黄色绸,已撕破。饰带为灰绿色绸,已变色。画面有多处龟裂。

画的内容:菩萨,可能是观音。菩萨四分之三向左立于粉红色莲花之上,莲花只保留下来一个花瓣,莲花边为红色。菩萨右臂从肘部向里弯曲,手悬垂,拇指、中指和无名指相碰。左手置胸前,持浅蓝色未开的莲花。着色与 * Ch.001 属同一类型,但次于 Ch.001;服装也与之类似,但此件中的菩萨没穿僧祇支,左踝上有只脚镯。披巾为不透明的织物,盖住肘部以上的双肩双臂,所以未画臂钏。腰带前面有一个方形小盒子,珐琅质,涂成深黄色,镶有金边。

着色明快。裙为橘红色,裙褶为红色。罩裙为白色,有红色和橘红色边。内衣腰带深粉色,饰有黑色和黄色点。胸巾暗红色,饰带为橄榄色、浅蓝色和红色。披巾深粉色,背面为深蓝色。华盖和脸下部大多已缺失。

鼻子长,呈鹰钩形,鼻尖下垂。眼斜,眼球为黄色,眼眉是在黑色上画一条灰线。眼眶和人物的立体感用与 * Ch.001 一样的淡粉色来表现。除耳朵里边外,所有轮廓线均为黑色。头饰顶上有深粉色莲花。

色彩保存较好,但比较粗糙。线条不均匀,细部(比如耳朵)处理得十分草率。头左侧有空白题榜。

画幅 2 英尺 1 英寸×$10\frac{1}{2}$ 英寸,加顶饰长 2 英尺 $9\frac{1}{2}$ 英寸。

Ch.i.0011.　丝绸幢幡。完整,主体像 Ch.00342 一样由三块素绸组成(分别为蓝色、白色和暗绯红色)。两边饰带为鲜艳的绯红色,有一边的饰带轧过光。顶饰由两块花绸 a、b 组成,质地稀松,保存得极好。花绸不太结实,像 Ch.0076 一样。a 为深蓝色地,图案为黄色飞鸟,图案轮廓线为绯红色,完整图案已不得而知。b 为猩红色地,图案似乎是漩涡形花草,为绿色和淡蓝色,勾以白色轮廓线。图案外围有一个圆圈,圆圈由深蓝色和绿色条带构成,也勾以白色轮廓线。圆圈外的饰物为白色,勾以蓝色轮廓线。b 太小了,无法重构其完整图案。

三角形顶饰的一边镶有细密的深紫色素绸边,其正面轧过光。另一边镶有细密的绿绸边,上面有菱形花纹。吊带是织得很结实的缎纹斜纹。幢幡不同颜色的各部分相连的地方有竹篾加固。

全长 4 英尺 $3\frac{1}{2}$ 英寸,宽 6 英寸。图版 CX。

Ch.i.0012.　绢画。画的是旅行者的保护神地藏菩萨及供养人。除镶边缺失外,其余部分完整,保存良好。其他地藏菩萨像见 *Ch.0021 之下的文字。

地藏菩萨面朝观者坐于猩红色莲花上,右脚踏一朵小莲花,盘左腿,右手持锡杖,左手置膝上,持发光的水晶珠。服装和面部属 *Ch.0021 类型。僧祇支为橄榄绿色,衬有浅红色里;袈裟为橄榄绿色、黑色、红色和黄色,有黑色条纹;头巾深粉红色,上有白色花点,镶有浅红色边,镶边上饰有涂金的小花。皮肤为粉红色和白色,勾以红色轮廓线。圆形项光和背光由一圈圈橄榄绿、浅红、蓝和粉白色同心圆构成。

底下供养人的排列方式有点特别:左边是一个男子和一个尼姑(?),右边为一个和尚和一个妇女。当僧尼和平民同时出现时,通常是把僧尼放在离献辞最近的地方,而且男性和女性通常分列于两边。但此画中左边男子后面的人,有白皮肤、红颊、极短的蓝色头发,戴项链,显然是个尼姑;而右边的僧人有极短的黑色头发和淡棕色皮肤。艺术家可能犯了错误。世俗供养人为典型的 *Ch.00102 类型。

左上方、右上方的供养人旁边均有题榜,左右供养人之间为用来写献辞的框。题榜和框有的为黄色,有的为绿色,均无字。工艺一般,颜色模糊不清。

1 英尺 $9\frac{1}{2}$ 英寸×1 英尺 $3\frac{1}{2}$ 英寸。图版LXII 页。

Ch.i.0013. **彩绘丝绸幢幡**。顶饰、重垂板和饰带均完整,画面保存极好。

顶饰为粗糙的米色绸,在橘红色地上画有绿色莲花和叶子。饰带和顶饰的镶边为暗绿色绸,用模板印有连续的漩涡饰,漩涡饰由发黑的叶子和花朵构成。顶饰一端的镶边则换成了暗红色绸,吊带也是暗红色绸。重垂板上裹有细密的浅黄色锦缎,织成满地一式花纹,也用模板印有黑色的莲花和叶子。

画的内容:观音。四分之三向左走去,穿曳地衣裙。右手于身前持净瓶,左手持猩红色莲花蕾。背部凹陷,侧面线条十分优美,头稍歪,看着手中的莲花。身材、服装、附件和作品风格属 * Ch.002 类型,人物特别苗条。两个眼眶用宽宽的半圆形线表示(见 Ch.009),从鼻翼到嘴角画有笑纹,嘴相当大,微张,露出牙齿。

颜色非常鲜艳。颜料像通常的画一样只用宽色带涂在衣褶之间,但涂得很厚,使画面表面相当粗糙,着色很引人注目。主要色彩是一种浓重的蓝色,接近天蓝色,但比绿松石色更绿些。这种颜色用在了披巾上,披巾背面是绿色。裙子上涂有淡淡的粉红色,轮廓线为绯红色。饰带为绿色和纯绯红色,用几笔鲜艳的黄色勾勒轮廓线。腰带、头饰上的飘带、眼球和牙齿为白色。白色与蓝色形成极鲜明的对照。嘴唇涂成生动的绯红色,眉毛是在黑色上画一条铜绿色线,耳朵内部、手和脚底下的线条为红色。净瓶有常见的圆瓶身、长瓶颈,上有瓶盖,但此件中瓶身为白色,上面饰有粉红色,这可能表示净瓶是瓷质的。脚下的莲花为白色,有深粉红色花瓣尖和花瓣边。华盖完整,是典型的华丽的中国风格,上面有一个有锯齿形边的帷幔,帷幔上挂着铃铛。Ch.lv.0045与此件类似但工艺次之。

画幅 2 英尺 4 英寸×6 $\frac{3}{4}$ 英寸,全长 5 英尺 5 $\frac{1}{4}$ 英寸。图版 LXXVIII。

Ch.i.0014. **麻布画**。有汉文题识,画的是简化的阿弥陀佛净土(?)和供养人,顶部和底部有麻布镶边,顶上有吊带。阿弥陀佛坐于莲花之上,右手施论辩印,左手置于右手下,掌中托红色莲花蕾(?)。皮肤涂成棕色,华盖挂在顶部的树上。佛前面有只香案,香案左右各有一个跪着的菩萨。无池。附件和整体处理方式与画有净土的绢画类似,尤其类似于Ch.xlvi.008。供养人为*Ch.00102等类型。色彩有红、橄榄绿、纯绿、黄、浅灰和深灰,画面周围绘有菱形边。对此画的解释见彼得鲁奇,附录E,III.iv。长向完整,2英尺11英寸×1英尺8英寸。

Ch.i.0015. **彩绘麻布幢幡**。未画完,尖尖的顶部上也画了图画,无饰带,保存得较干净。

画的内容:观音(?),四分之三向左立,双手合十。此类观音像的特征和作品目录见*Ch.i.0016。色彩有红、淡黄和灰。2英尺×$6\frac{1}{2}$英寸。

* **Ch.i.0016.** **彩绘麻布幢幡**。有汉文题识,画的是观音。完整,有顶饰、两侧饰带、底部饰带和重垂板。

所有麻布幢幡都是把顶饰和画面裁成一块,顶饰边为其他颜色的麻布,幢幡主体的麻布一般是浅黄色或米黄色。此件中顶饰边为鲜艳的粉红色麻布,饰带为棕色麻布。

本件在题材和工艺上,是大麻布幢幡的代表作。这类幢幡画的几乎都是同一个人物,其姿势和处理方式基本上没什么变化。在本件和其他三件中(Ch.00136、xx.0012、lv.0036),题识指出所画菩萨为观音,在另一件中(Ch.0060),题识指出画的是地藏菩萨。但人物并无个性特征,头饰前均无化佛,也没有其他能将其识别的法器。

菩萨站在一朵莲花之上,有几个是面朝观者而立,多数则四分之三向右或向左,双手于胸前合十。身材属于印度类型,细腰、宽臀,姿势僵硬,大多数腿都过长。服装、发型和珠宝属于*Ch.0088下所述的印度类型。裙子在每条腿上一般画成许多模式化的V形褶,或全部画成直条。项光圆形,由几种颜色的同心圆组成。头发一律为黑色，皮肤为浅红色，其他颜色主要有红色、橄榄绿色、黄棕色、蓝灰色和黄色。工艺粗劣。

其他同类作品有：Ch.0060、00133、00134、00136、00137、00141、i.0015、iii.0015和0017、xx.0010 和0012、xxi.009~0010、xxiii.002~004、liv.009、lv.0036~0043、lvi.0024、lxiv.002。还有一些菩萨幢幡，其手的姿势各有不同，有时其服装为 *Ch.002的"汉传佛教"风格，但工艺却与上述的这一类属于同一水平，它们是 Ch.0061、00135、00139、00140、iii.0016、iii.0018、xxi.0011、xxiii.006、xxiii.007、xxvii.004、xxxviii.007、* liv.008、lvi.0022、lvi.0023、lxiv.001。类似的佛像幢幡有 Ch.xx.0011.a 和 lvi.0021。

Ch.i.0016. 观音四分之三向右立。颜色有橘红、绿棕、绯红和石板蓝。右上角有题榜，其中写着对观音的赞词。

画幅 3 英尺 $2\frac{1}{2}$ 英寸×7$\frac{1}{2}$英寸，全长 7 英尺 5 英寸。（无题识的一侧）图版 LXXXIX。

Ch.i.0017. 纸画。画的是六臂观音和两个从者。观音面朝观者立于莲花之上，莲花放在一块平顶大石的顶部（须弥山？）。上两手持日月轮（月轮中只有树），中两手于胸前施论辩印，下两手垂于身侧，拇指和食指相碰，手心向外。观音有三个头，中间的头上有大化佛像。姿势刻板，服装为印度菩萨类型，像 *Ch.0088 一样，穿笔直的短罩裙。身后长着竹子。从者代表的是善恶童子，类似于 Ch.lvii.004 中的人物，持打开的纸卷轴，头发在脖子上梳成卷，头发上饰有花朵。整幅画面着色模糊不清，只有深绿棕色、灰色、红色和深黄色，笔法粗糙。左边有空白题榜。右下角和右边的一部分缺失，其余部分保存较好。1 英尺 $10\frac{3}{4}$ 英寸×1 英尺 $3\frac{1}{4}$ 英寸。图版 XLI。

Ch.i.0018. 纸画。有汉文题识，画的是坐姿六臂观音，无从者。观音盘坐于莲花座上，莲花尖为红色。上两手分别持金刚头杖和骷髅头杖；中两手分别于胸前施论辩印；下两手置于膝上，右掌向下，食指弯曲，左掌向上，拇指、中指和无名指相碰。头饰前有化佛。大体属于＊Ch.002 等类型,但笔法粗劣,着色只限于暗绿、蓝灰、粉红、橘红和淡黄色,皮肤未着色。头左侧的题榜是对观音的赞词。画面已破损。顶上和底上均用草绳缝有纸环,以便能把画挂在墙上。1 英尺 $9\frac{3}{4}$ 英寸×1 英尺 $3\frac{1}{2}$ 英寸。

Ch.i.0020. **丝绸幢幡**。除一边的饰带缺失外,其余部分均完整,与 Ch.i.0011是一套。幢幡主体由三部分组成,分别是蓝色素绸、织成小菱形网格的白色锦缎、细密的红色斜纹羊毛织物或棉布,各部分的结合处安有竹篾。保存下来的饰带和吊带是稀松的浅蓝色丝绸,重垂板同 Ch.i.0011 一样。

顶饰上有三块不同的花绸,其中两块形成顶饰主体,另一块形成左边的镶边,右边的镶边为鲜绿色素绸。花绸均保存完好,但都太小,无法看出完整图案。

顶饰主体上最大的一块花绸残片是用紧密的缎纹斜纹织成的,白地,图案是 V 形条,在尖角处相碰,形成菱形。V 形条由五行橙红色圆点构成(已褪色)。完整的菱形中间是一个橙红色椭圆形星,勾以浅绿色轮廓线。这个星与下一个菱形中的中心图案交替出现,但残片太残破,看不清下一个菱形中图案的内容。

其余两块花绸均像 Ch.0076 那样质地稀松。一块位于三角形顶饰主体中,蓝绿色地,上面有一部分暗绯红色的花草(?)图案。另一块是顶饰的镶边,靛蓝色地,上面有画法大胆的花草图案,为鲜艳的草绿色、红色和白色,已残破不全。此花绸的色彩很引人注目,花朵上的色彩与许多刺绣花草作品和彩绘花草作品类似。圆形的莲花状大花朵有两层花瓣,里面一层为靛蓝色,外面一层为草绿色,花心为红色,花底座上有靛蓝色点,底座上的点和外层的绿色花瓣均用细白线勾勒轮廓。其余的花有八片窄而尖的花瓣,花瓣之间露出萼片。八瓣花为白色,勾以红色轮廓线,每片花瓣的中心为靛蓝色。有的叶子为白色,勾以红色轮廓线;有的叶子为叶绿色,勾以白色轮廓线,叶脉为红色。

顶饰衬有已褪色的紫色锦缎里。锦缎上用斜纹织有 V 形条,在尖角处相碰,构成菱形。菱形为平纹,菱形中间又是斜纹的小菱形。

幢幡全长 4 英尺 3 英寸,宽 6 英寸。(顶饰)图版 LX。

Ch.i.0022. **幢幡**。完整,有三角形顶饰、饰带和重垂板。主体为稀松的丝绸,地印成橙黄色,并印有红色圆形或菱形的"点","点"屡屡重复。圆"点"由两只展翅的鹤组成,鹤头朝向中心,绕圈旋转,圆周上的空隙处填补有植物卷须,见 Ch.00179 等。菱形"点"由盛开的多瓣花朵和植物卷须构成,尖端相碰,围住了圆"点"。此图案的大致归类见本书第二十四章第二节。顶饰和饰带是稀松的红色锦缎,图案为重复的小菱形。吊带为细密结实的白色锦缎,图案为重复的同心菱形。

幢幡主体的底部用墨写有两行半用婆罗谜文写的和田语,霍恩雷博士将其转写如下:

…pasi salya rarūyi māśta 26 mye haḍai—myai ahā yi pasta haiṣṭe beysū staśrvī (*brvī?*) *ysi*(?) harbīśai āvama prra ysi hāṁna sījīde nauda.

幢幡主体为 1 英尺 $10\frac{1}{2}$ 英寸×8 英寸,全长 4 英尺 5 英寸。图版 CXIII。

Ch.i.0023. **纸画**(形如挂画,底下有木杆,顶上有竹竿)。画的是魔怪般的菩萨,可能是金刚持菩萨,有三头四臂,半坐半蹲,四分之三向右,身后是火焰。左上手持金刚杵,右上手举起,五指成紧握状,但未画手中所握之物。右下手于胸前施论辩印,左下手置膝上,手心朝上。服装与幢幡中的金刚(见 Ch.i.004 等)类似,穿豹皮围裙,项戴绳搓成的项链,链上有白点。前额正中有第三只眼,右边的侧脸涂成黑色,其余两张脸为肉色。头饰前有化佛,背后的火焰中显出鸟和魔怪的头,底下有一个似在行礼的熊头怪小像。参考 Ch.00105 和 Ch.xxviii.006 观音曼荼罗底下的密教诸神。顶端已破损,工艺粗劣,颜色主要有红、绿、肉色、深灰。2 英尺 7 英寸×1 英尺。

Ch.iii.001. **彩绘丝绸幢幡**。画面上端已缺失,除保留有橄榄绿色丝绸做的底部饰带最顶端外,其余附件均缺失,余下的部分和颜色均保存良好。

画的内容:菩萨。四分之三向左立于红边的莲花之上,里面一圈莲花瓣每隔一个为淡绿色。菩萨双手低垂于身前,左手稍微盖住右手,每只手的拇指和食指相碰,同样姿势的菩萨见 Ch.003、lxi.007。人物和工艺属于 *Ch.002 类型,服装也类似 Ch.002,但此菩萨穿了件大袈裟,像 Ch.i.003 中的地藏菩萨或 *Ch.xvii.001 中的菩萨。袈裟穿在曳地长裙和僧祇支外,为鲜艳的绯红色,衬有蓝色里。袈裟挂在手臂上,但从肩部滑落了下来,所以上身的上半部是赤裸的,只戴了些珠宝饰物。在脚上可见裙和僧祇支,均为橄榄绿色,裙镶有紫色边。珠宝、头发和面部属于 Ch.003 类型。头左边有黄色空白题榜。

1 英尺 9 英寸×7$\frac{1}{2}$英寸。

Ch.iii.002.　彩绘丝绸幢幡。有汉文题识。除缺失一条饰带外,其余部分均完整,但附件保存得较差,画面已破旧,顶饰和画面顶端已与幢幡主体脱离。

顶饰主体为淡黄色素绸,画有橘红色、暗红色、浅黄色和黑色莲花。顶饰镶边和饰带为暗绿色绸,上面印有黑色花朵图案。底边一条饰带已缺失,用一条折成双面的深蓝色薄绸子取代其位置。在本该是木质重垂板的地方是一条条从汉文写卷上裁下来的纸,都裁成同样大小,粘在一起,正反面均用墨粗略地画了卷草纹和叶子图案。顶饰镶边上写有两个潦草的汉字,画面左侧的黄色题榜上有模糊不清的汉文题识。

幡画画的是"无畏菩萨",可能是观音。菩萨四分之三向左而立,双手合十。裙只及膝,小腿赤裸。除面部外,身体其余部分与 Ch.xxiv.006 完全相同,但左右相反。面部丰满,双目平齐、较长,鼻子扁平,从眉到口的面颊侧影完全画成了一条直线。小胡须和眉毛都是先涂黑,再涂成绿色。

尽管画面已龟裂,颜料也脱落了不少,这幅幡画仍是 *Ch.002 类型的菩萨像中最精美的一幅。颜料依然有光泽,色调明快,主要有鲜艳的绯红色(主要分布在披巾上)和淡蓝色(主要分布在披巾反面)。裙、胸前的衣纹、脚下的莲花为发粉的暗蓝色,宝缯、莲花蕊和莲花心为绿色。菩萨身材苗条,站得笔直。笔法精细,连装饰性的细节部分都画得十分优美。比如,菩萨裙子的褶皱边外面涂成蓝色,并用很细的黑白线条认真地画了裙褶;裙边的反面则画成橘红色,并逐渐过渡成绯红色和印度红色。

菩萨头上只戴了条白发带,几乎无金饰。前额上方是由四朵莲花围成的星状饰物,这四朵莲花为橘红色或紫色,每朵莲花的花心均为绿色。四朵莲花中央围着第五朵莲花(蓝色),上面放着一粒发光的宝石。项光、华盖上的流苏、宝石均为绯红色、蓝色和绿色,流苏底下还装饰有一串串白色的小珠子。

画幅 2 英尺×$6\frac{3}{4}$英寸,全长 5 英尺 4 英寸。

Ch.iii.003.　彩绘丝绸幢幡残件。是浅灰色的纱,质地像 Ch.xxii.004 一样十分稀松,三条底边饰带是浅棕色绸。颜料脱落了不少。

画的是观音。四分之三向左而立,脚踏两朵红色和蓝色莲花。残片 1 上是从幢幡底部到观音大腿中部的部分,残片 2 上是观音腕部的衣纹,残片 3 是脸的下半部分、脖子以及托着净瓶的双手(?),残片 4 是项光的上半部分。人物服装和作品风格属于 * Ch.002 类型。保留下来的颜色有橙粉、暗蓝、绿和猩红。

四个残片的长度分别是 8 英寸、$1\frac{1}{2}$英寸、1 英寸、$\frac{3}{4}$英寸,宽均为 $5\frac{3}{8}$英寸。

Ch.iii.004.　大绢画。画的是千手观音及其从者。底部破碎较严重,但上半部分基本完整。整幅画的正面均已严重磨损。

中央观音的基本处理方式参见 * Ch.00223 等。观音只有一个头,头戴化佛冠。从者如下:

i~ii 上方是日光、月光菩萨。日光菩萨在右,乘五只红白二色的鹅,坐在红色日轮之内。月光菩萨在左,乘五匹或白或红的马,坐在白色月轮之内。

iii~iv 上边两侧是两个穿甲的天王盘坐在岩石之上。右边天王持戟,可能是毗沙门天王;左边天王持棒,可能是增长天王。两天王的铠甲与 Ch.xlix.007 中的铠甲一样。

v~x 左右两边各纵向排列着三个无个性特征的菩萨,手均呈手印。

xi～xii 观音膝下是功德天。功德天对面可能要画婆薮仙（见 * Ch.00223），但婆薮仙、水池、龙（？）以及整个前景中央均已缺失。功德天呈坐姿，左膝抬起，右手施论辩印，左掌中托宝石。着高领的红绿色袍，袍类似于净土图中的舞伎（见 * Ch.0051 等）。头戴无装饰的圆形金属帽，帽上披红色头巾。

左下角和右下角当是两个坐姿天王（xiii 和 xiv），但只可见右边天王戴着头盔的头部和手中持着的棍棒。

背景为暗绿色，画面主要有绯红、暗绿、蓝灰、黑（人物的头发）和粗糙的黄色（观音的皮肤）。目前线条和颜料大部分均已脱落，画面本来的工艺也只是三流水平。长 4 英尺 7 英寸（不完整），宽 4 英尺。

Ch.iii.006.　大绢画残件。画的是文殊骑狮像，类似于 Ch.xxxvii.003 的右半边，可能像那幅画一样也是一幅拱形大画的一部分。四边均不完整，残件破损严重。保留下来的人物有：文殊、狮、昆仑奴，两个分别持剑和箭的穿甲天王，两个菩萨，三个演奏铙钹、直线型笙、茶壶形笙的乐师，右下角是一个仙女扶着一个人物的手（这个人物不像 Ch.xxxvii.003～005 那样穿汉族服装，而是一个立佛）。整幅画面的布局大体与 Ch.xxxvii.003 类似。不同的是，文殊是盘坐的，其皮肤为深橙黑色。文殊双手均举起，右手拇指、食指、中指竖起，似在降福，左手已残，但显然是在施论辩印。整体着色较浅淡：狮子和侍者的皮肤为粉白色，人物的服装、饰物等为蓝灰、绯红、黄色。工艺相当粗糙。5 英尺 4 英寸×3 英尺 5 英寸。

Ch.iii.0011.　麻布画。画的是立姿观音及供养人（供养人已脱落）。未镶边，也无吊带，保存较好。其他类似麻布画参见 * Ch.0052 下的目录。

观音面朝观者而立。右手抬起，持柳枝，左手僵直地伸在体侧，持净瓶。瓶身为瓷质，瓶颈和瓶底为金属。观音头戴化佛冠，身材、服装为典型的印度风格。着花罩裙，长裙边上也饰有花，戴着繁复的珠宝首饰。着色有鲜艳的红色、橄榄绿色、黄色和深灰色。

5 英尺 9 英寸×1 英尺 10 英寸。图版 LXXXIX。

**Ch.iii.0012.a、b.　**写卷的两块竹制封面残片。像 Ch.xx.006 一样。a 由两

条丝绸织物系在一起,这两条织物之间和每条织物两边均有零星的图案。破损太严重,看不出完整图案是什么,但单个的图案大致为圆形、椭圆形或菱形。底边上的一个图案似乎是一只边奔跑边回头的动物。丝线为米黄、浅绿、蓝和红色。b 用黄、米黄和浅绿色丝线织成。褪色很严重,几乎看不清图案,只能依稀看出成排的四瓣或八瓣圆形花。4 英寸×11 英寸;1 英寸×11 英寸。

Ch.iii.0013. **绢画残片**。衬有粗麻布里,绢画和衬里均干净、清晰,但大部分画面已缺失。保留下来的部分上可见面朝观者而立(?)的观音的上半身,头缺失。左手低垂于身前,呈手印,右手举起,托斑驳的红色瓶,瓶中插有白色莲花蕾。人物身材为印度风格(参见*Ch.lv.0014等)。披巾和腰带为绯红色和深绿色,皮肤粉红色,肉体轮廓线为深红色。两边有模式化的柳树残迹,还有扁长的黑色背光残迹,有花朵镶边。左边云上的莲花上有坐佛小像或菩萨小像的残迹。

最大残片约 8 英寸×8 英寸,整幅画约 1 英尺 7 英寸×1 英尺9 英寸。

Ch.iii.0015. **彩绘麻布幢幡**。顶饰镶边为粉红色麻布,底边饰带为发绿的麻布,两侧饰带缺失。保存良好。

画的内容:观音,面朝观者而立,双手合十。此类画的特征及目录见*Ch.i.0016。颜色有绯红、黄、深绿、灰和石板蓝。

画幅 2 英尺 11 英寸×10 英寸,全长 7 英尺。

Ch.iii.0016. **彩绘麻布幢幡**。顶饰镶边和底边饰带为棕色麻布,顶部已撕破,其余部分保存良好。

画的内容:菩萨。面朝观者而立,右手于胸前施论辩印,左手置右手下,腕以下朝下伸,手指下垂。身材、服饰等大致与*Ch.i.0016 类似,参见 Ch.i.0016 下的类似幢幡目录,与此幢幡十分相似的一件作品为 Ch.xxi.0011。颜色有绯红、橘红、发绿的棕色,工艺较好。

加顶饰长 3 英尺 1 英寸,宽 $6\frac{1}{4}$ 英寸。

Ch.iii.0017. **彩绘麻布幢幡**。与前一件配套,保留有棕色麻布做的顶饰镶边和两侧饰带,幢幡主体已破损,右边一部分缺失。

画的内容:观音,四分之三向右立,双手合十。此类幢幡的特征和目录见 ˙Ch.i.0016。颜色有绯红、橙红和发绿的棕色,工艺较好。加顶饰长3英尺,宽 $6\frac{3}{4}$ 英寸。

Ch.iii.0018.　破旧不堪的彩绘麻布幢幡残片。画的是菩萨,面朝观者而立,右手施论辩印,左手置身侧。颜色有红、粉、棕色。约2英尺×9英寸。

Ch.iv.001.　大丝绸幢幡残片。画的是净土图,可能是阿弥陀佛净土(或释迦牟尼净土?),基本构图与 ˙Ch.0051 等类似。保留下来的唯一一块稍大的残片来自画面左侧,画有坐姿观音,头上的华盖挂在树上,周围有供养菩萨。观音垂左腿,盘右腿,右手置大腿上,左手托甘露瓶,头饰上似乎也有个瓶。上面可见七宝池的一部分,天空中有小佛像。画面右侧保留有与观音相对应的大势至菩萨的一部分。两块残片靠里的边上均有成群的光头弟子的残迹,观音旁边有一个弟子的完整头部,画得很好。

较小的残片上显示出:(1)画面底角一些站立菩萨的一部分;(2)一个穿红袍的佛四分之三向右垂双腿而坐,这块残片可能也是来自画面底角;(3)一个迦楼罗;(4)一个只围块腰布的男子小像,似乎正在与另一人摔跤,后者只残留下来腿,穿黑色紧身裤。

保留下来的主要颜色有绯红、蓝灰和深蓝,褪色较严重。幢幡大小可能约为5英尺6英寸×5英尺。

Ch.iv.002.　刺绣残片。剪自一大块刺绣品,边未加工。绣在像 Ch.00332 那样的厚纱上,衬有薄素绸里,纱和衬里均为深紫色。绣的是一个佛坐于莲花之上,袒右肩,右手于胸前持化缘钵,左臂裹在袈裟里,左手拎着袈裟的边角,姿势像 Ch.00260 大刺绣品中的佛。面相饱满,眼睛平齐。项光和背光均为椭圆形,背光有火焰边。

均用细密的锁绣绣成实心,绣线既穿透纱也穿透衬里。所用丝线有深蓝、印度红、粉红、浅蓝和绿色。僧祇支为蓝色,上面有条纹。袈裟上用深蓝色条隔出矩形格子,格子分别为印度红和粉红色,深蓝条有窄窄的绿边。所有轮廓线都是把金子贴在纸上再以黄丝线贴线缝绣而成,但金子多已剥落,只有贴线缝绣的针迹保留了下来。工艺精良,保存较好。

$4\frac{1}{4}$英寸×$2\frac{1}{2}$英寸。图版 CVI。

Ch.v.001. 大绢画。画的是阿弥陀佛净土(或释迦牟尼净土?),两侧小条幅画的是阿阇世王传说和韦提希王妃观佛,与 * Ch.0051 类似。构图较复杂,但遵循的仍是 * Ch.0051 的原则。除镶边和底端缺失外,其余部分均完整,表面磨损较严重,颜色十分模糊。

中央佛结金刚跏趺坐,双手均施论辩印,左手手心朝向胸前,但不像一般的论辩印那样双手相触,而是稍微分开。胸前有个类似白毫相的神圣印迹,印迹周围有火焰。头发和肉体的轮廓为黑色。袈裟的一角半遮住右肩。

观音和大势至的腿半盘着。这两个菩萨靠外的手施论辩印;一个菩萨靠近佛的手水平抬起,掌心向上,置于胸前,另一个菩萨靠近佛的手则置于身侧。其他人物有:跪着的菩萨(双手合十),十个光头弟子(无光环,在背景中排成一排),舞伎和乐师(位于前景中央的一个与别处分开的狭窄的宝墀上),左下角和右下角上是两个地位较低的穿黑袍的佛和其从者(位于两层亭子前的平台上)。所有菩萨的袍子、发型和饰物都与 Ch.0051 一样属于"印度"类型。袍子通常是暗绯红色或蓝灰色,上面常有花点。胸巾是深棕色,有白色点。

八个乐师演奏的乐器有箫、笙(茶壶形和直线形两种)、琵琶、笛、拍板和箜篌。除直线形笙外,其余乐器均为 * Ch.lii.003 中所述类型(见附录 H)。直线型笙的簧管竖着绑成一排,吹嘴在顶上。

七宝池中全是莲花,莲花上站着迦楼罗(有的独头,有的两头)、孔雀和鹤,有的莲花蕾中有婴儿的灵魂。阿弥陀佛的华盖和两个胁侍菩萨头上的六层伞之间立着两根精美的旗杆,由装饰过的金属制成,旗杆顶上有发光的珠宝。背景中是天宫建筑的正面。天宫是三个双层的亭子,有弯曲的游廊相连,靛蓝色的屋顶使画面顶部具有统一感。屋顶之间飘浮着云朵,云上坐着小佛,还飘着些系着飘带的乐器——琵琶、箜篌、鼓之类。

许多细部的着色已脱落。笔法一般来讲比多数大绢画都粗略,两侧小条幅画得尤其粗略。人物的身材和姿势单调无变化,服装和项光缺少装饰。项光一般涂成无花纹的圆盘,至多涂成几圈不同颜色的同心圆。

色彩模糊,暗淡的色调却给人较深的印象。在所有亮色脱落之前,整幅画可能看起来要明快一些,现在的基本色调则是深棕色(而不是常见的绿色)。其他颜色只有人物头发上的黑色、袍上的暗绯红色和绿色、屋顶的靛蓝色。

两侧小条幅(见*Ch.0051)是常见的中国世俗风格,内容如下。

右边:(i)释迦牟尼在灵鹫山。(ii)释迦牟尼前生为白兔,看不到猎人。(iii)阿阇世王前生为隐士,坐在山洞中,前面有个下了马的行人正在打马。(iv)阿阇世王追赶他母亲,一个大臣来干预。(v)频婆娑罗王或韦提希(?)在高塔顶上的狱中,塔前面一个小人物正头朝下凌空落下。(vi)佛在云中向频婆娑罗王和韦提希现身。(vii)有人规劝阿阇世王不要如此对待母亲(?),参见 Ch.lv.00331.iv.等,此画面中韦提希出现在左边。(viii)多已毁坏,内容与 Ch.lv.0047.vii 一样,无法确认其含义,其背景中有扇紧关的门。

左边条幅画的是韦提希观想极乐世界,内容如下。(ix)观日和流水。(x)观极乐世界的土地(?),“地”画成一个矩形,分成四个涂色的小方块。(xi)观极乐世界的宫殿,是个亭子。(xii)观音乐,画的是毡毯上放着一面鼓、一支箫、一对拍板。(xii)观三层华盖。(xiv)观宝树。(xv)观七宝池,池中有莲花。(xvi)观观音菩萨。(xvii)观大势至菩萨。(xviii)观阿弥陀佛。(xix)同样是观阿弥陀佛。

作品十分粗略,风格像 Ch.0039 幢幡。韦提希王妃的头发也与 Ch.0039 一样在脖子上卷成一卷,头顶上有大莲花。无题榜。5 英尺2 英寸×4 英尺。

Ch.xi.001、002.　**带插图的两页汉文写卷,两页连在一起。**左页正面画着佛坐于香案之后,周围环绕着弟子和菩萨,香案前跪着香客,人物均四分之三向左。佛右手抬起似在祝福,左手施论辩印。顶上有开红花的树,叶如星形。仅有的颜色为红、黑、深粉和一些绿色,画得很粗略。右页背面画一个金刚大步向左行,头朝后看,右手紧握,左手抬起挥舞着雷电,画得虽粗略却生气勃勃,只在几处涂了红色颜料。左边那页的背面有五行汉字,保存完好。

每页大小为 $5\frac{1}{2}$ 英寸×$4\frac{3}{16}$ 英寸。(左边一页正面)图版 XLII。

Ch.xi.003.a、b. 两张带插图的汉文写卷残片。写卷中是一篇关于千佛名称的论文,多破损,每个佛的名字顶上都画有一个很小的坐佛像。a 为文章开头,右边的纸画一部分已撕破。参见 Ch.00188、00210。一张为 $10\frac{1}{2}$ 英寸,另一张为 1 英尺 1 英寸×1 英尺。

Ch.xi.004. 写卷末尾的纸画残片。画的是佛,下半身和脚的上半部被绯红色袍盖住,左手在左膝旁向外伸。保留有一部分项光和莲花座,项光较低,一直到手的地方,莲花座勾出了从手到踝的轮廓线,手离地面比较近。从这些迹象上和人物衣纹的处理上来看,人物可能是垂双腿而坐,而非站着。画的可能是弥勒佛,工艺较好。$2\frac{3}{4}$ 英寸×$3\frac{3}{4}$ 英寸。

Ch.xi.009(正确编号应当是 Ch.xl.009):纸画。画的是佛呈禅定相坐在神龛之中。神龛为中国风格,有六边形底座,向上逐渐变细,上面有塔式顶,檐向上翘,塔尖上饰有伞形,并挂有链子。佛皮肤为黄色,头发为蓝色。天空中飘满带绿色饰带的莲花和发光的珠宝。神龛的轮廓用红棕色宽线条勾勒,其他颜色有石板蓝、淡绿、黄。作品很粗略,在用绿颜料的地方画面多已破损。1 英尺 $4\frac{3}{8}$ 英寸×1 英尺。

＊Ch.xvii.001. 彩绘丝绸幢幡。顶饰、两侧饰带及画面上端已缺失。四条底边饰带中保留下来三条,为褪色的浅绿色丝绸,印有黑色花草图案。幢幡的颜料稍微有点龟裂,除此之外保存得很好,十分干净。

画的内容:菩萨(未明确其具体身份),四分之三向左立于两朵莲花之上。双手握于胸前,拇指(?)和食指交叉,右手其余的手指握在左手上。

身材、附件和作品基本风格与＊Ch.002 等一样,但服装有所不同,身穿僧祇支和袈裟,像 Ch.i.003 等中的地藏菩萨,但保留了菩萨式的发型和珠宝饰物。脸画得很精细,有弯曲的黑色小胡须,两眉之间有红色琉璃珠,耳内侧也是红色。耳有穿孔,基本上如常人大小。僧祇支在脚踝周围形成衣褶。珠宝饰物比较简单。头饰只是条白发带,发带中间有枝状饰物,托着两朵绯红色莲花,花心为绿色。耳朵上方各有一个带流苏的饰物。

色彩十分鲜艳清晰。袈裟为鲜艳的绯红色,像 *Ch.i.003 一样有黑色条纹,衬有深蓝色里。僧祇支为豆绿色,镶有深粉色边,衬有猩红色里。项光、珠宝和华盖上也是上述这几种颜色。右脚下的莲花有双层花瓣,涂成深粉色,轮廓线也是深粉色。左脚下的莲花只有一层弧形花瓣,花瓣边缘涂成浅绿色或蓝色,花瓣内部涂成深粉色或橘红色,花瓣中心处为浅蓝色或绿色,各条色带之间用黑白线条隔开。头左侧有黄色空白题榜。整幅画工艺精湛、细致。

类似的菩萨像见 Ch.00142 和 lv.006,参考 *Ch.i.003。

画幅 2 英尺 1 英寸×6 $\frac{7}{8}$ 英寸,加饰带长 5 英尺 1 英寸。图版 LXXX。

Ch.xvii.002. **纸画。** 与 Ch.00162 等属于同一系列。画的是无光环的神祇站在一头牦牛上,大概是密教的观音。人物有六臂,眼大睁,皱眉。上两手持空白的日月轮;中两手置身前,右手施论辩印,左手持净瓶;下两手垂于身侧,右手食指伸直,其余各指弯曲,左手持索。头发和头饰与其同系列作品一样,服装属于印度风格。裙子只长及膝,膝以下赤裸,只戴着脚镯。风格和着色与 Ch.00162 一样。左上角有空白题榜,四角有针孔。保存良好。1 英尺 6 英寸×1 英尺 $\frac{5}{8}$ 英寸。

Ch.xvii.003. **纸画。** 与 Ch.00162 等属于同一系列,画的是南方增长天王。天王跨立,头从左肩向后转。右手置于胸前,拇指、中指、无名指相碰,左臂伸出,持棒,棒立在地上。五官粗大,颧骨突出,环眼圆睁。服装属于印度风格(见 *Ch.0010 的总说明),但无胸甲,上身铠甲涂成一色,下摆铠甲涂成横条,但未画出铠甲鳞片。保存良好。1 英尺 6 $\frac{1}{4}$ 英寸×1 英尺 $\frac{1}{2}$ 英寸。

Ch.xviii.002. 带插图并标有日期的汉文写本残件。插图中画的是四大天王像,参考 Ch.xxii.0026,文中日期为"大顺元年"(公元 890 年)。写本只保留下来五页。最后两页是单页,正反面都写有文章,分别为 9 行、9 行、5 行、8 行汉字。还有一张单页,一面空白,另一面画有一个天王。另一页是双层,即由两张纸背对背贴在一起,两面各画有天王像。第五页也是双层,里面画了个天王,外面贴了层紫色锦缎,形成写本的封面。

文章包括从各个佛经中摘取的段落,还有抄写者和绘插图者的文末题识。

插图的线条和着色都很好,每幅插图都有题识。天王都坐在两个半蹲的鬼怪身上,一腿下垂,另一腿从膝部屈回。服装包括铠甲、胸甲、裤子、护胫、鞋、覆膊以及头饰或头盔,与丝绸幢幡中的天王类似(见 * Ch.0010 的总说明)。服装细部上有复杂的饰物。铠甲鳞片中央穿带用的孔绘成绿色,胸甲上饰有漩涡饰,胸带和铠甲边上有轮形饰物,领子和膝部的裤子上有花朵。每位天王都有一个火焰边的项光,身后都站着一位随从的鬼怪。鬼怪肌肉粗大,头如妖魔,而天王的脸则是正常的人脸。从细节上讲,人物从右到左的主要特征如下:

(i)南方增长天王。右手抬起,伸出,手中无物,左手持棒。头饰上有红飘带。肩部和上身的铠甲鳞片为圆形,向下彼此压住,下摆鳞片为矩形,向下彼此压住(?)。侍从右手握蛇,左手持棒。

(ii)东方持国天王。右手举起,持箭,左手持弓。头盔与 Ch.0040 一样。肩上鳞片为圆形,向下彼此压住;下摆鳞片为矩形,向下彼此压住(?);上身的鳞片用模式化的星形花纹来表示,像 Ch.xxvi.a.001 一样。侍从持箭头(?)。

(iii)西方广目天王。右手置于大腿上,左手握出鞘的剑。白色长须,白色顶髻,头饰上有飘带。下摆的铠甲鳞片为矩形,向下彼此压住,上身和肩部鳞片为圆形,向下彼此压住。

(iv)北方毗沙门天王。右手持戟,左手托小佛塔。头戴三瓣宝冠。未穿胸甲,而是穿 Ch.0087 那样的紧身铠甲。上身和下摆的铠甲鳞片用模式化的星形来表示,肩上鳞片为矩形。侍从右手持不可辨识的瓶状物(参见

Ch.00158、00217），头上盖有野兽皮,野兽皮的嘴和爪围住侍从的脸。

颜色主要有红、绿、蓝灰、黄、棕。页边撕破了,除此之外保存完好。每页大小为 $5\frac{3}{8}$ 英寸×$5\frac{1}{2}$英寸。图版 XC。

Ch.xviii.003. **绢画**。有汉文题识,画的是立姿观音,无从者。无镶边,画面完整,绘有红边。属于印度类型,但十分精致,其风格在我所藏作品中是独一无二的。人物上身赤裸,勾以暗红色轮廓线,并晕染有较淡的粉色,不幸的是红色和粉色褪了不少,但服装和珠宝上鲜艳的着色却很好地保存了下来。

人物面朝观者立于两朵深粉色小莲花上,花心为铜绿色。双臂都从肘部抬起,右手持柳枝,左掌托矮瓶(瓶口宽,瓶身为斑驳的蓝色和粉红色),头微转向右肩,目光下视,表情严肃而温和。

服装比较简单。鲜红色裙用蓝色窄带子系在腰上,上面点缀有蓝色小三叶饰,裙裾直垂到脚踝。长而窄的胸巾或披巾为深粉色和绿色,从左肩围住上身,挂在手臂上。还有一条铜绿色腰带,在腰部松松地打了个结。肩部飘飞着白色衣纹。

珠宝饰物为金色,勾以黑色轮廓线,嵌有鲜红色、蓝色、铜绿色宝石,并挂有成串的珍珠。头饰是个镀金小环,前额上有个球,球上面托化佛,两侧有高高的镀金饰物。环形头饰中间有一个高高的柱形头饰,为深粉色和绿色,围住头发,头发从一个顶髻中散落出来,顶髻则基本剥落。

前额和两肩的头发为浅蓝色,眼眉为铜绿色。人物线条基本上是暗红色,只有睫毛、瞳仁和上下唇分界处的线条为黑色,它们也是人物面部五官中仅存的部分。项光画成绿色大圆盘,有猩红色火焰边。空中飘落盛开的莲花。

左上角的题识中称此画是一个儿子献给他亡故的父亲的(见 A.D.韦利)。其他无从者的立姿观者见 *Ch.0088。

1 英尺 10 英寸×1 英尺 $2\frac{3}{4}$ 英寸。图版 LXX,《千佛洞》图版 XX。

Ch.xx.001. **彩绘丝绸幢幡**。画面顶部和所有附件均缺失,其余部分保存良好。

　　画的是普贤菩萨。普贤骑一头白象，一个昆仑奴牵着白象，人物和象均四分之三向左。其他普贤像见 Ch.xxii.0021、xlvi.006。

　　普贤坐在粉红色莲花上，右腿从膝部屈回，左腿下垂。右臂从肘部抬起，前伸，左臂置膝上。双手均张开，稍微下伸，手心向上，似乎在赠人礼物。服装和身材属于 *Ch.002 类型，脸为饱满的长椭圆形，大鹰钩鼻，蓝眼睛向左下方看，弧形红嘴唇稍微张开，呈微笑状，表情优雅慈和。头顶上的项光和头饰均缺失。

　　大象向左行，左前脚抬起，头向后，转向象奴的方向，象奴用绯红色绳子牵着象。只看得见右边的象牙，共有三个。可见的鞍具有镶珠宝的笼头、挂有飞扬的流苏和金属饰物的胸带、肚带和鞍布。象的皮肤为白色，胸部、耳内侧和卷曲的象鼻子上晕染有粉红色，脚趾为灰色。腿上和小眼睛的角上有褶皱，用许多黑色短线来表示。总的说来，象画得真实而有表现力。

　　象奴浑身都绘成深紫色，头为方形，五官粗陋，下巴突出，眼平齐，头上是大团黑发。系腰布、腰带，披窄披巾，戴简单的脚镯、手镯、臂钏、发带。象奴和大象脚下是粉红色和绿色莲花。普贤头左侧有黄色空白题榜。

　　色彩温和。除象为白色外，其他颜色主要是很暗的绿洋红色和紫色，还有一点橘红色。表面已磨损。工艺水平较高。

　　1 英尺 11 英寸×7 英寸。图版 LXXXII。

　　Ch.xx.002.　彩绘丝绸幢幡。画面顶部和所有附件均缺失。

　　画的是佛。佛面朝观者立于大莲花之上，右手抬起，施论辩印，左手在胸前张开，手心朝上，中指和无名指弯曲。服装和颜色与 Ch.xxiv.005 同，但袈裟是从前面搭在左肩上，袈裟上没有带子。脸画得很粗陋，眼皮厚实，大斜眼向下看。长耳，有穿孔，耳垂僵硬地朝外翻。有几绺胡须，胡须和眉毛是在黑色上涂绿灰色。脸、胸、手、足均是粗糙的黄色，晕染有红色，勾以红色轮廓线。头发为灰色，肉髻以上缺失。脚下的莲花饰有一条条色带，分别为白、蓝灰、黑、黄、绯红和绿色，条带与花瓣的轮廓线平行。有圆形项光的残迹。

丝绸上有不少污点。工艺粗陋,色彩模糊。1 英尺 8 英寸×7 英寸。

Ch.xx.003.　**绢画**。画的是由一佛二菩萨及供养人。一佛二菩萨可能是阿弥陀佛与观音和大势至。所有的镶边、吊带及绢画的上半部均保留了下来。镶边为粗糙的棕色麻布。画面下半部分缺失,但底部的丝绸条被 9 英寸高的粗糙的浅黄色麻布代替了,麻布上的空白题榜两侧各跪着一个男供养人。

画面上半部有点破损。佛结金刚跏趺坐于莲花之上,背后有圆形背光和项光,头上有华盖,华盖挂在两棵树上。右手施论辩印,左手置胸前,手下垂,中指、无名指、小指弯曲,拇指与中指相碰,食指下垂。手姿与 Ch.xlvi.008 中阿弥陀佛的手姿相同。左右各站着一个菩萨,部分被佛的背光遮住。菩萨手姿与佛手姿相同,但菩萨半弯曲的手中持绿色和蓝色无茎莲花蕾。人物的着色、风格及附件与大型净土画类似(如 * Ch.0051、* lii.003 等),但画得较粗略。供养人属于 * Ch.0012 类型,一人持香炉,另一人托浅盘子,盘中托猩红色莲花,参见 Ch.00224。原来的画加边后大小为 5 英尺×2 英尺 3 英寸,保留下来的绢画高 2 英尺 $1\frac{1}{4}$ 英寸。

Ch.xx.004.　**绢画**。有汉文题识,画的是六臂观音和日光、月光菩萨,底下还画有弥勒菩萨和供养人,参见 Ch.00102 等。绢画由一幅丝绸制成(幅宽 1 英尺 10 英寸),比较完整,但表面相当破旧,并有个烧穿的洞。未镶边,顶部已破裂,但仍缝着柠檬黄绸做的两条吊带。

观音盘坐。可能本想画的是十一面,但底下侧面的两个大头未画,上面 8 个小头只画成粗略的圆圈,几乎没有五官的痕迹。上两手各持日月轮,日轮中可见三足鸟,月轮中的东西已被磨光。中两手分别在左右胸前施论辩印。下两手向两边伸出,但画得太粗略,看不出手指的姿势。左右的两个菩萨身体四分之三朝向中心而立,双手合十。背景中匆忙写上去的题识把他们的身份弄颠倒了,观音左边的神成了月光菩萨,右边的神成了日光菩萨。三个菩萨的服装和发型与 * Ch.00102 等一样属于印度风格,日月二菩萨还穿着 Ch.00125 等画中的那种无花纹紧身罩裙。人物皮肤为白色,晕染有橘红色,但颜料多已脱落。

画面底部中央是大题榜，其中有三行题识，保存完好，未指明日期（见彼得鲁奇，附录 E，II）。右边跪着一个持香炉的僧人和一个小沙弥。小沙弥光头，穿僧人服装，站立，手持 Ch.00224 画中那种长柄扇，扇子上饰有飞鸟和云。左边是弥勒，画在已被磨光的第二个供养人之上（见弥勒头部颜料脱落处露出的线条）。弥勒穿 *Ch.002 那样的服装，但衣服较宽大，双手合十，盘坐于莲花之上，背景中涂抹的题识指明了弥勒的身份。小沙弥前面也有题识，但几乎不可识读。

整幅画的笔法十分粗略、草率，着色很差。背景为灰绿色，画面为橘红、粉红和模糊不清的绿色，项光和背光上还涂了些黑色和白色，颜料脱落了不少。

1 英尺 11$\frac{1}{2}$ 英寸×1 英尺 10 英寸。

Ch.xx.005. **绢画**。有汉文题识，画的是坐姿观音及其从者和供养人，题识所标日期为公元 891 年。画面完整，保存良好。镶边为薄锦缎，织有小菱形网格，在淡黄褐色地上印有模式化的四角星形花草，花草为深蓝、绿色和黄色。

观音面朝观者坐于浅色莲花上。莲花置于一个三脚架上，三脚架又放在小水池的前墙上。从小水池中长出两朵猩红色莲花蕾，花下的茎很长，呈僵硬的弧形，茎上面长有许多叶子，叶子和茎塞满了画面两侧。观音右腿盘，左腿下垂。右手向外伸出，托罐，罐中插小莲花状物，左手置膝上，持念珠。头戴锥形大化佛冠。身材、服装和珠宝饰物属于印度类型（见 *Ch. lv. 0014、*00102?）。脸短而圆，眼平，前额当中有第三只眼，黑头发披在肩上。皮肤为粉色和白色，勾以白色轮廓线。细腰。

圆背光上饰有花瓣和锯齿状光芒，圆项光上饰有波浪状光芒。华盖挂在几棵开花的树上，树叶为星形。水池中的莲花上方的云朵上跪着两个小菩萨，托大浅盘，盘中有花。上面的背景中有拍板、琵琶和两根笛子，都系有飘带，底下的背景中有许多莲花枝。

左右供养人被一条中国式回纹图案隔开。右边跪的是三个尼姑，左边跪的是一名和尚、一名妇女和一名男子。和尚的服装类似于 Ch.xx.004,尼姑的服装类似于 Ch.liv.006,但尼姑的服装是巧克力色,而不是黑色。男子和妇女穿曳地长外衣,系腰带,上衣袖子很宽,其服装大致与 *Ch.00102等画中的供养人属于同一类型,但没有画细节和饰物,而且也像尼姑服装一样是巧克力色,而不是黑色。男子戴的黑帽,帽边很窄,妇女头上无饰针。每人前面均有短短的题榜,中间有八行献辞,左上角还有两行题识,是对观音的赞辞,参见彼得鲁奇,附录 E,II。

笔法较差。背景为灰绿色,其他颜色主要有绯红、橄榄绿、铜绿和深橘红(珠宝、三脚架、水池边等),还有粉红色和白色(主要用于人物、项光、背光和莲花座,但多已脱落)。其他坐姿观音参见 *Ch.00102、00167。

2 英尺 $8\frac{3}{4}$ 英寸×2 英尺 $\frac{1}{2}$ 英寸。

Ch.xx.006.　用竹篾编的写卷封面残件。竹篾由厚丝线织在一起,镶边、系带等缺失。竹篾的编织方式与日本奈良正仓院目录 iii.P1.166 中的竹制封面一样,但在那一件中丝线盖住了整个封面,而此件中的织物只是呈条带状把竹篾绑在一起。条带的宽从 $\frac{3}{8}$ 英寸到 1 英寸不等,用斜向平行针迹织成。图案为深蓝色、棕色、绿色、淡蓝色、黄色和白色。地为条纹形状,也是上述的这些颜色。左右两端的竹篾较宽,丝线在这两条宽竹篾上打成结后剪断了,这两条竹篾已断。左上角用斜向平行针迹织了个小正方形框,中间有汉字。封面已褪色、脏污,曾用纸衬里,但如今衬里多已缺失。

封面上的花纹是模式化的几何图形,其中有扁长的菱形和十字形,十字形顶点处是三叶饰,这样又构成另一种菱形。相邻的三角形构成沙漏形。还有水平放置的花枝,根部分叉,枝为漩涡状,枝上托一朵三瓣花(参见本书第二十四章第二节)。类似残片有 Ch.iii.0012.a、b。1 英尺 5 英寸×10 $\frac{1}{2}$ 英寸。图版 CVI。

Ch.xx.008.　　彩绘丝绸幢幡。有顶饰和三条棕色绸制的底边饰带(已与主体脱离)。顶饰里圈的镶边为浅黄色丝绸,印有更浅的花朵图案,外圈的镶边与饰带一样是棕色素绸。顶饰主体与幢幡主体连成一块。顶饰背面有花草图案和彩绘帷幔的残迹,帷幔上也有花朵图案,正面有一块黑棕色绸打的补丁。吊带为粗糙的红色人字形棉纺织物。画面保存完好。

画的内容:佛本行故事。为中国风格,与 Ch.0039 属于同一系列,这类画的着色和建筑风格见 Ch.0039。

场景 1:净饭王派使者追赶儿子。净饭王坐在右边宫殿的游廊上,一个骑在绯红色马上的使者正在听他的命令。

场景 2:使者追赶王子。使者持红色三角旗,马向左奔驰。马栗色,带红点,马鬃和马尾为白色。背景中有小山脉。

场景 3:使者归来,向净饭王报告(?)。净饭王像前面一样坐在游廊上,游廊外有两个乐师蹲在毡毯上吹笛和箫给他散心。

场景 4:内容不明,可能是场景 3 的一部分。高高的篱笆围住一块地方,其中有莲花池和竹林。篱笆用绿柳条编成,有红柱子。角上是个入口,入口外有一个六边形小佛龛(?),其建筑风格与宫殿相同,从佛龛的外面可以看见佛龛中的东西。高处离净饭王的乐师较远的地方跪着一个穿白外衣的男子,正在演奏拍板,眼睛盯着篱笆内。

画面保存较好,但白颜料也像其他画面一样,脱落了不少。线条比类似的系列幢幡要精细些。男子穿红色或深紫色长外衣,系腰带,戴紧裹着头的幞头,帽舌在后面竖起,脑后飘着两条帽"尾"。使者穿长靴。净饭王穿长袍,长袍外是一件宽袖衣,手笼在袖中。他似乎未戴头饰,但在两个场景中他的头均已剥落。场景 1、场景 2、场景 4 旁有三个空白题榜,在左右交替出现,这可能说明场景 3 和场景 4 是一个。类似题材见 Ch.xxvi.a.003,xlvi.004、007,lxi.002。

画幅 1 英尺 $10\frac{1}{2}$ 英寸×$7\frac{1}{2}$ 英寸,加顶饰长 2 英尺 8 英寸。《千佛洞》图版 XIII。

Ch.xx.009.　**麻布画**。画的是坐姿观音(?)及供养人。没有镶边,但顶上有吊带,保存完好,色彩清晰。观音盘坐在莲花上,右手于胸前施论辩印,左手于膝上施触地印,头饰前面有绿色莲花蕾(?)。服装、身材和附件与*Ch.00102等绢画类似。供养人有六个:右边站着三个男子,左边站着三个女子,都穿*Ch.00102画中的供养人服装。供养人旁的题榜、用来写献辞的框和观音右边的题榜中均无字。2英尺8英寸×1英尺9英寸。图版LXXXVIII。

Ch.xx.0010.　**彩绘麻布幢幡**。顶饰的镶边为黄色麻布,饰带为深灰色麻布。保存良好。

画的内容:观音,四分之三向左立,双手合十。此类幢幡的特征和目录见*Ch.i.0016。颜色有深黄、深灰、绯红、石板蓝。

画幅1英尺5英寸×5$\frac{3}{4}$英寸,全长4英尺。

Ch.xx.0011.　**彩绘丝绸幢幡**。画面上下两端和所有附件均缺失,边已破损,但除此之外保存得完好而且干净。

画的内容:西方广目天王,类似于Ch.0022、*0035。天王的头部、暗蓝色项光、绿色云朵和华盖上的铃铛均完整保存了下来,但笔法无生气(比如手和嘴这样的细部),着色较淡,所以整体效果没Ch.002、*0035那么生动有力。

头发与Ch.0022、0035一样是棕红色,披风为紫色。下摆、胸带、圆形胸护、覆膊及护胫为浅红色,其余为淡黄色和绿色。皮肤是丝绸本来的浅灰白色,只晕染了很淡的粉色。腰带以上的铠甲鳞片为圆形,涂成浅黄色和红色,腰带以下的铠甲鳞片为矩形,涂成淡蓝色和白色。脸左侧有黄色空白题榜。

1英尺10$\frac{1}{4}$英寸×7$\frac{1}{4}$英寸。见《印度艺术杂志》1912年第120期,附图2。

Ch.xx.0011.a.　**彩绘麻布幢幡**。保留有鲜艳的粉色麻布做的顶饰边,饰带已缺失。保存较好。

画的内容:佛,面朝观者而立,右手于胸前施论辩印,左手伸开,水平置于右手下,手心向上。僧祇支画成一条条灰色和白色,红袈裟半遮住右肩,右臂的其余部分裸露。皮肤淡黄色,头发为黑色。工艺粗糙。

画幅2英尺1英寸×8英寸,全长2英尺9英寸。

Ch.xx.0012.　彩绘麻布幢幡。有汉文题识,显然没画完。无饰带,三角形顶部也绘了画。保存良好。

画的内容:观音,四分之三向左立,双手合十。同类作品的特征及目录见 *Ch.i.0016。本件属同类作品中较差的一幅,笔法不佳,人物五官扭曲,着色除黑色外只有发绿的棕色和绯红色。题识是对观音的赞词。

2 英尺 $2\frac{1}{2}$ 英寸×5$\frac{3}{4}$英寸。

Ch.xx.0013.　纸幢幡。各部分剪成丝绸幢幡的组件那样,然后粘在一起。三角形顶上画满了莲花和叶子,饰带涂成深灰色,画有长长的黄色茎和叶子。其他地方均未着色。

画的内容:菩萨,四分之三向左立于莲花之上,双手合十。服装和珠宝饰物属于印度风格,与 *Ch.0052 麻布画相同。头饰前有四颗珠宝,排成金字塔形,头后有圆形项光。顶上是挂布帷的华盖,华盖以珠宝镶边。左边有空白题榜。背面与正面一样,但省略了装饰性的细部。笔法粗略,保存完好。

画幅 1 英尺 3 英寸×4$\frac{5}{8}$英寸,全长 3 英尺 3 英寸。图版 XCXIX。

Ch.xx.0014.　纸幢幡。与前一件类似。边上的一条饰带缺失。

画幅1 英尺 2$\frac{3}{4}$英寸×4$\frac{1}{2}$英寸,全长 3 英尺 1$\frac{3}{4}$英寸。

Ch.xx.0015.　彩绘纸幢幡。完整。与此配套的系列幢幡见 Ch.xxii.0032 和 lxiv.003~005。主体和顶部剪成一块,有饰带和重垂板,饰带并未剪开。顶上的三角形中画有一个佛呈禅定状坐在莲花上。

幢幡主体上画有一个菩萨,面朝观者而立,右手施论辩印,左手置身侧,提着披巾。身材、服装、发型和珠宝饰物属于 Ch.00125 那样的印度菩萨类型,腿特别短。项光圆形,左边有空白题榜。工艺粗劣,颜色只有暗红、绿、蓝灰、黄。棕色纸很结实,但有不少污点。

画幅 1 英尺 5 英寸×$7\frac{1}{4}$英寸,全长 3 英尺 $5\frac{1}{2}$英寸。

Ch.xxi.001. 　**绢画**。有汉文题识,画的是立姿观音,有两侧小条幅和供养人,题识上的日期为公元 963 年。画面相当完整,未镶边,表面很破旧,有不少变色之处。

人物上身微向左倾,面朝观者,立于扁平莲花座上,莲花座离画面底部有 6 英寸。身后的椭圆形背光笼罩住人物踝以上的部分。项光为马蹄形,项光顶上为火焰。人物右手抬起,施论辩印,拇指、食指间拈长茎莲花,莲花上托化佛。左手置身侧,持净瓶。服装和珠宝饰物属于印度风格(见 *Ch.lv.0014),宝石璎珞把裙子提了起来,露出了脚踝和脚镯。头顶上有小华盖,华盖两侧是飞天,或在散花,或持香炉。净瓶为白色,勾以红色轮廓线。头发为浅蓝色。

画面两侧是危险场景或灾难场景,为中国世俗风格。右边从上至下内容如下:(i)一男子头、手、脚均夹在板中。(ii)一男子被骆驼追赶。(iii)一男子被另一个持剑男子追赶。左边从上到下内容如下。(iv)一男子被骑马持剑者追赶。(v)此场景较小,画的是一男子落在陡岸之间的河中。(vi)一个肩扛婴孩的妇女逃离一只身子很长的黑色野兽(狼?)。(vii)一男子逃离一只身子很长的黄色野兽(豹?)。各画面之间用小山隔开,小山顶上长着针叶树。男子穿长裤、长袖外衣,系腰带,背后的下摆裁成两块,形如燕尾,头戴黑色幞头或方头饰。妇女的服装较奇怪,穿宽松的红裤子,裤腰一直到腋窝底下,系腰带,肩上也有带子,袒着手臂和脖子。

底下两边各站着一男一女两个供养人,右边还有一个小男孩。服装与 *Ch.00102中的供养人一样。有一个妇女的外衣上画有精美的红色和黄色花枝,两个妇女都是红颊。男孩穿红色紧身短上衣,底下有皱边,下面穿白色长裤。供养人之间的题榜中有 10 行献辞,主要供养人头上有四个题榜,但题识基本剥落(参见彼得鲁奇,附录 E,II)。

此图的特别之处在于,观音和其服装、附件是明显的印度风格,而画面其余部分则是中国风格。背景为深绿色,画面颜色主要有深绿、红、黑和不透明的浅黄、蓝,黄色和蓝色主要用于观音的背光和珠宝饰物上。工艺平庸。两侧小条幅参见 Ch.xl.008、lvii.001。3 英尺 6 英寸×2 英尺。

Ch.xxi.002. **绢画**。画的是由菩萨随侍的释迦牟尼及供养人,破损较严重,三条边上残留着蓝绿色丝绸镶边。画面上半部分画的是一佛二菩萨像,三者均盘坐于莲花座上,面朝观者。释迦牟尼左手持化缘钵,其姿势、服装和着色类似于 Ch.00224,只不过皮肤上晕染的是深粉色,而不是橘红色。两个菩萨也类似于 Ch.00224,朝外的手施论辩印,靠里的手被佛的背光遮住了。无香案、树和华盖。每个人物的项光右侧均有空白题榜,背景中点缀有带叶子的粉红色和白色莲花。莲花座下面的地面涂成灰色,用白色勾出菱形琉璃的轮廓。

背光和项光均为圆形,有火焰边,并像大型净土图中(如 * lii.003 等)一样饰有花瓣、锯齿边和波浪状光芒线等物。莲花座的花瓣、项光和背光均涂成红棕、深粉、灰、黑、白。但此画所用的材料是柔软的平纹丝绸,而不是纱,所以颜料更容易结块并脱落。佛袈裟的衬里和菩萨披巾上的蓝色几乎完全脱落,菩萨皮肤上的粉色和白色也多已脱落。笔法草率,工艺总的来讲比较粗劣。

供养人的服装、头饰、身材与 * Ch.00102 等一样。他们不是跪着而是坐着。左为一男子,双手合十,合十的掌间持莲花枝,右为一女子,双手拢在胸前的袖中。女子后面站着一个男孩,穿红裙,长袖上衣,系白腰带,头发是黑色,剪得很短,头顶上有红色蝴蝶结。男子和女子服装均涂成黑、白、灰、印度红和很暗的橄榄绿色。1 英尺 10 英寸×1 英尺 5 英寸。

Ch.xxi.003. **幢幡的大三角形顶饰**。由米色锦缎制成,双面,织有写实风格的大花草图案,图案不完整。顶饰边和吊带为细密的深紫色素绸,已褪成棕色。吊带上缝有白色和藏红色丝绸飘带。顶饰正反两面均画有呈禅定状坐在莲花上的佛,莲花立于直茎之上。三角形的左右角中为茎上生出的花枝,顶角中画有不生在花枝上的花朵。佛隐双手双脚,身后有椭圆形项光和背光。盖住双肩的袈裟为深红棕色,僧祇支为浅棕色和白色,皮肤为黄色。佛眼微斜,脸椭圆，显得很年轻。莲花枝和莲花叶为浅棕色，花瓣尖为红色，项光浅棕色，背光画成一条条深棕、黄、浅绿色条带。参见 Ch.0086。高1英尺8英寸，三角形底边长3英尺。

Ch.xxi.005. **麻布画**。画的是立姿十一面六臂观音及供养人。有红色麻布边、红色吊带，保存良好。观音的身材、姿势、法器、服装均与 Ch.00125 类似（参见*Ch.0052 下所列举的画作）。右上手托日轮，左上手托月轮（月中只有树），中两手未持柳枝。颜色有橘红、黄、绿、绯红。底下，右为三个男供养人，左为三个女供养人，都站立着，穿*Ch.00102 等画中的供养人服装。加上3英寸宽的边后大小为4英尺10英寸×2英尺2英寸。图版LXXXIX。

Ch.xxi.006. **细麻布画**。残留有棕色绸边，画的是坐姿千臂观音及从者和供养人。人物、附件和整体处理方式都类似于*Ch.00223 下所述的绢画。左上角和右上角是月光和日光菩萨，分别坐在白色月轮和红色日轮中，但此画中日光菩萨乘的是马，月光菩萨乘的是鹅。观音底下右边跪着一个苦行僧，左边跪着功德天。苦行僧长着蛇头，托着莲花座的龙也是蛇头。左下角和右下角是面目狰狞的金刚。沿底边有一排小供养人，其中右边是一位僧人、三个男子、两个站立的男仆，左边是一个女尼、三个女子和两个女仆。供养人服装类似于 Ch.xx.005，男子外衣为巧克力色，妇女外衣为红色或棕色、黄色。

画幅3英尺5英寸×3英尺4英寸，边宽$3\frac{1}{4}$英寸。图版LXV。

Ch.xxi.007. **麻布画**。画的是立姿观音。无镶边，顶上有麻布吊带，已残破，画面底下四分之一的颜料完全脱落。人物身材、姿势、服装和法器与 Ch.iii.0011相同，也可参见*Ch.0052 下所述的麻布画。脸很大，长着猫眼般的斜眼，嘴歪斜。残留的颜色有深红、绿和灰。5英尺2英寸×1英尺$9\frac{1}{2}$英寸。

Ch.xxi.008. **麻布画**。画的是立姿观音。底部破损，其余部分保存良好，无镶边。身材、姿势、服装和法器为典型的 Ch.iii.0011 类型，也可参见*Ch.0052下所述作品。除常见的珠宝饰物外观音还佩戴着一根搓成的粗绳，上面镶有珍珠,绳直垂到膝上。画面颜色主要有浅红、橄榄绿色和黑色。6 英尺×1 英尺 $8\frac{1}{2}$ 英寸。

Ch.xxi.009、0010。**两块彩绘麻布幢幡**。饰带缺失,保存较好。画的是观音(?),四分之三向左立,双手合十。此类作品的特征和目录见 * Ch.i.0016。颜色只有红色和棕色,笔法和工艺较差。加顶饰长3 英尺2 英寸,宽 $6\frac{1}{2}$ 英寸。

Ch.xxi.0011。 **彩绘麻布幢幡**。顶饰镶边和两侧饰带为棕色麻布,画面顶部已破损。内容和附件均与 Ch.iii.0016 相同。加顶饰长 4 英尺 1 英寸,宽 $6\frac{1}{4}$ 英寸。

Ch.xxi.0012。 **大彩绘麻布幢幡的顶饰**。浅黄色,双面。镶边和吊带为浅红色麻布。两面均绘有呈禅定状坐于莲花之上的佛。颜色清晰,有红、蓝、黄、绿,保存良好。加吊带高 1 英尺 9 英寸,底长 1 码。

Ch.xxi.0013。 **彩绘丝绸幢幡**。有四条浅粉棕色绸制成的底部饰带,其他附件均缺失。颜料龟裂较严重,但色彩依然干净、清晰。

画的是呈沙门相的地藏菩萨,其他类似作品见 * Ch.i.003。地藏菩萨身体稍向右,立于淡蓝色莲花上。右手抬起,施论辩印,左手持净瓶。瓶颈较长,瓶顶和瓶底为金属,瓶身为球形,瓷质,瓶子涂成绿色和白色。地藏的服装与 Ch.i.003等类似,穿僧祇支和大袈裟,但无珠宝饰物。袈裟为浅红色,挂在左臂上,刚刚遮住右肩。僧祇支为黄色,边为绿色或黑色,从下面卷上来盖住右臂。

头顶很高,呈拱形,脸长而丰满,直鼻,小嘴,双眼离得很近。光头涂成蓝色,眉毛为绿色,手内侧、足心和耳朵是红色。圆形项光和带流苏的华盖属于 * Ch.002 等类型。左臂处有深橘红色和蓝色颜料的痕迹,和先前画的一幅画的几笔残余线条。

画幅 2 英尺 2 英寸×7 $\frac{1}{4}$ 英寸,加饰带长 4 英尺。

Ch.xxi.0014。 **绢画**。画的是坐姿十一头六臂观音,还有两个跪着的和尚

（或者是从者,或者是供养人）,参考*Ch.00102。4英寸宽的镶边都保留了下来,由有罗纹的深紫色丝绸制成。画面下半截大部分已缺失,其余部分保存较好,但相当破旧。

观音的服装、姿势和附件大体属于*Ch.0102类型。上两手分别持月轮和日轮;中两手在胸前施论辩印;下两手置膝上,右手似成与愿印,但拇指和食指相碰,左手持净瓶。此件中的太阳鸟立于莲花上,只有两足,是常见的凤凰类型。月轮中保留有树、兔、臼和蟾蜍。观音侧面的两头神情平静。十一个头都是白色,晕染有浅红色,并用浅红色勾轮廓线。三个大头中还长了小胡须,是在黑色上用橄榄绿色画成。

服装的着色有橘红、印度红、绿、灰;莲花、项光的波浪状光芒、背光上的锯齿边、珠宝、花瓣上也是这几种颜色,但另外添了深粉色。空中点缀有鲜红色和白色莲花。

底部一角上跪着两个和尚,光头,无项光,双手合十,服装是棕色、黄色和红色。头用浅绿色线条画成,这是此画唯一的特别之处,其余的地方均十分模式化。工艺平庸。2英尺7英寸×2英尺3英寸。

Ch.xxi.0015.　纸画。有汉文题识。画的是坐在观音和金刚藏菩萨之间的东方药师佛。后面粘有另一张纸,纸上饰有正方形花朵图案。衬里用的是粗糙的麻布。药师佛坐在莲花座上,莲花的尖为粉红色。佛右手持锡杖,锡杖搭在肩上,左手于膝上持饭钵。僧祇支为绿色,袈裟为绯红色,盖住双肩和双臂,有绿色条纹和绿色镶边。头发为黑色,脸为发棕的肉色,晕染有红色。圆形背光和项光由一圈圈不同颜色的同心圆构成。头上有华盖,挂在开花的树上。菩萨属于*Ch.002类型。着色较粗放。画面下半部有多外脏污。颜色有绯红、绿、蓝灰、橘红。画面两侧在橘红色地上画了半花图案。

华盖的左右各有一个题榜,其中的题识指明右边的菩萨是观音,左边的是金刚藏,但未指出佛的名字。2英尺9英寸×2英尺6英寸。

Ch.xxii.001.　彩绘丝绸幢幡。保留有用灰绿色绸制成的三条底边饰带,饰带上印有黑色的蝴蝶、鸟、树叶、云等图案。画面上端缺失,表面有点残破,但颜色仍清晰。

画的是文殊骑白狮像,整幅画四分之三向左,其他类似作品见 Ch.0036。文殊盘坐于蓝色莲花上(莲花置于狮背上的基座之上),双手握于胸前,目光下视。服装和五官属于 * Ch.002 类型,长着鹰钩鼻,眼睛特别斜。

狮子的姿势、类型和着色与 Ch.0036 基本相同,但左前爪是抬起的。狮鬣、胡须、尾巴等为绿色。整幅画面着色明快,有鲜艳的番茄红(文殊的裙)、紫和绿(披巾)、鲜艳的绯红(僧祇支),还有蓝灰、紫、猩红和绿(狮子的鞍具和脚下的莲花)。

文殊身后是圆形大背光,画成不同颜色的同心圆,头后有较小的项光,头左侧有黄色空白题榜。

画幅 1 英尺 $4\frac{3}{4}$ 英寸 $\times 5\frac{1}{8}$ 英寸,加饰带长 4 英尺。

Ch.xxii.001.a.　彩绘木板残片。应当是块大木板的中心部分,画的是坐在莲花上的禅定佛。顶部和底部用黑色和红色带子勾边,工艺粗糙。两侧写有潦草的汉文题识,已不可识读。1 英尺 $1\frac{5}{8}$ 英寸 $\times 2\frac{1}{4}$ 英寸 $\times \frac{7}{16}$ 英寸。

Ch.xxii.002.　绢画。画的是坐姿六臂观音及从者和供养人。四周用粗糙的灰色线条画有完整的边,并保留有吊带。画面破损严重。观音的服装、姿势和附件大致与 * Ch.00102 一样,身下的莲花从水池中长出,水池前面有香案。观音只有一面,头饰前有化佛。上两手托日月轮:左手托日轮,其中有三足鸟,右手的月轮中粗略地画有树、兔、臼、蟾蜍。中两手分别在胸前施论辩印。下两手置膝上,右手紧握,似持数珠,左手成触地印。

从者都是菩萨,一个跪在另一个之上,一边有两个,均双手合十,身下也是从水池中长出的长茎莲花。无个性特征,均像观音一样着印度服装。

线条草率。人物服装、背光、项光和莲花上的颜色只有暗绯红色、深绿色和灰色,背景为绿色,香案上的圣器和珠宝饰物为红棕色。

底部中间是空白大题榜,两边有供养人。左边跪着两个妇女,右边跪着两个男子,每人前面均有一个无字窄题榜。其中两个妇女和一个男子的服装和头饰均与 * Ch.00102 中的供养人一样。斜下方那个男子的服装样式似乎与 Ch.00102 的男供养人一样,但颜色却恰好颠倒。他头戴黑色主教冠形高帽,帽当中从左到右有一条深深的凹陷,但细部无法辨清。整幅画工艺平常。

3 英尺 9 英寸×2 英尺 4 英寸。

Ch.xxii.003.　彩绘丝绸幢幡。有汉文题识,除重垂板缺失外,其余部分均完整。顶饰已朽坏,顶饰边为褪色的粉红色丝绸,粗略地缝在竹竿上。饰带为深绿色丝绸,已变色。画面顶端多已破损,并曾被修补过。

画的是双手合十的菩萨,稍向左立于暗粉色莲花之上。人物是笨拙地模仿 * Ch.002 类型,服装、头饰、珠宝都与 Ch.002 一样,但身材矮小,姿势僵硬,从脚到头呈笔直的一条线。身体似向后仰,衣纹繁复,非但没有突出人物体形,反而掩盖住了体形。饰物简单,饰物上却不合比例地镶嵌了大圆宝石。脸画得不好,右眼到左耳垂有一条半圆形轮廓线。眼睛基本平齐,目光下视,小嘴撅起,嘴紧挨着鼻子。

着色单调而且不清楚,有蓝灰色(披巾和裙边)、薄粉红色(裙)、橄榄绿(珠宝和披巾反面)、暗红(饰带、腰带边、胸部衣纹)。无华盖,但圆形项光上方有布帷幔,帷幔上挂有铃铛。左上角有黄色题榜。

画幅 1 英尺 11 英寸×7 英寸,全长 5 英尺 5 英寸。

Ch.xxii.004.　彩绘幢幡。画在浅灰色纱上,纱极为稀松。破损较严重,除顶饰外所有附件均缺失。顶饰与幢幡主体连成一块,顶饰边未加工。顶饰背面的印度红色地上画有蓝灰色莲花,莲花上托橘红色宝石(?)。莲花周围是深绿色叶子,莲花下有橘红色帷幔残迹,帷幔上有大花图案和绿色、蓝色的锯齿边。无华盖。

幢幡主体上画的是文殊菩萨。文殊面朝观者,立于一朵莲花之上,身体重量放在向外突出的左臀上,上身向左肩倾斜,头歪向左肩。右手持剑,剑搭在肩上,左手在胸前施论辩印。身材较高,手足很小,腰也很细,比例有些失调。

服装是 * Ch.0088 等麻布画上菩萨服装的变体。长裙外穿一件长达膝部的无花纹紧身短裙。一条棕色窄胸巾从右肩斜穿过上半身,肩膀后有橙色短衣纹垂到肘部,除此之外,上半身均赤裸。长裙为橘色和红色,质地很轻,在小腿处堆成波浪形,露出双足。紧身短裙为印度红色,有蓝边和绿色皱边,短裙上系的腰带是深绿色和蓝色。前臂上垂下来的披巾是暗蓝色,点缀有白色点。首饰一般为淡黄色地,上面镶的宝石大多为暗绿色、蓝色和棕色。

脸呈大椭圆形,眼很斜,目光下视。头发在头顶梳成高高的黑色锥形髻,耳以下无头发,头饰为圆形,分成三瓣,圆圈之内还有个红色顶饰,盖住了顶髻中的头发,顶髻根部还有其他竖立的金饰。皮肤是纱本来的灰白色,晕染有粉红色。所有轮廓线均为黑色。项光圆形,画成一圈圈暗蓝、橘红、印度红和绿色窄同心圆。

作品风格、人物五官和多数饰物的细节属于"汉传佛教"风格,但人物的姿势、服装、发型和三瓣冠又使人联想起印度类型的幢幡,参见 Ch.lv.004、*0014。纱纹理稀松,所以必须涂很厚的颜料,这使画面看起来比较粗糙。主要的颜色是上文提到的浓重的橘红色和暗深蓝色,文殊脚下的莲花也是这两种颜色。其他文殊骑狮像见 Ch.0036。加顶饰长 2 英尺 3 英寸,宽 $7\frac{1}{4}$ 英寸。

Ch.xxii.005~007.　几块大绢画残片。一块是净土图的一部分,可见乐师、舞伎、菩萨、华盖和韦提希观佛的小条幅。另一块残片中可见站立的大菩萨的双脚和袍子的下端。第三块中是一个站立的大天王(?)像的一部分及天王手的一部分,还可见一个持法器的千手观音的一部分。风格与完整的画作一样。最大残片 1 英尺 7 英寸×$9\frac{1}{2}$ 英寸。

Ch.xxii.008.　彩绘丝绸幢幡残片。已撕破,十分破旧。画的是三个同时出生的动物,这是我所藏画作中唯一以此为题材的画。此幢幡属于 Ch.0039 下所述的系列作品,幢幡中可见三对动物和一个人物。上面是一只绵羊在哺育羊羔;中间是一个妇女正在给一头母牛挤奶,母牛舔着小牛犊的头;底下是母马喂小马(犍陟迦)。顶上还有另一幅场景的痕迹。背景是草地,上面长着开红花的植物,各画面之间用红、蓝、绿色小山脉隔开。动物均为侧面像,绵羊、羊羔、母马和马驹是白色,母马和马驹有红色鬃毛和尾,母牛和牛犊为红色。挤奶的妇女一部分已剥落,但可见蓝裙和红绿上衣的残迹。笔法相当有魅力。1 英尺 4 英寸×7$\frac{3}{4}$英寸。图版 LXXVI。

Ch.xxii.009.　**绢画残片**。画的是净土图,大概是阿弥陀佛净土。最大残片上可见中央佛的头和右肩,旁边有一个从者的头部,后面有一部分树和净土建筑物。其他残片上可见一个地位较低的佛的头和一个供养菩萨的头。大致属于 * Ch.0051 等类型。最大残片 8$\frac{1}{2}$英寸×10 英寸。

Ch.xxii.0010.　**绢画**。画的是坐姿十一面八臂观音及供养人。由一幅丝绸制成,幅宽 1 英尺 10 英寸。镶边已缺失,画面顶部和底部破裂,表面破旧,颜色暗淡了不少。

观音的服装、姿势、附件大致与 * Ch.00102 一样。莲花座置于小水池中,无香案。上两手分别托日月轮,日轮中有三足鸟,月轮中只有树。第二双手持三叉戟。第三双手置胸前,可能在施论辩印。第四双手置膝上,右手下垂,拇指与食指相碰,左手持数珠。

十一个头的处理方式与 * Ch.00102 一样。顶上的阿弥陀佛头是黄色,中间小菩萨头是白色和红色,底下两个成侧影的大头分别是淡蓝色和绿色。除头部外,其余的皮肤为深粉色,勾以红色轮廓线。服装和珠宝饰物为深绯红色和绿色。项光、背光、莲花座和华盖也是上述这几种颜色,但另外加了些发紫的粉色和淡蓝色(多已脱落)。金属饰物为红棕色,勾以黄色和黑色轮廓线,像 * Ch.0051 等一样。背光有燃烧的火焰边。

笔法很好,工艺精湛,但如今细部多已剥落。两侧各有一个短题榜(无字),题榜下跪着供养人,右为一男子,左为一女子,二者均剥落了不少,依稀可见其服装和头饰与 Ch.00102 中一样。每个供养人下面均有一个人物小像,性别与供养人相同,穿相应服装。这两个小人像的头发都在头两侧梳成小髻,后面突出,像 Ch.00224 中所述的那样。2 英尺5 英寸×1 英尺 10 英寸。

Ch.xxii.0015. **白描绢画**。有藏文题识,画的是密宗图形或符咒,布局与
*Ch.00190 等类似,但只保留下来内圈的正方形和两层外圈正方形。中间的
多瓣莲花内是坐姿观音和一名香客。观音为印度风格,呈"自在相",右手垂
在抬起的右膝上,左手放在大腿后的地面上,持长茎莲花,头歪向右肩,有椭圆
形项光和背光。香客是中国人,与*Ch.00102 等绢画中的供养人类似,戴高
帽,穿系腰带的外衣,持香炉。绕着莲花有六圈藏文,形成同心圆,文中含祈祷
内容。

内圈正方形以金刚杵为边,其中画有漂在极乐世界水池上的发光宝石,水
中还生有莲花。保留下来的外圈正方形中画有坐姿菩萨,菩萨之间是佛教法
器和莲花。上面,在两排菩萨中间是日光和月光菩萨,前者乘鹅,后者骑马;底
下是一个持琵琶的菩萨。保留下来的四边上各有两条龙,其背光的顶部是蛇
头。巴尼特博士把藏文翻译了过来(见附录 K)。

保存较好,有撕破处。线条画法精湛。保留下来的部分为 1 英尺 9 英寸×
1 英尺 9 英寸。

Ch.xxii.0016. **绢画残片**。画的是坐姿观音及随侍的菩萨和供养人。画
面有多处破损,保存得极差。镶边为粗糙的蓝绿色麻布,完整,上面有四条吊
带,底下有三条吊带,吊带由绿色麻布或丝绸制成。

观音盘坐于香案后的莲花上。右手置胸前,可能在施论辩印,左手置膝
上,手形无法确定。服装和饰物与 Ch.00167 同,身体和头部大多缺失。供养
菩萨一个跪在另一个之上,一边两个。上面一对双手合十,底下一对用大浅盘
献花。观音左右均有一个窄题榜(无字)。底下是常见的用来写献辞的题榜
(也无字),右边跪着两个男供养人,左边跪着两个女供养人(只保留下来一部
分),供养人的服装和头饰与*Ch.00102 中一样。工艺粗糙,着色(绯红、黑、橄
榄绿)现在多已脱落。2 英尺 $3\frac{1}{2}$ 英寸×1 英尺 $9\frac{1}{2}$ 英寸。

Ch.xxii.0017. **麻布画残片**。画在细密的麻布上。画的是坐姿观音及从

者,与 Ch.lv.0024 一样纯粹是印度风格。保存得较差,下半部和右侧均缺失,观音的左手、左腿也缺失,余下的部分已撕破,颜色几乎全部脱落,线条也磨掉了不少。顶部残留有棕色锦缎边。

观音稍向左坐于莲花之上。右腿盘起,右手垂在膝上,施与愿印。左腿悬在莲花座前,左手放在左大腿后面。脸短圆,眼睛平齐,目光下视。上身和四肢细长。皮肤本是白色。服装和珠宝饰物数量很少,只看得见窄腰布和飘曳的披巾,头戴纯金制的三瓣冠,冠上饰有长而尖的饰物。

化佛画成了一个单独的小像,呈禅定状坐在观音上面的莲花座上。化佛左右的角落里各坐着一个小菩萨。右边的可能是大势至(黄色),左边的可能是观音(白色)。中央观音的左侧,坐着一个与观音姿势相同的小菩萨,右边的小菩萨只保留下来背光。背光都是椭圆形,项光是扁长的马蹄形。

画面上只是淡淡地涂了几种简单的颜色(浅红、蓝、白、黄、绿),背景是发绿的蓝色。无饰物或细部。此画缺乏整体构图,人物分散在画面上,未经统一分组,中央的观音即使在大小上也无法占据画面的主导地位。参考 Ch.xxii.0023、Ch.00121 下列举的观音像。2 英尺 $8\frac{1}{2}$ 英寸×3 英尺。

Ch.xxii.0019.　刺绣封面。矩形,形如茶壶套,由长条锦缎制成,折成双面,边上和上下端缝起来,角上塞进去。锦缎有光泽,白色,衬有白色素绸里,锦缎和衬里都织得极好,现已变色成淡棕黄色。锦缎地为小斜纹,图案是用大斜纹织的写实的大花草,花草的斜纹与地的斜纹方向相同(图案现在已难以分辨)。锦缎上绣有粗犷的卷草纹,卷草纹的茎上生出窄窄的三片叶子、各种颜色盛开的花和半花,各条茎之间绣有展翅的飞鸟,鸟有冠,长着大头和短尾。刺绣图案的完整设计已无从得知。

刺绣既穿透了锦缎,也穿透了衬里。茎用绒线刺绣法,花和叶用铺绣法。茎为发绿的靛蓝色。有的叶子的基部和中脉是发绿的靛蓝色,其余部分为纯绿色;有的叶子则与此相反,基部和中脉为纯绿色,其余地方为发绿的靛蓝色。花朵外圈是九朵带尖的宽花瓣,内圈是椭圆形小花瓣。花蕊有三瓣,组成金字塔形。外圈花瓣从里到外的颜色组合有以下几种:(i)橘红、黄、白;(ii)红、黄;(iii)棕、粉;(iv)黄、橘红,(v)橘红、棕、黄。内圈花瓣、花蕊以及半花也是把这些颜色按不同方式组合起来,另外又用了浅蓝色和暗蓝色。整个花草图案本是用银色勾勒轮廓线,其方法是先把白丝线搓成粗线,外面裹一层银(?)纸,再把银纸用细丝线贴线缝绣而成。但目前银纸多已脱落。鸟的绣法与此类似,是依照鸟身体各部分的轮廓线把金纸用细密的贴线缝绣而成,只有翅膀末端、喙和眼分别用黄色和棕色丝线绣成。保留下来不少金纸。

作品十分细腻,是典型的中国唐代风格。此类花枝和叶子在日本奈良正仓院的银器中也很常见,例如正仓院目录 i.Pls.13、24。银器中的飞鸟则更是常见。总的来讲保存得很好。长 1 英尺 5 英寸,高 9 英寸。图版 CVI。

Ch.xxii.0021. **彩绘丝绸幢幡**。稍有破损,所有附件均缺失,颜色清晰。

画的是普贤菩萨骑白象图,无从者,其他普贤像见 Ch.xx.001。普贤四分之三向右盘坐在紫色莲花上,右手摊在膝上,手指弯曲,左手抬起,持紫色长茎莲花枝。服装和五官为 * Ch.002 类型。象较小,身体浑圆,腿很短,同 Ch.xxvi.a.004 一样。此象与 Ch.xx.001 中的象一样也在回头,但四条腿直立。象的着色和鞍具也和 Ch.xx.001 一样,但笔法没那么有生气。可见六根象牙。

着色明快。普贤的裙为猩红色,上面点缀有白花、绿叶,珠宝饰物为紫色和绯红色,项光为浅蓝色,象的鞍具为绯红色和绿色,象脚下的莲花为蓝灰、橘红和紫色。普贤头左侧有绯红色题榜,无字。1 英尺 3 英寸×5$\frac{3}{8}$英寸。

Ch.xxii.0023. **大绢画残片**。有汉文题识,画的是许多佛和菩萨。人物基本未着色。是鲜明的犍陀罗风格。题识磨掉了不少,有的已完全不可识读。从保留下来的题识看,画家所画的似乎是当时印度圣祠中供奉的神像。左边除顶部和底部外相当完整,右边已成残片。按一般画作中的高与宽的比例和右侧的残片大小来看,左边那一大块大约有原画的一半大。

除线条的犍陀罗风格外,此画的另一个主要特征是在构图上无任何统一原则。人物均为同样大小,或并排而置,或一个在一个之上。人物中间分散着题榜,题榜有的横向,有的纵向,有的呈直角形。画面上并没有占主导地位的人物。从相对完整的左半边中的题榜数量和位置来看,很可能有的并排而置的人物之间也并没有什么联系。参见本书第二十三章第七节及其后文字。

保留下来的人物如下:

A.左半边的顶部。

(i)左上角是两个并肩而立的佛站在两朵莲花上,莲花置于同一个毡毯之上。其中一个佛袍角以上的部分已残,另一个面部已残,后者右手施论辩印。两个佛右边是一个题榜,题识已剥落。

(ii)题榜向右是一个佛,脚踏莲花坐在宝座上,两边各有一个和尚随侍着。佛的手和脸已缺失。右边是一个题榜,题识已剥落。

(iii)题榜再向右是一个场景的一部分。画的是一架竖起的梯子(扶梯子的人缺失),两个男子双手合十站在梯子下。他们长着胡须,头发梳成顶髻,一个人的顶髻在头顶,另一个人的顶髻在脑后。一人戴长及膝的猩红色披风,另一人穿长及膝的裤子或短裙,二者膝以下均赤裸,跣足。

B.左半边的中间。

(iv)一个菩萨盘坐在扁平的石头上,两个俯伏的王子扛着这块石头。王子的头在前面露出来,脸似怪兽。菩萨右手施触地印,左手放在脚上,下身穿红裙,红袈裟盖住左肩左臂。宝冠形如一个三头怪(中间的头为人头,两边是熊头),从三头怪的嘴巴里挂下来饰有珠宝的流苏。菩萨的项圈上嵌着一个宽丝绸领子(?),领子上镶了一圈花瓣,还佩戴着雕镂的金腰带、手镯、耳环和护膝。身后是圆形背光和带尖的椭圆形项光。从右上方的题识看,此人物似乎是摩揭陀王国的一个雕像,可称其为"摩诃菩提金刚座"。

(v)上述这位菩萨右边是一个立佛,右手抬起,张开,施无畏印,左手垂在身侧,拇指、食指和小指伸直。着通肩大衣和僧祇支,均未着色。通肩大衣外有一串项链,饰有精美的雕镂饰物,饰物雕成常见的花草图案。头饰很独特,是一个无花纹、无边的冠,画成三条,越向上越宽,从冠上挂下来一条粉红色纱巾,垂在人物身后,长及脚踝。椭圆形背光包围着整个人物,背光中有许多闪光的小立佛半身像。此画应当是释迦牟尼于舍卫国降伏外道,见本书第二十三章第七节。右上方有方形题榜,题识已剥落。题榜再向右是某个坐姿人物的尖项光的残迹(但不是放在此处的那个人物的项光)。

C.左半边再往下。

左边有一个窄题榜,其中有题识的残迹(不可识读)。向右是(vi),画有一位小佛盘坐在宝座上,两头狮子托着宝座,宝座靠背由两个跃立欲扑人的鸟头鹿身兽托着,兽肩上生着螺旋状的还未成形的翅膀,翅膀上没有羽毛。佛头上是一柄伞,伞上挂着铃铛。两位持拂尘的菩萨立于宝座后。佛的手印与Kha.i.c.0097 的手印相同。

(vii)此佛右边是一个小佛,穿黄袍,盘坐在莲花座上,双手交叉,身后是合而为一的圆形项光和背光。两边各有一个站立的菩萨残迹,其一持莲花枝,莲花枝上托坐佛。右上边是直角形题榜,题识已剥落。

D.再往下是更小的两组画像。(viii)左边是个题榜,题识已剥落,向右是穿黄袍的佛坐在毡毯上,两头狮子托着毡毯。佛右手置膝上(手心向内),左手抬起,张开。向右是一个细腰的器物(ix),其中伸出三个象头,象头之中是孩提时的佛祖。边上的象头还生出猩红色莲花,莲花托着坐在器物边缘上的小佛。器物放在一个有阶梯的底座上,有一些小人像正在爬上底座,有的小人像双手合十跪在底座上。无题榜。

(vi)、(vii)、(viii)、(ix)这四组画面右边又是一个正常大小的菩萨(x),盘坐在龙座上,手交叉置于腿上,双手拇指尖相碰。穿长裙,袈裟盖住右肩,戴臂钏、手镯,胸前挂复杂的项饰。项链上饰有一件沉重的饰物,此饰物的形状是一对佛(?)的半身像,两边露出两个侧面的龙头。此饰物挂在两副熊头面具上,面具则挂在锁骨外的项链上。头饰已残缺,只能看见一只小熊的形象,是菩萨耳环的一部分。圆形项光顶部有小佛塔,边上饰有火焰纹,还有一些持琵琶、鼓等的小菩萨,绕着项光飞舞。

(xi)再往右是一个佛立于莲花之上,着通肩大衣。左臂缺失,右臂向旁边伸出,右手张开,手指稍微弯曲。圆形项光,椭圆形背光,背光顶部有尖。项光和背光之中画有一群人物,画的是一个小佛坐在莲花上,右手举起,左右各站着一个菩萨,左角跪着一头羚羊,右角的羚羊已缺失,画的可能是初转法轮。大佛左上方有题榜,题识已剥落。

E.再往下就相当破损了。左边绘立姿观音(xii),右手持莲花,左手持净瓶,额正中有第三只眼。服装和饰物为印度风格,头饰前有站立的化佛。圆形项光,舟形背光。观音左右是岩石(残破不全),背景角落里有小坐佛及香客。紧挨着观音左边纵向排列着一些人物:一个持琵琶的迦楼罗;一头躺卧的白狮;三个双手合十而坐的香客,其皮肤为黄色,头发梳成锥形,头上无饰物,脑后无项光。紧挨观音右边也有相应人物的残迹。观音上面有三头熊,熊前面有两个飞天,在观音头顶举着一顶宝冠。

按各残片目前的排列顺序看,观音向右的破损处有两个题榜,其中之一有汉文题识(四行,不完整),另一个空白。但这两个题榜本来并不在这里。当此画在大英博物馆第一次被打开时,有题识的题榜与画面(xvi)同属于一块残片,此残片已与主体脱离。另一个题榜则与(xiv)和(xv)共属于一个残片。见下文及大英博物馆藏品放大照片第 1611 号。

再往右是(xiii),为灵鹫山上的立姿释迦牟尼像,其姿势和服装与Ch.00260刺绣品及Ch.0059绘画残片完全一样。袒右肩、右臂,右手直伸下垂,手掌张开,五指下伸,左手拎起胸前衣服的衣角。参见本书第二十三章第七节和第二十四章第一节。衣纹的处理也与 Ch.00260、0059 极为相似。圆形项光,椭圆形背光(背光两边基本上是直线),右肩上的背光中有一个坐佛小像,背光有火焰边。佛背后为(xii)号人物身后的那种有斑点的黑色岩石,但多已残。背景中还有一个小佛与一个香客在修行(?)。

底下有另一行人物的痕迹,已残缺。

除左半边这些画面外,剩下的都是已与主体脱离的残片了。四个最重要残片的内容如下。

残片 a。(xiv)是一个佛的左侧。佛垂双腿,坐在形如香案的宝座上。左手残,但位置是在胸前,头和右侧身体均已缺失。圆形项光中和人物上半身绘有许多坐佛半身小像,与(v)号一样,边上有飞舞的飞天和火焰。右边为(xv),是一个立佛,着巧克力棕色袈裟,手足也为巧克力色。头缺失。右手向旁边平伸,手心向上,手指略微弯曲;左手稍微伸出,朝下,掌心向外,只有无名指弯曲。(xiv)和(xv)这两个人物之间是上文提到的那个空白题榜,它本是这块残片的一部分。

残片 b。(xvi)是一个菩萨,像佛一样盘坐在低矮的平台上,穿佛似的红袍,袍外只露出左手、右胸、右臂和双脚。右手施触地印,左手张开,放在腿上。无耳环、链子和手镯,但右上臂戴着宽宽的臂钏。项饰上像第 iv 号人物一样有个宽宽的领子,领子外镶了一圈花瓣。头上的高冠只保留下来华盖般的冠顶。背光和项光圆形,有火焰边。菩萨头部左右的背光中有白色新月形。最初发现时,此残片的左上角就是上文提到的那个有四行题识的题榜。右边莲花台的角上有两个男子的脚和腿,穿外衣和中亚风格的长靴。

残片 c。(xvii)是一个坐姿菩萨的左肩、左臂和头左侧,还有圆形背光和项光的一部分,背光和项光中饰有两排坐佛小像。菩萨身上保留有残缺不全的红裙或红腰带、披巾、臂钏、项饰、带绿叶的花环、头饰,头饰上挂的白纱垂在肩后。再向右是(xviii),画的是一个立佛,着红袈裟,袒右肩右臂,头后有紫色圆形项光。左臂置身侧,左手略微伸出,手心向下,手指张开;右臂举过头顶,手向外,像观音一样托红色日轮(见 * Ch.00102 和 * 00223等),日轮中有鸟,两足,形如凤凰。右边有窄题榜,要么本就空白,要么题识已剥落了。

残片 d。这块残片可能也属于本画。上面有个很大的空白题榜(1 英尺 9 英寸×1 英尺 1 英寸),涂成红棕色,勒成 13 个纵行,以便于书写汉字。题榜右边不完整。题榜左边有某人物的双肩(女供养人?),头已残,穿绯红色上衣,双手在胸前笼于袖中。

最初在大英博物馆打开时,左半边(从 i 到 xiii 号)大小为 6 英尺 8 英寸×3 英尺 7 英寸。图版 LXX,《千佛洞》图版 XIV。

Ch.xxii.0024. **两块彩绘丝绸幢幡残片**。所有附件均缺失。显示出一个菩萨的头、双肩和腰部衣纹,属于 * Ch.002 类型。菩萨四分之三向左,站立,右手轻轻放于胸前,左手施论辩印。脸小而圆,画得很好,用粉红色表现立体感。眼小而斜,左眼的上眼睑曲线优美,远长过眼角,两端微微上翘。长耳,有穿孔,无耳环。颜色鲜艳而和谐,保存完好。披巾正反面分别为蓝灰和橄榄绿色;饰带和胸前衣纹为鲜艳的绯红色;莲花蕾和头饰前的流苏为紫色和红色;项光中心为蓝色,外面几圈为红、蓝、绿、绯红色,项光边为丝绸浅棕的本色和蓝色。技艺精湛,画法细腻。一块为 6 英寸×5 英寸,另一块为 $2\frac{1}{2}$ 英寸×$6\frac{1}{4}$ 英寸。

Ch.xxii.0025. **绢画残片**。显示一个十一面观音的上半部,为印度风格。画面几乎已剥落,不知观音是站姿还是坐姿。如果人物是站立的话,此残片显示了人物腰以上的部分;如果是盘坐,此残片就显示出了人物的大部分。观音似乎只有两臂,左手置胸前。保存最好的部分是头部。头后有椭圆形窄项光,项光两侧呈直线。背光形状类似项光,有火焰边。10 个小头均堆叠在主头之上,头上均有肉髻,无饰物,似乎都是佛头,可能画家在细节上出了差错。

线条剥落了不少。除项光上的橘红色痕迹、背光的火焰边和长袍上的几处绯红色痕迹外,颜料完全脱落。两边似乎长有莲花,莲花叶子是模式化的漩涡状。参见 Ch.00121 等。最长约 2 英尺,最宽约 1 英尺 8 英寸。

Ch.xxii.0026. **带插图的汉文写本残件**。写本共保存下来 10 页,前几页画有四大天王,参见 Ch.xvii.002。第一页的正面有紫色和紫色丝绸的残迹,应当是封面,反面画着两个立姿天王像。第二页正面有一行汉字,反面是余下的两个天王。第三页正面是四行黑色汉字,还有一个与黑字隔开的红色汉字,反面是九行汉文文章,有注释。余下的各页继续用黑墨书写这篇文章,写得很工整,并有红色句读符号,每页的正反面有八九行字。文章摘自各种佛经。

插图像 Ch.xxiii.002 一样,也伴有题识,但题识中不含天王的名字,题识的含义尚不明确。

天王无从者,无项光,站在扁平岩石或岛屿上,每两个天王彼此相对。铠甲与 Ch.xviii.002 相同,但细节要少些,小腿上裹着绑腿似的红色和蓝色带子。

每个天王的手上均升起粉红色云,所用的其他颜色有红、绿、黄、灰。从右至左各天王的详情如下:(i)右手紧握于胸前,左手持长柄战斧,为南方增长天王;(ii)持弓和箭,为东方持国天王,题识多已剥落;(iii)右手举起,手心向上,掌中无物,左手持戟,为北方毗沙门天王;(iv)右手持剑,左手置臀上,为西方广目天王。

每页大小为 $5\frac{1}{4}$ 英寸×$5\frac{3}{4}$ 英寸。图版 XCII。

Ch.xxii.0030. **大绢画**。有汉文题识,画的是立姿观音,无从者。人物上面四分之三保留了下来,其余部分均已缺失。保存良好,是典型的复杂的汉族风格。

观音四分之三向右立,右手举起持柳枝,柳枝高达肩部,左手在腰际持净瓶。头饰前为立姿化佛,化佛双手施无畏印和与愿印。观音的服装、饰物、身材属 *Ch.002类型,工艺十分精湛。画面的主色调是披巾上悦目的暗绿色。僧祇支为淡橄榄绿色,只及胸部,用淡粉色带子系在左肩上。珠宝饰物很繁复,挂有许多淡粉色宝石。身材十分柔软、丰满。脸是常见的"汉传佛教"类型,低额,两颊丰满,小嘴,小下颔,眼斜而突出,目光下视,眼睛的四分之三被眼睑盖住。上唇上和下巴上有小胡须,用毛笔画成波浪形线条。头发黑色,皮肤是丝绸本来的发绿的棕色,但晕染有浅红色。画面右侧生有开红花的树枝,可能本来想画的是莲花。项光上方带流苏的华盖在剧烈地摆动,可见画家的用意是想表现在行走的人物。

右边的榜题只是对观音的赞词。其他无从者的立姿观音参见 *Ch.0088及本书第二十三章第五节。3 英尺 7 英寸×1 英尺 $8\frac{1}{2}$ 英寸。《千佛洞》图版 XXIV。

Ch.xxii.0032. **彩绘纸幢幡**。画有菩萨,与 Ch.xx.0015 属于同一系列,风格也很粗略,但菩萨的服装和身材为 *Ch.002 的"汉传佛教"类型。菩萨面朝观者而立,头四分之三向左转,双手合十。颜色有暗红、黄、橄榄绿、蓝灰、棕。

画幅 1 英尺 5 英寸×6$\frac{3}{4}$英寸,全长 3 英尺 5 英寸。

Ch.xxii.0033. **纸画**。与 Ch.00162 等属于同一系列,画的是一个乘孔雀的神,无项光。人物与 Ch.00162 类似,但穿的是印度风格的菩萨服装,右手持发光的珠宝,左手托公鸡。风格粗犷而有力,用毛笔的重线条画成。着色只有红棕、发蓝的绿色和蓝灰色。左上角有空白题榜。1 英尺 6$\frac{1}{4}$英寸×1 英尺$\frac{1}{2}$英寸。

Ch.xxii.0034. **纸画**。与 Ch.00162 等属于同一系列,画的是毗沙门天王。天王坐在低矮的卧榻或平台上,左腿屈回,右腿下垂,左手持戟,右手托小神龛。服装和铠甲与其配套作品 Ch.xvii.003 类似,不同之处是此天王头戴三瓣冠,铠甲外穿有胸甲。上身和手臂的铠甲画成一条条黄色和灰色条纹,无鳞片。铠甲下是一条绿裙,遮住腿。着色和作品风格与其同系列作品一样。保存良好。1 英尺 6$\frac{1}{2}$英寸×1 英尺$\frac{1}{2}$英寸。

Ch.xxii.0035. **彩绘丝绸幢幡的下半部分**。残留有深棕色绸饰带。

画的内容:佛本行故事。保留下来两个小场景,与 Ch.0039 属于同一系列,风格与着色等参见 Ch.0039。

场景 1:佛在蓝毗尼园洗浴。佛站在一个矩形盆中,盆放在莲花台之上。雨从上方白色和蓝灰色的雷雨云中落在他的头上。左右跪着摩耶夫人和波阇波提,均双手合十。

场景 2:七步生莲。佛站在一朵粉色和白色大莲花中,右臂上举,手指指向天空,左臂下垂。周围还有三朵莲花,空中飘浮着花朵。右边跪着摩耶夫人和波阇波提,左边跪着一个穿红外衣、戴黑色幞头的男子。

两个场景中的佛均长着黑发,形如成年人,穿红色短裙。妇女的服装和饰物与 Ch.0039 一样,画得十分粗略。每幅场景旁均有一个空白题榜。

以这两个场景为题材的画作见 Ch.00114,"七步生莲"参见 Ch.lv.0010。

1 英尺×7$\frac{3}{8}$英寸。

Ch.xxii.0036.　印花绸残片。平纹,很薄,破损了不少。图案是排成斜排的圆形六瓣花,每片花瓣后均伸出扁平的舒展的叶子。花行之间是小六瓣花,小六瓣花上每隔一个花瓣生出一个三叶饰。大花的地和里圈花瓣为靛蓝色,其他花瓣为红色和粉红色,叶子为绿色,三叶饰为黄色(?)。已褪色。最大残片约 1 英尺 6 英寸×10 英寸。

Ch.xxiii.001.　彩绘丝绸幢幡。已残破不全,画在稀松的浅灰色纱上。

画的内容:西方广目天王,与 Ch.xxxiv.004 完全一样,此件中保留有天王的右臂。天王右手抬起,手指尖上可能托着法器,脑后还保留有一部分头饰。

同画在这种粗纱的其他画作(比如 Ch.xxii.004)一样,本件的着色和线条也脱落了不少。占主要地位的色彩跟 Ch.xxxiv.004 一样也是浅蓝和橘红。天王的皮肤为浅粉色,带子、披风等是黑色。上方残留有彩绘帷幔,帷幔后面衬有纸。帷幔上挂有锯齿状帘帷,饰有花朵组成的条带,花朵为深蓝、绿、绯红、橘红色。主体部分为 1 英尺 8$\frac{1}{2}$英寸×7 英寸。

Ch.xxiii.002~004.　三块彩绘麻布幢幡。均保留有顶饰,002 还保留有两边的饰带,其他附件均缺失。003 十分破旧,边上和底部均不完整。

画的是立姿观音。观音均双手合十,002 有四分之三向右,003 面朝观者,004 有四分之三向左。同类作品的特征及目录见*Ch.i.0016。笔法和工艺都很差,尤其是 004。002 有汉文题识,是对观音的赞词。加顶饰后分别为 3 英尺 5 英寸×6$\frac{1}{2}$英寸、3 英尺 9 英寸×9$\frac{1}{2}$英寸、3 英尺 1$\frac{1}{2}$英寸×8 英寸。

Ch.xxiii.006.　彩绘麻布幢幡。顶饰镶边和残存的饰带为浅黄色麻布。保存较好,但颜色已脱落,与 Ch.00140 是配套作品。

画的内容:菩萨,面朝观者而立。右手抬至肩际,向后转过去,拇指与食指相碰,左手于胸前施论辩印。身材、服装、发型大致属于*Ch.i.0016 类型,但人物较小,工艺更简练。项光上饰有锯齿状光芒。无华盖,顶上的帷幔有锯齿边,饰有花朵。颜色有暗红和浅灰。全长 4 英尺,宽 $6\frac{1}{2}$ 英寸。

Ch.xxiii.007.　彩绘麻布幢幡。顶饰镶边和两侧饰带为棕色麻布,保存较好。基本上与 Ch.00139 一样,不同的只是菩萨的左手从腕部垂下来,而且颜色中多了鲜艳的橘红色。加顶饰长 4 英尺 $3\frac{1}{2}$ 英寸,宽 7 英寸。

Ch.xxiv.001.　彩绘丝绸幢幡。所有附件均缺失,除此之外保存良好。

画的内容:护法金刚,是典型中国魔怪类型,见 Ch.004。金刚面朝观者而立,呈愤怒状。头和双肩向前弯,头转向右侧,目光下视,暴怒地看着右边某个不可见的东西或人。右臂举过头顶,手张开,似在威胁别人,左手于身侧抓着金刚杵。上身和四肢肉块累累,属于 Ch.004 等类型,但此件中人物所有的轮廓线均用粗粗的毛笔线条画成,更显得肌肉强健。关节和肌肉虽然十分模式化,但给人的整体印象是金刚充满了力量。本画也用 Ch.xxvi.a.005 那样的模式化方式来表现立体感,但在灰色绸上只用了淡棕色,所以立体感表现得还比较自然。

金刚下身穿鲜艳的红色短裙,裙边是黑色和蓝色,衬有深紫色里。身披橄榄绿色宽披巾,其反面是暗蓝色。腰系白腰带,腰带边是深紫色。还有红色和黄色饰带,项饰、璎珞和头饰上饰有鲜艳的珠宝。头后是绿色大项光,有火焰边,火焰在上举的手臂周围熊熊燃烧。头顶上有卷云,为红、绿、蓝色。脚踏莲花,莲花轮廓线为蓝色和红色。着色浓烈、清楚,十分生动。类似作品是 Ch.xxiv.002。2 英尺 10 英寸×10 英寸。

Ch.xxiv.002.　彩绘丝绸幢幡。保留有底边饰带,饰带由浅灰色锦缎制成,织有网格状花纹。其他附件均缺失,画面有相当程度的破损。

画的内容:护法金刚。风格和工艺均与 Ch.xxiv.001 一样,姿势也类似,只在细节处有不同。比如,此画中金刚的右手是紧握的,左手向外伸,由于空间不够,所以金刚杵画得较短。金刚的嘴大张着,似在咆哮。立体感用粉色来表示,而不是灰色,唇和舌为鲜艳的绯红色。服装上的着色与前一件相同。其他金刚像见 Ch.004 下的目录。

画幅 2 英尺 7 英寸×10 英寸,加饰带长 6 英尺 10 英寸。图版 LXXXVI。

Ch.xxiv.002.a. **彩绘丝绸幢幡**。保留有棕色纱制的顶饰和一条底边饰带,顶饰和饰带朽坏得较严重。绘有画的顶饰中部已腐烂,烂洞上用棕色纱打了补丁。幢幡主体也用深棕色纱制成。画面褪色不少,但基本完整。

画的可能是观音,$\frac{3}{4}$ 向左立于莲花之上,莲花轮廓线为红色。右手持粉红色的未开莲花,左手施论辩印。头饰正中的饰物前有座小塔。身材、服装、附件和作品风格属于 * Ch.002 类型。笔法精湛。人物表情平和。眼很小,稍有点斜。鼻子直而扁,耳朵为常人大小,无耳环。嘴小,鲜红色,稍稍张开。颊上残留有不少红颜料的痕迹。

着色多已脱落,但剩余的颜色与暖棕色背景很和谐,主要有发粉的紫色、橘红色、绯红色。项光和人物身上的颜色均已脱落。披巾上除残留有几处鲜艳的蓝色和绿色外,其余颜色也已脱落。华盖似在风中摇摆。

画幅 2 英尺 $3\frac{1}{2}$ 英寸×$6\frac{7}{8}$ 英寸,全长 5 英尺 5 英寸。

Ch.xxiv.003. **彩绘丝绸幢幡**。所有附件均缺失。纱是极深的棕色,画面保存较好,但已变色。

画的可能是观音。服装、着色、身材、作品风格类似于 Ch.xxiv.002.a,但二者并非摹自同一蓝本。观音的右手与上一件一样持未开莲花,但左手水平置于胸前。头饰前没有塔,而是一朵白色(?)的未开莲花。

色调比前一件更暗(或变色更厉害),着色也不同。裙本是白色或未着色,裙褶画成鲜艳的绯红色,裙边为浅蓝色。披巾深紫色,衬有鲜艳的绿色里。珠宝、流苏等为绯红、白、深紫。整幅画的颜色暗淡了不少,有些地方已与棕色背景混成一片。2 英尺 2 英寸×$7\frac{1}{8}$ 英寸。

Ch.xxiv.004.　彩绘丝绸幢幡。有四条灰绿色绸制的底边饰带,其他附件均缺失。画面保存良好,颜色清晰。

画的内容:呈沙门相的地藏菩萨,类似题材作品见*Ch.i.003。菩萨四分之三向左立于一朵黄色和白色莲花上。右手举起,持发光的珠宝,左手水平地放在胸前,拇指、中指和无名指相碰。穿袈裟和僧祇支,僧祇支为绿色,有棕色边,下面露出脚踝,袈裟为猩红色,衬有淡蓝色里,盖在左肩和左臂上,袒右臂和右胸。珠宝饰物包括项链、手镯和耳环。

头长而窄,双眼离得很近,略有点斜。光头涂成灰色,眉为橄榄绿色,耳朵内部、手指、足心的轮廓线为红色。光环、华盖及作品基本风格与*Ch.002一样。

画幅 2 英尺 11 英寸×$10\frac{5}{8}$英寸,加饰带长 7 英尺 6 英寸。

Ch.xxiv.005.　彩绘丝绸幢幡。所有附件均缺失,保存良好。

画的可能是阿弥陀佛。佛面朝观者立于两朵莲花之上,两朵花分别为深粉色和鲜红色。右手抬起,施论辩印,左手也置于胸前,托发光的珠宝。着僧祇支和袈裟。僧祇支为黄绿色,有黑边和白衬里,袈裟鲜红色,衬有暗蓝灰色里。僧祇支长及脚,盖住右肩、右臂,袈裟盖住左肩、左臂,从右臂下穿过,在人物前面形成模式化的衣纹。袈裟垂至膝下,用一根带流苏的带子系到左肩上。脸是模式化的佛面,饱满光滑,椭圆形,有肉髻、白毫和长耳,眼微斜,眼睑半闭。头发和肉髻均绘成黑色,脸和颈部皮肤是很淡的透明的黄色,晕染有闪亮的杏黄色,手足上的底色更淡,阴影处更接近粉色。项光、华盖以及其他附件为*Ch.002等菩萨幢幡类型,皮肤和衣纹的画法也与之相同。头左侧有黄色题榜,无字。工艺精湛,但画面无生气。

2 英尺 4 英寸×$7\frac{1}{4}$英寸。图版 LXXXIII。

Ch.xxiv.006.　彩绘丝绸幢幡。所有附件均缺失,但画面保存得极好。

画的内容:菩萨,四分之三向右立于蓝色莲花上,双手合十。身材、服装、附件和作品风格属于*Ch.002 类型。裙在前面撩起,露出赤裸的腿。耳朵基本上是常人大小,有穿孔,无耳环。耳内部、掌边和足底用红色勾轮廓线。着色主要有绯红、绿、接近靛蓝的一种蓝色、浅粉,均清晰。就此类作品的模式来讲,工艺无可挑剔。

2 英尺×7$\frac{1}{4}$英寸。图版 LXXVIII。

Ch.xxiv.008. **标有日期的长条帘帷,由发白的丝绸制成,上面画有许多菩萨**。顶部和每个人像旁均有题识。已破碎,底端缺失,但较干净。

帘帷由一幅上过光的薄绸做成(幅宽 1 英尺 11 英寸),顶上缝着同样宽的一块黄绸。此黄绸质量较差,染得不均匀,顶端不完整,但显示出 18 行汉文献辞的下端,其中写有日期,是公元 956 年。

帘帷上部并排绘有两个华盖,但华盖下的丝绸从中间碎成了两半,后来又缝好了。左右两条上均画有许多站立的菩萨,一个在一个之上,每位菩萨加华盖和莲花座约长 2 英尺 10 英寸至 3 英尺 1 英寸。右侧保留有四个连续的菩萨像,左边保留有四五个(不连续)。人物的轮廓线和着色几乎全用浅红色,头上涂有淡淡的浅蓝色,宝石上偶尔有点绿色和蓝色,首饰为淡黄色,黑色则只出现在瞳仁、眼眉、上下唇之间的线和珠子项链上。每个人物旁的题榜也是黑色或浅黄色,题识中有菩萨的称号。

人物绝大多数面朝观者而立,只有一个(只保留下脚)为右侧影。双手或合十,或施手印,其中一个持黑色数珠。类似的长条残片见 Ch.00474～00480。长约 13 英尺(不完整),两个窄条加起来宽 1 英尺 11 英寸。

Ch.xxiv.009. **帷幔上的丝绸饰带**。一端出尖,边折进去,用红丝线缝成。材料为结实的纱,用类似于 Ch.00332 的纠经法织成。在纱的本色上,用印模印有鲜艳的橙红色地和黄色花草图案,后来勾勒了黑色轮廓线。图案为圆"点",直径约 8 英寸,由锦葵状花和小叶子构成,这些点横向、纵向相距都是 4 英寸。花行之间,是较小的"点",小"点"周围是由卷云和飞鸟构成的斜置的正方形,正方形的尖角是平的,对着尖角有一些小花"点"。花和叶的形状类似于日本奈良正仓院目录 ii,Pl.102 印花地毯。工艺粗略而有表现力。

1 英尺 1 英寸 ×4$\frac{1}{4}$英寸。图版 CXIII。

Ch.xxv.001. **彩绘丝绸幢幡**。有顶饰,其他附件和画面底部均缺失,保留下来的部分已龟裂、破旧。顶饰为纱,绘有粗略的暗绿、蓝、黑、橘红色半花图案和花枝,勾以红色轮廓线。顶饰边为细密的灰色绸。顶饰原来的纱已破裂,用一幅画的残片打了补丁,补丁上有部分汉文题识。

画的内容:佛本行故事,有三幅场景,为中国风格。

幢幡两边有手绘的浅黄色边,边上绘有侧花图案。有两种侧花交替出现:一种花是绿色和黑色,花萼粉红色;另一种花为浅蓝色和深蓝色,花萼是橘红色,花的轮廓线为橘红色。幢幡主体由三条比手绘边更宽的横带子隔成几个框,小场景就位于这些框中。两条带子上为大花图案,与顶饰的图案类似。第三条带子的图案则是与大花图案同样颜色的波浪状条带,条带之间是粉红和橘红色半花。

场景 1:内容无法确定。右边是佛(?)坐在一张矮凳上或竹(或藤)编的座位上,手抬起,似在祝福。着绯红袍,盖住双肩双臂,袍的确切形状无法辨清。无项光,头发梳成顶髻,在头顶形成三个尖。旁边站着一个穿橘红色外衣的从者,腰系腰带,脚穿黑靴,发型与佛一样,双手合十。他们前面跪着两个男子,其外衣与从者外衣类似,头戴黑色幞头。左边和场景后面是方形中式建筑和院墙,前景中有树、长草的小山和岩石。

场景 2:内容无法确定。也画有佛(?),双手抬起,但这一次佛是坐在庭院中的树下,庭院周围是有游廊的建筑和一面高墙,高墙上有门楼,与 Ch.lv.009、0016 等中的门楼一样。佛的头发和服装与场景 1 一样,不过此处的袍是褒衣博带的中式外衣,有暗蓝色边。从者与场景 1 是同一人,持长柄扇(?)。他们前面站着两个男孩,其右手抬至肩际或下颔处,左手均从肘部前伸,头歪向右肩。此二人只穿着短裙,黑色短发并未梳理。

场景 3:内容无法确定。也是在一个庭院中,但前景缺失。右边廊下与前一幅一样坐着穿绯红外衣的人像,手同样举起,似在祝福。他前面跪着五个穿外衣系腰带的人,外衣为黄、绯红或绿色。此五人戴黑色幞头,手或举在身侧,或合十。他们后面是个有游廊的建筑,建筑两边有树和一角突出的院墙。人物服装、发型、建筑和花草装饰完全是中国风格,与 Ch.lv.009 等一样。建筑的轮廓是在描摹画的基础上直接涂成红线。工艺十分粗略,人物笔法草率,着色有较暗的绯红、蓝灰、浅绿色和红、黄、橘红色。亭子的墙和大门为白色,院墙为黄棕色。每幅场景旁都有一对橘红色题榜(无字)。

别的画作中没有画过这两幅场景。风格与此相同而且内容也无法确定的场景见 Ch.lv.0021、0022,它们可能属于同一系列。

画幅 1 英尺 $7\frac{1}{2}$ 英寸 $\times 6\frac{3}{4}$ 英寸,加顶饰长 2 英尺 $\frac{1}{4}$ 英寸。

Ch.xxvi.001. 大绢画。画的是坐姿六臂观音及从者。构图很好,但表面破损严重,底部被火烧掉了,右边缺失。涂有深绿色颜料的地方,丝绸被腐蚀出了几个大洞。

观音呈"自在相",坐在白色大莲花座上,右膝抬起,右上臂支在右膝上,头歪向右肩。身材为细腰的印度类型,与 Ch.00121 一样。上两手举向头部,右上手已残掉,左上手拇指、中指、无名指相碰;右中手于胸前施论辩印,左中手置于右中手下,手心向上,手指与左上手一样;左下手下垂,手指如左上手,左下手放在背后的地上,拇指、食指相碰。未持法器。头上的化佛冠由雕镂的青铜制成,呈锥形。

服装属印度菩萨类型(见＊Ch.lv.0014),戴饰有花的护膝,首饰涂成浅绿色。圆背光饰有锯齿状光芒和花朵,圆项光饰有波浪状光芒。背光和项光用一条连续的模式化火焰纹勾勒边,在人物外边形成三瓣形的框,火焰纹外又有一条白色宽带,宽带外侧是用青铜珠子嵌成的呈侧影的小莲花。这条白带子从莲花座的尖以上罩住了观音,白带子顶上是华盖。画面四角有四个坐着的小菩萨,底下的两个几乎漫漶,上面两个坐在莲花之上,莲花缠纹的茎是从底下的地上生出来的。

着色主要有白、深红、浅粉红、深绿、浅绿,背景为棕色,只有袍子边上出现了蓝色。观音皮肤轮廓线为黄色，晕染有很浅的红色。所有颜料均脱落了不少，黄色和白色几乎全剥落了。笔法精致、果断，属上乘之作。这种姿势和其他姿势的单个观音像参见 Ch.00121 下的文字。

3 英尺 $6\frac{1}{2}$ 英寸×2 英尺 5 英寸。《千佛洞》图版 XXIII。

Ch.xxvi.002.　幢幡顶饰。为刺绣制成，地是一块三角形米色锦缎，镶边是深紫色厚纱。锦缎的织法类似 Ch.00332，但看起来罗纹更明显。原来的吊带是花绸制成，褪色很厉害，但仍可见绿（？）地上与 Ch.00432 一样的图案。这根吊带用坏了，用另一根猩红色花绸制成的吊带代替，此花绸类似于 Ch.00177.b，目前也成了碎片。保留有原来的一条饰带，为暗绿色纱，织有花朵图案，但其正面又用黄丝线缝了一条用深蓝色素绸制的新饰带。顶饰镶边外和原来的吊带外连接有装饰性的小丝绸流苏。

三角形顶饰上是中国风格的精美刺绣，遮住了底下锦缎的花纹（锦缎的花纹似乎是写实的花草之类）。刺绣图案正中是个六瓣花，花心为管形。一些棕叶形花朵和叶子从管形花心中生出，伸到三角形顶点上，而其他花叶则伸展到三角形的两个底角上。

刺绣是用真正的铺绣法绣成。每股丝线有三种颜色，或为猩红、绿、蓝色，或为暗棕、白、浅黄色。色彩鲜艳、和谐，搭配得很好，把图案的主要部分都连了起来。针法细腻优美，刺绣品的背面跟正面一样完美无瑕。中心的花朵之下本来描了片叶子，却未绣，取而代之的是粗略地绣成的几个深棕色汉字，不可识读。三角形左右的边上用长针脚绣了两条直线，底边上绣了条 V 形线。从细心的修补之处来看，此件刺绣是一件为人珍爱的作品。

高 9 英寸，三角形底边长 1 英尺 6 英寸。图版 CXI。

Ch.xxvi.003.　窄条刺绣残片。本是粉红色薄绸，已褪色成淡黄色。上面绣有一部分写实的植物图案，底下可见一只鹿的头和角的痕迹。绸上面缝了块更粗糙的粉色纱，刺绣用铺绣法绣成实心，穿透纱和底下的丝绸，然后把图案轮廓线周围的纱全剪掉。还有一些植物卷须和叶子未完全绣实。用这种方法刺绣起来更容易,完成后的作品显得结实而有立体感。针法优美,线为深浅不同的蓝、绿、红棕、灰、紫红、白色。一端和背面粗略地缝有一块锦缎残片和一窄条轧过光的红色素绸。锦缎残片为暗红棕色,有菱形图案,织得不均匀。窄条素绸上还连着一块破烂的杏黄色锦缎,上面印有残破不全的大图案。

11 英寸×3$\frac{1}{4}$英寸。图版 CVI。

Ch.xxvi.a.001. 彩绘丝绸幢幡。残破不全,除四条由深橄榄绿色锦缎制的底部饰带外,其余附件均缺失。饰带上过光,其花纹为六边形,有双层轮廓线。六边形的每个角上都有一个三角星,六边形中是菱形花。

画的内容:南方增长天王,又高又瘦,显得很夸张。面朝观者而立,脚踏一个蹲踞鬼怪的头和肩。右手持棒,棒搭在肩上,棒上交替地绘有绿条和红条,左手在肩际托小神龛,神龛有四根柱子。天王身体重心置于右臀上,左膝弯曲,左脚比右脚高。姿势和服装大致属于印度天王类型,见 Ch.xxvi.a.006(又见*Ch.0010 的总说明),但人物更大,笔法更生硬,显得有点造作。

服装与 Ch.xxvi.a.006 相比也有小的变化。无胸甲,臀上无保护着身体的皮片。穿了件 Ch.0085 那样的胸铠,并系了一条绿色和绿棕色布腰带。布腰带似乎围住臀,并在身前打成结,但残缺了不少。胸铠绿色,红边,上面有用金子做的漩涡状装饰。下摆和上身的铠甲是鳞片甲,下摆的开裂处露出一条鳞片甲构成的围裙。鳞片甲很模式化:下摆的地为黄色,上面用黑线画有网格,网格为六边形或菱形;上身则画成黄色三角星构成的网格,地为红色。网格可能代表的是系住鳞片甲的带子,无法看出鳞片甲的形状。臂上的铠甲涂成红色,无花纹,腰部铠甲外系了条窄带子。臂上挂了一条深棕色和橄榄色披巾。

覆膊为红色,无花纹。裙暗红色,有绿边,反面为白色和红色。裙在腿两侧形成对称的衣褶,裙边不自然地卷起。白色护腿扎进护胫里。护腿、护胫也由鳞片甲构成,鳞片甲为圆形,由金属(?)分成三条横带子,带子分别为橄榄色、红色、蓝色。脚穿紧裹的黑鞋,饰有优美的金饰。

脸长,上下颌方形,嘴紧闭。除圆形大眼外,五官均是人形。皮肤涂成鲜艳的浅红色。眼睛的虹膜不是黑色,而是浅黄色。耳长,有穿孔,耳垂被耳环拉长了,模式化的画法。小胡须,弯眼眉,顶髻和披在肩上的头发不是黑色,而是浅棕色。

三瓣冠上挂着沉重的红色织物,刻板地在耳边扬起,冠上中间一瓣的蓝地上有一座小塔。项光浅蓝色,有火焰边,项光后是带流苏的华盖。上面是Ch.002类型的菩萨像中常见的那种帷幔,但画面顶部已破成了碎片。

脚下的魔怪面目狰狞,半坐半躺,身体扭曲。其身体画成深红色,穿深绿色短裙,头上是深绿色的乱发,长着圆圆的白眼睛和突出的白牙。天王头左侧有黄色题榜,无字。画得认真、简练,但整幅画毫无生气。

画幅 2 英尺 $2\frac{1}{4}$ 英寸×7$\frac{3}{4}$ 英寸,加饰带长 5 英尺 9$\frac{1}{2}$ 英寸。

Ch.xxvi.a.002. **彩绘丝绸幢幡**。保留有橄榄绿色素绸制的四条底边饰带,饰带上印有叶和昆虫图案,与 *Ch.xvii.001 等一样。其他附件和画面上端缺失,余下的部分保存良好。幢幡正面未画完,有很多地方未画上轮廓线,仅有的几处轮廓线也画得很草率,而背面则认真地画完了。但由于未完成的正面的手形才是对的,所以下面所叙述的和图版中拍的照片都是正面。

画的内容:东方持国天王。天王四分之三向左而立,脚踏趴在地上的魔怪。左手垂于身侧,持弓,右手抬起、持剑。服装和身材大致与 *Ch.0035 一样,并参见 *Ch.0010的总说明。未穿披风,脖子上围着一条有黑点的白色香肠状领子。

头紧裹在由鳞片甲构成的头盔中,两边由三条红色皮革(?)加固,皮革从左颊经脑后延伸到右颊。铠甲止于肩,上臂上是一只宽大的袖子。腰腹部的圆形铠甲鳞片向上彼此压住,这在天王幢幡中是独一无二的(参见Ch.00106)。肩上的鳞片向下彼此压住。白裤子塞在护胫里,穿露脚的鞋。脸完全是人脸,圆而强健,下颌上有一小撮胡须,唇上方有一长条淡淡的胡子,除此之外,脸是光滑的。眼小而斜,专注地望着前方。皮肤为丝绸自然的灰色,晕染有微红的粉色。

头盔顶上的宝石和圆形绿色项光以上的部分均缺失,但左侧残留有紫色云朵。弓两端弯曲。箭上带羽毛,镶有叶形金属片,类似 M.Tagh.b.007,箭头已缺失。脚下的魔怪身体十分扭曲,趴在地上,右手托着自己的下颌,下颌几乎挤到了鼻子。

天王的着色较沉静,保存良好。主要颜色有很深的绿棕色(披巾、铠甲边、胸甲地、护胫和覆膊)、绯红色(铠甲下摆、袖子、胸护、覆膊和护胫),鳞片甲绘成黄色和红色。

画幅 1 英尺 7 英寸×7 英寸,加饰带长 4 英尺 10 英寸。图版 LXXXV。

Ch.xxvi.a.003.　彩绘丝绸幢幡。保留有蓝绿色绸制的三条底边饰带,其他附件以及画面上部和中部均缺失。底边饰带曾从幢幡主体上脱落,后来又粗略地用草缝上了。残余下来的画面色彩不太清楚,但场景较完整。

画的内容:佛本行故事。

场景 1:可能是净饭王派使者追自己的儿子(不完整)。左侧是净饭王坐在敞开的亭中的台子上,双臂伸出,似乎在急切地遣走什么人。他前面有张矮桌子。右边站着四个躬身的朝臣,手放在胸前,眼睛看着三个使者。使者手持旗子,骑马沿前景中一条蜿蜒的路奔驰而去,路两边是岩石。也可能上边的一群人画的是净饭王在向朝臣们讯问为什么王子失踪了,而骑马的送信人可能属于另外一个场景。

场景 2:车匿和犍陟迦告别王子。场景中只保留有王子和车匿的头及一匹马。马是白色,红鬃、红尾,前腿跪在地上。王子画成了一位中国显贵,头发黑而短,表情严肃,年纪较大,长有小胡须,戴方形高帽(未着色),穿有袖的外衣,外衣不完整。车匿只有头部保留了下来,戴的帽子与王子类似,但要小些。

场景 3:犍陟迦回到迦毗罗卫国。它站在挂着帘帷的亭前,马上未骑人。两个妇女,可能是耶输陀罗和波阇波提,从亭中出来向马走去。前面的妇女伏在空鞍子上,表情悲伤,另一个以手拭泪。一个男子从左边跑出来,可能是个仆人,持旗子。未画车匿。

建筑、服装和整体风格完全是中国式。场景 1 中的男子穿长外衣,系腰带,头戴黑色幞头,与 Ch.xx.008 一样。净饭王穿内袍和宽袖外衣,场景 3 的仆人也是这种装束。妇女穿常见的裙和长袖外衣(见 Ch.0039),头发梳成两个高而硬的环,如 Ch.xxvi.a.004 中的"妻子"一样。本画和 Ch.xxvi.a.004 笔法一样,可能属于同一系列。各场景之间用低矮的山脉隔开,背景中点缀有小植物。除白色外,本画中只用了红色和绿色:红色用于涂某些人物的外衣、亭柱子、帘幕、犍陡迦的鬃和尾以及植物上的小花;暗绿色用于涂零星出现的高草和各场景之间的山脉。场景边上有三个黄色题榜(无字)。

以同类场景为题材的作品参见 Ch.xx.008、xlvi.004 和 007、lv.0012、lxi.002。

上面一块残片长 1 英尺,底下的长 8 英寸,均宽 $7\frac{5}{8}$ 英寸。饰带长 3 英尺 2 英寸。

Ch.xxvi.a.004. **彩绘丝绸幢幡**。有几处已破损和变色,除此之外保存较好。所有附件均缺失。可能与 Ch.xxvi.a.003 属于同一系列。

画的内容:七政宝。顶上是八角轮,立于盛开的粉边莲花上,莲花又置于底座上。底下左右各是置于莲花上的宝石和密封的盒子(密封的盒子代表"司库"或"大臣")。宝石为绿色,三瓣状,顶上生出金字塔形火焰。密封的盒子为矩形,四角上均有发光的宝石。再往下,左边是"将军",右边是"妻子",二人相对。"将军"大步向右行,穿有袖的鳞片甲,腰系腰带,铠甲长达膝部以下。脚穿长靴,头戴紧箍的头盔,项上有护喉甲,头盔和护喉甲均为鳞片制成,在脖子底下与身上铠甲相连,只把脸露在外面。腰带前面悬着一个大箭囊(?)或剑鞘,有圆形的开口,细颈,形如楔子。右手持矛,矛上有红色三角旗,左手持扁平的红色盾,形如小斧。脸圆,眼直,睁得很大,胡须是弯曲的。

"妻子"站在他对面,穿汉族妇女的曳地长裙和宽袖上衣,双手丁胸前笼在袖中。脸圆,眼睛和眉毛都是直的,尖鼻子,玫瑰色脸颊。头发上系有金色发带。头发在头顶梳成高而硬的两个环,两环僵硬地向下垂,又在后脖领处收回头顶,参见 * Ch.0051 等中的韦提希王妃。

再向下是白象,呈向右的侧面像,身子很长,腿很短,画得比例失调。尾巴分叉,象牙从下颌向上生出。象背上是一块鞍布,鞍布上放着莲花和发光的珠宝。

最底下是马,四分之三向左,有全套鞍具。高高的马鞍(一部分已残)上悬着剑鞘。尾长,鬃毛轮流剪成短毛和向下垂的长毛。马身子也很长,画得不果断,轮廓线摇摆不定,尤其是腿部。瘦瘦的小腿连着硕大的关节和蹄子。

颜色局限于红色和橄榄绿色,目前均已变暗。红色用在莲花瓣、火苗、三角旗、盾、"将军"铠甲上的带子、"妻子"的外衣、马的鬃毛和尾巴上,橄榄绿色用于底座、宝石和把各组分开的波浪线上。每边各有三个题榜。法轮下有一个题榜,都是黄色,其中均无题识。此题材的画参见 Ch.00114、00471 及本书第二十三章第四节。

2 英尺×7$\frac{3}{4}$英寸。图版 LXXV。

Ch.xxvi.a.005. **彩绘丝绸幢幡**。除重垂板缺失外,所有附件均保留了下来,但保存得很差。顶饰的黄绿色绸边尚完整,但顶饰内部(原本绘有植物图案)几乎全已损坏。画面上端已与主体分离,未加工的边又被重新缝在竹竿上。左边饰带为褪色的蓝绿色丝绸,用黑色和上过光的白色印泥印有花朵和昆虫图案。右边饰带是绿色素绸。四条底边饰带为深蓝色绸,印有像左边饰带那样的图案,并用绿绸打过补丁。

画的内容:护法金刚,属于中国魔怪类型,参见 * Ch.004 下文字。金刚面朝观者而立,上半身和头四分之三向右转。右手于身侧紧握金刚杵,左臂于肘部向上弯,握拳。右脚上翘,只有脚跟立在地上,露出脚底。

总的来说,此画风格类似 Ch.004,但水平次之。颜色基本限于红色(或深粉色)和绿色。短裙为红色,晕染有橘红色;披巾和饰带正反面分别为红色和绿色;宝石为红色和绿色;项光浅绿色,有红色火焰边,上方有红色和绿色云;脚下莲花为淡淡的红色,勾以深些的红色轮廓线。人物肩很高,很强壮。脸粗糙不平,表情严肃而阴沉,太阳穴突出,前额两侧秃顶,眼睛虹膜为绿色。

皮肤为丝绸的棕色本色,但到处用毛笔画有刺目的粉红色,脸部也如此。

这种处理方法似可追溯到 Ch.i.004、Ch.004 和其他金刚像中,其目的是表现突出的肌肉。但此画中这种画法成了毫无意义的粗糙的粉色网格,网格的线条和着色均粗劣,是此画最引人注目的地方。在其他金刚像中此画法不那么引人注目,一部分原因在于别的画用的不是粉红色,而是淡得多的颜色。

画幅 2 英尺 1 英寸×7$\frac{1}{8}$英寸,全长 5 英尺 10$\frac{1}{2}$英寸。

Ch.xxvi.a.006.　彩绘丝绸幢幡。与 *Ch.xxvi.a.007 属于同一系列。画面上端已缺失,除残留有蓝绿色底边饰带外,所有附件均缺失。保留下来的部分基本完整,颜色保存良好。

画的内容:东方持国天王。是典型的印度风格,见 *Ch.0010 的总说明。印度风格的处理方法比 *Ch.0035 等中国风格天王僵硬得多,有几例甚至画得很机械(如 Ch.0085、xxvi.a.001)。人物一般面朝观者而立,经常一只脚比另一只脚高,较高的那条腿弯曲,重心放在另一侧的臀上(如 Ch.xlix.007)。这样,从正面看衣服就特别对称,裙褶和披巾末端的处理方式更增强了对称的效果。

此类人像腰细长,头一般挺直,面朝观者,但有时也呈四分之三侧影 。脸是非汉族类型的人脸,眼睛一般奇形怪状。在 Ch.xxvi.a.006、xlix.007 中眼睛是正常的人眼,几乎成一直线。

在 *Ch.0010 的总说明中已描述过此类人物的服装及其与中国类型的主要不同之处(*Ch.0035 为中国类型)。印度风格天王的铠甲形如外衣,有长下摆,腰前面有护身围裙,臀上有皮片。脚上紧裹着黑鞋,鞋上或无花纹,或饰有金饰。均不穿草鞋、麻鞋和披风。胸甲一般从腋下围住上身,用皮带子系在肩上,如 *Ch.0035 一样。但有时皮带并未露出来(Ch.xxvi.a.006、xlix.007),有时胸前是越过两肩的胸铠(*Ch.0010、xxvi.a.001),还有的作品中把胸甲和胸铠两种形式结合了起来(Ch.0085、lxi.001)。

各个天王幢幡下的文字中分别描述了其护胫、覆膊、头盔和头饰的形状。在更具印度风格的幢幡中,项光一律为无花纹的绿色圆盘,有一圈紧贴着圆盘的火焰边,旁边无云卷。但在一两件混合风格的作品中,项光无火焰边(如

*Ch.0010），有的则也画上了云卷（如 Ch.lv.0046）。在另一件混合风格的作品中，项光为白色，顶上是火焰（Ch.lxi.001）。Ch.xlix.007、lv.005 中有华盖的残迹。

Ch.xxvi.a.006. 天王面朝观者而立，脚踏坐姿魔怪的手和膝，头转向右肩，体重放在右腿上，左侧放松。双手持一根箭，左臂上挂着弓。铠甲长达大腿中部。上身和肩上鳞片为圆形，向下彼此压住；下摆鳞片为矩形，未画明其重叠方式。两肩上都有一根短莲花茎，莲花上托发光的珠宝。

头颈外面裹着无花纹的皮制头盔和香肠状领子，头盔边缘在耳际向外弯成弧形。头盔和领子与 Ch.lv.0017 一样。腰带中央是一个皮制（？）饰物，形如有角的兽头。臀上皮片为虎皮，前面的围裙也是皮制。裤子扎在护胫中。护胫由整块皮革或片状甲构成，小腿上镶嵌有 *Ch.0010 中所述的杂色圆盘。覆膊画成一条条横向条纹。鞋底周围镶有金边和金饰物。

脸严肃而不愤怒。又长又直的尖鼻子如同高加索人的鼻子，眼睛窄长，唇上方的胡髭窄而长，颌下和两腮有短须。手指细长。项光上端以上均缺失。

颜色保存良好，最主要的颜色有两种，即黄色（鳞片甲和头盔）和绯红色（领子、头盔边和铠甲）。虎皮和铠甲下摆是把黄色和绯红色杂糅在一起。胸甲、兽头面具、铠甲的皱边和披巾正面为橄榄绿色，腰带和披巾反面为深棕色，胸带、裤子、铠甲下摆的反面和上臂的袖子为白色。肤色为温暖的粉红色，仔细地晕染有红色。

从画面大小、边、底下由长菱形构成的带子、饰带以及整体工艺看，此幢幡属于 *Ch.xxvi.a.007 系列，与 Ch.xliix.007 是一对。

其他印度风格的天王像见 Ch.00107、00469 和 lv.005。

1 英尺 $3\frac{3}{4}$ 英寸×5$\frac{3}{4}$ 英寸。图版 LXXXVII。

Ch.xxvi.a.007. 彩绘丝绸幢幡。为印度风格，使人联想起 *Ch.lv.004。画面上端和附件均缺失，余下的部分保存良好。

画的内容：文殊菩萨，参见 Ch.lv.0030。四分之三向右立于模式化的莲花之上(花为粉色和白色,花心为黄色)。右手持剑,剑搭在肩上,左臂从肘部抬起,左手伸出,手心朝上。腰很细,身体的曲线与 * Ch.lv.004 系列画类似,脸也属于同一类型。腿上穿画得刻板的长裙,长裙画成一条条绿、红、黄、白色,长裙里面穿巧克力棕色短裙。腰带为粉色和白色,饰有漩涡状花纹,腰带两端为绿色和黄色,披巾为巧克力棕色和黄色,胸前有红色胸巾。从肩上挂下来一条发绿的蓝色窄璎珞,长达膝部,或双层,或三层,上面有白色点,并串着两个菱形金属饰物。无脚镯或臂钏。头饰为一个小环形,嵌有三个高高的三角形金饰,耳际有莲花。头发在头顶梳成锥形高髻,肩上垂着松散的发卷。皮肤均绘成深橄榄绿色,耳朵内部、唇、手掌和足底有红颜料的痕迹。椭圆形项光和右上角的空白题榜之间的东西似乎是一条蛇的尾巴。同一系列的其他画作见 Ch.xxvi.a.006、009、0010、0012 和 xlix.007。

1 英尺 $3\frac{3}{8}$ 英寸×5$\frac{3}{4}$ 英寸。图版 LXXXVII。

Ch.xxvi.a.008. **彩绘幢幡**。画面上端、顶饰和两边饰带均缺失,重垂板和深棕色绸制成的底边饰带保留了下来。画面残破不全。

画的内容:菩萨,属于 Ch.002 类型。四分之三向左立于两朵莲花之上(只有左脚下的莲花保存了下来),右臂从肘部举起,手伸出,掌向上,中指和无名指弯曲,左手施论辩印。头饰上有粉色莲花蕾。纱本身是很深的棕色,画面的着色主要是淡蓝和猩红,但有不少已脱落和变暗。菩萨头左侧有深粉色题榜,无字。

画幅 1 英尺 $10\frac{1}{2}$ 英寸×7$\frac{1}{2}$ 英寸,加饰带长 5 英尺 4 英寸。

Ch.xxvi.a.009. **彩绘丝绸幢幡**。与 * Ch.xxvi.a.007 属于同一系列。画面上端缺失,除残留有蓝绿色底边饰带外,所有附件均缺失。稍有破损,颜色已模糊,但除此之外保存良好。

画的内容:菩萨(未明其身份)。面朝观者立于一朵粉色和白色莲花上,右手垂于腰下,左臂从肘部抬起,手伸出,掌向上,双手中指和无名指均弯曲,其余手指伸直。脸宽,额低,鼻宽,目光下视,表情温和。服装和发型属于更具中国风格的 * Ch.002 类型,但没那么繁复,着色也没那么透明。工艺似与同一系列中的其他幢幡一样。顶髻为双叶状,头饰只是条发带,前面饰有宝石,耳朵上方饰有莲花蕾和白饰带。袍长而宽大,在膝部像 Ch.0081 一样提了起来,两边的衣褶则曳于地上。袍为鲜艳的橘红色,上罩白色小罩裙。内衣上部为红色,脚上露出的内衣为白色。披肩似的披巾为深紫色和橄榄色。无耳环或链子。皮肤上残留有粉白色颜料。项光圆形,画成红色和绿色同心圆。腰带末端精巧地垂在莲花座上方。中国风格的影响不仅可见于菩萨较复杂并较舒展的服装上,而且可见于对尖尖的手指和腰带末端的处理上,这些模式均属于 * Ch.002 类型。

1 英尺 $3\frac{1}{2}$ 英寸×$6\frac{1}{8}$ 英寸。图版 LXXXVII。

Ch.xxvi.a.0010. 彩绘丝绸幢幡。风格与 * Ch.xxvi.a.007 相同,与其属于同一系列。画面上端缺失,除残留有蓝绿色底部饰带的顶端外,所有附件均缺失。

画的内容:持贝叶经的菩萨,可能是观音或文殊。菩萨面朝观者立于一朵绿边的白莲花上。右臂垂于身侧,拇指、食指间轻捏着披巾的一角,左手于胸前持贝叶经。身体轮廓十分女性化,上身向左臀挺出,这是典型的印度姿势。

下身穿宽大的黄裙,晕染有红色,裙边为橄榄绿色,在腿中间和两侧形成模式化的衣褶。裙顶部在腰上翻转过来,形成了一个长达大腿中部的深粉色罩裙。罩裙外系很宽的布腰带,腰带围住臀,在身前打成结,两端飘至膝部。胸前是红色胸巾,肩后有打成结的白色衣物。披巾为橄榄色和巧克力色,刻板地从手臂上卷垂到地上。头饰前有一座小塔,上臂饰有大臂钏。其他首饰有常见的项圈、耳环、手镯、脚镯。头发为黑色,梳成一个锥形高髻,但头顶已残,很多头发垂在肩后。皮肤为温暖的粉红色,晕染有深些的粉红色,勾以黑色轮廓线。脸很像 Ch.xxvi.a.009,但下颌没那么长,眼光没那么低。项光圆形,画成两圈已模糊的绿色和红色同心圆。衣纹十分模式化,右臂过长,右手过大,但其他线条则优雅而比例和谐,是典型的印度类型。右边有空白题榜。

1 英尺 $3\frac{1}{2}$ 英寸×6 英寸。图版 LXXXVII。

Ch.xxvi.a.0011.　**彩绘木板残片**。背面盖有帆布,涂黑漆。画面大多已剥落,只残留下来两边一些小场景的痕迹,包括一些站立或跪着的穿汉族红外衣的人,并残存有汉文题识(不可识读)。画的可能是对圣物的崇拜,与大绢画 * Ch.0051 等两边的条幅一样。中间有两个铆钉孔。$10\frac{3}{8}$ 英寸×$3\frac{3}{4}$ 英寸。

Ch.xxvi.a.0012.　**彩绘丝绸幢幡的底部**。残留有蓝绿色丝绸制成的两条底边饰带。显出一个立佛的双脚,立于莲花之上,花心为绿色,只有一层下垂的深粉色花瓣。垂在脚上的僧祇支为橄榄绿色,有深粉色边。工艺粗糙。

从其大小、风格、饰带及底下一排长菱形框中的装饰性花朵看,显然与
* Ch.xxvi.a.007一样,属于印度风格。$3\frac{1}{4}$ 英寸×(宽)$5\frac{1}{4}$ 英寸。

Ch.xxvii.001.　**彩绘幢幡**。顶饰和幢幡主体为一块纱,顶饰镶边为发绿的蓝色绸,两边和底部饰带也是蓝绿色绸。顶饰有多处破损,上面画有置于莲花上的珠宝,底下画有帷幔,饰有漩涡状和锯齿状条带。幢幡的画面保存较好,但色彩十分模糊。

幢幡主体画的内容:佛本行故事。为中国风格,画面之间以小山脉隔开。场景 1 和场景 3 的题材在其他画作中均未出现过。

场景 1:宣布皈依。前景中有五个弟子鱼贯而行,挥手作狂喜状。服装与 Ch.xx.008 中类似,穿猩红色和绿色长袍,系腰带,穿长靴,戴黑色幞头,外衣的袖子很长。背景中是陡峭的山脉。上面,在形如铃铛的雷电之中有一个金刚,头戴叉形头饰,左手持铃(?),立于红色云卷上跺着脚,挥舞着手臂,跳着胜利的舞蹈。金刚矮小粗壮,只系条红腰布,除此之外全身赤裸。

场景 2:苦行生活。在峥嵘的岩石间的洞中,释迦牟尼坐在铺着树叶的座位上禅定,只系条红腰带,形容枯槁。前景中是一对鹿对向而卧,这对鹿可能

本是用来表示另一个场景即鹿野苑(旧称贝拿勒斯,位于印度北方邦东南瓦腊纳西城——译者)的"初转法轮"。

场景3:在尼连禅河(今名法古尔河——译者)中洗浴。画的是形容依然枯槁的释迦牟尼扶垂柳枝过河,垂柳枝弯得恰好让他够得到。一个天神(可能是树神)从云端躬身看着他,天神的服装类似菩萨。佛与天神均无项光,但此场景和场景2中的释迦牟尼均有肉髻。

笔法与Ch.xxvi.a.003一样比较粗略,着色轻淡,只有风景中的橄榄绿色、暗棕色以及服装上的少量红色,云是红色或深粉色。只有红色依旧新鲜。

不论正看还是倒着看,各场景都不是按时间先后排列的。场景2底下的鹿使人想起鹿野苑中的"初转法轮",本来"初转法轮"该排在顶上的"皈依"之后。但场景2本身肯定画的是释迦牟尼在优楼频螺苦行林附近的六年苦行生活,此场景自然该在场景3的过尼连禅河之前。

上面两个场景的旁边有两个黄色题榜(空白)。以释迦牟尼苦行为题材的作品见Ch.lv.0012。

除去约长25英寸的项饰,画幅为2英尺8英寸×7$\frac{1}{2}$英寸,加饰带长5英尺10英寸。图版LXXVII。

Ch.xxvii.003. **彩绘丝绸幢幡**。边已破损,保留有顶饰和两侧饰带。顶饰为柔软的未染色素绸,边上镶有类似Ch.309那样细密的印花绸。饰带为细密的暗蓝色纱,像Ch.00344那样织成多孔的菱形图案,吊带为已褪色的粉色绸,吊带的织边和两侧有成缯的未加工的丝绸,为黄色、绿色和橙红色。

画的内容:菩萨(未明确其身份),风格和工艺属于*Ch.001类型。菩萨四分之三向右立于白莲花之上(花瓣尖和花的轮廓为鲜红色),右手垂于身前腰下,中指、无名指弯曲,左手于胸前施论辩印。上身柔软、优美、向前倾斜,但同腿相比上身过长。飘到脚踝上的裙的线条也突出了上身向前突起的曲线。头大,稍向前倾,肩很高,所以整个人物给人的感觉似乎是个矮子。

菩萨未穿僧祇支或披巾,戴项链,项链上挂有宝石链子、胸饰和几条饰带。

金领子里面还有条珍珠项链。胸前是轻盈的胸巾。臂上饰有臂钏,臂钏朝外的地方有个圆形盾状饰物。腕戴双圈手镯。头向下弯,脸是模式化的"汉传佛教"类型,低额,大鼻子(简直像罗马人的鼻子),小下颌向后收,长着成缕的胡须。眼修长,但用半圆形线沿内眼角标出了眼珠的位置,给人以眼很大的感觉。

着色主要是用透明的着色法涂的浅粉和绿色。裙是粉色,有绿边;胸巾是淡淡的橙红色,有粉色花朵图案;饰带和宝石为橘红、绿和粉色;皮肤均精致地画成粉色;耳内侧、手、足底、下眼睑边、上唇、眉间琉璃珠为红色;胡须、眉毛是在黑墨线上再涂绿色。颜色清晰,保存良好。类似作品为 Ch.lv.0019。

画幅 2 英尺 $10\frac{1}{2}$ 英寸×$10\frac{1}{8}$ 英寸,加顶饰长 3 英尺 $7\frac{1}{4}$ 英寸。

Ch.xxvii.004. 　**彩绘麻布幢幡残片**。有汉文题识,保留有顶饰的镶边和吊带,破损较严重。

画的内容:观音。面朝观者而立,右手于胸前施论辩印,左手置身侧。服装、发型等为 * Ch.002"汉传佛教"类型,着色有绯红和灰棕色。工艺精良。约 3 英尺 8 英寸×10 英寸。

Ch.xxviii.002. 　**绢画残片**。来自与 Ch.xxxvii.003 一样的人像上半部。上边成弧形,可能与 Ch.xxxvii.003 一样是个大拱形。所用材料是细密的绿纱,衬有纹理粗糙的米色绸。背景稍有点脏污,但保存基本良好。

右下方是个华盖,饰有精美的帷幔和珠宝,流苏在飘动,表示人物正在运动。左边飘飞的云上有个飞天,面朝华盖,腿收起,手臂举起,似在祝福。上面朝左飞着两只凤凰,头如雄鸡,巨大的扇形尾巴拖在身后,上面一只凤有冠。剩下的空间中填补以莲花和卷云。

除模式化的华盖外,画面自由、大胆、轻盈,有动感,十分优美,这在飞天的身上表现得尤其明显。她的长披巾卷成卷,一直垂到下面很远的地方,增强了高飞在上的效果。但毛笔线条很草率,这幅画显然是让人隔远了来看的,多处细节十分粗略。比如,如果仔细看的话,飞天的手和臂完全是扭曲变形的。但飞天的脸画得很清晰,充满个性。着色主要有绯红、蓝和橘红(华盖)和绯红、白、蓝和铜绿(云)。凤凰画成一条条的红色和黄色,胸前是白色;飞天的裙是鲜艳的绯红色和绿色,披巾是黄色和深棕色。

2英尺1英寸×1英尺5英寸×2英尺(最宽处)。图版 LXXVI。

Ch.xxviii.003. **绢画**。画的是旅行者的保护神、六道轮回之主、地狱灵魂的保护者地藏菩萨及从者。整幅画已描摹好,但只有几处涂了浅绿色颜料。丝绸为浅野蚕丝色,保存良好。其他以地藏为题材的作品见 *Ch.0021 之下的文字。

地藏菩萨面朝观者坐于莲花之上,莲花置于长方形底座上,底座顶部向外突出。地藏右腿盘起,左脚踏一朵小莲花,右手抬起,托水晶珠,左手持锡杖。服装、项光、背光、华盖、石头香案与 *Ch.lviii.003 一样。香案左右有个跪着的和尚和一头蹲坐的狮子。

沿两边坐着地狱十王。其中九个戴 *Ch.0021 中的那种官帽,持纸卷轴,第十个穿铠甲、戴头盔。每个大王旁边都站着两个侍从,双臂交叠,怀抱纸卷轴,穿长裙、宽袖上衣。侍从的头发从中间分开,在头侧梳成两堆,底下还有一些呈环形的头发(参见 Ch.00355,那里的侍从也有女性特征)。

从地藏背光的上部飘起六道光芒,本意是在光芒上画代表六道的形象,但这些形象并没有画上。

两边有 12 个空白题榜,无供养人或献辞。

1英尺11英寸×1英尺7$\frac{3}{4}$英寸。

Ch.xxviii.004. **绢画**。画的是 11 面六臂观音,无从者。镶边已缺失,画边均已残破,但色彩十分鲜艳、丰富,保存完好。

观音盘坐在莲花座上。上两手分别托日月轮,日轮中有三足鸟,月轮中有长生不老树,涂成厚厚的黑色,还有两个简略的符号,代表的是兔和蟾蜍。中两手分别于胸前施论辩印。下两手置于膝上,向外伸出,掌心朝上,拇指和食指相碰。11 个头的处理方式与 *Ch.00102 相同,成侧影的两个头分别是黄绿色和蓝灰色,化佛头是黄色,粉红色面颊。其余的头和身体为粉红色,晕染有鲜艳的橘红色。

背景中点缀有猩红色和白色莲花,衬托在很多叶子之中。左上角有矩形黄色短题榜,其中依稀有题识的残迹,已不可识读。线条粗放而大胆。此画的主要特点是其丰富的着色。着色有皮肤、裙及胸巾上鲜艳的橘红色,披巾上的深靛蓝色和浓重的铜绿色(披巾在手臂之间形成扁而宽的弧形线),还有耳环、手镯、硕大的项链和臂钏上明净的淡黄色,头发、眼睛、眉毛以及所有轮廓线均为黑色。华盖、背光、项光、莲花座上混杂了所有这些颜色,另外还添了印度红色和更浅的蓝色。1 英尺 7 英寸×1 英尺 3 英寸。

Ch.xxviii.005.　纸画残片。画的是个简化的曼荼罗,可能是阿弥陀佛曼荼罗。佛右侧保留了下来,右手持化缘钵,头已残缺。旁边站着观音,持柳枝,柳枝立于肩旁。观音画得极差,服装、宝石、头饰是印度菩萨类型。左上角本来有一个手绘的边,饰有黑色的中国式波浪纹。左下角有一个女供养人像,双手合十而跪(未着色)。着色有红、灰、黑色,佛皮肤为橙黄色。工艺既粗略又粗心,比如,观音的右脚画得像是左脚,只有四个脚趾。1 英尺 $4\frac{1}{2}$ 英寸×1 英尺。

Ch.xxviii.006.　大绢画。有汉文题识,画的是千手观音及随从的神祇。除底边不全外,其余部分均完整,有手绘的花边,边上画有牡丹、锦葵(?)和莲花,花边地为红色。没有镶边。保存得极好,颜色十分清晰。

千手观音的设计和处理与 *Ch.00223 等一样,此画中一个发白的圆盘围住观音及其光环。背景被分成上下两部分。上半部分是淡淡的浅蓝色,已基本上脱落,露出浅绿灰色的丝绸本色。底下则是深龙胆蓝色。前者代表的是天空,点缀有金色小星星和飘落的双层莲花和锦葵花。后者代表的是铺了琉璃的地面,由金色窄线条分成方块,方块中有模式化的星形金色图案。

观音的从者就分散在这样华丽的背景上,详情如下:

(i,ii)右上角和左上角堆叠的云上分别是日光菩萨和月光菩萨,均呈坐姿,手臂从肘部向两边伸出,手中垂下莲花。日月轮也如往常一样,分别有火焰边和白色镶边。但此处有火焰边的圆轮中,神乘的是马,而白边圆轮中神乘的是鹅。

(iii,iv)观音所坐的莲花放在铺琉璃的地面上。莲花右边跪的是婆薮仙,手举在头顶,似在行礼;左边跪的是功德天,托着一盘花。功德天的服装与其他同题材的画作相比稍有不同,穿一条朱红色和蓝色裙,裙上有花点,裙像菩萨的裙一样从臀部垂下。上身穿无花纹的粉色紧身上衣,肘部有蓝色的皱边,底下的袖子为绯红色。头发向脑后梳成高顶髻,无装饰。

(v,vi)水池中站着两条穿铠甲的龙(没有蛇的特征),腿都浸在水中,托着围住观音的圆盘。

(vi,viii)左下角和右下角是昂首阔步的红色和蓝色火头金刚,持常见的法器,身后是火焰。一个金刚面前跪着一个象头怪,另一个金刚面前跪着一个熊头怪。

观音只有一面。皮肤暗粉黄色,头发浅蓝色。"千手"也是粉色,比其余皮肤上的粉色要深些。所持法器中最引人注目的有月轮,其中清晰地显示出传说中的树、蟾蜍、兔和臼;左边有一只手上还拿了个形如蛇发女怪的盾牌。此画技艺精湛,保存得极好,所以几乎可以清楚地看见所有法器。头周围的项光形如许多发光的矛,是一系列带尖的光芒线叠加在一起,光芒线精妙地涂成闪光的浅龙胆蓝色和铜绿色,并用了两种深浅不同的粉色。莲花座的花瓣上也用了这些夺目的色彩。莲花瓣的轮廓线、所有人物的首饰、香案的流苏以及观音粉红袍的衣褶都是金色。

整幅画面只有三个题识:婆薮仙前有一个,蓝色金刚前有一个,观音外的圆盘边上也有一个,其中都是神的称号(这是作者的错误,实际上他所述的第一个题识写的是"火头金刚⊔⊔",第二个题识是有关水池中的龙,第三个题识写的是"婆⊔先"——译者)。其余的题榜均空白。

工艺高超,整幅画的细部刻画十分精湛。装饰似乎太多了,即便水池的里墙上也满是小花和漩涡饰图案,连婆薮仙都穿有花点的短裙,戴全套首饰。装饰过多使画面很难激发人的想象力。但此画着色明快,背景中全是花和星,作为一件工艺上完美无缺的装饰性作品,它占据着很高的位置。

四面是写实风格的花边,人物之间相距较远以突出背景,这些特征表明它可能比*Ch.00223 系列作品年代要晚。

5 英尺 6 英寸×3 英尺 $10\frac{1}{2}$ 英寸。图版 LXIV,《千佛洞》图版 XLII。

Ch.xxviii.007.　白描绢画。画在破旧不堪的锦缎上,有汉文题识。画的是真人大小的菩萨,面朝观者而立,服装和发型属于 Ch.lv.0032 印度风格。右手、右臂、双脚以及整幅画面底部均缺失。每边都有 0.25 英寸宽的线,其中写有题识,线是用黑灰色印泥印成的。三角形顶饰是同样的锦缎,与主体连成一块,描摹有坐佛,边上镶有 3 英寸宽的厚花绸边。

用的是一整幅的锦缎(幅宽 2 英尺)。锦缎本是发红的粉色,褪色成了浅铁锈红色,很薄,不结实,已碎成了片。地为平纹,图案为斜纹。锦缎两边各有一条植物网格状带子,由相连的茎构成,离锦缎边有 5~6 英寸,上面长着成对的弯曲的叶子,叶子向锦缎边生长,茎上还有向锦缎中心生长的金字塔形花朵。中间是四个一组的鸟绕着四瓣花向里飞。所有图案均很模式化。

顶饰的花绸边与 Ch.0076 等织法相同,经线细,纬线宽而软。正面褪色得已看不清颜色和图案,从反面看得出地曾是淡蓝色或发蓝的白色,织有橙红色圆形花"点"。"点"直径约 4.5 英寸,排成横排,横向相距 1 英寸,纵向相距 3 英寸,一行中的花心对应于上下行两花之间的空隙。"点"中心似乎是四叶形,从四叶形中呈放射状生出四朵蝴蝶形花,花瓣尖上伸展出漩涡状卷须,四朵花之间有四只小鸟向中心飞去。纬线中有鲜艳的橙红色,但未在保留下来的表面出现过。

花绸约 5 英尺 2 英寸×7 英寸。整幅白描 12 英尺×2 英尺,加顶饰约长 13 英尺 2 英寸。(锦缎图案)图版 CXXII。

Ch.xxx.001.　彩绘丝绸幢幡。残破不全,残留有顶饰、一条侧边饰带和两条底边饰带,均已残破不堪。附件由深浅不同的灰色或棕色绸制成,顶饰内部已缺失。

画的内容:菩萨,四分之三向左立。左手伸出,置于胸前,手掌向上,拇指、中指、无名指相碰;右手在左手之上,手掌向下,中指朝下弯。基本风格与 *Ch.002一样,但工艺次之。脸部画得粗糙难看,低额,双下颌向后收。颜色主要有白色(裙及脚下的莲花)、绯红色、蓝灰色、绿色,勾有粉红色轮廓线。颜色脱落了不少。

画幅 1 英尺 8 英寸×7 英寸,加饰带长 3 英尺 2 英寸。

Ch.xxx.002. 标有日期的版画。年代为公元 947 年。与 Ch.00158 印自同一印模,印得较好。顶上有三个纸带以便悬挂。印模大小为 1 英尺 $3\frac{1}{2}$ 英寸×$10\frac{3}{8}$ 英寸。

Ch.xxxiii.001. 绢画。有汉文题识,画的是释迦牟尼或阿弥陀佛及从者和供养人。完整,有深紫色绸边,但表面已破旧。

佛盘坐,右手施论辩印,左手于胸前持红色莲花蕾。头上方的树上挂有华盖,前面铺琉璃的地板上放着香案。无水池。从者或坐或立,均双手合十。据题识来看,从者如下:(i)两个佛弟子,有项光。左边(佛右边)的弟子肤色粉白,五官正常,着橘红和绯红袍,此为目犍连。右边的弟子五官怪异,嘴张开,眼大,着绯红色和黑色袍,此为舍利弗。参见 *Ch.00102中侍从观音的类似人物。(ii)两个菩萨,袍为 *Ch.002 风格,左为虚空藏,右为宝檀华。(iii)两个菩萨,袍为 *Ch.lv.0014 风格,题识要么已剥落,要么本就未写上去。

底下是献辞,有七八行,几乎已剥落。左右是供养人,左边跪着一个男子,右边跪一个妇女。男子身后站着一个年轻男子,女子身后站着一个小女孩。两个供养人的服装和头饰与 *Ch.00102 一样。小女孩着长裙、黑外衣,头发在头两侧梳成两卷,头卷向后突出。

着色有绯红、橄榄绿、灰、黑,地为棕绿色。工艺水平一般。题识是由亚布基先生识读的。

2 英尺 3$\frac{1}{2}$英寸×2 英尺,加边后为 2 英尺 6$\frac{1}{2}$英寸×2 英尺1$\frac{1}{2}$英寸。

Ch.xxxiii.002. **绢画**。画的是千手观音。无镶边,除此之外均完整,保存良好。对观音的处理与 *Ch.00223 下所述的系列作品一样。由于画幅较小,观音的从者减少到了四个:左上角和右上角分别是日光菩萨和月光菩萨,左下角和右下角各有一个供养人。

日月菩萨分别乘鹅和马,日光菩萨所乘的鹅是猩红色和白色,月光菩萨所乘的马是猩红色或深红色。二者身后的圆盘都是蓝色,日轮有鲜红的宽边,月轮有白色宽边。

供养人:左边是一男子,右边是一女子。女子画得很优雅,但已剥落了一部分。穿汉族妇女服装,其服饰基本上属于 *Ch.00102 中所见类型,但更简单,未戴首饰,头发上也无针饰。上衣不是黑色,而是洋红色,袍为绿色,外衣和袖子的衬里未画出来。男子头上不是黑帽,而是有帽舌的黑色幞头,与 Ch.xxxviii.004 净土图两侧小条幅中人物一样。

工艺不错,笔法整洁。颜色保存较好,而且比较有特色。观音皮肤上用的是一种很特别的绿棕色,晕染有杏黄色,这使观音像产生了一种青铜像的效果。另外两种主要颜色是华盖、莲花座、袍、法器上的鲜艳的浅洋红色和深蓝色。以上这三种着色使此画很引人注目,从色彩上来讲可以与 Ch.00101 的东方药师佛像媲美。

观音只有一面,头饰前有化佛。头发为深蓝色,首饰除头饰外为无光的浅蓝色,宝石为深蓝色,头饰红棕色。脸上有一处已变色。法器与 *Ch.00223等相同。上有华盖,下有水池,都经过压缩,以便能挤在画幅之内。

2 英尺 7 英寸×2 英尺$\frac{1}{2}$英寸。

Ch.xxxiii.003. **大绢画**。画的是阿弥陀佛净土(或释迦牟尼净土),两边像 *Ch.0051 一样,画的是阿阇世王的传说和韦提希王妃观佛,整体构图和作品风格也与 Ch.0051 相同。已破损,有多处褪色,尤其是在上半部分,最顶端和最底端缺失。两侧小条幅外有暗紫色条带,模仿织锦画,有白色小花图案。

中央佛损坏了不少,头发为蓝色,右手似施论辩印,左手张开,置于右手下。两个胁侍菩萨垂双腿而坐,靠向佛的手中均托蓝色玻璃碗,碗中是莲花蕾(一朵为猩红色,另一朵为浅蓝色和紫色),另两只手施论辩印。供养菩萨大多也持猩红色和紫色莲花蕾,也有的双手合十。

香案前有个舞伎,四周是六个乐师,正在演奏拍板、笛、箜篌、直线型笙、琵琶,除笙外,均与*Ch.lii.003中的乐器相同,直线型笙的形状与Ch.liii.002中的笙一样。左下角和右下角的平台上坐着几个黑头发的佛及随侍的菩萨,他们面前放着香案,香案前跪着献花的仙女。这些佛均像中央佛一样盘坐,隐双脚,朝外的手分别施无畏印和论辩印,朝内的手伸出,手心向上,手指张开。

这些平台通向湖的斜坡上跪着一些婴儿的灵魂,还有一些往生灵魂坐在菩萨的脚下。前景中池上的筏子(或平台)上有两只相对的孔雀和一对相对的鹦鹉,中间是个弹琵琶的迦楼罗。水中生有紫色和猩红色莲花。除中央三圣的华盖后面有树外,别处无树。佛身后是*Ch.lii.003中所述的那种开红花的树,菩萨身后是莎罗(?)树,长着卷曲的长叶子。

着色轻巧,画面的大部分是浅绿色背景,装饰部分上用了不少浅蓝色。菩萨的袍为浅绿、灰和橘红色。菩萨和仙女的皮肤为白色,勾以红色轮廓线,乐师的皮肤为肉粉色。人物的首饰和香案的流苏为"青铜"色。黑色只用在次要人物的头发上和宝墀露出来的地面上。

笔法和处理方式基本上类似于*Ch.lii.003,但水平次之。画面上半端画有天堂建筑中的亭子、长长的屋脊和游廊,上面没有装饰和人物小像,这一点很少见,与画面拥挤的下半部分也很不相称。

两侧小条幅中的画面(见*Ch.0051)数量极多,内容如下:右边小条幅。(i)释迦牟尼在灵鹫山。陡崖下是长着草的山坡,释迦牟尼从一个山坡后露出来,腰部以上均可见到。(ii)释迦牟尼(?)坐在云端,向两条水流之间的一小块窄平地落下。(iii)韦提希王妃礼佛,前景中还跪着频婆娑罗王。(iv)阿阇世王持剑追赶韦提希,前景中有两个大臣的侧影。(v)韦提希探望狱中的频婆娑罗王,大目犍连和阿难化身为两个穿汉族世俗服装的男子向他们走近。(vi)貌如汉族显贵的佛祖由穿汉族世俗服装的大目犍连和阿难陪同着,走近狱中的韦提希(?)。前景中是个庭院,门关着,院中的阿阇世王向门走去,但却没有看到佛一行人。

左边条幅为韦提希观想极乐世界,内容如下:(vii)观日,为山边的一个红轮。(viii)观月(?),为一个白轮,勾以红色轮廓线。(ix)观极乐世界之地,为绿色正方形。(x)观水(?),为一个白正方形。(xi)观八功德水或"花座",是一个池子,其中生出一枝猩红色莲花。(xii)观极乐世界的建筑,是座亭子。(xiii)观宝树,是五棵树排成一排,开红花。(xiv)观一个雕镂的金质珠宝匣(?),可能代表的是极乐世界之宝。(xv)观饰有珠宝的华盖,支在一个平台上或宝座上。(xvi)观往生于极乐世界:她的灵魂穿汉族妇女的服装,罩在有尖的浅蓝色光环中,从一朵猩红色莲花上升起。(xvii)观观音菩萨。(xviii)观大势至菩萨。(xiv)观阿弥陀佛。(xx)也是观阿弥陀佛,画得与上图一样。所有小画面均为纯粹的汉族风格,与 *Ch.0051 等类似。每个小画面旁都有黄色或紫红色空白题榜。

5 英尺 5 英寸×3 英尺 11 英寸。

Ch.xxxiii.0011. **绢画**。有汉文题识,画的是坐姿菩萨及从者(从者大多已残缺)。边均不完整,但中间的菩萨完整且保存良好。

菩萨坐于猩红色莲花上,右手置大腿上,持竖立的发光宝剑,左手持金刚杵。硕大的锥形金头饰前有化佛,头饰上饰有猩红色莲花。服装、发型、身材基本与 *Ch.002 一样。头发为灰棕色,皮肤白色,晕染有粉红色,勾以红色轮廓线。背光和项光圆形,有火焰边。整个人物和莲花座外罩有一圈白色光轮,光轮有红边。华盖由模式化的花枝构成。

从者如下:左下角和右下角跪着或坐着两个残缺人像,左上角和右上角也有两个残像。前两个人物只保留下来其服装的末端,后两个只有膝和手,右上角的人物持弓。上面两个人物之间有两个婴孩,坐在或跪在猩红色莲花之上,只穿着猩红色靴子,手持伸向中央菩萨的猩红色莲花蕾。还有两个婴孩从华盖两边的云上飘落,其中一个多残缺。

左上角、右上角均有汉文题识,左上角的题识已残破不全。着色主要有猩红、绿、黄、蓝灰,背景为浅黄褐色。工艺简练,属于模式化类型。

$$1 \text{英尺} 5\frac{1}{2}\text{英寸} \times 1 \text{英尺} 3\frac{1}{2}\text{英寸}。$$

Ch.xxxiv.001. **彩绘丝绸幢幡**。四边均破损,所有附件均缺失。

画的内容:观音,面朝观者而立。左手置身侧,右手于肩部持圆形瓷瓶,瓶身为红色和蓝色,瓶颈和瓶底是金属,瓶中插红色莲花蕾和叶子。头饰前不是化佛,而是与手中瓶类似的一只小瓶,其中插着两朵猩红色莲花。人物身材苗条,有女性特征,表情温和庄重。服装、附件、工艺风格属于 * Ch.001 等类型。着色有多处已模糊和变色,残留有粉色和白色(裙与腰带)、绿色(披巾)、暗紫色(胸巾)和淡蓝色(宝石),但如今画面上的主要色调是丝绸本来的暗棕色,上面有淡淡的几笔红色和蓝色。

$$2 \text{英尺} 5\frac{1}{2}\text{英寸} \times 10\frac{1}{4}\text{英寸}。$$

Ch.xxxiv.003. **彩绘丝绸幢幡**。保留所有附件,但保存得较差。右上边有个汉文题榜,画面上半部的其余部分均缺失。

顶饰本是一块三角形丝绸,绘有坐佛(?)和莲花,衬有灰绿色绸里,镶着鲜艳的粉红色绸边。但绘有画的顶饰中心部分几乎全已残破,前人也曾试图用结实的黄线将它缝到衬里,但无济于事。顶饰边上和背面用墨写有潦草的汉字。两侧饰带为浅绿色丝绸(已变色),左边饰带的顶端衬有黄绸里,右侧饰带的背面有块深绿色绸打的补丁。四条底边饰带为深蓝色丝绸(已变色)。重垂板很沉,下半部用浮雕雕有模式化的盛开的莲花,浮雕的地为深红色,莲花为黑色和黄色。重垂板上清楚地显示出了装饰带的办法:饰带末端先在竹篾上折成双层,然后塞进重垂板边的槽里,最后可能是用胶把饰带粘牢。

根据题识来看,画的是观音,但由于人物上半身已缺失,所以看不出其个性特征。菩萨踏在莲花上,四分之三向左行,莲花尖和轮廓线均是深红色。菩萨的服装和绘画风格与 * Ch.002 一样, 着色主要有橘红、红、橄榄绿、蓝灰, 保存良好。

画幅 1 英尺 7 英寸, 加饰带长 4 英尺 $3\frac{1}{2}$ 英寸, 顶饰高 $5\frac{1}{2}$ 英寸。

Ch.xxxiv.004.　彩绘丝绸幢幡。保留着所有的附件, 但保存得较差。顶饰为米色绸, 朽坏较严重。顶饰镶边、两侧饰带和底边饰带为棕色素绸, 已残破、变色。吊带为深蓝色和黄色织锦, 串有铁环。在织锦残片中, 有一窄条织锦为黄色地, 织有一行行深蓝色和绿色六瓣花, 花之间生有植物, 植物上生有绿色和浅蓝色叶子、深蓝色花蕾。顶饰边的正反面都写有潦草的汉文题识。

画的内容: 西方广目天王, 与 Ch.xxiii.001 几乎完全一样。天王四分之三向左立于粗壮的鬼怪身上, 鬼怪手如兽爪, 手和膝着地, 呈拱形, 头埋在两肩之间。画面顶端缺失, 无头的天王像直接跟顶饰缝在了一起。天王左臂伸向前下方, 握宝剑的剑柄, 右臂和右肩缺失。身材和服装与 * Ch.0035 为同一风格（参见 * Ch.0010 的总说明）, 裤子扎在护胫中, 脚穿无装饰的麻鞋。

颜色已脱落和模糊了很多, 主要有红、白、棕色。红色保存得最好, 分布在披风、腰部的衣纹、饰带、铠甲底边、袖边和裙边上以及托扛人物的短裙上。铠甲的皱边、披巾、胸甲为橄榄色, 披巾背面为浅蓝色, 但浅蓝色已基本脱落。剑鞘涂成一块块的红、橄榄、橘红、白色。

画幅 1 英尺 $5\frac{1}{2}$ 英寸×$7\frac{1}{4}$ 英寸, 全长 4 英尺 $10\frac{1}{2}$ 英寸。

Ch.xxxiv.005.　麻布画。有汉文题识, 画的是立姿观音。底边损坏了一部分, 其余部分保留较好, 无镶边。观音的身材、姿势、服装和法器与 * Ch.0052 等一样, 但笔法更好, 色彩更丰富。手中持的不是莲花, 而是柳枝。眼斜, 头发为蓝色, 皮肤为白色, 晕染有粉红色（脱落了不少）, 服装为蓝色、绯红色和柔和的绿色。题识只是对观音的赞词。5 英尺 $9\frac{1}{2}$ 英寸×1 英尺 $9\frac{1}{2}$ 英寸。

Ch.xxxvi.001.　绢画。画的是立姿观音, 无从者, 但两边各有一个小供养人。顶部和两侧的浅黄褐色绸边均完整,但莲花座、观音的脚以及画面底部已缺失,剩下的部分保存良好。本画是典型的"中印"混合风格,处理方式和附件与 *Ch.0088 几乎一样。

观音脸和身体均浑圆,与 Ch.0088 一样,上身和手臂的姿势也与之一样。但在 *Ch.0088 中,观音右手持柳枝,此件中右手则托净瓶。左手手指紧握,似抓住净瓶的瓶颈,但手中并无一物。无罩裙,裙子松散地垂在腿上。脖子上挂了一串黑珠子,这串珠子在所有的六臂观音身上均可见到(如 *Ch.00102)。服装和饰物的色彩与 *Ch.0088 相同,但要鲜艳些。从肩上飘起中式云朵,卷在项光周围。眼微斜,上眼睑的线条基本上是笔直的,上唇之上和下颌上各用一条曲线来代表胡须。背景中点缀着莲花枝,左上角有黄色空白题榜。

两边各站着一个供养人。观音右边是个男孩,双手合十,左边是个女孩,献上一枝猩红色莲花。他们的服装和相貌纯粹是中国风格。男孩穿长裤,女孩穿长裙,二人均穿相当于身体四分之三长的外衣,袖子又长又宽,腰系腰带。男孩的外衣上身是红色,下摆是红色和白色,饰有花点。女孩的外衣则与此相反,下摆是白色,紧身胸衣则是黄色,点缀有红色。她的外衣在前面系带,左襟又绕到身后去,脖颈下露出一个 V 形开口。二者身上的颜料多已脱落。头发是黑色。男孩的头发在头顶两侧梳成两个角,后面突出,像 Ch.00224 中的年轻男侍从一样。女孩的头发从左右两边梳下去,在脖颈上卷成一卷。

2 英尺5 英寸×1 英尺 $9\frac{3}{4}$ 英寸。图版 LXXIII。

Ch.xxxvi.002. **标有日期的版画**。年代为公元 947 年,与 Ch.00158 出自同一模子,印得不均匀,已破损。印模为 1 英尺 $3\frac{1}{2}$ 英寸× $10\frac{3}{8}$ 英寸。

Ch.xxxvii.001. **绢画**。画的是坐姿十一面六臂观音及从者和供养人。保留有棕色绸制成的窄边,画面基本完整,保存得相当不错。

观音的服装、姿势、附件基本上与 *Ch.00102 相同。莲花座置于小水池之中,无香案。观音上两手分别托日月轮,日轮中有三足鸟,月轮中有树、蟾蜍、兔。中两手分别于胸前施论辩印,拇指与食指间均拈着粉色和白色莲花。下两手掌心相对,指尖朝下,置于身前,食指弯曲并相碰,其余各指伸开,在指尖处相碰(参见 Ch.00105)。皮肤深粉红色,晕染有橘红色。顶上的 7 个菩萨头也是深粉红色,而两个侧头分别是黄色和深橄榄绿色,化佛头是黄色,红颊。

从者包括 14 个小菩萨,或坐或跪,每边 7 个,大多双手合十,无个性特征。背景中还有排成一排的四个天王,左上角、右上角中有坐佛小像。天王面目狰狞,眼睛奇形怪状,肤色鲜红,铠甲与幢幡中的天王像一样(见 * Ch.0010)。可认出左边是托塔的毗沙门天王,右边是持剑的广目天王,其余两个未持能将其区别开来的法器。

有四个小菩萨穿披肩似的披巾和不透明的僧祇支,系白腰带,属于 * Ch.002 类型,其余的像观音一样穿印度风格的菩萨服装。所有菩萨的肤色均与观音一样是深粉色。暗深粉、绯红、深绿和灰几乎构成画面的全部着色。背光和项光上的淡蓝色残迹几乎已完全剥落。观音的饰物全部为深绿色,可能本来在深绿色上涂过金。供养菩萨的首饰为红棕色,其轮廓线像 * Ch.0051 等一样为黄色和黑色。整幅作品相当粗略。

画面底部中央是用来写献辞的框(无字),两边是供养人。右边为四个男子,左边为四个妇女,每人前面均有个空白窄题榜。供养人均穿 * Ch.00102 供养人那样的服装,戴类似的头饰。画面底端破损不少,人物几乎无法辨识。

3 英尺 6 英寸×2 英尺 3 英寸。

Ch.xxxvii.002. **绢画**。有汉文题识,画的是毗沙门天王及其侍从渡海(参考 Ch.0018)。画面完整,有蓝绿色绸边,保存得极好。

毗沙门天王骑白马向右奔驰,马鬃和马尾为猩红色。天王坐在鞍上,转头向着他的侍从,右手举起(拇指、无名指、小指相碰),左手握缰绳。他相貌年轻,呈人形,方脸、直鼻、直眼,阔口张开,似在呼喊其侍从。头发、弯曲的眉毛、胡须均为深棕色,眼中虹膜为浅蓝色。

天王穿长及小腿中部的黄色紧身长铠甲,腰带和铠甲边为猩红色,覆膊和护胫也是黄色。鳞片甲用模式化的三角星来表示,与 Ch.xxvi.a.001 一样(参见

Ch.0018 关于毗沙门天王铠甲的说明),既覆盖着铠甲,也覆盖住胸甲,但可能这是艺术家粗心大意所致。上身用一根带子系着一个皮制物,饰有花朵,前面不合拢。铠甲下面飘着橄榄绿色长内袍。头戴高高的三瓣冠,肩上飘着火苗。

华丽的马鞍连着马镫、后兜带和鳞片甲制的额饰,额饰遮住了马脸。马上还有一条胸带,胸带和后兜带上连有许多球形结,与 D.VII.5(《古代和田》,第一节,298 页;第二节,图版 LIX)中的马一样。同颈和身体相比,马头过小,马腿过短。马头上饰有一对羽毛,为黑白色。

前面大步走着两个持红色三角旗的罗刹。天王后面跟着一群人,持类似 Ch.0018 那样的大旗、小塔、战斧、弓和箭。他们均面目奇异(有两个的上下颌为兽形)。大多数穿的是幢幡中天王像那样的鳞片甲,大多数小腿赤裸,但有几个穿了鞋,腿上穿绑腿(也可能是长靴或吊袜带)。

站在最后的是两个穿中国世俗服装的人,着白色内袍和猩红色宽袖长外衣,可能是供养人夫妇。男子戴主教冠似的三瓣冠,持卷轴,女子面部俊美,双手合十,发型与 *Ch.00102 中的女供养人相同。前景中有更多的罗刹,还有三个狰狞的半裸妖怪,臂下夹着坛子和青铜器皿,妖怪与罗刹之间以及妖怪内部正在争吵。前景之中分散着一些钱币(方孔)和宝石。有个妖怪在用一树珊瑚(或龙树树枝)攻击一个罗刹。如此看来,这些妖怪肯定是龙,毗沙门天王正从龙手里夺取财宝。

整群人从毗沙门天王的宫殿(为中式楼阁,画在左上角)里出来,驾云渡海。背景中的海边有山脉,前景中的海边有悬崖。前景的水中飘浮着莲花、婴儿、鸭、一个长着鲨鱼嘴的妖怪和一个献花仙女,悬崖上还有只鹿。空中点缀着花朵。

画面工艺精良。着色主要是黄色(铠甲)、猩红色(袍、带、衣边)和白色(袍、马、婴儿、亭子),背景是发绿的棕色,颜色保存良好。

右上角的黄色题榜中有两行保存完好的汉文题识。

2 英尺 2 英寸×2 英尺 $\frac{1}{2}$ 英寸。图版 LXXIII,《千佛洞》图版 XXVI。

Ch.xxxvii.003、005. **两块大绢画残片。**顶端呈弧形,分别是一幅拱形画面的左侧和右侧。画面中央部分已缺失,但肯定画有一个坐佛。

保留下来的部分中,右边是文殊菩萨,左边是普贤菩萨,分别乘白狮和白象,周围簇拥着供养菩萨、天王、魔怪、仙女等,分别从左右向中心行进。印度狮奴和象奴牵着狮和象,狮和象前面有一对乐师,头向后仰着,在演奏笛和笙。整群人都站立在紫色云朵上。

文殊和普贤垂一腿,坐在坐骑之上,朝外的手抬起,朝里的手伸出,每只手的拇指和食指均相碰。供养菩萨和文殊、普贤均肤色浅淡,表情宁静,但随侍的魔怪则五官怪异,肤色深红。右边的侍从中有持棒的南方增长天王,还有另外两怪,戴头盔,头盔顶上分别是龙和蛇,蛇持剑。左边有持箭的持国天王,头盔上有孔雀冠。左边残片的左下角和右边残片的右下角各有一个正在行走的侍从,穿的是中国显贵的服装(高腰内袍,宽袖外衣),但发型和光环却类似于菩萨。两人均持拂尘,每人旁边有两个无光环的仙女陪侍着,仙女持方巾。狮奴和象奴不是黑色,而是巧克力棕色,五官十分粗陋,其足底和手掌是粉红色。人物服装、珠宝和附件均属于"汉传佛教"类型(见 * Ch.001 等所述)。考虑到画幅很大,画得已经算是比较精细。人物均类型化,其排列方式遵循的也是固定模式。色调浅淡,服装和珠宝主要是绿色或红色、灰色、黄色,狮象的光环和菩萨身体上有大量白色和肉粉色。仅有的较深的颜色就是多数人物头上浓密的黑发(只有普贤的头发是钴蓝色)和狮奴、象奴身上的深棕色。

左半边 005 破损较严重,但右边除右下角缺失外,其余均完整。表面保存完好。

此画为拱形,不可能随便悬挂,可能本意是挂在拱形壁龛中或祭堂前的过道上。

6 英尺 6 英寸×3 英尺 5 英寸;7 英尺 $2\frac{1}{2}$ 英寸×3 英尺 7 英寸。《千佛洞》图版 IV 和 V。

Ch.xxxvii.004. **大绢画残片。**有汉文和藏文题识(不可识读),画的是观音曼荼罗。两侧均不完整,但主体部分除边角破损外,保存较好。

上面画的是释迦牟尼盘坐在莲花座上,右手施论辩印,左手在怀中托化缘钵。周围簇拥着两个坐姿菩萨、四个光头弟子(两个老而瘦,两个年轻)和一群双手合十而跪的供养菩萨。释迦牟尼前面有个低矮的香案,香案左右各跪着一个菩萨。香案向下是个用来写献辞的黄色大框,其中有汉文和藏文题识,均不可识读。

供养菩萨为"汉传佛教"模式,但两个坐着的胁侍菩萨则是明显的印度风格。他们结半跏趺坐,垂一腿,其棱角分明的姿势、长椭圆形项光、发型、首饰及长袍均与Ch.lv.007等印度风格幢幡中的菩萨类似。其一肤色为白色,另一个皮肤为黄色(多已脱落)。二者靠近释迦牟尼的手均施论辩印。黄皮肤者左手持发光的珠宝,白皮肤者右手置膝上,拇指和食指相碰。有一个老弟子的头已残缺,另外三个弟子很完整,画得细致入微,有表现力。

再往下是普贤和文殊,分别骑象和狮,在供养菩萨和年轻男乐师的簇拥下从左右两侧向画面中间行进。普贤和文殊也垂一腿。普贤左手施论辩印,右手平放胸前;文殊右手伸出,掌心向上,左手置膝上,拇指、食指相触。他们及其从者为"汉传佛教"风格,二者的侍从中各有一个穿甲的天王(无个性特征)。牵狮、牵象的昆仑奴大步而行,穿绯红色短裙,短裙扎在膝部。前面的年轻乐师着菩萨服装,演奏拍板、箫、笛、壶型笙和直线形笙(见*Ch.lii.003)。走在最前面的是两个印度男孩,持青铜器皿。普贤和文殊的华盖旁飘下一些小菩萨,挤在紫色云之中。空中飞舞着优美的乾闼婆(天女),上面边角处是一些山脉。

画面底部用宽带子与上面隔开,带子上饰有长菱形。带子下面画有三个大菩萨,他们的项光打破了笔直的色带。中间是千手观音,约有上面的释迦牟尼一半大。左边的菩萨只保留下来脸部和(上面的)两只手,右边的菩萨已全部缺失。

除Ch.00222(不完整并且远次于此件)外,我所藏画作中只有此画是这种构图方式。人物的组合、色彩,甚至每个人物的姿势之间均保持着平衡,遵循着既定的模式。整幅画面工艺极佳,构图庄严,场面宏大。主要色彩中有一种特别明亮的绯红色,广泛用于袍子和华盖之上,与棕色背景一起构成本画占主导地位的色彩。狮、象、菩萨的脸和身体是白色,这肯定本来给画面增加了第三种色调,其重要性大概不亚于绯红色和棕色,但白色目前几乎已全部剥落。释迦牟尼的皮肤上和中央题榜上的黄色是第四个重要色调。其他不太重要的颜色有暗紫、浅红和一些很暗的蓝灰色。只有所有人物的头发、化缘钵、印度狮奴、象奴和两个印度侍者是黑色,黑色把各组人物连成了一个整体。

线条十分精细、准确。尽管由于画面题材所限,人物大多显得宁静而若有所思,但从人物的头部和表情中可以明显看出画家的功力。在画佛弟子和年轻男乐师的头时,艺术家抓住机会大展身手,使他们的表情不像别的人物那么宁静,而是显得更精明或更急切。

5英尺×5英尺10英寸。图版LIX,《千佛洞》图版III。

Ch.xxxviii.001. **大绢画残片**。画的是千手观音。各边均破损,褪色和变色很严重,画面很难辨认。观音的头和身体基本完整,左侧保留有朝里的手,右侧全部的臂、手、项光均保留下来,旁边还有一个坐姿献花仙女,仙女旁边保留着另一个人物的头部。上面残留有一个天王的鞋和其他人物的衣纹。

基本构图与*Ch.00223下所述的系列作品一样。观音只有一面,头饰上有化佛。脸、身体、较大的臂和手是浓重的黄色,头发浅蓝色(?),袍和肩上的衣纹为绯红色,各小手为肉粉色,勾有红色轮廓线。颜料几乎均变色成了暗棕色,工艺粗劣。3英尺4英寸×3英尺7英寸。

Ch.xxxviii.002. **彩绘丝绸幢幡的上半部分**。残缺不全,所有附件均缺失。

画的内容:菩萨,只保留下来其腰以上的部分。菩萨四分之三向右,右手抬起,持长茎蓝莲花,左臂垂于身侧,左手缺失。脸为"汉传佛教"类型,眼斜,双颊饱满,小嘴。服装为印度风格(参见*Ch.lv.0014)。胸巾(绯红色和绿色)打成结,肩后有白衣纹。臂钏朝外的地方饰有半圆形盾,项饰上挂着三块宝石。头饰为金属制的发圈,前面竖立着三块椭圆形大宝石。头发梳成圆形高顶髻,肩后也披着头发。

着色比较特别,色彩保存完好。皮肤为温暖的肉粉色,头发为暗蓝色,金属饰物为橘红色,勾以白色边,宝石为浅蓝色和绿色。所有轮廓线都是极浅淡的灰色线条,这使菩萨的黑眼睛显得十分突出。眉毛和睫毛也是用浓黑线条画成,黑睫毛是此人像的突出特点之一。工艺精良。

菩萨脑后残存有圆形项光(绿色),上面是个有凹槽的帷幔,饰有植物条带和锯齿状条带。

$12\frac{5}{8}$英寸$\times 6\frac{7}{8}$英寸。图版 LXXXI。

Ch.xxxviii.004. **大绢画**。画的是释迦牟尼净土或阿弥陀佛净土,两侧小条幅像 Ch.liv.004 一样,画的是善友太子和恶友太子的传说。有黄绿色丝绸镶边,画面底部已破损,其余部分保存良好。总体说来,构图和处理方法与 *Ch.0051和*Chlii.003 等类似,但更简练。

中央佛(释迦牟尼,参见附录 E,III,vii;《吉美博物馆年鉴》,xli,129 页)的姿势与 Ch.v.001 相同。右为观音,双手合十。左为大势至,右手施论辩印,左手水平置于右手下。两个胁侍菩萨与佛之间各有一个光头的弟子小像,形如孩童,有项光,双手合十。其他人物有聚在宝墀上的菩萨、乐师、舞伎等。乐师演奏的乐器有笙、琵琶、五弦、拍板,构造与*Ch.lii.033 中的乐器一样(见施莱辛格小姐的注,附录 H)。只画了一个楼阁来代表净土建筑。上面的背景中只点缀了一些橘红色花朵,云端有坐佛小像。池中生莲花,但无婴孩。

此净土图与以*Ch.0051 为代表的系列作品在安排前景时有所不同,这一点上它与 Ch.liv.004 类似。左下角和右下角不是地位较低的佛,而是画得很好的迦楼罗,双手合十立于岩石之上,尾为半植物状,长着长羽毛。前景中间是一块与四周隔开的平台,平台上坐着一个比较少见的佛,佛右边跪着一个双手合十的小菩萨,左边跪着一个光头弟子。这个佛穿绯红色袍,衬有白色里,袍子盖住全身,只露出头、颈、手和脚。袍上画有画:左肩画着红色日轮,其中有太阳鸟的残迹,右肩画着白色月轮,其中长着长生不老树;上身前面画着须弥山,山两边分别有一个系白色腰布的人,左边的那个人站立,有四臂,上两手举起,下两手合十,右边的那个人盘坐,手与左边的人一样。光头弟子像菩萨一样也有项光和背光,着僧袍,戴项饰。

笔法较精湛,尤其表现在菩萨和女供养人等的面部和手上,其他细部则不太完美。背景为暗浅绿色,画面的主要色调是绯红色。菩萨的袍和平台上的地面为橘红色,香案上的布为青绿色,支撑平台的桩子是深棕色,香案上的器皿和人物的部分首饰为深红色,其余的首饰为青铜色或浅绿色(未画完)。

两侧小条幅是常见的中国世俗风格,内容如下:

右边:

(i~iv)与 Ch.liv.004 的(ii~v)完全一样,此件中未出现 Ch.liv.004 的场景(i)。

(v)画面上只有长在山间开阔地上的一棵棕榈树,地上生红花,虽无人物却有单独的题榜,可能是独立的场景。

(vi)与 Ch.liv.004 的场景(vi)相同,人物的头饰、发型和服装也完全一样。

左边(从底部起):

(vii)国王、王后坐在地上,面前是个袋子。王子笔挺地坐在低处的一块独立的岩石上,只系着红色腰布。参见 Ch.liv.004.vii。

(viii)国王、王后仍坐在袋子附近,王子的服装与前一个场景中一样,双手合十地跪在袋子旁,或是托着供品。

(ix)袋子不见了,国王、王后正在走开。背景中是王子盘坐在岩石上,双手合十。他面前有一只白狮后脚着地立起,挥着前爪。

(x)王子姿势未变,他前面落下一朵云,云上跪着一个穿国王服装的显要人物。

(xi)只有山峰,有独立的题榜,可能也是独立场景。

所有场景均发生在山区的空地上,各场景之间一般用呈弧形的山脉或长着松树的陡崖隔开,但场景(i)、(ii)之间和场景(x)、(xi)之间则是用墙隔开。关于对场景的解释,参考沙畹关于 Ch.liv.004 所作的笔记,附录 A,V.A。

供养人包括右边跪着的六名男子和左边跪着的五名妇女。五名妇女排成三行:最前面是个秃顶老妇,可能是祖母,中间是个年轻些的妇女,第三排是三名年轻妇女。年轻妇女身后还有三个小孩(男孩)。供养人的服装大致与Ch.lviii.003中的公元10世纪服装相同,但要简单得多,无饰物。男子和男孩穿宽松的系腰带的外衣,看不出穿了短裙。三个男子戴Ch.lviii.003中的那种黑帽,另外三名戴黑色幞头,这种幞头在两侧小条幅中和佛本行故事场景中均很常见(这种服装的大致年代见本书第二十三章第八节)。妇女外衣的袖子没有Ch.lviii.003那么宽,也不是通常所见的黑色,而是橘红色、巧克力色或绯红色。Ch.lviii.003中的那些繁复的头饰在此画中一个也没画。妇女的头发有的梳成扁圆的顶髻,像蘑菇一样,有的像Ch.xlix.005幢幡中的舞伎那样梳成向后弯曲的波浪状大髻。男孩的头发在太阳穴之上梳成小圆髻,像Ch.xxxvi.001一样,底下剪得很短,剃光了一部分。表面相当破旧。

5英尺$2\frac{1}{2}$英寸×4英尺。《千佛洞》图版VII。

Ch.xxxviii.005. **大绢画。**有汉文题识,画的是两个约真人大小的立姿观音。边上和中间已破损,但人物基本完整,线条和着色保存得极好。

观音对面而立,分别四分之三向右和四分之三向左。朝外的手施论辩印,靠近对方的手也抬起。左边观音持黄花,右边观音托净瓶,右边观音左手的拇指、食指间还拈着柳枝。二者头饰前均有化佛。服装、发型、首饰属于 *Ch.002等中所见的复杂的"汉传佛教"风格。饰物画得虽然精细,却并不累赘。披巾形如披肩,分别为灰色和栗色,衬有浅绿色里。内衣印度红色,长裙橘红色,腰带白色。饰物中的金属为 *Ch.0051等中所述的青铜色。头发黑色,皮肤白色,精致地晕染了粉红色,勾以黑色轮廓。头挺直,耳很长,处理得较模式化,但其余的五官画得很好,很精细。眼较长,眉很斜。眉和弯曲的小胡须是在黑色上再涂绿色。头后有圆形项光,头上是挂帷幔的华盖。空中飘着花朵。

两观音的头部之间有黄色大题榜,其中有9行题识,题识顶部不完整。

整幅画工艺属上乘,是模式化"汉传佛教"艺术的代表作。

4 英尺 11 英寸×3 英尺 5 英寸。图版 LXXXI，《千佛洞》图版 XL。

Ch.xxxviii.006.　**大绢画残片。**由 7 个窄条连在一起形成一个正方形，一边残留有镶边。画面无统一布局，不同的窄条上画有不同题材（香案、亭子、供养菩萨等），有些画面与别的画面上下颠倒。颜色和线条几乎已全部剥落。3 英尺 4 英寸×3 英尺 6 英寸。

Ch.xxxviii.007.　**彩绘麻布幢幡。**所有附件均缺失，表面脏污。

画的内容：菩萨（可能是观音），面朝观者而立。右手置胸前，无名指弯曲，其余四指伸直，左手于身侧持披巾。头饰前有一个着灰袍的化佛。人物纯粹是印度风格，工艺粗糙，服装与 * Ch.lv.0014 等丝绸幢幡一样，着色只有黄、浅蓝和暗绿，头发也是蓝色。项光圆形，头顶有帷幔，帷幔上有条纹。

1 英尺 10 英寸×6$\frac{1}{2}$英寸。

Ch.xl.001.　**彩绘丝绸幢幡残片。**全部附件均缺失，有多处破损，画面几乎已全部剥落。画的是极乐世界七宝池中的灵魂，与 Ch.lv.0015 一样。每边各有五个坐姿菩萨，与保存得比较好的 Ch.lv.0015 一样。角落里可能画有婴儿灵魂，但角落处破损太严重，看不出其内容。人物的服装、姿势和身材与 Ch.lv.0015 类似，但线条略微细腻些，颜色也是红、橄榄绿和一点深棕色或紫色。2 英尺 1$\frac{1}{2}$英寸×7 英寸。

Ch.xl.004.　**彩绘丝绸幢幡。**完整，有顶饰、饰带和重垂板。饰带为浅绿色丝绸，已朽坏。画面保存良好。

画的内容：菩萨，四分之三向左立，双手交叉，垂于胸前，几乎与 Ch.003 完全一样。颜色有浅蓝、绿、绯红，脱落了不少。

画幅 2 英尺 3 英寸×7$\frac{1}{8}$英寸，全长 6 英尺。

Ch.xl.005.　**彩绘丝绸幢幡。**所有附件均缺失，画面保存良好。

画的内容：观音。面朝观者而立。右手抬起，可能拈的是柳枝，柳枝要么剥落,要么没画上;左手于身侧持净瓶。头饰前有化佛。眼斜,弯曲的小胡须是在黑色之上用铜绿色画成。服装混合了 * Ch.002 和 0017 的风格。裙浅红色,撩起的波浪形的裙褶下露出赤裸的脚和脚踝。裙外罩无花纹的短罩裙,像 Ch.xxii.004 等一样有浅蓝色皱边。胸前和肩后有绯红色衣纹。双肩、双臂上罩巧克力色披巾,衬有铜绿色里。首饰也是铜绿色(黄色头饰除外),宝石为粗糙的浅蓝色。处理方法和附件(如项光等)属于 * Ch.002 的"汉传佛教"类型,但人物姿势、脸形、首饰的形状、深红色的皮肤轮廓线、梳成生硬顶髻的浅蓝色头发和肩后的头发都令人想起 * Ch.lv.0014 类型。

2 英尺 $1\frac{1}{2}$ 英寸×7 英寸。

Ch.xl.006. 彩绘丝绸幢幡残片。残留有呈沙门相的地藏菩萨的头(面朝观者)。唇和袍为绯红色,光头和下颌浅蓝色。与 Ch.xxi.0013 属于同一类型,其他类似的地藏像见 * Ch.i.003。

长 7 英寸(不完整),宽 7 英寸。

Ch.xl.007. 纸画。画的是立于莲花之上的千手观音。左右的小莲花上各坐着一个持杖的苦行僧和一个献花仙女,左上角和右上角是红色莲花枝。

观音只有一面,穿 Ch.00125 那样的印度菩萨服装。"一千"只手形成长达观音膝部的一圈光环,持 Ch.lvi.0014 等中常见的法器,所持之物中有一件是毛笔,这很少见,胸前的手持的不是 Ch.lvi.0014 中的粉色莲花,而是蓝色莲花。仙女的头发像 * Ch.0051 中的韦提希王妃一样梳成两个环。苦行僧身向后仰,举右手,似在行礼。

工艺粗劣,颜色只有橘红、深蓝、浅黄和绿色,红色和黄色用于观音的脸和上身。

1 英尺 4 英寸×$11\frac{1}{2}$ 英寸。图版 XCI。

Ch.xl.008. 绢画。画的是坐姿六臂观音及供养人,两侧配有小条幅。完整,保存得极为完好,镶边和吊带是粗糙的麻布(已与主体脱离)。

观音盘坐于粉色莲花之上(莲花尖为猩红色)。上两手分别持日月轮,日轮在右,其中有三足鸟,月轮中只有树。中两手分别于胸前施论辩印。下两手置膝上,右手持数珠,左手持净瓶。观音只有一面,头戴硕大的头饰,头饰前是化佛,前面有个小香案。

观音的身材、首饰、袍和头发的处理方法与 *Ch.00102 等一样,但背光和项光画成一圈圈无花纹的同心圆,各同心圆分别为白、橘红、淡绿色。华盖由粉色和白色莲花枝以及猩红色花朵组成,花朵形如星星,有棕绿色叶子陪衬。左上角和右上角分别是盛开的莲花和莲花蕾。

两侧小条幅画的是观音救苦救难的画面。风格和部分题材类似于东方药师佛大曼荼罗。*Ch.lii.003、liii.002 的右侧条幅,以及 Ch.lvii.001 的两侧小条幅参考*Ch.lii.003 的题识。此画的条幅中只有空白题榜,无题识。从上面起内容如下:

右边:

(i)一个只系条腰布的男子双手被反绑在身后,另外两人抓住他,还有一个人挥剑正要砍掉他的头。

(ii)两个男子抱头鼠窜,天上雷鸣电闪,黑雨点落在他们身上。

(iii)一男子神情平静地站在金字塔形火焰中,双手放在胸前,似乎是别人把他推进火中的。

左边:

(iv)一男子被另一个人推落悬崖,但落到一半时他已平安无事地坐在云上,双手放在胸前。

(v)一个只系条腰布的男子跪在一间小草房中,项戴木枷,面前放着枷手和足用的木枷。

(vi)一男子像场景(iii)那样站立,周围是蛇、蝎和老虎。

在有必要将各画面分开的地方画有山脉。画面线条生气勃勃,有表现力。中央的观音画得也很认真,着色精致。色彩保留完好,而且相当独特。观音的裙、胸巾、头上的飘带、华盖上的花、两侧小条幅中的人物外衣和火焰为棕红色;莲花和观音的皮肤为白色,晕染有很浅的粉色;观音的披巾、香案上的布和华盖上的叶子为很深的橄榄棕色。没有使用蓝、紫、浅绿色或粉色。丝绸本身是很深的棕绿色。

画面底部是供养人,分别跪于黄色空白大题榜两边。右边为两个男子,左边是一名妇女、一名小孩。前面的男子持香炉,其余的人双手合十,掌中持莲花蕾。供养人保存得极好,穿典型的* Ch.00102 类型服装。但妇女只有头顶当中有一个头饰,并饰有针,没有花和叶,头饰绘成红色和白色。妇女身后的小孩的服装和发型与 Ch.lvii.004 中的男孩相同,所穿的紧身短衣是粉色和白色,上面有花朵图案。

2 英尺 9 英寸×2 英尺 $\frac{1}{4}$ 英寸。《千佛洞》图版 XXII。

Ch.xl.009. 错误地编成了 Ch.xi.009,见 Ch.xi.009。

Ch.xli.001~004. **四幅印花粉印的纸画。**像 Ch.00159 一样,每张纸上都印有佛,坐在莲花座之上、华盖之下,华盖上有布帷幔,挂在开花的树上。项光和背光为圆形,在 001、002 中项光和背光边上饰有三叶饰或花瓣,在 003、004 中无装饰。每个佛的袈裟都半遮住右肩。佛的手姿有所不同。在 001 中,佛左手置于腿上,右手水平地置于胸前,掌心对着胸部,中指和无名指弯曲。在 002、003 中,佛右手于胸前施论辩印,左手于膝上施触地印。在 004 中,佛右手于胸前施论辩印,左手水平地置于右手下,掌心向上,中指和无名指弯曲。004 的整幅画都用墨重画了一遍,001、002 中的项光和背光上的一部分装饰也用墨描了一遍。004 背面还画有一个粗略的佛像,其姿势与正面的佛像一样。均保存良好。001、002 为 1 英尺 9$\frac{1}{2}$英寸×1 英尺 2$\frac{3}{4}$英寸,003 是 1 英尺 $\frac{3}{4}$英寸×8$\frac{1}{4}$英寸,004 为 1 英尺 $\frac{1}{2}$英寸×10$\frac{1}{2}$英寸。

Ch.xliii.003. **版画。**印有汉文文章及阿弥陀佛像,与 Ch.00203 相同。保存良好。10$\frac{1}{2}$英寸×6$\frac{3}{4}$英寸。

Ch.xliii.004.　版画。有很多梵文和汉文题识,题识中有佛教符咒。题识所标日期为"太平兴国五年"(公元 980 年)。

中间一个小圆圈中坐着一个八臂菩萨,手持法器(左边多出来一个法器,似有第九臂,显然是画错了)。圆外印着 19 圈梵文祈祷文,呈同心圆形,其中可能含有符咒,但书写讹误太多,无法解读。梵文外又罩了一圈十分模式化的法器。整个大圆圈置于盛开的莲花之上,莲花出自水池之中,由两个穿甲的神举着。这两个神之间有个矩形框,框中有 21 行汉文陀罗尼,其中含有上面所说的年代。整幅画面外是一个矩形边。圆圈与矩形边之间上面的空白处画有云朵,四角空白处是圆形团花,团花中盛开的莲花盖住云和池中的一部分水。矩形边由许多金刚杵构成,其中夹杂着 16 朵同样的团花。四角和每条边中间的团花中均是盛开的莲花,其余的八个团花中是八个天王(其中四个穿甲)。在所有含莲花的团花之上(不论是在边上还是在里面的角上)都用不同的模子印有神秘的梵文字母。保存良好。

1 英尺 5 英寸×1 英尺 $\frac{5}{8}$ 英寸。图版 CII。

Ch.xlvi.001.　彩绘丝绸幢幡。所有附件均缺失,画面有几处破损。

画的内容:菩萨。与 Ch.i.002 基本相同,但有的着色已脱落,未脱落的地方褪色得相当严重。画面的着色仓促,没有用色彩表现出项光和头巾,头巾的褶被涂成了头发的颜色。头上只有一条窄发带,发带上嵌有金属饰物。肩部的环形大衣纹也被涂成了头发的颜色。裙和背上的衣纹为猩红色,腰带和后颈的衣纹为绿色,披巾为绿色和浅蓝色。所有色彩均已暗淡。

2 英尺 1 英寸×7 英寸。

Ch.xlvi.002.　彩绘丝绸幢幡。已破旧,褪色较严重,画面上下两端和所有附件均缺失。

画的内容:菩萨,四分之三向左立于黄色莲花之上(莲花边为红色)。右手举红色和黄色莲花蕾,左手水平置于胸前,掌心向上,五指伸直。属于 ＊Ch.002 类型,但不及 Ch.002 精致。着色素静,有几乎难以从背景中识别出来的浅棕色,还有橄榄绿色、白色和少量的红色和黄色。菩萨表情慈祥,嘴微张,呈微笑状。耳如常人,但耳垂较大,无穿孔。头左侧有黄色空白题榜。参见Ch.xxiv.002.a。

1 英尺 $10\frac{1}{2}$ 英寸×7 英寸。

Ch.xlvi.003. **彩绘丝绸幢幡**。有破损之处,褪色较严重,所有附件均缺失。

画的内容:菩萨,有女性特征。四分之三向左立于两朵莲花之上,其中一朵为浅蓝色,勾以深蓝色轮廓线,另一朵为粉色,勾以深粉色轮廓线。右手平放胸前,掌中托无茎的窄瓣蓝莲花,左手放在莲花旁边,两手的中指、无名指、拇指均弯曲。服装与＊Ch.0088 属于同一类型,但肩后和胸前没有衣纹。袍子或裙子长达脚踝,为褪色的绯红色,有浅蓝色边,袍上的衣纹给人的感觉像是宽松的裤子。脚踝上饰有脚镯。罩裙与袍为同样颜色,用一条浅绿色和蓝色腰带系住。披巾也是浅蓝色和绿色,但绿色均已剥落,只留下极少绿色颜料的残迹。首饰上的金色也几乎完全剥落,也可能本来就未着色。

面部短圆,眼睛大致平齐,鼻子和颊呈直线。头发在头顶一角梳成锥形大顶髻,肩后也披散着头发。头饰与 Ch.xxii.004 为同一类型,但帽子在此画中涂成了头发的颜色,脑后飘着的头巾在此画中是红色,很醒目。附件(光环、华盖等)的笔法与＊Ch.002 等一样。头左侧有黄色空白题榜。

2 英尺 $2\frac{1}{4}$ 英寸×7$\frac{1}{4}$ 英寸。

Ch.xlvi.004. **彩绘丝绸幢幡**。有汉文题识。画面顶端和所有附件均缺失,其余部分保存尚好,有几个破洞。与 Ch.xlvi.005 是一对。

画的内容:佛本行故事,为中国风格,其表现形式在画作中是独一无二的。四个场景用橘红色条带隔开,条带上饰有呈侧影的白花,形如雏菊。每个场景旁都有一个汉文题榜,题榜交替出现在右边和左边(题识由 A.D.韦利先生解读)。

场景 1：其内容未确定，画面和题识都不完整。画面中只保留有四个男子的头和一部分上身，他们或立或行，穿猩红色或紫色长外衣。

场景 2：王子向五大臣说法。"Chü-lun"一词译为"大臣"，其确切含义尚不明了（A.D.韦利）。但也许这五人确实是净饭王派去追赶乔答摩劝他回来的大臣，《佛本行集经》中记述了这些大臣的使命，但经中所载的数目为两个大臣（见 S.比尔《浪漫的佛传》，151 和 161～168 页）。乔答摩向右坐在毡毯上，穿上衣和僧祇支，头发梳成 Ch.lv.0011、0012 和 lxi.002 中所述的四叉形。五大臣散坐在他面前，呈跪坐姿势，手或握于胸前，或笼在袖中。

场景 3：宰相报告净饭王五大臣已离城。净饭王坐在左边的平台上，平台上盖有猩红色帷幔，左右各有侍从。宰相面朝净饭王而立。

场景 4：五大臣寻找王子。五人分立于小画面的四角和中央，均持点燃的蜡烛，角落里有个大臣转过身去，朝相反方向寻找。

人物服装如下。场景 1、场景 2、场景 4 中的大臣穿系腰带的长外衣，为猩红色或紫色，里面穿内袍。场景 4 中的人物戴黑色幞头，其余场景中人物的头发（?）在脑后梳成小髻，耳际有短而直的发绺。场景 3 中的宰相和国王穿长达脚上的粉色宽松长外衣，宰相系着 Ch.00114 中的官员腰带，头发与场景 1、场景 2 中的大臣一样。场景 3 中的侍从穿宽袖外衣和白色内袍。

人物很小，分散在各场景之中，布局缺乏统一性和动感。笔法草率，除上述内容外基本上再无其他细节，但每幅画面中都画了一棵树来表示场景发生在户外。着色只有朱红色（或猩红色）、深紫色（或棕色）、粉色和绿色，场景 4 中一人物的外衣上残余有深蓝色，场景 3 的宫墙上残余有浅蓝灰色。

表现使者寻找工子和向净饭王报告的画作，参见 Ch.xx.008、xxvi.a.003、xlvi.007 和 lxi.002。

2 英尺 $1\frac{1}{2}$ 英寸 $\times 7\frac{3}{8}$ 英寸。

Ch.xlvi.005. 彩绘丝绸幢幡。有汉文题识，画面顶端和所有附件均缺失，余下的部分破损较严重，但色彩较清晰。与 Ch.xlvi.004 是一对。

画的内容：佛本行故事。有四幅场景，显然是接着 Ch.xlvi.004 的，其题材别的作品中未画过。每个场景边上都有题榜，各场景之间用彩绘带子隔开，带子和题榜与 Ch.xlvi.004 一样。题识由 A.D.韦利先生解读。

场景 1：内容未能确定。画面和题识的上半部分均缺失，余下的部分上画有穿粉袍的显要人物坐在毡毯上，几个穿朱红外衣和白内袍的人站在他周围。可能像上一幅幢幡的场景 3 那样，画的是净饭王及其侍从。还可见到一个女侍者的花裙子的背面。净饭王面前有个人要走开，却回头看着净饭王，此人戴黑色幞头，穿朱红色外衣，系腰带。

场景 2：国王（净饭王）和王后（波阇波提？）回宫。净饭王和波阇波提向右行，后面跟着两个女侍者，前面是一个穿猩红色外衣的男子，转过头来向着国王和王后。跟在后面的侍者的头发像 Ch.xxvi.a.003 的场景 3 一样，梳成两个硬而有棱角的环，穿曳地长裙，其服装与男子宽大的直内袍很不相同，由这些迹象判断这两个侍者是女性，而不可能是大臣。净饭王左边的人从服装上判断也是一个女性，头上的金饰说明她是王后。她穿的是绿色曳地长裙和宽松的棕色外衣，外衣上点缀有红花（一个女侍的裙上也点缀有红花），袖子的衬里是朱红色，衬里上有绿色花枝。

场景 3：国王和王后再次去看王子（或可能是劝他回来？）。题识中的汉字认不出是什么字。国王和王后的服装与场景 2 一样。二人四分之三背对观者，跪在画面左边，净饭王跪在朱红色毡毯上，毡毯上点缀有花朵，波阇波提跪在净饭王左边。他们后面站着两个（男）侍者，穿猩红色外衣、白色内袍。右下角残留有另一个人物（向导？），穿绿外衣，戴黑色幞头。右上角是已成佛的王子，坐在猩红色和白色莲花座上，手交叉在身前，身后是蓝灰色圆背光和朱红色项光。佛右边站着一个弟子，秃顶，穿深棕色有袖外衣。

场景 4：王后告别国王进"后宫"（即"嫔妃所住的地方"）。未画净饭王，只画有波阇波提、两个女子和一个向导。人物向左行，上面两个，底下两个。王后的头饰与别人不同，但此画面中她头饰上的金粉已全部脱落。

风格和着色均与 Ch.xlvi.004 类似，人物的位置也一样。除上文所述内容外,几乎无任何细节。每个场景左上角有棵树,场景 3、场景 4 前景中还有棵小树。丝绸上的洞大多出现在用了绿颜料的地方,即树上和妇女的裙上。

2 英尺 1 英寸×7$\frac{1}{4}$英寸。

Ch.xlvi.006. **彩绘丝绸幢幡**。所有附件和画面的顶部、底部均缺失,色彩脱落了不少。

画的内容:骑白象的普贤菩萨,无从者。其他普贤像见 Ch.xx.001。大象四分之三向右。普贤则基本上面朝观者,盘坐在莲花上,双手均从肘部伸出,手张开,稍向下垂,似在赠人礼物。服装、五官基本上属于 *Ch.002 类型,但面部很女性化。眼睛长而平齐,鼻直,小嘴向上弯,表情柔和,耳朵基本上如常人,无耳环。大象画得逼真而有特色,其着色、鞍具等与 Ch.xx.001 一样,姿势与 Ch.xx.001 相同但方向相反,六只象牙均画了出来。

着色几乎全部脱落。普贤的裙上残留有洋红色,内衣上残留有绯红色,象的鞍具上残留有绯红、黑、黄色,象脚下的莲花上残留有绯红色、白色和紫色。技艺高超,整幅画充满了只有神祇才有的那种宁静、慈祥而庄严的气氛。

1 英尺 10 英寸×7$\frac{1}{8}$英寸。

Ch.xlvi.007. **彩绘丝绸幢幡**。有多处破损,画面顶部和底部以及全部附件均缺失,颜色保存完好。

画的内容:佛本行故事,为中国风格。

场景 1:乔答摩王子从迦毗罗卫国王宫逾城出家。画有王宫的墙和门楼,门楼外睡着两个卫兵,卫兵旁边的木柱子上挂着报警用的锣,门大开着。王子驾云从墙上飞过,几个穿甲的小神跪着,举着马蹄,马脖子上方露出车匣的头。小神的铠甲包括头盔、护喉甲和身上的长铠甲,画成黄地上的平行黑线,与 Ch.00114 中的将军一样,前臂上还有红色覆膊。

场景 2:净饭王派使者追赶王子。两个使者分别骑黑马和黑白花的马从宫门中急驰而出。其中一人已完全缺失,另一人举火把,还可见他同伴的火把发出的火焰。背景是宫墙,宫墙上方是开红花的树。

场景3:净饭王拷问女乐师(?),内容未最后确定。背景仍是宫墙。国王(?)出现在左边,骑一匹白马缓辔而行,马鬃和马尾是红色,一个宫官来迎接他。一名刽子手和一名狱吏也来迎接国王,狱吏还押着两名妇女,妇女的手绑在身后(从服装和其白皮肤红面颊看,此二人是妇女无疑),她们可能是在王子逾城出家那一晚给他奏乐的乐师。参见 Ch.lv.0011 的场景3,在那个场景中,同样也有四个妇女被押。骑马者穿红边黑外衣,颈部开口,里面穿内袍,这种服装在别的画作中只有国王或王子才穿(参见此幢幡的场景1和场景4及 Ch.lxi.002),但他的方形黑色高帽却和场景1中车匿的帽子一样。马的颜色跟场景1的犍陟迦一样。

场景4:使者向净饭王报告。净饭王坐在右边一个亭子的檐下,五个人躬身站在他面前,旁边站着两个官员。

笔法不如 Ch.lv.009 精练,但很有表现力。场景1中熟睡的卫兵和场景2中狂奔的马都画得很生动。卫兵、狱吏和使者穿常见的系腰带的长外衣,分别为绯红色、蓝色或黄色,戴黑色幞头,穿 Ch.xx.008 等中的长靴。国王和王子穿粉色或红色内袍、黑色外衣,外衣为红边,袖极宽,在袖口和脖颈处露出白色衬里。刽子手又高又壮,穿绯红色袍或披风,袒右肩和右胸,头上系着橘红色头巾,形成了一个有两翼的头饰。刽子手持斧子,斧子几乎已剥落。狱吏的袖子捋了上去。场景3中的官员和场景4中随侍国王的两个官员穿宽大的外衣,饰带系成蝴蝶结形(Ch.00114 中的"大臣"也是这种装束),头发似乎梳成高顶髻。场景1中的车匿和场景3中的国王戴黑色方形高冠。王子的黑色顶髻上无冠。场景4中国王的头饰被亭檐挡住,看不清楚。

建筑与 Ch.0039、lv.009 一样。暗蓝色大门有突出的方形侧柱和门楣,门上嵌着四排钉子,有门环。在场景1中,门上饰有黑色棕叶饰,在场景2中饰有更复杂的缠绞的漩涡饰图案。场景2中的宫墙也是暗蓝色,呈菱形网格状,菱形中是犍陀罗风格的四瓣花,场景1和场景3中的墙则只是简单地画成红色和浅棕色平行线。场景4中的建筑涂成红、白、蓝色。整幅画的颜色保存得较好,每个场景旁都有个黄色题榜(无字)。

其他以"逾城出家"为题材的画见 Ch.xlix.005、lv.0011,以"使者乘马"为题材的画见 Ch.xx.008、xxvi.a.003、xlvi.004、lxi.002,以"拷问妇女"为题材的画参考 Ch.lv.0011,以"使者向净饭王汇报"为题材的画见 Ch.xx.008。

1 英尺 $9\frac{1}{2}$ 英寸×$7\frac{1}{4}$ 英寸。图版 LXXV。

Ch.xlvi.008.　标有日期的绢画。有汉文题识,画的是简化的阿弥陀佛净土(?)和供养人,题识中日期为公元 952 年。有 4 英寸宽的镶边,边和吊带均为粉紫色绸。画面基本完整,但表面已破旧。

阿弥陀佛坐在莲花座上,莲花座下是有栏杆的宝墀,宝墀置于池水之上。紧挨着佛左右是六个菩萨和四个天王。前面可见一小部分池子,但其中无往生的灵魂,无香案、舞伎、乐师、鸟、天宫。画面上端本当是天宫的位置上坐着 10 个小佛,可能代表的是宇宙十方的佛,每个佛旁都有窄窄的题榜,其中的题识几乎均已剥落,能识读的部分题识似乎也只是对佛的赞词。

中央佛的姿势、服装、着色与 Ch.xx.003 一样,树、华盖和供养菩萨也是同样类型。画得较粗糙。所有菩萨均双手合十,无个性特征。天王的服装与天王幢幡中类似(见 *Ch.0010 的总说明)。

如果中央佛是阿弥陀佛的话,那么只在此画中出现了天王夹侍阿弥陀佛的场面(见 *Ch.0051)。天王呈半扭曲的人形,其皮肤是鲜艳的橘红色。菩萨的皮肤为白色或粉色,晕染有橘红色,但橘红色和项光上的装饰色几乎均已脱落。所有人物的头发都是 Ch.00104 中的那种又粗糙又浓密的黑色。

供养人画得较大。底部献辞左边跪着一个男供养人,持香烟缭绕的香炉,右边跪着一个女供养人,持红色莲花蕾,服装和发型是典型的公元 10 世纪风格,与 *Ch.00102 等类似。男子和女子身后站着一个同样性别的年轻侍者(也可能是家庭中的年轻成员),其服装与供养人类似,不同的是年轻男子的外衣是浅绿色,未戴头饰,头发在两侧梳成髻,发梢散乱(与 Ch.00224 等一样),手持长柄扇,扇为扁平的椭圆形,与 Ch.00224 中一样。年轻女子捧匣子。题识见彼得鲁奇,附录 E,II。

4 英尺 1 英寸×2 英尺 6 英寸。

Ch.xlvi.009.   **绢画**。画的是坐佛(可能是弥勒佛)及供养人。镶边为粗糙的红色斜纹(棉布?)。保存良好。

佛面朝观者,两腿下垂,坐在低矮的矩形台上。双膝分开,脚踏小莲花,没有莲花座。双手分别于胸前施论辩印。穿常见的僧祇支(镶黑边),红色袈裟盖住双肩。头发为黑色,皮肤黄色,晕染有红色。双眼平齐,眉毛高居于前额之上,有小胡须。圆形项光和背光画成暗绿色和红色同心圆,有火焰边,火焰边外又有白边。华盖是模式化的花枝。

供养人为*Ch.00102 类型。右边跪着两个男子,左边跪着一个女子和一个男孩。男孩穿长裤、长袖内衣、无袖的紧身短上衣,短上衣下摆分叉,用带子系在肩上,并用腰带束住,头发与 Ch.xl.008、lvii.004 中的儿童相同。

题榜均空白。工艺水平一般,色彩暗淡无光。

2 英尺 $1\frac{1}{2}$ 英寸×1 英尺 $3\frac{1}{2}$ 英寸,加边后为 2 英尺 $6\frac{1}{2}$ 英寸×1 英尺 $7\frac{3}{4}$ 英寸。

Ch.xlvi.0010.   **彩绘丝绸幢幡**。有藏文题识,画面顶部、底部以及幢幡的所有附件均缺失。保存较好。

画的内容:观音。四分之三向左立,手腕在腰带处交叉,右手持净瓶,左手持粉红色莲花蕾。与*Ch.00108 属于同一系列,风格、工艺、着色均与其类似,但人物更粗壮,体格更像男子。藏文题识也与*Ch.00108 一样。

1 英尺 $2\frac{1}{2}$ 英寸×5 $\frac{1}{8}$ 英寸。

Ch.xlvi.0011.   **彩绘丝绸幢幡残片**。有藏文题识,所有附件及画面下半部分均缺失,保存较好。

画的内容:菩萨只有上半身。菩萨四分之三右立,头低着。右手抬起,持紫色莲花蕾,左手平放胸前,手掌向下,五指伸开。与*Ch.00108、xlvi.0010 属于同一系列，人物风格、着色和工艺均与之类似，藏文题识也与之相同。

10 英寸×5$\frac{1}{8}$英寸。

Ch.xlvi.0011.a.　麻布画。有汉文题识，画的是立姿观音，保存较好，无镶边。身材、姿势、服装、法器与*Ch.0052 一样，着色也与之类似。工艺较差。4 英尺 1$\frac{1}{2}$英寸×1 英尺 7$\frac{3}{4}$英寸。

Ch.xlvi.0012.　彩绘丝绸幢幡的底部。所有附件均缺失，残留有一个四分之三向左而立的菩萨腰以下的部分。衣纹和作品风格与*Ch.002 类似，颜色主要有暗蓝、粉、铜绿、淡绿、蓝，均清晰。11 英寸×7$\frac{1}{4}$英寸。

Ch.xlvi.0013.　绢画。有汉文题识，画的是坐姿十一面六臂观音及从者和供养人，题识上标的日期为公元 957 年。由一整幅丝绸制成（幅宽 24 英寸），镶边已缺失，画面基本完整，但磨损得十分严重。

画面上有香案，但无水池。观音的姿势、服装、附件基本上与*Ch.00102 一样。右上手和左上手分别托日轮和月轮，日轮中隐约可见三足鸟，月轮中有树、兔、蟾蜍的痕迹。中两手分别在胸前施论辩印。下两手伸在膝上，手张开着，拇指、中指、无名指相碰。十一个头的处理方式与*Ch.00102 相同，但此画中阿弥陀佛的头是绿色的。背光和项光有火焰边。

从者只有菩萨。左上角、右上角各跪着一个小菩萨，他们下面每边有两个大些的菩萨。上面一对大菩萨盘坐，双手合十，底下一对跪着，向观音献上猩红色莲花。上面一对的袍和头饰属于*Ch.002 类型，底下一对的服装像观音一样是印度风格。每个菩萨旁都有个短题榜。

画面底部当中是献辞，共有五行汉字，相当模糊。献辞左右均跪着一个和尚和一个平民，左边后面还站着个小女孩（?）。四个跪姿人物前面也有窄题榜，但如今除右边平民前面的题识外，其余题识均不可识读。和尚离献辞最近。右边的和尚不是跪在毡毯上，而是跪在短腿的台子上，鞋放在身边，右手抬起,食指、中指伸直,左手持香炉。另一个和尚似乎撕扯着自己前面的衣服。两个和尚均是光头(涂成灰色和绿色),穿常见的僧袍,僧袍为灰、黄和黑色,衬有绯红色或白色里。平民的服装与 *Ch.00102 一样。女孩穿长裙、宽袖外衣,头发像 Ch.00224 一样在头侧梳成两个髻,髻末端向后突出。题识见彼得鲁奇,附录 E,II。2 英尺 $11\frac{1}{4}$ 英寸×2 英尺。

Ch.xlvi.0014. **绢画。**画的是坐姿观音及从者和供养人,是 *Ch.00102 的简化形式。镶边已缺失,画面底部破裂,但其余部分保存较好。

观音盘坐于杂色莲花之上,面前有大香案。右手于胸前施论辩印,拇指、食指间拈柳枝,左手倒持净瓶。头饰前无化佛。身材、服装、饰物、项光、背光基本上与 *Ch.00102 相同。头发为浅蓝色,眼微斜,长着波浪状小胡须。皮肤涂成鲜艳的粉红色,晕染有浅红色,轮廓线也是浅红色。

从者包括两个天王和两个小菩萨,均未持任何能表明其身份的法器。菩萨坐在底下,面朝观者,双手合十,处理方式与观音类似。天王只剩下头和肩,面目狰狞,沉重的头饰与幢幡中的天王像相同(见 Ch.xliv.007)。

此画唯一的独特之处是香案左右的莲花上出现了两个男婴,双手合十。他们可能是善恶童子,但在 Ch.lvii.004 中,善恶童子的相貌是年轻男子。右边的婴孩眼睛斜视,鼻子破了,作画者显然是想以此来表征他的邪恶本性,由此来判断,这两个婴孩更可能是善恶童子了。无论如何,他们与 *Ch.00102 中又胖又丑的和尚必定有什么关联。两个婴孩头上是黑色短发,无项光,穿红鞋、红色紧身裙,袒双臂双腿,披着橄榄绿色窄披巾。

整幅画面的着色主要有橘红和深绿,装饰性的莲花座、项光、背光上有一些蓝灰、白、灰、深粉色。工艺粗劣。

大题榜中无题识。大题榜左边跪着两个男子和一个男孩,右边跪着两个和尚(?)和一个妇女。男子、妇女的服装风格基本上与 *Ch.00102 一样,不同之处仅在于:最前面的男子头戴黑色拱形帽,紧贴着帽子有一圈竖起的硬帽檐(参见 Ch.xx.005),妇女头上只有前面的饰物和针,没有花和叶子。男孩未戴帽,头发梳成侧髻,与 Ch.00224 一样,除此之外他的服装与成年男子一样。

右边的两个"和尚"也可能是尼姑。他(她)们的服装和外貌与 Ch.00124 中可能是尼姑的那几个人类似,这样也就更容易解释为什么他(她)们会与女供养人位列同侧,并排在女供养人前面。右边三人的肤色一律是粉白色,但无红颊。男子的肤色是较深的肉色。除男孩外,每个人前面都有一个空白题榜。

2 英尺 10 英寸 × 1 英尺 $9\frac{1}{2}$ 英寸。

Ch.xlvii.001. **大绢画。**有汉文题识,画的是阿弥陀佛净土,两侧无小条幅。除镶边缺失外,其余部分均完整,保存良好。此画中有水池和前景中的平台,但其整体布局却不同于其他净土图,笔法风格也更自由。题识说的只是画面的细节,未标明日期。供养人的服装参见本书第二十三章第八节。

阿弥陀佛、观音、大势至坐在生硬而华丽的莲花之上,莲花直接置于水池之中。两个胁侍菩萨旁的小莲花之上都站着两个供养菩萨。以上是画面上方三分之二处的主要人物,从者与佛相隔较远。

阿弥陀佛紧裹在衣物之中,双肩双臂都被衣服盖住,腿盘得不像金刚跏趺坐那么紧。右手施论辩印;左手大部分缺失,但位置是在胸前,拉着袈裟的一角,也可能是持莲花蕾。佛两边各有一个雕镂并装饰过的柱子,柱顶是发光的珠宝。佛身后是两棵开红花的树干(也有模式化的装饰物),支着饰有植物漩涡饰的华盖。

两个夹侍菩萨头上是多层华盖,也支在类似的树上。二者盘坐,隐双脚。观音在左,双手合十,大势至在右,左手似在行礼,右手直立于膝上,似成无畏印。供养菩萨的手姿或是合十,或像在辩论,观音旁边的一个供养菩萨十分优美,持猩红色莲花。

后面是一堵墙,立在水池边,由多种颜色的大理石砌成,墙后生着两根竹子。空中有一些驾云而下的坐佛、衣袂飘飘的裸体婴儿的灵魂、系着飘带的乐器(箜篌、琵琶、笛、鼓等)。还有两个天女从阿弥陀佛的华盖两侧飘下,其形象很像 Ch.00260 刺绣中的天女。池上游着一对对象征幸福的鸭子,并生有莲花蕾,其中有婴儿的灵魂。

　　无香案、舞伎、乐师,无天宫和地位较低的佛。阿弥陀佛前的水中生有一朵莲花,托着一个圣器,莲花左右各跪着持猩红色和蓝色莲花的小菩萨。圣器前面与水面平齐的木筏(或水中平台)上栖着鹤、孔雀、鸭、凤凰和一个双头的迦楼罗。

　　整个前景是个平台,上面有供养菩萨、一对半裸的婴儿,还有莲花,上面托着发光的宝石,甚至还有不太醒目的供养人。每边只有四个供养菩萨,间隔较远,无个性特征,腿半盘,手姿或是合十,或像在辩论。婴儿几乎与菩萨一般大,位于前置中的栏杆旁,一个在缓缓地行走,一个在跳舞或是在奔跑,均持花朵或浆果。他们的头发与天空中的婴儿一样,除在前额上留有一撮、每个耳朵上留有一撮外,其余均剃光。

　　底下中间是空白大题榜,形如厚木板,顶部呈拱形(参见 Ch.liii.001)。左右的毡毯上跪着供养人,左边只有一个妇女,右边为两个男子。妇女穿无花纹的棕色高腰裙,裙有皱边,上身穿饰有红花的浅黄色外衣,袖子长而窄,胸前紧裹着绿色披肩。头发梳成顶髻,像 Ch.liii.001 一样朴素无装饰。男子穿系腰带的长外衣,头戴幞头(参见 Ch.xx.008 和本书第二十三章第八节)。

　　池中的莲花蕾和迦楼罗的筏子之间有一些短题榜,每位供养人旁都有个空白题榜。筏子旁边的题识已不可识读。莲花旁的八个题榜记述的是灵魂在极乐世界中的位置,如果有九个题榜就可构成《佛说阿弥陀经》第三部分中所述的阿弥陀佛九品(此画显然是图解《佛说阿弥陀经》的)。

　　就服装和身材来讲,人物与其他净土图中的人物相同。阿弥陀佛的皮肤是黄色,勾以红色轮廓线,头发为浅灰色,轮廓线和发卷用黑色表示,此方法似乎是模仿雕塑。无白毫相。两个胁侍菩萨的皮肤也发黄,其他供养菩萨的皮肤为粉色。但此图对皮肤的处理与别的净土图不同(只有 Ch.liii.001 各方面均与此图类似),佛和菩萨的立体感是用白色高光来表现的,这一点极为独特。袍子上通常有花朵图案,只有袍子轮廓线和衣褶涂实,其余的部分要么涂的是稀释了的颜料,要么颜料中掺了白色。对袍子的这种处理方法在大量幢幡中均可见到。

　　背景基本上是暗绿色,前景的平台为灰色和黑色,人物和附件的着色有暗绿、浅粉(或浅红)、灰绿,装饰性部分上有大量白色。菩萨头发为黑色,树顶后面用黑色来衬托尖叶子,别处无黑色。除水池的墙砖为橘红色、竹子和服装的细部用了浓烈的铜绿色外,其他色彩均不鲜艳。

　　色彩冷而静,背景比较空旷,给人一种空间广大的感觉,* Ch.lii.003 那类正式而拥挤的净土图则缺乏这种效果。项光很不显眼,是透明的,一般只用黑色轮廓线来表示,均未处理成实心的圆盘或各种颜色的同心圆,这使作品显得更加自然。人物一般都优雅而庄重,笔法自由、流畅,但细节较粗略。

　　5 英尺 3 英寸×5 英尺 6 英寸。《千佛洞》图版 XI。

　　Ch.xlvii.001. **绸制的写卷封面**。完整。主体由一块长方形粉色素绸制成,后面用粗纸加固,上下各用木杆撑紧,四周均镶有 2 英寸宽的厚花绸边。一端还缝着三条厚花绸制的宽带子。中间一条带子长出封面边约 8 英寸,两端都缝有长条粗麻布,以便当封面卷包住写卷后把封面系上。另两条带子与中间那条的外端会合在一起。

　　主体素绸上纵向缝有两条极细密的丝绸织锦,把主体分成三部分。主体衬有淡绿色素绸里,三条带子衬有灰绿色素绸里。正反面均印有一个“开”字。日本奈良正仓院目录 iii.Pl.166 是一个与此封面形状、结构都相同的封面,其他类似文物还有 Ch.00382、iii.0012、xx.006、liv.005 等,这四件多少都残破不全。

　　此封面引人注目的地方主要是镶边和带子上的花绸是织得很好的缎纹斜纹,结实、厚、柔软,上面有与 Ch.009 属于同一类型的萨珊风格的图案。图案为成行交替出现的椭圆形大团花和模式化的菱形小花朵,所有轮廓线均呈阶梯状。

　　椭圆形团花高约 11 英寸,宽约 9.5 英寸,里面有一圈窄边,窄边上嵌着粗粗的小十字形(可能只是圆“点”,阶梯状织法把圆形织得像十字形了),外面有两圈梨形花瓣,其形状类似莨苕叶。团花里面是一对相对的有翼的狮子,立于棕叶饰的底座上。厚重的狮鬣织成锯齿状,狮嘴大张。狮尾垂到后腿后突然上扬,弯在背上,尾末端是一撮叶状的毛。翅膀从肩部水平地伸到腰部,肩部的翅膀根织成大椭圆形,其中有点的中心处为其他颜色。狮子身体僵直,但织得很有活力。

团花之间菱形花朵的花心为六边形,花心外是一圈与椭圆形的边同样的十字形,还有 24 个扁平的花瓣,分成两圈。

整个图案的地为淡橙粉色。椭圆形团花的地为橘红色,叶子边为深蓝绿色和纯绿色。狮子身上和朝外的两条腿为米黄色,朝里的狮腿为绿色,狮鬣蓝绿色,狮鬣和尾部的毛为淡黄绿色,爪为粉红色或绿色,狮头轮廓线为蓝绿色,其余的轮廓线在橘红色地上为粉色或绿色,在粉红色地上为浅黄色或橘红色。菱形花的内圈花瓣为橘红和浅黄色,外圈花瓣为绿色。所有颜色均褪了不少,尤其是橘红色和粉色。蓝绿色并非在每行椭圆形中都出现,有时代之以纯绿色,但残片太不完整,无法看出其重复规律。

除空白处的小花不同外,此花绸与南肯兴顿维多利亚和阿尔伯特博物馆的一件文物几乎一样(763.1893)。那件丝绸中也是成对的狮子出现在重复的团花中,其着色、纹理、织法均与此相同。不同之处在于:那一件中,椭圆横向是长轴,而此件中纵向是长轴;那一件的各行纵向相距要远些;那一件的团花之间是两排隔着树相对而立的对狗,狗身很长,而此件中团花间的空白处是菱形花;那一件团花中的狮子之间还有一棵树。还有些微小的不同之处就不一一列举了。

三斯大教堂另有一件织物与南肯兴顿的那一件图案相同(参考查泰尔《三斯大教堂珍贵的古代织物》24 页及以下文字,图 20;另见冯·弗尔克《丝绸织物》,图 140)。伯希和先生所藏千佛洞文物中有个写卷封面的花绸与此类似,查泰尔先生在上面那本书第 22 页中也指明了此件与圣柯伦伯与圣鲁大教堂的裹尸布的关联。这些丝绸的起源见本书二十四章第三节。

封面上的窄条织锦是手工做成的,宽方向上不完整,纹理很细密,工艺极佳。其图案似乎是以闭合棕叶饰和相连的漩涡饰为基础改造而成,色彩柔和、细腻。地有深紫、柔和的深紫、铬黄、淡绿和黄白诸色,漩涡饰和棕叶饰也是这些颜色,只不过改换了其位置和组合方式,以便与地形成对比。类似的窄条见Ch.00300。

封面主体 1 英尺 6 英寸×11 英寸,加中间带子长 2 英尺 3 英寸。(织锦细部和织锦边)图版 CVI;(整个封面的)图版 CXI;(萨珊图案重构后)图版 CXVI。

Ch.xlix.001. **大绢画残片**。画的是菩萨,其身份未明(R.韦陀认为这是幅景教作品——译者),只保留下来左上部。人像有多处破损,顶上和左边有浅棕色丝绸镶边。

菩萨有真人大小,稍向左立,头转向左方,比身体转的角度要大些。右臂从肘部抬起,手伸出,掌心朝上,拇指和中指相碰;左手置胸前,多已残损,但握着棕色长杖,杖搭在肩上。这个杖可能是锡杖,那样的话此菩萨就可能是地藏菩萨了。服装和对人物的处理有几点很独特之处,但整体风格像*Ch.001 等一样为"汉传佛教"风格。脸瘦长,画得很好,高额头,两眼平齐,鼻子稍有鹰钩,嘴形和下颌坚定匀称。

眼睛为蓝色(这在我所藏的画作中是唯一一例),皮肤黄粉色,勾以深红色轮廓线,睫毛、鼻孔里和上下嘴唇之间的线为黑色。胡须似涂成深红色(?),但变色较严重。头饰和头顶的细节看不太清楚,但头饰上似有两件翼状饰物,头发在此饰物后面梳成左右两个低低的蓝黑色髻。头饰上没有常见的宝石或饰带,而只有这些翼状饰物,饰物底部有朵莲花(?),中间竖着一个"马耳他十字架"。十字架后可以看到项光深棕色的中心部分。项光为椭圆形,深棕色中心外面是一圈圈白色、绯红色、绿色同心圆,还有一圈火焰边。底下看不见什么头发,但右肩上方有一行红色和黄色的圆圈,圆圈中有漩涡饰(这可能本是头发却上错了色)。

着绯红色内衣,内衣上端离脖子很近。内衣外罩着浅绿色长袍,用白腰带系在腰上。肩上是条宽大的绯红色披巾,衬有黄色里,盖住上臂。前臂裹在绯红色衣纹之中,可能是内衣的袖子。肘部有白色皱边,可能是绿长袍的末端。

首饰只有项饰和手镯,都是黄色,勾以红色轮廓线。背景中点缀有小红花。画面有不少地方已模糊变色,尤其是破损的一边变色更严重。

立姿观音参见 * Ch.0088 下所列的目录,并参见本书二十三章第五节。长 2 英尺 11 英寸,平均宽度为 1 英尺 5 英寸。

Ch.xlix.005. **彩绘丝绸幢幡**。画面顶部和所有附件均缺失,余下部分保存较好。

画的内容:佛本行故事,为中国风格。

场景 1:乔答摩王子在迦毗罗卫国的生活。背景中有一个带游廊的建筑,平台上坐着乔答摩和耶输陀罗。前景中是一个舞女,左右的毡毯上各跪着一名侍者,三名乐师演奏着拍板、箫、笛(乐器参考施莱辛格小姐的注,附录 H)。

场景 2:逾城出家。前面和后面是王宫的一部分院墙,中间的空地上有个两层的亭子。从亭子的墙上生出一朵云来,王子和犍陟迦驾着这朵云腾在半空,跪着的小神捧着马的四蹄。小神穿长袍,外罩鳞片甲,未戴帽子,梳着顶髻,有头饰。未画车匿。云朵底下,后面有个熟睡的士兵,前面有个士兵守卫着宫墙。门楼坚固,类似于 Ch.xlvi.007 和 lv.0011、0016,看起来像是城堡的吊门。门外站着个军官正在检阅三个卫兵,卫兵把右手举在头侧行礼。

着色现已很模糊,但原本也很单调,只有暗绯红色、绿色、黄色、蓝灰色。建筑和服装像 Ch.0039 和 lv.009 一样,完全是中国风格。墙涂成红色和白色横条,表示夯实的土,有墙垛。王子、耶输陀罗、舞女以及场景 1 中的侍者均穿宽袖长外衣,里面穿内袍或裙,这种服装在此类系列画中很常见。乐师穿系腰带的外衣,戴黑色幞头。侍者和王子戴方形高帽,帽子本是粉色或红色。耶输陀罗和舞女的头发在发带(或梳子)后面梳成高顶髻,有四个尖,形如鸟头上的冠,颊涂成红色。舞女似乎只是舞动手臂,参见净土图中的舞伎。

服装中最独特的是卫兵穿的鳞片甲。其紧裹的头盔和护喉甲与身上的长铠甲连在了一起,腋下系了条带子,腰上也系了一条,袖子长达腕部,下摆长达脚上。有个卫兵的下身穿的是裤子,其余的人穿的肯定是裙子。卫兵持矛,矛上有三角旗,头盔顶上有尖。所有以"逾城出家"为题材的画中,只有这一幅把卫兵画成穿铠甲并且大多醒着。犍陟迦像往常一样是白色,红鬃、红尾。

工艺和构图不如 Ch.lv.009 精致,也不及其有动感,透视角度似乎是全景俯瞰式。每个场景旁边都有个黄色题榜(无字)。

其他以"逾城出家"为题材的画见 Ch.xlvi.007、lv.0011,"宫中生活"题材在别处没出现过。1 英尺 $7\frac{1}{2}$ 英寸×$7\frac{3}{4}$ 英寸。

Ch.xlix.006.　彩绘丝绸幢幡。有汉文题识。多处已破损,所有附件和画面的一大块均缺失,余下的部分很清晰,保存完好。与 Ch.lv.0016 是一对。

画的内容:佛本行故事,中国风格,只保留下来三幅场景的一部分。幢幡左右均绘有红色和橘红色条带,条带上饰有蓝色和绿色四瓣花,幢幡主体用绿色和淡紫色条带分成三块。场景 2 的右边和场景 3 的左面分别有题榜。

场景 1:佛盘坐在猩红色大莲花之上,右手张开,置于膝上,左手抬起,似在保护什么人。着绯红色内衣,盖住双脚、右肩、右臂,衬有浅蓝色里;外罩棕色袈裟,盖住左肩左臂,衬有浅绿色里。佛脸为方形,画得很好,黑眉呈拱形,双眼平齐,宽鼻、小嘴。皮肤为黄色,晕染有粉色。背后有黄绿色项光残迹,无题识或题榜。

场景 2:孩提时的乔答摩向文官武官们谈及自己的前生,场景右的题识说明了其内容(A.D.韦利先生解读)。童年的佛祖坐在王宫的一条游廊上,伸出双臂,正在讲述自己的故事。游廊外有两个男子站在他身后,另一边还有两个男子。后者中有一个穿橘红外衣,系腰带,头戴黑色幞头,跪在王子前面的游廊上,手中持一个纸卷轴;另一个站在底下的地上,怀中也抱个纸卷轴,有胡须,服装与 Ch.00114 中的大臣一样,是个高级文官。王子身后的那两人不完整,离王了较近的那个可能是个仆人,穿绯红色大衣,系腰带,头戴黑色幞头,怀抱一木桶(?),其中装满了圆形物体,现已很难分辨出究竟为何物;另一个人保留下来的部分更少,戴一顶高高的黑色圆帽,帽上描有灰色(或银色?)花纹,穿棕色披风、白色内袍,内袍袖为绿色,他站得笔直,从手形看握的似乎是宝剑的柄。王子穿蓝色内袍(颜色大多脱落)、粉外衣,头上饰有一朵白莲花,无项光。

场景3：射箭较技，射的是鼓。题识只剩下三个字，画面也只剩下王宫的一翼和一排圆形黑鼓，架在长长的木架上。

场景2和场景3中的建筑格局和颜色均与Ch.0039、lv.009类似。这两个题材是我所藏的别的画中没画过的。工艺十分精细，连细枝末节之处的笔法也精湛、简洁。色彩明快而不粗陋，着色很认真。

1英尺5英寸×6$\frac{4}{5}$英寸。《千佛洞》图版XII。

Ch.xlix.007. **彩绘丝绸幢幡**。画面顶端和所有附件均缺失，其余的画面完整，保存良好，底部保留有三条暗蓝绿色绸饰带。

画的内容：西方广目天王。面朝观者而立，脚踏坐姿鬼怪的头和举起的膝。天王体重明显置于左臀上，右脚比左脚高，右膝弯曲，整个右侧都放松。右侧悬着剑，右手放在剑柄上（但剑柄却未画上），左手握右腕。

从作品风格、大小、两侧的润饰、底下的长菱形图案和丝绸饰带来看，此幢幡与Ch.xxvi.a.006是一对，属于*Ch.xxvi.a.007的印度风格系列（参见*Ch.0010的总说明）。天王服装类似于Ch.xxiv.a.006，但无披巾。头上戴的不是头盔，而是头饰，一条圆形无花纹的领子围住脖子。上身的铠甲没有画出鳞片，下摆的矩形鳞片从其阴影看是向上彼此压住的。围裙和臀部皮片裁自同一块"绿色"皮革（？），围裙为三裂状。

裙子在前面露出膝，但背后则垂至小腿中部，僵硬地伸展在腿两侧。裤子扎在护胫中。鞋黑色，无装饰。肘部的袖子飞扬开来，露出白色衬里，覆膊画成横向的红条和黄条。护胫也是红色和黄色，镶嵌有绿色圆盘（红、绿、黄是画面上的三种主要颜色）。鳞片甲、胸护和金属边是黄色，胸甲的地、铠甲的皱边和护踝是绿色，领子、胸甲边、腰带、肘部飞舞的窄饰带是红色。裙深棕色，蓝边。

脸方形，长有小胡须。双眼平齐，大睁着，注视着右上方。鼻子粗大，耳朵稍长，穿了孔，但无耳环。皮肤深粉色。前额上有皱纹，并紧咬着下唇，显得怒气冲冲。头饰是个低低的冠,上面露出高顶髻,头发散在肩后,束有金色发带。双肩上各有一颗发光的宝石。项光有红色火焰边。头顶上有铃铛(本是华盖的一部分),华盖已缺失。

脚下的鬼怪秃头,方脸,长着獠牙,与 Ch.xxvi.a.006 中的鬼怪一样。

人物姿势生硬,线条相当粗。颜色不透明,白色脱落了不少,其他颜色则保存得很好。天王头左侧有黄色题榜,无字。

画幅 1 英尺 $5\frac{1}{2}$ 英寸×$5\frac{1}{4}$ 英寸,加饰带长 2 英尺 $11\frac{1}{2}$ 英寸。

Ch.lii.001. **麻布画**。完全是藏族风格,画的是多罗女神及随侍的圣人和神祇,保存完整。麻布织得结实而紧密,上面涂了层白色蜡状物,颜料就涂在蜡状物上。本来所用颜色多是深色,但有些地方的颜料磨掉了,露出了底下的白蜡,或直接露出了麻布。麻布背面缝了块更大的深绿色麻布,多出来的边上粘了深绿色丝绸条带,但顶部的条带不是丝绸而是浅绿色棉布条,形成宽宽的画框。有木杆和吊带。

画面中间是多罗坐在杂色莲花之上,莲花漂浮在蓝色池水之中。前景的左下角、右下角和画面两侧的大部分都是石头林立的地面,在池边形成悬崖。在石头地面上,前景中有个面目狰狞的神,可能是摩利支天。角落里和沿两侧朝上有多罗的其他八种形象,夹杂着凶险及脱险的小场景(有的小场景无法解释)。中央多罗的项光之上是蓝天,蓝天中有黑云,使蓝天变暗了,云上坐着佛和圣人。

多罗是以她通常的面目出现的,即被画成一个年轻貌美的女子,穿戴着印度菩萨繁复的衣服和首饰。呈坐姿,右膝抬起,右脚放在小莲花上,左腿屈回。右手放在膝上,于心向前,如施与愿印,左手放在胸前,两手均持长长的盛开的蓝莲花,花枝上有深绿色宽叶子。上身稍向观者之右倾斜,头歪在右肩。头戴五瓣冠,冠顶很高。披巾和裙为深红色,点缀有涂金的花朵,膝上是精美的装饰性护膝,为蓝、绯红和绿色。皮肤上曾涂过金粉,但金粉几乎已完全脱落。眼睛黑色,目光下视,嘴猩红色。只在前额上可看到黑发,发上饰有猩红色飘带。头后是椭圆形项光,为纯黑色或很深的绿色,项光使头部显得有立体感。身后是椭圆形背光,地为淡蓝色,边上有一圈绯红、深绿、淡蓝、黄色光芒线。

多罗头顶的黑云上坐着一个入定的小佛,穿白袍,手托化缘钵,皮肤涂成深印度红色,祖右臂。小佛左右的深绿色云上各有一个祈祷用的蒲团,蒲团上坐着圣人,有黑项光,戴喇嘛的那种有尖的头巾,一个圣人的头巾是白色,另一个可能是红色,颜色已几乎脱落。此二人可能代表的是莲花生上师和寂护。

八个小多罗像颜色各有不同,分别为:黑色(1个)、浅黄和深黄色(2个)、印度红色(2个)、深灰色(1个)、白色(1个)和浅蓝色(1个)。其坐姿均与中间的多罗相同,服装和饰物也与之类似。右手在膝上持净瓶,左手抬起,持长茎蓝莲花。

前景中面目狰狞的神身材矮胖,斜坐在黄马之上,右手挥舞着猩红色棒,左手于胸前持骷髅头。皮肤深蓝色,头发在额前向上飘成一团,前额中间有第三只眼。头顶挂着一个孔雀羽毛做成的华盖,鞍布上挂着一个男子鲜血淋漓的头颅。马脚下是许多金字塔形物,边上呈阶梯状,颜色为浅蓝、黑、深绿色,其含义不明。

小多罗像之间分散的小场景内容如下:

(i)左边第一个多罗像下是两个男子坐在亭子中。

(ii)左边中间是一男子把另一人头下脚上地推落悬崖,悬崖底下是湖水。

(iii)左下角是一个男子被蛇追赶,另一个男子被老虎追赶,追赶第三个人的不知是什么动物。画面上方的湖中还有一人跪在船上,双手合十。船似乎是宽拖船,船底扁平,有两个向上翘的船头,船尾方形,甲板上有船舱。

(iv)右下角画一个形如猪的动物正在吃草,嘴巴很长而且逐渐变细。上面有个男子正在过桥,从悬崖这一端走到另一端,桥边无栏杆,从附近的多罗身上放射出长长的黄色光线(?)照在他身上,显然是在给他引路。

(v)右边中间与场景(ii)相应,被推落悬崖的男子跪在水下的莲花之上,双手作祈祷状,周围有一圈火焰,而将他推落悬崖的人正吃惊地从崖边往下看。

（vi）右上方，一个地方官坐在案后，一个男子站在他前面，第三个人在打这个男子或要砍掉他的头。

小画面中的人物均着紧身外衣、裤子、吊袜带或长靴，地方官和场景（i）中坐着的男子穿的是长外衣。关于脱险的场面，参见 Ch. xl.008、*lii.003、lvii.001。色彩被庙里烧的香熏黑了。

画幅 2 英尺 1$\frac{1}{2}$英寸×1 英尺 4 英寸，加边后大小为 3 英尺 4$\frac{1}{4}$英寸×1 英尺 11 英寸。《千佛洞》图版 XXXI。

*Ch.lii.003.　**大绢画**。有汉文题识，画的是佛教净土，可能是东方药师佛净琉璃世界。是典型的非常复杂的净土图，保存得基本良好，但画面顶部和底部不完整。顶部保留有已褪色的红麻布边。题识只是出现在两侧小条幅中（见本章本节下文）。

此图及同类净土图的布局很有规律。画面左右的树、建筑、人群、甚至单个人物都彼此对应，全都围绕着中间的佛。有繁复的带栏杆的亭台楼榭，这些建筑都坐落于往生池中。画面中间是东方药师佛坐在莲花宝座上，左右的小宝座上各有一个菩萨，右边的是文殊，左边的是普贤（见彼得鲁奇《吉美博物馆年鉴》，xli，第 128 页）。三圣周围是一群双手合十的从者，包括菩萨、天王（类似四大天王）、魔怪。佛身后有几棵树，支着六边形华盖，华盖上垂下布帷。两个夹侍菩萨头上是六层伞状的华盖，华盖四周云雾缭绕，华盖旁的云朵上飘着天女。人物的身份参见附录 E，III，vi。

画面上端画的是净土的楼阁，楼阁是个有游廊的四边形院落，前墙和后墙中央有大门，大门周围环绕着树，门楼顶上是塔顶似的多层屋顶。两边的墙中央各有一个六边形塔，塔上有敞开的神龛，神龛中是小塔。

画面左上角和右上角是千手菩萨，右为文殊，左为观音。观音持常见的法器（见 Ch.lvi.0019 等），文殊持一千个化缘钵，这是我所藏的画作中唯一一幅千臂千钵文殊像。沿画面两边下去有两个亭子，均有两层，上层均敞开，里面露出些小菩萨，有的坐在栏杆之上，有的卷起窗帘，有的显得悠闲自在。亭子的底层中只有空莲花座,有两个地位较低的佛刚从莲花座上起身,正带着从者向中央宝墀伸出来的两翼走去。

画面中间有个大平台,也是从主要的宝墀上伸出来的。平台上、药师佛面前放着一个盖了帷幔的香案,香案上放着圣器,左右各跪着一个仙女。此平台向前景中又伸出一个更小的平台,上面有一个舞伎、两个半裸的跳舞的婴儿和八名坐着的乐师。从这个小平台又向前伸出一个小院落或道路,几乎一直伸到画面底部,一个展翅的迦楼罗站在入口处,正在演奏铙钹。周围的栏杆旁站着或跪着更多的菩萨。

湖中生有树、紫色或猩红色莲花和莲花蕾,莲花上托着往生的灵魂。两个灵魂笔直而坐,呈成熟的菩萨状,但有种刚睡醒的惺忪慵懒之态,有一个往生灵魂被画成一个婴儿,从花心中跳出来,还有一灵魂是蜷缩而睡的婴儿。宝墀柱子上栖着鹦鹉,湖前边的石头上有一只鹤、一只孔雀。

左下角和右下角的平台上跪着十二个全副武装的天王,是药师佛手下十二将,一边跪六个。他们所在的平台有道路斜斜地通向湖中。此处画面用一条浅蓝色、绿色、橘红色、紫色菱形花纹构成的带子结束。一般是用这种菱形条把画面主体和周围小条幅隔开,但有一两幅画中用的是植物漩涡饰或带点的深色窄带子。

底下残留有两个菩萨及其从者的上面部分,中间的人物已缺失,画面两侧是一系列小场景。未画供养人。

细节。在大量细节中只能拣较重要的来说,尤其是那些作为所有大型净土图共同特点的细节。

(i)佛。中央佛一律结金刚跏趺坐,足心向上。均穿鲜艳的绯红袈裟,盖住左肩,衬有淡蓝色或淡绿色里。僧祇支为绿色,镶黑边,一般盖住右肩和右臂。佛皮肤是黄色,晕染有橘红色,头发为灰蓝色,但地位较低的佛的头发有时是黑色。在 Ch.00216 和 lv.0047 中佛的皮肤上涂了金粉。本画中药师佛右手施论辩印,左手置膝上,托米饭钵。右边的立佛右手施论辩印,左手伸出,掌心向上;左边的立佛右手施无畏印,左手置胸前。佛脸圆,表情温和,眼只是稍微有点斜向上,表情似在沉思。

(ii)菩萨。此画中的菩萨(包括坐宝座的两个)其服装、饰物、五官均为"汉传佛教"类型(见*Ch.002等)。皮肤白色,晕染有淡粉色(脱落了不少),头发为黑色,唇绯红色,眼睛和身体轮廓线为黑色。五官画得极为精致,许多菩萨的眼睛基本上是平齐的。均穿披肩似的披巾,遮住双肩,服装颜色均涂实,而不是像幢幡中那样涂成透明的颜色再用涂实的颜色勾轮廓线。菩萨的饰物、香案上的所有圣器和天王的金属器物都不是黄色,而是深红棕色,勾以黑色和黄色窄轮廓线。

靠药师佛最近的菩萨一位持锡杖,一位持拂尘。两个坐宝座的胁侍菩萨双腿盘得没那么紧,一只脚露在外。左边的胁侍菩萨右手水平地置于胸前,左手伸向前上方,掌心向上;右边的胁侍菩萨右手托碟子,碟中有莲花蕾,左手也置于胸前。

(iii)佛周围的夹侍神祇。佛和胁侍菩萨身后的神祇无项光,大多穿铠甲,其中只有两个是菩萨,跪姿,持蓝色莲花蕾。左边的胁侍菩萨后面是个五官年轻却长着胡子的人,在白发带之上戴了顶官帽(类似*Ch.0021地藏像中的十王),帽顶向后倾,帽前面有个方框,方框上是个"王"字。右边相应的位置上站着个三面武士(侧面的两张脸呈魔怪形),额中间竖立着第三只眼。他可能是大梵天,而左边的神是帝释天(参见Ch.lvi.0019)。

两边还各有三位武士和一个魔怪,武士服装与幢幡中的天王一样。左边的第一个武士颈上缠绕着龙;第二个颈上是个展翅的鸟头兽身怪物,此怪物为橘红色和红色,带花点;第三个武士戴Ch.0040那样的头盔,鼻子上有护鼻。前两者五官奇形怪状,第三个则为正常的人形。左边的魔怪形象扭曲,头上长角。右边最上面的武士在弹琵琶,头盔为狮面形,狮颔围住脸,武士右肩上有红色日轮,其中有只凤凰。他底下的武士肩上立着条白龙,最底下的武士肩上立着一只孔雀,而魔怪手中举着个婴孩(参见Ch.00158、00373.a)。这些武士和魔怪在随侍佛的队伍中是不太多见的。

其他小菩萨无个性特征,他们是供养菩萨,手或成手印,或持法器,如莲花蕾、香炉、发光的珠宝等。香案旁跪着四位仙女,举着圣器。武士、舞伎、乐师、仙女均无光环。

（iv）千手观音和千臂文殊盘坐在左上角和右上角,穿有条纹的短裙,肩部有白色衣纹。文殊正面大手中分别持浅绿色、蓝色或紫色钵,钵中有小坐佛,诸小佛手中持无装饰的黑钵。

（v）舞伎和乐师。乐师盘坐在平台两侧的毡毯上。每行乐师最上方的背景中均有个半裸的胖婴孩,其头发为浅蓝色或浅灰色,穿猩红色鞋,正在狂舞,左边的那个敲着腰鼓,右边的可能拍着拍板。

乐师的服装与菩萨类似,但未戴披巾。左边的乐师演奏的有箜篌、琵琶和八弦琴,右边的乐师演奏的是拍板、笛、笙(茶壶形)和箫。琵琶有四根弦,如梨形,与日本奈良正仓院中的琵琶一样(见正仓院目录 i.Pl.56),饰有花纹,用拨子弹奏。笙由一组簧管构成,装有吹管(参见正仓院目录 i.Pl.60)。八弦琴有矩形音箱,在可移动的琴桥上有八根琴弦,用手弹奏。拍板由五块帆形小薄木片构成,顶上用粗皮革穿起来,演奏者把拍板的底部撞击在一起。箜篌很大,只可见一部分,看不清其确切形式。笛和箫是传统形式。见附录 H 中施莱辛格小姐所做的关于乐器的笔记。

舞伎穿波浪状的橘色裙,系绿腰带,上身穿长仅及腰的绯红色紧身外衣,袖子长而紧,上面饰有金属凸饰。外衣大部分被镶金边的胸衣或领子盖住,领子下有紫色衣纹,其皱边垂在臀上。头戴头饰,肩上有打成结的白色衣纹,边舞边挥着披巾。此件中舞伎的头发与乐师一样是蓝灰色,但通常舞伎的头发是黑色,服装一般也没这么复杂,其双臂和上身通常是赤裸的,只披着胸巾,戴着首饰。

（vi）药师佛十二将。为四大天王类型的护法神(见 * Ch.0010),无个性特征。有的双手合十,有的持圣器或发光的珠宝,其中一位托着个大盘子,盘中放着卵形绿色宝石和珊瑚枝。药师佛十二将只在此图和 Ch.liii.002 中出现过,两幅画均是东方药师佛曼荼罗。药师像目录见附录 E,III,vi。

（vii）树。此画中的树有四种类型。(a)药师佛后面是模式化的菩提树(?),

开紫花,紫花周围是排列成星形的窄而尖的叶子。中央佛背后均都有这种树,有时中央三圣背后也有这种树。其花一般为红色、粉色、白色,但在Ch.xlvii.001和liii.001中花画成了金字塔形果实。尖叶子的弧度均相同,每簇花叶看起来就像一块绿垫子中间有个红钮扣。(b)亭子周围的树上不开花,生扁平的梨形叶子,叶子之间相距较远。(c)塔周围的树叶子较小,偶尔开红色小花,花茎很短,可能是模式化的柳树,参见 Ch.lvi.0016。(d)从池中长出的树为锥形,无花,尖叶子的排列方式与(a)相同,叶鞘和茎像棕榈树。在其他某些净土图(比如﹡Ch.0051)中出现了一种不开花的树,叶子又长又窄,微呈弧形,画的可能是棕榈树。

(viii)建筑。建筑完全是中国风格,墙涂成白色,木梁木柱等为红色,屋顶为蓝、绿或黑色(见 Ch.0039、Ch.lv.009 等号下的详细论述)。此图的宝墀为纯黑色,但别的画中宝墀上通常铺着菱形砖,并饰有装饰物。宝墀的栏杆和过道一律为绯红色木头制成。宝墀立于柱子上,柱子为绯红色或棕色,由一块块石头垒成,上面饰有花朵等。

(ix)项光和背光均为圆形。佛的项光、背光画成橘红、蓝、绿、紫色波浪状光芒线;菩萨的项光和背光有的涂成无装饰的圆盘,边上颜色较深,有的是一圈圈杂色的同心圆,或是在无花纹的圆盘中央画个饰物,画的可能是一朵花。只在少数几例画作中出现过印度风格的椭圆形项光。

此画底部的两个菩萨头饰前均有化佛。左边菩萨的左手拇指上顶着装有物体的金属盘子,他的从者在弹琵琶。右边的菩萨左手持瓶,瓶中插紫色莲花,右手(已缺失)持三叉戟,他的从者持猩红色莲花,莲花上托着燃烧的灯。

颜色主要有柔和的深浅不同的红、蓝、绿色,精巧地相互融合、相互平衡,没有哪种颜色凌驾于其他颜色之上,宝墀地面和亭子顶上的黑色则把这些颜色连在了一起。但目前画面已相当模糊。工艺精湛,笔法极为细腻、清晰,许多人物的姿势十分优雅。

右边的小条幅画的是“八难”,左边的是向文殊(?)祈祷的人。彼得鲁奇和沙畹先生在《东亚回忆录》中描述并确认了它们的内容,参见附录 E,III.vi。

两侧画有同样小条幅的东方药师佛净琉璃世界,参看 Ch.liii.002。

6 英尺 9 英寸×5 英尺 7 英寸。图版 LVII,《千佛洞》I.II。

Ch.lii.004. 大绢画。有汉文题识。上半部分画的是阿弥陀佛和从者,下半部分是父母恩重的场景和供养人。下半部分中,左边和中间部分已缺失,但 Ch.lxi.008 可以部分地补足左边的内容。画面主体两侧可能本来画有佛教传说故事画,已缺失。余下部分保存很好。

上半部分的场面类似于净土图。阿弥陀佛坐在香案后,两边是观音和大势至,前面有四个地位较低的菩萨,后面是两个佛弟子和两个穿甲的天王。上面的华盖挂在两棵树上,树叶为星形,还有一带小山,小山上覆盖着松树,猩红色的云紧贴着小山。

阿弥陀佛盘坐,右手施论辩印,左手于胸前托无茎的粉红色和白色莲花蕾。两个夹侍菩萨靠近佛的手均持透明小瓶,瓶中插紫色莲花,另两只手置于胸前。地位较低的菩萨持猩红色莲花,其服装、饰物、身材为 * Ch.002 类型。佛弟子有光环,其一白胖,表情温和,另一个是红皮肤,五官有些奇形怪状,脖颈瘦骨嶙峋,长着胡须。天王也是红皮肤,其一持剑,面目凶恶,可能是西方广目天王,另一个无个性特征,可能是南方增长天王。树的处理方式与 Ch.liii.001同,画有一圈窄叶子,围住金字塔形的中心。香案上的帷幔也很典型,像 Ch.00278 一样。

西方三圣均有成缕的小胡须。佛皮肤为黄色,晕染有橘红色,头发灰蓝色。菩萨的皮肤均为白色,晕染有橙红色,头发黑色。佛和所有菩萨的眼睛都是白色,黑瞳仁、红色虹膜。袍子和附件上的颜色主要有绯红、蓝灰、鲜艳的绿、黄、白,十分明亮、清晰,但色调较粗糙。笔法熟练,但机械而无生气。

画面下半部被一条饰有菱形的条带横向分成两部分,然后再由长题榜继续分隔成五个(?)垂直的框,题榜中有题识,但上下两行中间的大框已缺失。

上排右边残留的画面如下:

(i)父亲坐在一个台子上教育儿子,母亲怀抱婴孩,由一个保姆(?)陪着。

(ii)中间一部分(?)已缺失。底下是两个男子,上面是三个和尚并排坐在毡毯上,双手合十,眼望着画面中间。此排和尚旁边是一个佛坐在莲花上,也双手合十。

(i)(ii)两幅画面旁共有三个题识。

左边:(iii)与(ii)是一对,底下是两个妇女,上面是三个尼姑,双手合十,尼姑旁边跪着一个着官服的男子(像*Ch.0021等中的地方官)。底下还有一男一女边走开边回头看。

(iv)父亲为儿子择妻,母亲与女儿们坐在一起(?)。

(iii)(iv)两幅画面旁共有三个题识。

供养人只残存一部分:右边有两个跪着的妇女,左边残留一男子的头部,还有四个题识的一部分。供养人服装与Ch.00102、liii.003一样为公元10世纪类型。唯一完整的妇女服装十分华丽。其黑披风上饰有四瓣红花和三叶状黄色植物卷须,外衣边上露出内袍,上面饰有花,颈上挂繁复的项饰,由红、白、棕色珠子串成,呈网状。头发前面有白色长饰针和沉重的植物状金属饰物,头发左右还插着金属做的展翅欲飞的凤凰,凤喙中垂下三条链子。皮肤为白色,红唇、红颊,颊上画有两个鸟形装饰,前额上画着红花和蝴蝶。

上面小场景中人物的服装也是公元10世纪类型,尼姑、和尚的服装及小男孩的发型与Ch.liv.006相同。

4英尺5英寸×3英尺3英寸。图版LXII。

Ch.liii.001. **大绢画**。画的可能是阿弥陀佛及其从者和供养人。除边角缺失外,其余部分均完整,保存良好。构图简单,不算供养人只有13个人物:阿弥陀佛、观音、大势至、六个光头弟子、两个小菩萨、两个仙女。参见*Ch.0051等。

阿弥陀佛盘坐,右手施论辩印,左手置于胸前右手之下,从腕部下垂,无名指、小指弯曲。袈裟为鲜艳的绯红色,衬有淡绿和淡蓝色里,盖住双肩双臂。皮肤黄色,晕染有红色,红色已变色成独特的闪亮的紫红色,给人以青铜像的感觉。头发为鲜艳的钴蓝色,小胡须为绿色。

佛的莲花座置于有台阶的高基座之上,花瓣为粉红色,花瓣尖为绯红色,花瓣上到处是白色、蓝色、黑色的植物漩涡饰。基座底部和上面的华盖上也装饰着类似的漩涡饰。华盖挂在佛身后的两棵树上，树干画成了镶宝石的柱子，星形树叶环绕着一串锥形的红色果实。树两边各飞下一个散花的天女。

大势至和观音坐在绯红色和蓝色莲花之上，莲花也是置于高底座之上。均头戴化佛冠。观音右手垂在膝上，左手抬起，掌中托发光的珠宝；大势至右手直立于膝上，举起的左手中持淡绿色化缘钵。

西方三圣身后是六个弟子，每边三个。头为方形，五官粗大，眼窝很宽，粗眉毛，面容警觉，有个性，其中一个在微笑，最上面的两个分别持红色莲花蕾和权杖。六人均着鲜艳的僧祇支和袈裟，袈裟为黄色、铜绿色、绯红色或鲜艳的蓝色，有两个弟子的袈裟上有条纹（像 * Ch.i.003 等中的地藏菩萨），并也出现了阿弥陀佛脸上的那种闪亮的紫红色（树干上也有这种紫红色）。六个佛弟子的光环只画成窄窄的红色和白色圆圈，光环中间则基本上是透明的。

两个夹侍菩萨下面有扁平的红莲花生于短茎之上，莲花上坐着两个小菩萨，一个呈侧影，另一个呈四分之三侧影，一个持红莲花蕾，另一个持净瓶。均着透明的蓝色窄披巾、绯红色裙，裙上有蓝花，膝部的裙上也有蓝色色块。其光环按透视法缩小，画成窄窄的铜绿色椭圆形盘，衬托着头部。这两个菩萨旁边和后面的每个弟子上面均有空白的黄色题榜。

除题榜为黄色外，别处极少有黄色。首饰几乎全涂成白、蓝和铜绿色，用红色勾轮廓线。菩萨头发为黑色，树叶后面也有黑色来衬托尖尖的叶子，除此之外无黑色。用来写献辞的题榜形如石板，顶部为低低的拱形（参见 Ch.xlvii. 001），驮在一个龟背之上，遮住了阿弥陀佛基座的正面。

底下角落里跪着供养人，为一男一女，画得很小。男子在右，除残留下来帽子顶部外，其余部分均缺失，帽子形状与 Ch.xlvii.001 类似。女子完整，服饰简单，相当有魅力。她跪在毡毯上，手放在腿上，持长茎红花。穿高腰的绯红色长裙，裙腰达于腋下，上身穿白色紧身小上衣，袖子窄而长，还披着一件铜绿色小披肩。头发简单地在脖子上梳成小髻。除一条朴素的项饰外，别无饰物。

此画的主要特点在于其工艺。人物的立体感除了用常见的色彩变化来显示,还使用了高光。这在佛弟子的身上最明显,其高光为白色,出现在肉粉色的皮肤上。菩萨则只有通常的红色或粉色的深浅变化。阿弥陀佛的高光似乎是绿色,这与他青铜色的皮肤极为相配。

在高光的使用和其他几方面上,此画很像 Ch.xlvii.001,两幅画人数都不多,人物间距离都较大,阿弥陀佛身后的树、华盖及飘飞的天女、对项光和供养人的处理都类似,着色中所用的黄色和黑色都很少。但此件中佛、菩萨、弟子的线条更精细、更模式化,袍子大多像常见的净土图一样,以浓烈的颜色涂成实心。

4 英尺 6 英寸×3 英尺 4 英寸。《千佛洞》图版 X。

Ch.liii.002.　大绢画。画的是东方药师佛净琉璃世界,风格和整体安排与 *Ch.lii.003 类似,但较之更简单。画面底部、最顶部和左侧的小场景均缺失,其余部分保存极好。

中央佛的姿势与*Ch.lii.003 相同。夹侍菩萨坐在宝座上,其中之一靠近佛,手中托透明的瓶,瓶中插猩红色莲花蕾,另一个靠近佛的手持无茎的紫色莲花蕾,另外两只手均施论辩印。其他侍者如下。四名有项光的佛弟子坐在药师佛后面,黑发剪得很短;香案旁跪着两个蓝头发的仙女;宝墀上坐着小供养菩萨,手或施手印,或持蓝色或粉红色莲花蕾;香案前有一个舞伎、六名乐师(为男性,但长发类似于菩萨);左下角和右下角是地位较低的佛(不完整,可能是坐姿)及其从者;前景中间是六位将军(只保留下来头部),如果画面完整的话大概应有十二位将军。

乐师演奏的乐器有茶壶形笙、直线型笙、琵琶、笛、拍板、箫,见*Ch.lii.003、v.001。乐师所在的宝墀前的走道上立着一只孔雀。池中无婴儿或鸟。此画中的池了主要位于背景中天宫杜子的旁边。天宫中间是个亭子,屋脊较高,还有两个敞开的六边形神龛,窣堵波顶,龛中有坐姿小佛,神龛与中央的亭子之间有弯曲的走道相连,走道两边很陡,连着池子。

画面十分清晰,用了大量的黑色和蓝色,显得层次分明。黑色不像一般画作那样零星出现,而是大块出现,用在宝墀地面和大多数人物的头发上。人物的披巾、项光上则处处都有蓝色。佛头发的色彩很独特,引人注目,是介于蓝灰色和深蓝色之间的一种颜色。除黑色和蓝色外,浅绿色是最主要的颜色,木梁木柱等和袍则是常见的暗绯红色。白色很少见。菩萨的皮肤是丝绸绿棕色的本色,晕染有红色,佛的皮肤是浓重的黄色。笔法清晰,总的来讲工艺精湛。

两侧小条幅中无题识,与 * Ch.lii.003 右侧的场景类似,画的是七灾或八难,也是用中国世俗风格画成。保留下来的场景内容如下:

(i)一个佛(?)坐在莲花之上(莲花已缺失),面前的莲花上跪着一个菩萨。

(ii)一男一女坐在三足鼎两边,他们之间的背景中有个鬼怪一只手伸向女子,另一只手中持一不明为何之物。参见 Ch.lii.003.x。

(iii)一名男子落入水中,只露出头和双臂,与 Ch.lii.003.vii 类似。

(iv)一名男子坐在左边的高凳之上,一个举棒的鬼怪在他面前用绳子牵着另一名男子,被牵之人只穿件白色长裤,头上和脸上围着块白布。参见 Ch.lii.003.iv、v。

(v)一名生病男子躺在榻上,由一名女子扶着,两个和尚手拿纸卷向他诵经。与 Ch.lii.003.iii 类似。

(vi)一名男子跪在平台上,身体前倾,手放在台边,神情沮丧,一个鬼怪伸着双手向他跑来。与 Ch.lii.003.x 类似。

(vii)一名男子坐在右边的座位上,右手抬起,似在祝福,另一名男子正与他交谈,后者右腕上有只鹰。参见 Ch.lii.003.v。

(viii)一名男子在奔跑,周身是金字塔形火焰。与 Ch.liii.003.vi 类似。

(ix)已缺失。

3 英尺 10 英寸×3 英尺 6 英寸。图版 LVI。

Ch.liii.003. **画在细麻布上的大画。** 画的是阿弥陀佛(或释迦牟尼?)净土,两侧小条幅为阿阇世王的传说和韦提希王妃的观想,整体布局与 * Ch.0051 号等类似。有多处已剥落、破损,两边残留有深紫色锦缎边,边上用紫色锦缎和淡黄褐色锦缎打有补丁。

原来的深紫色锦缎图案中可见到萨珊风格的影响。图案由圆形(?)团花构成,直径约6英寸,纵向相距1英寸。团花边上嵌有联珠,团花之内是模式化的叶子和花蕾,团花中央是一个小圆圈,小圆圈边上也是联珠。团花之间的空地上是另一组模式化的花朵,已无法看清。后来打补丁的紫色锦缎上有中国式的波浪线图案;淡黄褐色锦缎为菱形网格状图案,斜线呈链状,斜线交叉处有四瓣小花,菱形之内是大些的扁平的花(也是四瓣),底下的图案变成了云状图案以作边,但没有全部保留下来。

净土的布局与 * Ch.0051 完全相同,左下角和右下角有两个地位较低的佛,中央佛旁边有两个短头发、有项光的弟子,夹侍菩萨身后也有两个光头弟子。

工艺较细致,但线条剥落了不少,颜色只剩下鲜红、蓝、紫红的残迹。

两侧小条幅内容如下:

右边:(i)灵鹫山,没有画释迦牟尼。(ii)可能是频婆娑罗王和韦提希礼佛。他们二人出现在前景中,挥着手臂,上面的天空中露出释迦牟尼的上半身。(iii)阿阇世王追赶母亲,前面有大臣和御医。(iv)与 * Ch.0051 的场景(v)一样,内容不明。画的是阿阇世王(?)骑在马上,两个人在他前面引着一个戴枷的人。(v)至(viii)已剥落。

左边是韦提希观想极乐世界。(ix)观日和流水;(x)观水化成冰(?),画的是个小水池;(xi)观地,是个绿色正方形;(xii)观宝树;(xiii)观镶有珠宝的华盖;(xiv)观花座,画的是水池中长着一朵莲花;(xv)观八功德水,画的是一个无花的水池;(xvi)观释迦牟尼再生,画的是池中盛开的莲花上升起一个灵魂;(xvii)观观音;(xviii)观大势至;(xix)观阿弥陀佛;(xx)已剥落。

左下角残留有供养人,其中有个戴绯红色头饰的妇女,还有和尚或尼姑。

加边后大小为4英尺5英寸×3英尺7英寸。

Ch.liii.005.　　**大绢画**。画的是立姿观音,无供养人或从者。边和画面顶部、底部均缺失,其余部分均完整,保存良好。观音未着色,是典型的"印、中"混合风格的菩萨。

观音稍向左立,目光下视,右手抬起,持柳枝,左手在腰上持瓶。头上无化佛。头发、身材、服装遵循的是印度传统,但中国艺术家使本来很规则的印度式笔法显得特别优雅和温柔。

从细节来看,其服装和色彩很像*Ch.0088。也穿短短的印度红色紧身罩裙,上面点缀有蓝色和白色小花。罩裙外还有一条窄带子,在前面垂成弧形,在两侧则垂成环形和飘带状。这条带子一面涂成呈弧形的红条、白条、蓝灰条,以表示其表面是圆的,另一面是同样颜色,但画有黑色网格。不清楚这是件织物还是用别的什么材料做成的。长裙和肩部衣纹为橘红色,腰带橄榄绿色,胸巾印度红色,窄披巾深巧克力色,首饰红棕色,头发为黑色,皮肤为白色,晕染有红色,轮廓线也是红色。

脸短圆,眼睛相距很远,基本平齐,下眼睑和几乎闭着的上眼睑均呈优美的弧形。嘴较大,唇上方和颌下有胡须。项光为圆形,其外面的蓝灰色边上饰有一圈蓝色和白色的闭合棕叶饰。左上方有黄色题榜,无字。

4英尺8英寸×1英尺10英寸。《千佛洞》图版XXI。

Ch.liv.001. **绢画**。有汉文题识,画的是十一面千臂观音及从者和供养人。镶边已缺失,右上角、右边一部分和画面右下方的部分献辞及所有男供养人均缺失,其余部分保存完好。

基本布局和处理方式与*Ch.00223等一样。观音有十一个头。侧面两个分别为蓝灰色和暗绿色,头发为黑色,其他头上的头发为蓝灰色。堆成金字塔的头都是菩萨头,化佛则出现在最底层中间那个大头的头饰上。观音的皮肤为黄色,晕染有粗糙的橘红色。千手中所持的较少见的法器有莲花座、云、葡萄、拂尘,日轮中有保存得很好的太阳鸟。

观音身下的莲花座出自小水池中,两个大步而行的龙托着莲花座,面目狰狞,头饰上有小蛇。其他从者共六个:日光菩萨和月光菩萨、功德天、婆薮仙及两个火头金刚,其中日光菩萨和婆薮仙(其位置分别在右上角和紧挨右上角下面的地方)已缺失。左上角是小小的月光菩萨像,骑着五匹白马,月轮为蓝色和白色。月光菩萨穿的是舞伎的服装,如Ch.iii.004一样戴红帽。月光菩萨下面是狰狞的金刚,左边金刚为蓝色,右边金刚为红色。金刚和菩萨以及上面的仙女旁均有短题识。

画面底部由一条饰有花的条带分成两部分,只有左半部分保留下来,其中画有女供养人。中央的献辞共 19 行,底下不完整,保存良好。女性画像几乎已完全剥落,但似乎四个是成年人,一个是小姑娘。她们的头饰上呈放射状排列的饰物不是针,而是黄色叶子,除此之外服装似乎与 * Ch.00102 中的女供养人类似,最前面那个妇女的外衣为棕色,饰有繁复的红蓝花朵。右边只保留有一个男子的一部分头部,戴黑帽。工艺比较粗糙,着色粗陋。3 英尺×2 英尺 8 英寸。

Ch.liv.002.　**彩绘丝绸幢幡**。两侧饰带缺失,其余部分均完整,略变色。

顶饰本来是印花绸,裱贴在深绿色锦缎上(锦缎上织有菱形纹)。后来又在外面缝了块棕色绸,上面绣有花和叶子,此棕色绸后衬有绿绸。顶饰镶有红棕色锦缎边,锦缎上为写实风格的花草图案,并用灰黑色印泥印有漩涡状云。整个顶饰已破损了不少。四条底边饰带为灰色素绸(已变色)。重垂板的深红色地上绘有花朵。

画的内容:护法金刚。为中国魔怪类型,姿势与 Ch.xxiv.001 同,整体处理和毛笔线条的风格与 Ch.004 号类似。短裙为鲜艳的绯红色,蓝灰色边,披巾深棕色和绿色,皮肤浅棕色,用粉色(已褪色)来表现立体感。项光无装饰,为苹果绿色,云深粉色。脸部狰狞,前额如块垒,眼如圆球,向外突出,眼窝为红色,虹膜绿色。未画上下唇,只用一条弓形黑线来表示嘴,胡须画成许多根弯曲的毛发。头左侧有橙黄色题榜(无字)。

画幅 2 英尺 1 英寸×6$\frac{7}{8}$英寸,全长 5 英尺 10 英寸。图版 LXXVI,《千佛洞》图版 XXIV。

Ch.liv.003.　**大绢画残片**。画面四边均破损。保存有一个天王的上半身(可能是东方持国天王),比真人还大,画得很好,线条充满活力,着色鲜艳,保存极佳。

保留下来的只是从人物的嘴、有须的下颌到其腰带的部分。人物四分之三向左立,右手在胸前张开,持箭。未穿披风,所着服装为幢幡中更具有中国风格的天王类型(见*Ch.0010的总说明),涂成鲜艳的猩红、橘红、蓝、紫红、绿色。衣边、带子、圆形胸护、肩上宝石的底座等均饰有许多珠宝或半写实风格的花草状饰物,这些饰物也是上文中所说的那些鲜艳颜色。肩上和下摆的大鳞片甲是矩形,上身的铠甲是在白地上画成相连的黑色小圆圈,画的是锁子甲(锁子甲在别的画作中没出现过)。

铠甲在上方以领子的形式结束,此领子为蓝色,镶有珠宝,上面露出脖颈。头上无头盔,戴的是件头饰,头饰的白饰带垂在胸前。嘴唇呈直线,画得很好,微微张开,涂成深绯红色。飘扬的胡须为黑色,皮肤涂成浅棕褐色。左肩后残留有绿色项光的一部分,有火焰边。

最长2英尺,最宽2英尺。《千佛洞》图版 XXVIII。

Ch.liv.004. **大绢画。**有汉文题识,画的是释迦牟尼净土或阿弥陀佛净土,两边的小条幅画的是善友太子和恶友太子的传说,与 Ch.xxxviii.004 一样。整体处理与*Ch.lii.003 等类似,保存良好,但画面底部的中间部分已缺失。题识均位于两边的小条幅中,未标出日期。

按彼得鲁奇先生的附录 E,III.vii,中央佛是释迦牟尼。佛右手施论辩印,左手张开,放在腿上。右边的菩萨手姿与佛相同;左边的菩萨头饰上有化佛,右手也施论辩印,左手抬起,向前伸,掌心向上。两个夹侍菩萨均盘坐,面朝观者,头歪向佛的方向。紧靠佛左右是四个带项光的光头弟子,其中有个弟子又老又瘦。除此之外,其余的随侍者全是菩萨。

画面顶部是件橘红色帷幔,镶在一条饰有花朵的黑带子上。前面的宝墀上只有舞伎和两个迦楼罗,迦楼罗似在演奏乐器,大概是箫和拍板。乐师分布在左下角和右下角另外的两个宝墀上,取代了常在底角出现的地位较低的佛。每个角落里有六个乐师,演奏的是箜篌、笛、琵琶、箫、拍板、茶壶形笙和直线形笙,与*Ch.lii.003、liii.002 一样。乐师身后有树,树叶为梨形,一簇簇模式化的花朵为粉红色和白色。池中有婴儿的灵魂,有的灵魂坐着莲花中漂在水上。

画面顶上清楚地画着天宫的建筑。

线条细致（尤其是菩萨的五官），整幅画的工艺极为精湛，主要颜色是常见的绯红色和暗绿色。所有菩萨、舞伎、乐师、迦楼罗和婴儿的皮肤均为白色，人物的披巾和项光上有橘红、淡蓝和紫色，这些色彩冲淡了占主导地位的绯红和暗绿，使画面生动活泼。项光和亭子的石头基座上有繁复的装饰物。整幅画面显得比大多数净土图都明快。有些人物的披巾、亭子顶和主要宝墀的地面上用了黑色，佛和夹侍菩萨就位于主要的宝墀之上。

关于题识和对两侧小条幅的解释，见沙畹，附录 A，V.A。小条幅均为中国风格。国王和王妃的服装基本与 *Ch.0051 中的阿阇世王和韦提希一样，但王后的头发梳成冠形顶髻，像 Ch.xlix.005 幢幡中的舞伎。王子的头发为四股叉形，与 Ch.lv.0011、lxi.002 等幢幡中的悉达多王子一样。

左下角和右下角跪着供养人。右边是两个男子，左边是一个妇女。前面的男子是秃顶（或头发已剃光），着紫色长披风和内袍，另一男子好像与他类似，但大部分已残失。妇女着无装饰的紫裙，外衣为黄色和红色，袖比较窄。头发在头顶用一条素带子系住，梳成扁而宽的髻。无珠宝饰物。类似服装见 Ch.xxxviii.004，参见 *Ch.00102 等。

5 英尺 9$\frac{1}{2}$ 英寸×4 英尺。《千佛洞》图版 VI，另见《印度艺术杂志》，第十五卷第 120 号之图版 V，1912 年 10 月。

Ch.liv.005. **写卷的丝绸封面残件。**与 Ch.xlviii.001 等类似。只保留下来长方形的主体部分，两端有花绸带子，两边有同样的花绸镶边，镶边已撕了下来。主体部分的丝绸是极细密的锦缎，红色，织成菱形网格纹，斜线交叉处是两种图案交替出现，一种是四个小菱形组成的花，另一种是小些的方形"点"。地平纹，图案为小斜纹，织得十分细密均匀。边上撕破了，用暗绯红色素绸（上过光）打了补丁。

花绸的织法、图案、色彩与 Ch.00171 均相同，但地是深蓝色，保存良好。两端的带子衬有黄绿色锦缎里子，此锦缎与主体部分的锦缎类似，但图案中几个小菱形取代了方"点"。

长约 2 英尺 $1\frac{1}{2}$ 英寸,主体长 1 英尺 $2\frac{1}{4}$ 英寸(不完整),宽 $10\frac{1}{2}$ 英寸。(花绸)图版 CVI;(锦缎图案)图版 CXXI。

Ch.liv.006. **绢画**。有汉文题识,画的是观音和两个供养人。题识所标日期为"天复十年七月十五日"(公元 910 年 8 月 22 日)。四边已破损,但其余部分保存得很好,色彩很清晰。

观音面朝观者立于一朵猩红色和白色莲花之上(莲花漂在水池或溪水之中),右手垂于身侧,持净瓶,左手于胸前施论辩印,拇指、食指间拈柳枝。头戴化佛冠。人物僵硬,头过大,腿过短,其短腿类似于中国风格的 *Ch.0088。

服装和饰物也与 *Ch.0088 一样,但肩部无衣纹,整体处理比 Ch.0088 更刻板,着色涂实,显得鲜艳而粗陋。人物以浅朱红色勾轮廓线,皮肤为白色,晕染有朱红色,衣服边和头发为深蓝色。裙子为浅朱红色和白色,罩裙和胸巾为印度红色,披巾一面为鲜艳的绿色,近于铜绿色,另一面为很深的紫棕色。首饰为浅黄棕色,镶有蓝色和绿色宝石。眼基本上是平齐的,睫毛黑色,眉毛是在黑色上再涂绿色。项光为无装饰的深绿色圆盘。

左边(观音之右)站着供养人,是个尼姑,头发剪得极短,涂成深蓝色,持香炉。她对面站着她的侍从,是个小男孩,献上一个盘子,盘中托猩红色莲花。尼姑的皮肤为白色,着宽袖的黄色僧祇支,胸前有条花带子,脚穿黑鞋,紫棕色袈裟盖住大部分僧祇支并半遮住左肩、左臂。男孩穿深棕色长下摆外衣,腰系腰带。外衣左侧开叉,里面露出的服装与 Ch.xxxvi.001 中的男孩一样:长而肥的白裤子遮住小腿,肥而短的裙子也是白色,止于膝部。头发在头两侧梳成两个角,角后面垂两绺头发,与 Ch.00224 及 xlvi.008、0013 等中的男孩一样。尼姑和男孩均立于水中的毡毯上,背景是绿色土地,长着一排竹子。

题识如下:(i)尼姑头上的白色矩形大题榜中有五行题识;(ii)右上角铜绿色大题榜中有三行题识;(iii)男孩头上的白色小题榜中有两行题识。见彼得鲁奇,附录 E, II。

2 英尺 6 英寸×1 英尺 7$\frac{1}{4}$英寸。图版 LXIX,《千佛洞》图版 XXII。

Ch.liv.007. **标有日期的绢画。**有汉文题识,画的是乘车的佛,由星神随侍着。题识中日期为"乾宁四年"(公元 897 年)。裱装,顶部还有裱贴的紫色绸条,但底部绸条和画面底端均缺失。画面有些破损,其余保存完好。

佛盘坐在蓝色莲花之上,花置于一个两轮的敞篷车上,一头白牛拉着车向左行,车下和牛脚下是蓝、绿、绯红色云。佛前面的车辕后部放着香案,香案上放着镀金的器皿,车后面两根斜杆上挂着两面生硬的旗帜。佛右手抬起,向前伸,拇指、无名指、小指相碰,左手放在脚踝上。绿色僧祇支盖住右肩,绯红色袈裟衬有蓝色里。头发为蓝色,皮肤上涂了金粉,但金粉几乎已全部剥落。无明确的项光和背光,但整个佛身上放射出蓝、绿、绯红色光芒,头上的布华盖随他的前进而摇摆。牛由印度侍者牵着,侍者与普贤和文殊像中的印度人一样,但此画中的侍者持锡杖而不是刺棒。旁边显出第二只牛头。

题识中提到了五颗行星,但只画了四个星神,站在牛四周。其中三个着中国官服:曳地的长内袍,靴尖向上翘,宽袖外衣用带子系在腋下。两个神站在车的另一面,其中一个穿淡蓝色和白色衣,有胡须,托着一盘花,头上是窄窄的黑色高头饰,头饰中间出现了一个白熊的头。他的同伴着白色内袍、黑色外衣,腰带上涂了金粉,右手持毛笔,左手持写字板或一张纸,头发在发带后梳成两个硬环,饰有 7 个棒形的直立饰物,两环之间是只猴子。第三个星神站在前景中央,在弹琵琶(乐器的细节见施莱辛格小姐的注,附录 H),袍为白色,头上有只凤。第四个星神在右下角,属于肌肉健壮的魔怪类型,面目狰狞,五官扭曲,有四臂,右边的两只手持箭和宝剑,左边的手中持三叉戟,头顶上是个蓝色马头。

左上角的题榜中有三行题识,保存得较好。关于此画的年代,参见宾勇,附录 E,IV。

着色主要有绯红、蓝、绿,背景为浅黄褐色。工艺精良。

画幅 2 英尺 2 英寸×1 英尺 9$\frac{1}{2}$英寸,加上紫绸制的顶部后长 2 英尺 6$\frac{1}{2}$

英寸。图版 LXXI。

*Ch.liv.008.　彩绘麻布幢幡。与 Ch.liv.009、lv.0037、lvi.0021、lvi.0022 属于同一系列,这几件作品大小、风格和着色均相同,附件也类似。此件除缺失重垂板外,其余部分均完整、干净并且保存良好。顶饰镶边为鲜艳的粉色麻布,饰带为深棕色麻布。

画的内容:菩萨。四分之三向左立,右手抬起,持粉红色莲花蕾,左手也抬起,施论辩印。服装和发型属于*Ch.002"汉传佛教"类型(同系列中其他菩萨服饰则像*Ch.i.0016 一样更有印度风格),着色醒目,有橘红、黄、靛蓝、绯红、绿色。

画幅 1 英尺 5 英寸×6$\frac{3}{4}$英寸,全长 3 英尺 6$\frac{1}{2}$英寸。图版 LXXXVIII。

Ch.liv.009.　彩绘麻布幢幡。与上述幢幡属于同一系列:相同的附件,着色和风格;保存良好。

画的内容:观音(?)四分之三右立,成手印(?)穿着等与*Ch.i.0016 相同;普通的装饰,相似的幢幡。

画幅 1 英尺 5 英寸×6$\frac{3}{4}$英寸,全长 3 英尺 5 英寸。

Ch.liv.0010.　版画。有汉文题识,画的是立姿观音。观音身材苗条,四分之三向左笔直地立于莲花之上(莲花下为六边形底座)。右手抬起,持柳枝,左手于身侧持净瓶。服装和发型更具有印度风格,上身和腿上缠绕着披巾,椭圆形项光上饰有植物图案和火焰边。整幅画仿佛是青铜小雕像一般。右边一行汉字中有观音的称号。版画左右各以金刚杵为边,顶部和底部是画有植物图案的宽边。保存良好。11$\frac{3}{4}$英寸×3$\frac{3}{4}$英寸。图版 C。

Ch.liv.0011.　纸画。有汉文题识。画的是观音盘坐于莲花之上,一手放在另一手之中,双手均放在腿中间。头戴化佛冠,服装和饰物为印度风格。背光圆形,项光椭圆形,头上以花枝为华盖。工艺粗劣,着色只有粉和浅红(袍、皮肤、莲花)和珠宝饰物、项光上的淡黄、绿、灰色,头发和轮廓线为黑色。

右上角的题榜是对观音的赞词,左边的背景中还有题识,其中说供养人是个鞋匠(参见彼得鲁奇,附录 E,II)。保存良好。1 英尺 5$\frac{1}{2}$英寸×1 英尺。

Ch.lv.002.　**绢画残片**。有汉文题识,画有一部分佛本生故事(内容未确定),不完整。各边均破损了不少,但其余部分保存较好。

保留下来的画面上有个莲花池,池中站着一头白象,象鼻中卷着个长茎莲花。前面是陡然崛起于湖中的草地,两个肌肉健壮的半裸之人龇牙咧嘴地头下脚上落到了草地上,画的可能是阿修罗。这两个人瘦骨嶙峋,五官怪异,顶髻和胡须为浅棕色,着披巾和短裤子(为绯红、蓝或绿色,点缀有花朵),戴耳环、臂钏、脚镯、手镯。

题识中提到灵魂之再生。但三个题榜放得不规则,一半在地上,一半在池水中,落在水中的那些题榜(包括其中的题识)都被有意擦掉了。可能这些题识指的根本不是这一画面,而是先前画的某净土图,后来把净土图改成了此画。除了半被擦掉的题识,没有前一幅画的明显痕迹。

底下是与上面分离的一个残片,很小,画有很美的风景:流水,平原上一排荒凉的树,一种类似驯鹿的动物在吃草,背景中是山脉。

1 英尺 11 英寸×1 英尺 4$\frac{1}{4}$英寸。

Ch.lv.002.a.　**纸画残片**。可见佛身后常见的那种镶珠宝的华盖和开红花的树,与*Ch.0051 等类似,背景中有建筑物的游廊。地为米黄色,画面全是红色和棕色,工艺粗糙。1 英尺 1 英寸×9 英寸。

Ch.lv.003.　**大绢画**。画的是坐姿六臂观音及从者。两边和顶部保留有镶边,但画面底部已缺失,余下的部分也破损了不少,着色几乎均已剥落。

观音为印度风格,几乎与 Ch.xxvi.001 完全一样。坐在装饰性的莲花上,莲花下为漩涡状云,可能云是从小水池中生出来的,但前景中部缺失。观音呈"自在相",右膝抬起,左腿屈回,头歪在右肩上,右上手支着头,右上臂支在右膝上。左上手置于头侧,无名指、小指弯曲,其余各指伸直。左中手于胸前施论辩印,右中手在左中手下,张开,掌心向上。右下手下垂,持数珠,左下手放在膝旁的莲花座上,但着色时却把下两手涂成了一对合十的双手。头饰前有化佛。无法器。

身材、服饰为印度风格(见 * Ch.lv.0014),护膝上饰有花。未着披巾,脖颈上挂了一条捻成的绳,绳上串着珍珠。皮肤本是橙黄色,晕染有红色,头发是很浅的棕色。背光和项光为圆形,饰有波浪状光芒、锯齿状光芒和花瓣,里圈的边有三裂形火焰,外圈边为白色,饰有 Ch.xxvi.001 那样的小莲花。项光、背光与华盖之间又是一个小化佛,其左右分别是个随侍的弟子和菩萨。

观音的从者如下:

(i)四个角上是四个穿甲的天王。只有左下角的西方广目天王(持剑)保存完整,左上角和右上角的天王只剩下腿(无个性特征)。天王的铠甲和基本风格与幢幡中一样,见 Ch.xlix.007。

(ii)两边有八个菩萨,或坐或跪,手或成手印,或持香炉,或持花。大多数像 * Ch.0051 净土图中的供养菩萨一样着印度菩萨服装。有两个则服饰复杂,全身都裹着衣物,只露出头和手,像 Ch.0051 中的舞伎一样。

(iii)观音膝旁有两个婴孩坐在莲花上飘下来,只着长披巾,此外全身赤裸,双手合十。

(iv)莲花座下面,左为功德天,右为婆薮仙,与千手观音画中常见的一样,参见 * Ch.00223 下所述的系列作品。

(v)两个菩萨托着观音的莲花座,只有头部保留了下来。

除中央的观音外,所有人物的身材、附件均为 * Ch.00223 等"汉传佛教"风格。着色主要有绯红、灰、白、橘红,背景为灰色,色彩几乎全已脱落。

4 英尺 8 英寸×4 英尺 2 英寸。

* **Ch.lv.004. 彩绘丝绸幢幡**。稍有点破损褪色,所有附件均缺失。

此画为典型的印度风格,此风格的其他作品还有 Ch.lv.007、008、0029、0030、0031,与 * Ch.xxvi.a.007 系列作品的风格接近。此画与尼泊尔小型写卷有许多相似点,参见富歇《佛教造像》,第一卷,图版 IV 等。这类画一般比较粗朴,着色不精细,色彩有限,只用暗红、暗绿、黑、白、黄、深棕色和粉色,所有作品中的颜料都褪色并剥落了不少。

人像在姿势、身材、神情、衣纹的安排等方面彼此都十分相像,甚至细微之处也不例外。均为立姿,身体重量置于一臀上,上身不同程度地向另一侧倾斜。腰细,腿又细又直,脸短圆,鹰钩鼻,拱形眉,眼睛修长,基本上平齐。

一般着一条贴体长裙,从腰到脚盖住下身,可以看得出腿的形状。长裙一般为透明材料做成,有条纹或点,裙里面可看见较厚材料做的短裙。腰上垂着布带,还系了一条用几根皮革(?)做成的皮(?)带,皮带前面一般有扣环,布腰带就系在扣环上。窄披巾从一肩斜穿过胸前,从手臂上呈生硬的螺旋形和波浪形垂到地上。上半身大部分赤裸。还有一条比披巾更窄的璎珞挂在脖子上,呈环形直垂到膝部,为双层或三层,绿色,嵌有钻石(?),这种璎珞只在此类画中出现过。首饰形体硕大,除常见的手镯外,还有项饰、头饰、脚镯、上臂上复杂的臂钏,头饰和臂钏上嵌有醒目的饰物(或是精心雕镂的高三角形,或是高高的叉形),饰物上镶着宝石。

头发在头顶梳成高高的锥形,松散的黑发绺垂在双肩。皮肤的颜色是典型的印度风格,根据所画人物的不同而分别为绿色、红色或白色。项光一律为椭圆形,由不同颜色的同心圆组成,有火焰边。脚下只有一朵莲花。左上角有空白题榜。在完整的画面中,顶上画着带流苏的华盖,底下有一条长菱形连成的黄色带子,长菱形中有花朵。各作品之下分别描述了其细节上的特征。

Ch.lv.004 画的是观音。观音面朝观者而立,体重置于右臀,上身向右倾斜(观者之右)。右臂从肘部弯曲,手张开,左手伸在体侧,持粉红色长茎莲花。头向左歪,目光卜视,鼻宽口阔,前额有一排短发卷。裙为透明的白色,短裙绿色,披巾暗黄色和粉色,在右臀处用扣环打成了结。戴双层项链和复杂的头饰。皮肤全涂成浅红色。1 英尺 6 英尺×6$\frac{3}{4}$英寸。

Ch.lv.005.　**彩绘丝绸幢幡**。上下端和所有附件均缺失,余下的部分褪色、变色较严重,但完整地保留着人物从头顶到膝盖的部分。

画的内容:东方持国天王。天王微向右立,左手压低,持弓,右手持箭,箭已褪色,箭两头都剥落了。从着色和风格看属于 *Ch.lv.004 的印度风格系列,此系列保存下来的作品中除本件外均为菩萨像。

服装与 *Ch.0010、Ch.xxvi.a.006 一样。下摆铠甲是在浅黄色地(褪色了不少)上勾以红色轮廓线来代表鳞片,上身铠甲则一律涂成绿色,未标明鳞片。肩上的短莲花上有发光的宝石,与 Ch.xxvi.a.006 一样。腰带下的围裙和臀上的两块皮片由一块深粉色皮革(?)裁成,围裙为三裂形。覆膊也是皮革,画有深粉色圆盘图案,覆膊顶上是向外伸展的绿色硬皱边,形如常见的护踝,恰与上臂铠甲的绿色皱边相对应。脖颈外是一圈香肠形领子。头戴金冠,冠上嵌有宝石,只在前额上可看见些黑发。

脸上长着模式化的扭曲的眉毛,鼻子上有皱纹,眼睛白而圆,目光炯炯。眉、鼻、眼近似于妖怪,但其他部分则是人形。耳长,有穿孔,但无耳环。嘴阔,紧闭着,唇上方的胡髭很宽,下颌的须有尖。手指呈弧形,向指尖逐渐变细。除已提到的着色外,仅用了红色、绿色和黄色:裙、披巾、胸甲、衣服边为红色和绿色,金属器物和饰物为黄色,色彩均已模糊。

$11\frac{3}{4}$ 英寸 $\times 7\frac{1}{8}$ 英寸。

Ch.lv.006. 彩绘丝绸幢幡。完整,除顶饰和两侧饰带外保存很好。

顶饰主体为印花绸,破损了很多。地为红色,可见中央的漩涡饰,其中的茎上生出浅绿色叶子,漩涡饰上又叠加着红棕色、绿色叶子和深粉色花。顶饰镶边为蓝绿色丝绸,幢幡两侧和底部饰带也是蓝绿色丝绸,如今均已褪色。吊带见 Ch.00297。重垂板为深红色地,上面画有盛开的莲花,莲花两侧是长长的花蕾和叶子。花为深粉色,每片花瓣的中心部分为黑色;叶子深绿色,其轮廓线、叶脉、卷须为黄色。

幢幡主体上画的是一个菩萨(未明确其身份)。姿势、服装、脸、附件与 *Ch.xvii.001一样,并参见 Ch.00142。不同之处在于,此菩萨是立于一朵莲花之上,花瓣成对地涂成鲜艳的蓝色、猩红色、绿色和紫色。袈裟上有扣环,并用一根白线把袈裟系在左肩上。耳如常人,无穿孔,脸部线条精微细腻。

着色鲜艳,保存极好,但显得粗糙不透明。僧祇支为浓烈的橙黄色,衣褶为红色,边为浅蓝色。袈裟深栗色,其衬里为浅豆绿色。头饰上的莲花和流苏为紫色和猩红色。项光圆形,其中心为浅蓝色,再向外是一圈猩红色,边上为铜绿色。头顶部的华盖也按此顺序重复这三种颜色。顶部的帷幔上挂有铃铛,帷幔上是椭圆形花朵图案,地为紫色,花朵为深紫色,花朵与由叶子构成的浅绿色和蓝色菱形"点"交替出现。菩萨头左侧有橙黄色题榜,无字。

画幅 2 英尺 $2\frac{3}{4}$ 英寸×$6\frac{7}{8}$ 英寸,全长 6 英尺 1 英寸。图版 LXXX。

Ch.lv.007. 彩绘丝绸幢幡。属于 * Ch.lv.004 的印度风格,破损较严重,所有附件均缺失。

画的内容:菩萨,可能是观音。基本上面朝观者而立,体重置于左臀,左肩稍向后收,头转向右肩。手在胸前合在一起,托发光的宝石。裙为透明的白色,有暗红色点,里面穿粉色短裙,披巾为暗红色和绿色。脸上残留有黄色颜料,面部画得比 * Ch.lv.004 更细致,有长鹰钩鼻、拱形眉,前额上方无头发,但耳朵前有一圈头发。脚已缺失。

1 英尺 4 英寸×$7\frac{1}{4}$ 英寸。

Ch.lv.008. 彩绘丝绸幢幡。与 * Ch.lv.004 一样为印度风格。丝绸已开裂,画面上端和所有附件均缺失。画的是金刚持菩萨,立于深粉色莲花之上。腿为正面像,上身微向右后收,脸四分之三向左转。右臂于肘部弯曲,掌上托竖立的金刚杵;左手也抬起,掌心向外,拇指、食指相碰。裙为绿色和深粉色,有条纹,露出脚踝;短裙红色;腰带暗黄色,松松地系在腰上,在前面打了个结;披巾为暗黄色和红色。脸很像 Ch.lv.007,但耳前有小发绺。除手掌和足底边是红色外,皮肤均为绿色。腰以上过短,比例失调。1 英尺 6 英寸×$7\frac{1}{8}$ 英寸。

Ch.lv.009. **彩绘丝绸幢幡**。顶部、底部和所有附件均缺失,但余下的部分和其配套作品 Ch.lv.0010 是我所藏的幢幡保存最好的。

画的内容:佛本行故事,完全是中国风格。幢幡边上绘有巧克力棕色的边,幢幡主体也用巧克力棕色的横条带分成四块。

场景 1:乔答摩菩萨前生为善慧童子时与燃灯佛相见。背景中有山(多已残),人物位于山前开阔地上。燃灯佛在两个菩萨的陪伴下向右行。后来的乔答摩佛如今呈男孩状站在燃灯佛面前,向其鞠躬,双手紧握。燃灯佛用左手抚摸着男孩的头,右手抬起施无畏印。男孩穿鹿皮短衣,未戴帽,头发很短。燃灯佛的皮肤为浅黄色,僧祇支为鲜艳的铜绿色,袈裟为深绯红色,衬有灰色里,脚下有莲花,头后有项光。随侍的菩萨无项光,无珠宝饰物,除此之外,服装和发型与 *Ch.001 等常见的菩萨为同一类型。

场景 2:出游四门。此场景与其他场景在时间顺序上错了位。前景中有两座小山丘。左边小山丘上有一位病人坐在低矮的榻上,侍者扶着他。侍者穿长外衣,戴黑色幞头,病人只用块绯红色布盖住腿,此外浑身赤裸。病榻后走着一位老人,由一名穿铜绿色衣的年轻男侍者陪伴着。从其姿势看,老人似乎拄着杖,但拐杖未画上。老人穿白色长衣,系腰带,戴黑帽、黑头巾,头巾垂在肩上,紧贴着脸,与 Ch.lv.0016 完全一样。右边的山丘上仰卧着一具死尸,只系一块腰布,此外全身赤裸,涂成深棕色。死者头旁卷起一朵云,云上跪着一个系腰带、着外衣、戴黑色幞头的男子,背对观者,双手紧握(见 Ch.xx.008 等),注视着一座中国风格的宫殿。宫殿也在云上,填满了此场景的上半部,倾斜的屋脊上有四个暗绿色椭圆形大"点",可能是没画完的树叶。云上跪着的男子可能代表的是死者的灵魂①,而云上的建筑物可能是天堂或死者的家。此场景中未画乔答摩王子,也没画他第四次遇到的那个苦行僧。

场景 3:乘象入胎。画有迦毗罗卫国王宫的院子。左下角突出的一翼建

---

① 参见一个中国艺术家于 1808 年以同样方式画的同一幅场景,见魏格《中国化的佛传》,附录 I,第 26 号。

筑上，草帘子卷了起来，里面是摩耶夫人裹着件绯红色袍向右侧睡于卧榻之上。摩耶向右卧的姿势与正统佛传不符，参见富歇《犍陀罗艺术》，第一卷，293页。王宫屋顶之上是婴儿貌的乔答摩菩萨，双手合十，跪在一头白象的背上，白象向摩耶夫人急驰。婴儿为白色，只裹条白色腰布，身后是项光的轮廓线，两个无项光的跪着的神陪侍着他。这一群人为幻象，圈在一个未涂色的圆圈之中，在空中留下一条红、蓝、黄色的云的轨迹。

场景4：摩耶夫人回到其父亲的王宫。两个妇女中头戴圆形金饰的为摩耶夫人，Ch.lv.0010中她也戴这种金饰。她和一个女侍者从迦毗罗卫国王宫中走了出来，王宫四方形的一角院落占据了画面右上角。紧挨她身后有个方形小亭或神龛(?)，龛顶上是小塔。两个妇女均着普通汉族妇女服装，穿内袍，宽袖罩裙系在腋下，手笼在袖中。女侍者服装为橘红色和蓝色，摩耶夫人的服装为绯红色和铜绿色。画面底部缺失。

画面的工艺、建筑、人物服装等纯粹是中国风格。它与其配套作品Ch.lv.0010是最典型、最精美的佛传幢幡。

建筑长而低矮，白色，红窗、红柱子，外面的游廊比地面高出几英尺，涂成蓝灰色。屋顶为人字形，檐很长，向上翘，涂成深绿蓝色。

场景4：中妇女的发型很有代表性。头发在头顶一侧梳成分叉的顶髻，发端在后脖颈处又转回来，在脖子上形成沉重的发卷。摩耶夫人头上看不见顶髻，可能由于画了饰物就不用画顶髻了。妇女皮肤为白色，男子皮肤为粉红色。所有人物耳朵前都有直直的一绺头发。

线条细腻简洁。着色认真，色彩强烈、清晰，但色调是不透明的，显得有点粗糙，主要颜色有鲜艳的绯红色、深绿蓝色、橘红、黄绿、铜绿、蓝灰色。细部的着色未完全完成，比如，场景4的背景中有个网格形的篱笆和几棵树，只描好了线条，并未着色，其线条后来也没有用墨线描实，而所有的人物和主要建筑的细部的线条都是用墨线描实的。

鸱每个场景旁都有个黄色题榜（无字），轮流置于场景的右边和左边。

另一幅"出游四门"的画面见 Ch.lv.0016，"乘象入胎"见 Ch.0019、0039，别的画中没画过场景1和场景4。

1英尺11$\frac{1}{2}$英寸×6$\frac{3}{8}$英寸。图版CXXIV。

Ch.lv.0010. **彩绘丝绸幢幡。**有汉文题识,与Ch.lv.009是配套的,除了顶部和底部的场景缺失了一些,其余与上一件保存得同样完好。

画的内容:佛本行故事。

场景1:诸神(?)朝拜尚未出生的佛(?)。摩耶夫人如前一件中的场景3一样,睡在榻上。左下角有三个人,着汉人的长袖外衣和内袍,服装为绿、橘红、绯红色,头发梳成顶髻,头上与Ch.lv.009场景3中的陪侍神祇一样无项光。三人均双手合十跪于云上,这表明他们是幻象。

场景2:摩耶夫人去蓝毗尼园。摩耶夫人坐在一顶敞开的轿中,四个人抬着轿大步向左下角蓝毗尼园的大门走去,另有两个男子抬着放轿子的支架。四周是开阔的高地,背景为长而低的平原,地平线上有一带秃山,左上角的小山上长着林木。轿子上面是个华盖,为明快的红色和绿色,华盖顶上立着一只凤,华盖四角垂下绯红色飘带。

场景3:树下诞生。背景与场景2类似,但长林木的山这次位于右上方。前面的高地上长着一棵树,摩耶夫人站在树下,右臂伸出,抓住一根树枝。婴儿佛祖伸着双臂从她宽大的袖口里跳下来。一女侍(可能是波阇波提)跪在树下,手托一块蓝布。蓝布上有朵白莲花。还有两个妇女站在摩耶夫人身后,其中之一握着她的左手,准备接生。四人均穿汉族妇女服装。

场景4:七步生莲。只有这个场景上有题识,写着"太子初生行七步,步步莲花生时"。背景大多已缺失,但看得出与场景2和场景3一样。中间裂开了,后被人用白色和红色丝线缝好。右边站着摩耶夫人,手笼在长袖中,头向后转,看着场景中央。左边是两个女侍,低着头,其一抬起双手做惊异状,另一个双手合十。中间是婴儿佛祖一步步向前走,左臂上举,前面地上有四朵莲花,脚下有两朵。此处他的形象是个较大的孩子,穿白色短裙。

整体风格与Ch.lv.009一样。场景2中的男子着白色长裤,白色或淡黄色外衣,腰系腰带,衣服下摆很长,穿黑鞋,戴黑色幞头。妇女的服装和发型与Ch.lv.009 一样,脸和手为白色,服装为灰、橘红、绯红、铜绿、蓝色,场景 3 中摩耶夫人还系了条白色宽带,从腋下到腰盖住她的上身,带上有纵向的褶皱。背景涂成深浅不同的灰和灰绿色。风景是本幢幡最大的魅力之一,给人一种宽阔、深远的独特感觉。本幢幡与 Ch.lv.009 一样,细部的着色并未完成,比如,场景 2 中的园门和轿柱子就未着色。

其他以"佛祖诞生"和"七步生莲"为题材的作品,见 Ch.0039、00114 和 xxii.0035,场景 1 和场景 2 别的画中没表现过。

1 英尺 11$\frac{1}{2}$英寸×6$\frac{3}{8}$英寸。图版 LXXIV。

Ch.lv.0011.　彩绘丝绸幢幡。所有附件及画面顶部和底部均缺失,其余部分未破损,保存得很好。与 Ch.lv.0012 是一对。

画的内容:佛本行故事,共有两个场景,为中国风格。左右各绘有植物图案组成的带子,其图案为模式化的半朵大花,依次为橘红、蓝、浅绿色,地为黑色。顶部画有帷幔,为蓝色和白色,帷幔边上饰有铃铛。

场景 1:逾城出家。画有一部分王宫的院落,周围是白色高墙,顶上有墙垛,大门坚固(像 Ch.xlvi.007、xlix.005 等一样),门紧关着。院内有四名妇女或坐或卧,其中之一面前有架箜篌,与奈良正仓院宝藏中的一件箜篌为同一类型(见彼得鲁奇,《美学杂志》1911,208 页;也可参考施莱辛格小姐的总说明,附录 II),一人面前为琵琶。门外有两个卫兵。妇女和士兵均酣睡。从宫中升起一朵云,罩在院墙之上,云上是王子,已骑着白马驰出很远了,车匿徒步相随。背景中是一带深绿色和蓝色山,山上覆盖着森林。

场景 2:净饭王讯问妇女和卫兵(?)。左边是净饭王坐在低矮的台子上,背后是举伞的侍者,左右各有一个大臣或官员持着纸卷轴。前景中还有个大臣向净饭王身后的大臣们走去,这三个大臣均有须。净饭王面前躬身站着四个男子,穿与大臣一样的深粉色宽大外衣,但头饰或顶髻比较小,脸上光滑无须,手绑在身后。净饭王左边四个妇女躬身站成一排,手也反绑着,妇女后面站着两个肩扛棒子的狱吏。四个妇女是王子逾城时正在熟睡的那四个乐师，参见 Ch.xlvi.007 的场景 3。四名躬身而立的男子可能是卫兵，正在接受国王的讯问，他们的神情和姿势表明他们与女乐师一样已被收监了。此场景发生在空旷地上，前面有一排小山丘，上面点缀着树。

构图和工艺是典型的中国风格。车匿、乐师、卫兵和狱吏的服装和头饰与 Ch.xlvi.007、Ch.lv.009 等相同，大臣服饰与 Ch.00114 同，但无曳地的腰带。国王的服装与大臣一样，但其外衣为黑色，头饰顶部扁平。王子头上未戴帽，头发梳成四股叉形，如 Ch.xlvi.004、lv.0012、lxi.002 所见。色彩沉静，主要有暗绿、绯红、棕、灰蓝和一些橘红色。线条逼真，酣睡的人物表现得尤为生动。乐器与净土图（比如 * Ch.lii.003）中相同。

上面的场景左右各有一个黄色题榜（无字），底下的场景中间有个橘红色题榜。

以"逾城出家"为题材的作品见 Ch.00518、xlvi.007、xlix.005，场景 2 可参考 Ch.xlvi.007 的场景 3 和场景 4。

1 英尺 8 英寸×7 英寸。《沙漠契丹》，第二卷，图版 VI。

Ch.lv.0012. 彩绘丝绸幢幡。所有附件均缺失，但画面保存得完美无缺，与 Ch.lv.0011 是一对。边上绘有同样的植物图案。

画的内容：佛本行故事。

场景 1：车匿和犍陟迦告别王子。王子坐在右边低矮的石头上，手抬起，做告别状。左边陡峭的悬崖下是车匿单膝而跪，右手抓住犍陟迦的马勒，左手拢在大袖子中，以袖拭眼。犍陟迦前腿跪在地上，头低向地面，与往常一样是白色，红鬃红尾。后面是乱石，插入池中，池后面是一带蓝色高山。

场景 2：落发为僧。四周是陡峭的高山，山顶上只稀疏地长着几棵树。王子坐在低矮的岩石上，手扶在头两侧，头向前低。前面有两个神，其中地位较高的一个向王子走来，手举剃刀，其从者则双手合十作膜拜状。此传说见于汉译的《佛本行集经》中，参见比尔《浪漫的佛传》144 页。前景中跪有五个人物小像，双手紧握，凝目观看。

场景3:苦行。乔答摩呈入定状,独坐在山脊低矮的岩石上,袒上身和双臂,形容枯槁。

风格和画面细节纯属中国式,与 Ch.lv.0011 相对应。前两个场景中王子穿白色长内袍、棕色外衣,外衣领为黑色,袖子宽大,袖边也为黑色,头发在头顶梳成四个奇特的竖立叉形,形如三叉戟,见 Ch.lv.0011、xlvi.004(场景2)、lxi.002。在场景3中王子只在腿上盖着红袍,头上是一团有刺的绿色东西,形如荆棘丛,此物之下可看见他的头发,已剪短,但尚未剃光。绿色东西可能是叶子,据说树上的叶子掉下来落在了他头上,但并未画树。场景2中给王子剃发的人的服装与 Ch.lv.0011 的场景2中的大臣一样,其侍者着菩萨式的曳地长裙、腰带和披巾,但无珠宝饰物。这两个人头发都像菩萨一样梳成顶髻,身后垂着长发,剃发者的头上饰有白花。车匿和场景2中跪着的五个人物穿常见的绯红色和棕色外衣,系腰带,头戴紧裹着头的黑色幞头。所有人物均无项光。

着色主要是各种深浅不同的灰色和绿色,还有一点暗绯红色、棕色和几处黑色。风景是嶙峋的悬崖、陡峭的山坡和深谷,虽然画面较小,却给人以空间广大和气势恢宏的深刻印象。场景1和场景2边上有两个黄色题榜,场景1和场景3中还有两个橘红色题榜,均无字。

其他以"车匿告别王子"为题材的作品见 Ch.xxvi.a.003、lxi.002,以"苦行"为题材的作品参考 Ch.xxvii.001。别的画中没画过"落发为僧"的场景。

1 英尺 10 英寸×7$\frac{1}{4}$英寸。图版 LXXV。

Ch.lv.0013. 彩绘丝绸幢幡残片。保留有一条底边饰带,饰带由蓝绸制成,上面描有黄色叶子图案。

画的内容:菩萨,只残留有其下半身,面朝观者立于红色莲花之上。服装和着色为＊Ch.002 类型,主要颜色有粉、浅绿、红,保存较好。

画幅 1 英尺 1 英寸×6$\frac{1}{2}$英寸,加饰带长 2 英尺 8 英寸。

* **Ch.lv.0014.** **彩绘丝绸幢幡**。为印度风格,有完整的三角形顶饰、饰带和重垂板。底边饰带和顶饰边为黄棕色素绸,两边饰带和顶饰主体为深棕色绸,顶饰主体外本缝有一块彩绘的丝绸,目前几乎已全部破损。重垂板为绿色,有红、白、黄色五瓣花图案,图案的地为白色。顶饰边上有两个汉字。

画的内容:持数珠的菩萨(其身份未明)。菩萨面朝观者,僵硬地立于一朵白莲花上(莲花尖为深粉色)。右臂垂于身侧,持数珠,左手置于胸前,掌心向上,中指和无名指弯曲。胸和肩很宽,腰很细。下身着灰裙,已变色,裙子反面为红色和黄色,裙子中间和两侧被腰带提起来,形成对称的褶,脚踝四周的裙褶呈波浪形。腰带为深粉色,衬有白里,松松地围住腰,在身前打了个结,带子末端垂在腿之间。窄披巾一面是绿色,另一面是印度红色,围住双肩,生硬地缠在臂上,又垂向地面。右肩斜披着一条窄胸巾,为印度红色,衬有灰色里。肩后垂着几条长达肘中的粉色衣物。衣纹轮廓为黑色,多处已模糊,或本就没有画上。

首饰包括头饰、朴素的耳环、顶饰、手镯、臂钏,后三者上镶有红色和灰色宝石。头饰是一个金圈,镶有三个很高的金饰,每个金饰都由三个圆形小金片或小金球构成。脑后是白色发带,耳朵上方有红莲花。

脸较圆,表情冷漠,眼睛平齐,眉呈拱形,口小,耳长。头发为黑色,在头顶梳成双叶形髻,发绺厚厚地垂在肩后。皮肤一律是浓重而醒目的黄色,涂得很厚,轮廓线为暗红色。

圆形背光由绿、红、黑、白色同心圆构成。画面底部画有装饰性的长条,由红、绿、黄色长菱形组成,画面顶部画有帷幔。

作品风格粗糙,人体笨重,无流畅的体形轮廓线,只有手的线条稍为细腻,体现出了一点中国风格的影响。着色模糊、粗糙,令人想起 Ch.lvi.001、0010 那些尼泊尔风格的画作,但此幢幡的工艺比它们还要好些。同一风格的作品见 Ch.0017、lv.0032、lv.0034,并参见 *Ch.lv.004 系列。

画幅 1 英尺 9 英寸×7 英寸,全长 5 英尺 5 英寸。

Ch.lv.0015. **彩绘丝绸幢幡**。所有附件都缺失,画面基本完整,保存较好。

画的内容:灵魂往生于极乐世界。底部可见水面,前面有栅栏。水中生出一根莲花茎,花茎依次向右弯或向左弯,每个弯曲处都生出一朵盛开的莲花,莲花上坐着五个人物,其中三个在右,两个在左,左上角一朵新开的粉色莲花上还有一个裸体婴儿正在跳舞。坐姿人物着印度风格的菩萨服饰(见 * Ch.lv.0014),但无披巾,脸短而方,眼睛平齐。其中四个均盘坐,只有最底下的那个单膝而跪。两名双手合十,其余的或将右手放在膝上,或双手均抬起施手印,其手姿的含义尚不明确。项光椭圆形,饰有光芒或花瓣。莲花涂成黄色和红色、粉色和白色,或绿色和白色,袍和项光也是这些色彩。婴儿白色,其鞋、项饰、颊、口为红色。整幅画面着色粗糙、暗淡无光,线条较粗略。同一题材的作品见 Ch.xl.001。

1 英尺 $7\frac{1}{4}$ 英寸×$7\frac{5}{8}$ 英寸。图版 LXXXIII。

Ch.lv.0016. 彩绘丝绸幢幡残片。有汉文题识,与 Ch.xlix.006 是一对。画面顶部和底部不完整,破损较严重,所有附件均缺失,保留下来的部分干净、清晰。

画的内容:佛本行故事。残留有两个场景,边和场景之间的线与 Ch.xlix.006一样,题榜分别在两幅场景的右边和左边。

场景1:王子遇老人(题识中说明了其内容)。左边是有墙垛的王宫院墙,突出的方形门洞由绿色砖砌成,门洞上方有门楼,门楼上带屋顶,像 Ch.xlix.005、lv.0011 一样。王子骑着犍陟迦从门洞出来,一个朝臣徒步随侍。王子前面的一棵树下是老人拄着拐杖,一男子站在老人身边。王子的注意力被吸引了过去,朝臣向王子解释老人的情况。

场景2:王子遇见病人(题识中说明了其内容)。这一次门洞在右边,与上图的门洞样子相同,王子垂着头骑马而出,朝臣在他右侧步行。路上的树下是病人坐在地上,由一个穿红外衣的朋友扶着,另一个穿绿衣之人端了碗水让他喝。病人瘦骨嶙峋,腰以上赤裸,手臂放在膝上,画得很逼真。

风格为中国式,建筑和人物服装与Ch.xlix.006完全一样。墙涂成黄色和浅黄色横条,门楼有常见的红色木骨架、蓝屋顶(关于门中的木结构,参见《古代和田》,第一卷,447页,图53)。王子和朝臣的服装与 Ch.xlix.006 中的王子和大臣一样,王子头上有朵白莲花。一般人穿常见的长外衣,头戴黑色幞头,老人戴垂在肩上的黑头巾。线条很细腻,着色与其配套作品一样主要是粉色和浅红色,有几处为暗绿色和黑色,工艺精致。其他以"出游四门"为题材的作品见 Ch.lv.009。

1 英尺 3 英寸×7 英寸。《千佛洞》图版 XII。

Ch.lv.0017. **彩绘丝绸幢幡。**四条浅棕色绸制成的底边饰带中保留有三条,画面上端和所有附件均缺失。画面几乎无破损,但很旧,褪色较多。

画的内容:东方持国天王,或可能是药师佛的十二将之一司日大将。服装和风格完全为 * Ch.0035 下所述的中国风格,又见 * Ch.0010 的笔记。天王四分之三向左,立于鬼怪的背上和一只手上,双手在身前轻托着一支箭。鬼怪膝和肘着地,左手握着一条蛇,蛇身红色,有鳞甲,蛇口大张着,如同鳄鱼的口一样。

天王无披风和头饰。戴着头盔,头盔边很宽,呈弧形,上有橘红色羽毛,与Ch.0040 一样(但此天王无护喉甲),颌下紧箍着香肠状领子。他的服装上最引人注目的一点是身上无鳞片甲,铠甲和头盔的地涂成纯白色。脸是人脸,短而圆,小眼呈斜上形,显得精明、警觉,但并不狰狞。唇上方有一点小胡子,下颌也有一小绺胡子,其余的胡须都剃光了。

着色主要是白色和橄榄绿色,衣服细部上有鲜红色和橘红色,使画面显得比较活泼。铠甲白色,红边,在手臂和大腿上有皱边;胸甲橘红色,镶有橄榄绿色圆胸护和红宝石;肩带、腰带、胸带为深棕色;披巾两面分别是红色和橄榄绿色;裙未着色,裙褶为红色;裤子白色,有橄榄色边。皮肤上的着色已完全剥落,服装上的着色也褪了不少,但此画的构图和着色仍是中国式天王的典型作品。箭有羽毛,叶形箭刃为金属制成,像 M.Tagh.b.007 一样,箭头已超出画面之外。

画幅 2 英尺×7 英寸,连饰带 4 英尺 8$\frac{1}{2}$英寸。

Ch.lv.0018. **彩绘丝绸幢幡**。画面顶部和底部已缺失,其余部分比较完整,颜色保存良好。底边粗略地缝有三条饰带,为金棕色丝绸制成。小重垂板涂成浅红色,无花纹。

画的内容:西方广目天王。四分之三向左立于鬼怪的背上(鬼怪不完整,手和膝着地)。天王左手放在剑上,剑似乎挂在腰带上,剑柄和剑鞘的细部画得很有趣;右手抬起,食指上托猩红色莲花,莲花上有小窣堵波,塔基、拱形塔顶和顶上的伞都很细腻。脚穿草鞋,裤子扎进了护胫之中。服装和人物整体风格与 *Ch.0035 一样,又见 *Ch.0010 的总说明。人物显得体力充沛。

脸为人形,只有圆眼是奇形怪状的,眼边为猩红色。鼻子有点夸张,不是中国人的鼻子。颧骨高,嘴形正常,长着浓密的胡子(上唇上、两腮和颌下),弯眉为深棕色,几乎接近于黑色。耳垂宽,但无穿孔,长度如常人。

整幅画的着色主要是浓重的绿色和绯红色。披巾为深绿色和灰色,披风深棕色和黑色,项光为绿色,可见的少量鳞片甲为黄色,项光左侧的空白题榜也是黄色。皮肤是丝绸发灰的自然色,晕染有粉色,但整体效果较暗。工艺精良。

画幅 1 英尺 6$\frac{1}{2}$英寸×6$\frac{7}{8}$英寸,加饰带长 4 英尺 2 英寸。图版 LXXXV。

Ch.lv.0019. **彩绘丝绸幢幡**。顶饰与 Ch.i.0010 的顶饰类似,两侧饰带为绿色绸,已褪色并修补过。画面底部缺失,但余下部分保存良好,画面上端衬了块蓝色平纹细绸里。

画的内容:菩萨(观音?),与 Ch.xxvii.003 基本一样,不同的是,是在反面完成的。头饰前多了个小瓶子,瓶身为卵形,白色,有红点。着色有黄红色(皮肤和裙)、橄榄绿、深棕、粉红。

画幅 2 英尺 5$\frac{1}{2}$英寸×10$\frac{1}{2}$英寸,加顶饰长 3 英尺 2$\frac{1}{4}$英寸。图版 LXXXI。

Ch.lv.0020.　彩绘丝绸幢幡。除重垂板缺失外,其余附件均保存了下来;画面顶部缺失,但其余部分保存极好。

顶饰为深蓝色绸,边缘磨损了不少,镶有紫绸边,绸边已褪色。边上的一条饰带为灰绿色素绸,一条饰带为灰绿色锦缎,织成菱形小网格纹。底边饰带为棕色绸,饰有黑色云和花枝图案,与*Ch.xvii.001 等一样。画面顶部破了,之后背后补了块紫色绸又连在了顶饰上。

画的内容:西方广目天王。四分之三向右立于俯伏的鬼怪身上,右手抬起,五指张开,左手持出鞘的宝剑,剑笔直地立于头旁。未着披巾,裤子扎进护胫中,脚穿便鞋。是*Ch.0035 下所述的典型的中国式天王,另见*Ch.0010的总说明。

肩部、上身和铠甲下摆的鳞片甲为矩形。腰带位置很高,腰带下是皮围裙和皮片,进一步保护腰以下部分。腰带底边上悬着许多金属环,在此画中未挂什么东西,但可能是用来挂剑鞘等物的。脸像中年人,表情严肃,颧骨粗大,上唇上方的胡子较多,下颌上的胡须只有一小撮。眼斜,稍微有点大,但整体效果是人形,而非魔怪。

颜色几乎全是很浅的棕色和淡红色,还有少量深些的棕色、黄色和一点黑色。无绿色或蓝色,剑刃涂成浅棕色。红色出现在裙、胸带、铠甲边、圆形胸护、覆膊、护胫和头饰上的饰带上。胸甲地、覆膊、护胫、披巾的一面、铠甲的皱边、裙边、皮围裙和珠宝上有一点浅棕色,深棕色出现在披巾反面和护踝上。鳞片甲为黄色和红色,系带用的孔用棕色标了出来。头发、腰带、上臂的袖子(?)为黑色。皮肤为丝绸棕白色的本色,晕染有浅红色。眼睛虹膜为黄色。项光棕色,掺杂有绿色,右边的一部分云为绿色和红色。头右侧有黄色题榜,无字。

画幅 1 英尺 $10\frac{1}{2}$ 英寸×7$\frac{1}{4}$ 英寸,全长 5 英尺 10 英寸。图版 LXXXIV。

Ch.lv.0021.　彩绘丝绸幢幡。所有附件均缺失,画面已磨损、破旧。与 Ch.lv.0022 是配套的。

　　画的内容：佛本行故事，中国风格，保留下来四幅场景的一部分。画面两边画有1英寸宽的浅黄色带子，带子上隔段距离饰有橘红色和黑色曲线，这条带子之外还有橘红、绿、蓝色带子，使人想起木柱上的装饰性圆环。画面用 $1\frac{3}{8}$ 英寸宽的直条带横向分成了三块正方形。上面的两条饰有绿、蓝、橘红和黑色波浪线，波谷中是半朵花；底下的一条在橘红色地上饰有大半花图案，半花颜色与上两条上的半花相同。

　　场景1：内容不明。前景中的地上露出一只象头，面朝观者，象鼻底部被此场景的底边切断了。象头上有一朵双层黄莲花，莲花上托着蓝灰色宝石，宝石上描摹有模模糊糊、闪烁不清的线（未着色），可能代表的是火焰。后面右边是一头白狮，蹲坐在树下的石头上。左边另一棵树下站着一个人，着长袍，长袍为红袖、蓝边，头发在头顶梳成三个尖的顶髻。他把双手举在前面，手张开。背景中是高墙深院，前面有门洞，与 Ch.lv.0016 等中的门洞一样。院中有一条条橘红色和黑色横线，沿着线有很多红、蓝、绿色椭圆形点，不知为何物。（此场景可能是以独特形式代表"三宝"，即佛、法、僧。白狮总是被人当作佛法的象征，而左边的人是个弟子，可能代表僧。）

　　场景2：内容不明，左边和前景均缺失。右边有个人坐在一个亭子的游廊上，与上个场景中的人一样穿绿边外衣，发型也一样，手抬起，似在祝福，目光注视着左下角。左下角残存着一个着棕袍的人，举着一只手。游廊外还站着一个男子，穿红外衣，系腰带，朝向着棕袍的人，双臂都向那人伸出，双手下垂。

　　场景3：内容不明。前景多已缺失，残存画面大部分被一个敞开的亭子的一角占据。亭中的台子上跪着两人，服装与前两个场景中的人一样，双手似在合十。两人之间的背景中站着个仆人，着绿外衣，两臂交叉，抱着把扇了（？）。游廊前站着两个人物小像。一个在右下角，是个侍者，穿蓝边红外衣，双手似在合十，目光也像跪着的两人一样转向此场景的核心人物。这个核心人物穿红外衣，系腰带，脚穿长靴，低头站着，双手伸在胸前，但画面脏污了，细部已无法辨认。此人和右下角侍者之间的绿草地上有一块方形的浅棕色，带黑色条纹,左右各有红色木栏杆,垂头之人的目光就看着这个色块。此色块是何物尚不清楚。所有人物的头发都像场景 1 等一样梳成有三个尖的顶髻。

场景 4:内容不明,似乎分成两部分。右边是院墙的一角,院中的建筑带游廊,墙上有高门楼(与 Ch.0039、lv.0016 等属于同一类型)。游廊中莲花上坐着裸体婴儿,几乎全已剥落。场景右上边全部缺失,但婴儿前面立有一个着蓝边红外衣的人(只剩下残迹)。院墙外,无项光的婴儿又出现了,他双手合十盘坐在白象背上的莲花上。他后面是两个步行的侍者,其中之一在婴儿头上举着华盖。婴儿左边还有两个骑白马的人,马鬃和马尾为红色(马画得很差,两匹马一共只有四条腿)。骑在最前面的人与侍者一样也穿常见的蓝边红外衣,头发也梳成有三个尖的顶髻。另一个骑马者似乎是个女子,跨坐在马上,着绿袍、红披巾或披肩,头发堆在头上。

线条较差,整幅画都画得很草率。工艺大致与 Ch.xxv.001 在同一水平。它们可能为同一系列,因为它们各场景之间的装饰性带子很相似,且每幅场景都有双题榜。题榜均为橘红色(无字),轮流置于场景的右边和左边。

2 英尺 $1\frac{1}{2}$ 英寸×7 英寸,完整的宽度为 $7\frac{1}{2}$ 英寸。

Ch.lv.0022. **彩绘丝绸幢幡残片**。所有附件均缺失,画面的大部分也已缺失,余下的部分已破旧。与 Ch.lv.0021 是一对,有类似的手绘边,场景之间的带子也类似。

画的内容:佛本行故事。保留下来两个场景(不完整),第三个场景只保留下来边。

场景 1:内容不明,上面缺失。中间是佛坐于莲花座上,右手施论辩印,左手摊在膝上,袒右肩、右臂、右胸,皮肤为黄色。头后有圆形橘红色项光,身后是椭圆形绿色背光,背光上发出红色和蓝色光芒。左右的蓝色莲花上各跪着一个弟子,双手合十,无项光,着宽袖蓝边红袍,头发梳成有三个尖的顶髻(这是 Ch.lv.0021、xxv.001 中的常见发型)。

场景 2:内容不明。左边的华盖下是一个菩萨,坐在莲花座上,服装、饰物、发型为简化了的印度风格(见 * Ch.lv.0014),皮肤粉红色。头后是带尖的橘红色项光,身后是椭圆形绿色背光。他面前的地上跪着或蹲着一个小人,小人转过身子,右侧对着菩萨,着红色宽袖外衣,双手均举起,掌心对着自己。稍往后站着两个大些的人物,双手合十,着红色内袍、蓝边红外衣(外衣与上个场景中弟子的外衣一样),其中之一的头发缺失,另一个人的头发似是梳成向后堕的顶髻。再往后是一棵树。

场景3:只残留有右上角,其中可见宝座或华盖的扁平的顶,顶上镶着宝石。工艺较差,与 Ch.lv.0021 一样。1 英尺 $6\frac{1}{2}$ 英寸×7 英寸,画面若完整,宽应为 $7\frac{1}{2}$ 英寸。

Ch.lv.0023.　标有日期的大绢画。有汉文题识,画有普贤、文殊和四个观音像,还有从者和供养人。镶有浅黄褐色绸边,保存良好。题识上的日期是公元 864 年。

画面上半部分是四个观音并肩而立,面朝观者,每个观音都持莲花(红色或红白两色)和净瓶(最左边的观音除外,她未持净瓶)。

观音腰系长及脚的红粉色长内衣,紧身短裙和腰带像 * Ch.001 等一样,胸前和肩上是宽胸巾,有的观音的胸巾涂成无花纹的红色和蓝色,有的是红绿两色,有金属边,在脖颈处与项链相接近。上臂紧裹着袖子,袖子半被臂钏遮住。三个观音的前臂像天王幢幡一样着饰有金属的覆膊。肩后有粉色衣纹,着窄披巾,头饰前有化佛,这些都是印度菩萨风格(见 * Ch.lv.0014),发型也是印度风格。

画面下半部分左是普贤,右是文殊,分别盘坐在白象、白狮背上向中间行进。象和狮与幢幡中的象和狮类似(见 Ch.0023 和 xx.001),也由类似的印度侍者牵着。文殊右手施论辩印,左手水平地抬起,手指与论辩印手姿相同;普贤的双手于胸前合十。他们身后都有两名持三层伞的菩萨。所有人物的服装、饰物、发型、体型均是 * Ch.002 等的"汉传佛教"类型。华盖、莲花座、项光、背光与大净土图（如＊Ch.lii.003）属于同一类型，项光和背光均为圆形，饰有大净土图中所见的光芒或花瓣。

供养人如下：右边跪着一个和尚、三名着世俗服装的男子，左边跪着两名尼姑、两名妇女。和尚、尼姑的服装与 Ch.xx.005 一样，世俗人物的服装基本上与＊Ch.00102、lviii.003 等同为公元 10 世纪风格，但色彩和某些细节有所不同。男子穿深棕色长外衣（看不见里面的裙子），系腰带，其中两个男子戴 Ch.00102 中的那种黑帽，剩下的那个男子戴黑色硬帽，朝上和朝后有两个帽舌。妇女着长裙、外衣、披巾，很像 Ch.00102，但裙和披巾涂成浅黄色，外衣为黄色，外衣袖子宽窄很适合，几乎没在腕下垂下多少。她们不戴饰物，只用一条素带子围住头发。一位妇女的头发梳成扁平的蘑菇状顶髻，另一位梳成大波纹状的向后伸展的顶髻，像 Ch.xlix.005 幢幡中的舞女一样。在这些方面供养人的服装与 Ch.xx.005（公元 891 年）、xxxviii.004、liv.004 一致，参见本书第二十三章第八节。

普贤、文殊和每个观音旁均有一个短题识，底下中央是四行不完整的献辞，每个供养人前面又有一行题识。题识见彼得鲁奇，附录 E，II。

整体布局有点生硬、拥挤。上半部分中，互无关联的人像反复出现，使人想起 Ch.xxii.0017、0023，这几幅画可能年代较早。所有神身上（尤其是观音的服装上）均保留有印度佛教传统，但整幅画的细节和工艺为＊Ch.002、003 等的"汉传佛教"风格。工艺完善，可见它所遵循的仪轨早已确定了，但还完全缺乏其他以此为题材的后期画作的氛围和线条。参见 Ch.xxxvii.003～005。

着色保存良好，有浅粉红色、柔和的蓝色、白色、深绿色，丝绸本色为棕灰色。

画幅 4 英尺 5 英寸×2 英尺 10$\frac{1}{2}$英寸，加边后为 4 英尺 7$\frac{1}{2}$英寸×3 英尺 2$\frac{1}{2}$英寸。《千佛洞》图版 XVI；《沙漠契丹》，第二卷，图版 VIII。

Ch.lv.0024. **大麻布画**。麻布织得较紧密。画纯粹是藏族风格，画的是坐姿观音、小菩萨和八吉祥。无镶边,基本完整,但着色几乎全已剥落。颜料涂在一层白色上,与 Ch.lii.001 藏族画的着色法相同,但此件的色调较亮,只保留下来玫瑰红、黄和暗绿色颜料的残迹。边上的法器和菩萨是在坐姿小菩萨的基础上重画的,中央随侍观音的小人物之上后来又画了树叶和长着长尾的飞鸟,树叶和飞鸟如今已基本剥落。

中间是矩形框,以金刚杵为边,一个大"自在"观音坐在框中。身材、服饰、宝石、莲花座与 Ch.00121 属于同一类型,姿势也与之相同(但左右颠倒),左膝抬起,左手垂在左膝上,持数珠。有圆形背光、马蹄形窄项光,肩上垂着黑色发绺,首饰上挂着珍珠,头顶有华盖,头和五官的细节已剥落。框的角上坐着两个小菩萨,底下插花的瓶子左右各是一个菩萨和一头模式化的狮子,但这些画面(如上文所说)后来又重画了树叶和飞鸟。

边上的莲花上是八吉祥和坐姿小菩萨,观音上方是化佛。八吉祥中只可辨出法轮、瓶、金刚杵(?)、华盖和鱼,右下方的法器已剥落。底边上的法器和菩萨与中间的人物一样又被重画了。参见 Ch.00121 下所列的其他坐姿观音。

4 英尺×2 英尺 9 英寸。

Ch.lv.0025.　彩绘丝绸幢幡残片。 是幢幡的顶部,绘有带流苏的华盖,镶着发光的宝石。背景为浅黄色,画面为暗黄、绿、红色。7 英寸×5$\frac{1}{2}$英寸。

Ch.lv.0026.　彩绘丝绸幢幡。 有顶饰,所有饰带均缺失。顶饰保存得较好,为浅黄色绸,本来绘有植物图案,镶有同样的浅黄色绸边。画面有几处已破损,但颜色依旧清晰。

画的内容:菩萨。姿势、发型、服装和 Ch.0083、i.005 一样,可能三件描摹自同一蓝本,但右手持的不是香炉,而是发光的宝石。服装和珠宝饰物上也与另两件有许多微小的不同之处,主要的差别是加了件纱做的蓝色披巾,盖住上臂,并用颜料填补了衣纹之间的空白。耳朵内部、手和脚底的线条为红色。

着色明快、多样,保存良好。最主要的颜色是 V 形披巾上鲜艳的绯红和铜绿色,项光中心、飘带、脚下莲花上的浅蓝色。其他颜色有淡粉、巧克力色、橘黄、红。轮廓线粗细不一,总体来说工艺不及 Ch.0083 和 i.005 仔细。

画幅 2 英尺 4 英寸×$6\frac{3}{4}$英寸,加顶饰长 2 英尺 9 英寸。

Ch.lv.0028.　还愿用的拼贴布。由许多块矩形花绸、锦缎、刺绣拼成。边为印花绸,衬里为多块米色、棕色、金黄、浅蓝、灰绿色绸,还有几块鲜红色麻布。中心的大部分和下面的中间部分已缺失,但从余下的部分上看得出,拼贴布的颜色和材料都经过认真的设计,均维持着平衡。表面破旧,但依然有光泽,显得十分丰富多彩。

四周为 6 英寸宽的印花绸边,褪色不少。图案十分优美(图版CXXII),是缠绞后又分开的茎,茎上长着心形窄叶和盛开的五瓣花。茎分开后形成的空间中是零散的花枝及一对对相对而立的鹦鹉,鹦鹉的喙和爪都贴在花枝上。图案印成深蓝、绿、桃红色(?),地印成浅黄褐色,图案的轮廓线为丝绸的本色。整个边都由这种印花绸制成,有几处用另一块印花绸修补过(修补用的绸的颜色与前一块类似,图案是更大的植物,但太不完整了,无法重构其图案)。印花绸边衬有米黄色的细锦缎里,由方向相反的斜纹织成,一个斜纹是地,另一个斜纹形成独特的方形或矩形图案,方形或矩形之间有平行线相连。

拼贴布主体上的主要织物如下(数字与图版 CVIII 上的数字相对应)。

A.花绸。

〔1〕一块花绸,其图案为交替出现的花和有四瓣的植物点,类似于 Ch.00171,织法也与之相同。着色更淡、更精致,(花和叶)为柔和的蓝色和绿色,茎为棕色,八边形的轮廓线等为黄色,地为米黄色。有几处磨损,此外保存较好。

〔2〕一块以缎纹斜纹织成的花绸。经线为柔软的浅黄色丝线。图案为成排的四瓣花,花瓣尖上、每对花瓣之间生出小三叶形,在花周围围成连续的圆圈。花为玫瑰粉色(?)或浅黄色,三叶形为浅黄色,地为深孔雀蓝色。表面相当破旧。

〔3〕花绸,织成多条色彩不同的带子,无法看出整体设计。地是小斜纹,经线很细,浅黄色,稍硬,纬线为白色、棕色、深蓝、浅蓝、番茄红、浅绿和暗绿。各条带子有$\frac{1}{8}$~$\frac{7}{8}$英寸宽,有些较窄的带子上无装饰,但大多数带子上织有饰物。这些饰物如下:a 为一行六边形大花,地为暗绿色时花为粉、白二色,地为白色时花为绿、粉(?)二色,地为番茄红时花为深蓝、绿二色。b 为一行较小的花,与另一类花交替出现,这另一类花的顶部和底部花瓣上伸展出一对叶子,叶子浅绿色,地为暗绿时花为粉红色,地为红色时花为深蓝色。c 为扁平的菱形小花,地为棕色时花为白色,地为蓝色时花为浅黄色。d 为一条线,由半花和 V 形构成,地为浅黄色,线为黄色或白色。e 为大花,或织成白色,或织成成条的与地不同的颜色,地为 5 条或 6 条较窄的带子。

在织这些图案时,引入了另外的纬线,携在各条带子背后,只有当花朵出现时,才织进织物中来。这种纬线到了织物表面后并不与经线交织,而是跨越几条经线,当足够一个花瓣的宽度时,纬线又回到了织物背面。因此,花瓣表面就是一组经不起磨损的线,纬线大多数磨掉了,露出了下面的经线。当花朵跨越几条带子时,就像地一样织成斜纹。其他织法类似的织锦见 Ch.00170、0065。

〔4〕花绸,为细缎纹斜纹。褪色不少,图案几乎被磨光。图案由长茎构成,茎形呈新月形的圈,尖上有花朵,每朵花上方有一对孤立展开的叶子。各排图案轮流以绿色为主和以蓝色为主,还有些深棕、白、黄色,地为发红的青铜色。

〔5〕花绸,由几块小块连成。是真正的双经双纬布,织法稀松,朽坏了不少。图案是大花,上下均有一对叶子。双经包括:a 为很细的浅黄色硬丝线;b 为宽,扁平柔软的暗绿色丝线。双纬线包括 c 很细的绿纱线;d 为较粗的软丝线,按情况不同为玫瑰粉色、白色或蓝色。织物表面只露出宽线 b 和 d,b、d 与 c、a 交织,但 c 和 a 基本上是看不见的。暗绿色的 b 形成地,d 形成图案。关于一根极细的经和两根宽纬织出来的效果参见 Ch.0076。

〔6〕花绸,为细缎纹斜纹。图案大概可以从〔8〕中看出,但此处只有不完整的两小块。较大的一块上可见大花带的一部分,花为深蓝色,地为猩红色(已褪色),空隙处织有深蓝色三叶饰和四叶饰,上下的叶子为浅绿色。较小的一块上可见一条大绿花带子的底部,空隙处是绿色三叶饰,底下是白色的横向三叶饰,再往下是一对织得很好的相对而立的鸭。鸭头、颈和弧形翅膀尖为黄色,织有白胸脯、蓝鸭背、绿色喙和尾、红色眼睛。与三叶饰和鸭子交替出现的是椭圆白花。表面破旧。

〔7〕与〔6〕的织法一样,图案也类似,见〔8〕。保留下来的图案包括一行六瓣大花,地为鲜红色,花为深绿色,花心白色,花心的轮廓线为红色。空隙处的三叶饰为暗绿色,是从横向的淡蓝色三叶饰中生出的,底下是黄鸭。淡蓝色小花与三叶饰交替出现。表面破旧。

〔8〕花绸,为缎纹斜纹。图案与〔6〕和〔7〕一样,但可看出完整的设计。织有成斜行的六瓣大花,各行垂直距离约为 $1\frac{1}{4}$ 英寸。每行上方有个之字形条带,由叶子和植物卷须构成。中间分别是尖朝上和尖朝下的三叶饰,三叶饰占据的是上面的花和下面的花之间的空隙。每朵花正上方有一团叶子,叶中栖着两只翅膀粗糙的鸟,鸟头上横着两个三叶饰,鸟之间还有一个竖立的三叶饰。横三叶饰的右边和左边,离大花底下的花瓣不远是扁平的四瓣小花。大花之间有横排的小四叶饰。

地为靛蓝色,图案颜色如下:(i)顶上的大花、空隙处的四叶饰和三叶饰为浅黄色;(ii)条带中的横向三叶饰和小花为淡蓝色;(iii)鸟和一团团的叶子为浅黄色和黄色(?);(iv)重复与 i 相同的大花和三叶饰、四叶饰,红色;(v)重复 ii,淡绿色;(vi)重复 iii,浅黄色和浅蓝色;(vii)重复 i 和 iv,为原来的浅黄色。磨损了不少。

〔9〕花绸,缎纹斜纹。织成 V 形条,分别为(i)白色和暗黄色,(ii)暗绿色和橙黄色。V 形互相垂直,每条宽 $\frac{1}{2}$ 英寸。似乎在模仿手编的织物。

B.刺绣。

〔10〕两块精美的植物刺绣。绣在米黄色纱上,衬有米黄色素绸里,其中一块图案四周的纱在刺绣完成后似乎有意剪掉了。两个小块都是完整的,中间是朵下垂的七瓣花,左右的茎上挂着叶子和花蕾,紧挨着下面是较小的花和花蕾,一块中低处的花蕾的花萼没绣完。以铺绣法绣成,颜色有纯蓝、纯绿、发绿的蓝、黑、浅黄、米黄、紫红。很精美,是典型的中国风格(参见《正仓院目录》,第二卷,附图96),依旧新鲜,有光泽。

〔11〕几块绣在红纱上的刺绣,衬以红绸里。图案为花、鸟、蝴蝶,纱剪去了。绣的是满地一式小花纹,很像 Ch.00281,残留下来的部分破烂不堪。花为白、黄、粉色(?),鸟为蓝色和白色,或浅黄色和白色,有蜂鸟般的长尾,叶子为淡绿、黄和发绿的靛蓝色。拼贴布中心的大块位置上似乎也是这种刺绣,但中心部分已缺失。

C.锦缎。

锦缎主要有两组。第一组是〔12〕,位于拼贴布的底部。其中包括:(i)淡柠檬黄色锦缎,蜻蜓纹;(ii)浅黄色锦缎,织有交替出现的三叶饰或菱形纹;(iii)深紫色锦缎,图案为圆花蕾和叶子及鸟头(?);(iv)红锦缎,与 Ch.00374一样。上述这几块均为平纹地,斜纹花纹。还有(v)淡黄色锦缎,菱形风格纹。其他几块已损坏了。

另一组是位于拼贴布中部的两大块锦缎,本是用来刺绣用的:〔13〕精美的深蓝灰色锦缎,相当稀松,平纹地,斜纹花纹,花纹为排成斜行的菱形四瓣花。〔14〕红色锦缎,相当稀松,已朽烂成碎块。平纹地,斜纹花纹,花纹为排成斜行的小菱形。

D.印花绸。

〔15〕底部紧挨着镶边有一条很粗糙的米色平纹绸,质地疏松,印有深棕色圆形花朵和四角形图案,图案与 Ch.00171 花绸类似,花朵中间是绯红色点。

所有花纹均为写实风格,叶、鸟、花的形状在奈良正仓院中可找到很多类似之作。

5 英尺×3 英尺 6 英寸。图版 CVII、CVIII,(印花绸边的图案)图版 CXXII。

Ch.lv.0029.　彩绘丝绸幢幡。与 * Ch.lv.004 一样为印度风格。画面顶部、底部及所有附件均缺失,色彩暗淡了许多。

画的内容:观音,面朝观者,立于一朵莲花之上。右手垂于身侧,手心向外成与愿印,左手从肘部抬起,持粉红色莲花。裙为白色,透明,上面有红点,透过裙可见到菩萨圆润秀美的体态。短裙暗粉色,披巾暗红色和绿色,上身和两臂上残留有白色颜料。头戴硕大的金属冠,冠上镶有高高的三角形饰物和红莲花,冠前面是坐姿的化佛像。头发在头顶梳成锥形高髻,脸短圆,目光下视,表情柔和。

1 英尺 $5\frac{1}{2}$ 英寸×$6\frac{3}{4}$ 英寸。

Ch.lv.0030.　彩绘丝绸幢幡。与 * Ch.lv.004 一样为印度风格。画面顶部、底部及所有附件均缺失,破损较严重,色彩模糊了许多。

画的内容:文殊,参见 Ch.xxvi.a.007。文殊面朝观者立于一朵莲花之上,身体重心置于右脚,上身向观者之右倾斜,头四分之三向左。右臂于肘部弯曲,手张开,掌心向上,无名指和小指弯曲,左手持剑,剑搭在肩上。短裙红色,外罩带深粉和深绿色条纹的长裙。腰带为白色,披巾暗棕色。面部与 Ch.lv.007、008 几乎一模一样。宝冠为圆形,上面镶有三角形饰物和粉红色莲花,冠顶为高高的锥形,完全遮住了头顶。唇、掌和足底边为红色,除此之外皮肤一律涂成深绿色。

1 英尺 4 英寸×$6\frac{3}{4}$ 英寸。

Ch.lv.0031.　彩绘丝绸幢幡残件。与 * Ch.lv.004 一样为印度风格。所有附件均缺失,色彩已相当模糊。

画的内容:菩萨,可能是观音,膝部以下均缺失。人物面朝观者而立,身体重心置于左脚,上身向左(观者之左)倾斜。左臂于肘部弯曲,手张开,手心向上,拇指、食指间拈粉红色长茎莲花,花上托着一本书。右手抬起,置于胸前,掌心向外,拇指和无名指相碰。短裙为绿色,短裙外罩透明的白色长裙,长裙上有红点。披巾为暗红绿色和棕色。脸圆,口阔,前额上有小发卷。右手上残留有黄色颜料。

$11\frac{1}{2}$英寸×$7\frac{1}{4}$英寸。

Ch.lv.0032.　彩绘丝绸幢幡。为印度风格。重垂板缺失,底部饰带残缺不全,除此之外均完整,但不少地方曾修补过。三角形顶饰上有一个彩绘佛像的残迹,顶饰边上有两个汉字。饰带为深棕色素绸,顶饰边为黄棕色绸。

幢幡主体画的是观音,很像*Ch.lv.0014中的菩萨,同样生硬的姿势,同样粗陋的着色,衣纹的处理方式也一样。皮肤为白色,晕染有粉色,皮肤轮廓线为深红色,这些色彩剥落了许多。左手于胸前拈柳枝,右手垂于身侧,持净瓶。裙为浅黄色,裙褶暗蓝色。腰带为红色和黄色,反面为白色。披巾为印度红色和绿色,胸巾为深紫色和橄榄色,肩后衣纹为红色和黄色。首饰、头饰等与*Ch.lv.0014类似,未戴臂钏。头发在头顶梳成锥形高髻。脸画得比Ch.lv.0014细致,保存良好。

画幅1英尺10英寸×$6\frac{1}{2}$英寸,全长4英尺9英寸。

Ch.lv.0033.　大绢画。画的是阿弥陀佛净土(或释迦牟尼净土?),两侧小条幅与*Ch.0051一样画的是阿阇世王的传说和韦提希诸观,整体布局也与*Ch.0051类似。画面顶部和底部均不完整,两侧的条幅和4英寸宽的绸边基本完整。总的来说保存较好,但颜料已褪色。

中央佛的姿势与Ch.v.001一样。左边的菩萨头戴化佛冠,可能是观音,右手施论辩印,左手抬起,似在祝福,拇指和另外两指伸直。右边的菩萨头饰前有朵蓝莲花,双手合十。宝墀上是常见的供养菩萨和伎乐队。乐师们演奏的乐器有琵琶、拍板、箜篌、笙、笛、箫,均与*Ch.lii.003中的乐器类似(但有点细微的变化,参看施莱辛格小姐的注,附录H)。左下角和右下角是地位较低的佛及其从者。

池中莲花上托着婴儿状的往生灵魂,伸着双臂。前景中间似乎有个木筏,上面栖着与 Ch.xxxiii.003 等一样的那些鸟。背景中繁复的亭台楼阁中有一些佛、菩萨,还有一只弹琵琶的双头迦楼罗及一只白鹤。楼阁顶上是一些驾云的小佛。

布局疏散,给人以空间广大之感。宝墀不是通常的黑色,而是也涂成浅蓝色,这更增强了画面的空间感。建筑物十分繁复,但项光和人物服装上的饰物则比较简单。着色较浅淡,几乎用的全是鲜艳的绯红色、浅蓝色和绿色,背景也是浅蓝色和绿色。地位较低的人物头发为黑色,天宫建筑的栏杆为深棕色,除此之外画面上再无深色之处。游廊和亭子的顶支在成排的绯红色柱子上。没有墙。

所有人物的皮肤均为丝绸绿棕色的本色,并晕染有红色(已褪色)。佛脸为长方形,菩萨和仙女长着长颊、鹰钩鼻、突出的眼睛,眼角内画有宽宽的半圆形来代表眼窝。工艺比较精湛,但不如*Ch.lii.003 那么精美。

两侧小条幅为常见的中国世俗风格(见*Ch.0051),内容如下:

右边:(i)灵鹫山上的释迦牟尼。站在高崖下两棵开花的树之间,膝部以上均可见。(ii)此画面和右边其余画面的背景与 Ch.lv.0047 一样,画的是频婆娑罗王在狱中,韦提希跪倒在地拜佛,佛则出现在云端。(iii)阿阇世王持剑追赶母亲,未画月光和耆婆。(iv)一人来拜访阿阇世王,劝他不要如此对待自己的母亲(?),内容与 Ch.lvi.0018.vi 一样。(v)韦提希探望被囚的频婆娑罗王,持Ch.lv.0047.vi中的那种金色花环,目犍连出现在空中的云朵上。(vi)几乎全部残损,只可见一个骑马之人。此画面可能与*Ch.0051 内容未定的画面 v一样。

左边是韦提希诸观:(vii)观日,日中有凤凰。(viii)观月(?),画面似是置于池之中的一个白色圆盘,参见 Ch.xxxiii.003.viii、lvi.0018.xiii。(ix)观池水(?),为绿色。(x)观呈冰状的水,与 Ch.liii.003.x 和 lvi.0018.xii 等一样。(xi)观极乐世界之地或八功德水(?),画的是一个绿色正方形,周围是格子边,正方形又被分成 10~11 个小正方形,参见 Ch.00216 等。此画面上的小正方形中有斑纹,似是水。(xii)观极乐世界之大厦,画成一个亭子。(xiii)观花座,为莲花上的一个基座,座顶上是摩尼珠。(xiv)观宝树。(xv)观立姿阿弥陀佛或无量寿佛。(xvi)观观音。(xvii)观大势至。(xviii)观坐在莲花座上的阿弥陀佛或无量寿佛。(xix)观往生于极乐世界,画的是一个与她类似的无项光妇女双手合十坐在她对面的毡毯上,此画面源自 Ch.xxxiii.003.xvi 和 lvi.0018.xvi 那类画面。(xx)观往生于极乐世界,画的是一个婴儿从莲花中化出,全身罩在带尖的项光中。(xxi)已残。

韦提希王妃的服装、发型与 *Ch.0051 一样,每幅画面旁均有个黄色或红色空白题榜。

6 英尺 2 英寸×6 英尺 5 英寸。

Ch.lv.0034.　彩绘丝绸幢幡。为印度风格。保留有三角形顶饰和两侧饰带,画面底部及底边饰带均缺失,顶饰镶有与 Ch.0058 一样的手织织锦边。三角形顶饰上可见植物图案,地绘成浅黄褐色,图案为缠绞的茎上生出鲜红色和蓝色花,但顶饰已残损,整个中心部分均用一块像 Ch.00344 那样的紫色纱缝补上了。画面顶部也已残缺,其背面衬了块暗棕色素绸之后被重新缝到了顶饰上。两侧饰带也是暗棕色素绸,与画面顶部背面的素绸连在一起。幢幡上人物头顶也补了块深紫色绸,盖住了人物的顶髻和头饰。

幢幡主体画有一个菩萨,可能是观音。基本上与 Ch.lv.0032 类似,但此菩萨的双手均从肘部抬起,右手水平地置于胸前,中指、无名指弯曲,左手指尖上托发光的宝石。着色与 Ch.lv.0032 一样稀薄而无生气。长裙暗红色,腰带绿色和白色,胸巾猩红色和绿色,披巾暗紫棕色,其反面为黄色和红色。肩部衣纹几乎已完全剥落,勾以灰色轮廓线。耳上方有红色莲花。皮肤白色,晕染有粉色。

画幅 1 英尺 $8\frac{1}{2}$ 英寸×7$\frac{3}{8}$ 英寸,长 2 英尺 $2\frac{1}{2}$ 英寸。图版 LXXX。

Ch.lv.0035.　麻布画。有汉文题识,画的是立姿观音,顶部和两侧保留有绿色麻布边,保存良好。观音的姿势和法器与 *Ch.l0052 一样,但此画的工艺要好得多。身材、服装、头饰与 * Ch.002 一样为"汉传佛教"风格,头饰前不是化佛,而是座小塔。着色有橙红、黄、橄榄绿、深灰。题识只是对观音的赞词,加边后大小为 4 英尺 $5\frac{1}{2}$ 英寸×2 英尺 2 英寸。

Ch.lv.0036. **彩绘麻布幢幡**。有汉文题识,顶饰的镶边和饰带均缺失,其余部分保存较好。

画的是观音。四分之三向左立,双手合十。此类画的特征和同类作品目录见 * Ch.i.0016。着色只有红、黄绿和黄,笔法较差。题识为对观音的赞辞。加顶饰长 3 英尺 5 英寸,宽 10 英寸。

Ch.lv.0037. **彩绘麻布幢幡**。为 Ch.liv.008 下所述类型,题材与 liv.008 一样,保存良好。

画幅 1 英尺 5 英寸×6$\frac{3}{4}$ 英寸,全长 3 英尺 5 英寸。图版 LXXXXIII。

Ch.lv.0038~0043. **六条彩绘麻布幢幡**。均完整,其顶饰边为浅黄色麻布,两侧饰带和底部饰带为绿、蓝色麻布,纸重垂板上画有模式化的莲花图案。幢幡都很小,已脏污。工艺十分粗糙,着色只有红色和模糊不清的黄绿色。

画的均是观音像,四分之三向左或向右立,双手合十。此类画的特征及目录见 * Ch.i.0016。

画长 1 英尺至 1 英尺 1 英寸,均宽 5$\frac{1}{2}$ 英寸,全长均为 2 英尺 10 英寸。

Ch.lv.0044. **彩绘丝绸幢幡的底部**。有四条绿灰色绸(已变色)制的底部饰带。重垂板为深红色,上面画有黑色和深绿色莲花图案,图案轮廓线为黄色。画的是菩萨,只保留了膝以下部分,四分之三向左立于鲜艳的黄莲花之上,莲花边为红色。衣纹的处理和作品风格与 * Ch.002 一样。着色主要有粉红、蓝灰、绿、绯红,均清晰。

画幅 11$\frac{3}{4}$ 英寸×6$\frac{3}{4}$ 英寸,加饰带长 4 英尺 3 英寸。

Ch.lv.0045. **彩绘丝绸幢幡**。保留有棕色细绸制成的三条底边饰带,顶饰、两侧饰带、画面顶端均缺失,余下部分破损较严重。

画的内容:观音。头部缺失,身材与 Ch.i.0013 基本一样,可能二者是临摹自同一蓝本,但观音左手持的不是莲花蕾,而是柳叶。作品的细节处理也比 Ch.i.0013 粗疏得多,比如右手的线条画的是持净瓶,着色时却涂成了宝石。色彩保存较好,主要有披巾上的深红色和裙上的浅红色(接近于鲜红),披巾反面为橄榄绿色(多已剥落),宝冠上的饰带为橙红色和鲜红色,脚下莲花为浅蓝色。袍上的流苏剧烈摇摆,表示人物处在急速的运动之中。

画幅 1 英尺 $5\frac{1}{4}$ 英寸×$7\frac{1}{2}$ 英寸,加饰带长 4 英尺 2 英寸。

Ch.lv.0046.　彩绘丝绸幢幡。有汉文题识。画面顶部已破裂,所有附件均缺失,此外基本完整,色彩十分清晰。

画的内容:西方广目天王,题识为"西方毗楼勒叉天王"。天王稍向左转,立于蹲踞鬼怪的膝和肩上,双手持未出鞘的长剑,剑尖抵在鬼怪头上。服装大致与 *Ch.0035 类似(参见 *Ch.0010 的总说明),但未着裙、护胫和披巾。腿着裤,裤在膝下系住,并松散地垂到脚踝上。

铠甲相当长,腰上挂着三块绿色小皮片。脖颈处的深棕色披风外戴了香肠状的白领子,用一块宝石系在颌下,上面点缀有粉红色小花。肩上和肘上飘起窄窄的饰带。鳞片甲为黄色和红色,下摆的鳞片甲为矩形,有小缺口,向上彼此压住,上身和肩部鳞片为圆形。脚上穿的麻鞋与 Ch.0022 样式一样。脚和膝以下的衣纹均未着色,只可见一点白颜料的残迹。披膊涂成横条,各条分别为棕、靛蓝、绿、绯红色。

脸颊很宽,面部有点畸形,表情愉悦。眼为斜上形,睁得很大,注视着左边,鼻长而高,小嘴张开,耳很长,挂着耳环。头发为黑色,呈弧形覆在前额上方。头戴紧裹着头的橄榄绿色帽子,帽后有个红"鸡冠",帽子镶了金,饰有繁复的宝石、流苏,耳朵上方有饰带。圆形项光为暗棕色,边为靛蓝色,有火焰纹,项光后是棕色的云。

天王脚下的鬼怪涂成棕色,脸上瘦骨嶙峋,红头发披散下来,大嘴紧闭,右膝和左脚着地,用右手托着天王的脚。

画面主要颜色为鳞片甲上的红色和黄色。胸甲边、胸护、胸带、膝以上的裤子、鬼怪的头发和短裙为绯红色,胸甲的地和铠甲的边为靛蓝色,服装和细部一般为深橄榄色或棕色。着色非常清晰、整洁,工艺精湛,但色彩是不透明的,看起来有点粗糙。题榜为黄色,位于天王头左侧。

2 英尺 1 英寸×7$\frac{3}{4}$英寸。图版 LXXXIV。

Ch.lv.0047. **大绢画。**有汉文题识,画的是阿弥陀佛净土(或释迦牟尼净土),两侧小条幅为阿阇世王的传说和韦提希诸观,整体处理与 *Ch.0051 等一样。镶边已缺失,画面顶部和两侧均完整,保存得较好,但画面底部已破损不堪。绢的质地比一般丝绸粗糙,颜料也相应地比一般绢画涂得厚。

中央佛的姿势与 Ch.v.001 一样。两个胁侍菩萨无个性特征,其朝外的手均施论辩印,靠近佛的手也是拇指与食指相碰,但一个手伸出,一个手掌心向上置于身前。佛身后站着四个有项光的光头弟子。有常见的供养菩萨和伎乐队,左下角和右下角是地位较低的佛和菩萨。舞伎前面有只大孔雀,前景池中的石头上有一只白鹤(?)和两个迦楼罗。

乐师和迦楼罗演奏的乐器有拍板、茶壶形笙、琵琶、箫、笛、五弦,均与 *Ch.lii.003中的乐器一样。画面顶端天宫的屋顶上方还飘着系飘带的琵琶和笙。天宫中央亭子的顶层有一个坐佛小像,旁边的云上还有两个小佛。只能看见一小部分水池,池中无婴儿、莲花和树。

颜色保存完好,颜料涂得较厚,色彩显得有点粗糙。笔法是模式化风格,无特别之处。三个佛的皮肤上涂了金,香案上的圣器也涂了金,金粉保留下来不少。菩萨、舞伎、乐师的皮肤为白色,晕染有浅红色,其他颜色还有绯红、蓝、绿。没有哪种颜色是占主导地位的。

两侧小条幅仍是常见的中国世俗风格(参见 *Ch.0051),其内容如下。

右边:(i)阿阇世王前生为隐士时,在他的草屋外被一个持棒之人殴打。(ii)释迦牟尼前生为白兔时,被一个骑马架鹰之人追赶。(iii)频婆娑罗王礼佛,佛在云端现身。此画面和以下右侧画面的背景是一样的,均是个游廊,一个带游廊的亭子被轮流置于画面右侧或左侧。(iv)频婆娑罗王和韦提希双手合十而跪,听目犍连的教导,目犍连呈沙门相坐在他们面前的平台上。(v)阿阇世王持剑追赶其母亲(剑基本上已剥落),前景中有个持剑大臣的侧影。(vi)韦提希送食物给频婆娑罗王。画韦提希手拿金色花环走在庭院中,她显然是从此花环中弄出水来给频婆娑罗王喝的,参见 Ch.lv.0033.v。(vii)阿阇世王在院中骑马,一人向他鞠躬,参见 *Ch.0051 之场景(v)等。前景中是堵墙,大门紧闭,门外有两个肩扛斧钺的卫士。

左侧为韦提希诸观:(viii)观落日,落日的两道余晖照在她脸上。(ix)观画成冰状的水(?),像 Ch.liii.003.x 和 lv.0033.x 等一样画成一块白色,其中有黑色斑纹。(x)观花座(?),画的是池中生出一朵莲花。(xi)观八功德水(?),画的是方形靛蓝色水池,其周围是条格状的边。(xii)观极乐世界之地(?),画成一堆杂色的立方体,参见 Ch.00126 和 lv.0033.xi。(xiii)观饰有宝石的三层华盖。(xv)观极乐世界之楼阁,画成一个亭子。(xvi)观和尚,无项光,光头,坐在毡毯上,可能是目犍连或阿难(?)。(xvii)观观音或大势至。(xviii)观阿弥陀佛,佛几乎全剥落了。

人物服装等与 *Ch.0051 一样。韦提希王妃的头发梳成一个小顶髻,束着一条金发带,发带前面饰有三件竖立的椭圆形饰物。

画面底部中央是写着献辞的题榜,右边跪着四个男供养人,左边是三个女供养人,每位供养人旁边都分别有个小题识。供养人的服装、头饰、发型均朴素,类似于 Ch.xxxviii.004。但整个底部(包括献辞)几乎已全部剥落。

5 英尺 6 英寸×3 英尺 11 英寸。图版见《印度艺术杂志》1912 年 10 月第十五卷,新版 120 页,图版 IV。

Ch.lvi.001~0010. 10 条彩绘丝绸幢幡。为一套很特别的系列作品,风格粗放,类似于 *Ch.lv.004 系列,但工艺远远次之。参见富歇《佛教造像》,第一卷,图版 IV~VI 中尼泊尔写卷中的插图,这 10 条幢幡在着色风格、珠宝饰物、人物服装上与这些尼泊尔插图十分接近。

　　10 条幢画均绘在淡灰色丝绸上,两侧镶有稍深些的灰色绸边。顶饰和两侧饰带均缺失,但残留着一点底部饰带的痕迹。

　　一律为单个人物,脚踏一朵大莲花,面朝观者而立,一只手臂的姿势似在施恩或保护什么人,另一只手持法器。上身较短,细腰圆臀,四肢又细又长,腿笔直,十分僵硬。脸长,圆下颌,宽鼻子,双眼平齐,嘴角上翘。线条画得缺乏技巧,五官的形状和位置都很不规则。耳长,眉间有琉璃珠。肩上披着细细的发绺,耳朵旁还有短发绺。头饰一般遮住顶髻,头发从头饰底下露出来一条或一些小卷,遮在前额上方。脚大而畸形,像厚垫子似的,脚趾处极宽,大脚怪诞地连在瘦腿上。根据所绘神祇的不同,皮肤分别涂成白、绿或黄色,脚底、手掌及所有轮廓线一般为红色。眼睛为白色,瞳仁为黑色,很大,颇有表现力。

　　所有人物的服装和饰物基本一样。下身着短裙,短裙上一律有宽条纹,宽条纹中杂有其他颜色的线条,或点缀有点或花朵图案。披巾从肩部垂在臂上,有时肩上还披一条窄些的披巾,上面嵌有金属饰物。披巾正反面的颜色对比鲜明,一般两面均有"点"。通常披巾和短裙都有穗边。短裙长不过膝,紧贴着腿,用带子系在腰上,带子末端在腿之间垂下来,形成长长的模式化带褶。腰系一条布腰带,上身基本赤裸。

　　首饰显得沉重,风格较粗犷。最醒目的饰物是头上的冠。所有的冠基本一样,冠底是个金环,前面嵌有三个三角形大饰物,这些饰物镂空并镶着宝石,像 *Ch.lv.004 印度风格画作中的头饰,但此处的三个饰物彼此相连,使冠显得更结实更厚重。脖子上绕有一圈领子,有时中间镶着宝石,并挂有饰物,有时则镶一圈宝石,最复杂的领子上挂有一圈下垂的饰物。耳环均为花朵形状,镶有宝石。手镯一般是朴素的环形,只镶着一颗大宝石。有两幅幢幡中的人像戴着与手镯形状类似的臂钏(见 Ch.lvi.002、0010)。Ch.lvi.002、004 中的项光为圆形,其他的项光为椭圆形,均绘成颜色不同、宽窄也不同的同心圆。华盖画成笔直的或呈弧形的帷幔,有时挂有流苏等物。

　　作品整体风格十分原始。用笔笨拙,甚至到了奇形怪状的地步,人物左右的线条多不对称。着色简单,只有两种深浅不同的粉红和红、蓝、绿、白、黄、黑色,色彩粗陋,模糊不清。这些人物的一个吸引人之处是其纯朴的表情,表情互有不同,很具表现力。一幅幢幡正反面人物的表情常常不同,其他细部也有很多差异。

Ch.lvi.001. **画的是观音**。头四分之三向左,稍向前倾。右手施与愿印,左手抬起,持粉红色莲花。短裙上为浅红和黄色宽条纹,上面织有黄、红、白色花朵和线条;宽条纹之间用窄条纹隔开,窄条纹为绿色、粉色和丝绸浅黄的本色。披巾绿色,点缀有黄色图案,背面未着色,点缀有白色和深红色图案。头饰前有一个坐佛,坐佛、宝石及头饰其他部分均涂成黄色。人物上身短,腰细。皮肤为白色(全已剥落)。项光椭圆形。头上有绿色布华盖,脚下是一朵黄红色莲花。底部可见浅黄色丝绸饰带的残迹。

画幅 1 英尺 9 英寸 × $5\frac{3}{8}$ 英寸,加饰带长 1 英尺 $11\frac{1}{2}$ 英寸。

Ch.lvi.002. **画的是金刚持菩萨**。右手于体侧施与愿印,左手水平置于胸前,托竖立的金刚杵。短裙为交织的深红、黄、浅蓝、白色,无披巾。腰带深红色,点缀着白色和黄色花朵,围住臀,在身体左边打成结。一条白色窄带子从右肩垂下来,绕过身前,止于左腿之上。头两侧是波浪形的小发卷,衬托着耳朵。皮肤为绿色,手掌和足底边为红色。脚下是有双层花瓣的深粉色莲花,莲花向画面两侧生出盘绕的茎,高达人物肩部,茎上生着叶子和莲花蕾。项光为圆形。头上是华盖,为红色,点缀有大花朵图案,大花为蓝、白、红、绿色,华盖下垂着流苏。此人物显得比同类作品都笨重。头左侧的背景中写着汉文题识,参见附录 K。画面顶端及幢幡所有附件均缺失。1 英尺 $9\frac{1}{4}$ 英寸 × $5\frac{1}{2}$ 英寸。图版 LXXXVII。

Ch.lvi.003. **画的是观音(巴尼观音?)**(巴尼观音即持莲花的观音——译者)。头四分之三向左,稍微弯曲。右手施无畏印,左手放在大腿旁,持粉红色长茎莲花。短裙画成深绿、粉、红色宽条纹,交织有黄色和蓝色。披巾为红色,点缀有黄色,背面为蓝色,点缀有白花。皮肤为白色,晕染有粉色,皮肤轮廓线为深红色。项光椭圆形,脚下是深粉色莲花,头上残留有红色华盖,饰有白花图案。颜色保存较好,左上角及幢幡所有附件均缺失。1英尺8英寸×5$\frac{1}{2}$英寸。图版LXXXVII。

    Ch.lvi.004. **画的是观音**。头四分之三向左,微微弯曲。右手施与愿印,左手抬起,持有双层花瓣的粉红色长茎莲花。短裙画成红、绿、粉、蓝色宽条纹,交织以白色和黄色。披巾红色(背面为绿色),点缀有黄色图案。肩上挂着一条暗粉色窄布,垂在胸前,上面嵌有零星的金花,金花上镶着宝石。头饰前面正中是入定的化佛像,耳朵上方有白莲花。皮肤为白色(剥落了不少),手掌和足边为红色。项光为圆形。脚下是一朵有双层花瓣的莲花,花瓣交替为暗粉色和绿色。头顶上残留有红色布华盖,点缀着红色和黄色花点图案,垂着流苏和莲花蕾。左边的背景中是婆罗谜文题识。画面顶部和幢幡所有附件均缺失。1英尺9英寸×6英寸。图版LXXXVII。

    Ch.lvi.005. **画的是文殊菩萨(?)**。头四分之三向右转,稍微弯曲。双手垂在身前,右手为侧影,拇指弯曲,意在持莲花茎,但花茎并未画上,左手托柠檬。肩上方有一朵盛开的淡粉色双层莲花,花上托着一本书。短裙画成蓝色和红色宽条纹,点缀有白色和黄色点,宽条纹之间用淡粉色和绿色窄条纹隔开。披巾正面为绿色,点缀有黄点,背面为淡粉色和白色。项饰是一圈圆形宝石,每个宝石上都垂下一块菱形宝石,幢幡背面的人物项饰上所垂的宝石则要少些。皮肤为黄色,右手掌心为红色。项光为椭圆形,头顶残留有蓝色布华盖,脚下是一朵粉红色莲花(色彩剥落了许多)。画面右上角和幢幡所有附件均缺失。1英尺9$\frac{1}{4}$英寸×5$\frac{3}{4}$英寸。

    Ch.lvi.006. **画的是文殊菩萨(?)**。头四分之三向右,微弯曲。右手施无畏印,左手于胸前托无茎盛开的蓝花。短裙画成深红、绿、黄色条纹,交织以白色和粉色细条纹,裙末端点缀有白点。披巾正面为深绿色,点缀有黄点,反面为红色。皮肤黄色,勾以深红色轮廓线。脸形粗笨,五官畸形,嘴被画在了鼻子的右边,目光微向上看,嘴角平直。头后是椭圆形项光,项光后还可见布帷华盖的残迹(华盖为绿色,点缀有黄点),脚下是一朵深红色莲花。画的背面与正面有显著不同:人物目光是下视的,嘴角向上翘,表情与正面完全不同,色彩的细部及服装上的图案也不一样。画面顶部和底部不完整,所有镶边和附件均缺失。1 英尺 8 英寸×5$\frac{1}{2}$英寸。

Ch.lvi.007.　画的是文殊菩萨(?)。头四分之三向右,稍微弯曲,右手垂身侧,似成与愿印,中指弯曲;左手抬起,持蓝色莲花。短裙基本上是粉色,交织有绿、蓝、黄、红色。披巾正面为红色,点缀有黄点,反面为蓝色,点缀有白点。从双肩垂下一条粉红色衣物,挂在胸前,上面有网格状花纹。皮肤为深黄色。五官畸形,近于扭曲,但下视的大眼睛和上翘的嘴角使人物的表情相当动人,颇有魅力。项光为椭圆形。脚下是一朵双层莲花,花瓣轮流为深蓝色和红色。头上是有红色花纹的布华盖,悬挂着流苏等物。画幅背面与正面有几处细小的不同,前额上不是齐齐的一绺头发,而是许多小发卷。所有附件均缺失,丝绸的质地比同类的其他幢幡都粗糙。1 英尺9$\frac{1}{4}$英寸×6$\frac{1}{2}$英寸。

Ch.lvi.008.　画的是观音(?)。个子不高,身体挺直,脖颈很细,双臂较长,体形如孩童。右手施无畏印,左手施与愿印。短裙为红色和绿色,杂有浅粉色和蓝色窄条纹,并交织有黄色和红色线条。披巾正面为绿色,点缀有黄点,反面为浅粉色和红色。面部饱满,呈椭圆形,目光下视,眼睛几乎闭上,表情柔和。项光为椭圆形。头上是点缀有花纹的红色布帷华盖,脚下是一朵红莲花。幢幡反面人像的右手并未在胸前抬起,而是水平置于胸前,掌中托红边的莲化;五官位置较低,显得脸较小,表情更年轻。画面四角及幢幡所有附件均缺失。1 英尺 5 英寸×5$\frac{1}{2}$英寸。

Ch.lvi.009.　画的是文殊菩萨。头稍微转向右边,右手持剑,剑搭在肩上,左手垂于身侧,施与愿印。短裙画为淡黄色和红色条纹,黄条纹上有红色图案,红条纹上有黄色图案,两种宽条纹之间是淡粉色和绿色窄条纹。披巾正面为浅蓝色,点缀有白点,背面为红色,点缀有黄点。宝石和其衬托背景均为黄色,宝石上未另外着色。皮肤棕黄色,晕染有红色。脸圆形,显得精神饱满而愉快。项光为椭圆形,脚下是一朵黄色莲花,莲花尖为红色。幢幡背面的人像神情则较严肃,耳环和脖子之间垂着小发绺。边已撕破,幢幡所有附件均缺失。1 英尺 8 英寸×5$\frac{1}{4}$英寸。图版 LXXXVII。

Ch.lvi.0010. **画的是文殊菩萨**。头四分之三向右,稍微弯曲,右手施与愿印,左手抬起,持有双层花瓣的深蓝色莲花。短裙画成黄色和深绿色宽条纹,夹杂着蓝色和粉色窄条纹,并交织有蓝、白、红色线条。腰带深红色,点缀有黄点,系在臀上,在左臀打了个结。披巾与莲花颜色相同,从右肩披到胸前,长的一端垂在右臂后,短的一端从背后折上来,又搭在肩上。戴着臂钏,所有的首饰都镶着大量宝石,幢幡背面人像的宝石则不及正面的繁复。一长串金珠子从右肩挂下来,直达左腿,珠串上镶着三颗大宝石。皮肤为黄色,背面的人像用红色颜料来粗略地表示额和颊上的突起部分。看得出脚上的着色后来由一名技术比原来的匠人更高明的艺术家修改过。项光椭圆形,头顶有华盖的残迹,脚下是一朵深粉色莲花。幢幡背面的人像在着色、衣服上的图案、衣纹等方面与正面稍有不同。顶部已破裂,残留有灰绸制成的底边饰带。

画幅 1 英尺 8$\frac{1}{2}$英寸×5$\frac{1}{4}$英寸,加饰带长 2 英尺 1 英寸。

Ch.lvi.0011. **木雕小像**。雕的是坐在莲花上入定的佛像。隐双脚,双手作禅定印,无项光和背光。双肩披红色袈裟,胸部裸露,袈裟上有黑色大条格。僧袛支为黑色,斜披在左肩。胸、手本是乳白色,如今变成了暗棕色,头发、眼睛、睫毛为黑色,唇为红色。身体稍向后仰,头前倾,与身体呈直角。莲花座的花瓣外面涂成黑色,边和里面涂成红色。做工精细,服装上留有刻痕以突出衣纹,但皮肤上的刻痕都抹去了。背面有裂缝。高 3$\frac{5}{8}$英寸,肩宽 1$\frac{1}{2}$英寸。图版 XLVII。

Ch.lvi.0012. **赤陶坐佛浮雕像。**坐佛外是一圈矩形边,其顶为圆形,矩形边与浮雕的最突出点一般高。佛垂双腿,手成禅定印,膝部和踏脚物上分别向外伸出两条水平的横线,以代表宝座。踏脚物长着两排花瓣,顶上一排尖朝上,底下一排尖朝下。背光围住坐佛臀部以上的身体。项光和背光上都饰有放射状光线,上面残留有不少棕色颜料,这些颜料可能本是深红色。头发、脸、膝、宝座和踏脚物上的敷彩均已剥落,袍浅红色,矩形边未着色。工艺精细,作品给人印象很深。$3\frac{1}{2}$ 英寸 × $2\frac{3}{16}$ 英寸 × $\frac{1}{2}$ 英寸,人物高 $2\frac{1}{8}$ 英寸。图版 CXXXIX。

Ch.lvi.0014. **大绢画。**有汉文题识,画的是坐姿十一面千手观音及其眷属。完整,保存良好,镶有棕色绸边,绸边内又手绘了一圈菱形纹的边。

观音的处理方式参见 *Ch.00223,并请特别参见 Ch.lvi.0019。画面下半部分的背景为绿色,代表水池,观音及其眷属位于池上的云上。上半部分的背景为浅蓝色,代表天空,天空的云中有成群的小佛像及观音的绯红色华盖,华盖上镶有宝石,云为白、绿、红色。

上半部分的题识大部分可读,根据题识可辨认出以下人物。(i)、(ii)右上角和左上角分别是日光菩萨和月光菩萨小像,未乘马或鹅,坐在莲花之上。其项光均保留了下来,月光菩萨的项光为白色,日光菩萨的项光为橘红色。

(iii)、(iv)三世十方之佛,三世为过去、现在、未来,十个佛坐在观音华盖两边,每边五个。

观音的众多眷属则主要分布在画面下半部分。左右各立着四个穿甲者。穿甲者底下左右各有一个着汉族官服的显贵人物,有项光,持长柄扇,每个显贵带两个年轻男侍从。题识标明,右上方的两个穿甲天王为(v)西方广目天王和(vi)南方增长天王,左上方的两个为(vii)北方毗沙门天王和(viii)东方持国天王。右边再向下的两个穿甲者为(ix)地神(?),左边两个为(x)火神(?)。着官服者右为(xi)大梵天,左为(xii)帝释天。

有些题识是画完画后添上去的,大梵天和帝释天旁的题识就是如此。大梵天头戴*Ch.0021中的地方官所戴的方形黑帽,长着汉人的胡须,帝释天的发型和头饰则属于菩萨一类。他们的侍者着白色长内袍和绯红色宽袖上衣,头发在头顶梳成两个小髻。

前景中央是个盖有布帷的大香案,上面放着青铜制的圣器。香案后的池中站着两个龙王(xiii、xiv),各举起一只手托着紫色的云,云上即是笼罩着观音的白色圆轮。龙王着幢幡中的天王那样的铠甲(见 Ch.00107),看不出什么蛇的特征。

香案左右各是一个双手合十的眷属,右为(xv)白胡子的婆薮仙,左为(xvi)吉祥天(见*Ch.00223)。吉祥天穿汉族妇女的服装,其帽状头饰与Ch.00105中一样。

左下角和右下角也像通常一样画着两个火头金刚(xvii,xviii),挥着常见的法器,身后以火焰为背景,但左边的金刚几乎已完全缺失。

龙王、功德天、婆薮仙和金刚旁的题识几乎已不可识读,但通过与类似画作(尤其是 Ch.lvi.0019)的比较即可得知人物的身份。

从工艺上讲此画并非极为精致,但粉、蓝、深紫等着色和笼罩观音的明亮的白轮依旧鲜艳生动,在色彩上给人的印象颇深。

5 英尺 11 英寸×4 英尺 3 英寸。(题识是由亚布基先生识读的。)

Ch.lvi.0015. **绢画**。画的是观音坐于岛上的柳树下,还画有供养人。镶边已缺失,除此之外均完整,保存良好。

观音四分之三向右笔直地坐在扁平岩石的边上,岩石下是个多瓣底座,底座出自池中。观音右脚踏水中的莲花,左腿盘起,置于右大腿下。右手持直立的净瓶,左手持柳枝,双臂均从肘部生硬地朝前伸。头戴三瓣化佛冠。皮肤为白色,勾以红色体态线,眼睛和头发为黑色。人物体态浑圆。项光、背光为圆形,背光笼罩住人物膝部以上的部分。

池中还生着其他粉色和白色莲花,池岸画成向左右延伸的之字形黑白条带。背景中是模式化的柳树,观音头上是模式化的花枝以作为华盖。观音的附件(服装、首饰、发型)中保留着印度传统(见 *Ch.lv.0014),但整体处理方式和用笔风格是中国式的。

供养人有两个:左为一个盘坐的男子,持莲花,身后站着个小男孩;右为一个同样姿势的和尚,持香炉,身后站着个侍僧。男子服装与 *Ch.00102 一样,和尚服装与 xlvi.0013 等一样。小男孩穿短衫长裤,头发像 Ch.liv.006 中一样在头两侧梳成两个角。和尚和侍僧已披剃,头顶涂成黑色,和尚还长着几绺胡须。

供养人之间及画面右上角均有空白题榜。着色有猩红、白、黑和一点黄色,山水和背景为茶青色。工艺平常。类似的观音像参见 Ch.i.009。

2 英尺 $3\frac{5}{8}$ 英寸×1 英尺 $7\frac{5}{8}$ 英寸。

Ch.lvi.0016. **大绢画**。画的是立姿观音,无从者,画面上下两端(包括观音头的上半部分和膝以下的部分)均缺失,余下部分保存良好。观音四分之三向左立,双臂均从肘部抬起,右手持净瓶,左手持垂柳枝。工艺精细。保存下来的部分是典型的精美的汉化菩萨像,服装、饰物、发型与 *Ch.002 属于同一类型。脸和手臂均浑圆,画得很精致。皮肤为白色,晕染有粉红色。裙橘红色,披巾橄榄绿色。金属器物红棕色,勾以黑色和白色轮廓线。项戴项圈,另外还戴了串 *Ch.00102 等六臂观音所戴的那种珠串。左上方是黄色空白题榜。

3 英尺 6 英寸×1 英尺 $9\frac{3}{4}$ 英寸。《千佛洞》图版 XIX。

Ch.lvi.0017. **大绢画**。有汉文题识,画的是呈沙门相的六道轮回之主地藏菩萨。右上方的 $\frac{1}{4}$ 画面已缺失,用一张纸来代替,在纸上绘了画。保存较好,参考 *Ch.0021 下所列的其他地藏像。

地藏四分之三向左盘坐于莲花之上,隐双脚。右手抚膝,左手平放胸前,五指伸直,掌心朝下。着绿色僧祇支、绯红色袈裟,袈裟上有黄条,与 *Ch.0021

等类似。项戴项饰。皮肤为白色,晕染有红色,皮肤轮廓线也是红色。双目较长,基本平齐,眉粗重,为黑色,耳如常人大小。光头涂成暗蓝色,小胡须勾以黑色轮廓线。额前有个红色点,从红圆点中升起云雾。圆形项光和背光为橄榄绿色和红色,无装饰。头顶是笨重的锥形华盖,挂着宽布帷。

地藏身上向左右两边各放射出三朵云,云上站着代表六道的形象。右边是:(i)菩萨,代表天道;(ii)马,代表畜生道;(iii)搅着大锅的鬼怪,代表地狱道。左边从上向下是:(iv)四臂神,托着两个圆盘(日月轮?),代表阿修罗道(?);(v)穿汉族服装的男子,代表人道;(vi)饿鬼,代表饿鬼道。除(iv)和(vi)外,各形象均有小题识标明其含意。(vi)的题识缺失,(iv)画在后来粘的纸上,无题识。

画面底部画了题榜的轮廓线,但未写献辞。

从艺术角度讲,此画为中庸之作。4 英尺×1 英尺 $9\frac{3}{8}$ 英寸。

Ch.lvi.0018. **大绢画。**画的是无量寿佛净土,两侧像 * Ch.0051 一样画有阿阇世王的传说和韦提希诸观。整体布局与 * Ch.0051 类似,但某些人物为明显的印度风格。顶部和两边均完整,底部不完整,画面中部基本缺失,但中央佛保留了下来。余下部分保存较好。

中央佛的姿势与 Ch.v.001 一样。两个胁侍菩萨垂双腿而坐,上身前倾,其服、饰物、发型均为 * Ch.lv.0014 下所述的印度风格。皮肤为鲜艳的肉粉色,晕染有橙红色,眼睛是斜上形;头发为黑色;项光、背光均为圆形。左边的胁侍菩萨左手托金刚杵,为金刚持菩萨,右边的胁侍菩萨可能是文殊,持钟或金刚铃。无量寿佛的左右胁侍通常是金刚持和文殊,见 Ch.lvi.0034。

供养菩萨大多数持猩红色莲花蕾,但文殊旁有个菩萨持拂尘,还有一个持贝叶经。文殊的肩部附近坐着个年轻男子,着菩萨式服装,戴菩萨式项链,但其黑色卷发紧贴在头上,无顶髻和头饰。

天宫画成长方形院落。左右院墙的中央是有高屋顶的门楼,左上角和右上角的院墙上有两个高塔,塔中有很多小神龛,龛中是小佛塔。院落中站着两个迦楼罗,一个弹琵琶,一个吹箫,还有鸭和凤凰,涂通常所见的猩红色和浅蓝色。天上的云中有小佛和小菩萨以及系着飘带的乐器,画面两侧有陡峭的高山。

底下的舞伎已缺失,但可见四个乐师,演奏的乐器有笛、笙(或排箫)、琵琶、箫。通往池中的过道上站着一只鹤和一个迦楼罗,迦楼罗的手在胸前持紫色莲花,口中还衔着一枝红色莲花蕾。左下角和右下角是地位较低的佛及其从者,均保留下来一部分。只可见很小一部分池,池中无婴儿,也无树。

工艺及笔法与 *Ch.lii.003 类似,但水平有所不及,保存得也没那么好。着色明快,装饰性的莲花、项光、华盖上有大量蓝色和铜绿色,画面的主要色调则是绯红、暗绿、白、黑色。与 Ch.lii.003 一样,黑色也只是用在所有地位较低的人物的头发上、楼阁顶上和宝墀的地面上。三圣附近的菩萨皮肤均为白色,晕染有粉红色,迦楼罗和乐师的皮肤为肉色。Ch.lii.003 下所述的四种树在此画中均可见到。

两侧条幅照例是中国世俗风格(参见 *Ch.0051),小画面的数量极多。

右边:(i)阿阇世王前生为隐士时,被一个从马上下来的持棒者殴打。(ii)释迦牟尼前生为白兔时被猎人追赶,猎人正在用箭射它。(iii)频婆娑罗王和韦提希跪在释迦牟尼面前,后者坐于莲花座之上。(iv)频婆娑罗王跪着,韦提希俯伏于地上,他们面前是一个立佛(阿弥陀佛),佛头上放射出光芒。(v)阿阇世王持剑追赶韦提希,前景中是月光和耆婆持剑准备干预。(vi)阿阇世王接见一位大臣,此大臣劝他不要如此对待自己的母亲(?),参见 Ch.lv.0033.iv 等。(vii)韦提希探望狱中的频婆娑罗王,目犍连呈沙门相从云中下落。(viii)韦提希由两个狱卒押着,已被阿阇世王囚禁(?)。(ix)韦提希被两个狱卒带走。

左边是韦提希诸观:(x)观日,日已缺失,但其光芒照在韦提希身上。(xi)观水,为绿色,周围为网格边。(xii)观水呈冰状(?),为白色,有黑斑纹,与 liii.003.x 等一样。(xiii)观月(?),是个白色圆盘,四周为绿边,参见

Ch.xxxiii.003.viii、lv.0033.viii 中的月轮(?)。(xiv)观极乐世界之地(?),为绿色方形,分成了四块。(xv)观镶有珠宝的三层华盖。(xvi)观往生于极乐世界,她的灵魂着汉族妇女服装从莲花中升起,参见 Ch. xxxiii. 003. xvi 和 lv.0033.xix。(xvii)观宝树。(xviii)观净土的楼阁。(xix)观观音或大势至。(xx)观立姿阿弥陀佛或无量寿佛。(xxi)观阿弥陀佛或无量寿佛,佛坐在莲花座上。(xxii)观大势至或观音。(xxiii)观往生于极乐世界,一个裸体婴儿从莲花中化出,婴儿周围是带尖的背光。(xxiv)同上,画面多已缺失。

右侧条幅中韦提希的头发像*Ch.0051 一样梳成两个高高的环形,左侧条幅中则梳成顶髻,无头饰。每个场景旁均有空白题榜,分别为红棕色、黄色、白色。5 英尺×3 英尺 10 英寸。

Ch.lvi.0019. 大绢画。有汉文题识,画的是十一面千臂观音及其眷属,是我所藏画作中画面最复杂的十一面千臂观音像。底部不完整,其余部分均完好,保留有淡黄褐色绸边,色彩保存良好。

其整体布局、对中央观音的处理及类似作品目录参见* Ch. 00223、Ch.lvi.0014。此画中随侍的神祇数目众多,由于有题识,人物的身份一目了然。

(i)左上角和右上角各有五个小佛,代表的是三世十方诸佛。其皮肤为黄色,头发为蓝色,均盘坐,手成不同的手印。

(ii~iii)观音华盖顶上右为日光菩萨,乘五只白鹅,左为月光菩萨,乘五匹白马,均双手合十。日轮为橙红色,月轮白色。

(iv~vii)观音背光的左上方和右上方各有一对神,其项光和背光装饰繁复,均坐在华丽的莲花座上。靠里的两个为"如意轮菩萨"和"不空羂索菩萨",均着常见的菩萨服装,皮肤为棕色。"如意轮菩萨"在右,有四臂,呈自在相,右上手托着头,右下手持宝石;左上手食指上顶着法轮,左下手于胸前成论辩印。"不空羂索菩萨"在左,有三头六臂,上两手持猩红色莲花和发光的宝石,中两手持净瓶和贝叶经(绳子散开,各片分开),下两手一只施论辩印,一只置于膝上。

这两位菩萨外边的两个人物为白皮肤,红颊,无顶髻,黑发披在肩上,头戴金帽,帽子完全盖住头顶。着宽大的袍子,袍子从腕到踝盖住全身,袍子上端有一条花带子,花带子再往上是个无花纹的领子,领子盖住人物的肩和胸。二者均低头而跪,托着盘子,盘子有花。右边和左边的题识中分别写着"隆香"(?)、"散花"。

再往下,右边是(viii)帝释天及三个从者,左边是(ix)大梵天及两个从者。这七个人物均穿汉族官服,外衣下摆很长,袖子很宽,内袍领子竖了起来。头上未戴冠,黑发在头顶梳成两个髻,大梵天和帝释天的顶髻前面还戴了个金梳子或有齿的饰物,其脑后的头巾或飘带呈环形。帝释天长着稀疏的小胡须。七个人物均呈跪姿,帝释天持香炉,大梵天托着个盘子,盘中放着猩红色莲花。

再往下是两个神,右边是(x)摩醯首罗,左边是(xi)大黑天。

摩醯首罗盘坐于牛背上,牛躺卧,为蓝色,身上有白点。摩醯首罗有三头(其中之一为灰蓝色)六臂,着菩萨服装,表情较慈祥。左上手持发光的三叉戟,左下手伸出,未持物。右上手和右下手分别持球和贝壳。中间一只手放在大腿上,另一只手于左膝上持一个小人形(这可能是因为摩醯首罗与造物之神湿婆有某种联系),小人形的手伸出,掌中托红球。

大黑天跟摩醯首罗类似,但面目更凶恶,也是三头六臂。皮肤为棕色,晕染有蓝色。双腿分开,脚踏骷髅,站在蛇身上,蛇的大嘴如同鳄鱼嘴。只穿着虎皮短裙和绯红色短裤子,戴项饰、璎珞、头饰,头饰上饰有骷髅。长着獠牙,头上竖着一团绯红色乱发。上两手的前爪举着一件象皮披风,披风衬托在身后,象头垂在头顶。下两手叉腰。中两手伸出,各持一个叉和一条绳子,叉子的末端放在地上,绳中则系着两个半裸的人,这两个人分立于大黑天左右,手被反绑在身后。

(以上这些人物均驾着云飘在空中。下面所述的大群眷属位于画面左下方和右下方的地上。)

立于观音莲花座之下的是两个瘦骨嶙峋的饿鬼,朝上仰,伸着手臂。右边的饿鬼穿破旧不堪的打了补丁的衣服和破布靴,左边的饿鬼只系一条白色腰布。观音放在膝上的双手中洒落许多白色颗粒状物,两个饿鬼伸手抓着这些颗粒。题识标明右边的是(xii)被观音布施了七宝的饿鬼,左边的是(xiii)被观音布施了甘露的饿鬼。

两个饿鬼后面是两群主要从者,每群的中心人物均是坐在鸟背上的有女性特征的神。

右边:(xiv)女神乘凤凰,有四臂,但只可见三臂,隐一臂,右手持柳枝,左手持数珠(?),第三只手于胸前持发光的宝石。她身后站着(xv)一个佛,头发为蓝色,有肉髻,前额中间是第三只眼,着紫色僧祇支、黄色袈裟(袈裟上点缀有猩红色花),右手施论辩印,隐左手。佛身后是(xvi)一名女神,只可见其头和双肩,右肩上扛着个着绯红色花袍的孩子,左臂也抱着个孩子。上述三者旁边是两个阔步而行的天王(xvii 和 xviii),均穿铠甲,其一持剑。天王的脚前面坐着老迈而枯瘦的婆薮仙(xix),在*Ch.00223等画中我们都见过他。这群人物中只有两个题识,一个写着"金翅鸟",指的是凤凰,另一个题识与婆薮仙有关,已剥落,别的神祇的身份无法确认,(xiv)可能是辩才天,(xvi)可能是鬼子母神。

左边:眷属的人数和姿势与上述一群相对应,但主要人物(xx)是三头四臂,乘孔雀,一只手持细长的杖(或针状物),一只手持一串葡萄,第三只手持铃铛,第四只手于胸前持一只白公鸡。此神无顶髻,黑发披在肩上,从题识来看她似乎是摩利支天(?)。她身后是一个无个性特征的女侍者(xxi),女侍后面是戴头盔的武士(xxii),也无个性特征。再向后是两个正在行走的天王,(xxiii)是毗沙门天王,持双刃戟和塔,(xxiv)持剑。前面跪着献花的吉祥天(xxv),她通常与婆薮仙相对应,服饰类似于汉族妇女的服装,但比较复杂:黄袍宽大,绯红色上衣的宽领子盖在肩上,袖子为栗色,又宽又长,头发像*Ch.0051等两侧条幅中的韦提希王妃一样,梳成两个弯在头后面的高而窄的发环。

其他女神(xiv、xvi、xx 和 xxi)的服装与 vi、vii 一样,头发梳成顶髻,除上文所说的(xx)外,均戴着菩萨式的头饰。(xxi)似乎在内袍外穿了件无花纹的紧身胸衣,用带子系住。天王的铠甲等与较复杂的天王幢幡一样(见 *Ch.0010)。人物的身材和五官均属于 *Ch.002 等幢幡中的"汉传佛教"类型或 Ch.lviii.0011等净土图类型。

这两组人物之间是水池,池中立着两个短小而精悍的龙王(xxvi、xxvii),托着观音的莲花的茎。均呈人形,但头顶均有五个蛇头,形成一个蛇头冠,身后弯着蛇尾。着短裤子、披巾和胸巾。前面还有一些小龙王,站在水中,持花果。水池中间是莲花化出的婴儿(基本已缺失)。

左下角和右下角是面目狰狞的金刚(xxviii、xxix),长着六臂和獠牙,身上装饰有蛇,头饰上有骷髅。均跨立,背后是火焰,挥舞着常见的法器(见 *Ch.00223)。金刚脚下坐着较小的熊头怪,一个为黑色,另一个为白色。画面底边上分布一排四臂小菩萨,但其中只残留下来两个菩萨的一部分:右边是个三头神,持铃铛和弓,左边是个独头神,持金刚杵。底部只有四个题识,题识中提到的是金刚及熊头怪,其中一个题识的文字尚存疑问,其余的题识只是神的名号。

本画在造像布局上十分典型,色彩也是全部画作中最精美、保存得最好的一个。细部的线条属于模式化类型,技艺高超,但缺乏鲜明的个性。

画面的色彩处理十分引人注目,主要有两种色彩——粉红色和深蓝色(?),观音的千手形成的光环为粉红色,而深蓝色为整幅画面的背景。在背景之上,各群人物被涂成红、淡蓝、暗绿、白色,中央观音和许多小神的袍为一种很独特的浓烈的绯红色,袍上点缀有花朵。多数人物的脸和手为淡棕色,观音的皮肤为发黄的肉色,晕染有发亮的红色。观音的头发为蓝色,与背景中的蓝色一样。

7英尺1英寸×5英尺6英寸。图版 LXIII,《千佛洞》图版 XVII。

Ch.lvi.0020. **彩绘小麻布华盖。**为方形,角上有打成结的麻布飘带(其中两个已缺失），正面中央有个红麻布吊带。正面绘有布帷和流苏，中央是个方形。反面绘有四个坐在莲花上的佛，呈入定相，头向着中心。着色有红、绿、黄、灰。其他华盖见 Ch.00381。12 英寸×11 英寸。

Ch.lvi.0021. **彩绘麻布幢幡。**属于 *Ch.liv.008 下所述的系列作品，其附件、着色、工艺均与其他菩萨幢幡类似，但要稍大些。

画的是一个面朝观者而立的佛，右手于胸前施论辩印，左手平放于右手下，手背朝上，手指半屈。僧祇支为棕绿色，带栗边，袈裟为绯红色，上面有蓝灰色条，半遮住右肩。皮肤为黄色，有污点，头发为黑色。项光边和幢幡顶饰为铜绿色。

画幅 2 英尺 4 英寸×8 英寸，全长 5 英尺 10 英寸。图版 LXXXIX。

Ch.lvi.0022. **彩绘麻布幢幡。**是 *Ch.liv.008 下所述的系列作品之一，附件、着色、工艺均与同系列作品类似，保存良好。

画的是一个面朝观者而立的菩萨，右手于胸前施论辩印，左手置于右手下，手下垂，掌心向外。

画幅 1 英尺 5 英寸×7 英寸，全长 3 英尺 9 英寸。图版 LXX。

Ch.lvi.0023. **彩绘麻布幢幡。**有顶饰镶边，并残留有两侧饰带，饰带为黄色麻布，已褪色。保存较好。

画的是一个面朝观者而立的观音。右手持柳枝，柳枝弯在肩上，左手置于身侧，持数珠。头饰前有一大个化佛。人物很瘦，腿很长，细腰，腰以下长达全身 $\frac{3}{4}$。总体来讲属于 *Ch.i.0016 的印度类型，风格和服装参考 *Ch.i.0016。项光上不是华盖，而是云。着色有红色、模糊的黄色和绿棕色。

画幅 3 英尺×6$\frac{3}{4}$ 英寸，全长 3 英尺 11 英寸。

Ch.lvi.0024. **彩绘麻布幢幡。**有汉文题识，保留有顶饰边，两侧残留有棕色麻布饰带，画面边和人物的项光已破裂。

画的是一个四分之三向左而立的观音，双手合十，此类作品的特征和类似

幢幡的目录见 * Ch.i.0016。线条有点畸形，与 Ch.xx.0012 及 xxi.009、0010 类似。除黑色外，着色只有绯红色和黄棕色。题识为对观音的赞辞。

画幅 2 英尺 6 英寸×6 英寸，全长 3 英尺 4 英寸。

Ch.lvi.0025.　彩绘麻布小华盖。方形，未保留下来吊带和四角的飘带。正面中间绘有一个圆形，圆形外画有带饰带的华盖，所用色彩有红、黄、棕色。背面未绘画。其他华盖见 Ch.00381。1 英尺 $8\frac{1}{2}$ 英寸×1 英尺 $7\frac{1}{2}$ 英寸。

Ch.lvi.0026.　九幅版画。模子与 Ch.00185 相同，九幅画粘在一起，形成一大张纸，四角有针孔。保存较好，印得不均匀。2 英尺 $\frac{1}{2}$ 英寸×1 英尺 $5\frac{1}{4}$ 英寸。

Ch.lvi.0027~31.　五幅纸画。画的是五个化佛。画在发白的粗纸上，纸均裁成三角形，0027 与其他的画不属于同一系列，边上粘有另一幅画的边。其余四幅画可能本是以某种方式连在一起，形成像 Ch.00428 那样的符咒的中心部分。

五个佛均盘坐于莲花上，脚心向上。均着印度菩萨的服装和饰物，头戴五瓣冠，冠前面有个坐佛，参见格伦威德尔《神话学》，98 页。服装为典型的印度风格，由纱罗制成，点缀有图案。裙为猩红色，点缀有白色网格，裙顶部印有灰蓝色花。腰带和胸巾为猩红色，饰有黄点。项戴黑色和绿色珠子项链和宽宽的金项圈，臂戴臂钏，腕戴手镯，耳饰耳环，踝佩脚镯。首饰上均嵌有大量绿、黄、红色宝石。除 0027 外，均着飘带式披巾，从肩到腰披下来，上面点缀有黄点。脸圆，眼睛平齐，五官较小，细腰呈弧形。背光为圆形，项光为椭圆形（顶上出尖），均绘成绿、灰蓝、黄色同心圆，光环外有猩红色火焰纹。0027 底部已撕破，剩下的四个佛下面均有一对蛇，为猩红色和黄色，向两侧游弋，蛇头上有发光的珠宝，蛇口张开。

0027 为毗卢遮那佛，比其他的佛小。三角形画面顶点上有发光的珠宝，与其相连的三角形上有其他珠宝的残迹。佛于胸前持法轮，皮肤为黄色，晕染有红色。底部已撕破。$8\frac{1}{2}$ 英寸×5 英寸。图版 XCII。

Ch.lvi.0032. **彩绘丝绸幢幡残件**。顶饰与幢幡裁成一块(顶饰上绘有植物),所有附件均缺失。

画的内容:佛本行故事,残缺不全。幢幡划分成三四块方形,方形之间用浅蓝色叶形条带隔开。画面两侧是花朵、波浪纹或鳞片构成的边(相邻的方形的边不同)为栗色、绿色、蓝色和橘红色。每幅小画面左边都有空白题榜。

场景 1:已残破。

场景 2:乔答摩王子射鼓,参见 Ch.xlix.006。右边的架子上画有四面鼓,左边是正在射箭的王子(只保留下来头和肩),王子身后还有一个男子的头部,背景中是小山丘和树。王子穿红外衣,头戴黑帽。

场景 3:只保留下来右半边,可见一个着白裙、长袖红上衣的男子,呈左侧影,双手上举,身后是一排绿色小山。

还有一些分散的残片,上面可见破碎不全的人物、画面的边、将各小画面隔开的条带等,这些残片属于此幢幡或与其配套的一幅幢幡。着色浅淡而整洁,笔法粗糙,无细节。较大的残片为 2 英尺×$7\frac{3}{4}$ 英寸。

Ch.lvi.0033. **纸画**。其中用汉文写有符咒或发愿文。边上有中国式的波浪状图案(在纸上用墨涂成黑色)。画面被一条红带子分成上下两部分。右边的橘红色云上是一个面朝观者而立的年轻女子,右手抬起,持毛笔,左手持写字板,无项光。着绿色内袍、黑色和猩红色宽袖长外衣,外衣前面点缀着纵排的花朵,一条白带子把外衣系在腋下,肩上是橘红色披肩。黑发上饰有精美的红花、黄圈、黄饰针,与 *Ch.00102 等画中的女供养人有点类似。皮肤涂成白色,唇和颊为猩红色,五官线条很精致。右边的绿色云上画着一个面朝此女子而立的鬼怪,双手合十,服装、五官等与丝绸幢幡 Ch.i.004 等中的鬼怪类似。这两个人物左边都有黄色题榜,写有红色题识,题识的内容是向星宿之神请求保护。

画面下半部分中是红色符咒或发愿文,一部分为汉文,一部分状如印玺上的矩形符号。1英尺 $4\frac{3}{4}$ 英寸×$11\frac{5}{8}$ 英寸。

Ch.lvi.0034.　大绢画。画的是无量寿佛净土,两侧小条幅画的是阿阇世王的传说和韦提希王妃观想极乐世界。布局复杂,人物的安排和处理方式很像 * Ch.lii.003,但工艺没那么精巧。画面剥落了许多,并有很多破损之处。发现时此画有粗麻布衬里和麻布边,如今衬里和边已与画面脱离。

这个净土图与其他净土图的不同之处在于,中央佛不是阿弥陀佛而是无量寿佛。两个胁侍菩萨金刚持和文殊具有极为鲜明的印度特色,均盘一腿,垂一腿,呈半跏趺坐,头歪向中央佛的方向。其五官、服装、饰物、发型与 * Ch.lv.004 等印度风格的幢幡一样,下身的条纹状短裙外罩有长及脚踝的纱裙,纱裙上饰有花朵;项光为扁长的马蹄形。右为金刚持,皮肤为深蓝色,右手持金刚杵;左为文殊,皮肤为白色(?),右手于膝上施与愿印,左手放在莲花座上,持窄瓣蓝莲花。无量寿佛多已残,手放在胸前,大概在施说法印。

供养菩萨、仙女、乐师、舞伎、迦楼罗及人物附件与 * Ch.lii.003 同,但此画的右下角和左下角画的不是持武器的天王,而是两个地位较低的佛及随侍的菩萨。池中无婴孩,但通往宝墀的过道上有两个蹒跚而行的婴孩。其中较大的一个穿靴,身上着只盖住腰的短裙。较小的一个只穿着靴,怀抱一朵与他一般大的莲花。两个婴儿均为白色,头顶涂成浅蓝色以代表胎毛。前景中残留有鸭、鹤等的痕迹。

两侧小条幅不完整(参见 * Ch.0051)。右侧内容如下:(i)阿阇世王前生为隐士时躺在草屋外,一个着外衣和长靴的男子扯着他的头发拉着他走。释迦牟尼前生为白兔时,被一个纵马疾驰的猎人追赶,猎人的腕上栖着一只鹰。线条很有生气。猎人的服装很值得注意:下身着长裙或裙状长裤,上身穿短上衣,头上只用一条绯红色头巾系住头发。参见 Ch.00216 中同一题材的小场景。(ii)已缺失。(iii)阿阇世王在王宫院落中持剑追赶其母,未画月光和耆婆。(iv)狱中的频婆娑罗王会见一个来访者(其身份不明),只可见到来访者的裙边。(v)韦提希探望狱中的频婆娑罗王,给他带去一碗食物。(vi)释迦牟尼向狱中的频婆娑罗王现身,给了他一碗米饭。(vii)基本上已缺失,可分辨出骑马的阿阇世王路遇两个男子(残缺不全),参见 *Ch.0051 的场景 v 等。(viii)已缺失。

左边韦提希诸观的内容如下:(ix)观山间的落日和流水。(x)观水为冰(?),画的是一个轮廓线不规则的白色池塘,其中有个白球。(xi)观无量寿佛。(xii)观观音或大势至。(xiii)观无量寿佛,与 xi 一样。(xiv)观花座(?),画面多已缺失。(xv)观蓝色莲花蕾,可能象征着其灵魂往生于极乐世界。(xvii)观水,画的可能是冰,画有一个其轮廓如场景 x 那样的白色池塘,中有形如海星的黑色图案。(xviii)观水或极乐世界之地,画的是一个灰色正方形,四周有网格边。(xix)观八功德水,画的是一个池子,分成八个部分。(xx)观极乐世界之地(?),画的是一块低矮的长方体,分成许多正方体。(xxi)观宝树。(xxii)观极乐世界之楼阁,画的是一个亭子。(xxiii)观饰有宝石的华盖。

两侧小条幅中的建筑、人物服装及附件均与 *Ch.0051 一样为中国风格。5 英尺 10 英寸×3 英尺 10 英寸。

Ch.lvii.001. **绢画**。画的是坐姿四臂观音及从者和供养人,两侧还有小画面。除镶边缺失外,其余部分均完整,保存良好。

观音坐在莲花上(莲花下为宽大的六边形底座),盘右腿,垂左腿,左腿踏一朵小莲花。上两手举起,向内转,掌中分别托日月轮(左上手托日轮,其中有两足的太阳鸟,右上手托月轮,其中只有一棵模式化的树)。右下手于胸前施论辩印,指间拈柳枝,左下手于膝上持净瓶。头戴化佛冠,化佛的背景为三瓣状。

观音的服装和身材为印度风格(参见 *Ch.00102、*lv.0014),肩宽,腰细,脸为方形,双目平齐。首饰上挂着一串串蓝色和绿色宝石。圆形背光和项光绘成不同颜色的同心圆,无装饰。华盖为模式化的花枝,挂有一串串宝石。香案形如扁平的岩石,上面放着一盘花。

观音身下的底座两边站着两个年轻侍者,无项光,着汉族官服,持纸卷。其头发从中间分开,在脖颈上梳成两个卷,用带子系住,发型与 Ch.xxxvi.001 中的年轻女供养人一样。这两个从者可能像 Ch.lvii.004(有题识)一样画的是善恶童子。

两侧小画面画的是观音救其信众于灾难之中。右边自上而下的内容如下:(i)一个双手被绑的男子跪在地上,另一个男子揪着他的头发,一名刽子手挥剑要砍掉碰地男子的头。(ii)一个男子被另一个男子从岸上推入水中,被推之人周围全是火焰。此图将水厄和火厄结合了在一起。(iii)一个男子被一个持矛的武士追赶。

左边自上而下的内容如下:(iv)上面的天上是一条龙,周围有一圈鼓,象征着雷电,两个男子在雷电下仓皇逃窜。(v)一个站立的男子被蛇蝎团团围住。(vi)一个男子站立,一头大豹子后腿直立,张口咬向此男子的头。(v)和(vi)中的男子未采取任何行动来保护自己。

画面底部是供养人像。右边跪的是两个男子,左边跪的是一个妇女,均着公元 10 世纪服装,与＊Ch.00102 一样。前面的那名男子左眼是瞎的。每位供养人面前均有题榜,参见彼得鲁奇,附录 E,II。前景中间用来写献辞的大方框及两侧小画面和两个从者旁的八个题榜中均无题识。

颜色明快,保存完好,主要有鲜艳的红色和浅蓝色,还有少量绿色和黄色,背景为灰绿色。

参见 Ch.lvii.004,两侧小画面参见 Ch.xl.008 和净土图＊Ch.lii.003、liii.002,并参见＊Ch.00102、00167 下所列的坐姿观音。2 英尺 10 英寸×1 英尺 9 英寸。图版 LXVIII。

Ch.lvii.002.　绢画。有汉文题识,画的是引路观音及被导引的灵魂。完整,保存完好。像挂画一样裱在棕色绸上,顶上有吊带,但如今画面背后的裱贴绸已被替换了。

观音四分之三向左而立,头转向左肩。双臂均从肘部抬起,右手持香烟缭绕的香炉,左手持写实风格的粉色莲花枝和一面飘扬的白色幢幡(幢幡有饰带和三角形顶饰,与我所藏的那些幢幡类似)。服装、发型、五官属于 * Ch.001 菩萨类型。头发为黑色,皮肤为白色,晕染有粉红色,勾以粉红色轮廓线。眉、小胡须是在黑色之上用亮绿色画成。眼很小,为黑色,呈斜上形。头饰精美,装饰有流苏及几朵绯红色、蓝色、粉色莲花,袍边上饰有鲜艳的花朵图案。项光为圆形,只勾了两圈轮廓线,外圈饰有火焰纹,头上方的火焰纹较高。无化佛、背光、华盖。

被导引的灵魂画得较小,站在观音后面,着汉族妇女服装,低着头,双手于胸前笼在大袖之中。着曳地内袍,外罩相当于身体四分之三长的大袖外衣,肘上挂披巾。此人物与 * Ch.00102 等公元 10 世纪供养人不同,服装着色鲜艳,头上无金属饰物和饰针。头发似乎从脑后梳上去,聚在头顶,顶髻下似乎有支撑之物。顶髻前面有一条绯红色带子,带子上饰有镀金的星星及其他饰物,但这些饰物是扁平的,很轻。

观音与被导引的灵魂均立于紫色云上,云从人物的身后飘起,直达画面顶部。画面左上角画着一座立于云端的中国楼阁,代表净土,观音要把灵魂引到净土去。右上角是题榜,题榜底部只有三个汉字,写的是菩萨的名号,边上还有其他汉字的残迹(不完整)。

此画中看不出任何印度传统的痕迹,人物的位置和比例使画面显得优雅而庄重。色彩浅而亮,主要有白色、粉色、鲜艳的绯红色、透明的暗蓝色,背景为灰绿色。线条和工艺极为精巧。此画年代可能较晚,着色参见 Ch.00216。

2 英尺 $7\frac{1}{2}$ 英寸×1 英尺 9 英寸。图版 LXXI。

Ch.lvii.003. **绢画**。画的是引路观音,次于前一幅,年代比前一幅晚。完整,保存良好,像挂画一样裱贴起来,但最初的裱糊物后来被替换掉了。

观音及被导引灵魂的比例、位置与前一件相同。观音在行走,面朝观者,右肩搭着根长杆,杆上挑着面幢幡,左手持香炉。服装为印度菩萨类型,大裙子下露出脚踝,上半身大多赤裸,身材比例失调。

被导引的灵魂僵立着,也是着汉族妇女服装,但服装过于繁复。宽大的曳地长裙为白色,外衣很长,为蓝色,点缀有红色大花朵图案,栗色边上饰有云卷图案。头发梳成高而窄的顶髻,插着几根细细的饰针,髻前面饰有一朵轻盈的花。两个人物均脚踏大团卷云。画面顶部画有三条绿色和黄色的直带子,带子上均匀排列着八座小楼阁,表示观音将引导信徒的灵魂到净土去。

着色主要有白色(人物皮肤)、橘红色、深橄榄色、绯红色和绿玉色,背景为浅灰色。着色较认真,但无占主导地位的线条。2 英尺 9$\frac{1}{2}$英寸×1 英尺 9$\frac{1}{2}$英寸。

Ch.lvii.004.　绢画。有汉文题识,画的是坐姿观音及从者和供养人。题识中的日期为太平兴国八年(公元 983 年)。保存良好,镶边为对称的窄条丝绸,分别为蓝、粉、棕、绯红色。

观音头戴化佛冠,盘右腿,垂左腿,坐在猩红色莲花上,右手于胸前施论辩印,左手于膝上持发光的珠宝。身材、服装和附件基本上类似于 Ch.00167,但画得很糟糕。华盖为模式化的花枝,左右各有一个跪着的婴儿驾云飘下。观音面前不是香案,而是块平顶岩石,上面放着个盘子,盘中盛模式化的莲花。观音左右有两个年轻男子,立于云上,手持纸卷,其服装和发型与 Ch.00124 类似,又见 Ch.lvii.001。他们旁边的题识参见彼得鲁奇,附录 E,III.x。

此画最引人注目的地方是供养人。供养人数量极多,画有一位敦煌官员的全家。供养人均站立,分成两排。右上方是官员和他的三个儿子,左上方是他的妻女;右下方是四个孙子,左下方是儿媳和孙媳以及两个孙女(?)。成年男子的服装与 *Ch.00102 中的供养人相同,妇女们戴项链,脸上有妆饰。年轻女孩的裙和上衣与妇女们类似,但上衣为猩红色,袖子也没那么宽。小男孩穿白色长裤和猩红色长袖上衣,上衣有绿色皱边,腰系白带子。所有未成年者的头发均从中间分向两边,在脸两侧形成两绺短发,头戴猩红色宽蝴蝶结状饰物,饰物中间为绿色。

题识包括四行献辞、每位供养人旁的一短行题榜、每位从者旁的一条题榜及对观音的赞辞,具体内容参见沙畹,附录 A,V.B。

着色有猩红色、绿色、淡黄色、蓝灰花,背景基本上为白色,画面下半部分的背景中有些黑色和蓝绿色。着色较粗糙,色彩较薄,线条精美。

画幅 2 英尺 11 英寸×1 英尺 11 英寸,加边后大小为 3 英尺 5 英寸×2 英尺 6 英寸。图版 LXVI。

Ch.lviii.001.　大绢画。有汉文题识,画的是弥勒净土,无两侧小条幅。画面完整,保存极好。布局大体类似于 * Ch.0051 等,净土上方画有《弥勒下生经》中的传说故事连环画。净土下方中间画有一座舍利塔,顶上有三层伞,左右各有一个香案,香案上放着净瓶、化缘钵、宝石和几卷写卷,左下角和右下角各画有两个皈依佛法的画面。次要画面与主体画面并未正式隔开,底部的两幅画面与主画面融成了一体,顶上的连环画与主画面之间隔着一带山脉,山上长着松树。

弥勒似乎是垂双腿而坐,但由于绢画上有破洞,所以无法看清他的确切姿势。右手于胸前施论辩印,左手平放于右手下,手指弯曲,掌心向下,可能持着一个净瓶。随侍他的有两个胁侍菩萨、两个佛弟子(其中之一相貌凶恶,另一个面容正常,为圆脸)、两个天王(一个是广目天王,一个是毗沙门天王,分别持剑和戟)、两个呈愤怒相的金刚(其一持棒)、香案旁的两个献花仙女、两个地位较低的佛,这两个佛坐在两侧的香案后,有自己的随侍菩萨。

前面的宝墀上有一名舞伎、四名乐师,乐师演奏的乐器有拍板、笛、笙。舞伎挥着双臂,将要击打腰间悬的一面小鼓。舞伎所在的宝墀有块小突出部,上面站着两个男婴,着红色短裙、猩红色靴,端着两盘花。整个宝墀立于莲花池中的桩子上,池中泛着波纹。莲花中无婴儿。

顶部和底部的小画面中有题识,为中国世俗风格,其内容是图解《弥勒下生经》的。参见彼得鲁奇,附录 E,III.V,随侍弥勒的诸神也请参见这一附录。

底下的小画面中间是一座舍利塔(参见彼得鲁奇《吉美博物馆年鉴》,xli,128 页)。右边画的是一群男子和一些马匹,马背上有鞍;左边画的是一群妇女和一乘轿子。两幅画面之中的中心人物均笔直地坐在正方形台子上,双手放在膝上,脚踏小凳,一名和尚和尼姑正在给他(或她)剃发。随侍的人有的立在旁边,双手合十,有的跪着,拿着一块布或一个碟子接剃下来的头发。右边的男子身后站着四个持纸卷轴的男子,左边的妇女身后是四个双手合十的女子。右下角是三匹马,一匹为红色,两匹为白色,由一个马夫牵着;左下角是个轿子,由四个人抬着。

两个坐着的主要人物着白色内袍、绯红色短裙(或短上衣)、巧克力色外衣,肩上均披白色披肩(或者是剃发者的浴巾?)。其他人的服装与 Ch.lv.009 中的平民及 *Ch.0051 等的两侧小条幅中的人物相同。妇女的头发在头顶梳成两个高环,年轻女子的头发在头顶两侧梳成小髻,每个小髻上都垂着一缕短发,与 Ch.liv.006 中的男孩一样。女性的皮肤为白色,颊为洋红色,男子皮肤则一律为发棕的粉色。马画得很好,马头很小,马颈较粗,胸和臀都很肥壮,腿较细。马具包括简单的马勒、缰绳、胸带、连在马鞍后兜过马尾的皮带及马鞍,鞍桥较高,鞍上盖着长长的鞍布,鞍布可能盖住了一部分鞍具。

从艺术角度讲,此画的主要缺点是细节过多,缺乏主体人物。着色很丰富,主要有暗红、绿、蓝灰、粉,项光上用了不少粗糙的浅蓝色和白色。工艺水平属于二流。

4 英尺 6 英寸×3 英尺 10 英寸。图版 LXIII,《千佛洞》图版 IX。

Ch.lviii.002.　大绢画残片。画的是坐姿六臂或八臂观音及其从者,色彩和线条几乎均已剥落。画面的左边依稀可辨持日月轮的观音,再向右可辨出较清晰的夹侍菩萨和弟子。其余的部分上是多种题材重叠在一起,几乎全已剥落。3 英尺 11 英寸×2 英尺 2 英寸。

Ch.lviii.003.　标有日期的绢画。有汉文题识,画的是旅行者的保护神、六道轮回之主宰地藏菩萨及从者和供养人。所标年代为公元 963 年。完整,镶边和吊带为紫色纱(已褪色),大部分保存得极为完好。其他类似的地藏像见 *Ch.0021 下的文字。

地藏面朝观者,垂左腿,盘右腿,坐在猩红色莲花上(花瓣的纹理为白色),右手持锡杖,左手持透明的水晶珠。僧祇支为红色和绿色,袈裟为白地,上面织有红色和黑色线,还有黑色条纹。头巾为深灰色,点缀有黄点,头巾的边为猩红色,点缀有绿色和白色轮状花朵。皮肤是在灰绿色的丝绸上涂了层淡淡的粉色。脸粗大饱满,五官像*Ch.0021一样较直。

地藏面前放着块平顶的石头,铺着块盖香案用的花布,布上放着个绿色大碗,碗中盛着一朵盛开的大莲花。石头左右各有一个着猩红色裙的菩萨,均双手合十,一个坐姿,另一个跪姿。旁边的题榜中指出了他们的身份(参见彼得鲁奇,附录E,III.ix),但两个菩萨无个性特征。

地藏的红绿色背光两侧各伸展出三条猩红色光芒,飘扬于随侍的菩萨上方,每条光芒中都有个人物小像来代表六道。右边:(i)一个男子,代表人道;(ii)一个持日月轮的四臂神,代表神道;(iii)一个火焰中的饿鬼,代表地狱道。左边:(iv)一个菩萨代表半神;(v)已残;(vi)一个持耙的鬼怪,代表阿修罗道。

供养人画得很好,其服装、着色和发型是十分典型的*Ch.00102类型。左边跪的是两个妇女,右边是两个男子。供养人旁边的题识以及献辞参见彼得鲁奇,附录E,III。献辞写在一块"石碑"中,碑下是个方形莲花座。

2英尺3英寸×2英尺。图版LXXII,《千佛洞》图版XXV。

Ch.lviii.004. **彩绘丝绸幢幡**。多处已破裂,画面顶部及幢幡所有附件均缺失,但色彩依旧清晰。

画的是一个菩萨,头顶以上均缺失,四分之三向左立于一朵红、黄二色的莲花上,肩向后收,头挺直。双手交叉于腰带之前,掌心相对,手指均伸直,向上,双手手指对称地交叉。是典型的极为精致的"汉传佛教"类型,与*Ch.001等为同一风格。画面色彩鲜艳,菩萨的服装和首饰上饰有很多花,显得相当华美。着色主要是披巾和多数细节部分上的绯红色和蓝色。胸巾为苔绿色,裙为橙粉色,裙边为绿色,上面有半花图案,半花轮流为橙红色和紫色。挂在长璎珞上的莲花为绯红、蓝、紫、绿色。

由于颊的轮廓线较细，下颌线条清楚，所以此菩萨的脸同其他作品相比，比较有个性。耳朵内侧、手、足底均勾以红色轮廓线。头左侧有空白题榜，画面左下方写有两个汉字。

2 英尺 $4\frac{1}{2}$ 英寸×$10\frac{1}{2}$ 英寸。图版 LXXXI。

Ch.lviii.005.　彩绘丝绸幢幡的底部。有两条已变色的绿色丝绸饰带。

画的是一个菩萨，仅见其膝以下部分。双腿四分之三向左立，衣纹和作品风格与 *Ch.002 一样。色彩均被保留了下来，有猩红色、橄榄绿色和淡蓝色。

画幅 $8\frac{1}{2}$ 英寸×7 英寸，底部饰带长 3 英尺 $6\frac{1}{2}$ 英寸。

Ch.lviii.006.　捆成一捆的大绢画。大多数绢画在最初发现时都是这样捆成一捆，但由于此画背面仍衬有(最初的?)结实的纸衬里，所以受到的损伤较少。画的是净土，类似于 *Ch.0051 等，两边绘有韦提希王妃的传说。工艺水平一般。

包裹约长 1 英尺，系包裹的带子约长 1 英尺 5 英寸。

Ch.lviii.008.　纸画残片，共有两块。画的是一个布帷幔，上面挂着锯齿状的飘带、饰带、流苏、宝石串，参考 Ch.00278、00279 帷幔。帷幔上画有花朵图案，颜色有暗红、蓝、黄、橄榄绿。顶上有纸吊环。作品较粗糙，保存较好。一块长 1 英尺 10 英寸，另一块长 2 英尺 3 英寸，均宽 $9\frac{1}{4}$ 英寸。

Ch.lviii.009.　纸画。有汉文题识，画的是金刚持菩萨及供养人。金刚持盘坐于莲花之上，右手于胸前持金刚杵，左手于腰部持金刚铃，两件法器都涂成绿色。头饰前有一个化佛。服装和饰物类似于 *Ch.00102 中的观音，背光和项光为圆形，头上以花枝为华盖。着色有暗红、绿、粉、蓝灰、黄。作品较粗糙，保存良好。

底下是站立的供养人。左边是世俗人物，着白外衣，系腰带，头戴黑色圆帽,持数珠和净瓶。右边是个和尚,穿黑色和黄色僧袍,持香炉。中间是个框,其中写着金刚持菩萨的名字,框左右是有关供养人的题榜(一部分题识已残缺不全)。

$$1 英尺 7\frac{5}{8} 英寸 \times 11\frac{1}{2} 英寸。$$

Ch.lviii.0011. **大绢画。**画的是阿弥陀佛净土(或释迦牟尼净土?),两侧小条幅及画面的顶部、底部均缺失,其他部分保存完好,布局和整体处理与 *Ch.lii.003类似。

中央佛的姿势与 *Ch.0051 同。左胁侍(大势至)右手也是施论辩印,左手水平伸出,掌心向上;右胁侍(观音)双手合十。其他随侍者只有菩萨、舞伎、乐师,无佛弟子,左下角和右下角的宝墀上是两个地位较低的佛及其各自的从者。

菩萨大多数双手合十。六个乐师演奏的乐器有琵琶、茶壶形笙、拍板、五弦、箫。琵琶的琴身比 *Ch.lii.003 中的琵琶要圆,有个琵琶的琴头弯成直角后又呈直角向上弯。舞伎前面通往水中的走道上有个架子,装饰着披巾和飘带,上面放着个双柄罐,罐中盛猩红色莲花和叶子。阿弥陀佛面前的香案上铺着像 Ch.00278 那样的典型帷幔,饰有饰带和三角形飘带。

池中露出岩石,并生有莲花。池中莲花上未画婴儿,但有两个婴儿跪在莲花之上沿走道向左下角和右下角的宝墀飘去,二人均双手互握。前景中央是个铺着黑砖的筏子或平台,上面有迦楼罗、孔雀、鹤,还有一只已残缺不全的小鸟,可能是只鸭。画面顶部的天宫所占的空间比一般净土图要小,楼阁已残缺不全。

工艺精湛,总的来讲画面保存得极好。主要颜色有绯红、橘黄、油灰、白,背景为暗绿色。白色主要用在从者的皮肤上及华丽的项光、莲花座上。无黑色和蓝色,这一点很引人注目。佛所在的宝墀为暗绿色,建筑的屋脊上是极浅的棕色。

净土图与两侧小条幅之间不是常见的菱形带子,而是一条深棕色带子,上面画有连续的叶子和花。

4 英尺 2 英寸×3 英尺 1 英寸。《千佛洞》图版 VIII。

Ch.lxi.001. 彩绘丝绸幢幡。有相当程度的破损,但除此之外均保存较好。除保留有顶饰和一侧的一条饰带外,其他附件均缺失。

顶饰为质地稀松的白绸,尖端镶有一块宽 $2\frac{3}{4}$ 英寸的深绿色绸,前面有一根木杆,木杆两端都塞进镶边之中。此顶饰是原有顶饰的替代品。顶上是个白绸制的吊带,上面串一个小铁(?)圈。保存下来的饰带为淡紫色绸,有双面。

幢幡色彩保存完好。画的是面朝观者而立的北方毗沙门天王,脚踏坐姿鬼怪的膝和肩。天王身体重心明显移在左臀上,右脚高于左脚,右膝弯曲,右侧身体很放松。右手于肩上持黑色长戟,左手于髋部提着披巾,头歪向左肩。姿势属于 Ch.xxvi.a.006 那一类印度天王类型(参见 *Ch.0010 的总说明),服装也是印度风格的变体。

下摆的铠甲为矩形,边上有小豁口,从其着色的深浅变化来看是向上重叠的,上身和上臂的鳞片甲为圆形。下摆和上身的鳞片为红色和黄色,臂上的鳞片为红色和绿色。紧身胸甲为红色,长达腰部,但胸甲的大部分均像 Ch.0085 一样被宽大的胸护遮住,胸护为黄色或白色,饰有金色漩涡饰和凸饰。披巾厚重,为深红色和橄榄色,在黑色腰带上打了个结,并挂在臂上。颔下似乎是黑红二色披风(?)的末端。臀部无皮片,但前面系了三块白色围裙。

铠甲下摆长及膝,只可看见橘色和白色裙及裙带的末端。白裤子扎在护胫中,膝部饰有黑色叶子图案。护胫和覆膊均画成红色和白色横条纹,中间隔有黄色窄条纹。鞋为黑色,饰有金饰。

天王面容扭曲,表情愤怒,嘴大张,露出两排牙齿,额头紧皱,人环眼怒视着右方,眼球为黄色。耳朵较长,挂耳环,耳环上镶有宝石。皮肤为米色丝绸的本色,晕染有发亮的橘红色。头戴头饰,头饰顶上是个红帽子,两侧是金质翼状饰物和飞扬的白飘带。头上是个三瓣状黑色顶髻,其余头发垂在肩后。项光为淡黄色或白色(颜料剥落了不少),顶上有一簇火焰。

天王脚下的妖怪为深红色,着灰色短裙,戴沉重的项饰和耳环,绿色头发直竖。此怪挺直地坐着,右手于大腿上持天王戟的末端,左手抓着天王的腿。戟有三叉(参见 Ch.0018 等),左侧的叉较短,挑着面三角旗。天王头右侧有个棕色空白题榜。

人物姿势僵硬,着色浓而暗,但保存得较好。

画幅 1 英尺 10 英寸×7$\frac{1}{4}$英寸,加顶饰长 2 英尺 7$\frac{3}{4}$英寸。

Ch.lxi.002.　两块彩绘丝绸幢幡残片。基本上无破损之处,保存较好,画面顶部和底部均缺失。

画的内容:佛本行故事,为中国风格。保存下来三幅场景,其中有两幅基本完整。

场景 1:犍陟迦和车匿告别王子。左侧是开阔地,王子坐在开阔地的岩石上,他面前跪着犍陟迦和车匿。王子和车匿均以袖拭泪,表情极为悲痛,白马则以膝着地,头也贴在地面上。

场景 2:车匿离开王子。画面下半部分缺失。左侧可见王子坐在陡峭的岩石上,右边的草坡上长着开粉花的桃树或梨树。底下只可见正在离开的车匿和犍陟迦的头。王子的目光注视着远方,右手作挥别状,表情哀伤。此场景的背面画的则是王子把双手均笼在袖中。

场景 3:净饭王的使者追赶王子。画得很有表现力,可见五个骑马的男子向左驰去。他们半被山坡遮住,彼此挨得很近,身体向前躬着,头均转向其他几人。马尾打成结,骑马者的幞头的角在轻风中飞扬。人物着长外衣,分别为黄、红棕、绿、蓝、绯红色,马为斑驳的白色和红棕色。前景的山中生着一棵优美的垂柳,占据了画面的左侧,还有开花的灌木和贴地而生的大叶植物。此画的构图令人叹服,线条逼真、有生气,把骑马者专注的神情和动感都生动地表现了出来。

场景 1、场景 2 的处理技巧次于场景 3,线条上也有失当之处,比如犍陟迦的姿势和比例就不准确,但人物的姿势则较有表现力。王子穿宽袖黑外衣(衬有白色里），内穿粉色内袍,头发像 Ch.xlvi.004 和 lv.0011、0012 中一样梳成僵硬的四叉形。车匿穿粉色上衣,头戴黑色方形高帽。场景 3 中骑马者的衣帽是Ch.xx.008下所述的常见类型。犍陟迦照例是白色,红鬃红尾。每个残片左右均有一部分黄色空白题榜。

类似场景参见 Ch.xx.008、xxvi.a.003、xlvi.004 和 007、lv.0012,尤其是 Ch.0071。

上面一块残片为 $7\frac{1}{2}$ 英寸×$7\frac{1}{2}$ 英寸,底下一块为 $5\frac{1}{2}$ 英寸×$7\frac{1}{2}$ 英寸。（场景 3）图版 LXXVI。

Ch.lxi.004.　彩绘丝绸幢幡。有汉文题识。破损较严重,所有附件均缺失,但丝绸很干净,色彩依旧清晰。

画的是呈沙门相的地藏菩萨。其姿势、服装、身材和作品风格与 *Ch.i.003 一样,但此画中地藏右手提着个长颈圆瓶。光头顶、上唇和下颌涂成蓝色,耳内侧、手、脚底板的轮廓线为红色。未戴耳环。袈裟遮住右肩,为灰色丝绸的自然色,画有黑条纹及一块块斑驳的猩红、绿、蓝色色块,僧祇支为浅绿色,紫边。袈裟和僧祇支的衬里均为猩红色。头左侧题识中写有"地藏"字样。

2 英尺$\frac{1}{2}$英寸×$6\frac{3}{4}$英寸。

Ch.lxi.006.　彩绘丝绸幢幡。破损和褪色较严重,保留有四条底部饰带和重垂板,其他附件及画面顶端均缺失。饰带为细密的灰绿色纱,地上织有透孔的小图案,又织了些更紧密的钻石状"点","点"由多个尖角相碰的菱形构成。重垂板涂成深红色,并绘有一行行的圆形黑花,花的轮廓线为黄色。

画的内容:护法金刚,与 Ch.004 等　样为中国类型。其姿势、衣纹等与 Ch.004 基本相同,但脸部不同。未画上下唇,嘴紧闭着,嘴角伸出一颗獠牙。短裙为猩红色,裙边和披巾为深橄榄色和灰色,宝石为浅绿色和红色,脚下的莲花为猩红色和淡灰蓝色,项光为灰色,饰有火焰纹。立体感用 Ch.xxvi.a.005 那样的方法来表示,但颜料褪色较严重。

画幅 1 英尺 8 英寸×6$\frac{7}{8}$英寸,加饰带长 5 英尺 3 英寸。

Ch.lxi.007.　彩绘丝绸幢幡。所有附件均缺失,四边已破损,但人物基本完整。

画的是一个菩萨,四分之三向左立于浅蓝色莲花之上,手交叉垂在身前,双手的拇指和食指相碰(姿势与此相同的人物见 Ch.003、iii.001、xl.004)。作品风格属于 *Ch.002 类型。披巾从肩上滑了下来,腰带以上均赤裸,只戴了些首饰。面部表情严肃,嘴大而圆,双目较长,呈斜上形,虹膜为灰色,上眼睑低垂,目光朝上。耳大致如常人,无穿孔。着色保存良好,主要是浅蓝色、绿色及模糊不清的深粉色,还有少量的绯红色和紫色。笔法粗略,有几处线条有错误。头左侧有黄色空白题榜。

1 英尺9$\frac{1}{2}$英寸×6$\frac{3}{4}$英寸。

Ch.lxi.009.　绢画。画的是旅行者的保护神、地狱之主、六道轮回的主宰地藏菩萨及从者和供养人。丝绸为靛蓝色,有多处破损,四边均残破不全,但颜色保存较好。其他地藏像见 *Ch.0021 下所述文字。

地藏坐在朱红色莲花上,左脚踏小莲花,盘右腿,右手持锡杖,左手抬起,向外伸,掌心朝上,中指、无名指弯曲。着橙黄色僧祇支(有朱红色边),罩杂色袈裟,为靛蓝、黄、朱红色,栗色边。头戴游方僧的栗色头巾,头巾披在肩上,头巾上和衣服边上均撒有涂金的钻石形图案。脸上和胸上涂了金,但手、臂和足涂成浅红色。

环绕地藏的圆形项光和背光为靛蓝色、朱红色和白色,从光环两侧各伸展出三条飘扬的光芒线(也是靛蓝、红、白色),本意是要在光芒线上画上六道的形象(像 Ch.lviii.003 一样),但这些形象未画上。

地藏左右各立着一个双手合十的人,可能是供养人和他的妻子。二人均着白色内袍、栗色或猩红色宽袖外衣。一人的头发在头顶梳成两团(与Ch.lvii.004中观音的从者一样),另一人的头发在脖颈上梳成卷,可能这是名妇女(见 Ch.xx.005、xxxvi.001)。男子身后站着另一个身份不明的男子,所持之物似乎是拂尘的柄(拂尘尾未画上),但又像套在指间的一个线圈。妇女身后也站着两个男子,一人持小纸卷轴,一人持极大的纸卷轴。这三名男子均穿中国男子在户外穿的那种系腰带的长外衣,妇女身后的两男子头戴黑色幞头。

地狱十王跪在左右,一边五个,排成斜排,直达画面的左下角和右下角。前景中蹲踞着白狮,狮头旁边站着一个呈普通男子相的灵魂,另一边是个五官畸形的和尚,双手伸向地藏。

地狱十王均穿地方官服装,持纸卷轴。狮子极为模式化,显然是模仿石头狮子画的,完全不像真狮子。画面上分布着许多黄色或朱红色小题榜,均无题识。人物面部略微有点个性,但整体来看笔法相当粗略。此画的价值全在其大胆而引人注目的着色上。

1 英尺 7 英寸×1 英尺 5 英寸。《千佛洞》图版 XXXIX。

Ch.lxi.0010.　　**绢画**。有汉文题识。画的是两个立姿菩萨,可能是观音,底下还画有供养人。有多处破损。两个菩萨为 * Ch.002 那样的汉传佛教类型,一个四分之三向右,一个四分之三向左,相对而立,朝向对方的手中分别持紫色和猩红色莲花蕾,朝外的手均水平地置于胸前,拇指和食指相碰,头部的大部分和相当一部分上身均缺失。二者之间立着一只大器皿,其中装着猩红色、紫色莲花和花蕾。底下右边跪着两个男供养人,左边跪着两个女供养人,均属于 * Ch.00102 等供养人类型,基本上已剥落。再向下的红色绸边之内缝着一个窄条,属于另一幅画,画的也是供养人,但与上面的供养人不同。左边,在上面的女供养人之下跪着两个男子,右边的男供养人之下是个莲花座。

两个菩萨之间的窄题榜及两个供养人之间的题榜上均有题识,底下的题榜背面曾打了块黄绸补丁,这两个题榜均已残破不全。

2 英尺 7 英寸×2 英尺$\frac{1}{2}$英寸。

Ch.lxii.001.　　**麻布画**。画的是十一面六臂观音及从者和供养人。完整,保留有深灰色麻布边和吊带,画面相当破旧。画面的整体处理方式、人物、附件等均类似于*Ch.00102下所列的绢画,供养人也与Ch.00102为同一类型。

从者如下:顶上是十个小佛排成一排;再向下两侧共有四个天王、两个鬼怪;再向下左右各是婆薮仙和吉祥天(见*Ch.00223等);香案左右各有一个菩萨。着色大部分已剥落,主要有浅红、绿和红棕色。底下左边有三个男供养人,右边是四个女供养人。

画幅3英尺7$\frac{1}{2}$英寸×2英尺1$\frac{1}{4}$英寸,镶边宽2英寸。

Ch.lxiii.002. **纸画**。保留有纸边和麻布吊带。画的是地狱灵魂的保护神地藏菩萨,与*Ch.0021为同一类型,但布局更简单。地藏坐在猩红色莲花上,面前是个挂着布帷的香案。未出现石头。地藏的姿势和服装与*Ch.0021相同,但与之左右颠倒,头巾为深粉色,点缀有黄点。香案一边站着和尚,另一边蹲着头狮子。和尚和狮子身后各立着五个地狱大王,均持纸卷轴,每位大王身后均有一两名从者。十王均着地方官式的袍,头戴黑色高帽,帽顶向两侧分开,每位大王旁边均有个空白小题榜。

左上角和右上角是两个坐佛小像。画面底部画有供养人:左边跪的是名妇女和一名小女孩,右边是两个男子,中间是用来写献辞的空白框。供养人服装等与*Ch.00102一样。

笔法粗糙,着色限于暗红、深粉、蓝灰、黄和绿色。在使用了绿色颜料的地方画面破损较严重,除此之外保存较好。1英尺11英寸×1英尺5英寸。

Ch.lxiv.001. **彩绘麻布幢幡**。顶饰边和残留的饰带为浅黄色和暗棕色麻布。保存较好。

画的是一个四分之三向右而立的菩萨,右手置身侧,左手水平地置于胸前,手背朝外。风格参见*Ch.i.0016下的说明。着色有红、黄棕、蓝灰,线条画得较差。

画幅2英尺10英寸×9$\frac{1}{2}$英寸,全长7英尺。

Ch.lxiv.002. **彩绘麻布幢幡**。顶饰边为棕色麻布,无饰带,画面干净,保存良好。

画的是一个双手合十、面朝观者而立的观音(?)。此类画的基本特征及作品目录见*Ch.i.0016。着色有暗绯红、灰、蓝灰、绿色,加顶饰长 3 英尺 3 英寸,宽 1 英尺 1 英寸。

Ch.lxiv.003~005.　三块彩绘纸幢幡。画的是菩萨,与 Ch.xx.0015、xxii.0032 属于同一系列。003、004 中的人物与 xx.0015 相同,005 中的人物与 xxii.0032 相同。工艺和着色均相同,有时画面着色的位置调换了一下。在用了绿颜料的地方纸多被腐蚀掉了。004 的两侧饰带及一部分底部饰带已缺失。

画幅 1 英尺 5 英寸×$6\frac{1}{2}$英寸~7 英寸,幢幡的平均长度为 3 英尺$3\frac{1}{2}$英寸。

Ch.lxvi.002.　纸画。有汉文题识,画的是立姿六臂十一面观音及一名女供养人和一个小孩。从题识上看(参见彼得鲁奇,附录 E,II),此画可能是一名妇女生了女儿后献给送子观音的,以保佑下胎生子。画面完整,已褪色,细部几乎难以辨清。

观音站在池中的莲花上,其服装和饰物与*Ch.00102 等一样属于印度菩萨类型。上两手分别托日月轮:右上手托月轮,其中有树、兔、蟾蜍,左上手托日轮,其中有三足鸟。中两手似乎于胸前施论辩印。下两手置于身侧,拇指和食指相碰,其余各指均伸直。身后的圆形光环直达下两手处。头顶上是挂在开红花的树上的常见的布帷华盖。

跪在右侧的女供养人手持香炉,着绿裙、红白二色的上衣,其发型与*Ch.00102等供养人相同。坐在左边的男孩比例比妇女要大,是从另一张纸上剪下来后又贴上去的。他弹着琵琶,只穿件红色无袖短裙,除前额上方有一卷头发外,其余的头发均剃光了。

菩萨衣服的轮廓线、身上的饰物及华盖上的饰物上均贴有金子。金子或是涂在窄纸条上,或是涂在一块松香上,多已被人剥去或自行剥落。线条画得较差,着色主要是深红色和绿色。

纸画贴在一张大纸上,四周形成了纸边,然后又贴在一块更大的粗麻布上,顶上缝了一条粗麻布长带子。麻布边上还饰有许多类似于 Ch.0077、00149 那样的绸花和纸花,底边上也保留有一排花。左上方的边上有一小块突出的麻布,上面贴了块方形纸,纸上印有成排的坐佛小像。小麻布片外保留有一个皮制吊带。

画面左右的窄题榜中均有题识。

画幅 1 英尺 6 英寸×11$\frac{1}{4}$英寸,裱贴之后为 2 英尺 4$\frac{1}{4}$英寸×1 英尺 8$\frac{1}{2}$英寸。

Ch.cii.001. **纸画长卷轴**。不完整,画的是汉化的佛教地狱。从右到左各小画面如下:(i)四个大王分别正在审判;(ii)一个大王把各个灵魂重新遣入六道轮回之中;(iii)八热地狱;(iv)呈沙门相的地藏菩萨接引被鬼怪追赶的灵魂。

(i)四幅审判场面均很类似。大王坐在铺着帷幔的桌子后,左右各站着一个从者,从其服装、红颊、从中间分开并在脖子上梳成卷的头发来看,从者似乎是女子(?)。大王前面是被贬入地狱的灵魂,项戴木枷,手上也多戴着枷,跟在侍从官后面。被贬的灵魂只穿白色短裙,头发束成一个髻。第三幅审判场景中有一个灵魂正在被殴打,其余的灵魂也受到侍从官的折磨,侍从官把他们的头发缠在项枷突出的柄上,使他们不得不转过头来。侍从官大多数为人形,但有一个头上长角,还有一个为牛头,穿白色长裤、短裙、长下摆的外衣,头戴黑帽,帽上有两个帽耳,大多数持斧或棒。

此外,每个小场景中还出现了穿汉族世俗服装的一男一女(见 *Ch.00102 中的供养人),男子抱着一捆写卷卷子,女子持一个小佛像。他们总是走离其余的人,画的可能是由于虔诚而顺利通过审判的人。最后一个小场景中则共有一女二男,添上去的男子也像女子一样持佛像。

地狱大王均长着胡须,着绿色或绯红色袍,宽大的袖子向两边飞起。头戴黑帽,除前额上方外,又高又硬的帽边均向上竖起,帽后面有个帽舌。帽上有一件奇怪的钉状饰物伸向旁边,似乎是大帽针。大王脸上晕染有浓重的深棕色,面容显得相当可怖。

(ii)第五个大王旁边只有一个女侍,另一个女侍站在前面,一个男子把长卷轴打开来给这个女侍看。此女侍身后站着一个穿甲、着长裤、持斧的男子。无被审判的灵魂。左边呈扇形伸出六条黑云,云上是代表六道的形象。最顶端的云上是个六臂之神,与 Ch.i.0017 六臂观音类似,上两手持日月轮,下两手持剑和三叉戟,中两手于胸前合十。皮肤为黑色。第二朵云上是一个菩萨,皮肤为粉色,双手于胸前合十。第三朵云上站着穿汉族服装的一男一女,代表人道。第四朵云上是一匹马和一匹双峰驼,代表畜生道。第五朵云上是着白色短裙的人物,长着红头发,伸着双臂,代表饿鬼道。第六朵云上是个拿叉子搅着一个沸腾的大锅的牛头鬼怪。参见 Ch.lviii.003。

(iii)画的可能是八热地狱之一。这张纸与(ii)所用的纸不是一张,右侧剪掉了,连在长卷轴上。只可见四面高墙围住一块地方,门紧闭着,四角的台子上有守卫的狗(?),台子上还放射出火焰。高墙内画着一个男子仰卧于低矮的榻上,双目紧闭,双臂在身体两侧伸直。

(iv)紧接着(iii),无间隔。画的是项戴木枷的被审判的灵魂被挥着鞭和棒的牛头怪、马头怪驱赶着。这群灵魂前面是地藏菩萨,着和尚式的黄色僧祇支和红色袈裟,左手持锡杖,锡杖搭在肩上,右手持化缘钵。脸圆,貌如孩童,头上无项光,黑发剪得很短。

笔法有活力,但细部较粗略。除黑色外,着色限于粗糙的红、黄、绿、灰色。整幅画轴保存得极好。

8 英尺 $2\frac{1}{2}$ 英寸×11 英寸。图版 XCIII,(地藏像)图版 CIII。

Ch.ciii.0014. 印有汉文的长卷。并印有一幅版画,年代为公元 868 年。所印内容为《金刚经》。文末题识中称"王陈印于咸通九年四月十五日",即公元 868 年 5 月 11 日。此为已知的现存最早的版画和最早标有日期的印刷品。

版画上是一个佛盘坐于莲花座上,向年老的弟子须菩提说法。须菩提双手合十,坐在左下角的毡毯上。佛四分之三向左而坐,右手伸出,拇指和无名指相碰,左手放在大腿上,胸前有个卍字形。项光和背光为圆形,有火焰纹。头顶有华盖和花枝,华盖左右的云上飘着两个仙女,手中各托着一盘花。佛面前是个摆着圣器的香案,香案两侧均为一头躺卧的狮子和一名呈战斗姿态的狰狞的护法者。左边的护法者脚踏两朵莲花,挥舞着雷电,右边的护法者站在岩石上,挥着双拳。右下角站着一名中国显贵,着官服,戴冠,身后站着两个男子和一个男孩。地板上铺着方形砖,砖上饰有植物图案。左边有两个写有汉文题识的小题榜。模子刻得极好。卷轴保存得极好,特别完整。

卷轴为 16 英尺×$10\frac{3}{4}$英寸,版画为 $11\frac{1}{4}$英寸×$9\frac{1}{2}$英寸。图版 C。

第二十六章 前往古代瓜州

第一节 瓜州绿洲及其历史的重要性

6月13日，我对敦煌城作了短暂的访问，以感谢当地的中 ◁离开千佛洞
国官员，他们的热情好客和友好帮助为我的工作提供了极大
的方便。随后，带着在12个洞窟里搜集的并经仔细包装好的
写卷和艺术品，我离开了千佛洞，向着敦煌东边的安西出发
了。一路上风尘仆仆，沿着光秃秃的南山山脉外一条荒无人
烟的马车道，在三个炎热的旅程（共计55英里）之后，我抵达
了一个荒芜的路边小站瓜州口（Kua-chou-kʻou）。这个名字
来自那片古老的绿洲，它的含义表示了瓜州绿洲的最南部
边缘。

我所走的这条路，很可能从最早的时候起就是一条交通 ◁从敦煌到安西
干线。它在敦煌城以外大约6英里处留下了一片耕作区的痕 之路
迹，然后又远远而去。一路上穿过的都是沙漠地带，部分地方
覆盖着灌木丛，其他地方则是裸露的砾石滩。自从汉朝的军
队和商旅往来其间，直到今天这条路的特征尚未发生过多大
的改变。在从山冈上冲下来的激流的河床上，我发现了几口
井的遗迹，这些激流在历史上不可能提供足以用来灌溉的水

源。只有一个地点有泉水,长有大量的茂盛的草。在芦草沟（Lu-ts'ao-kou）,一条河流从一条狭窄的沟谷中流出。那沟谷穿过了南山外侧的高冈,并经过了一片名叫"东巴兔"（Tung-pa-t'u）的小绿洲。[1]《敦煌录》记载的一个古老传说指的就是这个地点,它为上述说法提供了间接的证据:这条道的一般特征一定与古时候相同。

当地对"贰师▷泉"的传说　　　　L.吉尔斯博士从我获得的千佛洞写卷中编译出的一本富有价值的小文书[2],向我们讲述了位于沙州城以东"三日"路程处的一股神奇的泉水。自武帝时期的"贰师将军"李广利之后,它就被称作"贰师泉"。李广利于公元前104—前102年征伐了费尔干纳或贰师,这件事在《史记》中很著名。传说汉朝时,李广利的军队在行军途中备受干渴。在向山神祈祷之后,他拔出剑将山劈开了。剑到之处,一股泉水顿时喷涌而出,向西流淌了几十里路,一直到了黄草泊。后来传说,有一个将军渴了到泉边喝水不慎落水而死,导致了泉水不再流淌,只能冒出地表。并且从那以后,当很多人来泉边喝水时,流量便大增;当只有少数几个人来喝水时,那水便有限得很。这种现象一直持续到了今天。

　　"'贰师庙'就建在路边,随着时间的流逝而变得破旧不堪。坍塌下来的石头被堆积在一起,旅人们带着他们的骆驼和马匹来到这里,目的是来祈祷他们的好运气。再向东,就进

---

　　① 东巴兔河的下游常常是干枯的,它从万佛峡的西面流过,并流经疏勒河河谷（它一直伸展到石包城的西北部）以来的第三道山冈。

　　② 参见吉尔斯《敦煌录》,载《皇家亚洲学会会刊》,705页以下,1914;另见该杂志41页等,1915。

入瓜州地方了。"①

　　从这段叙述所提供的迹象上来看,我认为它已使下述问 题得到了肯定:这位作者在此所指的泉水,就是现在仍存在于 芦草沟的泉。因为从文中记载的位置和距离上来看,它分明 指的就是芦草沟里的泉水。当时我就知道,要在那些自从被 东干叛乱分子毁坏后就废弃了的小城堡和驿站的废墟之中或 附近,寻找到可能是"就建在路边"的"贰师庙"的遗址,这应 当很容易。这"贰师庙"遗迹在写作《敦煌录》之时(可能在公 元9—10世纪)就已经变成废墟了。从我对这个地方以及附 近地区执着的当地信仰的观察来看②,我感到有一点不可思 议的是,对泉水的宗教崇拜以及对其奇迹现象的迷信之痕迹 仍然保存到了今天。无论如何,我至少可以从个人获得的证 据方面,来证实这地方仍然具有的使"旅人们带着他们的骆驼 和马匹来到这里"的吸引力。6月和10月我在安西的两次小

◁芦草沟泉的位 置

① 正如吉尔斯博士在其注释中所指出的那样,这个会制造奇迹的泉水的故事在从千佛洞藏经洞中 发现的文书残卷《沙州志》里,亦按照基本上相同的样子作了记述。

当地的这个传说与羯利合那的《诸王流派》第四卷277~306页中详细讲述的一个故事,具有惊人的相 似性。该故事讲到一位罗黎达底特耶(Lalitāditya)王在"沙海"里的远征,以及他拯救其军队免于被渴死的 那种奇迹方式——他用他的矛刺破地面而产生了一条河流。羯利合那明显地指出了这一点以及那种相似 的被制造出来的河流,这些事迹在他那个时代在"北地"仍然还为人所知。参见斯坦因《拉加特》,第四卷, 306页。

毫无疑问,羯利合那所复述的这个民间故事,将制造奇迹的河流模糊地放在了中亚的大沙漠之中,所 谓"沙海"明显地反映的是对塔克拉玛干及其东面相邻沙质废地的道听途说的知识。在罗黎达底特耶治 下克什米尔与塔里木盆地里的中国人之间的联系,不仅仅可通过羯利合那编年史里的暗示得到证实,而且 还可由《唐书》里明确的历史记载来加以证实。参见斯坦因《拉加特》,第四卷,126页、211页注释 [此中涉 及罗黎达底特耶的大臣"吐哈喇人"(the Tuhkhāra)即吐火罗人康古讷(Caṅkuṇa),他的名字上有一个中国 "将军"的头衔]。关于唐代对克什米尔的记载以及公元733年朝廷授予木多笔(Mu-to-pi)即罗黎达底特 耶木多笔(Lalitāditya-Muktāpīḍa)王职位的敕令情况,见沙畹《西突厥》,166页、209页等。

正是在这个时期,有一个原本定位在敦煌附近的中国官道上的大众化传说,在中国的政治控制下可能 很快就会经兴都库什河谷而传播到克什米尔。这个传说在唐时曾广为人知,这一点可在《唐书》中记载的 与公元677年的一次中国征伐有关的相似事件中得到反映。参见沙畹《西突厥》,74页,注③。

② 可参见本书第三章第三节,第十五章第四节,第十九章第三节,第二十六章第二节。

憩期间,在当地居民的善意劝告下,我让人把驼马送到了芦草沟,以使它们得到休整,好养得膘肥体壮一些。尽管我不能确信,我那个忠厚老实的向导哈桑阿訇是否会利用这个机会也"来祈祷好运气"。①

古代瓜州绿洲▷　　自瓜州口西北行 15 英里之后,我抵达了现在的安西首府地,这地方到处都显示出与古代瓜州绿洲相似的环境。② 这地方展现出来的是一片辽阔的灌木丛生的平原,从南山最外围那些低矮的山冈下,一直扩展到了疏勒河的河岸边。在平原里,大片的荒地以及依靠小水沟灌溉的小片的贫瘠农田纵横交错、杂乱无章。从小宛村和黄渠口(Huang-ch'ü-k'ou)之间的疏勒河起,这些农田中断了。一路上看到的那种有围墙的村子和城镇的废墟,比起零零散散的农田和有人居住的村落来要多得多。前者中的大部分(像地图上所显示出的位于瓜州口以北的那些围墙遗迹),据说都被毁坏于东干人的大侵袭时期。但是其中至少有一些在一个更早的时期就被废弃了。在经过"头工"(T'ou-kung)村③(它无疑代表的就是疏勒河的老河床)附近的一条宽阔、弯曲的沟谷之后,道路接下来就通过了那座废弃的以"瓜州城"一名著称的古城。这名字

---

①　《敦煌录》谈到了黄草泊(根据 L.吉尔斯博士的观点,"泊"的意思是指一种浅的沼泽地),在其中奇迹般地产生出来的"向西流了几十里地"的河流,恰好与我们的考证相一致。因为所谓"黄草泊",明显地指的就是那片分布很广泛的盐碱沼泽地。正如我在 1914 年 4 月的勘察中所证明的那样,它大部分都是些低洼的地带,介于沿着山脚下的老路与疏勒河南面的沙子和黏土地之间。古代的亭障或长城线亦是沿着后者而分布的。虽然季节尚早,我还是发现了这些沼泽地的西部分,它从马车道上的疙瘩井(Ko-ta-ching)驿站处横过,这条道几乎无法步行通过。参见《第三次探险》,载《地理学刊》,1916 年第 48 期,194 页。这些沼泽地主要是由东巴兔河的地下水哺育而成,该河在芦草沟流出地表,并向其西北方向流去。

②　从汉文的传统上来看,似可从字面上推导出"瓜州"的意思即"瓜之城"(City of melons),这也是根据那地方生长优良的瓜而言。见吉尔斯《皇家亚洲学会会刊》,707 页,1914。这种种植仍然持续着,但令人感到奇怪的是,种植瓜的主要是一些操突厥语的穆斯林居住者。

③　"头工"从字面上来讲意即"第一个垦殖点"。像这种用数字来命名村庄区的方式,在甘肃的最西部地方很流行。例如安西地区的地名"三工""六工""八工"等。难道流行的这种数字命名法,或许是出于在可能造成抹杀老地名的劫掠之后进行重新定居之需要吗?

来自整个绿洲的古代名称。其夯土的墙围成了一个长约 0.5
英里、宽 0.33 英里的长方形墙圈子，但是里面很少有房屋遗
迹。据说这里面曾做过一个军事指挥的"衙门"，后来它又迁
到敦煌去了。在北门外我发现了一座倒塌的庙，它现在仍是
当地举行节日的舞台。该城据说为东干人所毁，从其内侧的
废地上来看，甚至以前它就已经半废弃了。然根据此城在
绿洲中的中心位置，以及某些接下来将进一步讨论的考古学
迹象来判断，它以前曾经很重要，可能就是古代瓜州的首府地。

　　离开瓜州城西北这片贫瘠的耕种地之后，接下来的路是　◁安西城
在一块阔 4 英里许的开阔的灌木丛平地，上面有裸露的砾石
地块，没有任何的先前曾被耕种过的痕迹。再往前走，是一块
密集的最大宽度约 2 英里的耕种区，它构成了今天的主要绿
洲，在其东端就坐落着今天的安西"城"。且不管"安西"这个
名字["西部保护领地（治地）"]有多么的响亮，也不管在大唐
时期它一度做过中国控制整个西域的管理机构的首府①，这
里的一切（1907 年它又被划为一个"州"或"独立专区城市"）
都透露着一种玩忽职守和停滞不前的气氛。在偌大一座看似
荒凉的由残垣断壁构成的古城里，几乎找不到一条完整的街
道。安西清楚地显示出，它将其自身的重要性仅仅归结于作
为自甘肃至哈密以及新疆道路上的沿途供应站中的最后一
个。离开安西城的西大门并经过疏勒河几英里之后，沿着这
条大商路前往中亚的行人接下来的路就是北山的砾石沙漠，
在经过十二站艰苦卓绝的旅行之后，才能再见到可耕种的
土地。

---

①　公元 658 年以来设在库车，这以前是在吐鲁番（这里指的是唐安西都护府——译者）。参见沙畹
《西突厥》，118 页；另见沙畹《附注》，《通报》，19 页，1904。

由于实际工作(包括做一些前往南部山区的准备工作以及对我搜集的文物进行妥善保管)的需要,迫使我在安西停留了六天的时间①,这期间足以使我看到这地方在资源上的贫乏性。在宽广的灌木丛生的平原上,这片主要绿洲的那些零散的村庄,正缓慢地从东干人叛乱造成的可怕破坏中复苏过来。人口的稀少正可以用来明确地解释,为什么大量现存的渠道仍可以维持灌溉的情况下,先前那些有耕种痕迹的可耕地却被弃置为荒地,上面长满了低矮的沙漠灌木丛。除了这些人为的原因之外,我们从土地的自然状况上也可以很容易地认识到,这古老的瓜州绿洲在范围及肥沃性上不能与敦煌绿洲相媲美的原因。除了山脚与可以建立实际引水灌渠系统的河流之间被局限于一个大致长 16 英里、底边宽约 10 英里的三角形地带,同样明确的是,此地由疏勒河所提供的灌溉远不如敦煌的便利。敦煌取决于党河水,其绿洲之位置非常优越,正处在一个大而肥沃的冲积扇上。

疏勒河的排水区很大,哺育它的冰川给人留下了深刻的印象,1907 年 8 月我曾局部地调查了那些冰川。河水在流经昌马(Ch'ang-ma)以下宽阔的砾石滩以及玉门县和安西上面渠源之间漫长的干旱荒地时,曾因蒸发及其他原因而损失了很多。6 月 19 日在安西时,我发现那里的河流已萎缩成一条缓慢的无意义的水流,宽大约只有 20 英尺,其中间深度不足 2 英尺。但同时我又看到了它那宽约 200 英尺的干河床,这条小水流在其中蜿蜒地流淌着,从其高15~20 英尺的深切的河岸上来看,当早春季节山上的雪刚开始融化时,疏勒河的洪水曾有多么的大。到了晚夏时节,当疏勒南山山脉(Suess

---

① 参见《沙漠契丹》,第二卷,236 页以下。

Range）的大冰川融化时，河流的洪水流量又一次开始猛增。显然，这样的情况会影响渠源的维修以及在关键季节的水供应，这方面的困难也被管区里的官员们所承认。

从他们能够或者愿意提供给我的信息上来看，安西地方的总人口看上去大约有 900 户。但这个数字也是被夸大的，因为这个数字里面还包括了河流上游的几个小绿洲的人口（例如小宛和双塔堡），以及在低冈上的少数几个相对繁荣的村庄。我后来访问了其中两个村子。由此看来，作这样一个结论看起来是有把握的：瓜州在经济资源和重要性上，甚至在古代它也明显地被排在敦煌之下。 ◁安西的人口

这一结论被有关瓜州的早期记载所证实。我是理解这些记载的，它们揭示出了瓜州与敦煌间密切的政治联系，或者说它依赖于敦煌。虽然无法查阅中国史籍中涉及瓜州的特别记载，但我可以指出的是，汉朝时敦煌的辖地包括瓜州，同样地它也与沙州即敦煌有关，后一个政权由甘肃西部的一位地方统治者张骏（Chang Chün）于公元 345 年建立起来。① 在玄奘出发开始其伟大的旅行故事中，瓜州曾扮演过一个有趣的角色，这是我所见到的翻译过来的史籍中最早提及瓜州的记载，为此我愿意寻机对此作一介绍。在千佛洞一个公元 894 年的题记中，提到了瓜州的一位官员，此人是公元 850 年敦煌地区的首领张议潮的孙子，其兄长据有沙州——此事证明了在那个时期这两地均受同一个地方家族节制。② 接下来是中国使节高居诲出使于阗（公元 938—942 年），他发现瓜州和沙州的 ◁瓜州与敦煌的
历史联系

① 参见沙畹先生在其摘译自《金史》的著作中的注释，见斯坦因《古代和田》第一卷 543 页注④所作附录。

《汉书》在记载武帝所征服并设置的诸郡酒泉、武威、张掖及敦煌边界辖地之组织情况时，并未特别地列出瓜州，这分明意味着瓜州即敦煌的一部分。参见沙畹《文书》，5 页；本书第二十章第一节。

② 参见沙畹《十题铭》93 页以及 10 页、92 页。

人口主要是汉人,并且都处在当地一个曹氏家族的统治之下。[1]

瓜州在西部大▷
道上的位置

　　在上文讨论与敦煌以外的中国古长城分布范围有关的历史记载时,我已经强调了所有绿洲(大的或小的)的重要性,它们的位置都是沿南山的北山脚分布,而且是在向西延伸的大路上,这就使得中国向塔里木盆地的贸易和政治扩张变得便利起来。[2] 如果没有这些可一直远达敦煌的有效的当地供给,中国的使节、商队及远征军就将会发现,要想有把握地克服罗布沙漠的盐碱地及沙漠设在他们前途上的巨大障碍,会非常困难。瓜州毫无疑问就是这条绿洲链上一个被安在后面的有价值的环节,它被置于武帝所建的长城的庇护之下。但当公元73年中国占领了哈密从而打开一条通往西域的新路线时,瓜州的地域重要性可能就随之显著地增长起来了。[3]

从安西到哈密▷
路线的重要性

　　这条路尽管比经过楼兰或"新北道"的路要长,而且经过北山最西部地区尚未探察过的荒原,但它避开了最恶劣的自然障碍——缺水。而正是出于这一原因,这条道毫无疑问一直保持到了今天,它是连接甘肃和新疆之间的一条最常用及最重要的交通线。[4] 正是这条路线将哈密和安西连接了起来。这段路程上沙漠地段最少,距离下一个绿洲最近。哈密从其自然状况上来看,很明显地构成了一座桥头堡,正如它所显示出的那样。而稍微看看地图就可以发现,要出发前往哈密,对中原方面而言,直接走经安西的路要比经敦煌节省不少的路途。这就解释了为什么安西—哈密路一直到今天都被用

① 参见雷米萨《和田城》77页;沙畹《十题铭》12页等。
② 参见本书第二十章第一节。
③ 参见沙畹《西域诸国》,载《通报》,10页,1907;另参见本书第二十章第二节。
④ 关于这条自安西至哈密的道路,参见本书第二十八章第一节。

作经过将中原与中亚隔开的"戈壁"的主要交通线的原因,以及古老的瓜州作为起始点的特殊重要性——尽管它具有本地的局限性。此外另一个方面的观察也不应被忘记。这条安西—哈密路还有一条直接向南延续的路线,非常著名且常用,这就是经南山那些易行的山口一直通到柴达木高原(plateaus of Tsaidam),然后再经西藏高原到达拉萨。① 这样一来,安西就处在连接蒙古与西藏的最直接的交通线上,从这一点上来说,它就像早期的敦煌一样,处在了亚洲大十字路口之一的位置上。

第二节　安西附近古迹以及玄奘的玉门关

考虑到瓜州的重要性,我感到高兴的是,我在安西的停留使我有时间在附近地区作一些有趣的考古学观察。我前一次在这里探察期间,曾沿着位于安西以西约 35 英里的古长城遗迹作了些调查②,实际上它还向东延伸了下去。当地的信息也没有提供任何关于这些遗迹的线索。在我们从瓜州口过来的路上,可以望到一些大的烽燧,远远地分布在路的西面。据测量员拉姆·辛格(我派他踏勘这个方向的情况)报告说,这些台子的时代都不很古老。③ 但在他前往安西西边缘耕作区的路上,遇到了两座屹立在废地上的烽燧,看上去很古老。6 月 20 日我调查这些遗迹时,发现了结论性的证据,证明它们

◁寻找汉长城遗迹

---

① 来自蒙古的香客们一般走的都是这条前往拉萨的路。此路沿路实河谷经石包城到喀什哈尔山口(Kāshkar Pass)(《沙漠契丹》第二卷 256 页以下已作过描述),由此到达柴达木。

② 参见本书第十五章第五节。

③ 这个测量员关于雷墩子(Lei-tun-tzǔ)烽燧的报告是正确的,他本人实际调查过该烽燧。1914 年当我从西面对这地方展开调查时,却成功地找到了这座倾颓得很严重的烽燧及其周围几英里范围内分布的长城城墙遗迹。

都属于长城线上的建筑遗迹。

烽燧遗迹▷ 这些烽燧中的最西边一座（我们把它作为临时寓所），位于安西城西门外的寺庙西南，其直线距离大约有 4 英里。烽燧处在我前面已经提过的宽阔的废地地带，这地带自东向西分布，介于瓜州城和安西附近的耕地之间。尽管倾颓得很厉害，它仍然高约 18 英尺，其底部被侵蚀得减少到大约 14 英尺见方。它显示出来的结构与其他的烽燧遗迹没有什么两样，在我看来其建筑方法与敦煌沙漠里的烽燧遗迹极其接近，也是用坚固的夯土层内加胡杨木头的框架筑成。虽然其中心部位自东向西被风力穿透了，但它仍然直立在地上，这正是其建筑坚固性的最好证据。在台子的脚下散布着一些暗灰色的陶片，属汉代类型，上面有席纹痕迹，这些陶片证明了烽燧的古老性。[1] 在其南部还附属有一座低矮的土堆，在地面上也发现了一些相同的陶片。土堆长约 32 英尺，宽 0.5 英尺，尚残存用土坯建造的墙基属烽燧的一部分。在这块暴露于风力侵蚀和潮气之中的地面上，除了这些遗迹和遗物，再未发现有其他东西保存下来。

古代城墙遗迹▷ 当我向东面大约 1 英里处的下一座烽燧前进时，土地开始从灌木丛生的细黄土向着砾石滩转变。砾石滩上仅有一些稀疏的植被，由此向上大约半途处，可以清楚地寻出标志着古代边防城墙走向的直立土墩遗迹。它高 4~5 英尺，靠近东面台子之处有一条挖掘成的坑，从中可以看出里面包含有不规则的胡杨树枝层，夹在含砾石的土中。这座烽燧保存状况较

①　下面是一些此类陶片的标本：

An-hsi.001.　陶片。手制灰色泥质，外表呈淡红色，系在一座敞口的窑里烧成，扁平，似瓦。最大 3 英寸。

An-hsi.002.　陶片。手制，其泥土调和得很好，暗灰色，烧成了暗红色。在一座敞口窑里烧制，外表因"闷火"而变黑。外壁上有席纹痕迹。最大 2 英寸。

好,高 22 英尺,其底部大约有 17 英尺见方。在这座烽燧脚下
发现了一些破碎的汉代陶片,此外在其以南约 55 码处的一座
土墩子脚下也见到了一些相同的陶片。该土墩长 28 英尺,宽
16 英尺,高出地平面约 8 英尺。对其顶部及斜坡进行清理,除
了成层的倾颓的草以之外,仅出土了大量的汉代类型的陶片。
由此地点起,不费吹灰之力即可辨认出向东呈一条直线的城
墙遗迹,分布在最后提到的烽燧和前往安西的公路之间,其间
距离约 1.25 英里,而可辨认出的城墙线占了这段距离的大部
分。这里的地面上都是赤裸的砾石,毫无疑问,这些汉代城墙
正是因此而保存下来。除此之外的其他地方则是灌木覆盖的
黄土地,那里的植被毁坏得很厉害。1907 年 10 月我重访此地
时,发现马车道西面的这块灌木丛废地,有一部分已被从渠道
里溢出的水淹掉了。

　　在标志着自敦煌至安西主路线的长城线上,还分布着一 ◁公路穿过长城
座经过多次修补的烽燧,被建成一种截锥体形,外壁包有一层　　线
竖直排列的砖。① 南面紧邻着它的是一座小接待亭,就像在
首府地以外若干距离范围内常见到的那种设施样式。按照中
国的礼仪要求,它们就设在路边,里面供应有茶水等,以接送
往来的官员。那里也坐落着五座小烽燧,排成一条直线,它们
是中国公路主要路段的规则标志。较大型的烽燧分布在长城
城墙线上,它与西面的古代烽燧处于一个规则的距离范围之
内,从这方面来看,它的核心部分可能很古老,这个结论是从
其自身的一些方面推导出来的。当地的某些传统影响到了对
这一地点的选择,将其建在横贯长城线的道路边上。因为按

---

　　① 在地图上,这座烽燧的名字为"委员墩"(今地名为魏原墩——译者)。"墩"在甘肃常用来指称路
途上的炮台或瞭望塔。如果"委员"在这里指的是汉语里很常见的官府视察员的话,则此当地名称就很容易
理解了。

照中国的惯例来说,人们常常把烽燧用作一个行政区首府驻地边界的标志。上面这个说法看上去可能也已经足够说明了问题。但就在1914年4月我利用在安西考察的机会重返此地时,注意到就在烽燧附近,又建起了一座简朴的小寺庙,这显然不是为了任何官方礼仪的需要,而是出于一个更具活力的动机,即由于当地虔诚的信仰而修建。正如上文曾赘言过的①,我在1907年和1914年的探险向我一次次地展示出了,就在仍很常使用的道路所经过的古代长城线上,有一些延续下来的当地信仰的迹象仍几乎一成不变地存在了下来。因此我毫无理由去怀疑这里的情况也是如此,而且正是本地的敬神传统的影响,才使得人们选择此地作官方迎来送往之处。

长城线向安西▷
东边延伸

从这里再往东,那城墙线的痕迹就完全消失在长满灌木的松软泥土中了。但在距道路大约1英里处,我发现了或许是一座倾颓得极厉害的烽燧的最后遗迹,呈一种小而坚硬的泥土墩形状,高约8英尺,直径5英尺。我在那里找不到任何的长城城墙迹象,但我6月24日前往桥子时,在东—南东方向大约7英里处,我又一次地遇到了城墙线的遗迹,正如我将在下文中要讨论到的那样,它距山脚下的砾石坡地并不远。②为什么古代的长城要建在一条远离现代安西周围可耕地的地带并远处于其保护之外呢? 这是一个无法明确回答的问题。可能是疏勒河后来改道南流及其泛滥之故,使人们将长城线选择在离开绿洲的略微高一些的地方。安西与敦煌之间的所有长城线段都具有这种相同的情况,其城墙线在上文③介绍过的 T.XXVI~T.XXXV 路段范围内远离了河床,而我1914年

① 参见本书第十五章第四节。
② 参见本书第二十五章,本章第三节。
③ 参见本书第十五章第五节。

的考察证明了安西一带的长城遗迹也是如此。

除了这些长城遗迹,在现在的安西城南—东南方向大约 ◁安西附近的废
1.5 英里处,还有一处带城墙的古城遗址,虽然古城遗址的年 城遗址
代较晚,但亦具有考古学价值。按照当地地方官恩太金
(Ên T'ai- chin,此处为音译——译者)所加以证实的传说的说
法,这座较早时候的安西城在经过多次的大火之后,大约在 18
世纪末或 19 世纪初期被放弃。城里面没一点建筑物遗迹,就
像光秃秃的细砾石滩一样。这些城墙围成了一座大约 600 码
见方的方形,其墙壁用夯土建成,厚约 15 英尺(图 239)。没
有任何明确一点的年代方面的证据,从各方面来看,它们可能
被反复修补过,一直到古城被放弃时为止。它们给人印象更
深的是,风力侵蚀对它们所施加的影响。城墙的东面(某种程
度上还有西面一小部分)被一些深切的裂口所隔断,里面填满
了风吹过来的沙子。这些裂口中的很多深入地面以下 5~6
英尺,从图 239 上可以看出,墙的东北角被风力吹蚀得都与地
面一般平了。

在这里很容易就可以看出风力侵蚀作用的结果,这种强 ◁城墙上的风蚀
风在安西地方一年四季都在刮着,很少有几天能停下来,它能 裂口
达到那无物可阻挡住它的任何地方。很明显,正是这种盛行
的东或东—北东方向的风,说明了为什么东墙面上受到的吹
蚀要比西墙面上的范围广。那种吹蚀坑都呈喇叭形,向底部
渐趋变小。东墙面上的吹蚀坑平均深 13 英尺,宽 8 英尺,而
在西墙上的吹蚀坑的底部则窄小到几英寸。在这里,风力集
中起来的能量可以将它自己的大部分威力借助于流沙而发挥
出来,从而将裂口吹蚀得更宽更深。那些袭击城墙的流沙在
墙外侧堆积得并不厚,稍远一点的砾石地面大部分都很裸露。
但是一旦穿过了这些吹蚀坑情况就大不一样了,在墙的西面

或墙的东面遮挡之下,沙子累积成了高 18~20 英尺的沙丘。那些未被沙丘留住的流沙或被特别强劲的风从其中吹走的沙子,则随后又越过赤裸裸的城墙内部,重新对西墙进行破坏。

东墙和西墙所▷
受到的侵蚀作
用

诚然,在东墙和西墙朝风面上的风力侵蚀,会逐渐将一个个的单个吹蚀坑联合起来,并最终将这些城墙毁灭掉。另一方面,我调查到了北面和南面的墙,它们的走向与风的方向相平行,未遭到任何稍大一点的破坏。如果这里的风力侵蚀作用一直照此持续下去,再过若干个世纪之后,这座废城圈子就会变得像中国古代驿站楼兰那样。那座古城的东墙和西墙已经消失,我在那里能看到的只是北墙和南墙。① 正是在这里所作的观察,使我对其特征第一次获得了正确的解释,而这种特征当我初访楼兰遗址时曾使我感到极大的震撼。

可变的侵蚀过▷
程

同时我想在这里借机指出的是,那种影响风力侵蚀进程和结果的可变性因素。值得指出的是建在这座废弃古城东门正面的半圆形棱堡(即瓮城——译者),它是近代中国堡垒性建筑中常用的形式,尽管其墙脚的少数地方已被风沙侵蚀掉了一部分,但其他地方并未受到多少破坏。很明显,它那种圆形的墙壁外表足以通过将流沙向两侧分解而减少吹蚀力的效果。紧邻地方的地表状况在决定风力侵蚀的程度上是一个重要的因素,甚至大气状况也具有同样的重要性,这一点可通过与夺魄城(To-p'o-ch'êng)的对比显示出来,后者位于安西西南大约 6 英里。尽管该城自东干人叛乱以来(如果不是更早时候的话)已完全废弃,但其城墙上并没有显出任何的风力侵蚀的迹象。这种现象的解释看起来就是基于下述事实:夺魄城虽然坐落在没有现代耕地的地面上,在东面却受到大量的

———————————

① 参见第十一章第四节。

矮灌木丛的保护。这片灌木丛分布在古城附近的废地上,起到了阻止流沙靠近的作用。

关于后一个观点,具有启发性的实例(在相反的意义上)是由现代安西城本身提供。该城周围的大部分方面都被某些种类的耕地所围绕,但在城东却有一条废地地带,上面有薄的流沙层,显然是从河床里带过来又被地表的植被所松散地滞留下来。因此,当看到东城墙在无情的烈风——著名的"安西风"的冲击之下濒临倾倒时,那着实是令人一点也不感到奇怪。为了阻止墙顶被风力侵蚀毁坏掉,人们就在这个特殊面上用坚固的石头修建了一道女墙,以将这面墙置于保护之下,此事可能发生在平定了东干人叛乱之后。虽然在该墙的内侧形成了一座高 15~20 英尺的大沙丘,但这道女墙在某种程度上确实起到了避开上述风力破坏的作用。问题接踵而至,墙上部的风力侵蚀被挫败了,而由东风所驱逐的沙子现在则将其毁灭性的力量发泄在了下面的黏土墙上,很多地方的墙根因被风力切割濒于倒塌。

◁风力侵蚀下的现代城墙

同时我在这里还应该指出的是,尽管安西附近的风力侵蚀既力量大又持久,而且还有大量的流沙,但就我所见而言,其周围的地面上却看不到那种最典型的风力侵蚀作用的痕迹,即在罗布荒原上所存在的那种雅丹侵蚀沟,或在沿塔克拉玛干南缘的古遗址中所见到的那种普遍的对地平面的减低。其可能的解释就在于那种砾石层(位于不厚的表层河相黄土层之下),以及覆盖在地面之上的植被,它足以保护住大部分地方的松软的表层土。这些植被就像长时期以来生长在敦煌绿洲以西荒漠上的那些植被一样,它们自身会抵抗或延缓皱缩,无疑主要靠的是地下水以及有时来自疏勒河的洪水而存

◁安西的风和大气状况

活下来。但根据个人经验以及考古学证据来看,我也有理由相信安西一带的大气状况要较敦煌地区湿润一些,而且在疏勒河谷地直至靠近肃州的地区,从敦煌向东当地的降雨量有一种轻微而稳步的增长。[①]

瓜州的历史地▷理

　　由于在安西停留期间所作的直接观察,我收集到了一些有关这地方的古迹及其古代地理方面的资料,因此我现在可以转过来考证一份与古代瓜州历史地理有关的记载了。它是我唯一可以理解并特别感兴趣的历史资料,因为它来源于玄奘,并且与他生平里一件非常值得纪念的事件密切相关。我指的是他那次自帝国边境冒险启程前往西域一事。这位伟大取经者的《生平》一书告诉我们,他是如何抱着"欲求法于婆罗门国"的目的而离开凉州(时大约已近公元 629 年之末),而后又是如何到达瓜州。[②] 在寻找前往西域的路时,这位法师被告知:

　　从此北行五十余里有葫芦河,下广上狭,洄波甚急,深不可渡。上置玉门关,路必由之,即西境之襟喉也。关外西北又有五烽,候望者居之,各相距百里,中无水草。五烽之外即莫贺延碛(Mo-ho-yen),伊吾(I-wu)国境。[③]

---

① 参见斯坦因《沙漠契丹》,第二卷,239 页等。

② 我引述的话出自儒连的译文《生平》17 页,并参见了 L.吉尔斯博士所作的某些订正。另参见比尔《玄奘传》,11 页。

③ 儒连写作 I-'gou,在《记》第二卷的索引中未写出其汉文原字。比尔亦照录此名。在文中该名称作"伊吾",即哈密在唐代之称谓也。

有关伊吾及莫贺延碛(该词的拼法在儒连《记》第二卷 516 页中作了订正,以替代比尔所拼的 Mo-kia-yen),见本书第二十八章第一、二节。

我应该引述一下儒连在他的《记》中所讲述的感人故事，那个故事告诉我们，这个热切的朝觐者受吉祥的梦境和预兆的鼓励，并在当地长官的默许之下（那人被玄奘的虔诚所打动，采取睁一只眼闭一只眼的办法，同意玄奘出关），准备避开官府的禁令，冒险出境进入令人畏惧的大沙漠。在这里令我们感兴趣的是当时玉门关所处的位置，以及玄奘的故事中所提供的有关瓜州古地志和通往哈密之路方面的信息。据记载在途中玄奘"所乘之马又死"，"遂贸易得马一匹，但苦无人相引"。有少胡（年轻胡人）来"言送师过五烽"，并介绍一"极谙西路，来去伊吾三十余返"的胡老翁。老翁说："师必吉，可乘我马。此马往返伊吾已有十五度，健而知道。"于是玄奘"遂即换马"，"与少胡夜发"，前往伊吾。① （见《大慈恩寺三藏法师传》，儒连著作中即译此书，下同——译者）

▷玄奘从瓜州出发

玄奘等"三更许到河，遥见玉门关。去关上流十里许，两岸可阔丈余（10 英尺）②，傍有梧桐树丛。胡人乃斩木为桥，布草填沙，驱马而过。法师既渡而喜，因解驾停憩"。在河边休憩之后，辞别了这位不愿再继续前进的年轻人，这位旅行者独自勇敢地朝着第一座烽燧的方向出发了。在接下来的章节中我们将会追寻到他的足迹，并且将会有充分的理由相信，他所走过的道路必定距那条现代商队所走的安西与哈密之间的道

▷玄奘通过疏勒河

---

① 参见儒连《生平》21 页。所提到的这匹富有经验的马，在我看来接触到了记载在《生平》中的故事的真实性。与我在本节第二十八章第一节讨论玄奘冒险穿越沙漠之细节时将要提到的其他观点一道，它从中产生出了一个假设，该假设支持玄奘传记作者所记载的有关玄奘事迹之真实性。我们将会看到，这个故事将这取经者从沙漠中逃脱出来免于被渴死和累死之原因，很大一部分归于他的坐骑对当地情况之感觉。这种习惯于沙漠旅行的马对本地情况的直觉，我本人亦曾有过大量的体验。因此，我相信对这匹惯于旅行的马的特别提及，实际上是根据玄奘冒险故事中的事实而作的。

同时，《生平》一书中将这匹有用的坐骑（"瘦老赤马"）与一个很早以前得到的预兆结合在一起的方式，同样也是将对事实的感觉掺和在天真的轻信之中。通观玄奘个人的《记》，这种轻信是其个性中的特点。

② 我在这里引述的段落，根据的是 L. 吉尔斯博士向我指出的正确的译文。儒连的版本中则暗示，此一可涉过的地点在关之所在处。但这明显地与意图不符，因为玄奘的通行必须是秘密的。

路不远。①

玄奘《生平》记▷
载的有关当地
的资料

依据以上这段描述以及玄奘先前所收集到的有关当地的信息,我们可获得以下的关于地志方面的资料。从瓜州城出发,前往哈密的道路首先是向北行 50 里,抵达葫芦河,那里分布着玉门关的烽燧。由此处起道路转向西北,进入沙漠地带。玄奘由于未被授权出境而不得不避开看守。他已超出了被许可的行动范围,一旦被看守发现,便会遭到制止。于是他夜间从瓜州出发,三更时分抵达位于玉门关以上大约 10 里处的河边,从那里不为人知地涉过了河。从那里起,他选择了通往最近一座烽燧的道路。正如我们从《生平》一书中所看到的,他走了 80 里路后,才抵达那座烽燧。②

玄奘《生平》所▷
记里程准确

很显然,这些情况与地图上所显示出的地形状况完全一致。所谓的葫芦河,只能是指疏勒河。③ 根据瓜州城遗迹所处的中心位置以及保存下来的传说,可以有把握地推测出唐代瓜州的大致位置④,它位于现在到哈密的道路与疏勒河相交点以北直线距离约 8 英里处。如果我们假定疏勒河的河床在玄奘的时代更向北偏约 2 英里,即拉伊·拉姆·辛格所测出的一条老河床位置之所在⑤,这样一来就更接近《生平》所说的 50 里的距离了。因为我在中亚的经验已证实,玄奘所估算的 5 里路程,一般平均下来相当于1 英里。⑥ 玄奘离开疏勒河

---

① 参见本书第二十八章第一节。

② 参见儒连《生平》,24 页。

③ 与疏勒河有关的考证,是由 V.德·圣马丁正确地做出的。参见儒连《记》,第二卷,262 页。

④ 敦煌亦是按着同样的方式,维持着它在唐代沙州紧邻地区中的统治中心地位的。参见本书第十六章第一节,第二十六章第一节。

⑤ 我很遗憾的是,1907 年 10 月 8 日经过此河床时,由于在安西出发时所受的耽搁,使我无法对这条老河床进行调查。我感到更遗憾的是,在安西匆匆忙忙的停留期间,我未及参考一下《生平》中的有关说明。

⑥ 参见本书第十七章第三节,注释;第十九章第七节,注释。还必须记住的是,玄奘的估算指的是实际的路程,而非地图上的直线距离。

后前往哈密的路逐步转向了西北方向，这从地图上可以清楚
地看出来。最后一点值得注意的是，玄奘过关至烽燧行程为
80 里这一数据，与地图所显示出的上文提及的老河床和白墩
子（Pei-tan-tzǔ）之间的距离为 16 英里完全吻合。白墩子位于
现代的商路上，它曾是我们的第一处歇脚地，那里有泉水。

　　关于玄奘西行时所设置的玉门关的准确位置，我无法作 ◁晋昌的边界关
任何明确一点的声明。是否可看到的这样一种烽燧遗迹，在　隘
紧邻河床的地方会发生一些变迁尚不得而知。无论如何，我
对长城的调查已经解决了有关这座著名边关原始位置的问
题，它一度曾远居敦煌以西。我们有理由相信，即使在玄奘时
期，玉门关迁至瓜州以北也不可能是很早以前的事。《唐书》
中有一段记载提到，公元 610 年，中国著名官员裴矩被派往玉
门关一事，这段记载明确地把这座边关的位置说成是在晋昌
（Chin-ch'ang）城中。① 中国的古物学家们似乎一致认定，晋昌
是一个依赖于瓜州的分支机构，其位置在现在的安西以东。②
但是，它的准确位置到现在为止仍未被确定。从任何方面来
看都很清楚的是，公元 610 年时的玉门关并不是 20 年后玄奘
所见的玉门关。在此间隔期间，为了配合中国政治上重新恢
复对中亚的统治，这座关城可能被向西迁移了，此事发生在唐
朝建立（公元 618 年）后不久。至于它在瓜州附近历时多久，

---

　　① 参见沙畹《西突厥》，18 页。
　　② 参见沙畹先生在《西突厥》18 页注③中所提供的参考资料，以及《十题铭》67 页注②，93 页注⑧。
按照安西当地的地方官向我表达的意见，晋昌城的位置是在玉门县的西面。我感到遗憾的是我未能确证
其准确位置，此外更令我感到遗憾的是：在我自玉门县前往安西的路上，未能亲往当地去看一看。
　　千佛洞公元 894 年的题记中，讲到了晋昌是一处"战略点"（沙畹《十题铭》93 页），一个瓜州的官员凭
其英勇善战而赢得了该地。这地方在我看来可能位于湾山子（Wan-shan-tzǔ）山冈脚下某几处地方，自安西至肃
州的公路在这里经过了疏勒河的一座峡谷。关于这个位置与一座边境瞭望站之间之相称性，参见上文，第
二十章第一节。湾山子东面在布隆吉的大型城堡，目前已大部分变成废墟了，它也曾被用作瞭望站之目
的，此种情况一直持续到了一个相对近的时期为止。

以及何时和如何得名玉门县(介于安西与肃州之间),仍有待将来进一步探求。

第三节　桥子一带的古遗址

通过南山山脉▷
的最外围

　　1907 年 6 月 24 日,我离开荒凉多风的安西,向东南方的高山地区进发。在开始那里的夏季地理学探险工作之前,我在途中走访了位于南山外侧山地中的两处遗址,据说这些遗址具有考古学方面的趣味。我的首要目标是位于桥子村南面的一座废城遗址,安西的一个操突厥语的穆斯林商人,曾为我提供了关于这个遗址的最初信息,都是些必要的最粗糙的轮廓。而桥子村本身的位置就极不明确,欧洲的旅行者们从未探访过疏勒河大转弯内的那些低矮的丘陵地区。有关长时间的寻找桥子村以及大雨的情况此不赘述,我可以在我的个人探险记[1]中进行介绍。这段旅行使我们跨过了南山最外围广阔而又草木不生的丘陵地带,正是在趋近其山脚之处,在黄渠口小村子南面,我初次发现了那段短而轮廓分明的古长城城墙遗迹。它使我确信这段城墙即是长城线在安西以外的延伸,关于它的情况我在前面的章节中已经提到过。由于在自肃州返回安西以前无法对它作近距离范围内的观察,我只好将对它的描述放在了下一章中。[2]

桥子的位置▷

　　桥子村是这周围地方的首要地区,它是一片小绿洲,异常肥沃,位居一片有水草的宽阔平原之中。该平原分布在这座宽阔的河谷底部,而这河谷又将南山最外围的两片山地隔开了。连同外围的一些零星人家一起,桥子村总计约有 200 户

---

① 参见斯坦因《沙漠契丹》,第二卷,242 页以下。
② 参见本书第二十七章第五节。

人家。如画的围墙环绕着这村庄的主体部分,还有许多的寺庙及附属性建筑,它们现在有一半都已颓废了。这些遗迹表明,在东干人叛乱对这里造成毁灭性的破坏以前,这里的绿洲中必曾有过庞大的人口数量。它的存在靠的仅是大量的泉水,这些泉水分布在主绿洲南面和西南面广阔的沼泽地带,从那里冒出了地面。

　　充足的水源提供了良好的灌溉条件,为人们的耕种带来了便利。泉水还使 150 平方英里的土地变成了优良的牧场。这个峡谷过去还是那些游牧或半游牧的非汉人(如月氏人和匈奴人)理想的冬牧场。他们游牧于此,直至汉人向甘肃极西部地区的推进将他们赶到北面时为止。吐蕃人、回鹘人和唐古特人(Tanguts)必也曾分享过其优越的自然条件,他们对这片绿洲连同南面更高河谷里的牧场心存感激,而他们对这些地方的占据持续了下来。但是汉人对游牧生活的反感根深蒂固,他们现在宁愿将这块优良的牧场弃之不用。一直保存在记忆中的对东干人和唐古特人侵掠的悲惨经历,使他们对其游牧民邻居有一种传统的恐惧心理,很戒备地制止那些可以利用这块土地的人进入此地。沿着南山山脉向东趋向甘州等地的山脚下,还发现有一些较小的冬季牧地,这一地理状况值得在此加以强调。因为对研究历史的学者来说,如果他想阐明甘肃最西部地区那些基本上处于游牧状态的民族的系列领地情况,他就必须关注这些地方。如果这整个地区像敦煌以西及疏勒河北面的荒原一样,或者像塔里木盆地那些只有靠灌溉和辛勤耕作才能维持人类之生存的绿洲一样,从自然条件上来说,这些游牧民对地域的占据就不会长期地维持下去。

　　我发现被报告是"古城"所在地的那个地方自然特征非常有趣。遗址的确很大,在一些方面具有很强的启发性。其

◁桥子河谷中的
牧场

◁锁阳城遗址的
自然特征

遗迹散布在一个东西向长约 5 英里、南北向宽 3 英里多（东端）的地带内。沿着被墙围起来的桥子村向南行，经过 1 英里长的耕地，就到了一处将近 3 英里宽的由沼泽地里的泉水哺育而成的茂盛的植被地带。窄窄的一片红柳沙丘，像屏障一样分布在这片植被地带的南边缘。遗址区延伸到了那里，一部分已被风蚀，另一部分则被埋在了生长着红柳和芦苇的矮沙丘底下。再向前行进 1 英里，我眼前出现的景象使我回想起在和田见到的那种塔提，我置身于一处明显可见的遗迹之中了。这是一座带围墙的小城，呈不规则的四方形，其中相连的北墙和西墙部分如遗址平面图（附图 46）所示，已严重颓毁。在图中，其所在位置标记为 β。桥子村的村民们称这个遗址为"锁阳城"（So-yang-ch'êng）。

遗址附近的风▷
蚀地

城东和城东北方向 3~4 英里处，零散地可见到一些用泥土建造的塔和围墙。在被完全侵蚀掉的住宅中，发现了一些厚的陶片，这些迹象标明了这个曾被密集占据的地域之范围。老绿洲上的耕种地可能曾延伸到了很远的地方。整个遗址区分布在肥沃而平坦的黄土地上，那黄土地一直延伸到从南面山坡上斜过来的光秃秃的冰碛砾石滩地边缘。在我随后从踏实（T'a-shih）到万佛峡的路上，一直分布着这种砾石滩地。由于缺乏地表水而未受到植被保护的黄土地，被强劲的东风吹蚀得很厉害。这种风通过疏勒河盆地里总是呈东西向的小山脊和裂口①，一年四季不停地刮着。在这里逼真地再现出了罗布荒原上楼兰一带雅丹地貌的形成过程，只是雅丹规模小了一些罢了。那种常常间隔 2~5 英尺的很浅的吹蚀沟，说明了正如我们将要看到的下述事实：自从地表水和保护植被消

---

① 《沙漠契丹》第二卷图 210 中所收录的照片，将这些地形状况显示得很清楚。

失以来,时光在这里的流失也不过一千年。另一方面,这里地表的黄土层厚度有限,我发现很明显正由于这个原因,那些黄土被彻底地侵蚀掉并一直暴露到了下面的细砾石层。很多原本来自岩屑覆盖的山冈的沙子都很粗糙,其侵蚀活动在这里必然会有助于风力侵蚀的效果。宽阔的被侵蚀的黄土地带,向东一直延伸到眼睛所及之处,一眼望去,只见满目黄沙。在老绿洲之内,存活下来的灌木有助于将小沙丘固定在原位上。正如我已经描述过的那样,在城墙内,由于大墙所提供的保护作用,流沙累积成了巨大的沙丘。

　　与刚才描述的自然状况有关的,还有我在这些地方所作 ◁古代灌溉遗迹
的调查(由于时间有限,我的调查不得不快速进行),它使我得以确证了曾经供给这座废城以及它附近耕地的水源。可以肯定的是,它不可能来自灌溉着现代桥子绿洲的由泉水哺育的沼泽地。稍作观察即可看出,所有这些泉水的所在地,均低于被废弃的遗址区之地平面。从位于绵延了数英里的光秃秃的冰碛砾石滩涂上的锁阳城起,一直到山冈脚下,都看不到任何清楚一点的河流痕迹。但当我穿过古城东面的风蚀地,前往我此次探察目的地的古城遗址时①,我的眼睛被从东南面延伸过来的一座砾石覆盖的山脊所吸引住了。正如我所期待的那样,那里有一条古渠道,其渠岸顶部仍清晰可辨。渠水从山脚下所携带的粗沙和砾石,在时间的长河里必定有助于河床的抬高,这正如我们在从和田到安西的每一片绿洲里所看到的那样。接下来,当渠道停止输送水时,其大量的沉积物就起到了保护渠道免受风力侵蚀的作用。自从灌溉停止以来,这种风就一直在持续不断地切割和减低渠道两侧的地面。这

---

①　图238的背景上显示出了该城的一小部分。

样一来,渠道的顶部就保存了下来,平均高出两侧的侵蚀地面以上 10～12 英尺。

古渠道线▷　　　渠道线在距离废弃的寺庙 a 大约 1 英里处,可看出它又分成了数条支渠。从这里起 4 英里范围内渠道都清晰可见,直至古城东南方一座泥土堆旁。自此起,地面上的渠道线就消失在完全为雅丹所侵蚀的地面上了。在这片宽约 0.5 英里的侵蚀地带南部,可看到赤裸裸的冰碛砾石滩渐渐地在升起,在这个地方是别想指望看到渠道的痕迹了。向东南方向远远望去,我看到了一条白色的泥土峭壁线,可能是一条现已干

干燥化的迹象▷　涸、沉陷入冰碛砾石地里的河道。它的南面距离最近的山冈上,有一条宽阔的沟壑,它使我去想这条河道从下一座更高的山脉起被截流了。正如我随后的调查所显示出的那样,这座山的高度在 12 000 英尺以上,尽管它没有永久的积雪,现在却可以随时接收到大量的潮气。① 毋庸置疑,正是这同一径流现在又出现在桥子东和东南面的沼泽地中。但就地面状况而言,现在的地表水不足以灌溉古代绿洲。由此我可以得出的结论是:在这个地区已有清楚的证据显示出了干燥化的迹象,无论是普遍存在的抑或局部范围的;而这个问题使得考古学从对遗址的考察中所得出的事实具有了别样的价值。

锁阳城城墙▷　　　我需从已经提及的锁阳城废墟开始对这些遗迹的描述。正如附图 46 中所显示出的那样,用夯土围成的城墙呈现出一

---

① 我很遗憾的是,由于时间及适于这个季节使用的交通工具之不足,我无法沿这个方向展开调查,并理清有关的地形学方面的问题。桥子村东南面山脉的示意图,正如拉伊·拉姆·辛格用平板仪测绘的地图所显示的那样,与我沿着古渠道线向东南方向调查时所观察到的情况并不一致。由于这个测绘员疾病缠身,已不可能在我们前往踏实以前对这部分山区地形图进行复查了。

那一度灌溉过桥子的河流,穿过了外围的第二道山脉,并从第三道以及一座更高的山脉中接收到了大部分的径流。那座更高的山脉俯瞰着北面的昌马河谷。很可能是这样子的:这条穿山越岭的河流即是从锁阳城西南流过的那条河床。其河谷正如实际上曾穿过其河口的测绘员所观察到的那样,确实是穿过了第二道山脉。

种四边形,其北墙的外侧长约 670 码,南墙为 493 码,其他两边长约 650 码。墙的厚度不一,其墙脚处厚 20～30 英尺。在墙角有圆形的棱堡,沿着棱堡间不规则的幕墙上又有四方形的棱堡(即马面——译者)。在保存下来的北门和西门处,有一种四方形的外围工事(即瓮城——译者),就像现在在中国城门外侧仍可见到的但常常筑成半圆形的那种建筑。城墙的西南角向内缩进,那里有一座小围墙建筑,或许是打算用来作一种内堡。南面和北面上也有内墙遗迹,但损毁严重,其特征已无法辨认。

　　该城有一特别之处,它有内外两道东墙,二者相距 200 ◁双重东墙
码,并不完全平行。如图 185 所示,内侧墙的很长一段由于侵
蚀而产生了裂口。图 240 中显示了锁阳城一部分内侧东墙的
景象,它清楚地展示出了风沙在这里肆虐的结果,极类似于安
西南面那座废城的状况。① 尽管经历了长时期的侵蚀,内墙 ◁东墙的风蚀效
的基部依然保存了下来,而且一些棱堡,或许还有近中部处的 　果
城门之位置仍可以辨认出来。它与外侧的东墙很不一样,后
者不得不承受东风的吹蚀。其大部分地方都已被夷为平地,
仅可在别处寻到一段破坏得很严重的低矮的墙迹线。考虑到
这一事实即外侧东墙在自身受到侵蚀之同时,必也曾为内侧
东墙提供了保护,我们还不可断言后者的较好保存状况乃是
后来修建的必然证据。然而,联想起在现在的安西"城"东墙
上之所见,我自然而然就生出了这样一个想法:锁阳城的内东
墙建于一个较晚的时期,当时外墙已被缓慢然而无休无止的
风沙侵蚀得无望修复或用来防卫了。从内墙的位置相对靠近
北城门及其墙角缺少半圆形棱堡上来看,似乎也支持这一

---

　　① 参见本章第二节。

推测。

北城墙和南城▷
墙的保存状况
在安西的观察发现,古城的北城墙和南城墙遭受的损毁相对较小,尚未有一处地方完全断裂过。毁灭性的风主要来自东方,而南北墙的走向与此一致,因而得以保存下来,这也为楼兰古城的状况提供了另一个明确的解释。在东墙的庇护之下,流沙在围墙之内被积累下来,从而成功地保护了西墙免于遭受毁坏,尽管其顶部刚刚开始出现一些裂隙。在围墙的

渐进的风力侵▷
蚀
西北角,建有一座用黏土筑成的瞭望台,其底部有一个用土坯砌成拱顶的通道。该瞭望台仍高约 30 英尺。随着时间的流逝,这些裂隙被切得越来越深时,风力将会重新卷起时下填塞在裂隙内的沙子,并驱使它们向西掠过那时已破裂的城墙。到那时,侵蚀力对内墙来说将会像对外墙一样大,也会强烈侵蚀到城墙以内的地面,将这个现在已半为沙丘埋没的地方变成一处塔提,仅有北墙和南墙的遗迹尚可显示出曾有一座带围墙的城池在这里矗立过。

废城内部情景▷
要指出这一过程的早期阶段是很有趣的。在内外墙之间地段上的沙子很薄,分布在小土墩与暴露在侵蚀力之下的住宅等之间。这些住宅从图 185 的右前景中可以看到。在这里的地表上可见到古代的陶片、木炭之类的遗物碎屑,但在墙外的完全被侵蚀的地面上却见不到这么大量的遗物碎屑。城墙外侧的红柳大都已枯死,与它们在一起的沙丘正被分解和夷平。在内东墙后面围起来的地段内,还有很多的红柳沙丘,上面仍有绿色的灌木生长着。靠近西墙,甚至还有一些仍很茂盛的野杨和沙枣树。大部分地方的流沙堆积得有 6~10 英尺高。仅在少数地方的地表上可拣到陶片(包括一些瓷器及上釉的粗陶器碎片),以及属于唐代的青铜钱币。在这些地方有较大型的垃圾堆,或者是一些由完全倾颓的建筑物构成的土

图 237 锁阳城东部的废寺和佛塔遗迹,自西南望

图 238 锁阳城东部的主塔遗址,自南望

图 239　安西南面沙化的城址东北角附近风蚀的东墙

图 240　锁阳城故城东墙,内部风蚀的缺口,自东望

图 241　塔西上方的小千佛洞石窟，自西北望

图 242　万佛峡河岸左侧的石窟寺，自北望

墩子,它们都高出流沙的地面。城的西面,在一道外侧围墙(其标志是一些较小的墙迹)内外,有一片地面上生长着大量的灌木和芦苇,推测那地方的下面应有地下水存在。那水可能来自上面提到的从城西南经过的干河床的排水,而该河床的排水又是从南面第三道山冈那里带过来的。①

占据直到宋代▷　　　瓷器和上釉粗陶器的碎片,连同我第一次在这遗址中调查时所采集的钱币,极清楚地说明了这座小城及其周围地区的固定占据时间,曾一直持续到了宋代(如果不是更晚的话)。这一事实,再加上在仍然生长有植被的地面上容易被毁坏的遗迹的倾颓状况,使得花费时间在这里做系统的发掘显得很不明智。围墙内的极大部分都分布有很厚的流沙,在那个季节里,要想雇用到足够数量的工人是很难的,这一切都会极大地延迟我要做的发掘工作。在围墙西南角的一座高出流沙地表的土墩上所做的试掘(标在了平面图上,附图 46),揭示出了一座看似住宅的遗迹。这座住宅建在一片大遗物碎屑堆上,碎屑堆主要由完全烧焦的木头、破碎的土坯以及牲畜粪组成。除此之外还有其他一些迹象表明,这古城里的建筑在废弃之后曾遭受到一场大火。

晚近时期仍有▷　　　然而这座古城看上去并不像是一下子就被彻底废弃,而
人来到遗址活 是有一个渐进的荒废过程。这个观点是由下述事实推导出
动 的:所发现的钱币遗物中,最晚的一枚属于金(Chin)代一位帝王时期(公元 1156—1161 年)②,而此外还发现了少量的瓷器碎片,霍布森先生倾向于认为这些瓷片的时代应在 17 世纪。③考虑到遗址与桥子村间很接近,很可能我从那些前来观看发

---

① 参见本章第三节注释。
② 参见 So.0022、0023、0025、0026、0037、0039 等。
③ 参见 So.0034、0044、0045、0051。

掘的桥子村村民那里听到的一个说法是真实的。据他们讲，在他们的记忆中，在北面草原上放牧矮马的牧人们，时不时地跑到少数几座废建筑中躲避冬季刺骨的寒风。那些建筑物明显地属于较晚的时期，当时仍然矗立着。有证据表明，这座废城甚至在今天还有一些临时的居民，都是些前来采硝的人。从曾经被占据过的建筑物的土中，可以采集到这种硝。人们指给我看西墙根上的那些小烟囱，都是被那些挖硝人凿出来的。

从位于一座地穴式住宅前面的一座小泥土建筑的寺庙（其时代很晚）里，以及一处明显是一座工作垃圾堆上，陪同我的一位有文化的小官员给我找到了一种有趣的小古物。那是一件雕刻得很好的木雕像的上臂（So.009，图版 XLVII），属于某种明显有真人大小的雕像的一部分。像上面装饰有浅浮雕，带有表示两件衣服的装饰图案。其图案的一部分是植物，让人想起犍陀罗的装饰图案，包括四瓣铁线莲似的花朵，这种图案我们从尼雅以及楼兰出土的木雕中已经很熟悉。当这些东西送到我手里时，上面仍附着有鲜亮的色彩痕迹。这件遗物所属的雕像的时代必定很早，或许是唐代以前，这一点看来是很清楚的。遗憾的是，没有任何迹象可表明其原始出土地。但即使如此，它也足以显示出锁阳城内的这些土墩和流沙之下，可能埋藏着富有考古学价值的东西，而不仅仅是一些塔提类型的小遗物碎屑。而要做系统的清理的话，却既费时又费力。

△木质雕像遗物

出城向西北行，在其西北角约 1 000 码处（见附图 46），有两个大夯土建筑的土墩吸引了我的注意力。自远处望去，它们像小城堡一样。但走近观察，在北面有一道损毁严重的外侧围墙遗迹，其独特的样子立刻吸引了我。建造得极好的土墙厚达 20 英尺，仍还保存有很高，它构成了一个每边长约 70

△带围墙的墓地

英尺的坚固的方形建筑。看不到有任何专设的入口或台阶，以及其他可进入其内部的设施。墙的接合处形成了一道裂口，在通过该裂口走进这些奇怪的建筑之后，开始时我徒劳地在寻找能说明此建筑之用途的遗迹。后来我注意到了一些已裂开的木板，它们散布在沙地上，占据了围墙的一半。木板的长度恰好与一副棺材的长度相当。接下来，在刮去一个角落里的沙子之后，我发现了相似的木板，仍处在原位上，里面是一具朽烂得很厉害的骷髅。很显然，这些高大的墙是用来庇护逝者的坟墓。它们或许长时间地抵挡住了风力的侵蚀，却未能阻止沙子以及"寻宝人"的侵入。我不能肯定这围墙的原始入口在什么地方。周围的地面已被流沙吹蚀得暴露无遗，随后又受到了侵蚀。从对它的调查上来看，这整个围墙内被用作了一块墓地。但墓穴中除了人的小块碎尸骨之外，已被侵蚀得别无他物。

锁阳城以东的▷
古佛塔

　　遗址中最显眼的个体建筑，是一座曾经很精美地装饰过的大型佛塔。塔建在一座部分用人力处置过、部分利用了周围侵蚀地的台地上，在锁阳城外东墙以东不足 1 英里。图 238 呈现的是其南面部分，而在图 237 上呈现的则是其西南面，它向北和东北方向有一排较小的佛塔。"寻宝人"在代表佛塔上部基座的部位挖了一个大坑，对佛塔的损毁很厉害。此外还有被毁坏掉的原先曾覆盖在外壁上的一厚层硬的黄色拉毛泥，使我很难在有效的时间内对佛塔作准确的测量。从我拍摄的照片上可以看出，这座佛塔在形状和比例上，与我在塔里木盆地调查过的佛塔明显不同，代表一种较晚期的类型。最下部分的基座看似呈方形，大部分被碎屑所掩埋，其上有第二层呈圆形，凸棱状，高 15 英尺多，其上承托圆形塔身。它的上面还有第三层，呈圆柱体形，其穹隆形顶几乎变成了平的。

一个非常显著的特征,是上面用砖建成的一系列的大伞盖,很
精致但不成比例。佛塔的总高度看上去超过了 40 英尺,而主
体基座部分的直径大约有 27 英尺。我对这整座塔的印象是:
它属于宋代晚期,或许属于当甘肃极西部地区被唐古特或西
夏(Hsi-hsia)统治时期(公元 11—13 世纪)。但在缺乏可靠的
年代学资料的情况下,无论是对此地还是对吐鲁番和焉耆的
七个星"明屋"中出土的某些部分特征相似的佛塔,我们都不
能贸然尝试去确定它们的年代。

　　没有任何的堆积物保留下来。如果这座佛塔内部可能有 ◁佛塔遭"寻宝
过什么东西的话,就必曾刺激过那些"寻宝人"的欲望,这可 人"盗掘
以从那些各种各样的大盗洞上看出来。沿台地北边缘排列的
直径 10~12 英尺的六座小佛塔,也未能逃脱被盗掘的命运。
有一些佛塔因此而彻底颓毁了。在那些仍矗立着的塔内,有
一间不足 2 英尺见方的小室。其中有两座佛塔的小室里,发 ◁微型泥质佛塔
现了数以百计的用黏土制的微型佛塔模型,其样式与我在喀
达里克的寺庙 Kha.vii 中所发现的一样。① 这些小供奉物中的
大部分都被弃置在外面,或多或少地遭受到了磨损或风化。
但也保存下了足够多的完全未被触动的标本,从中显示出它
们是从少数模子中复制出来的。这些标本中最有趣的是
So.a.006(图版 CXXXIX)。它精确地再现出了热瓦克佛塔的
平面结构,其主体基座上带有台阶和四条十字形的臂②,但上
层建筑的细节部分却未保存下来。So.a.009、0010 中保存了基
本特征(图版 CXXXIX),它们系用制作较粗的模子制成。而

① 参见本书第五章第一、三节。
② 参见斯坦因《古代和田》,第一卷,485 页等;第二卷,图版 XL。至于法哈特伯克亚依拉克的一件
平面结构相似的佛塔,见本书第三十一章第一节及附图 58。在沙赫里-巴合娄尔(Sahri-bahlōl)出的另一
件,见斯坦因《沙赫里—巴合娄尔之发掘》(1911—1912),118 页,以及图版 XXXV,L。

So.a.007、008（图版 CXXXIX）则再现了与喀达里克一般模型相一致的传统。

釉陶与贴塑碎▷
块

主佛塔南面的台地部分看上去曾建有一座寺庙，但其遗迹已完全毁坏到了基部，这或许是使用其建筑材料作他用之故。这座庙宇的存在可通过大量的硬绿釉陶片来加以证实，这些碎片明显属于苫顶的屋瓦。标本 So.a.001、002（图版 IV）被模制成浮雕状，上面还带有一部分有翼龙的图像。标本 So.a.003、005（图版 IV）是施釉的贴附用的雕塑碎块，可能曾被用来装饰寺庙的墙壁。相同的还有一件小粗陶像的胳臂 So.a.004，上面同样地也施有釉。我在这里可以指出的是，1914 年我在哈拉浩特（即黑城——译者）一座可能属于西夏时候的寺庙里，发现了大量的相似类型的绿釉瓦，被用作屋顶和墙壁的装饰物。我在寺庙东南部分做了些清理（那地方还可以看出一些墙的痕迹），结果是什么也没发现。

地面上的碎屑▷

我在这个遗址中调查过的其他一些建筑遗迹的情况很简单，主要是因为它们过于稀少或不明确，以致无法确定其年代。当从附近的大土墩（该地点可看出古灌溉渠线①）向北返回时，我越过了一片广阔的塔提地面，这块地方在地图上可以看到，其从南到北的距离大约 3 英里。在整个路途中，到处都有大量的暗灰色和红色泥质陶片散落在地面上。它们中的大部分看上去要比在地图上标出的地点那里遇到的房屋中所出的陶片古老，这些房屋的泥土墙壁倾颓得都很厉害。是否大部分陶片所代表的人们对遗址地面之占据时代可能要早于那些房屋所代表的年代呢？塔提地面的自然状况或许会证实这个问题。

① 参见本书本章第四节。

关于古城及其邻近地区，我在前面已经指出了其年代学 ◁钱币方面的年代学证据
方面的证据，从那里采集的陶片清楚地表明了遗址的占据时
代是在唐和宋代时期。剩下来唯一要补充的是更明确的钱币
方面的证据，完全与这一观点相一致，但同时又留出了某种程
度上来讲人们对遗址的占据可能更早的余地。正像附录 B 的
名录中将要显示出的，在已鉴定出的总数为 38 枚的铜币或铜
币残块中，有 25 枚上面铸有"开元"铭文。这种铭文最初用于
高祖时期(公元 618—627 年)，但在唐代大部分时期的钱币上
都有这种铭文。剩下的有一枚为"乾元重宝"，该年号历为公
元 758—760 年；两枚宋代钱币；另有 10 枚五铢钱，其中有一
枚可归为隋代(公元 581—618 年)。其余的时代明显较早。

在锁阳城及附近地方发现的遗物

So.009. **木雕像右上臂**。真人大小，连带有赤裸的肘部。臂上有两层
衣服，下面一层显示有四排束拢的褶边，它上面是悬垂的斗篷尖，装饰有四瓣
花朵图案和呈菱形的浮雕图案，其边缘是介于素带纹之间的由点组成的线条，
从外侧带纹起悬垂有凸圆线脚。臂自肘部弯曲，臂的下部被切断并钻孔，以连
接前臂上的榫舌。$11\frac{1}{2}$英寸×$2\frac{1}{2}$英寸。图版 XLVII。

So.0014. **铁镞**。剖面呈菱形，有小方肩，从上面突出至铤部。箭头长
$1\frac{3}{4}$英寸，通长 $2\frac{5}{8}$英寸。

So.0015. **铁镞**。同 So.0014，但无铤，锈蚀甚。长 $1\frac{7}{8}$英寸。

So.0016. **铁鸦片烟斗(?)残块**。烟管部分短而弯曲，一端破裂且脱落，
近另一端处变宽成烟勺部分，它两倍宽于烟干部位(可参见大英博物馆人种史

展厅中的相关展品）。长 $1\frac{3}{4}$ 英寸,内径 $\frac{3}{16}$ ~ $\frac{1}{2}$ 英寸。

So.0017. **青铜铆钉**。具有中空、呈半球形的钉头。直径 $\frac{1}{2}$ 英寸。

So.0018. **青铜玫瑰花饰**。自茎部折断。直径 $\frac{5}{8}$ 英寸。

So.0019. **青铜镜残块**。背面在钻石形的空间内装饰有浮雕图案,为奔跑的牡鹿,锈蚀且图案模糊。$1\frac{1}{4}$ 英寸 × $\frac{1}{2}$ 英寸。

So.0020. **玻璃珠**。蓝色,不透明,做成桑葚形。直径 $\frac{5}{16}$ 英寸。

So.0022. **粗陶片**。器物颈部,器身呈弱浅黄色,上面施半透明、紫褐色、厚薄不均的釉。有轮线痕迹。汉式器物,可能属唐代或更早。最大 $3\frac{1}{4}$ 英寸。

So.0023. **粗陶罐碎片**。器身呈弱浅黄色,外表施有乳白色釉,里面带有蓝色并用黑色绘出植物图案的轮廓线。汉式器物,宋代。最大 $3\frac{1}{4}$ 英寸。图版 IV。

So.0024. **贝壳碎块**。最大 $2\frac{1}{2}$ 英寸。

So.0025. **粗陶片**。系瓶或碗的碎片,灰色瓷器器身上似施有一厚层弱紫灰色带细裂纹的釉,上面带有一小块红褐色色彩。汉式器物,宋代。最大 $2\frac{1}{2}$ 英寸。

So.0026. **粗陶片**。器身厚,呈浅黄色,外表施乳白色釉（有细裂纹）,绘有粗糙的褐色植物（?）图案,内壁施暗褐色釉。汉式器,宋代。参照So.0043。最大 $2\frac{3}{4}$ 英寸。

So.0027.　　**粗陶片**。器身薄而呈暗灰色,内外壁施透明的乳白色衣,上面用淡绿色带细裂纹釉绘出一种大理石纹的图案。汉式陶器。最大2英寸。

So.0028.　　**瓷片**。系碗的底边和器身部分,器身厚,呈白色,在绿、白色的釉下面用蓝色绘出植物的图案。汉式器,明代。最大 $2\frac{1}{4}$ 英寸。

So.0029.　　**瓷片**。系碗边和器身部分,灰白色器身内壁和边缘施有白色的釉,以及一层透明的淡奶油色釉。汉式器,或属宋代。最大 $2\frac{3}{4}$ 英寸。

So.0030.　　**瓷片**。系碗的一部分,白色的厚器身上在灰白色的釉下面用蓝色绘有图案。内壁绘有鸟的翅膀,外壁在分隔空间上绘有某种图案。汉式器,明代。最大 $1\frac{3}{4}$ 英寸。图版 IV。

So.0031.　　**粗陶片**。浅黄色,内壁及外壁的局部施有黑褐色釉。汉式器,似大英博物馆所藏的一件推测出自一座唐代墓葬中的瓶子。最大 $2\frac{1}{2}$ 英寸。

So.0032.　　**瓷片**。碗的口缘和器身部分,器身呈乳白色,内壁和外侧口缘部分施一层淡绿、奶油色的釉。汉式器。最大 $1\frac{3}{4}$ 英寸。

So.0033.　　**粗陶片**。浅黄色器身内壁施有一层黑色釉,外壁的褐色釉被刮去,以露出浅黄色的器身,并形成褐色的图案,螺线形植物(？)。汉式器,或属宋代,与山东发现的器物相似,或许由博山的瓷窑生产。最大 $2\frac{3}{4}$ 英寸。图版 IV。

So.0034.　　**瓷片**。系碗的口缘,白色器身上施有灰白色釉,并绘有大理石纹的蓝边。汉式器,17 世纪。参照 So.0044。最大 $1\frac{3}{4}$ 英寸。

So.0035.　　**陶片**。手制,泥质调和得很好,灰色,在敞口窑中烧成,外壁

"席"纹。最大 $1\frac{1}{2}$ 英寸。

So.0036. **瓷片**。碗,白色,外壁有模压的花瓣图案,薄而半透明的淡绿色釉。汉式器,元或明代。最大 $1\frac{3}{4}$ 英寸。

So.0037. **粗陶片**。碗,器身呈暗灰色,施有橄榄绿色的青瓷釉,内壁模压出的图案不明显。汉式器,或属宋代。最大 $1\frac{1}{2}$ 英寸。

So.0038. **粗陶片**。系碗的腹部和底部,器身呈灰色,施有橄榄绿色的青瓷釉,内壁模压出大型花朵和叶纹(? 向日葵)图案。底部未施釉,圈足内侧粘有沙子。汉式器,或属宋代。最大 3 英寸。图版 IV。

So.0039. **粗陶片**。碗,灰色器身上施有橄榄绿色的青瓷釉,内壁模压有复杂的叶纹图案。汉式器,或属宋代。最大 $2\frac{1}{2}$ 英寸。

So.0040. **粗瓷碗碎片**。白色,蓝色釉底,内壁呈中国(?)茶色,外壁有条纹及一个粗糙的印章图案之局部。汉式器,制作粗糙,或系一件现代出口瓷器。最大 $3\frac{1}{2}$ 英寸。

So.0041. **双耳细颈陶罐口缘**。粗红、浅黄色泥质,施有不均匀的深褐色釉。口部呈杯形,有双重模压成的口缘,其下面有一个长漏斗状的流,该流是在器物制作完毕并施釉之后、焙烧以前被安置上去。内外壁均施釉。汉式器。高 $2\frac{3}{4}$ 英寸,直径 $2\frac{3}{4}$ 英寸。

So.0042. **陶片**。手制,淡灰色泥质,轻微但很均匀地被火烧过。外壁有环形柄。器物是在一个内模上制作的,在内壁留有粗纤维帆布印迹,印迹呈正面而非反面,在制作过程中必曾有过某些精心的设计。最大 $2\frac{3}{4}$ 英寸。

So.0043. **粗陶片**。手制灰陶,外侧用一个篮子模制,内壁压印有粗布

纹。内壁施褐色釉,外壁施一薄层白色釉,上有褐色植物纹饰痕迹。汉式器,

可能是宋代磁州窑器。参见 So.0026。最大 $3\frac{1}{4}$ 英寸。

So.0044.　　**薄瓷片**。系碗口缘和器身,白色,釉底用蓝色在外壁绘出龙

纹,内壁绘出蓝边白色羽状花朵图案。汉式器,产于公元 17 世纪。参见

So.0034。最大 $3\frac{1}{2}$ 英寸。图版 IV。

So.0045.　　**瓷片**。碗口缘,器身呈粗灰色,在釉底用蓝色绘出带纹及铁

红色的装饰图案。汉式器,产于 17 世纪。参见 So.0034、0044。最大 $\frac{7}{8}$ 英寸。

So.0046.　　**陶片**。手制,泥质调和得极好,外壁烧成砖红色,系在敞口窑

炉中烧制。外壁有"席子"印记。最大 $2\frac{1}{4}$ 英寸。

So.0047.　　**陶片**。系大型手制器物器身,灰色泥质调和得很好,在窑炉

内烧成。外壁装饰有高浮雕图案,即龙之足及爪以及三(?)叶纹。$4\frac{3}{4}$ 英寸×

$3\frac{1}{4}$ 英寸。图版 IV。

So.0048.　　**粗陶片**。浅黄色器身上施均匀的暗褐色釉,微起凸棱。汉式

器。最大 $1\frac{3}{4}$ 英寸。

So.0049.　　**粗陶碗碎片**。硬且调和得很好的黄褐色泥质,内壁施一厚层

绿松石色釉,外壁施同样的釉,但已破碎和风化。属"近东"类型釉但可能是

当地制品。最大 $1\frac{1}{4}$ 英寸。

So.0050.　　**陶片**。手制,调和得很好的泥质烧成烧土色,在敞口窑炉中

烧成,贴塑有阔嘴鸥夜鹰耳的兽头浮雕。内壁用圆形突出成浅浮雕状的拍子

拍印出点纹,推测器物是在一个内模上模制成的,但这无法解释其特征。1 英

寸见方。

So.0051. **瓷片**。碗口缘和器身部分,灰白色器身,在釉底用暗蓝色粗绘出植物图案,有六个铆钉孔。汉式器,可能属明代晚期或17世纪产品。参见 T.XI.0010、0012。最大 $1\frac{3}{4}$ 英寸。图版 IV。

So.0052. **烧土浮雕饰板残块**。椭圆形模子,显示出呈冥想姿势的坐佛,头部残断,焙烧不均匀,或被意外烧过。模子似 Wang.001~007。$1\frac{3}{8}$ 英寸× $1\frac{1}{4}$ 英寸。

So.0053. **贝壳碎块**。$1\frac{3}{4}$ 英寸× $\frac{3}{8}$ 英寸。

So.0054. **半透明绿色玻璃**。玻璃块。最大 1 英寸。

So.0055. **黄色赭石块**。最大 $\frac{15}{16}$ 英寸。

So.a.001、002. **两块琉璃瓦碎块**。来自庙宇屋顶,黄褐色软泥,质地调和得不好,上面施暗绿色釉。模制成浮雕状,系带云形翅膀的龙(?)图案。工艺类型似罗马—埃及釉及公元 2—9 世纪的波斯釉。最大 $2\frac{1}{2}$ 英寸。图版 IV。

So.a.003. **琉璃瓦(?)片**。红色泥质,施亮绿色釉,具有在椭圆光轮边上所常见的火焰图案,其外是卷边,在此卷边之某一附着点上发现有釉。背面有芦苇痕迹。该碎片曾被分开模制,并于施釉和焙烧前附着于较大型的背景上。$1\frac{1}{2}$ 英寸× $1\frac{1}{4}$ 英寸。图版 IV。

So.a.004. **小型模制粗陶像之手臂**。(佛像?)白色泥质施半透明淡绿色釉。长 $1\frac{3}{4}$ 英寸。

So.a.005. **施釉贴附用拉毛泥塑碎块**。(来自寺庙墙壁?)红—浅黄色泥质,施半透明的淡绿色釉。用在一个裂片内地上的三个椭圆形凸饰模制而成,裂片由带射线状边的凸棱构成。圆雕饰在施釉之前被固着在背景之上(或许表现的是坐在椭圆光轮中的佛像）。$1\frac{1}{2}$英寸×$1\frac{1}{2}$英寸。图版 IV。

So.a.006.　　**黏土质佛塔模型**。用作供奉物,平面结构与热瓦克佛塔中所出者几乎完全相同（参见《古代和田》图版 XL）,但在高度上较高。佛塔有圆形基座,基座上有呈浮雕状的婆罗谜文题记,多已损毁。在此基座上是塔基本身,其平面结构呈一种附加在方形上的十字,此为与热瓦克佛塔之唯一区别。后者呈凹角状的突出物有双重,因四重台级并未占据十字末端的全部宽度部分,而是略窄一些并向前一些,这样一来在平面上就有了 28 个突出的角。在此复杂的基座之上又是一层方形的基座,其各面被向上延续的台级所打破。此方形座之上的部分经一种八角形过渡到圆形的穹隆形顶,此顶之上有一种方形物,意即在上面承载伞盖。参见上文 631~632 页。

So.a.009、0010.　　**泥质佛塔模型**。虽制作粗糙一些,但保存了佛塔的基本特征。So.a.007、008 已失去了其全部建筑特征,可列入 Kha.ii.c.001、vii.0010 类。高 3 英寸,基座直径 3 英寸。图版 CXXXIX。

So.a.007.　　**泥质佛塔模型**。通体呈圆形,圆形基座上有题铭,基座之上规则地印有三圈牙齿图案,以将佛塔分开。参见 So.a.006。高 $2\frac{3}{4}$ 英寸,基座直径 3 英寸。

So.a.008.　　**泥质佛塔模型**。似 So.a.007,圆形基座上有题铭,围绕圆锥形塔身上有四圈叠压的规则压印出的牙齿图案。高 3 英寸,基座直径 $2\frac{7}{8}$ 英寸。图版 CXXXIX。

So.a.009.　　**泥质佛塔模型**。圆形基座上有题铭,平面同 So.a.006（见该条）,但是通体做工粗糙且无视建筑价值。穹隆形顶呈畸形。高 $2\frac{1}{8}$ 英寸,基座直径 2 英寸。图版 CXXXIX。

So.a.0010.　　**泥质佛塔模型**。圆形基座上有题铭,上面部位似 So.a.009

但更残破,一面破裂且穹隆形顶部亦残破。亦请参见 So.a.006。高 $2\frac{1}{4}$ 英寸,基座直径 $2\frac{1}{8}$ 英寸。

第四节　万佛峡石窟

前往踏实▷　　　在桥子村作短暂停留之后,我又向南部的山区出发了。最初是穿过一片宽阔的长满了绿草的平原,那里有一块很大的未被开发的牧场,而后我就到了踏实。这块绿洲与桥子的绿洲大小相同,但其农舍都很分散,而灌溉用水部分来自南山上积雪形成的河流,部分来自东南方外围丘陵山脚下涌出的泉水。正是哺育了这些泉水的水源,使得较早时期人们在东南 5 英里地方(该地点在地图上已标出)的活动成为可能。据测绘员讲,现在那地方只有一些土堆,看上去是一些建在冰碛砾石地上的黏土建筑完全倾颓后的遗迹。

小千佛洞石窟▷
寺　　　　　　在踏实,我们遇到了上文已提及的公路干线,这条道路将安西以及从北疆和蒙古过来的大道与穿越柴达木高原前往西藏的道路连接了起来。翌日,经过 10 英里多的旅行之后,我们爬上了踏实河的左岸。在深切下去的河床对面,砾岩峭壁上凿有一组大约 10 座小洞窟(图 241)。[①] "小千佛洞"由此而得名,这名字确也恰如其分。因为装饰在这些洞窟里的壁画虽然很多地方都受到了严重破坏,其主题及风格与敦煌千佛洞中那些较小型洞窟里的壁画很接近,后者的时代大致在唐末及以后。没有一座洞窟的面积超过 16 英尺见方,它们中的

[①]　在地图上,"小千佛洞"的位置被错标在河以上大约 2 英里处。该河在石窟寺以上大约 1 英里处流出了丘陵外侧地带。

大部分仅有 10~12 英尺见方。从现存的拉毛泥塑像等来看，所有的洞窟均被修缮过。

考虑到没有必要在此作详尽的调查，我们便沿着小千佛洞以上河水所流经的外侧丘陵的峡谷继续穿行，那峡谷曲折迂回，风景如画。行至踏实以上 15 英里处，两侧锯齿形的峭壁之间的通道变得非常狭窄起来，一座古老的巨大石墙立于峡谷底部。我们上攀到大约 250 码高的陡坡之上，自东面俯瞰峡谷。这是为拦阻这条重要的道路而设的一种规则的"丘塞"(chiusa)，常有来自南面的侵袭通过这条道而威胁着北方。这种侵袭迟至 1894 年还在发生着，东干叛乱分子对踏实的侵袭亦证明了这一点。① 连同在石包城(Shih-pao-ch'ĕng)及在这些山地其他地方建造的相似的防御工事一道，我猜测从肃州到敦煌的古代交通线上的汉人聚落，也遭受到过来自柴达木高原和深谷的侵袭，此种侵袭或许像来自北面和西面大沙漠的胡人的侵袭一样多。

这段峡谷以上的河谷变得稍宽了一些，但依然是一派光秃秃的样子。大约 2 英里之后，上行的路就到了位于河右岸上的一处小盆地里。这里生长着灌木丛和树木，名叫"蘑菇台子"(Mo-ku-t'ai-tzǔ)。此处的河道之外，有一条深切的部分地方很难进入的峡谷。峡谷的两面坡度虽缓但一直在平稳地上升，从那里伸展出一座宽而完全裸露的砾石坡，趋向南面的第三道外围山冈。在我看来，像蘑菇台子这样一个如此肥沃的地方(在光秃秃的砾石荒漠山麓地带，它提供了充足的牧场及燃料来源)的存在，说明了由万佛峡的洞窟所代表的圣地很可能就位于它的附近地方。沿着河谷右岸平稳上升的砾石萨依

◁踏实河峡谷的"丘塞"

◁走向万佛峡石窟

① 参见斯坦因《沙漠契丹》，第二卷，256 页。

上行大约 4 英里之后，我们就到了那个位于河流峡谷上面的
地点。这时已转入了一条规则的峡谷之中，从这条峡谷里可
以不费吹灰之力地到达那处佛教遗址。我在敦煌收集到的信
息使我担心，尽管它的名字很夸张，这处石窟寺院的汇聚地在
规模和重要性上都无法与敦煌千佛洞相比。但这里规模上的
不足看上去又似乎被其粗犷的环境所弥补，它给了我最初的
强烈印象。

万佛峡石窟概▷
况

峡谷的底部宽仅 200 码，愈往高处河谷愈狭窄。从石包
城上面的雪山上流过来的河水，将坚硬的河谷切割得几似壁
立。洞窟就开凿在这些峭壁上，绵延了 0.25 英里多长。[①] 在
峡谷底部一片狭窄的果园和耕地的衬托之下，那高 100 多英
尺的岩壁和上面开凿的凹进去的暗黑的洞窟，显得更加高峻
了。一条小水渠从果树和耕地中穿过，陡峭的坡地上满是风
化的石屑，一直延伸到上面裸露的高台地上。只有在满布着
卵石的河床上流淌的河水发出的淙淙声，才为这一幅荒凉的
景象注入了几分生机。这股河水从东南面的乱石滩中奔流而
出，这番景象与充满幽僻、宁静气氛的山脚下的小盆地一道，
共同构成了一幅和谐的画面。虽然洞窟的内部早时候曾受到
了严重的破坏，但在右岸岩壁高出去的平台上，依然散布着许
多小龛和佛塔（图 244），看上去修缮得很不错。这些连同三
个保养得很好的道士的欢悦表情一道，共同营造出了一种宗
教的氛围。来自南面高山谷及高原地区的蒙古人的朝拜以及
虔诚布施，对寺庙的保护和修缮起了重要的作用。三位道士
自称已在此护寺 30 余年，对他们所守护之处的历史变迁却一
无所知。从很多迹象上可以看出，寺院由于所处的地方位置

---

① 参见图 242~244。

偏僻,再加上土地贫瘠,因而基本上躲过了东干叛乱分子侵袭的劫难。

　　万佛峡的洞窟虽然规模较小,但其基本的建筑布局和装 ◁右岸下层洞窟
饰艺术与前面所说的千佛洞的一般类型具有最接近的相似
性,后者的时代可以大致定在公元 9—10 世纪。这将会解释
为什么我不觉得将在这里的调查时间延长到两天以上是正确
的(虽然我在万佛峡的逗留很让人愉快),以及为什么我对它
的描述必须简要一些。从图 244 上可以看到,右河岸上的洞
窟分成了两层,下面一层开凿在一块台地上,高出河床以上约
20 英尺;另一层开凿在比下层高 50~60 英尺的水平线上。下
层由五座主洞窟组成的系列,是从东南面开始,其中一座里面
有一个巨型的坐佛像,高度达到上面一层,并与那里我编号为
XVII 的洞窟相连。[1] 接下来的洞窟里有一尊巨型的佛涅槃
像,全长 30 英尺。这两尊佛像与万佛峡洞窟中的其他拉毛泥
塑像一样,都被大面积地修复过,其结果是具有了一副现代面
孔。下层的五个窟因在它们前面修建了围廊而变得光线很
暗,再加上香火熏烤,使得要对此处以及其他地方用蛋胶油调
和颜料画的壁画进行观察显得很困难。较大块装饰面板上的
绘画主题,主要也是佛像和菩萨像,画在一种几何形方框中,
这种方框又围在一种圆形或椭圆形的植物图案中。这些绘画
中的一部分,我认为其风格受到了西藏的影响。这些下层主
洞窟,连同介于它们之间的包含有新壁画的五六个小洞窟,看
起来似是目前最吸引僧侣和香客的处所。

---

　　① 在图 244 的最右面,可以看到建在巨像窟外面的庙宇殿堂,以及 XVII 前面的阳台和门道。我感
到很遗憾的是,由于时间关系我无法绘制一幅遗址平面图。我参照的需要特别提及的洞窟,根据的一种计
数法是从左岸最上层的寺庙开始的(I,见图 242)。在数到这面河岸上的寺庙 X 之后,接下来的是右岸上
层洞窟中的最低洞窟部分(XI,图 244),以这一层东南端的寺庙 XXII 收尾。

图 243 万佛峡石窟寺所在的峡谷,自西北望

图 244 万佛峡河岸右侧的石窟寺,自西南望

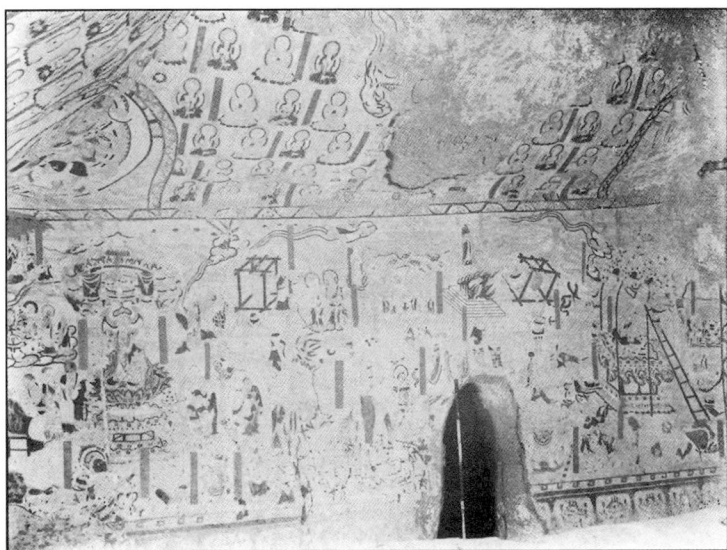

图 245　万佛峡洞窟 II 内殿东南墙展现的传说故事壁画

图 246　万佛峡洞窟 XVIII 前厅东北墙和西北墙的壁画

右岸上层洞窟▷　　　上层的洞窟可通过凿在岩石上的台阶而达到那里,这一层的一些小窟被用作僧侣住房,在图 244 的最右面可看到这些洞窟。通过一座摇摇晃晃的桥,我们跨过了一道深深的岩壁裂隙,并经过一个其前面部分已坍塌的洞窟上到了一条粗略凿成的隧道中。而后我们就到达了一线排开的石窟寺 XI ~ XXIII 的最北部分,这些洞窟都处在同一水平面上。所有这些洞窟均有一间方形或几近方形的殿堂,边长自 20 英尺至 32 英尺不等;一间与殿堂宽度相当的前室,但仅有一个中等的深度,它与殿堂间通过一条短而宽的通道相连;一间高的门廊或外侧走廊,某些保存完整的地方深 20~30 英尺,它们使得光和空气从悬崖面那边进来了,从图 244 上可以看到它们的开口。这些寺庙之间,原先曾靠在岩壁正面用灰泥建成的通道彼此沟通。在坍塌得无法通行的原走廊的地方,显然在一个较晚的时期里又凿通岩壁修建了一条粗糙的连接着前室的通道,这可以通过被损坏的壁画上看出来。① 所有寺庙在布局上的这种一致性,表明它们是依据一定的蓝图修建,而且在时间上也相差不远。关于这一点,它们的装饰风格上的一致性看起来也与此相符合。②

壁画题材▷　　　所有这些石窟中的用蛋胶绘制的壁画,在风格上与敦煌千佛洞里的很相似。走廊的一侧墙壁上,很常见地绘出成排的男像,身着暗红色的长袍,头戴宽沿的黑帽。在另一面上则绘有一系列的女像,穿宽袖的衣服,很精致的发饰,球茎形的帽子周围有花朵、带子和悬垂物。通过对敦煌千佛洞壁画的观察,我们可以明确地将这些壁画与公元 10 世纪在敦煌地区

---

① 这样一种较晚期的、被围起来的隧道之开口,可从 XVII 上看出来,见图 247。

② 还没有证据显示出,除了从北端之外还曾有其他通道可以进入上层寺庙。因此可以作这样的假设:这些洞窟之开凿是从北面开始并延伸出去的。但是我们必须记住,洞窟前面的台地地面还没有大到不需搭脚手架的地步。这种脚手架可以加快开凿洞窟的进程,或者至少会使得工程同时在不同的地点上进行。

流行的服装样式相联系起来。这些带供奉物的画像,也绘在殿堂入口的两边墙壁上,它们与敦煌千佛洞某些洞窟墙壁上的有关壁画类型很相似,毫无疑问表现的是男女供养人。殿堂和前室的墙壁上,或者画一系列衣着富丽的在华盖下行走的大菩萨像①;或者画各种装饰画面,上面画有相似的佛教天宫场景②;佛陀为成排的菩萨所簇拥③;大型的文殊师利和普贤菩萨像;等等④。将表现这些装饰题材的少数标本的照片与敦煌千佛洞相关壁画的照片相对比,我们将会看出它们之间在前面已提到过的风格上的相似性。同样的情况亦表现在那种奇怪的"风景"画上,我在前面已经描述过了,这种画在敦煌千佛洞 Ch.XVI 的墙壁上可以看到,而在本地千佛洞的两座殿堂的后壁上,又再次发现了同样的题材及细节。⑤

　　整个石窟系列中的壁画在风格与技艺上显示出明显的同一性,这表明它们可能都是或多或少地从相同的原型上复制出来。我几乎不用怀疑,它们也会在敦煌千佛洞的壁画中得到再现,我对后者记忆犹新。万佛峡主要石窟群中的壁画,给我的印象是其绘制水平一般说来要低于敦煌的千佛洞。但我还不能确定的是,这是否是由于绘制时间较晚抑或出自技艺较差的画师之手。我注意到轮廓线的画法常常都很粗糙,并频繁地使用可能是由模板绘制出的轮廓线来替代它们。我在此可以补充的是,那种相对低的墙壁(它们看上去极少有超过10 英尺的)以及与之相一致的平顶,似乎证明了花在万佛峡寺庙上的费用和资源都更为有限。

◁壁画的风格与技艺

---

①　参见图 246。
②　其中一件标本见图 247。
③　参见图 246。
④　参见图 247 右侧。
⑤　在 XIX 和左岸上的洞窟 II 中(图 245);参见本书第二十五章第一节;图 233、234、236。

我现在可以继续描述少数几个特殊的洞窟。在 XII 走廊的左侧无彩拉毛粉饰墙壁上,写有大量的汉文、回鹘文及吐蕃文题记,其中还有一处写有阿拉伯文。汉文中带有纪年的那部分,我已让蒋师爷复制了出来,证明属于最后一位蒙古皇帝的至顺(公元 1330—1333 年)和至正年间(公元 1341—1368 年)。邻近的小洞窟 XIII,已换成了全新的道教的壁画和泥塑。虔诚的道士们在一个角落里存放着一堆小拉毛泥塑饰板,均出自同一模子,上面有禅坐在龛间的佛像。[①] 据说它们是在重新抹灰泥以前被从一堵墙上移下来。1914 年我在甘州南部的马蹄寺(Ma-ti-ssǔ)石窟寺的一座洞窟中也发现了这种墙壁装饰,该寺的年代似可追溯到宋代。至于这些饰板为何这么小(仅约 $1\frac{3}{4}$ 英寸×$1\frac{1}{2}$ 英寸),很可能是因为它们都被用作一种供奉物。

XVI 洞窟的殿堂里有绘制得极高超的壁画,但因为光线太差,我无法将它们拍摄下来。在边墙的每一面上都绘有两幅西天场景,东面的后墙上保存有一种"风景"画的局部。通往殿堂入口左侧墙壁上所发现的回鹘文(或蒙古文?)、吐蕃文和汉文题记之中,看上去似乎均无年号。前面已提到过的寺庙 XVII,其殿堂里有巨型坐佛像的上部分,其鎏过金的头部显示出新近重修过的痕迹。图 247 复制出了前室左(或西北)面的墙壁装饰图案:骑在狮子上的文殊菩萨的画像绘制得大而活泼,被两个菩萨所胁侍,对面是普贤菩萨。

---

① 下面描述的是我带走的标本:

Wang.001~007. **拉毛泥塑饰板。**7 块,长方形,自同一模子制造,显示的是坐在龛(?)中的作冥想状的佛像。双手被法衣覆盖,火焰形的头光,带有暗的颜色。黏土中混有少量纤维,未焙烧过。$1\frac{13}{16}$ 英寸×$1\frac{3}{8}$ 英寸。005、007 见图版 CXXXIX。

寺庙 XVIII 在整个系列中最大,下面详细叙述一下它的情况。殿堂的面积为 38 英尺×32 英尺,包括一根在岩石里凿成的中心柱,柱的基座部分宽 20 英尺 4 英寸,长 18 英尺。它的四面上各有一座壁龛,里面有一个大型的坐佛像,从图 248 上可以看出,大部分都已被重修过。两个曾胁侍在其两侧的用拉毛泥塑的菩萨像已经被毁坏,但还有其他两幅像画在壁龛的两边。此外在壁龛里靠近佛像大型火焰图案处,还绘有两幅着僧衣的信徒像。殿堂的墙壁装饰由八幅画面组成,每一幅上面都有一幅佛像,被簇拥在两幅菩萨像之间,位居五排带头光的小坐像的中心。用衣服和背景(暗紫色和淡绿色)的不同色彩来表现变化。东墙和角落画面上绘的是大型的装饰华丽的菩萨像,作各种各样的姿势,在它们中间是弥勒。相似的持花果的菩萨像,装饰着自殿堂进入前室通道的长 7 英尺多的边墙上。此种像亦出现在前室里的较大的墙面上,呈真人大小,从图 246 上可以看到。前室里的墙面长 29 英尺,宽 10.5 英尺,每一面上都装饰有一幅画,上面绘一个紫色皮肤的佛像,坐在四排坐菩萨像中间的一座圣坛上(图 246 左侧)。佛前面的圣坛(图 259)上盖有色彩丰富的桌布,上面有一件大型的覆盖着的碟子,介于两个造型优美的罐子之间。后者像碟子一样画成烧土颜色,其优美的造型非常像那种黄铜制的老"阿普塔巴"(Aptābas),这种东西在塔里木盆地仍为人所知,直至公元 19 世纪中叶为止,主要是在和田地方制作。罐和碟子烧土色地上的黑色轮廓线,在照片上无法拍摄出来,在我看来它们是打算复制出一种透雕细工的效果,这是那种老和田细黄铜器皿上的一个特征。最后是走廊的墙壁,进深 20.5 英尺,宽 9 英尺 4 英寸,画的是上面已经提到过的那种类型的供养人序列。

◁XVIII 洞窟的雕塑和壁画

右岸的其余洞▷
窟
　　其余的寺庙不太引人注目,它们大多都很小,有几座光线暗淡,尤其是 XIX。该窟殿堂的边墙上装饰有天宫图,后墙上绘有大型的"风景"画。殿堂入口右侧墙壁上的一幅供养人像一侧,写有九个潦草的婆罗谜文字。它提供了有趣的证据,证明这些寺庙建于和田佛教语言停止使用以前。洞窟 XX ~ XXII 的前室或走廊墙壁上,有一些汉文的题记,年代是公元 1332 年、1353 年、1357 年和 1367 年。在最后一座洞窟 XXIII,汉文的题记特别多,皆属于至正年间(公元 1341—1368 年),这已接近了元朝的尾声。有趣的是绘在走廊里的供养人像上面的漩涡花饰,上面显示有据我看属于晚期类型回鹘文的字。

左岸的石窟寺▷
　　左岸上距河谷底部 60 ~ 80 英尺高处,共有 10 座分组排列的洞窟(图 242),其建筑布局或多或少与右岸上的洞窟相同,只是走廊较浅,这可能部分是由于岩壁壁面坍塌所致。壁画按着一种分明是更粗糙的方式绘制,而且看上去主要是使用了模板。这一点连同洞窟的不规则排列可以看作是其开凿相对较晚的迹象。东南面的第一组洞窟中(Ⅰ ~ Ⅵ),壁画的主题是前面描述过的右岸洞窟壁画中常见的类型。图 245 显示出的是寺庙 Ⅱ 南侧边墙,上面绘有一种"风景"画,若将它与图 233 ~ 234、236 进行比较,或许可以看出这里的绘画质量要低于右岸上的。同时我们在这里还看到了那种中心柱结构,在 Ch.XVI 中它被屏风隐藏在造像坛之后。图 245 上看到的洞窟 Ⅱ 殿堂墙壁上的洞,应是岩壁面坍塌所致。这种坍塌毁坏了走廊,并使得与周围洞窟间通过前室的沟通变得不安全起来。

左岸洞窟里带▷
有年号的题记
　　值得注意的是,这一组洞窟的时代看上去要较晚一些,这可以从在它们之中发现的一系列汉文题记的时代上得到证实。这些题记的时代为元朝末期,这表明此洞窟的开凿也是在公元 14 世纪中叶以前。^① 洞窟 VII 是一座孤立的寺庙，看上去时代明显较晚且全部被新修过。其上面更高的峭壁上分布着的一组洞窟编号为 VIII～X，此中壁画在我看来也很晚，有的已被现代的道教壁画所替换。然在洞窟 X（其前室还遗有一些原始供养人像）中，有一段带年号的题记，蒋师爷似把年号读作了"泰定"（T'ai-ting，公元 1324—1328 年）。

有几句话或许可以结束我对该遗址的叙述。从蒋师爷的陈述中，我得出的结论是：写在壁画一侧的汉文题记，并未提供万佛峡石窟寺中任何洞窟的开凿年代。右岸上的大部分洞窟，从其装饰艺术的特征上来看，我觉得它们与已经提到过的敦煌千佛洞中公元 10 世纪的洞窟^②大致同时代。缺乏西夏文题记这一点或许很有意义，而洞窟 XXIII 中除回鹘文题记之外的回鹘式漩涡花饰，很容易就和刚才说的年代推测相对应起来。大量的有纪年的汉文题记（它们是由在元朝最后统治期间访问过此地寺院的香客们留在壁画墙壁上的），将此石窟寺之可能的年代下限定在了公元 14 世纪的早期，而洞窟 XIX 中用草体婆罗谜文书写的题记（都是单独的），则有助于将此年代再向前推一些。自这些令人怀想的访问者留下那些壁画之后时光流逝了多久，这当然是无法确定了。从各方面来看，它们都证明了这遗址在当时必曾是一处著名的香火地，这也说明人们有望在中国的史籍中找到有关该遗址的某些资料。由其僻处山中的位置以及现存状况上，可以有把握地推导出，它所遭受到的毁灭性破坏较敦煌附近的千佛洞遗址要少一些。但是，这里却全然不见佛教经籍的收藏品。

▷石窟开凿的年代限定

----

① 从蒋师爷摹写的这些题记中，我收集到的年号是从延祐（公元 1314—1321 年）到至正（公元 1341—1368 年）。

② 参见本章第六节。

图 247 万佛峡洞窟 XVII 前厅西北墙和东北墙的壁画

图 248　万佛峡洞窟 XVIII 正对内殿入口的壁画和灰泥佛像(部分修复)

图 249 嘉峪关关口堡垒,自西南望

图 250 嘉峪关南部古老的"长城",向南山丘陵地带望

图 251　嘉峪关西南南山外部山岭脚下的大汉川烽燧和驿站

图 252　甘州黑水国遗址东南端的废墙，自西北望

第二十七章　甘肃西北境

第一节　到万里长城之门

在南山西部的▷
地理学考察

　　1907 年 7 月 3 日从万佛峡出发,我开始了沿南山西部高山地区的探险。在以后的两个月中,我的工作主要集中在地理学考察方面。这次广泛且成功的考察结果,涉及的地域范围(加上我在返回安西途中所作的)超过了 24 000 平方英里。有关我在这个广大地区里所能作的直接或间接的地理学观察,读者尽可以从我的个人探险记①第七十四至七十九章里读到其详尽情况。因此,我在这一章中,应该把自己限定在对那些具有古迹意义的地点,以及对这个地区及其北部邻近地区的历史具有明显影响的那些一般自然特征加以叙述。

踏实河的水源▷

　　沿伸展到土达坂(T'u-ta-fan)②西面的那部分南山所作的考察,向我展示出了必定阻碍过那里的河谷的自然状况。除了从南边下来经过这些河谷的道路,此地在历史时期不曾具有过任何重要性。踏实河源头处巨大的三角形凹地,虽然紧邻主脉,但几乎是一片无水的荒漠。其中仅有的一处看上去

----

①　参见斯坦因《沙漠契丹》,第二卷,262~333 页。
②　约东经 97°50′,北纬 39°34′。

曾被占据过一定时期的地方,就是石包城废弃的城堡。① 它
警戒着的峡谷上面,从南面高山上过来的不同道路在那里相
会。虽然其遗迹看上去时代不早,但它所处的位置在早年间
可能具有军事上的价值。

　　在光秃秃的岩石或砾石高原上继续向东行进了将近 50 　　◁昌马河绿洲及
英里之后,我们发现了昌马的一片繁荣的小绿洲,它高出疏勒　　　以东的山地
河穿经的走廊南山(Richthofen Range)余脉通往玉门县的峡
谷以上 7 000 多英尺。② 但更高处的河道流经的是一段完全
无法通过的峡谷,而高达 19 000~20 000 英尺的昌马南面的主
脉,亦未提供任何实用的通道,下来的山坡上极端的荒凉,缺
乏任何哪怕是最少的地表水。因此,昌马这地方就从不会是
一处具有任何重要性的地方。虽然是很宜人的季节,但我们
在经过疏勒河东面山地的路上,也体验到了饮水的艰难。从
这一点上讲,值得指出的是水渠沟山口(Shui-ch'ü-kou Pass),
我在那里发现了两座驿站的遗址。它们被用来警戒下到河谷
的道路,其位置在现在能见到水的地点附近一个可看得到的
地方。这一事实在我看来就是自这些小驿站建立以来所发生
的干燥化的证据。

　　然而,一个明显的变化发生在从白杨河(Po-yang Ho)以 　　◁土达坂一带的
远的砾石高原上行到土达坂的地方。③ 这座山口是翻越走廊　　　气候变化
南山的那些山口中最西面的一座,通到这里的宽阔河谷披着
茂盛的草和鲜花,让人想起真正的阿尔卑斯山上的植被。这

---

　　① 该废墟由一道用石头建成的围墙组成,大约 180 英尺见方,带有一块防御区以及在一个角落里的
守望塔。
　　② 有关昌马见斯坦因《沙漠契丹》,第二卷,图 218、221。我现在还不能验证昌马一名的拼法是否准
确,它在当地的发音听起来是 Chong-ma。
　　③ 参见斯坦因《沙漠契丹》,第二卷,图 220。

是第一个(但是极鲜明)气候状况明显地发生了变化的迹象,此种迹象后来在南山山脉的东南部分也观察到了,只是程度上稍差一些,也是在邻近它们的山麓北部。我们此时正将亚洲腹地以塔里木盆地及周围无水区为代表的大干旱带的最东南端界限抛在身后,走进了中国的极西部分。虽然它距太平洋很遥远,但已令人感觉到气候的潮湿度增加了。

在嘉峪关一带▷
的自然分界线

　　重要的是,我们必须清楚地认识到,亚洲的两个大自然带正是在这里相会。因为最近 500 年(如果不是更长的话)以来,这一地理事实曾影响着这个被认作是进入中原的主要西部门户。我指的是著名的嘉峪关,古代玉门关的现代代表,它距离土达坂河谷的出山口不少于 25 英里。这座青翠的山谷与其西面干燥的南山荒山之间所形成的反差,与一个旅行者自西向东进入嘉峪关时所经历的那种变化一样强烈。那时他穿过了一片广阔的砾石草原,抵达了万里长城,并通过嘉峪关进入它里面的一连串沃野。我个人曾去过这万里长城的西端,目的是为了了解它的主要地理状况。因此,在论述嘉峪关地区以前,我应该先简要地描述一下这座关口。

初见万里长城▷

　　我第一次看到万里长城是在 7 月 18 日夜间,当时我正从土达坂上下来,沿着南山山脚那些惊心动魄的风蚀地,骑马前往东面的小村庄大韩庄(Ta-han-chuang)。向北可看到一片荒无人烟的砾石滩,宽 12~15 英里,将积雪的南山边缘与一道令人恐怖的荒山隔开了。那荒山与南山相平行,构成了北山的一条东南支脉。当我自近 8 000 英尺的高处向下望时,沿着这个宽广的谷地向东,我的视野一览无余。远处的砾石滩涂边缘,是北大河(Pei-ta Ho)的分水岭,看上去构成了谷地的东缘。循着这一方向望去,夕阳之下闪现着一条长长的若隐若现的白线——万里长城之线。在我与其最近点之间,隔着约

20 英里的距离。在清澈的空气之中,我可以看到那些反射着斜光的烽燧的影子,一直消失在地平线上,此外就是暗沉沉的辽阔的大地。那是肃州的沃野,连同那些青色的田地和树木,与那些灰色的荒原和红色的荒山分开了。它使我用自己的眼睛认识到了在中国所谓"关内"(关里头)意味着什么,以及为什么要把关设在这里。

翌日早晨,我走访了大韩庄(图 251)那座堡垒似的小驿站。作为嘉峪关的前哨,那里驻扎着一小部分士兵,警戒着沿山脚的道路。它那巨大的瞭望塔以及周围的小围墙都已半颓了,看上去倒恰如其分地描绘出了古代的汉长城应是一副什么样子,虽然它处在一个远为孤立的位置上。同一天,在经过一段漫长的跋涉之后,我们横穿过了谷地里赤裸裸的砾石萨依,到达了大路上的某一点,这地方距嘉峪关以西大约 4 英里。所有的城墙和雄关的影子,都突然消失在白天令人眩目的光线之中,取代它们的是前面已提到过的长长的荒山的东端,从北面俯瞰着谷地。它那锯齿般的深切的山脊由狭窄的河流岬角切削而成,充分显示出了这座山峦在各个时期,都一直是这条通往安西和中亚道路的一座巨大的天然屏障。沿着这座山脚,有三站的路程。距我们遇到这条大路的地点不远,一条称作壕山口(系指今峡口——译者)的小河谷①接收了来自南山的地下水,在这里流出了地面并切断了山的东南端。一些蹲伏在低山冈上的烽燧,似是为了警戒有人靠近它而设置的。当我走在通往嘉峪关的狭窄的马车道上时,我感到我是走在历史之中。因为正是这条连接着肃州与安西和敦煌的

◁走近嘉峪关关城

____
① 壕山口是这条小河谷的正确名称,在叙述嘉峪关的防卫时,我会再找机会谈论它的。参见斯坦因《沙漠契丹》,第二卷,276 页以下。

最直接、便利的交通线，两千多年以来成就了中国所有在西域的事业——军事的、政治的及贸易的。

嘉峪关的堡垒▷
与城墙

沿着平缓但逐步上升的乱石滩走了 4 英里之后，我们到了一道宽阔的山脊顶上。它的东缘，在一块比山顶低 80~100 英尺的平地上，屹立着嘉峪关的关城。西门上用木头建造的一层层高大的塔楼（图 249），从 2 英里以外就开始映入我的眼帘。接下来再近一些，是夯土建造的城墙，向防卫着"中国"这道大门的关城两侧伸展开去。在南面可看到其城墙线延伸了 6 英里左右，一直到北大河或肃州河所在的南山突出去的山脚下（图 250）。向北的城墙，走了不远就隐入我们站立的山脊后面去了。但是再走了大约 4 英里之后，其线条重又闪现出来，上到壕山口峡谷东北端以上的乱石嶙峋的山冈。向东从山脊上望过去，排成长列的远景是一片宽广的平原，带着田野与树木的青色缓缓地滑向肃州。

防御位置的优▷
越性

站在这块制高点的边缘，可以很容易就看出（地图上也几乎同样清楚地显示出了这一点），假如不得不选择一个地点设置一道障碍以封锁住这条天然大道，使从西面来的人不至于进入这片沿南山山脚下分布的耕作区的话，没有一处地方会比这里更合适了。对别的地方来讲，也不可能这么容易地守卫住这条宽阔的介于积雪的山脚与北山沙漠之间的宽广谷地。这一线两侧的宽度都不足 8 英里，每一侧都有天然的屏障，在南面是北大河，在北面是陡峭的实际上无法通过的山脊。对一种志在闭关自守、被动防御的政策（就我们所了解到的历史知识而言，这种政策是从嘉峪关的修建而开始大举奉行的）来说，在这种正面是赤裸裸的冰碛砾石荒原（它向西延伸了 20 多英里）、紧靠着背后又是丰富的当地资源的地区，它还是有明显的优越性。

　　但就在我们的眼睛出于地形优势的考虑,而将这个地点　◁城墙线
选择作屏障设置处的时候,只见从那道山脊上也闪现出一种
看上去似可作考古学观察的东西,虽遥远但清晰。与我面前
的城墙线(它大致呈西北方向走向,趋向壕山口之出河口)大
不一样,可看到另一条城墙和烽燧线,远远地向东北方向延伸
过去,虽然保存状况较差一些,但其轮廓线依然很分明。我非
常了解,所有的书和地图(无论是中国的还是欧洲的)上,都
将保护甘肃北境的万里长城的终点,确定在肃州极西部地方
的南山正山脚下。长城以一种令人印象深刻的线条,向着那
个地方曲折而去。但正如地图上所显示出的,现在可见到的
城墙,呈西南—东北走向,并不像是嘉峪关两侧延伸开去的城
栅的延续。它在右角处与后者相接,并从其北端按照相同距
离与后者即嘉峪关相接。二者似属于不同时期的建筑,或者
至少一开始就是出于不同目的而建造的。

　　从下面将要讨论的历史记载上来看,虽然这些城墙的时　◁入关
代据推测不会太久远,但是上面这种观察还是诱使我花去一
天的时间对这些城墙进行调查。在叙述我的调查结果以前,
我得先简要地描述一下嘉峪关本身。它的门楼存在的时间并
不太久,按照当地人的观点,其修建是在乾隆皇帝时期(公元
1736—1796 年),而我也是赞成这个观点的。从不止一个方
面来看,它都使我回想起玉门关在古代敦煌亭障中所扮演的
角色,但它们修建的时代和背景是不一样的。关于我在进入
汉语所说的"关里头"的时候受到的热情接待,我把它放在我
的个人探险记①中去叙述了。然而我并不是需要这种刻意营　◁嘉峪关名称的
造出的欢悦气氛,才肯去相信嘉峪关确实是名副其实的。其　　含义

---

① 参见斯坦因《沙漠契丹》,第二卷,276 页以下。

名字的含义是:"令人愉快的河谷上的关口。"①紧靠小门楼南面的墙后面,生长着一片绿树环绕的青草地,给人一派清新的感觉。这片草地由一系列小泉水哺育而成,这些泉水汇聚在前面提过的面朝着嘉峪关的山脊东侧山脚下的一块浅洼地里。嘉峪关北面地湾(Ti-wan)村肥沃的农田,正是依靠这些充足的泉水来灌溉,那村子有大约两百户人家。

关城▷　　嘉峪关是中国中世纪交通线上一座典型的关城,它有方形的城墙,墙头上带有雉堞,而且维修得很好(图 249)。一条单一的宽阔的街道,自东向西穿过了棱堡。次第而建的三道城门穿过巨大的棱堡及内侧防卫设施,通达上述街道。我发现城内的房屋除了衙署和可驻扎几十人的小营房区之外,大多已荒废成废墟了。但我仍感觉到了这个关城所具有的政治上的重要性,乾隆时期,曾致力于给帝国的这座西部门户以一副真正威严的面孔。

边防检查站▷　　但甚至在那时,嘉峪关也已丧失了这里在某个时期曾具有的军事价值,其重要性仅在于被当作一处控制清帝国内部行政区边缘的哨所。康熙时期所恢复的对中亚的扩张政策,在公元 17 世纪末期以前就已将中国军队在西部边境的戍守范围,带到了远至瓜州和敦煌的地方。② 从下面讨论的历史

---

① 如罗克希尔(Rockhill)先生所作的阐述。另见尤尔《马可·波罗》第一卷,193 页中科尔迪耶(Cordier)教授所作的注。如果"嘉峪关"三字中的第二个从字面上可解作"河谷之水泊"[见古德里其(Goodrich)《北京话音节表》234 页]的话,这个名称就会更适合这地方的实际情况了。参见吉尔斯《汉语词典》1687 页。

有一种错误的概念,将"嘉峪关"中的"峪"字与"玉门"一名中的"玉"字相混淆在一起,这在过去造成了一种混乱。例如,见里特《亚洲》,第二卷,211 页、213 页;尤尔《契丹》第四卷,239 页,以及科尔迪耶教授的校正注释(第四卷,271 页)。德·洛齐(de Lóczy)教授在公元 1879 年适时地记录下了其正确含义。

② 参见里特《亚洲》,第二卷,370 页等。公元 1711—1712 年,耶稣会的地形测量员在康熙皇帝的命令下,就已将哈密的位置确定了下来,并通过道路调查将它与嘉峪关连接了起来。见里特《亚洲》,第二卷,373 页。

记载中我们将会看到,自明朝以来嘉峪关是如何担当一处所有从"关外"来的车马的检查站的。乾隆时期对新疆的收复,影响到了这一交通管制站的用途和方法。然而其基本特征一直保存至今,蒋师爷仍然能辨认出位于西门内侧的那个小检查所,在那里那些前往新疆或返回的行人,必须办理他们的通行证。蒋师爷本人上一次通过那里是在 17 年以前。现在的嘉峪关仍保留着一座海关的特征,所有从新疆通过这里的大路运往中原的货物,都要在这里纳税。

第二节　嘉峪关的城墙

嘉峪关关城连同其两肋(南和西北面)的城墙,构成了一座关栅的完整部分。关于城墙,从其保存得几乎完好的现存状况来看,其时代应与现代门楼同时,要么就是在修建门楼时被彻底修复过。对它的调查发现其时代比汉代玉门的城墙要晚,它的修建是从嘉峪关城的东北角开始,并沿着陡峭山冈的东麓经壕山口河所切出的河谷一路延续了下去。城墙用夯土建成,底部厚 11 英尺,高 12 英尺,顶部有一道高约 4 英尺的女墙。烽燧分布在墙的内侧,彼此间的距离平均为 1.5 英里左右。最靠近关城的烽燧,其平面图收录在附图 47 中,长 36 英尺,宽 33 英尺,像城墙一样,也是用每层厚四五英寸的夯土建成。① 烽燧的顶部,有一道高约 6 英尺的带瞭望孔的墙,建在一个角落里的小瞭望室亦是这种样子。烽燧的一面墙上有双排脚窝,用来帮助瞭望者利用一根绳索上下台子。围绕着烽燧有一道用土坯建造的围墙,高度同主城墙而厚度仅有其

◁嘉峪关西侧的
　城墙

---

① 在附图 47 中,该烽燧误被制图员标成了用土坯建成。

一半。它的内部有一片废墟,那些守望着烽燧和这部分城墙的士兵们就住在那里。这样一来,每一座烽燧皆可做一处集合点,并在需要的情况下进行独立防卫,就像汉代的长城一样。

城墙西北部分▷
的终点

城墙线外侧,距离 1～2 弗隆(英制长度单位,1 弗隆 = 0.125 英里或 201.168 米——译者)不等的地方,有三座分立的烽燧,巨大但系用现代样子的土坯建成,分布在向西伸过去的山冈脚下的山鼻子上。台子的底部边长约 40 英尺,高 30 多英尺,周围被一道方形的壕沟围绕。这些台子明显是打算用来作警戒从山那边下来的沟壑用的外围工事,它们并不能有效地观察其他地方。① 在距这些外围烽燧中的第三座约 1 英里处,城墙进入了黄草营(Huang-ts'ao-ying)村。该村掩映在墙的后面,位于壕山口峡谷的谷口。穿过这片耕种得很好的土地以及灌溉着它的小河,城墙又延伸了 0.5 英里多,来到左岸的岩石山鼻子上。这时候的城墙高出河谷谷底约 200 英尺,其下的岩壁陡峭得令人无法攀越。城墙在此打住,其侧翼受到大自然屏障的保护。乱石嶙峋的山冈(这山鼻子即其支脉),不间断地向着西北方向攀升而去,正如地图上所显示出的那样,其高度在直线距离约 10 英里之内一直达到了 9 200 英尺。在这段距离范围之内及再向外面的地方,光秃秃的山峦及其陡极的峭壁(图 253),构成了一道无法逾越的屏障,无须再做任何防卫。

封锁壕山口河▷
谷的城墙

令人感到费解的是,究竟有多少心思曾被用在刚才描述过的位于主城墙之外壕山口河谷口子处的三角形地带的防卫

———————————

① 在敦煌西面长城的 T.IX.a,我们已经遇到过了一种在相似位置和用于相似目的的外围设施。见本书第十八章第二节。

上了呢？从黄草营南面最先遇到的农庄附近起,有一小段分支城墙从这里呈直角折向西南,并伸到陡峭的山鼻子上。那山鼻在右岸控制着河流的出山口,而城墙就终结在此,这一面的峭壁也是无法逾越。当我沿着其底部可以用来耕种的小河谷上走了大约 1 英里后,这河谷变得狭窄起来,宽度只有大约 200 码。一道在建筑上类似嘉峪关关城主城墙的雉堞墙将河谷封锁了起来①,它从各方面来看都不太古老,因为它上面建的很多窥孔明显是为火器设计的。这段城墙除了中间部位遭受河水的破坏之外,余皆保存良好。城墙连同其女墙均面朝西南即河谷方向,其目的不言自明。陡峭的岩壁在两边都有 300～400 英尺高,连同山冈上乱石嶙峋的状况,将从壕山口峡谷处拐了一个弯的这段封闭的城墙完整地保护下来了。这样一来,分布在主墙外的黄草营耕作区,亦得以免受被侵掠之苦,而且对后者的警戒本身也极大地便利起来。

但有一个令人感困惑的事实是,在峡谷以上仅几百码处,我发现了一些更为古老的城墙遗迹,分布在被河水浸泡的低地两边。毫无疑问,其用途也是用来封锁经过河谷的通道,但令人感到很奇怪的是它的女墙,正如图 253 所示,它的面朝向东北即河谷的下方。这第二道城墙虽然建造得很庞大,却比第一道受到的损毁要大得多。它用夯土建成,底部的厚度有 11 英尺,其基础是一层坚硬的岩石,被一层灯芯草所覆盖。墙的最大高度仍有 11 英尺。女墙厚约 2 英尺,高约 3 英尺,上面无窥孔。在印度西北边境或受到过过去国内封建领地影响的某些地区的一些峡谷里,也有过分布在很贴近山冈上的

◁呈相反方向的
第二道城墙

---

① 图 253 所复制的照片右边靠着 B 线,显示出了这道横跨河谷的城墙。照相的视野是东北望下视河谷,中间紧靠左侧的断崖(A),可看到一段较古的城墙遗迹,其女墙面朝东北方向。河谷底部上面地平线上的小黑点,是黄草营村的树林。

面对面的两个设防点的情况。但在此地,在中国的西北边境地区,这样的解释恐怕不会从我们所了解到的历史中找到多少支持。因此,像这种在相逆防卫线方面所存在的近似性及其显然是起源于中国的特征,从一开始就必然地变成了一个问题。

在东北交会的 ▷ 城墙线　在陈述我目前认为的它的可能性答案以前,我觉得还是先完整地介绍我在嘉峪关的调查为好,因为我在那里还发现了另一个令人困惑的现象。我指的是我第一次接近嘉峪关时就已经注意到的那道城墙,它自近代的关城城墙处起,呈直角折向了东北方向。在关城北面守卫城墙的第一座烽燧那里,距关城仅 1.5 英里处[①],我发现了这道不同的城墙线的接合处。其遗迹颓毁得很严重,事实上正如我从远处所看到的那样,更近一些的查看立刻就使我找到了一种不同的、可能更早的建造年代方面的证据。这道墙像嘉峪关一样,也是用夯土建成的,其底部厚 8.5~9 英尺,而后者则为 11 英尺。它的高度不计女墙部分有大约 8 英尺,而残破得很厉害的女墙在此处所保存下来的高度仅约1 英尺。对泥土层的检查亦发现了一种明显的不同性。在嘉峪关关城的城墙中,夯土层的厚度为 4~5 英寸,而这里呈直角相连的较古的城墙,夯土层的厚度则为 10~11 英寸。

东北城墙的颓 ▷ 毁状况　这道墙呈西南—东北向,正如随后的调查所显示的那样,它的很多地方都残破成了大裂口。但是在这里调查过的城墙中,尽管其裂口的总长度与仍站立的城墙部分一样大,但我仍能毫不费力地就辨认出了墙的排列情况。除了笔直的墙线,还可从其沿线所建的烽燧上清楚地看出它的走向。那些烽燧

---

① 参见本章第二节。

间的距离平均为 1.5 英里。我在这里调查过的两座烽燧,它
们的基部有 25~26 英尺见方,现存的高度为 20~22 英尺。它
们用夯土建成,夯层厚度与其所守护的墙的夯层厚度一样。
但是台子的顶部后来被修复过,修复的材料是呈垂直排列的
土坯,这是一种晚期城墙建筑的典型方式。① 耕作区一直延
伸到这道城墙的脚下以及已提到过的大裂口以外的地方。它
们提供了清楚的证据,证明这道防御线的颓毁明显地可追溯
到一个更早的时期。同时,邻近地方的人们以及由于灌溉而
带来的潮气对它们造成的破坏,可能进一步加速了这一颓毁
的过程。

◁东北墙上的烽
　燧

　　这里还应该提一下我能够确证的一些事实,它是有关这
道城墙之向东延伸的。加上我在肃州等地所测绘的地图上所
显示出的那些事实,它们将有助于解释有关这道城墙的特征
及起源方面的问题。自嘉峪关起直至野麻湾(Yeh-ma-wan),
我们可以清楚地用平板仪标出这道城墙。从这里可以看到野
麻湾的一座大型堡垒似的建筑,矗立在城墙的一个陡弯处,据
说那座堡垒是用来守卫一座门户,有一条直接从哈密过来的
道路经过那座门户。1914 年,当我沿着位于大路边荒山北面
的一条道路自疏勒河前往肃州时,我得以验证了这一说法,发
现它非常正确。与此同时,我还证实了那块可能由从北大河
引过来的水灌溉出的耕作区,它一直扩展到了野麻湾甚至以
外的地方,这一事实清楚地说明了城墙从这里向北转过去的
这个令人奇怪的大弯。

◁在野麻湾的城
　墙北角

---

　　① 附图 47 上收有金塔北面的一座废庙遗址,亦是采用了此种中国近代砖工建筑方式,但是较常见
的更精致。

延续到肃州和▷
甘州的城墙

在野麻湾,我发现城墙构造和毁坏状况与嘉峪关附近相一致。从这地方起,城墙线转向了东南方向,沿着一大片沼泽地,一直延伸到距肃州城以北大约 7.5 英里的一点上。这地点距新城子(Hsin-ch'êng-tzǔ)村不远,1907 年 7 月 26 日,我从肃州出发,抱着重新认识这段城墙的目的,在这里又作了一次调查。我发现那里的城墙遗迹与嘉峪关附近的城墙属于同一类型,它们的保存状况也一样。从那里起向东走向的城墙沿着肃州的北缘蜿蜒而去。1907 年 9 月我从甘州返回时,验证了这同一道城墙又延伸到了肃州绿洲东北端附近的北大河或肃州河左岸。自暗门(Ai-mên)村附近的河的右岸重新开始,它又沿着到甘州的大路的南侧,向东北方向延伸到了低矮的荒山脚下。由此再向东南,其城墙线或多或少地与这条大交通线保持平行,并沿着甘州河右岸分布。1907 年和 1914 年,我寻迹到了甘州附近,但关于此已没有必要在这里作详细叙述了。只要强调一下下述主要事实即已足够,即:这道颓毁严重的原本既不坚固也不雄伟的城墙,代表的却是现在的当地传说中所知的甘肃的万里长城。

与汉代亭障不▷
同的城墙

在这里要讨论的问题,首先涉及的是该城墙的用途与来源,其次便是它与嘉峪关现存关城之间的关系。关于前一个问题,如果我在这里能指出那在我看来既显得有把握又明确的答案的话,那也是极大地取决于 1914 年我在这个地区考察时所获得的一些结果。像我先前曾被引导着得出的假设那样,它们证明了汉代的长城并没有从疏勒河的大转弯处起,向着东南方向延伸到嘉峪关和肃州。[①] 事实上,一条未中断过

---

① 参见斯坦因《沙漠契丹》,第二卷,282 页。那儿表述的错误观点,极大地受到了我前面对呈相逆方向封锁壕山口的双重城墙的解释之影响。1907 年 9 月我对金塔北面所作的新调查,没有找到汉长城的遗迹。这一事实像那种否定性的证据所常表现出的那样,经证明又是被误解了。

的遗迹链显示出,汉代的长城起初是向东延伸过护海子(Hu-hai-tzǔ)或营盘(Ying-p'an)绿洲的外侧,正好通到安西—肃州大路的北边。由此,它又远远地通到了位于肃州河和甘州河交汇处的毛目(Mao-mei)以远的东北地区。[①] 这一发现极好地证实了这条著名的、若即若离地沿着自甘州至肃州大道分布的城墙线,既非中国最早征服甘肃极西部地区时所划定的边境线,亦非汉武帝时所扩张的长城。它的时代必定更晚,各种考古学的以及历史学的证据,均支持当地的向导们向我表达的他们的观点,即这道城墙是在明朝时修建的。

正是在那个时候,中国采取了对中亚严厉的闭关政策。现在所提到的一些有关西域的记载,清楚地证明了在这条边境线上使用了这一政策。在唐代,像这样一条紧贴着南山下耕作区边缘及联结着它们的大道的纯粹防御线,显得会没任何存在的理由,那时中国正将其政治和军事控制力扩展到中亚辽阔的地区。当中华帝国对甘肃的统治大部分被突厥人和吐蕃人所取代的时候,像这种类型的防御工事明显是不可能的。而回鹘人以及后来的唐古特人占据"河西"(Ho-hsi)时期,他们的势力不仅仅伸展到了这道长城所保护的耕作区,而且还延伸到了北部很远的地方。在那个时期,长城的修建是毫无意义的,对半游牧民族的统治者来说,像这样一种防御意图甚至想都不会去想。这样的观点还明显地适合蒙古人对中华帝国的统治时期,当时中国的边境地区空前地对外开放,将中亚与西亚联结了起来。

有大量的历史记载,证明了到明朝建立时(公元 1368 年)政策发生了彻底的改变,那时明朝采取了强硬的制度,将中国

◁标志着闭关政策的长城

◁明代对边境的封锁

---

① 参见斯坦因《第三次探险》,载《地理学刊》,1916 年第 48 期,195 页等。

西部边界与外国的联系切断了。这一闭关制度说明了这道长城的建造忽视了所有的地形上的战略利益,而将其城墙线建在仅仅是最易于防守的地方。这一点极不像汉代的长城。在此,我们立刻就会找到对这长城分布位置的解释,它总是贴近有人居住的区域或大路,甚至是那些从军事观察角度来讲明显地会采取不同位置的地方。[1] 同样地,我们也可以立刻就解释出像金塔和毛目那样的绿洲被废弃的原因,若要把它们也圈进长城以内的话,警戒控制起来就会很困难。然而最有意义的是,这道城墙恰在嘉峪关结束了。在明代,嘉峪关一直都是一个很特殊的地方,与那些西方旅行者所说的相一致,每年从中亚来的被许可进入"关内"的极少数使节和商队,在被允许进入中国境内以前,都在这里受到了严密的检查。

追溯到明代的▷长城

这道长城的明代属性,还被我在其沿线不同地点所作的考古学观察加以证实。它严重的颓毁状况,以及与嘉峪关附近保存状况良好的城墙相比显得已完全坍塌的样子,在我看来其时代绝不仅仅可追溯到清朝时期,即最后两三个世纪。另一方面,我觉得绝不可能的是,一道并不太厚并缺乏那种芦苇或灌木枝柴捆的特殊保护(此种方法曾有效地用来加固汉代的长城)的夯土城墙,如果它被建于很多世纪以前的话,在处于图254所示的那么一种高度上,它就很容易受到风力侵蚀及潮气破坏。再考虑到气候的状况(当我们循着向东南方向通往甘州和凉州的长城行进时,一路上气候渐渐变得湿润

---

[1] 关于这种对军事利益之忽视,我可以举出的一个显著例子,是从野麻湾向东分布的长城。居高临下的山脊自那一点起,向东延伸到了北大河的西门坎(Hsi-mên-k'an)(此处系音译——译者)峡谷,这道山脊提供了一条绝好的防御线,正如我在1914年穿过那里时所意识到的那样。汉长城的设计者会将他们的防御线沿着这道山脊分布,充分地利用其价值。而明代的长城则紧靠在耕作区的边缘,在那里可以较容易地保持治安警戒,将未经授权的私行者等拒之门外。

起来），也是极符合这道长城最初是建于明朝时期的推测的。公元1420年，沙·鲁赫（Shāh Rukh，此人系波斯皇帝——译者）的使者曾发现，设在嘉峪关的西部边境检查站已经完全建成，据此我们可以进一步得出结论是：我们目前正调查的长城在那时就也已存在。自明朝建立到公元1420年已有50年，这段时间对于修建长城及其所需要的制度的完善而言，已显得很充分了。

仍存在的问题是，关于在我们已调查过的长城与嘉峪关通道附近的长城之间的关系，前者现在南起北大河左岸，北抵壕山口峡谷。我已经指出，从现存状况上来看，后者要晚于前者，而且构造上亦不相同。在我看来，这两道近在咫尺的长城之间的关系一目了然。清朝建立之后，或许是在康熙大帝时期（公元1662—1723年），开始奉行的进取政策最终导致了对新疆的重新收复。明朝时期漫长的边界警戒线，可能大部分都已经变成了废墟，此时又被设在嘉峪关的一道防线所取代了。它封锁着自西边过来的大路，一旦形势需要，还可很好地用于军事目的。公元1697年以前，虽然边塞已向前推进到布隆吉尔和敦煌一带①，来自西北强大的准噶尔（Dzungar）或厄鲁特（Eleuth）部落的侵袭的危险，直至公元1757年他们被最终消灭、帝国在整个新疆地区建立其权力时才最终消除。②

◁嘉峪关防御线
的起源

在这些情况下，现存的嘉峪关封锁线建筑明显地具有了军事上的价值。③彼时的肃州就像公元1877年最后一次回疆叛乱后清朝收复新疆时一样，必曾被用作帝国军队的主要粮

◁嘉峪关所占据
的军事优势位
置

---

①　参见里特《亚洲》，第二卷，370页等。
②　参见里特《亚洲》，第二卷，459页等。
③　根据里特《亚洲》第二卷211页中所引的一条注释，嘉峪关是公元1754年乾隆帝平定准噶尔势力时军队的集结地和出发点。

草供应等基地。在嘉峪关的保护之下，肃州避开了任何重大一些的直接攻击。我猜想大约是在那个时候，原已经存在于自俯视着嘉峪关的孤立的乱石山脚下延至北大河左岸间的老城墙，被重新修复并保持下来而成为目前这副样子。与此同时，大致呈南北走向的这部分城墙被向西北方向延伸了，以便于封锁壕山口峡谷的出山口，因为嘉峪关很容易受到经由那峡谷过来的袭击。我需将这些问题留给其他精通中国史籍的人们，由他们来确证这里提出的假设性解释，是否能得到有效的原始史料的支持。从古物学以及地形学的观点上来看，上述解释对看上去极令人困惑的关系问题提供了一个可能性的答案。

对壕山口峡谷▷
双重城墙的解
释

我剩下来的事仅仅是重提一下先前说到过的壕山口令人奇怪的细节，即横贯峡谷中部的面对面的两道城墙。较下方的也是较晚期的城墙，其女墙面朝西南方，是嘉峪关的一道外围工事，以使黄草营外侧的部分更安全。关于较上方的及较古老的城墙（面朝东北），据我看来其最可能的解释是：它是用来保护嘉峪关西侧的大路免受劫掠等的威胁的。甚至在明朝时期，中国都极不可能不将通往西部的大道置于这样的由向前推进的驿站所提供的保护之下。沙·鲁赫的使者的报告明确提到了他在抵达嘉峪关的中国边境之前，"在沙漠里"的几个地方所受到的中国官员的接待。[1] 另一方面，我们从鄂本笃的行记里可以看出，他那个时代由于在从哈密至肃州的

---

① 参见尤尔、科尔迪耶《契丹》，第一卷，273 页。

路途上普遍存在的不安全,曾多么需要这样的保护!① 此外,极相似的还有那种向前推进的烽燧,汉朝时它们曾被修建到楼兰道离开敦煌亭障之处以外的地方②,以及玄奘在出了早期唐代玉门之后曾不得不通过的那些路途。③ 如果壕山口峡谷在明代时也用这样一道阻断大路的城墙封锁起来的话,那么在嘉峪关关门以外一定范围内,这条道路就会变得安全起来,至少会免于受到来自北方的袭击。因为直至我们遇到白杨河流向护海子小盆地时切割成的峡谷之前,北面极陡峭的山冈尚未有任何实际可通行的路径。

在结束对嘉峪关的调查并理清其长城的由来之后,接下来我们可以看一看那些早期西方旅行者留下来的有关这座著名关城的记载了。马可·波罗在自沙州前往肃州的路上必曾经过嘉峪关隘口,但没有留下任何有关该遗址的记载。关于此很容易理解,我们在前面已作过解释了。当他通过之时,那封锁着嘉峪关并将河西最西部边境圈起来的长城尚未修建。公元 938 年,中国派往和田的使节提到了一座叫"天门"的隘口,其位置在肃州以西 100 里,我们现在知道这指的是嘉峪关的隘口。④ 但纵然在蒙古入主中原之后这里仍维持着一座瞭望站,当在忽必烈大汗(Kublai Khān)治下中国对外开放与西方保持联系的时代,这座瞭望站可能没有任何特殊的重要意义。

◁对嘉峪关的早期记载

---

① 参见尤尔、科尔边耶《契丹》,第四卷,240 页。
② 参见本书第十七章第一节以下有关 T.I、II 烽燧的部分。
③ 参见儒连《生平》,17 页、24 页以下;本书第二十八章第一节。
④ 参见雷米萨《和田城》77 页。在同一篇报告中,提到了位于"天门"以西 100 里的一条"称作玉石之门的通道"。若是把它与玉门县相提并论的话,则那里所说的距离又是极大地低估了。

沙·鲁赫的使▷
者通过"喀热
勒"

然而沙·鲁赫派遣的使者于公元 1420 年经过这里时,情况就完全改变了。① 使者们在众多商人的陪同下,花费了 25 天时间穿过哈密以来的大沙漠。在"靠近中国边境"的最后几程,他们受到了前来迎接他们的中国官员的盛大欢迎。"他们抵达了一座称作'喀热勒'(Karaul)的坚固的城堡,那堡垒位于一座山谷中,道路就从谷中间通过。② 在那里,在他们被允许继续前进以前,整个团队都被清点了一遍,他们的名字亦被记录了下来。然后他们继续前往肃州,被安置在那里的位于城门处的大牙目罕(Yam-khaan)或驿站馆舍里。"这里提到的被冠以突厥语称谓"喀热勒"(意即观察站)的地方,亨利·尤尔爵士很恰当地认识到它指的就是嘉峪关,这一点不容置疑。这段描述清楚地指出了当时设在那地方的"丘塞"(chiusa),或多或少与我们现在看到的类型相一致。③

毕斯贝记载的▷
嘉峪关

不到一个半世纪之后,我们从关于契丹的极有趣的故事里,收到了一份有关此边防站的极一致的报告,那是由纪思冷·勒·毕斯贝(Gislen le Busbeq)[查理五世(Charles V)派往波尔特(Porte,1555—1562)的使节],从一个突厥穆斯林云

---

① 参见尤尔、科尔迪耶《契丹》,第一卷,273 页,该处有一段自使团的"Abd-ur-Razzāq"行记里摘出的简要译文。亦见 E.雷海特赛克(E.Rehatsek)《印度文物工作者》第二卷(1873)75 页以下。

② 雷海特赛克的译文(《印度文物工作者》第二卷,76 页)更准确地描述了它的位置:"恰拉乌勒(Qaráwul)是一座很坚固的城堡,位于山地之中,它只能通过一条路从一边进入。那路也从城堡的另一边出去。"

另参见同一行记中的一篇译文,该文由里特《亚洲》第二卷 211 页引自泰维诺(Thévenot)《旅行记》(*Relation de Voyage*,巴黎,1696,t.ii.fol.3)(我无法读懂)。

③ 正如亨利·尤尔爵士正确地指出的那样,在沙·鲁赫的使节在这里受接待的方式,与从阿拉伯旅行家伊本·穆哈黑勒(Ibn Muhalhil,约 941 年)的作品中摘录出的有关接待事宜之记载间,有一种明显的相似性。那位旅行家的记载里提到,那些"渴望着自突厥国家进入中国"的人,在位于"一个沙漠地区"的"麻恰牟乌勒巴波"(Maqām-ul-Bāb,"门房")那里受到了接待,接下来是在瓦地乌勒麻恰牟(Wādī-ul-Maqām,"站谷")等地受到的接待。参见尤尔、科尔迪耶《契丹》第一卷,251 页等。所指的地点并不能明确地被证实,但这段引文显示出了在此边境线上对外国人进行控制的制度,曾多么深地植根入传统之中啊!

游僧嘴里打听到的。① 这个聪明的富有观察力的"突厥流浪汉"和一支商队一道，从波斯边境出发，旅行到了遥远的契丹。

在长达好多个月的精疲力竭的旅行之后，他们到达了一座峡谷，那峡谷构成了契丹的门户。那个帝国的大部分都是内陆，有一片连绵的崎岖陡峭的山围绕着这里，除了一条狭窄的通道之外，没有任何可通行之处。按照国王的命令，在那通道里设置了一座要塞。② 在那里商人们被提问道：带的什么东西，从哪里来，以及有多少人。他们回答以后，国王的戍守士兵们就向下一个瞭望台发信号。如果是白天就点烟，如果是夜晚就举火。如此下去，几小时后消息就传达到了在契丹的国王那里，如果用任何其他联络方法，将会用好多天时间。国王用同样的方式和同样迅捷的速度发回他的命令，或者是全部放行，或者仅是一部分，或者全部延迟放行，云云。

这整段记录有着与众不同的意义，它极正确地描述了嘉峪关的位置，以及明朝对外国人的控制制度。关于烽火信号的使用，进一步证明了沿原先推测的边境城墙设置的烽燧，当时一定被很好地维持着。附带说一下，我们在这里谈论的这段记载，是我从西方的资料中所能找到的有关早期中国视觉电报系统（系指烽燧信号联络系统——译者）的最完整描述。关于这一系统，我沿敦煌亭障考察时所发现的文书，大量地证

◁突厥穆斯林游僧记录的意义

---

① 参见尤尔、科尔迪耶《契丹》，第一卷，297 页。

② 在"*A. Gislenii Busbequii omnia quae extant*"（Amstelodami, 1660, 327 页）中，其文如下："Postquam multorum mensium labore ad angustias ac veluti claustra regni Cathaini perventum est（nam bona pars ditionis regis Cathay mediterranea est, asperis montibus praeruptisque saxis circumdata, nec potest intrari, nisi per certas fauces, quae regis illius praesidiis tenentur）, ibi mercatores interrogantur"，等等。

明了它属于汉代时期。① 我们不应该责怪我们的流浪者,在其几乎所有陈述中,对这一系统的精确性作了超出其能力范围的信赖。因为对外国来访者而言,他们要依赖这种消息传递等的解释,正像负此责的中国人所选择给予他们的那样。

鄂本笃经过嘉▷
峪关

无论如何,如果我们下一位关于嘉峪关的西方消息员——鄂本笃,接受这个有关烽火信号系统使用的陈述的话,在其个人情况之下,他有理由抱怨这种东西运作得过于缓慢。从李西(Ricci)保存的有关这位虔诚旅行者的故事中②,我们了解到从"卡目尔"(Camul)即哈密起,"九天后他们在叫作'契艾空'(Chiaicuon)的地方抵达了著名的中国北方长城,在那里,他们被迫滞留了 25 天,以等待省总督的答复。③ 当他们最后被允许进入长城以内,在一天多的旅行之后,他们抵达了肃州城"。正是在肃州,"鄂本笃最终澄清了他的疑惑,即有关契丹及中国间除名称外的全部对应关系"。但是他命中注定要被羁留于彼凡 16 个月,疲劳不堪,直至公元 1607 年 4 月死亡将他从所有困顿里解脱出来。从这一点上可以看出,即使是被允许通过嘉峪关之后,那种对外国人入境的临时许可也仍然受到了严格的控制。④

---

① 参见本书第二十章第六节。

② 参见尤尔、科尔迪耶《契丹》,第四卷,239 页。

③ 我们被进一步告知,陕西(Scensi 即 Shen-hsi)省(这些边境地方彼时归该省管辖)总督驻扎在甘州(Canceu 即 Kan-chou)。

④ 威廉·芬奇(William Finch)于公元 1611 年记录在拉合尔收集到的有关中亚贸易路的消息时,亦知道有嘉峪关。他清楚地提到了嘉峪关,那是在其有关自莎车至"中国"的贸易之注释中提到的,他说:"嘉峪关是门户或入口,从此地起有两三个月的旅程。当他们抵达这座入口时,被强迫留在他们的帐篷里,有 10 个或 15 个商人被许可马上去做他们的生意。当这些人返回后,他们可以再派出更多的人。但是,无论如何整个商队不能一下子都全部进关。"参见斯坦因《旁遮普历史学会会刊》,第六卷,144 页等。

第三节 肃州和中部南山

◁自汉代征服以来肃州的重要性

从嘉峪关出发,7 月 22 日我到达了肃州城。从可追溯到的历史记载上看,它一直是一处非常重要的地方。我在南山调查期间,曾在那里停留了六天①,我感到很愉快的是,这段时间使我有机会了解了一些当地的状况和环境。我在前面已提到过,在汉武帝征服了南山北麓地区之后,紧接着就设立了酒泉(Chiu-ch'üan)郡,以组织新兼并的地区,其首府即在现在的肃州。② 我们还发现敦煌内外凡指挥机构所在的重要地方,其城墙都被加固并延伸开去,这从一件原始的亭障文书上可以得到证明。③

◁肃州的农产品及贸易

由于北大河及其他河流(其水源来自南山的三座雪山④)所提供的充足的灌溉,这个地区的耕作区的范围很大,也很肥沃。它们使肃州变成了中国在西域的所有事业的主要天然供应基地,这个角色从汉代一直保持到现代时期,因为导致 1877 年成功收复新疆的那场战争正是在肃州准备的。只是在重新移民之后,这个当时已因东干人叛乱而导致人烟绝迹的地区,又变成了一处确保一支军队向西北穿越沙漠的基地。⑤ 出于同样的理由,肃州的重要性还表现在,它曾扮演过沿中亚大道

---

① 参见斯坦因《沙漠契丹》,第二卷,285 页以下。

② 参见本书第二十章第一节。沙畹《文书》v 页注⑤中认为,酒泉郡的设立最可能是在公元前 115 年。

③ 参见本书第二十章第四节。

④ 北大河和洪水坝河(Huang-shui-pa Ho)所流出的大河谷,边侧是陶勒南山(Alexander III)、陶勒山(To-lai-shan)及走廊南山,这些山的山峰大范围地为永久性的积雪(如果不是冰)所覆盖。除了这些河流之外,一系列来自走廊南山北面的溪流,也有助于灌溉沿山脚分布的大量村庄。

⑤ 极著名的刘锦棠(Liu Chin-t'ang)和左宗棠(Tso Tsung-t'ang)收复新疆的故事,大量地讲到了肃州。在他们统率下的清朝军队在这个地方休整了一年或两年的时间进行备战,他们在荒地上播种庄稼,并在继续向新疆推进以前收获了他们的粮食。对那次战争所作的进一步研究,或许会从侧面阐明行动的各个方面。我们知道,汉朝的军队就是凭借其组织方法穿过令人恐怖的大沙漠,而将军队推进到塔里木盆地的。

的丝绸及其他中国制品贸易中心的角色。① 甚至在现在,当情况发生了极大变化以及中国沿此古代道路的出口已明显不便利的情形下,肃州也仍然是一座保持繁荣的城镇。这里有很显著的商业活动,蒙古西南部地区的需求中的很大部分,都是从这里和甘州得到供应的。

酒泉的泉▷ 我并不打算去追溯肃州史,因为编年史及其他中国历史记载中已提供了大量的材料。② 考虑到气候条件、地面特征以及长时期被占据的情况,在地面上缺乏古代遗迹并不令人感到有理由去惊奇。肃州城是在东干人的大叛乱中遭到全部毁坏之后又重建的,它不会留下多少有关其遗址之古迹的。

———————————

① 参见威尼斯的莱缪西欧(Ramusio at Venice)大约在公元 1550 年访问过的波斯商人哈吉·穆罕默德(ḥājī Muḥammad)的描述,尤尔、科尔迪耶《契丹》,第一卷,291 页;另见该书第四卷 242 页有关鄂本笃的部分。前者有趣且准确地讲述了大量地生长在肃州南部山中的野大黄的细节情况,正如马可·波罗在谈到肃州时所讲述的那样,这种东西在中世纪时(如果不是更早时期的话)必是那地方的重要贸易品。参见尤尔《马可·波罗》;第一卷,217 页;另参见斯坦因《沙漠契丹》,第二卷,305 页。

我在此应该适时地指出,我在肃州南部走廊南山两边所作的观察,与莱缪西欧自其波斯商人嘴里听到的描述之间有多么的贴近:"那时他告诉我们,大黄长遍了那个省,但是很多最好的长在某些邻近的高山里。那里有很多山泉,各种各样的树长得很高大。其土壤是红色的,因经常下雨及泉水之故而四下流失,几乎总是处于一种滑坡状态。"

关于红色土壤,在我看来明指的是马索河(Ma-so Ho,此处系音译——译者)和洪水坝河水源附近的沼泽谷地,后者之名称直接得自那些亮红色的泥土斜坡。见《沙漠契丹》第二卷,308 页以下。莱缪西欧之所以对哈吉·穆罕默德的资料感兴趣,是因为"在马可·波罗第一本书之第三十八章中,他论及在那个叫'肃州'(Succuir)的省里出产的大黄,由此出口到这些地方并遍及全世界"。我们被告知,哈吉·穆罕默德"本人曾去过肃州,后来带回……威尼斯大批的上述大黄"。参见尤尔、科尔迪耶《契丹》第一卷,290 页。在前往洪水坝河的路上,我未发现任何的针叶林,但在东南方走廊南山的河谷里,却有大量的松树和冷杉。

② 关于来自境外的对肃州的记载,我能找到的最早的是包含在从米兰古堡里出土的突厥"如尼文"(Turkish'Runic')文书里的记载,它提到了"Sugchu 城"。参见汤姆森《突厥"如尼文字"写卷》(Manuscripts in Turkish'Runic' script)(《亚洲学刊》,186 页,1912),另参见本书第十二章第六节。有关肃州一名的较早期发音 Sukchou,参见尤尔、科尔迪耶《契丹》第三卷 126 页,那里讨论了拉失德乌德丁(Rashīd-ud-dīn')提到的肃州。同一形式的名称亦见于马可·波罗的 Succiu。参见尤尔《马可·波罗》,第一卷,277 页。关于马可·波罗提到的对牛来讲有毒的植物,参见斯坦因《沙漠契丹》,第二卷,303 页,它在当地以"醉马草"(能使马醉的草)一名著称。

关于尕代扎(Gardēzī)、沙·鲁赫之使节、哈吉·穆罕默德和鄂本笃对肃州之记载,参见尤尔、科尔迪耶《契丹》第一卷,240、275、291 页;第四卷,241 页等。

我可以在这里指出的是,鄂本笃的行记里提到了被分成两部分的城市,一部分是汉人,另一部分是来自西域的穆斯林。这种情况在现在的肃州城里仍可以看到。

距城墙东北角外不足 1 英里,有优美的名叫"酒泉"(酒之泉)的泉水,此系其古代名称。邻近这个著名泉水的寺庙围地及花园,每一次都给我的来访提供了愉悦的感受。

　　1907 年 8 月我花费在肃州与甘州之间地区以南的南山高山里的数星期艰辛旅行考察,纯粹是地理学方面的工作。至于我们的考察结果,我在个人探险记中已作了介绍。① 但在那里作的观察,并非没有某种程度上的历史学意义。抛在我们身后的狭窄的河谷之中,那流出走廊南山东北坡的河水,一路切削出它们的河道直至山前的高原。我们穿越了一连串壮丽、宽阔的高峻河谷。这些谷地都像帕米尔高原中的谷地一样开阔,但在植被上远较丰富。我说的大谷将走廊南山、陶勒山、陶勒南山以及疏勒南山等冰雪覆盖的高峰分隔了开来,在它们中汇聚了肃州河、甘州河以及疏勒河的水源。从大约11 000 英尺高处起,这些河谷变得易行起来,形成了底部几近平坦的大型盆地,连同其草滩一道向着边侧的山地延伸。② 在那个高度及另一个高出水平面以上大约 13 000 英尺的高度之间,河谷中出现了优美的夏季牧场,比我在帕米尔看到的任何草场都更丰美。这片草场的范围可从下述数据上估算出来:北大河上游开阔的河谷部分,其直线距离长度不少于 70英里,宽度为 12 英里或更多;而甘州河上游相关部分的规模则更大。

　　当然,分明是潮湿的气候,给这些河谷带来了大量的山地草场。它们与安西和敦煌南部山地普遍的荒芜,形成了鲜明

◁南山山脉间的
　　大河谷

◁在高谷里的大
　　片牧场

────────

　　① 参见斯坦因《沙漠契丹》,第二卷,297～333 页。《地图 III:南山西和中部部分》(比例尺为 1∶1 000 000)连同我的论文,一道发表在《地理学刊》1911 年 3 月第 1 期上,地图亦收录在《沙漠契丹》一书中。该图说明了整个南山地区的主要特征。

　　② 表现这些河谷景色的照片,参见斯坦因《沙漠契丹》,第二卷,图 236、238、241～246。

的对比。这种带来生命力的潮气越过了走廊南山的雪线,也给其东北坡带来了丰富的植被。在从麻阳河(Ma-yang Ho,此处系音译,似指今马营河——译者)向东进入甘州及其以外地区的山冈上,我们在1907年和1914年所作的考察,不仅发现那里有丰美的河谷草场,而且还生长着辽阔的森林。这种气候变化所具有的经济上的重要性,已从我在别处强调的事实中得到了证明。在甘州南部的山麓地区,那种分界线很明显,分界线以外的地方无须灌溉即可耕种,全然仰赖天上的降雨。[①]

对南山草场的▷
忽视

这些地方令人喜爱的自然条件,必然使人们全然忽视由南山的大谷所提供的更为优美的草场。这些山区在夏季时能容纳成千上万的牛马,对一个足够坚韧的民族来说,这里像阿来山和中部、西部天山里那些著名的草场一样,对游牧民具有强烈的吸引力。但是在一年里最温暖的季节,这里却是一派荒无人烟的样子。三个星期的艰难旅行,我们在这个地方走了大约320英里的路程,除了少数冒险到这里来淘金的东干人,未遇到一个别的其他人。淘金处位于将近14 000英尺高的地方,靠近洪水坝和甘州河水源的分水岭附近。

中原的政策说▷
明了这种忽视

从种族的以及政治的现实的角度,可以合起来一道来解释人们的这种忽视。汉人对游牧生活根深蒂固的反感,在这里并没有被冲淡。这种传统一直是影响东亚历史及文明的一个重要因素,它必定阻止那些游牧民为了自己的利益去利用南山河谷的草场。另一方面同样很明显的是,由于长时期以来不断遭受来自其北方大草原上的邻居——无论是匈奴人、突厥人还是蒙古人——以及南面的吐蕃部族的侵袭,汉人们

[①]　参见斯坦因《第三次探险》,载《皇家地理学会会刊》,1916年第48期,199页。

从这些悲哀的经验中学到了教训,不能无视相似的惹来麻烦的游牧民存在于侧翼的山谷之中。因甘肃这些向前突进的地方,是中国势力在中亚的钥匙。因此很清楚,在所有历史时期,中国边防政策的直接利益,即在于将游牧民族(不管其种族来源如何)挡在这个山区之外。我们没有理由去怀疑,一旦政治情况需要,这一政策就会发挥作用,来清理这些山区。东干人最后一次叛乱以后的情况即是如此。

但是,看起来这一由来已久的政策中还有一个令人感到奇怪的矛盾。当我下山前往甘州之时,我遇到了半汉化的蒙古人的营地,在沙河(Cha-ho)与梨园河(Li-yüan Ho)之间的森林围绕的高地上放牧他们的牛马。① 那时我还观察到,他们的人数以及牧群数与可利用的草场和多样的地面优势相比,显得很小。我可以称他们的放牧方式为普通的"驯养"。但是,他们存在于此地的真正解释、他们的情形看起来似乎是中国在这一地区的边防政策的例外之解释,只是到了后来我才感到清楚起来。那是在读了麦纳海姆(C.G.E.Mannerheim)上校(现在是将军)的著作之后,此人是芬兰著名的官员。② 他的文章显示,这是一支小的、现在已迅速定居的部落的夏季营地,该部落的人称自己为撒拉裕固,讲一种蒙古方言。公元17世纪的中国政府将他们有意识地从"关外"迁到甘肃边境地区,目的是给自己提供有用的"胡人"助手,以对付来自西北的准噶尔的侵袭。撒拉裕固人认为他们与撒罗裕固人

◁在南山北麓的
牧人部落

---

① 参见斯坦因《沙漠契丹》,第二卷,330页等。为了减少弄错他们是蒙古人之可能性,我可以指出的是:我们实际上并没有机会靠近他们的营地歇息,此外就是他们是喇嘛教徒,除了汉语之外他们还讲蒙古语。我的说突厥语的同伴认定他们是"卡拉玛克"(Kalmaks)即蒙古人。我本人到那时为止尚未遇见过蒙古人,因此很容易弄错我们不期然地遇到的这些人的来源。

② 参见C.G.E.麦纳海姆《访撒罗和撒拉裕固人》(A visit to the Sarö and Shera Yögurs),载《芬兰—乌戈尔语学会会刊》(Journal de la Société Finno-Ougrienne),第27期,Helsingfors。

（Sarö Yögurs）的小社群很有关系。这些部落操的是一种突厥语，散布在几个畜牧聚落中。这些聚落分布在砾石平原上有草的地方，该平原分布在肃州—甘州大道的南部，介于双井子（Shuang-ching-tzǔ）和高台（Kao-t'ai）绿洲之间。①

小月氏的古代▷
聚落

关于这些小部落的起源、种族特征以及目前状况，只需参见麦纳海姆将军富有价值的人种史著作即已足够。在此令我们感兴趣的是，他们提供了一幅中国征服中亚进程的富有启发性的现代插图。这一进程，自从中国在其中亚政治利益的驱使下，占据了这条沿着积雪的南山脚下的"走廊"（里特很久以前即如此称呼它②）以来，它就不止一次地发生过。在中国的一篇历史记载中，有关于这一进程的直接证据，尽管涉及的是公元 10 世纪之事，但亦有助于说明更早时期以前此地普遍的状况。高居海在描述公元 938 年中国使节沿这条边境出使和田时讲道："自凉州西行五百里至甘州。甘州，回鹘（Hui-ho 或 Uigurs）牙也。其南山百余里，汉小月氏之故地也，有别族号鹿角山沙陀（Sha-t'o），云朱耶（Ch'u-yüeh）氏之遗族也。"③（引自《新五代史》卷七四——译者）

曾居住在甘肃▷
边境地区的沙
陀部落

高居海在这里提及的沙陀是西突厥的一个部落，该部落最初于唐代早期居住在巴尔库勒（Barkul）的东部，为了保护甘肃北部边境免受侵袭于公元 808 年后迁到这里。④ 高居海在这里提及沙陀，分明在暗示了他们在某一时期也占据了我

___

① 关于撒拉裕固人的起源和语言，参见麦纳海姆同书 31 页以下；关于其与撒罗裕固人间的传统联系，见该书 6、33 页等；关于撒罗裕固人及其突厥语言，见 5 页以下、61 页以下。

② 参见里特《亚洲》，第二卷，195 页以下。

③ 参见雷米萨《和田城》，76 页。

④ 关于与朱耶密切相关的沙陀部落之历史，参见沙畹《西突厥》，96 页、272 页等。关于他们较后期的驻地，我参考的是里特《亚洲》，第二卷，212 页，他引述的是高比（Gaubil）的《唐史》（Histoire de Tang）第十六卷，156 页，我对该著作一窍不通。我不知道所谓"鹿角山"在什么地方，会是在东天山之某地么？有关随唐朝灭亡而来之混乱时期中沙陀所扮演的角色，参见沙畹《西突厥》272 页。

们快速调查过的山区。在他那个时期,这些人必曾从属于彼时占有甘州的回纥。但是对我们来说具有特别历史意义的是,在高居诲所处的时代,当地的传说中仍然记得南山的那些河谷和高地曾经是汉代小月氏人的放牧地。司马迁《史记》里的一个重要段落告诉我们,当大月氏——凉州与敦煌间整个地区的前主人——被匈奴人打败并于公元前 2 世纪前后像印度—斯基泰人迁徙到印度河一样,大规模地迁徙到阿姆河等地时,"其余小众不能去者,保南山羌(Ch'iang),号小月氏"①。

　　从《后汉书》中我们了解到,在从分布于西宁(Hsi-ning)地区的羌或吐蕃部落中寻找到一处庇护之后,小月氏向汉帝国屈服了。那时匈奴人已于公元前 121 年被逐出甘肃,小月氏中的一部分随后重新回到了他们在甘州的旧地。② 迟至公元 189 年,这同一部史书中又提到了发生在小月氏中的一场反叛,他们居住在甘州一带,反抗中原对他们的统治。③ 我们有理由相信,那导致朝廷遣一部分小月氏人重回故地的目的,与后来在这个地区安置沙陀以及撒罗和撒拉裕固人的目的是一样的,即为这个地方的防卫提供更强大的武力。但是月氏人的其他一些遗迹明显地保存在更靠西的山地中。《魏略》提到了月氏的残余,与各种分明属于吐蕃人血统的部落一道,居住在从敦煌延伸到葱岭的"南山"之中。④ 公元 939 年当高居诲经过居住在敦煌西面荒山里的仲云(Chung-yün)部落境

◁后汉及以后时期的小月氏

◁在敦煌一带山中的小月氏

---

　　① 参见沙畹《通报》,1905,527 页注①。关于被匈奴逐走以前的月氏人的原始领地范围,参见弗兰克《突厥人》,27 页,该文引述了司马迁的《史记》卷一百二十三;有关《后汉书》中相同的记载,亦见同书 26 页。

　　② 参见弗兰克《突厥人》26 页所引《后汉书》卷一百一十七。

　　③ 参见弗兰克《突厥人》,27 页。

　　④ 参见沙畹《通报》,526 页以下,1905。

内时,亦记载了"仲云者,小月支之遗种也"的传说。① 他们被描述成勇敢、善战的人,瓜州和沙州的人都惧怕他们。

南山草场的重▷
要性
这些浮光掠影般的历史记载将帮助我们更好地去评价这个地区的重要性。中部南山的河谷和高地宜人的自然条件,必在凉州至肃州地域史上具有过这种重要性。如果不是为了那里大片的夏牧场,走廊南山脚下和北面邻近的干旱沙地之间的狭窄耕地地带,在历史上就不会变成一系列游牧民族——如乌孙人、月氏人、匈奴人、吐蕃人、回鹘人、唐古特人以及蒙古人觊觎、争夺的对象了。

在"走廊"边侧▷
的南山
诚然,对中原(从最初占据这个地方至今已有 2000 多年了,而且它一直致力于将游牧民的侵袭挡在"走廊"之外)而言,对这个地区的拥有是必不可少的。它不顾那些山地的自然条件。它需要这个"走廊",因为这个"走廊"可以为它对于中亚的贸易和政治事业提供一条安全的通衢。南部高山的价值仅在于作为一种天然屏障,从而为其西部的大道提供侧翼保护。我留意到所有通过这道屏障的道路,均设置在道路上及河谷出山口合适位置上的烽燧、"丘塞"或军事驿站所警卫②,这都证明了一直到今天人们还意识到这种价值之所在。

南山北坡下面▷
的冬草场
然而,如果没有适宜的气候条件为中部南山地区带来的大量植被,以及如果没有耕作区旁边同样大量的冬牧场的优越条件,这个在面积上相对有限的地区对游牧民而言,就不会具有那么强的吸引力,从而变成他们中至少一部分民族在一系列历史时期的主要活动地区。由于诸种地理因素的综合作用,我们刚才提及的冬牧场,大量分布在所有那些自走廊南山

① 参见沙畹《通报》,528 页注,1905;雷米萨《和田城》,78 页。
② 有关此种设在南山里的防卫点及警戒站,参见斯坦因《沙漠契丹》,第二卷,268 页、302 页、304 页、331 页等。

北麓流出或流经的较重要河流的下游河谷中。它亦存在于山脚的很多地方,以及——正如我1914年的考察所了解到的那样,它甚至分布在最靠近链状荒山的高地上。这种排成线的荒山位居耕地带的北缘,联结着阿拉山(Ala-shan)和北山。

　　仅仅是根据地理特征,我曾努力地扼要指出,从历史告诉 ◁历史上对"走
我们的有关在中原势力进入之前乌孙、月氏及匈奴人为拥有 廊"的争夺
这个地区而作的争夺中,我们能够正确地理解的是什么。如果我们能正确地评价那使中原成功地开通这条通往中亚和西方的通道的不懈努力的话,我们就会看到,这些游牧民对这地方的争夺必定曾不时地出现过。

第四节　自甘州到金塔

　　8月27日,我抵达甘州,这是我旅行的极东界限。在这里 ◁甘州的地理优
停留的六天里,我把大部分时间都用在了繁忙的实际工作之 越性
中。对这座巨大且仍然繁荣的城市,我获得了足够的印象,认识到了它在甘肃历史上必曾有过的重要性。甘州位于一片广阔的沃野中央,甘州河(Kan-chou River)或黑河(Hui Ho)以及西面的两条支流,给这里提供了大量的灌溉水源。凭借其位置,这城市还享受着其他一些地理优势。虽然其海拔(距海平面以上约5 100英尺)与肃州大致相同,它却具有一种明显更宜人的气候。在夏季的月份里,它能接收到更多的降雨;而在冬春季节,却又较少受到很多来自北面沙漠的寒风侵袭。这后一种优势,可能部分是由于甘州河右岸以外光秃的山冈提供的遮挡所致。那山冈从河的大转弯处延伸到城的北面,其更东部的地方高度在9 000多英尺。但是更重要的事实是,甘州河出山口处河岸线东面,有一条山麓带,那里的天然的肥沃

坡地上,无须任何灌溉即可进行耕种。

甘州的中心位▷
置

甘州占据着一个特殊的位置,它联系着沿南山山脉北麓分布的"走廊"的其余部分,从这种特殊位置上看,它必曾是一个重要的行政及商贸中心。甘州正处于肃州和凉州的中间,这两个地方都能养活大量的人口,分别位于"走廊"的西端和东端。东南方向,甘州又和西宁直接相连,那个地方是前往西藏的前哨,有一条很常用的道路翻越相对易行的山口,到达大通河(Ta-tung River)的河谷,这是黄河的一条支流(应为湟水支流——译者)。这条道路构成了穿越凉州以西南山山脉的唯一一条交通线,在中原统治甘肃的历史上曾经很实用。最后,在此可以指出的是,不管肃凉二州如何特别容易受到来自北方游牧民的骚扰①,甘州却凭其北面乱石嶙峋的山冈和极端荒凉的沙漠而得以避开任何直接的攻击。

汉代张掖▷

在地面上还未发现任何遗迹,可以使我们确定现在的城市是否或多或少地占据着汉代张掖(Chang-yih,即后来的甘州)的遗址。我还不能肯定,在中国的历史记载中是否包含有关于这一地点的明确证据。然而这些看上去都成了很好的理由,让人相信这座城市的位置自中世纪以来尚未发生改变。马可·波罗和他的叔叔马菲奥(Maffeo)出使时在这座城市里居住了一整年,他将甘州描述成"盖为唐古城全州之都会,故其城最大而最尊"②。他特别提到了"偶像教徒依俗有庙宇甚多,内奉偶像不少。最大者高有十步,余像较小。有雕者,有泥塑者,有石刻者。制作皆佳,外傅以金。诸像周围有数像极

---

① 例如,可参见《俄罗斯亚洲跨境地图》XXII。

② 参见尤尔《马可·波罗》,第一卷,219 页等,注①中的名称 Campiciu,在马可·波罗的文中得到了详细的说明。

大,其势似向诸像作礼"。亨利·尤尔爵士已经注意到,那些
表现如来佛涅槃的大像(马可·波罗明显提到过它们),也被
沙·鲁赫的使者和哈吉·穆罕默德在描述甘州时提到了。后
者系波斯商人,莱缪西欧约于 1550 年曾访问过他。① 我觉得
这三方面所描述的大像,大概就是现在仍可以在甘州看到的
以"大佛寺"(Ta-fo-ssǔ)一名著称的大型佛寺里的那些佛像
了。当然,它们不可避免地都被重修过了。②

  在返回肃州的旅途中,就沿大道一线而言,我仅在一个地 ◁黑水国遗址
点发现了一处具有某种古迹价值的遗址。在距甘州西面主大
门西北方向直线距离约 6 英里处[那里正在崖子(Yai-tzǔ)村
之外],道路进入了一片开阔地带,上面生长着稀疏的灌木,局
部地方还覆盖有低矮的沙丘。那里有一块风蚀地,南北长
3 英里多,宽约 2 英里,上面覆盖着小陶片、硬砖等物,就像在
新疆所见的塔提一样。遗址以"黑水国"(Hei-shui-kuo)一名
而著称,在安西时我的古董商朋友李先生就向我提到过它③,
说是一处出过不同种类古物的地方。有时候,这些古物还被
带到甘州的收藏者那里。沿着这块地带的东缘,沙丘直堆到
了 25~30 英尺高,将地面上有可能存在的任何遗迹都完全覆
盖了。但是除了这处高流沙丘地带之外,到处都有高 1~3 英尺
的小风蚀台地,它们的顶部散布着厚厚的陶片以及碎砖块。

---

  ① 参见尤尔、科尔迪耶《契丹》,第一卷,277 页、294 页。
  ② 这之间的对应关系,最先是由派勒丢思(Palladius)提出的(*Journal N. China Br. R. A. S.*,1875,
x.p.10),见科尔迪耶教授所作的注(《马可·波罗》,第一卷,221 页)。我能找到的欧洲人对大佛寺的记载。
  根据派勒丢思记录下来的一种说法,寺庙是由一位唐古特王后在 1103 年建成的,此人在那里放置了
三尊"自那时以来一直发现就放在这个地点"的偶像。我在大佛寺所作的很仓促的调查结果(正如寺庙在
当地为人所知的那样),显示出这些大型拉毛泥塑像如同遮蔽它们的建筑物一样,直至很近的一个时期以
来,必曾被不断地和显著地重修过,这可以从其使用的材料及气候和其他当地情况上看出来。
  ③ 参见斯坦因《沙漠契丹》,第二卷,241 页。

遗址的围墙▷ 　　从留下来的大量的碎瓷片来看,该遗址的废弃时代很晚,我对能看到的地面遗迹的更进一步检查,亦证实了这一判断。一座带夯土墙的小堡,大约有 60 码见方,距高沙丘带以东不远,一半被沙子夷平了。除此之外,我在大道的西南方约 1 英里处,还发现了一座 300 码见方的围墙(图 252),在形制上类似那些"城"。直至今天,沿此边地的大部分村庄和小镇,都在其中寻求遮蔽。墙的顶部厚约 8 英尺,高约 20 英尺,在东北角建有一座巨大的方形塔。东墙内侧的流沙堆积了 11 英尺

风蚀作用▷ 多厚,正像在安西看到的那样,它表明盛行风来自东边。很显然,流沙是从甘州河河床里被带到这里,这一带的河床宽度足有 2 英里。与此同时,在东墙上观察到的小裂口,证明此地所受到的风力侵蚀与安西地区的一样大。围墙内有大量的碎砖块,标志着屋基之所在,呈直角交叉的道路依然清晰可辨。所有的建筑遗迹均被居住在邻近地方的人毁坏了——为的是寻找其中的建筑材料。围墙内有大量的瓷片,在这里及别处采

发现的古物▷ 集到的标本大部分属于明代。① 该塔提的北缘附近,尚有第三座围墙,大小与后者大致相同,而且其墙体保存得也同样好。近其西墙处,在风蚀地面上采集到一枚带有"开元"铭文的唐代钱币。考虑到李先生所说的在黑水国发现过唐代的金属器,以及我在那里捡到的粗陶片及瓷片中,有一些据霍布森先生分析属宋代的遗物②,我得出的结论是:遗址在那时也可能更早时期即已被占据了,虽然其放弃时间不会晚于明代末期。我还可以附加的结论是,广泛散布在遗址区里的高火候砖块,有很多看起来可能属于墓葬的遗物而非建筑物所有。

---

① 参见本节末尾部分的名录,彼处有霍布森先生对陶瓷片所作的分析。

② 见下文名录中的 Kan-chou.001～005、007、009。

有一道围墙穿过了黑水国北面富饶的耕地区,它使我得
以跨过河水沿着右岸与向北延伸的荒山山脚之间狭窄的耕作
地带,分布过一条与明代边防线有关的烽燧线。1914 年,我
通过沿河右岸下行,实地探寻明代长城遗迹,验证了这一假
设。这条较晚期的长城线紧靠着右岸上狭长的耕作地带,其
遗迹一直到香堡村一带都可寻到,从那里它又跨过河向西
而去。

高台这个地方有一些文物古迹,它还具有某种地域重要
性。① 在这里,大路从介于南山冰碛滩涂与横贯甘州河的荒
山之间的耕作地带上经过,二者相交处的耕作地带的宽度减
少到了最低限度,尚不足 5 英里。② 再行一程到花墙子(Hua-
chuan-tzǔ),大路就离开了耕地,经过甘州河与白南河(Po-nan
Ho,此处系音译——译者)沼泽地之间光秃秃的砾石高地,进
入了一片宽阔的灌木和芦苇滩。这片滩地自东向西直线距离
有 40 英里左右。早年间这大块的土地必曾是一处很有价值
的地方,极适于作冬季的牧场。③ 从大路上可以清楚地看到
明代边防线上的烽燧和长城,路北是低矮、平坦的山冈。我在
9 月初沿着这条古代道路行进时,遇到了连成串的骆驼、毛驴
商队,负载着从和田带来的货物通过这里,一路向着甘州和兰
州行去。此情此景,令我想起了马可·波罗的时代,还有他以
前的那些更为古老的时期。

▷河北面的明代
长城

▷经高台至肃州
的大道

① 在哈吉·穆罕默德极精确的商队行程表中将高台说成是 Gauta,该行程表叙述的旅程是自甘州经
此地至喀什噶尔、撒马尔罕(Samarkand)及更远的地方。参见尤尔、科尔迪耶《契丹》,第一卷,293 页。
② 河水距高台约 1 英里,对岸上的李伯(Li-po)村地面宽不足 1 英里。
③ 它的一些地方仍被撒罗裕固人的部落用作此目的。见本章第三节以及麦纳海姆《访撒罗和撒拉
裕固人》4 页以下。

穿过金塔的明▷
长城

自双井子的路边歇息站起,我下了公路向西北方向而去,目的是去调查金塔以远的那些地方。我想验证一下汉代的长城线,是否分布在嘉峪关北面以及中世纪边防线以远的地方。由于时间很有限,我此次努力失败了。我在此地只能花费几天的时间,而且从甘州边界那些遮遮掩掩的居民那里,总是找不到合适的对我有帮助的向导。但总算还是作了些有用的观察。在前往金塔的路上,我越过了明代的长城线,亲身验证了连同其烽燧在内的构造,与我在嘉峪关东北以及肃州北面看到的那些长城极其一致。[①] 长城边侧低矮的山冈链顶部,也分布着一些烽燧,共同构成了这个防卫系统的一部分。从北大河或肃州河里引出的渠水,灌溉着金塔的绿洲。有一段时间当奉行谨慎的闭关自守政策时,这绿洲还被弃置于万里长城之外。但是,这里的居民又通过与前述相似的途径来寻求安全以免于遭受侵掠之苦,因我在耕作区的南缘和东南缘,发现了一道倾颓得很严重的泥土墙,围绕着这个耕作区分布。

金塔以远废弃▷
的耕地

金塔是一座风景如画的小城,里面居住着约 500 户人家。它向我展示了一幅极富启发性的自然地理画面,其特征与塔里木盆地河流尾闾地带的绿洲很相似,只不过在那里更典型。条形的耕地沿着渠道分布,逐渐地让位于成片的、散布在辽阔的灌木和红柳丛中的田地地块。有些田地依然被耕种着,有些看上去已废弃了很长时间。在几个地方我稍为清理了一下,从而看出它们明显是近期内新垦殖出来的。在其中一处外围小耕作区头墩(T'ou-tun),那里的居民常常抱怨说,用来灌溉的水源越来越少,而干旱的季节越来越多。是的,现在变成废地的土地中的大部分,无疑是由于东干人叛乱造成的,那种令人恐怖的蹂躏使很多土地都废弃了。如果不对当地状况

干燥化或人口▷
锐减

---

① 参见本章第二节。

作认真且深入的考察,我们是不可能判断出金塔北部这片现
已半荒漠化了的绿洲,是否或在多大程度上是由于干燥化还
是由于东干人叛乱而造成的人口锐减之所致。尼雅或安迪尔
遗址在最终废弃以前某个时期,或许也表现出了相似的状况,
而且说不定对一个路过的行人来说,他也是同样难以判断遗
址废弃的"直接"原因的。我发现在俄国地图上所标的西移
(Hsi-yo,此处系音译——译者)的废址,经证实不过是一座年
代并不很久远的寺庙废墟,亦是毁于东干人叛乱。9 月 11 日
我从头墩出发,前去调查了那个遗址。附近的河床虽足有
1 英里宽,但在那时已完全干涸了。早些年前,人们在靠近废
墟的一座孤立的农庄里,重新又开始了耕种。从这个遗址点
返回时,我作了些猜测:那古老的汉代长城线应是从它附近仅
3 英里的地方通过的,而且从那里起沿着肃州河一直到毛目
绿洲,一路上都可以不间断地看到它的遗迹。这样,这一发现
就留给我 1914 年的探险了。

在黑水国发现的遗物

Kan-chou.001. 　**灰—浅黄色粗陶片**。在装饰于浅黄色器身上的纹饰
(一条直线和一条曲线)上,施有一层白色的泥釉。另施有透明的黄色釉。汉
式器,可能系博山窑产品,宋代。最大 $1\frac{1}{4}$ 英寸。

Kan-chou.002、003. 　**瓷片**。每一面都施有淡灰绿色釉,002 的器身上有
刻线。汉式器,宋代(?)。最大 $1\frac{5}{8}$ 英寸。

Kan-chou.004. 　**浅黄色粗陶片**。内壁有乳白色泥釉痕迹,其余部分已残
破裸露。汉式器,可能系宋代器物,属鼎类型。最大 $1\frac{7}{8}$ 英寸。

Kan-chou.005. **浅黄色粗陶片**。施有乳白色釉。汉式器,或许系宋代器物。最大 $1\frac{1}{4}$ 英寸。

Kan-chou.006. **白瓷片**。碗口缘。汉式器,不早于明代。最大 $1\frac{1}{2}$ 英寸。

Kan-chou.007. **浅黄色粗陶片**。一面有白色泥釉,甚为残破,另一面有深的疤痕并有褐色的釉。汉式器,或许系磁州窑器,宋代。最大 $2\frac{3}{16}$ 英寸。

Kan-chou.008. **浅黄色粗陶片**。外壁略有棱,内外均施有黑色釉。汉式器。最大 $1\frac{5}{6}$ 英寸。

Kan-chou.009. **粗陶碗碎片**。口缘部分,灰色瓷器状器身,上有很残破的绿黑色釉。汉式器,或系宋代产品。最大 $1\frac{5}{8}$ 英寸。

Kan-chou.0010. **粗陶片**。灰色器身上施有黑色釉,因火而外壁损毁。汉式器。最大 1 英寸。

Kan-chou.0011. **陶片**。器物口缘,粗褐色泥质,夹沙。长 2 英寸。

Kan-chou.0012. **铁钩**。最大 $\frac{3}{4}$ 英寸。

Kan-chou.0013.a~k. **10 块瓷器碎片**。在釉底上绘有蓝色。a(残破)和 b 粗绘有植物图案;c 仅有两条蓝色线条;d 为口缘碎片,上有植物图案;e 为口缘碎片,边缘有影线;f 为口缘碎片,图案与众不同,为绘在厚的起泡的釉下的卷曲线纹;g(残破)上绘有薄的植物图案;h 为外卷的口缘碎片,植物图案,边缘有铆孔裂口;i 系微外卷的口缘部分,有卷纹图案等,有铆孔;k 为微外卷的口缘部分,内外边缘有影线。汉式器,a~d、g~i 属明代,e、f、k 或许属明代。最大 $2\frac{1}{4}$ 英寸。

Kan-chou.0014. **白瓷片**。施奶油色釉。汉式器,鼎类器物,宋代。最大 2 英寸。

Kan-chou.0015.　　**瓷片**。施淡绿—白色釉,在釉底上用蓝色绘出卷纹图案。汉式器,或许系明代器物。最大 1 英寸。

Kan-chou.0016.　　**瓷片**。碗底部,在釉底上用蓝色绘出团花图案,釉多已残破。汉式器,或许系明代器物。最大 $2\frac{1}{8}$ 英寸。

Kan-chou.0017.　　**瓷片**。系碗口缘,在釉底上用蓝色绘出植物图案。汉式器,或许系明代器物。最大 $1\frac{1}{4}$ 英寸。

Kan-chou.0018.　　**瓷片**。在厚层的起泡的釉下用蓝色绘出一朵卷云图案。汉式器,明代。最大 $1\frac{1}{8}$ 英寸。

Kan-chou.0019.　　**淡浅黄色粗陶片**。外壁施乳白色釉,用褐色绘出植物图案,内壁施褐色釉。汉式器,或许系磁州窑器物,宋代。最大 $1\frac{1}{2}$ 英寸。

Kan-chou.0020.　　**瓷片**。碗口缘,胎薄,在釉底上用蓝色绘出同心的带纹。汉式器,或许系明代器物。最大 1 英寸。

Kan-chou.0021.　　**瓷碗碎片**。器身呈灰白色,两面均施有厚层的灰绿色釉,有铆孔。汉式器,或许系明代器物。最大 $1\frac{1}{2}$ 英寸。

Kan-chou.0022.　　**瓷片**。系碗底部分,在釉底用蓝色绘出团花和同心环图案。汉式器,明代。最大 $2\frac{1}{4}$ 英寸。

Kan-chou.0023.　　**瓷片**。碗底,在釉底用蓝色绘出龙(?)图案等,内壁绘团花。汉式器,或许系明代器物。最大 2 英寸。

Kan-chou.0024.　　**瓷片**。碗底,在釉底用蓝色绘出卷云图案(内壁),外壁绘植物和挺直的叶纹图案,有铆孔。汉式器,明代。最大 2 英寸。图版 IV。

Kan-chou.0025.　　**瓷片**。系微外卷的碗口沿部分,在釉底用蓝色绘出粗糙的植物图案。汉式器,明代。最大 $1\frac{1}{4}$ 英寸。

Kan-chou.0026. **瓷片**。碗底部,微凸。在釉底用蓝色绘出团花和同心圆环图案(内壁),下面在双环内是两个字"万福"及第三字的一部分。汉式器,明代。最大 2 英寸。图版 IV。

Kan-chou.0027. **瓷片**。盘子底部,在灰白色釉下用靛蓝色绘出植物(?)图案,外侧是同心圆环图案,有铆孔。汉式器,明代。最大 $2\frac{3}{4}$ 英寸。

Kan-chou.0028. **瓷片**。在釉底用蓝色绘出植物的卷纹图案。汉式器,明代。最大 $1\frac{1}{2}$ 英寸。

第五节 自玉门县到安西的汉长城

自肃州至玉门▷
县的大路

返回肃州之后,我又沿着前往玉门县的大路开始了我的旅行。这条大道,在古代也是联系中原与敦煌、西域的主要交通线,但在地面以上却没有发现任何古代遗迹。在嘉峪关和玉门县之间的路边驿站附近,有一些小块的耕地,由于从横贯这块高原的山地上排下来的地表水很少,因此这些小耕地没有多少重要性可言。我们已经注意到的位于嘉峪关西北的那些乱石山,沿着大路一直向同一方向延伸,对这条大路来说,它曾经扮演过一道有效的屏障的角色,从北面护卫着这条道路。这山冈的最大部分,除了步行之外皆无法逾越,而由白杨河和赤金河(Ch'ih-chin)切出的两条峡谷也非常易于戍守。

更靠北的汉长▷
城

正是这道天然屏障的坚固性,最初曾使我误认为这地方曾是汉代的亭障线之所在。实际上,汉代的戍守线分布在山北连成串的凹地里。由于时间和交通工具的限制,直到 1914 年我才实地走访了它们。也正是在那时,我寻找到了从疏勒河到肃州河和甘州河汇合处以下地段上的汉长城遗迹。

在这次返回安西的旅途中，我成功地确定了刚提及的那 ◁考察十二墩
部分汉长城的起点之所在。9 月 20 日向玉门县进发途中，穿
过那座构成了疏勒河与赤金河分水岭的绝对荒芜的砾石高
原，我远远地就注意到了分布在北山浅山脚下的一串小村庄。
奥勃鲁契夫（M.Obrucheff）1894 年的旅行路线图，曾标出了分
布在那个地区附近的烽燧废墟，而且那里的村庄的名字很特
别，叫作"十墩"（第十烽燧）、"十二墩"（第十二烽燧）之类，
这些名称分明得自那些烽燧。翌日，我从玉门县出发向北行，
目的是去好好地了解一下它们。在骑行了 16 英里后，我们涉
过了一片被渠水和疏勒河水淹没的长满芦苇的凹地，来到了
十二墩村。

我能够提及的，也仅是沿途所看到的从地理学上看令人 ◁疏勒河的分汊
感到很惊奇的事实：维持着这个村庄及沿线那些村庄之存在
的小河，无疑是由疏勒河哺育而成；但是它的东部河床从毗邻
它的大转弯那一点起，开始直接与疏勒河本身的河床相对立，
这从地图上可以看出来。在这里，我们有了一个清楚的河道
分汊的例子，它发生在远离河水尾闾三角洲的河道地段内。
而在更西面 200 多英里的地方，我们很熟悉这种在河流尾闾
三角洲上河道发生分汊的现象。① 关于这一次所获得的有趣

---

① 我在 1914 年所作的考察，使我得以循着这条当地称作"西弯河"（Hsi-wan Ho）的河流，向东到了
它注入赤金河排水区之处。该河本身看起来似联结护海子或营盘绿洲以外的沼泽地。这样的话，来自疏
勒河的水就从沿着通往罗布泊盆地的凹地分布的河道终结之处，向东流经数百英里，进入了一片终端盆
地。这条明显的分汊河道的基本事实，将从包含着我的所有三次探险活动的新地图集中得到说明。关于这
个有趣的沙漠凹地的详尽水文状况，当然只有通过组织一次更精心的调查（包括认真的水平测量）才能获得。

西弯河（包括其沿线的小沼泽地及其源头附近的淹没区）之存在，可以从疏勒河转弯处一带的一座大
湖或沼泽地得到解释。在中国的地图上可以看到这座大湖，欧洲的制图员又从中国地图上将它复制了
出来。参见富特若（Futterer）《荒漠戈壁地理概略》（Geographische Skizze der Wüste Gobi），载《彼得曼的报告》
（Petermann's Mittheilungen），增刊（Ergänzungsheft），No.139，24 页；亦参见描述斯希尼伯爵（Count Széchenyi）
探险队（1877—1880）情况的地图集中的图 A.1。地理学会所编地图《西藏》（1900），等。

的考古学发现,在这里只需择其主要者加以陈述即已足够了。关于在十二墩附近发现的汉代长城遗迹与此地点东西两侧的古边防线之间的关系,我到 1914 年才全部搞清楚,它们需留待别处去加以讨论了。

汉长城的烽燧▷　　灌溉着十二墩田地的河流左岸上面,分布着一连串狭窄低矮的堆积着风化岩石的山脊的最外围部分,风化的碎石在沿光秃秃的北山及其以内很多地方都可看到。山脊上有排成线的烽燧,有些损毁很严重,有些被重修过,但所有的烽燧都有一个古老的芯。十二墩以上发现的那些烽燧中最东面的一座,表层被用粗砖整修过,大部分地方的砖都隐藏在古代的夯土层中。而它下面位于山脊脚下的一座小堡,看上去很古老。它有着厚实的建筑,坚固的 10 英尺厚的泥土墙围出了一个 52 英尺×42 英尺的空间,它让人回想起古玉门的小城堡 T.XIV,特别有意思的是它也有一个同样的叫作"小防盘"(Hsiao fang-p'an)的当地名称。① 在循着山脊向西行了大约 0.5 英里后,我遇到了第二座烽燧,虽倾颓得很厉害却显示出了明确的古老性。它有着与汉代城墙相似的芦苇层,隔 12～14 英寸将夯土层分开。其基部为 19～20 英尺见方,像敦煌长城上的很多烽燧一样,只是从大约 14 英尺高处颓毁了。第三座烽燧发现于这同一山脊上更西处 1 英里多远的地方,倾颓得更严重,仅有约 8 英尺高,而且甚至于这剩下的部分也被风力侵蚀得千疮百孔。这座烽燧里也有薄的芦苇层,可以清楚地看出它们将夯土层隔开了。

古城墙遗迹▷　　正是在烽燧处,我第一次注意到在山脊的斜坡(脊的顶部仅宽 15～25 英尺,高出周围地面约 30 英尺)上,厚厚地撒落

---

① "小防盘"字面上的意思是"小的防卫营地"。参见本书第十九章第一节注释。

着半硅化的红柳和野杨树的枝条。它们大量堆积在这道山脊上，而这里又不能生长这些树木，因此就使人立刻猜出它们是用来建造城墙。这是敦煌北面和西面的城墙所使用的一种方式。更近一步去观察，发现就在这烽燧西面约 40 码处，在山脊顶上还有一部分城墙仍处于原位置上。在黏土砾石的碎屑层之间夹放着一些枝条，这与敦煌以远长城沿线所见到的情况一模一样。由于这里所用的材料很粗糙，城墙的底部被建造得更加厚，它在原位置上的基部厚度在 15 英尺左右。沿着碎屑覆盖的山脊约 300 码的范围之内，其遗迹或多或少都可以看到。这些城墙一直延续到山脊下的盐碱地平原为止，并最终消失在那里。那里的地面易受到不时来自疏勒河的洪水侵袭，个别间隔期间还可能受到从北面的标志着北山边缘的高原上冲下来的洪水侵袭。

西北方大约 3 英里处，有一座陡立的烽燧矗立在最近处的高原脚下。走近这座烽燧，我发现了延伸的城墙线。但是对它的更进一步的考察，直到 1914 年才得以实现。当时在调查完从安西方向过来的长城之后，我又重访了这个地方。那一次，我循着自十二墩向东至护海子小绿洲的城墙线做了勘察，然后又越过一大片沙漠废地到了毛目一带的肃州河下游。[①] 护海子还有一个有意思的名字叫"营盘"（军营）。对这一段汉长城的描述以及可能说明其选择之原因的讨论，应该留到未来的一部书中去发表。在这里我想指出的是，十二墩至护海子之间的城墙段，或多或少地与一条今天仍时不时地被蒙古人及其他人使用的道路相平行，那些人意欲翻过安西

◁向东延伸的城墙

① 参见斯坦因《第三次探险》，载《地理学刊》，1916 年第 48 期，195 页。

至哈密大道东面的北山,走一条直接的路前往哈密。① 对那些从哈密方面过来沿此路旅行的人来说,十二墩是靠近甘肃边界的第一处有人居住的地方。因此,在古时候这里也可能曾有过它自己的"关"。但是,这个事实对于"玉门"一名后来转变成现坐落在玉门县中的地域首府的名称是否有所帮助呢? 这个问题尚有待探讨。

自三道沟到布▷
隆吉的道路

从十二墩出发,我返回到三道沟(San-tao-kou)村附近的现代公路上来,该村位于玉门县的西北。9 月 22 日的旅行把我带到了布隆吉,沿途经行的地面,大片大片地被从疏勒河中流出来的水所淹没。此外在西面砾石冰碛滩脚下汇聚的沼泽地泉水也漫流开来,浸渍着我脚下走过的土地。废弃的大片耕地上现在又灌木丛生,一直到七道沟(Ch'i-tao-kou)那里,它

沿疏勒河北岸▷
的城墙线

们是东干人叛乱所造成的疮痍。除此之外,还有一片宽广的草原,有一块沼泽洼地横着穿过它。这洼地提供了一处丰美的牧场,在那些逝去的岁月里,它必定吸引过那些游牧的人。站在道路所经过的高地上向北望,我看到了远处的排成一条线的烽燧的影子,沿着疏勒河深邃的河床的右岸延伸着。基于在十二墩所获得的明确的证据,我可以肯定它们就是汉时长城的遗迹。由于各种各样的实际理由迫使我必须尽快地到达安西,因此我当时无法去调查这些烽燧并去寻找长城的遗

---

① 关于这条自肃州至哈密直达路线的详细说明及精心绘制的地图,见富特若《荒漠戈壁地理概略》,载同一部书中 3 页以下。富特若教授在其自疏勒河至护海子的路上,亦注意到了十二墩的废弃城堡(参见 25 页),但是他没有意识到其意义或古长城线的遗迹。

自护海子至十二墩道路的持续使用,或许可以解释人们对道路沿线的古烽燧之关注,以"十墩""十二墩"来命名路西端的那些村庄。这种持续使用,还可以说明人们对靠近道路的那些烽燧的维修。我听到的流行的解释是:所谓"十二墩"即"十二座烽燧",意即一百二十里(自护海子以来的距离)。一座烽燧或一座倾颓得相当厉害的这一类土墩,在中国现代公路上是一种常见的道路标志,每隔 10 里或与之大致相称的距离即安置一座。在西域,120 里大致相当于今天的 24 英里。十二墩与护海子间的实际距离,已超过了 40 英里。

迹了。但是,当后来在安西测绘员拉伊·拉姆·辛格被R.B.拉尔·辛格替换下来以后,我得以派后者返回那里,对那里的遗迹进行快速调查。这才使得我们将那些颓毁得最少的烽燧的位置,标在了地图上。1914 年,我又沿着经过十二墩的这整个长城线做了认真的考察,通过各种途径得到了一些补充性的证据。但是结果也显示出,由于某些地段上连续的风力侵蚀作用以及其他一些地段内的潮气侵蚀,在地面上已经很少能看到城墙线的遗迹。这种状况一直持续到废弃的驿站桥湾城(Ch'iao-wan-ch'êng)以西时才变得好一些,那里的地面是一种坚硬的砾石滩。①

　　布隆吉堡的围墙有 1 100 码见方,它在 17—18 世纪曾被 ◁伯勒齐尔城堡
用作中国的一座重要要塞,但它所在之处现在已几乎变成了荒漠。在康熙和乾隆时期,这座城曾被用作击退准噶尔势力威胁并最终收复新疆的事业的前沿基地。② 为了控制经由北山的几条道路(一支游牧的敌人可以从哈密经这些路直达疏勒河和甘肃境内),当然需要在布隆吉建造一座坚固的堡垒。这堡垒还能用来警戒它西面大约 12 英里的峡谷,那里有一条河流,公路也在那峡谷中穿过。

　　低缓但陡峭且布满乱石的湾山子(Wan-shan-tzǔ)山③,是 ◁湾山子峡谷
我们曾路过的位于桥子北面的山冈向东北方向的延伸。它突兀地蹲踞在河岸边,而对面又有一道小但几乎孤立的山冈,那

---

　　① 河北面介于东经 96°25′～96°40′之间的长城线,被错误地标成了是不间断的。这是由 R.B.拉尔·辛格造成的,他把低矮的雅丹土脊错当成了城墙线。不过这些城墙线在 1914 年时又得到了某种确定,那是根据古代陶片等来作出的。这些陶片等遗物标志着现在已完全颓毁的烽燧之间的城墙位置。桥湾城经调查是一座建造得很好的小城堡,建于乾隆帝时期,毁于东干人叛乱之中。
　　② 参见里特《亚洲》,第二卷,371 页等。伯勒齐尔一名亦发音作 Bulunjir,或汉人所称的布隆吉(Pu-lung-chi),推测该词源于蒙语。
　　③ 这个拼法看起来是蒋师爷记录的该山名称的正确形式。"湾山子"意即"弯曲的山(脉)",看来是这段山冈的很恰如其分的称谓,从地图上可以看出其形状确是弯弯曲曲的。

山冈是北山山脉向南面伸出的最后一道余脉。河水曲曲折折地从这两座山冈之间的峡谷里流过,峡谷的底部宽仅 0.5 英里。湾山子山的一端在河床边整齐地中断了,河水在它脚下流淌着,道路只能向上通过山脊的终端,那里高出河床大约 200 英尺。正是在这个易于观望和守卫的地方,古代亭障的设计者以其对地形的军事优势的考虑,将其边防线选择在河的左右两岸上。1914 年我考察了地图上显示出的山脊顶上面朝着湾山子的烽燧,调查证明,其时代无疑可追溯到汉代。后来对其底部所堆积的碎屑清理,出土了一两件属于那个时期的汉文木简。沿着同一山脊的南脚和东南脚,可看到清楚的城墙痕迹,在这一带的墙主要是用粗糙的石块建成。在更靠西的低地上,其遗迹自然而然消失了,因那里再往下就是河床了。

湾山子的烽燧▷
和寺庙

在河的南岸以及沿着湾山子山的西北端,我未能找到任何可以明确地辨认出来的城墙遗迹。但在那山冈靠近道路之处,却有两座巨大的烽燧,西面一座烽燧的旁边还有四座小型的砖建筑,看上去似乎是寺庙的遗迹。我在这里可以补充的是,在河左岸刚接近湾山子山脚的地方,有一座建造得很好的寺庙废墟,带有几座佛塔,它被称作"老君庙"(Lao-chün-miao)。所有这些遗迹都毁于东干人叛乱之中了。先前我曾推测说,湾山子山脚下的峡谷,应该用来作扩展到敦煌及以远地方以前的汉长城的一座"关"。① 如果曾经是这样的话,考虑到先前的解释,或许我们可以承认,在这些寺庙中缠绵不去的本地信仰的流韵,似乎不变地缠绕在这个"关"的遗址之上。

湾山子以远的河的左岸上,原先必曾有过亭障的城墙,但

① 参见本书第二十章第一节,第二十六章第三节。

直到过了小宛村的地面以后,我尚未发现任何遗迹。在河与
南面山冈脚下之间的低地上,生长着一片灌木丛,这些地方并
未被实际耕种过。在这一类地面上,很难期待有什么古代亭
障之类的遗迹保存下来。在小宛村以下大约 5 英里处,道路
从灌木丛和废耕地上延伸到了一片更开阔的地面。我在那里
遇到了一座大约 208 码见方的围墙废墟,称作"破城子"
(P'o-ch'êng-tzǔ),意即"古城"。其城墙仍有 10 ~ 12 英尺高,
看起来似乎并不很古老。城外有一条水渠流过,渠水一直流
到瓜州耕作区的最南部分。现在我正在接近三个月前前往桥
子时看到的分布有两座烽燧以及联结着它们的城墙的那片光
秃秃的山冈。① 在破城子以西大约 1 英里处,我发现一座倾颓
得很厉害的土墩(地图上标作 a),高约 12 英尺,直径约 10 英
尺,倒在前述烽燧 β 和 γ 之间的连线上,我可以有把握地认为
它也是长城线上的一座烽燧。其夯土层依然清晰可辨。

　　邻近的地面是一片赤裸裸的泥土地,被风蚀成 3 ~ 4 英尺　◁烽燧遗迹
高的小雅丹,上面没发现任何城墙痕迹。但是在向烽燧 β 前
进了不到 1 英里时,那台子已进入了视野,我看到了城墙线的
痕迹。它表现为一种直立的土堆,高出砾石覆盖的地面两三
英尺,其样子看上去与在安西西南面所见的城墙线别无二致。
沿着这种带短豁口的城墙线继续行 1 英里多,我们就到了烽
燧 β。这座台子用夯土建成,尚有 13 英尺左右高,直径约 12
英尺。由于风力侵蚀,其原本的方形式样已经消失。在它周
围有一道直径 28 码的圆形土围墙,就像我在敦煌以西长城线
上的 T.IX 中看到的那样。② 台子的附近可捡到汉代类型的灰

① 参见本书第二十六章第三节。
② 参见本书第十六章第四节。

陶片。在这座烽燧以外,可看到标志着城墙线的土堆,直直地延伸向西南方向不到 2 英里处的烽燧 γ。这些城墙线痕迹之所以清晰可辨,是由于它们下面的泥土是那种坚硬的砾石萨依,既非易于受风力侵蚀的黄土或黏土地,亦非那种易于被潮气和植被侵蚀的泥土。再往远处,这种"萨依"地面消失在于安西周围展开来的有低矮的灌木丛的平原之中,那里的城墙必定被完全毁坏了。然而在远方,我又看见了第四座土墩的影子,它将这条线延续了下去。